DELIUS KLASING

BOBBY SCHENK
FAHRTENSEGELN

DELIUS KLASING VERLAG

Von Bobby Schenk sind im Delius Klasing Verlag
darüber hinaus folgende Titel lieferbar:
Astronavigation – ohne Formeln, praxisnah
80 000 Meilen und Kap Hoorn – ein Seglerleben
Freiheit hinterm Horizont
Yachtnavigation – vom Zirkel bis zum GPS
Segeln im Reich der Stürme
Blauwassersegeln
Südseeträume
Transatlantik in die Sonne
Navigation nur zum Ankommen
Hafenmanöver
Bobby Schenks Astro Classic (CD-ROM)

Bibliografische Information Der Deutschen Bibliothek
Die Deutsche Bibliothek verzeichnet diese Publikation in der
Deutschen Nationalbibliografie; detaillierte bibliografische
Daten sind im Internet über »http://dnb.ddb.de« abrufbar.

2. Auflage
ISBN 3-7688-1426-2
© by Delius, Klasing & Co. KG, Bielefeld

Titelfoto: Michael Naujok (oben), Michael Amme (unten)
Kartenbeilage: © D.M. Street and Imray Laurie Norie & Wilson Ltd.,
St Ives, Cambridgeshire
Zeichnungen: John Bassiner
Schutzumschlaggestaltung: Gabriele Engel
Druck: aprinta Druck, Wemding
Printed in Germany 2003

Delius Klasing Verlag, Siekerwall 21, D-33602 Bielefeld
Tel.: 0521/559-0, Fax: 0521/559-115
E-mail: info@delius-klasing.de
www.delius-klasing.de

Inhalt

Vorwort

Nirgendwo gibt es so viel Freiheit wie auf dem Meer, und so ist es gewiss kein Zufall, dass trotz Hightech-Leben und Tourismus in das Weltall immer mehr sportlich eingestellte Menschen aufs Wasser, in die Natur drängen. Mit einem kleinen Segelboot suchen sie dort nach der Unabhängigkeit, die sie in der Enge ihrer Umgebung vermissen. Ist das die Erklärung für den Reiz des Fahrtensegelns? Oder ist es die romantische Tatsache, dass der Wind wie seit Menschengedenken das Boot dorthin treibt, wo heute der Skipper mit der Hilfe von Seekarte, GPS und einer kleinen Magnetnadel das Ziel errechnet hat – ganz gleich, ob dieses ein paar Meilen weiter an der Küste liegt oder auf der anderen Seite eines Ozeans.

Obwohl die Gesetze der Seemannschaft seit Jahrhunderten unverändert geblieben sind, hat die Technik der letzten Jahre mit ihren modernen Werkstoffen und neuen Entwicklungen in der Elektronik, vor allem in der Ortsbestimmung mithilfe von Satelliten, doch so viele Erleichterungen in der Sportschifffahrt gebracht, dass heute jeder, gleich welchen Geschlechts oder Alters, mit einem geeigneten Segelboot beliebige Wanderfahrten ohne Risiko unternehmen kann, wenn er nur über das nötige Wissen hierzu verfügt.

Dieses möchte das vorliegende Buch vermitteln. Ich habe deshalb versucht, alle Probleme so einfach wie möglich darzustellen, damit sich jeder auch ohne technische Vorkenntnisse die notwendigen Zusammenhänge leicht aneignen kann. Für die Mitarbeit des Lesers beim Abschnitt »Navigation« enthält das Buch alle nötigen Unterlagen (Karte, nautische Tafeln).

Inzwischen ist dieses Buch – vor 25 Jahren zum ersten Mal erschienen – in mehrere Sprachen übersetzt worden, worauf mir

wesentliche Verbesserungsvorschläge vor allem aus England und den USA, Ländern mit großer Tradition im Fahrtensegeln, zugegangen sind, die ich allesamt in diese Auflage eingearbeitet habe, ebenso wie auch die technischen Neuerungen, besonders auf dem Gebiet der Navigation und der Kommunikation.

Dankbar bin ich Dr. Walter Dirr und Dr. Gerhard Meyer-Uhl, die als er- und befahrene Segler die Kapitel »Medizin« und »Vermeidung von Zusammenstößen« verfasst haben. Weltumsegler Hannes Hartjenstein hat aus seiner Bordpraxis viele neue Ideen eingebracht.

Zahlreiche Freunde unter den »Yachties« haben mitgeholfen, indem sie mir in endlosen Gesprächen auf malerischen Ankerplätzen rund um den Erdball Erkenntnisse aus dem reichen Schatz ihrer Erfahrung mitteilten, die ich nunmehr weitergeben darf. Umgekehrt ist auch jede Anregung aus dem Leserkreis willkommen.

Bobby Schenk
Tahiti, Januar 2003
(www.bobbyschenk.de)
SY Thalassa

Das Fahrtenschiff

In den letzten Jahren haben sich die Anforderungen, die an eine hochseetüchtige Yacht gestellt werden, stark geändert. Sprach man früher von einer »küstentauglichen« oder von einer »hochseetüchtigen« Yacht, so macht man heute richtigerweise keinen Unterschied mehr, denn jede Segelyacht kann durchaus in so schlechtes Wetter kommen, dass sie genau wie eine Hochseeyacht ihre Schwerwettereigenschaften beweisen muss. Im Übrigen bin ich und sind mit mir viele Segler der Meinung, dass es zum Beispiel wesentlich einfacher ist, den Atlantik auf der Passatroute zu überqueren als in unseren Gewässern in der Nordsee einen einwandfreien Törn von wenigen Wochen zu fahren. Auch haben schon Schiffe von sechs Metern Länge ihre Hochseetüchtigkeit bewiesen, selbst wenn es sich hier um Einzelfälle handelt, die nicht unbedingt nachahmenswert sind.

Wie groß man sein Schiff wählt, dürfte in erster Linie vom Geldbeutel abhängig sein. Möchte man nur im Urlaub an der kroatischen Küste entlangsegeln und jeden Abend im Hafen sein, so kann ich mir vorstellen, dass einem Paar ein Schiff von ungefähr sieben Metern Länge ausreicht. Das ist meist eine Frage des persönlichen Geschmacks und sicher auch der Sportlichkeit. Ein Freund von mir ist mit Frau und zweijährigem Kind auf einem sieben Meter langen Schiff von Kanada nach Australien gesegelt. Sicher nicht jedermanns Sache, es beweist aber doch, dass es sich zur Not auf sehr engem Raum leben lässt. In den Tropen, wo sich das Leben ohnehin mehr im Freien abspielt, ist dies natürlich leichter möglich. Derjenige, der sich nur ein kleines Schiff leisten kann, sollte darüber nicht traurig sein, denn er hat ein paar nicht zu unterschätzende Vorteile: Zum Ersten ist so ein Schiff viel einfacher zu handhaben im Wasser und an Land, wo sich bequem mit einem Trailer hinter dem PKW das Revier wechseln lässt. Außerdem macht der Unterhalt weniger Arbeit. Ab einer bestimmten Größe (vielleicht 15 Meter und darüber) kann dies

Dem Wind ist es gleichgültig, ob er ein sechs oder ein sechzehn Meter langes Segelschiff über die Weltmeere treibt wie hier die Stahlyacht KSAR bei Kap Hoorn!

11

Mit diesem 9-Meter-Kreuzer steht dem Paar die ganze Welt offen – wenn es das will.

nämlich sehr leicht zu einem Fulltime-Job ausarten – je nach Alter, Ausrüstung und Zustand der Yacht. Schließlich, auch daran sollte man bei der Anschaffung schon denken, ist das finanzielle Risiko bei einer kleinen Yacht wesentlich geringer. Im Falle eines Wiederverkaufs ist der Kaufinteressenten-Kreis auch in schlechten Zeiten relativ groß und der Verlust prozentual wesentlich geringer. Bei der Anschaffung einer Fahrtenyacht sollte man im Wesentlichen auf zwei Faktoren achten:
• Sicherheit
• Bequemlichkeit

Selbst mit diesem Gefährt wurden schon Ozeane überquert – sicher nicht nach jeden Seglers Geschmack!

Schnelle und gleichzeitig wohnliche Fahrtenyachten, die »Sunbeams«, kommen aus der österreichischen Qualitätswerft Schöchl.

Schnelligkeit spielt eine untergeordnete Rolle, keinesfalls darf sie zu Lasten der Sicherheit oder Bequemlichkeit gehen. Wenn wir nach einem Tagestörn eine Stunde früher oder später in den Hafen einlaufen, so geht davon die Welt nicht unter. Selbstverständlich macht es Spaß, schneller als andere Schiffe zu sein – welcher Segler ließe sich vom Rennfieber nicht anstecken? –, doch dürfen Regattaerfolge nie allein die Entscheidung beeinflussen, ein bestimmtes Schiff zu kaufen. Ein Trost: Auch das schnellste Schiff wird später einem anderen Neubau unterlegen sein.

Zwei Argumente muss ich hier aber zugunsten eines größeren Schiffes anführen, die möglicherweise die Ursache dafür sind, dass sich in den letzten Jahren die Fahrtenschiffe beträchtlich vergrößert haben: Bequemlichkeit und Sicherheit.

Früher ist immer wieder davor gewarnt worden, ein zu großes Schiff zu segeln, weil dieses von einer kleinen Mannschaft nicht beherrscht werden könne. Das mag gestimmt haben, als man noch schwere Segel, gar noch aus Baumwolle, an großen Bäumen ohne Winschen fuhr. Heute ist das Größenlimit wegen der leistungsfähigen Winschen und der modernen Rollanlagen weit nach oben gerutscht. Sicher lassen sich auf einer großen Yacht die Segel nicht so schnell setzen und bergen, Wenden benötigen mehr Zeit, alles geht langsamer vor sich. Andererseits hat die Mannschaft mehr Platz zum Arbeiten, die Schiffsbewegungen sind viel ruhiger und man braucht sich nicht immer verkrampft festzuhalten. Das bedeutet, dass ein kleines Schiff unter Umständen schwieriger zu segeln ist als ein etwas größeres mit ruhigen Bewegungen.

Größere Yachten sind sicherer. Dieser Satz hätte noch vor ein paar Jahren provoziert. Leider haben aber die Unglücksrennen Sidney-Hobart 1998 und vor allem das Fastnet Rennen 1979, das 17 Menschenleben gekostet hat, die Richtigkeit dieser Aussage bewiesen. Die meisten Katastrophen bei über 10 Windstärken waren in den kleineren Klassen zu verzeichnen. Die Unglücksstatistik dieser Regatta sagt eindeutig: Je kleiner die Yachten, umso zahlreicher und folgenschwerer die Havarien. Dies gilt auch dann, wenn fairerweise berücksichtigt wird, dass gerade die ganz großen Yachten längst im Hafen zurück waren, als das eigentliche Orkantief durchzog.

Ratschläge für den Schiffskauf

Meist beginnt ja der Schiffskauf damit, dass der angehende Skipper sich in eine ganz bestimmte Yacht verliebt (Dies ist ein Sachbuch, trotzdem sei hier der Vergleich mit einem hübschen Mädchen erlaubt!). Anschließend findet er eine ganze Menge Gründe, warum gerade dieses Schiff so praktisch, so sicher, so rentabel und vor allem so unwahrscheinlich preiswert ist. Fundierten rationalen Gründen ist man in diesem bedauernswerten Stadium kaum zugänglich, trotzdem versuche ich hier ein paar Tipps zu geben, vielleicht erwische ich den Leser noch im »Normalzustand«.

Kaufen Sie kein zu kleines Schiff! Man sollte immer daran denken, dass beim Fahrtensegeln ein Schiff ja nicht nur gesegelt, sondern auch bewohnt werden soll. In der ersten Begeisterung für eine Yacht übersieht man gerne, dass gerade an den Wohnraum gewisse Mindestansprüche gestellt werden. Sparen Sie lieber bei der Ausrüstung, verkneifen Sie sich zu Beginn das eine oder andere Spielzeug (Windrichtungsanzeiger, Spinnaker etc.)! Gehen Sie bereits bei der Schiffsgröße an ihr finanzielles Limit. Sie können sich beim Zubehör ruhig mal verkaufen, das ist noch keine Katastrophe. Wenn man aber in der Schiffsgröße danebengegriffen hat, lässt sich dieser Fehler kaum mehr reparieren.

Vermeiden Sie aber trotzdem Partnerschaften (Eignergemeinschaften), die vielleicht ein größeres Schiff erlauben würden! Sie wollen ja fahrtensegeln, um besondere Freiheiten genießen zu können. Mit einem Partner aber, mögen Sie sich auch zu Beginn beim gemeinsamen Träumen noch so gut verstehen, begeben Sie sich in dessen Abhängigkeit, die erfahrungsgemäß immer zu Missstimmigkeiten führt. Nur ganz selten funktionieren Eignergemeinschaften.

Rechnen Sie nicht damit, dass das Schiff auch kommerziell genutzt werden kann, damit ein Teil der Anschaffungskosten oder der Schiffsunterhalt wieder hereinkommt! Ich habe in meinem Bekanntenkreis viele Tragödien erlebt, als das einkalkulierte Chartergeschäft ausblieb. Dieser Markt ist heiß umkämpft – siehe Anzeigenteil in den Yachtzeitschriften. Für Neulinge ist da kein Platz mehr. Zudem gibt es außerhalb Deutschlands kaum noch ein Land, in dem legal eine Yacht privat verchartert werden kann, ohne dass der betreffende Staat mitkassieren will.

Wenn Sie ein Schiff bauen lassen wollen, gehen Sie zu einer renommierten Werft und lassen sich zunächst mal Adressen von früheren Kunden geben. Befragen Sie die auch! Wenn die Werft kein Adressenmaterial rausrückt, dann ersparen Sie denen auch Ihre Anschrift. Wenn Sie sich aber dann für eine bestimmte Firma entschieden haben, seien Sie in fachlicher Hinsicht nicht zu misstrauisch. Es mag sein, dass der Kunde eine Menge guter Ideen hat, die er in »seinem« Schiff verwirklicht sehen möchte, doch kann auch die Werft eine ganze Menge Erfah-

Ihre Eigner loben die »Najad«-Schiffe als bequeme und sichere Fahrtenyachten mit nordischer Verarbeitungsqualität in gehobener Preisklasse.

»Bavaria«-Sloop – auch von kleiner Mannschaft bequem zu segeln. Sie gelten als die preisgünstigsten Fahrtenyachten.

lich von der Werft, denn sie muss Baumaterial und Ausrüstungsgegenstände ja auch erst kaufen. Aber damit ist der Kunde von der Werft abhängig. Sie hat das Geld und das angefangene Schiff. Und dabei bleibt es bis zur Übergabe, die meist nur gegen vollständige Restzahlung erfolgt. Wenn die Werft nicht gutwillig ist, lassen sich übliche Mängelrügen nur noch gerichtlich durchsetzen. Deshalb: Arbeiten Sie mit Bankbürgschaften, Sperrkonten, Zurückbehaltung einer Restkaufsumme oder Ähnlichem – der kostspielige Rat eines Rechtsanwaltes kann sich hier leicht auszahlen.

Unverzichtbar während des Baues einer Yacht ist eine Baukasko-Versicherung. Dem Autor sind zahlreiche (!) Fälle bekannt, in denen das Schiff aus objektiven Gründen (Feuer, Unwetter) nicht mehr ausgeliefert werden konnte – fast immer zum Nachteil des Kunden. Mit einer Baukasko-Versicherung wird für wenig Geld zusätzliche Sicherheit geschaffen. Wichtig hierbei ist, dass die Baukasko-Versicherung auf den Namen des Kunden abgeschlossen wird. Beruhigt die Werft, dass eine solche Versicherung schon bestehe, heißt das nur, dass sie im Schadensfall das Geld bekommt – noch lange nicht der Besteller des Schiffs.

Je individueller Ihr Fahrtenschiff gebaut ist, umso länger sollten Sie sich auch nach Ablieferung des Schiffes in Werftnähe aufhalten. Planen Sie nicht gleich einen Törn,

rungen beisteuern, die sie nämlich aus vielen Fehlern mit früheren Kunden gewonnen hat. Es wäre schade, wenn man auf diese Erkenntnisse verzichten würde.

Seien Sie extrem misstrauisch, wenn es um die finanzielle Seite des Schiffskaufes geht! Es gibt kaum eine Werft, die beim Schiffbau reich geworden ist. Selbst sehr seriös erscheinende, namhafte Firmen sind in der jüngsten Vergangenheit zusammengebrochen, wobei fast immer eine Reihe von Kunden geschädigt wurde. Oft war damit der Traum von der eigenen Yacht für immer ausgeträumt. Leider ist es in der Praxis ja so, dass bei Auftragserteilung bereits ein Teil des Kaufpreises, meist zwischen 10 und 30 Prozent, bezahlt werden muss. Verständ-

Eine türkische Gület wurde hier zur Fahrtenyacht umgebaut. Allerdings hat der Eigner für den vergleichsweise günstigen Anschaffungspreis durch einen riesigen Arbeitsaufwand für die Unterhaltung dieser wunderschönen Holzyacht zu löhnen.

der Sie für immer von der Werft wegführt, sondern segeln Sie gleich ein paar Wochen nur von der Werft aus! Ein Schiff lässt sich nicht mit einem Auto vergleichen, bei dem ja hinter jedem Modell die Erfahrung aus Tausenden von Neubauten steht. Deshalb sind Mängel bei einer Fahrtenyacht etwas ganz Normales – für den Neuling immer eine enttäuschende Tatsache, dass seine Geliebte auch Fehler hat.

Es gibt einen einfachen Weg, um das finanzielle Risiko, das ich heute für ganz erheblich halte, auszuschalten, nämlich den Kauf eines Gebrauchtbootes oder eines Ausstellungsschiffes. Als Käufer mit Bargeld haben Sie alle Trümpfe in der Hand. Das sehen Sie wiederum im Inseratenteil einer Segelzeitschrift unter »Verkäufe« und »Käufe«. An jedem fertigen Schiff gibt es etwas auszusetzen, hätte man dies oder jenes gerne anders gehabt. Trotzdem: Der manchmal auf dem Gebrauchtbootmarkt verwendete Slogan »besser als neu« stimmt häufiger als man annimmt.

Zuletzt die ernst gemeinte Frage: Brauchen wir zum Fahrtensegeln unbedingt ein eigenes Schiff? Oder reicht es auch, wenn wir mit Familie jedes Jahr eine Yacht chartern? Berechnen wir die Kosten eines eigenen Schiffes mit all seinen Problemen (Liegeplatz, Transport, Reparaturen, Versicherungen etc.), so kommen wir schon bei Yachten ab ca. 10 Meter auf Summen, die genug Zinsen einbringen würden, um jährlich eine Yacht chartern zu können in einem Segelrevier unserer Wahl auf der ganzen Welt, sorglos und ungebunden. Es ist also gar nicht so »vernünftig«, immer an die Anschaffung einer eigenen Yacht zu denken. Aber welcher Fahrtensegler will schon »vernünftig« sein?

Unterwasserschiff

Das Beispiel der Entwicklung der Unterwasserschiffsformen in den letzten Jahren zeigt am deutlichsten, dass es nicht immer richtig ist, sich von der Regattasegelei leiten zu lassen. Der heute für die meisten Schiffe übliche kurze Kiel bringt nämlich für die

Fahrtensegelei nicht sehr viele Vorteile. Ich räume gerne ein, dass bessere Manövrierfähigkeit und ein feinfühliges, lebendiges Ruder, Eigenschaften, die wir den modernen Unterwasserschiffen verdanken, für manches Revier unabdingbar sind. Viele Fahrtensegler beteiligen sich außerdem häufig an Regatten, bei denen sie mit einem altmodischen Unterwasserschiff mit einem langen Kiel nur wenig Freude hätten.

Der größte Nachteil eines kurzen Kiels ist jedoch seine Kursinstabilität. Lebhaft auf dem Ruder, neigt die Yacht vor allem auf Vormwind-Kursen zum Ausbrechen. Auch vom Platz her wirkt sich ein kurzer Kiel negativ aus. Denn dort muss der Ballast untergebracht werden und der natürliche Stauraum für Treibstoff und Wasser steht somit nicht mehr zur Verfügung.

Eine 25-Meter-Yacht aus der goldenen Zeit des Königssports zeigt ihre klassischen Linien.

Kurzkieler – man sieht förmlich, wie lebhaft er auf dem Ruder liegt.

Einen weiteren großen Nachteil sehe ich darin, dass die Ruderaufhängung natürlich wesentlich schwächer ist, wenn das Ruder nur von Skeg oder Schaft allein und nicht auch am langen Kiel gehalten wird. Eine Havarie an diesem empfindlichsten Teil einer Yacht ist eine ausgesprochen ernste Sache, viel bedenklicher als etwa der Verlust des Mastes. Leider hat für diese Ansicht das Fastnet-Rennen 1979 – wiederum – den Beweis erbracht. Die meisten Katastrophen begannen dort damit, dass schlicht die frei hängenden Ruder der »modernen« Regattayachten wegbrachen und die betroffenen Yachten zum Spielball der Elemente wurden.

Bei Ruderverlust aber wird sich der Bau eines Notruders, vor allem an einer größeren Yacht (ab 10 m), oft als unmöglich herausstellen. In vielen Büchern findet man die Meinung vertreten, dass eine Yacht mithilfe der Segel gesteuert werden könne. Das mag vielleicht im glatten Wasser eines geschützten Reviers für einen kürzeren Zeitraum der Fall sein, auf hoher See mit Dünung ist es jedoch meist unmöglich. Man braucht nur einmal die Pinne festzusetzen und diesen Versuch zu machen.

Die Frage, ob Knick- oder S-Spant, ist eigentlich für den Fahrtensegler gar keine Alternative. Zugegeben, ein Knickspanter schaut nicht so harmonisch aus wie die gefällige Form eines S-Spanters, doch lässt sich ansonsten gegen einen Knickspanter oder

Doppelknickspanter nichts einwenden. Ganz im Gegenteil, in der Herstellung müsste diese Art von Schiffen wesentlich billiger sein, vor allem bei Stahlschiffen, wo glatte Flächen leichter zu verarbeiten sind.

Eine Einrumpfyacht darf nicht kenterbar sein. Sie muss also genügend Ballast tragen, um sich im extremen Fall, wenn sie platt aufs Wasser gedrückt wird, nach dem Prinzip des Stehaufmännchens selbst wieder aufrichten zu können. Im Idealfall wäre eine Fahrtenyacht auch unsinkbar, das heißt, sie würde in vollgeschlagenem Zustand nicht untergehen. Dies lässt sich jedoch mithilfe von Auftriebskörpern nur bei sehr kleinen Yachten erreichen und kommt ab ca. 10 Metern Länge über alles leider nicht mehr infrage, es sei denn, man verzichtet auf einen großen Teil des Stauraumes.

Wie hoch der Ballastanteil nun endgültig sein soll, ist eine Frage, die allein der Konstrukteur zu entscheiden hat. Keinesfalls darf er ähnlich hoch sein wie bei Rennyachten (50% des Gewichts und darüber), denn die Schiffsbewegungen werden hierbei so heftig und hart, dass man von einer bequemen Fahrtenyacht wohl nicht mehr sprechen kann. Die Fähigkeit einer Rennyacht, auch am Wind, wo das krängende Moment am stärksten ist, möglichst viel Segelfläche zu tragen, spielt für eine Fahrtenyacht nur eine zweitrangige Rolle. In der Dünung des offenen Meeres werden ohne-

Elektrisch oder hydraulisch betriebene Seiten-»Ruder« am Bug (bei großen Yachten auch am Heck) erleichtern das Manövrieren eines Langkielers erheblich. Bei stärkerem Seitenwind zeigen sie allerdings kaum noch Wirkung.

hin die fantastischen Kurse zum scheinbaren Wind, die manche Rennyachten erreichen, nicht mehr gesegelt werden. Eine Fahrtenyacht darf zufrieden sein, wenn sie noch einen Kurs von 50 Grad zum wahren Wind läuft. Es ist übrigens sehr leicht nachzuprüfen, wie hoch eine Segelyacht an den Wind geht, indem man nämlich abwechselnd den Kompasskurs auf dem einen und dann auf dem anderen Bug abliest. Die Differenz geteilt durch zwei ergibt dann den Winkel, den wir gerade noch laufen können.

S-Spanter sind in der Herstellung teurer. Sie sehen schön aus, bringen aber dem Fahrtensegler kein wesentlichen Vorteile.

Knickspanter – setzt etwas härter im Seegang ein, ist aber in der Herstellung preiswerter als Rundspanter.

Baumaterial

Kunststoff

In den letzten 50 Jahren hat es im Yachtbau eine echte Revolution gegeben. Holz als Bootsbaustoff für seegehende Yachten ist fast verschwunden. Neubauten in Holz gibt es so gut wie keine mehr. Die Ursache für diese Entwicklung liegt in den gewaltigen Fortschritten der Chemie. Kunststoffe wie Polyester, Epoxidharz oder gar Kohlefaser haben derart beeindruckende Eigenschaften, dass sich ihre Verwendung im Bootsbau geradezu aufdrängte, während der Werkstoff Holz doch ganz entscheidende Nachteile hat: Zunächst ist Holz ein organischer Stoff, der verfaulen oder verrotten kann. Es kann niemals homogen miteinander verbunden werden, das heißt, es muss entweder aneinander geklebt werden, was sehr problematisch ist, weil es »arbeitet«, oder aber die Fugen zwischen den Planken müssten nach alter Väter Art kalfatert werden, um das Schiff dicht zu bekommen. Darüber hinaus würde ein Holzboot heute schon in der Herstellung, weil es wesentlich lohnintensiver ist, mehr kosten als ein Kunststoffschiff mit seinen überragenden Vorteilen. Außerdem ist Holz in südlichen Gewässern, wo der Teredowurm zu Hause ist (dazu gehören auch bestimmte Gegenden im

Dieser Motorsegler versucht die Vorteile des Langkielers (geschützte, stabile Ruderaufhängung) mit dem Vorteil des Kurzkielers (höhere Geschwindigkeit wegen geringerer benetzter Fläche am Unterwasserschiff) zu verbinden.

Das ist die Ausnahme: ein wunderschöner Holzneubau aus Norwegen.

Holz hat viele Nachteile. In den Sonnengegenden muss Naturholz alle sechs Monate lackiert werden, soll es nicht vergammeln.

Mittelmeer und – obgleich nicht besonders warm – seit letzter Zeit leider auch Teile der Ostsee), außerordentlich gefährdet und muss unter Wasser speziell geschützt werden.

Dagegen hat eine Kunststoffyacht ein paar wirklich entscheidende Pluspunkte. Zunächst einmal ist der Kunststoff wasserdicht, was man nur von ganz wenigen Holzbooten behaupten konnte. Wenn hier von »Kunststoff« gesprochen wird, so handelt es sich nicht etwa um reines Polyester oder gar Epoxidharz, welches wesentlich teurer und weniger flexibel ist, sondern es sind üblicherweise Glasfasermatten, die mit Polyester getränkt wurden. Polyester dient nur der Verbindung der Matten untereinander. Deshalb heißt dieser Werkstoff auch »glasfaserverstärkter Kunststoff« (GFK). Je mehr Glasfaser in den Kunststoff eingebracht werden kann, umso fester ist das Schiff. In Rennyachten wird heute gelegentlich Glas übrigens durch so genannte Kohlefasern ersetzt, die eine noch wesentlich höhere Festigkeit erreichen. Vollkommen unempfindlich gegen Wasser ist GFK allerdings nicht. Ein langsamer Prozess, aber immerhin: Wasser löst Polyester auf, wenn es nicht durch die so genannte Gelcoat-Schicht abgedeckt ist. Wird diese jedoch verletzt, so dringt aufgrund der Kapillarwirkung Wasser entlang der feinen Glasfasern in den Kunststoff ein und löst langsam (ein Prozess, der Jahre dauern kann) das Polyester heraus. Eine gute Gelcoat-Schicht sollte immerhin sechs Jahre halten. Erst wenn sich kleine Risse zeigen, muss die Kunststoffyacht neu gemalt werden. Heutzutage sind die Farben von so hervorragender Qualität, dass man danach wieder für ein paar Jahre Ruhe hat.

In den letzten Jahren machten Schlagworte wie »Blister-Desease« oder »Osmose« die Runde und brachten Unruhe in die GFK-Szene. Die »Blasen-Krankheit« meldet sich mit kleinen Ausbeulungen, in der Regel ein paar Quadratzentimeter groß, meistens in der Nähe der Wasserlinie, mit Blasen also. Ursache ist Wasserdampf, der als Feuchtigkeit in Mikrorisse im Gelcoat eingedrungen ist und sich nun in der Wärme ausgedehnt und die äußere Schutzschicht vom Gelcoat abgehoben hat. Zunächst machte man die

Werften für die scheinbar schlampige Arbeit verantwortlich. Als aber Osmose auch bei den Schiffen der höchsten Preisklasse auftrat, wurde festgestellt, dass die Werften nur entfernt etwas dafür konnten. Der Hauptverantwortliche war der Baustoffhersteller. So wie heute viele Werften in der Lage sind, die Folgen der Osmose kosmetisch und mechanisch zufrieden stellend zu beseitigen, so tritt diese »Krankheit« immer seltener auf. Allmählich bekommt man sie in den Griff, auch wenn die »Osmosebehandlungen« teuer und zeitintensiv sind, zudem sie eine temperierte Halle oder ein entsprechendes Klima voraussetzen. Jedenfalls besteht heute kein Grund mehr durchzudrehen, wenn man im Winterlager am Unterwasserschiff mal eine Blase entdeckt. Ein anderes Problem der Kunststoffyachten taucht leider immer wieder auf: Schade, dass viele Werften beim Aufschrauben von Beschlägen und Zusammenschrauben von Deck und Schale so schlampen, dass der Vorteil der Wasserdichtigkeit von Kunststoff wieder aufs Spiel gesetzt wird. Deshalb sollte man schon beim Bau darauf achten, dass jedes Schraubloch ausreichend mit Silikongummi abgedichtet ist, um das Eindringen von Wasser zu vermeiden. Ein großes Sorgenkind in dieser Beziehung ist die Verbindung zwischen Deck und Rumpf. Üblicherweise werden beide Teile miteinander verklebt und anschließend in kurzen Abständen verschraubt.

Diese Methode hat sich nicht bewährt, vor allem, weil viele Werften aus Kostengründen zwischen den Schraubverbindungen über 30 und mehr Zentimeter allein dem Klebstoff vertrauten. Arbeitet das Schiff nämlich im Seegang, bricht der relativ spröde Klebstoff und durch die entstehenden Haarrisse kann Wasser ins Schiffsinnere gelangen.

Heutzutage geht man einen etwas anderen Weg und verwendet als Klebstoff eine dauerelastische Masse.

Der Dichtigkeit seines Schiffes sollte man übrigens ganz großes Augenmerk widmen, denn das Wohlbefinden der Besatzung auf einem längeren Törn hängt wesentlich davon ab, ob die Leute selbst und ihre Siebensachen trocken bleiben. Ich muss allerdings zugestehen, dass mir noch kein wirklich dichtes Kunststoffschiff begegnet ist. Ein Freund von mir hatte sicher eine gute Idee. Ich wage aber zu bezweifeln, ob sie sich praktizieren lässt. Er meinte nämlich, wenn er noch mal ein Schiff kaufen würde, müsste im Vertrag stehen, dass das Schiff, insbesondere die Luken und Fenster, vor Abnahme 30 Minuten lang mit einer Feuerwehrspritze bearbeitet wurde.

Aber selbst so ein Test wäre noch keine volle Garantie für absolute Wasserdichtigkeit. Leider ist es in vielen Fällen so, dass sich undichte Stellen erst im Seegang oder wenn das Schiff krängt zeigen. Davor würde auch der Feuerwehrversuch nicht schützen.

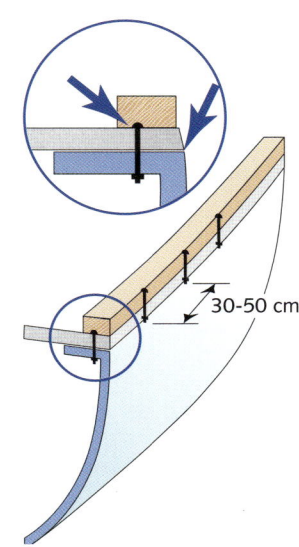

Stahl

Es gibt keinen Zweifel, dass Stahl im Falle einer Kollision oder Strandung der widerstandsfähigste Baustoff für eine Yacht ist, ein Vorteil, für den viele Yachtsegler eine Reihe von kleineren Nachteilen gern in Kauf nehmen. Korrosion ist heute nicht mehr das größte Problem beim Stahl. Ein aus früherer Zeit stammender Spruch lautet: »Eine Stahlyacht ist immer rot, entweder von Rost oder von Mennige.«

Über die Art der Behandlung von Stahl herrscht heute fast Einigkeit. Der Stahl muss in der Werft auf jeden Fall innen und außen sandgestrahlt werden, bis sämtliche Rostspuren vollkommen beseitigt sind. Innerhalb von wenigen Minuten ist dann die erste Schutzfarbe aufzutragen. Nur 10 Minuten lang würde es nämlich dauern, bis sich an der Oberfläche des Stahls wieder eine Korrosionsschicht bildet. Dies gilt auch für den etwas widerstandsfähigeren Korten-Stahl, der im Yachtbau gerne verwendet wird. Neben seiner größeren Stärke besteht sein Vorzug darin, dass er zwar ebenso rostet wie gewöhnlicher Stahl, dass aber der entstehende Rost selbst als Schutzschicht wirkt.

Stahl ist heute relativ problemlos geworden; das verdanken wir in erster Linie den hervorragenden Epoxid-Farben, die dem Stahl einen ähnlich zuverlässigen Schutz gewährleisten wie die Gelcoat-Schicht dem Kunststoff. Und hier liegt auch die Gemein-samkeit zwischen beiden Bootsbaustoffen. Ist die Schutzschicht des Stahlrumpfes verletzt, so muss etwas unternommen werden – wie beim Kunststoff!

Trotzdem bleibt Korrosion beim Stahlschiff ein Problem, wenn auch ein beherrschbares: Wenn zwei unterschiedliche Metalle im Seewasser (Elektrolyt) in elektrischer Verbindung zueinander stehen oder sehr nahe beisammen sind, so wird das unedlere angegriffen, das heißt, es wandern Ionen vom unedleren zum edleren Metall. Dies ist übrigens auch das Prinzip einer Batterie, Strom ist nichts anderes als Ionenwanderung. Wenn wir im Bilgewasser einer Stahlyacht ein paar Kupferschrauben versenken würden, würde hierdurch der Stahl als das unedlere Metall angefressen.

Leider kommt es zu diesem elektrochemischen Prozess auch dann, wenn man einheitliches Metall verwendet. Denn selbst Bauteile aus ein und demselben Blech bekommen durch das Verarbeiten (z. B. Schweißen) ein unterschiedliches »Spannungspotenzial«. Gegen die Korrosion müssen deshalb immer besondere Schutzmaßnahmen ergriffen werden.

• **Passiver Korrosionsschutz:** Hierbei versucht man, durch besonders dichte Farben (Teer-Epoxid-Farben) das Elektrolyt (Seewasser) vom Stahl fernzuhalten, ohne das sich der gefürchtete elektrochemische Vorgang der Korrosion nicht abspielen kann: eine preiswerte Methode, die vor allem keine Haftprobleme der Farbschichten aufwirft. Liegt aber nach mechanischen Beschädigungen des Anstriches der Stahl offen, ist er schutzlos der Korrosion ausgeliefert.

• **Aktiver Korrosionsschutz:** Hier wird auf den sandgestrahlten Stahl das unedle Zinkmetall in Form der Flammverzinkung (sehr teuer), Spritzverzinkung (eventuell Haftprobleme) oder als Zink-Epoxid-Farbe in leitende Verbindung gebracht und anschließend das Seewasser wie beim passiven Schutz durch Teerfarben ferngehalten. Bei Verletzungen der Farbschichten reagiert dann zum Schutze des Stahles das elektrisch unedlere Zink.

Auch Stahl kann von Qualitätswerften als Rundspanter so ebenmäßig verbaut werden, dass der Baustoff höchstens an ein paar Rostträen im Winterlager erkannt wird.

Welchem der beiden Systeme der Vorzug zu geben ist, kann letztlich nicht eindeutig entschieden werden. Die Stahlschiffe der meisten Langfahrtsegler (so unsere frühere Yacht THALASSA II) sind aktiv geschützt, manche Edelwerft dagegen begnügt sich mit passivem Korrosionsschutz.

Bei beiden Methoden müssen wir unsere Schiffe zusätzlich dadurch schützen, dass wir an den gefährdeten Stellen kleine Metallstücke von noch unedlerem Metall anbringen, die sozusagen vom Stahl ablenken. Man verwendet üblicherweise hier kleine stromlinienförmige Stücke aus Zink als »Opferanoden«. Es ist nicht ganz leicht, jene gefährdetsten Stellen an unserer Yacht herauszufinden. Im Allgemeinen sind sie achtern in der Nähe des Propellers. Für eine gute Idee halte ich es, eine Yacht zur Probe zu Wasser zu lassen und dann mit Maske und Schnorchel in den ersten Tagen und Wochen das Unterwasserschiff zu beobachten, wo sich die ersten Spuren von Elektrolyse zeigen, um dann genau an diesen Plätzen die Zinkmäuse anzubringen.

Es gibt einige Segler, die glauben, mit einem Schiff aus rostfreiem Stahl wären alle Probleme überwunden. Dies ist eine Irrmeinung. Einer der erfahrensten Fahrtensegler der Welt, der Franzose Marcel Bardiaux, der immerhin schon dreihundertfünfzigtausend (!) Seemeilen auf dem Salzbuckel hat, erfüllte sich vor ein paar Jahren den Traum vom idealen Fahrtenschiff. Das heißt, er ließ sich eine Yacht vollständig aus Nirosta bauen. Es spricht für diesen großen Segler, dass er freimütig zugibt (Wer redet schon schlecht von der eigenen Yacht?), sein Traumschiff INOX sei ein Reinfall geworden. Viele Zentner Schweiß-Elektroden müsse er jeweils auf dem Slip aufwenden, um Korrosionsschäden, vor allem durch den gefürchteten Lochfraß, am Unterwasserschiff zu beseitigen.

Nirosta rostet zwar nicht rotbraun vor sich hin wie gewöhnlicher Stahl, doch ist es für Elektrolyse mindestens genauso anfällig. Wir können das ganz gut sehen, wenn wir nach ein paar Jahren im Salzwasser einmal unsere Propellerwelle aus Niros-

Statt des »edlen« Stahls wird die unedlere Zinkanode angefressen.

Rümpfe aus Stahl eignen sich besonders gut zum Selbstausbauen. Schon aus diesem Grund finden sich unter den Fahrtenyachten zahlreiche Schiffe aus »Eisen«.

tastahl aufmerksam betrachten. Wer am Auspuff einen Wassersammler aus Nirosta hat, wird ebenfalls eines Tages mit diesem Problem konfrontiert – garantiert.

Selbst auf einem Kunststoffschiff werden wir deutliche Abfressungen an den Metall-teilen feststellen. In den besonders aktiven tropischen Gewässern ist es deshalb üblich, auch an Kunststoff- und Holzyachten Zink-mäuse anzubringen.

Neben den Kosten (Stahl sollte eigentlich der billigste Bootsbaustoff sein) ist die abso-lute Dichtigkeit einer Schweißnaht von Vor-teil. Es wäre nicht einmal nötig, Beschläge auf einer Stahlyacht durchzubolzen, son-dern man könnte sie von vornherein aufschweißen. Hierzu müsste sich der Konstrukteur natürlich vorher über den Decksplan vollkommen im Klaren sein. Am meisten durch Rost gefährdet sind übrigens die Stellen an Deck, wo Blöcke die Farbe abschlagen können oder die Ankerkette über eine scharfe Kante gezogen wird. Eine Werft, die etwas auf sich hält, müsste zu überreden sein, an diesen Stellen kleine Nirostaplatten einzuschweißen, dann wäre auch dieses Problem gelöst. Korrosionspro-bleme gibt es dort auch kaum, denn diese Niroplatten an Deck werden ja nur gele-gentlich nass.

In jedem Fall muss in einer Stahlyacht jeder auch noch so entfernte Winkel gut mit der Stahlbürste erreichbar sein, um im Notfall dort den Rost entfernen und neu malen zu können. Wahrscheinlich ist dies durch den Schutz guter Farben gar nicht nötig, doch ein stecknadelkopfgroßes Loch in der Schutzschicht an ungünstiger Stelle würde bereits ein solches Problem schaffen. Des-halb sollte man bei Stahl in anderen Punk-ten konsequent sein und z.B. die Fußreling keinesfalls aus Holz machen. Teakbeplan-

kung auf dem Stahldeck ist daher ebenso eine Absurdität, auch wenn es noch so schön »schiffig« aussieht. Übrigens ist in heißen Gegenden ein hell gestrichenes Stahldeck wesentlich kühler als ein Teak-deck.

Wenn über die Nachteile von Stahl gespro-chen wird, dann behaupten viele, dass sich in einem Stahlschiff ganz besonders leicht Kondenswasser bilden würde. Dies kann nur passieren, wenn der Unterschied zwi-schen Luft- und Wassertemperatur sehr groß ist, so in unseren Breiten im Frühling, wenn wir mal einen heißen Tag erwischen und das Wasser trotzdem noch bei 12° oder 13 °C steht. Im Allgemeinen wird aber die Gefahr der Kondenswasserbildung über-schätzt. Abhilfe schafft eine wirksame Belüf-tung des Schiffes oder eine gute Innen-isolierung, für die sich die modernen Kunststoffschäume eignen. Aus den glei-chen Gründen, aus denen ich ein Teakdeck auf einem Stahlschiff ablehne, bin ich nicht sehr von dieser Idee begeistert. Zunächst sollte man es ohne Isolierung versuchen.

Aluminium

Aluminium konnte trotz seiner Vorteile nie so recht populär werden. Dieser teure Bootsbaustoff ist leichter als Stahl, erreicht aber fast die gleiche Festigkeit und rostet nicht. Das heißt, natürlich korrodiert Alu-minium, bildet aber sofort eine Schutz-schicht, die das Material vor weiterer Zer-störung zuverlässig bewahrt. Allerdings ist es mit Abstand am empfindlichsten gegen Elektrolyse.

In der elektrischen Spannungsreihe steht Aluminium ziemlich am Ende und so müs-sen wir bei allem, was wir auf unserem Alu-miniumschiff einbauen, ganz besonders auf dieses Problem achten. So wird empfohlen, Winschen und andere Beschläge vor dem Aufschrauben elektrisch zu isolieren, doch ob dies bei entsprechend stabiler Montage mit letzter Konsequenz durchzuführen ist, wage ich zu bezweifeln.

Trotzdem gibt es eine Reihe von recht bekannten Aluminiumyachten, die jahre-lang über die sieben Meere gesegelt sind

Eine der berühmtesten Aluminiumyachten, die FLYER, einst Whitbread-Race-Siegerin, jetzt umgebaut zur reinen Fahrtenyacht.

Auf dieser Aluminiumyacht hat man eine Opferanode zum Schutz vor Elektrolyse temporär während des Hafenaufenthalts ins Wasser gehängt. Das zeigt die Empfindlichkeit von Alu-Yachten gegenüber diesem Problem.

Aluminium eignet sich bei seinem günstigen Verhältnis von Gewicht zu Festigkeit auch für größere Mehrrumpfboote. Der deutsche 15-Meter-Kat VITE VITE (südafrika-nische Konstruktion) hat in vier Jahren die Welt umsegelt.

und sich heute noch in einem hervorragenden Zustand befinden. Wie in fast allen Bereichen beim Segeln ist auch die Wahl des Materials für das Schiff eine reichlich persönliche Angelegenheit. Ein Eigner einer Aluminiumyacht, den ich nach seinen Erfahrungen befragt habe, hat mir einmal geantwortet: »Ich bin hoch zufrieden, ich könnte mir keinen besseren Bootsbaustoff vorstellen. Ein wenig Aufmerksamkeit ist allerdings vonnöten, so vermeide ich es unter allen Umständen, im Hafen neben einem Stahlschiff zu liegen, denn das würde sicher Schäden an meiner Yacht verursachen.«

Als Fahrtensegler sehe ich einen weiteren Nachteil von Alu darin, dass es im Gegensatz zu Stahl und Kunststoff nicht überall repariert werden kann (Schweißen mit Schutzgas!).

Stahlbeton

Stahlbeton war in den 70er- und 80er-Jahren recht beliebt, weil er sich wie kein anderes Material zum Selbstbauen eignet. Man benötigt keine aufwändige Mutterform, sondern der Stahlbeton wird von einem mit Draht umspannten Stahlgerüst gehalten. Die Hauptvorteile dieses in Deutschland nicht sehr populären billigen Bootsbaustoffes sind seine Festigkeit und die fast fehlenden Elektrolyse-Probleme. Allerdings hat er gegenüber Stahl den Nachteil, dass Stahlbeton relativ spröde ist und deshalb bei Strandungen oder Kollisionen viel eher leck schlägt. Wegen seines Gewichts eignet sich Stahlbeton erst für Yachten ab 9 Metern Länge. Es scheint, dass der »Concrete-Boom« abgeklungen ist.

Mehrrumpfboote

Als kurz nach dem Krieg die ersten Katamarane und dann Trimarane gebaut wurden, überschlug sich die Segelwelt zunächst vor Begeisterung, vor allem wegen der unvorstellbaren Geschwindigkeiten, zu denen die trägen, gutmütigen Einrumpfboote, die einen Teil ihres Gewichts in Blei rumschleppen müssen, nicht fähig waren. Nach einigen Unglücksfällen, als Katamarane kenterten, nicht wieder aufgerichtet werden konnten und es sogar Todesopfer zu beklagen gab, wurde der anfängliche Enthusiasmus schwer gedämpft. In den folgenden Jahren wurden folgerichtig auf dem internationalen Bootsmarkt nur noch wenige Mehrrumpfboote angeboten und verkauft. Ganz anders aber sah es auf Ankerplätzen aus, auf denen sich in erster Linie Langfahrtsegler herumtrieben. Alle, die sich für ein Mehrrumpfboot entschieden hatten, waren geradezu begeistert davon. Segler, die ihr halbes Leben auf Einrumpfbooten zugebracht hatten und dann umgestiegen sind, vertraten nicht selten die Ansicht, erst mit ihrem Katamaran die wahren Freuden des Segelns kennen gelernt zu haben.

Das Hauptproblem bei Mehrrumpfbooten ist nach Meinung von konservativen Seglern die Tatsache, dass sie kentern können und sich, im Gegensatz zu einem Einrumpfboot, nicht mehr von selbst aufrichten. In den letzten Jahren ist dieses Argument etwas in den Hintergrund getreten. Der einfache Grund ist folgender: Die Kentergefahr wird weniger durch den Wind hervorgerufen als durch die Steilheit und Größe von Seen im Verhältnis zur Schiffsgröße, gepaart mit stürmischem Wind, wobei letzterer jedenfalls nicht die Hauptursache für Kenterungen darstellt. In nüchternen Worten: Nachdem die Steilheit der See naturgegeben ist, sinkt die Kentergefahr mit zunehmender Schiffsgröße. Wolfgang Hausner, einer der erfahrensten Kat-Segler der Welt,

»Warrham«-Katamarane verkörpern nicht nur einen Katamaran-Typ, sondern einen ganzen Lebensstil. Der Idee nach sollen sie sehr preiswert selbst zu bauen sein, sodass diese Designs wohl die populärsten Katamarane darstellen.

17 Meter langer Katamaran TABOO III von Wolfgang Hausner – Baustoff: kunststoffbeschichtetes Sperrholz. Der Eigenbau hat einen Motor auf dem Brückendeck, die hydraulisch angetriebene Schraube lässt sich hochwinschen.

Der Haupttrumpf eines Fahrtenkatamarans ist sein Platzangebot – hier das Cockpit eines 46-Fuß-Katamarans während einer Atlantiküberquerung.

hat es auf den Punkt gebracht: »Hochseekats unter zehn Meter sind kriminell!«

Noch vor ein paar Jahren lag die Durchschnittsgröße von Fahrtenyachten unter zehn Metern, während heutzutage solche Yachten zu den kleinen gehören. Parallel dazu ist auch die Länge von Katamaranen in letzter Zeit drastisch angestiegen.

Dies bedeutet aber gleichzeitig einen Rückgang der – theoretischen – Kentergefahr. Kurzum: Schon deshalb sind neuere Katamarane so sicher geworden, dass dieses Argument gegen die Mehrrumpfboote nicht mehr zieht. Tatsächlich ist dem Autor aus den letzten Jahren nur ein einziger Kenterunfall eines 12-Meter-Katamarans in der Biskaya bekannt, der sich wegen der hohen Geschwindigkeit nach vorn (!) überschlagen hat, was zwar nicht zum Verlust von Menschenleben, aber letztlich zum Totalverlust des Schiffes geführt hat. Gleichzeitig sind zahlreiche Fälle bekannt geworden, wo Einrumpfyachten gesunken sind.

Es wäre aber falsch, daraus den Schluss zu ziehen, Katamarane, Trimarane (die nicht mehr in nennenswertem Umfang gebaut werden) oder Einrumpfschiffe sind schlechter. Sie sind ganz einfach anders.

Die Kat-Anhänger weisen somit mit Recht darauf hin, dass ihre Schiffe den Vorteil haben, dass sie nicht sinken können. So wie ein großes Leck in einem Einrumpfboot das Ende für die Yacht bedeuten kann, so muss der Katamaran-Segler alles versuchen, um eine Kenterung zu vermeiden. Hier gibt es eigentlich nur ein einziges Mittel, und das heißt:

Segelflächen frühzeitig verkleinern!

Diesen Zeitpunkt zu erkennen ist bei einem Mehrrumpfboot nicht leicht. Das Alarmzeichen der übermäßigen Krängung fehlt. Hebt ein Schwimmer aus dem Wasser ab, kann es je nach Schiffstyp bereits zu spät sein. Ein Windgeschwindigkeitsmesser an Bord eines Mehrrumpfbootes ist deshalb unerlässlich. Die Schoten dürfen nur so belegt sein, dass sie in Sekundenschnelle losgeworfen werden können. Zu diesem Zweck hat man übrigens auch automatische Schotklemmen entworfen, die sich bei einem einstellbaren Krängungswinkel (also z. B. 20°) von selbst öffnen und die Schot freigeben. Bewährt haben sich diese Klemmen nicht. Ein kluger Skipper, der die Schoten loswirft, ist nicht zu ersetzen. In diesem Fall muss die Großschot so aufgeschossen und lehnig sein, dass sie frei durch die Blöcke laufen kann und nicht ein Kinken verhindert, dass der Druck aus den Segeln augenblicklich entweicht.

Wolfgang Hausner hat sich übrigens eine bestechend einfache und vor allem billige Vorrichtung ausgedacht, die gleichermaßen wirkt. Als er nämlich festgestellt hat, dass sich seine automatische Schotklemme auch ohne Winddruck, sondern nur aufgrund eines steilen Herabgleitens von einer hohen See öffnete, holte er ganz einfach den Großbaum mit Hilfe einer mehrfach geschorenen gewöhnlichen Angelleine dicht. Die Großschot hatte er zuvor gerade so gefiert, dass der Großbaum, wenn nun die Angelleine brechen würde, nicht in die Wanten kracht, sondern von der elastischen Großschot vorher aufgefangen wird. Wie oft nun die Angelleine geschoren sein muss, damit diese Sollbruchstelle richtig bemessen wird, muss jeder selbst ausprobieren.

Etwas misstrauisch bin ich gegenüber der Methode, die Ernie Crampton für richtig hält, um seinen Trimaran vor dem Kentern zu bewahren. Er hat nämlich das Rigg seiner SORAYA VIII so bemessen, dass vor einer Kenterung der Mast von oben kommt. Ich kann mir nicht vorstellen, dass die tatsächliche (nicht die rechnerische) Bruchfestigkeit eines Riggs so genau geschätzt werden kann. Aber so abwegig ist seine Methode nicht, denn die namhaften Hersteller von Hochseekatamaranen versuchen die Riggstärke so zu bemessen, dass für das Schiff keine Gefahr besteht. Es ist vielleicht ganz aufschlussreich, dass die Katamaranwerft Aliaura (früher Jeantot) in 15 Jahren rund 350 Fahrtenkatamarane gebaut hat und nicht ein einziger davon gekentert ist. Schon statistisch müssen unter diesen Skippern ja auch einige wenige gewesen sein, die sich dumm angestellt haben. Es ist auch diesen nicht gelungen...

Weil ängstliche Gemüter trotzdem immer noch danach fragen, wird es erwähnt: Für einen Hochseekatamaran gibt es keine Methode, die ein Wiederaufrichten ohne fremde Hilfe ermöglichen würde. Damit müssen wir uns abfinden, auch wenn immer wieder am Schreibtisch geniale Methoden »erfunden« werden. In der Praxis haben die hierfür vorgesehenen Hilfsmittel wie Ballone, Fallschirme usw. noch nie funktioniert. Um ein Durchkentern zu vermeiden, sieht man gelegentlich noch Katamarane mit

einem scheibenförmigen Auftriebskörper im Masttopp ausgerüstet. Hausner hält diese Methode mit Recht für ungeeignet, ja sogar für gefährlich. Die Scheibe müsste zu ihrer Wirksamkeit nämlich eine erhebliche Größe haben, welche sich als Angriffsfläche bei starkem Wind darbieten würde. Diese stromlinienförmige Scheibe am nachteiligsten Punkt des ganzen Riggs vergrößert nämlich seine dem Wind zugewandte Fläche bei Krängung ganz erheblich und unterstützt damit die Kenterung.

Nein, es ist schon besser, auf einem Katamaran und Trimaran alles, aber auch alles zu tun, um eine Kenterung zu vermeiden. Ist dieser Fall aber einmal eingetreten, so soll man das als Seenotfall ansehen. Keine verzweifelte Lage, wenn man sich nur etwas darauf vorbereitet hat! Die französische Gesetzgebung trägt übrigens diesem Fall Rechnung, indem sie beim Bau von Mehrrumpfbooten zwingend vorgeschrieben hat, dass auf der Unterseite der Schiffe

Mit seinen wenigen Dezimetern Tiefgang kann der 17 Meter lange Kat TABOO III die flachsten Buchten anlaufen.

Katamaran

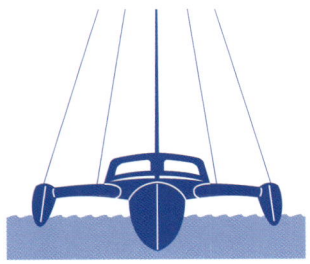

Trimaran

Kenterschutz für einen Katamaran im Masttopp – hat sich nicht bewährt!

jeweils Notluken angebracht sein müssen, über die man im Falle einer Kenterung ins Schiffsinnere gelangen kann. Freilich gelingt dies nur dann, wenn man die Sperren zu Törnbeginn entfernt hat. Sind solche Rettungsluken nicht vorhanden, sollte auf der Unterseite des Katamarans auf jeden Fall ein wasserdicht verpackter Überlebens-Kit angebracht sein (dazu gehört vor allem ein Beil, um notfalls ohne Tauchen ins Schiffsinnere zu kommen). Bei Fahrtenyachten kaum jemals gebraucht, haben diese Luken schon Menschenleben gerettet, als Renn-Katamarane, die freilich mit Fahrtenyachten nur wenig gemein haben, gekentert sind.

Die bekannt hervorragenden Geschwindigkeitseigenschaften eines Katamarans werden dann in Frage gestellt, wenn wir ihn extrem stabil und damit schwer bauen wollen. Ein Mehrrumpfboot sollte als so genanntes »Light-Displacement«-Schiff gebaut werden, damit es überhaupt sein höheres Geschwindigkeitspotenzial ausspielen kann. Der Katamaran WANDERBIRD OF DEVON (L.ü. a, 12,20 m) fiel etwas zu schwer aus und war außerdem überladen, sodass er lediglich Etmale von ca. 120 Seemeilen erreichte. Kein schlechter Wert für ein Einrumpfboot, für einen Katamaran aber enttäuschend.

Solange ein Kat nicht länger als 13 Meter ist, kommt Stahl, erst recht Vollholz, als Bootsbaustoff nicht infrage. Noch vor ein paar Jahren hat man solche Yachten überwiegend aus Sperrholz, kunststoffbeschichtet selbstverständlich, gebaut. Heute werden viele Fahrtenkatamarane in Kunststoff gebaut, weil die Werften zwischenzeitlich gelernt haben, die viel belasteten Stellen eben stärker, die anderen schwächer und damit leichter zu konstruieren, sodass das Gesamtgewicht bei gleicher Robustheit entscheidend reduziert werden konnte. Gelegentlich findet man bei größeren Katamaranen Aluminium als Bootsbaustoff, was sich in der Praxis, abgesehen von den allgemeinen Problemen des Aluminiums, durchaus bewährt hat.

Die bekannt »schlechten« Manövriereigenschaften eines Katamarans sehe ich nicht als echten Nachteil an. Zum einen sind die

Waren Katamarane noch vor ein paar Jahren eher selten in Häfen anzutreffen, gehört ihr Bild heute zu den Selbstverständlichkeiten – wie hier in der Marina von Monastir (Tunesien).

modernen Fahrtenkatamarane keineswegs träge Plattformen, zum anderen halten wir uns ja nicht regelmäßig in engen Häfen, sondern auf hoher See oder am Ankerplatz auf, sodass wir uns von einer gewissen Trägheit beim Manövrieren nicht beeindrucken zu lassen brauchen. Auch die Tatsache, dass ein Kat wesentlich schlechter durch den Wind geht als ein Einrumpfschiff, sollte uns nicht beunruhigen. Auf offener See werden wir immer Gelegenheit haben, in Ruhe eine lang andauernde Wende zu fahren oder einfach zum Zwecke des Über-Stag-Gehens zu halsen, ein Manöver, das auch beim Katamaran keine besonderen Schwierigkeiten bietet.

Der Autor fährt selbst seit 10 000 Seemeilen einen Katamaran – meistens nur mit einer Crew (Ehefrau). Obwohl der Multihull immerhin 46 Fuß lang ist, gab es bei Segelmanövern noch nie Probleme, musste noch kein Ruder auf »Rückwärtsfahren« gelegt werden. Unter normalen Umständen geht der Kat willig durch den Wind. Auch bei einer reinen Gegenan-Strecke über 1800

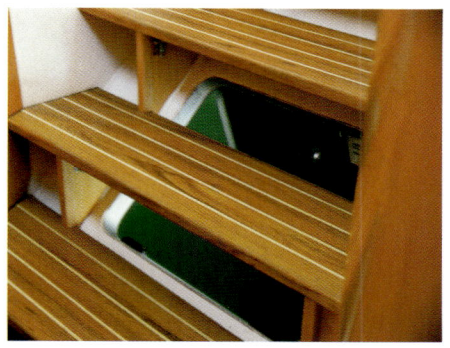

Fluchtluke auf einem französischen Katamaran unter dem Niedergang zum Rumpf.

Meilen quer durchs Mittelmeer lieferte er zufrieden stellende Ergebnisse. Der große Unterschied zu Einrumpfboten bei diesem Wind ist nicht so sehr die schlechtere Performance, sondern die Tatsache, dass ein »Höhe-Kneifen« nicht möglich ist. Wenn der Kat hart am Wind mit sechs Knoten noch eine beachtliche Geschwindigkeit läuft, geht diese schlagartig auf Null zurück, wenn man auch nur fünf Grad weiter anluvt, während ein Einrumpfboot vielleicht immer noch, wenn auch erheblich langsamer, am Wind läuft.

Dafür zeigt der Katamaran auf anderen Strecken seine Vorteile: Vor dem Wind läuft er – logisch – wie auf zwei Kufen. Auf einer Atlantiküberquerung im schwachen Passat gibt es also kaum Rollen, sodass auch die Segel nicht so wild schlagen können wie auf einem Einrumpfer. Ein in der täglichen Bordpraxis nicht zu unterschätzender Vorteil sind seine Eigenschaften unter Maschine: Ist vom Wind nur noch ein Lüftchen übrig geblieben und liegt das Ziel genau in Luv, so wird man – meist – sowohl auf dem Mono als auch auf dem Multi die Maschine(n) zu Hilfe nehmen, während man, um das Rollen in der verbliebenen Dünung abzumildern, auf dem Einrumpfboot zum Stützen das Großsegel setzt. Fährt man direkt in den Wind, wird dann das Großsegel killen. Um dies zu vermeiden, fällt der Skipper wieder etwas vom direkten Kurs ab, damit das Segel voll steht. Alles unnötig beim Katamaran!

Das angeblich weit überlegene Geschwindigkeitspotenzial eines Katamarans gegenüber einem Einrumpfboot habe ich nicht feststellen können, jedenfalls nicht bei Fahrtenschiffen. Zwar steigt das Speedometer schon mal für eine Stunde oder weni-

marane im Hafen insofern immer mehr Ungelegenheiten bereiten werden, als Liegeplätze bereits heute Mangelware sind. Und dort, wo die Marinas weitschauend auch für Mehrrumpfboote gebaut wurden, kosten Liegeplätze häufig einen Katamaran-Zuschlag von 50 Prozent. Andererseits können wir mit unserem flach gehenden Katamaran in die letzten Winkel eines Hafens kriechen, dorthin, wo kein Kielboot mit seinem Tiefgang anlegen kann. Ich räume aber gern ein, dass es sehr enge Reviere gibt, wo Mehrrumpfboote alles andere als praktisch sind und wo es nicht sehr sinnvoll ist, mit einem überbreiten Schiff, wie es Katamarane nun einmal sind, herumzufahren.

Im Gegensatz zu Einrumpfbooten, die ja ohnehin Tonnen von Blei mitschleppen, spielt das Gewicht beim Katamaran eine erhebliche Rolle – siehe oben. Diese Problematik wird besonders dann akut, wenn es um den Einbau einer Maschine in einen Katamaran oder Trimaran geht. Gerade ein Kat mit seinen beschränkten Manövriereigenschaften hätte nämlich im Hafen ganz besonders eine gute Maschine, besser zwei, nötig. Oft behelfen sich Segler auf kleineren Kats mit Außenbordern, was nur eine Notlösung sein kann. Übrigens verlor Wolfgang Hausner seinen ersten Katamaran Taboo auf einem Riff in Neuguinea und ist interessanterweise der Meinung, dass ein guter Innenborder ihm das Schiff noch gerettet hätte. Ein Innenborder aber wirft eine ganze Reihe von Problemen für einen Katamaran auf. Einerseits sollte er aus Gewichtsgründen mittschiffs eingebaut werden, sodass eine aufwändige Schraubenanlage zwischen den Rümpfen installiert werden müsste. Hausner hat seine letzte Taboo, einen 17-Meter-Kat aus kunststoffbeschichtetem Sperrholz, mit einem Motor auf dem Brückendeck, also in der Mitte zwischen beiden Rümpfen, ausgerüstet. An einem langen Schaft zwischen den Rümpfen sitzt die Schraube, welche über eine Hydraulik angetrieben wird. Dies kommt einer Ideallösung schon recht nahe, zumal Hausner die Schraube aus dem Wasser hochklappen kann, sodass unter Segeln auch deren fahrthemmender Widerstand entfällt. Übrigens dient die Maschine auch

Wenn, wie auf den französischen »Privilège«-Katamaranen, der Salon mittschiffs untergebracht ist, ergibt sich ein wahres »Wohnzimmer« an Platz, ...

...aber auch in den Rümpfen findet sich noch reichlich Platz zum Wohnen.

ger in die Nähe von 15 Knoten. Wenn aber am nächsten Tag fürs Etmal zusammengerechnet wird, liegt man bei Werten um 150 bis 200 Seemeilen, die man auch von einem gleich langen Einrumpfboot erwarten kann. Der große Trumpf von Mehrrumpfbooten gegenüber den Monohulls liegt im viel größeren Platzangebot und damit bei der Lebensqualität.

Aber alles im Leben ist ein Kompromiss: Bei der stetig wachsenden Beliebtheit des Segelsports sei in diesem Zusammenhang nicht verschwiegen, dass die breiten Kata-

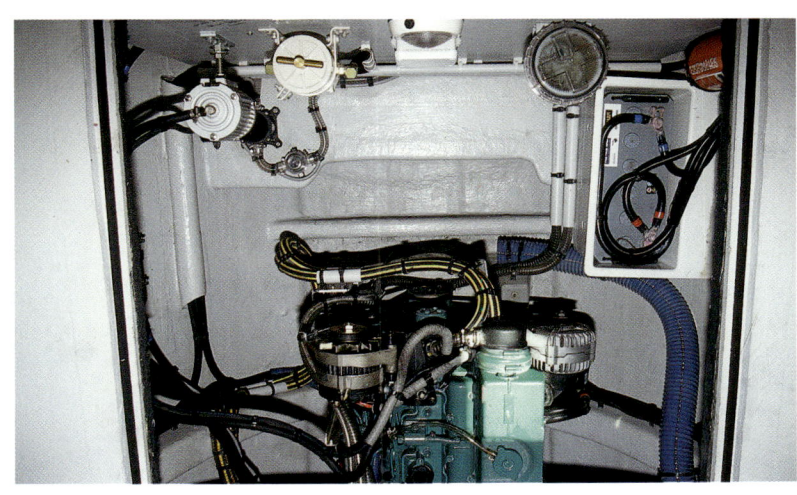

zum hydraulischen Antrieb der Tiefkühltruhe und des Tauchkompressors.

Bei größeren Katamaranen, etwa ab 12 Meter, kann in jeden Rumpf eine eigene Maschine eingebaut werden. Entweder könnte hierbei wie bei einem Einrumpfboot eine normale Schraubenanlage benutzt oder aber, das ist die gängige Lösung, ein so genannter Z-Antrieb, ein Saildrive, eingesetzt werden. Nachdem Werften immer kostenbewusster bauen müssen und bei letzterer Lösung die Einbaukosten minimal sind – Motor und Getriebe werden vom Motorenhersteller gleich als Einheit geliefert –, wird sich diese Lösung – trotz mancher Bedenken gegen die Zuverlässigkeit (die Abdichtung hängt von einer oder zwei Gummimembranen ab) – durchsetzen.

Ich habe eine ganze Reihe von Segelfreunden getroffen, für die das Hauptargument zugunsten eines Katamarans die Tatsache ist, dass seine Bewegungen wesentlich magenfreundlicher sind. Mancher, der glaubt, gegen die Seekrankheit unempfindlich zu sein, mag darüber lachen, dass die Wahl des richtigen Schiffes von solchen Motiven abhängig gemacht wird. Wenn man aber einmal erlebt hat, wie todkrank im wörtlichen Sinne solch ein Unglücksrabe

auf dem rollenden und schwankenden Deck einer Einrumpfyacht herumliegt, so kann man verstehen, dass für diese Leute ein Mehrrumpfboot die letzte Hoffnung bietet. Natürlich ist die Segelei auf einem Katamaran etwas anderes, vor allem auch sein Verhalten im Sturm. Während bei Einrumpfbooten der Treibanker ein recht unnützes, ja gefährliches Werkzeug ist, so scheint er sich bei Katamaranen bisher sehr gut bewährt zu haben. Dies kann man sicher darauf zurückführen, dass Mehrrumpfboote nahezu immer sehr flach gehend sind und sich vor

Ein Nachteil eines Katamarans sind die höheren Liegeplatzkosten in einer Marina. Da ein Kat meist zwei Plätze beansprucht, sind die üblichen 50 Prozent Katamaran-Zuschlag angemessen.

Motoreneinbau im Katamaranrumpf.

einem festen Punkt (also dem Treibanker) wesentlich besser in den Wind legen lassen als eine tief gehende Kielyacht mit dem erhöhten Windwiderstand des Vorschiffes. Die Argumente, die ich bisher für und gegen Mehrrumpfboote angeführt habe, gelten in fast gleicher Weise sowohl für Katamarane als auch für Trimarane. Im Wesentlichen kann gesagt werden, dass Katamarane die größere Geschwindigkeit erreichen, dass sie aber andererseits auch, was weitgehend theoretisch ist, eher kentern können. Die Raumaufteilung in einem Trimaran dürfte einfacher sein, vor allem, wenn sich das Kajütdach über sämtliche drei Rümpfe erstreckt.

Um die Verbreitung und Entwicklung von Trimaranen hat sich übrigens vor ein paar Jahrzehnten ein Konstrukteur namens Piver ganz besonders verdient gemacht, indem er in erster Linie Trimarane für den Eigenbau (aus Sperrholz) entworfen hat, die so billig waren, dass sich in Amerika vor allem »Hippies« mit dem Bau dieser billigen schwimmenden Unterkünfte befasst haben, was nicht gerade zur Beliebtheit der Piver-Trimarane in den Häfen geführt hat. Einer der interessantesten Yachtklubs der Welt, nämlich die sonst recht vernünftige Seven Seas-Cruising Association, hat sich dadurch leider verleiten lassen, keine Mehrrumpf-Segler in ihren Klub aufzunehmen – ein Irrtum, der allerdings längst korrigiert wurde.

Argumente für oder gegen Mehrrumpfboote

- Mehrrumpfboote können kentern (je kleiner, desto eher).

- Mehrrumpfboote sind unsinkbar.

- Mehrrumpfboote müssen leicht gebaut werden. Bei Yachten in »unserer Größe« scheidet Stahl als Bootsbaustoff aus.

- Mehrrumpfboote bieten für ihr Geld wesentlich mehr Platz als Einrumpfboote.

- Mehrrumpfboote sind gewichtsempfindlich, der Platz kann oftmals nicht genutzt werden.

- Mehrrumpfboote sind schwerer zu manövrieren.

- Mehrrumpfboote werfen Probleme in engen Häfen auf.

- Mehrrumpfboote sind wesentlich schneller.

- Mehrrumpfboote können nicht so hoch an den Wind gehen.

- Mehrrumpfboote können im Sturm vor einen Seeanker gelegt werden.

- Mehrrumpfboote segeln aufrecht, sie haben angenehmere Schiffsbewegungen.

- Der Einbau eines Motors wirft Probleme auf.

- Windsteueranlagen sind problematisch, wenn Mehrrumpfboote beim Surfen kurzzeitig so schnell werden, dass dann die scheinbare Windrichtung wechselt. Im Übrigen können die Windfahnen bei Kursen achterlicher als querab wegen des breiten Hecks viel schlechter erreicht werden, sodass auf diesen Kursen der Wind allein einen Katamaran nicht mehr steuern kann.

Rechte Seite:
THALASSA – Katamaran des Autors.

32

Das Rigg

Die Ketsch

Sie ist ein Zweimaster, wobei der kleinere, achterliche Mast vor dem Ende der Wasserlinie steht. Bei größeren Yachten war dieses Rigg früher eine Notwendigkeit, da man in den Zeiten der Taljenzüge und Baumwollsegel die Segelfläche unterteilen musste, weil ein Segel von über 30 Quadratmetern von einem Mann allein nicht mehr beherrscht werden konnte. Heute spricht nach meiner Meinung für das Ketsch-Rigg nur noch die Möglichkeit, die Besegelung bei schwerem Wetter besser über das Schiff verteilen zu können und am Besan Geräte (Windgenerator und Radarantenne) unterzubringen. Muss der Skipper eines Einmasters bei aufbrisendem Wind mühsam das Großsegel reffen, so kann er bei der Ketsch dieses ganz einfach bergen und stattdessen Fock und Besansegel stehen lassen.

Die Probleme beginnen bei Raumschots-Kursen. Ein ansonsten gut getrimmtes Segelschiff wird bei raumem Wind immer zu luvgierig sein. Gerade dann aber ist eine

Ein Traumschiff zum Fahrtensegeln: die Ketsch »Super-Maramu« des genialen Konstrukteurs und Fahrtenseglers H. Amel.

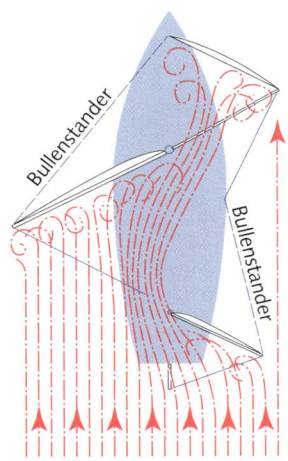

Ketsch unter »Schmetter-
ling«; nur der Wind im
Besan ist nicht durch
Abwinde gestört.

achterliche Segelfläche schädlicher. Viele
Blauwassersegler, die sich für ein Ketsch-
Rigg entschieden haben, sahen später ein,
dass das Segel am Besan aus diesem Grunde sehr selten zu benutzen war. Die meiste
Zeit fuhren sie die Ketsch auch nicht anders
als einen Einmaster, wobei die Yacht dann
natürlich etwas untertakelt war.

Auch vor dem Wind ist das Ketsch-Rigg
nicht das Ideale, wenn wir »Schmetterling«
fahren, also Besan und Groß nach verschiedenen Seiten mit dem Bullenstander ausbaumen. Das achterliche Segel wirft nämlich so viel lästige Abwinde in das Großsegel,
dass Letzteres stark an Vortrieb verliert.

Alle diese Gründe haben dazu geführt, dass
die ketschgetakelten Neubauten immer seltener werden.

Die Slup

Von all den vielen Takelungsarten, wie Scho-
ner, Yawl, Dschunke oder Lateinerbesege-
lung, hat sich neben der Ketsch nur noch die
Slup durchgesetzt. Es ist das einfachste, das
billigste und auch das vielseitigste Rigg. Mit
der hohen Qualität des Nirostamaterials
haben wir heutzutage keinerlei Schwierigkeiten, auch einen übermäßig hohen Mast
wirksam zu verstagen. Mehr als 95% aller
Fahrtenyachten unter 12 Metern bevorzugen deshalb das Slup-Rigg.

Ich würde dieses Einmastrigg so einfach wie
nur möglich gestalten, das heißt lediglich
die Wanten und Stagen fahren, die für die
Sicherheit des Mastes notwendig sind. Ein
zweites Vorstag brauchen wir nicht, auch
wenn es so scheint, als würde ein doppeltes Vorstag die Bedienung des Schiffes
erleichtern. Auf einem Fahrtenschiff spielen
aber die wenigen Minuten, die wir im günstigsten Falle damit gewinnen würden, keine
Rolle. Der Nachteil von zwei Vorstagen ist
nämlich die Tatsache, dass die beiden

*»Baltic«–Slup für
gehobene Ansprüche.*

Drahtseile niemals dieselbe Spannung erhalten, sondern immer mit wechselnder Lose gefahren werden müssen. Das führt erfahrungsgemäß zu starken Vibrationen in den Drähten, was Nirostamaterial schon nach kurzer Zeit spröde macht. Zur Sicherheit trägt jedenfalls ein doppeltes Vorstag nicht bei. Segeln wir nämlich am Wind, so haben wir sozusagen als »zweites Vorstag« ohnehin das Vorliek unserer Fock. Dagegen hätte ich aus Sicherheitsgründen gern ein doppeltes Achterstag. Haben wir nur eines und bricht dieses unter Spinnaker, so hat der Mast überhaupt keinen Halt mehr und geht mit Sicherheit verloren.

Ein zweites Vorstag in Form des Kutterstags dagegen bringt zusätzliche Sicherheit. Eine kuttergetakelte Slup scheint mir die ideale Riggform für Yachten ab 13 Meter Länge und mit kleiner Mannschaft. Hier besteht die Möglichkeit, die naturgemäß sehr große Vorsegelfläche zu unterteilen. Segelt man bei leichter Brise mit der Genua, kann man ab vier, fünf Windstärken den Klüver (das ist

das vordere Vorsegel) und eine Fock am Kutterstag setzen. Ab sieben Windstärken nimmt man dann den Klüver oder die Fock ganz weg. Und wenn es wirklich hart wird, kommt das Groß runter und nur noch die kleine Fock am Kutterstag bleibt stehen.

Allerdings bringt das Kutterstag den Nachteil mit sich, dass zumindest bei viel Wind Backstagen gefahren werden müssen. Denn dieses Stag setzt meist nicht am Topp des Mastes, sondern mehr oder weniger weit darunter, häufig in Höhe der oberen Saling, an, sodass an dieser Stelle der Mast nach vorn gezogen würde, wäre da nicht ein anderes Stag als Gegenzug. Das ist das Backstag. Nachdem dieses aber ebenfalls auf gleicher Höhe wie das Kutterstag ansetzt, würde das Großsegel praktisch immer anliegen. Um dieses zu vermeiden, wird je ein Backstag immer in Luv gefahren, während das leewärtige losgeworfen wird. Die Engländer bezeichnen das Backstag treffend als »running backstay«, also bewegliches Achterstag.

Rollfock und Rollgroß

Sie haben sich für Fahrtenschiffe durchgesetzt, denn allzu eindrucksvoll sind ihre Vorteile. Ein Zug an einer Leine und die Fock ist weggedreht und bietet dem Wind keine Angriffsfläche mehr. Niemand muss mehr aufs Vorschiff! Bei Ankermanövern haben wir Platz auf dem Vorschiff und können doch in Sekundenschnelle mit Hilfe der Fock wieder manövrierfähig werden. Rollfocks gibt es schon seit Jahrzehnten, doch ihr Siegeszug war zunächst langsam. Zu oft wurden nämlich Segler unter den erschwerten Bedingungen auf einem Schiff von den störanfälligen Mechanismen im Stich gelassen. Im Zeitalter von Nirosta und Kunststofflagern werden diese Probleme aber beherrscht. Es muss lediglich Vorsorge getroffen werden, dass auch im Falle des Versagens konservative Segel gesetzt werden können. Ein häufiger Grund für Störungen des Rollmechanismus liegt darin, dass sich das Fußgelenk mangels ausreichenden Zuges verkanten kann. Beim Einsatz einer Rollfock muss diese also den Zug zum Mast tragen und nicht das Vorstag. Bei Rollmechanismen, die ums Vorstag »integriert« sind, gilt dies analog, das heißt, das Vorstag muss so viel Zug haben, dass es auch beim »Gegenanbolzen« nicht einknicken kann.

Unsere Kunststoffsegel sind vor allem gegen UV-Licht empfindlich. Gerade bei einer Rollfock, bei der das Segel ja ständig angeschlagen bleibt, ist es deshalb nötig, mithilfe einer Persenning, die vom Fußpunkt bis zum Masttopp reicht, das Segel gut zu schützen. Genauso gut wird dies auch von

Von oben nach unten:
Das Groß wird in den Mast gerollt.
Das Groß wird auf den Baum aufgedreht.
Elektrische Reffanlage fürs Groß.
Hydraulische Reffanlage für die Vorsegel.

Eine feine Sache sind Rollfockanlagen. Ein Zug an der Schot und schon ist die Fock (Genua) gesetzt!

Unter harten Bedingungen zeigt sich, dass ein Rollsegel ein Kompromiss ist. Der Stand des Segels ist nicht optimal und die Belastung des Tuches überdimensional.

Besonders das Großsegel auf dieser Luxus-Yacht hat, halb in den Mast gerollt, keinen guten Stand mehr.

auf das Segel aufgenähten Sonnenschutztextilien erledigt.

Heute gibt es Spezial-Rollfocks, die in verschiedenen Größen gefahren werden können. Bei viel Wind zieht man also die Fock einfach nicht mehr ganz auf. Ein idealer Stand auf allen Kursen kann natürlich bei einem derart verkleinerten Segel nicht erwartet werden. Für einen Fahrtensegler sollte es jedoch ausreichen, vor allem wenn er sich nicht auf einem Amwindkurs befindet, wo ein gut geschnittenes Segel von besonderer Wichtigkeit ist. Nicht bewährt haben sich aber jene Systeme, bei denen das Spezialsegel einfach auf ein Drahtvorstag aufgewickelt wird, was vor allem wegen der Stagreiter zur Zerstörung des Segels

führt. Stattdessen muss eine Alu-Stange mit einer Nut, in die das Vorliek eingeführt werden kann, verwendet werden.

Stärke des Riggs

Man verwendet heutzutage für Wanten und Stagen ausschließlich Nirostamaterial. Soweit es sich um stehendes Gut handelt, wird ein Drahtseil gewählt, das aus 19 einzelnen Drähten besteht. Folgende Stärken werden empfohlen:

Schiffsgewicht	Durchmesser
bis 1t	5 mm
bis 2t	6 mm
bis 4t	7 mm
bis 6t	8 mm
bis 10t	10 mm
bis 15t	12 mm

Dieses 1 x 19-Material eignet sich nicht für Fallen. Hierfür nehmen wir ein Seil, das aus insgesamt 133 Drähten besteht.

Schiffsgewicht	Durchmesser
bis 2t	4 mm
bis 6t	5 mm
bis 10t	6 mm
bis 15t	7/8 mm

Ob es besser ist, die Endstücke (»Terminals«) für die Wanten aufzupressen, zu walzen oder zu schrauben, ist eine alte Streitfrage. Ich persönlich habe am meisten Vertrauen zu den Norseman-Terminals, die zwar nicht ganz so stark sind wie Walz-Terminals, doch lassen sich die Ersteren mit Bordmitteln anbringen und können außerdem viel besser überwacht werden.

Am gebräuchlichsten sind Wantenspanner aus Nirosta, aber es gibt auch nichts gegen Spanner aus Atlas-Bronze zu sagen. Sie müssen nur in etwa in ihrer Bruchlast der des Drahtseils entsprechen. Die rechnerische Bruchlast von Nirosta-Drahtseilen ist ungefähr:

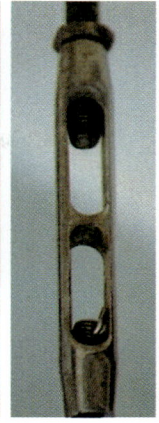

Drahtdurchmesser	Bruchlast
4 mm	1,5 t
5 mm	2,4 t
6 mm	3,4 t
7 mm	4,7 t
8 mm	6,1 t
10 mm	9,5 t
12 mm	13,0 t

Fahrtenyachts ist es unsinnig, innen liegende Wanten zu benutzen, die also nicht an der Schiffswand, sondern am Decksaufbau festgemacht sind. Der Zugwinkel zum Mast ist hier ungünstiger und der Kajütaufbau ist ohnehin selten superstark. Die Begründung hierfür ist der »bessere Stand« der Genua auf Amwind-Kursen, was auf dem offenen Meer wegen der Dünung oft gar nicht ausgenutzt werden kann.

Von links nach rechts:
Die Wanten setzen ganz außen an, die Püttingeisen sind lang genug, um den Zug auf eine weite Fläche zu verteilen.
Pressterminals Wantenspanner – Kontermutter sichert.
Toggles gegen seitliche – zerstörerische – Zugkräfte.

Wantenspanner sollen mit einem Zusatzgelenk (»Toggle«) versehen sein, das eine Verwindung und damit Bruch vermeidet. Kontermuttern zur Sicherung der Wantenspanner sehe ich nicht gern. Sie schwächen nämlich genau genommen den Wantenspanner, weil sie zusätzlich einen Zug ausüben, wenn sie so fest aufgedreht sind, dass sie auch wirklich ihren Zweck erfüllen. Mit Hilfe eines Nirosta-Drahtes, der in Form einer »8« um die Hülsen der Spanner herumgeführt wird, lässt sich dieselbe Sicherheit erzielen. Das vertwistete Ende des Drahtes wird nach innen gebogen und mit Textilklebeband geschützt, damit sich niemand daran verletzen kann.

Der schwächste Teil des Riggs bestimmt seine Stärke. Deshalb müssen auch die Fußpunkte für unsere Drahtseile, also die Püttings, ausreichend dimensioniert sein. Dies ist einer der Punkte, auf die wir bei Neuanschaffung eines Schiffes achten müssen. In jedem Fall abzulehnen sind Püttings, die einfach auf das Deck aufgebolzt sind. Bei Kunststoffschiffen sollten die Pütting-Eisen in die Schiffswand einlaminiert sein. Bei

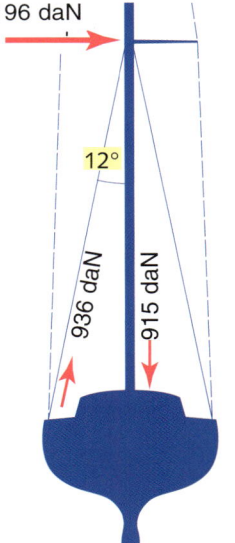
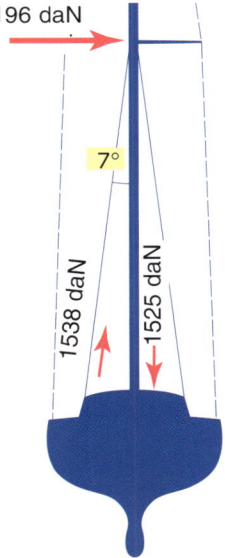

Links: Bei einem Druck von 196 daN lasten auf dem Mastfuß bei 3 Metern Schiffsbreite ein Druck von 915 daN und auf den Unterwanten 936 daN. Rechts: Dasselbe Schiff, jedoch mit innen liegenden

Unterwanten. Nun wirken um ein Drittel höhere Kräfte: Auf den Mastfuß 1525 daN und auf den Unterwanten 1538 daN, was insgesamt den Kajütaufbau erheblich mehr strapaziert.

Eine ehrwürdige Fahrten-
segelyacht! Dem Groß-
segel sieht man viele tausend Seemeilen an. Ebenso
dem Skipper; der versteht
sein Geschäft. Rechtzeitig
hat er das Groß gereeft,
nicht etwa ein kleineres
Vorsegel genommen. Das
kommt als Nächstes dran.
Zunächst läuft die Dame
noch mit Rumpfgeschwin-
digkeit. Sechs Knoten oder
sieben? Ist das nicht gleichgültig?

Spannung der Wanten

Die richtige Einstellung der Wantenspannung scheint vielen Segelfreunden große Schwierigkeiten zu machen. Hier sollten wir uns nicht von Regattaseglern, die gern ein »flexibles Rigg« fahren, dreinreden lassen. Für unsere Nirostastähle ist es nämlich besonders gefährlich, wechselnden Zugbeanspruchungen ausgesetzt zu werden. Es kommt hierbei viel eher zu einem Bruch, als wenn auf einem Drahtseil ein ständiger starker Zug steht.

Hat man einmal die richtige Einstellung gefunden, kann man an den Wantenspannern mit wasserfestem Stift oder Tape eine Markierung anbringen, um die gleiche Spannung bei Bedarf wieder herzustellen. Bei neuen Yachten muss dabei berücksichtigt werden, dass sich das Drahttauwerk noch etwas reckt, sodass sich die Einstellungen ändern können. Nach einer Saison aber ändert sich das Tauwerk unter normalen Umständen nicht mehr. Dann kann die Spannung auch mit einem – teuren – Messgerät gemessen werden und ist somit jederzeit reproduzierbar.

Altmeister Eric Hiscock hat drei Regeln für die Wantenspannung aufgestellt, welche fürs Fahrtensegeln ausreichend genau sind und die Trimmarbeit ausgesprochen leicht machen, falls wir uns genau daran halten:

1. Alle gegenüberliegenden Wantenpaare müssen dieselbe Spannung haben.

2. Die stärkste Spannung muss das Vorstag aufweisen, dann die beiden Hauptwanten, dann die beiden Unterwantenpaare und schließlich das Achterstag (in dieser Reihenfolge).

3. Die Wanten müssen so stark durchgesetzt sein, dass bei 10° Lage die Leewanten gerade fühlbar Lose haben. Zu sehen darf diese Lose aber nicht sein.

Mit dieser Einstellung lässt sich auch das Rigg gut unter Kontrolle halten. Zunächst wird eine Nachstellung öfter nötig sein.

Dann sollte die Spannung gleich bleiben. Auf älteren Holzschiffen wird es schwer sein, diese Spannungsverhältnisse herauszuholen. Jede Kunststoff- und erst recht jede Stahlyacht muss aber in der Lage sein, solche Zugbelastungen auszuhalten. Der Mast soll gerade stehen, was wir nur von Land aus peilen können. Eine leichte Neigung nach vorn darf er haben, selbstverständlich jedoch keine Kurve beschreiben, was wir leicht erkennen können, wenn wir vom Mastfuß aus am Mast nach oben schauen. Die letzte endgültige Einstellung werden wir erst auf See vornehmen, wenn unsere Yacht sich gerade um 10 Grad weglegt (Krängungsmesser!).

Wartung und Pflege des Riggs

Glücklicherweise brauchen wir uns um Nirostamaterial nicht viel zu kümmern. Flugrost jedoch sollte entfernt werden, da er den Stahl schädigen kann. Beim Verfasser hat sich für diesen Zweck ganz hervorragend ein billiges Kunststoffpflegemittel bewährt, viel wirkungsvoller als spezielle und außerordentlich teure Stahlpflegemittel. Die Gewinde der Wantenspanner werden vor Gebrauch eingefettet, »WD40« und ähnliche Sprays sind hierfür nicht geeignet, weil sie sich sehr schnell verflüchtigen. Wichtig ist eine regelmäßige Kontrolle der Drahtseile und ihrer Terminals (auch im Mast). Diese soll mindestens alle 1000 Seemeilen durchgeführt werden. Ein Fleischhaken in den Fallen schwächt zwar das Drahtseil noch nicht, deutet jedoch mit einiger Sicherheit darauf hin, dass entweder der Durchmesser des Blocks zu klein gewählt ist oder sich dieser nicht reibungslos dreht.

Blitzschutz

Die Wahrscheinlichkeit, von einem Blitz getroffen zu werden, ist außerordentlich gering. Trotzdem hat es zu meiner Beruhigung beigetragen, dass ich an allen Wanten und Stagen sowie am Mastfuß meiner Kunststoffyacht einen 3 Meter langen Kupferdraht von 5 Millimetern Durchmesser mithilfe einer Schlauchklemme angebracht und dort festgebändselt hatte. Bei Gewitter

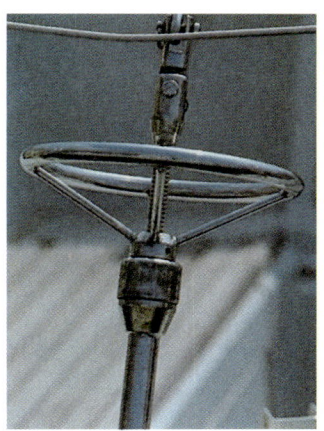

Achterstagspanner, um die Mastkrümmung zu kontrollieren. Auf einer Fahrtenyacht nicht unbedingt notwendig! Aber, wer will nicht ein wenig schneller sein?

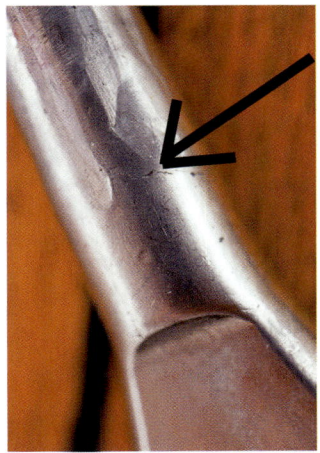

Der aufmerksame Skipper hat vor einem Atlantiktörn sein Rigg – mit der Lupe – untersucht und ist fündig geworden: Der Wantenspanner hat einen kaum sichtbaren Riss (Pfeil), und der hätte wahrscheinlich den Mast gekostet.

habe ich dann einfach die Drähte durchs Wasser nachgeschleppt. Ich warne allerdings ausdrücklich davor, diesen Kupferdraht ständig im Wasser mitzuschleifen, denn dadurch können elektrolytische Schäden am Rigg entstehen.

»Auf einer Stahlyacht benötigen wir keinen speziellen Blitzschutz. Hier sind wir nach dem Prinzip des Faraday'schen Käfigs vollkommen geschützt.« Das habe ich vor einigen Jahren hier geschrieben. Inzwischen sind mir einige Fälle bekannt geworden, wo der Blitz sich eine Metallyacht als Opfer ausgesucht hat. Auf dem Aluminium-Katamaran VITE VITE hat er auf dessen Weltumsegelung verheerende Schäden an der gesamten Elektronik hinterlassen.

Solche Schäden sind typisch für einen Blitzeinschlag, denn meistens erwischt der Blitz den Masttopp als höchsten Punkt, wo er über elektrische Leitungen (Topplicht, Antenne, Messinstrumente) dann den Weg in die Bordelektronik findet.

Über Gesundheitsschäden oder gar Todesopfer durch Blitzschlag in Yachten ist wenig bekannt. Das ist aber nur ein schwacher Trost und nicht besonders verlässlich, denn Blitze folgen nicht unbedingt Regeln, die Menschen aufstellen. Deshalb stimmt auch die Weisheit nur halb, dass sich Blitze immer den höchsten Punkt zum Entladen aussuchen. Aus den gleichen Gründen gibt es den absoluten Schutz vor Blitzeinschlag nicht, weder an Gebäuden noch an Yachten.

Besegelung

Heute ist nahezu jede neue Yacht zumindest mit einer Rollgenua ausgerüstet, die in den gemäßigten Revieren praktisch bei allen Wetterlagen schlechthin als das Vorsegel benutzt wird.

Auf älteren Yachten werden als übliche Ausrüstung für eine Sluptakelage neben dem Groß folgende Segel angesehen: Genua, Arbeitsfock, kleine Fock und eine Sturmfock, Passatsegel, Spinnaker.

Heute wird es uns nicht mehr gelingen, den Segelmacher zu überreden, ein Groß zu schneidern, für das keine Segellatten benötigt werden. Sicher sah das nicht so gut aus, doch bereitete ein solches Groß wesentlich weniger Scherereien als es gar durchgelattete Segel tun. Auf allen Kursen konnte man ohne weiteres das Groß bergen und setzen. Hierbei ist gut zu erkennen, wohin uns der Fortschritt, hier in Form eines halben Knotens Geschwindigkeitgewinns, gebracht hat.

Ein Sturmgroßsegel (Trysegel) halte ich für unnötig. Ich hatte es auf all meinen Schiffen, habe es jedoch niemals gebraucht, auch nicht in den berüchtigten »Brüllenden Vierzigern«. Wenn wir ein solches Sturmsegel nämlich aufgrund der Windstärke zum Gegenan-Segeln benötigen würden, sind die Verhältnisse garantiert so, dass man einen Amwind-Kurs gar nicht mehr anliegen kann. Auf allen anderen Kursen aber kommen wir auch mit einem Vorsegel allein gut zurecht. Baumlose Segel können keinen großen Schaden anrichten.

Raumballon, Bollejan, Blister, Raumgenua, Reacher – alle sind besonders leichte Raumwindsegel – bei kleiner Mannschaft ein guter Ersatz für den schwierigen Spinnaker.

Die Kuttertakelung ist gut geeignet für eine Fahrtenyacht. Auf den Ozeanen wird nicht häufig über Stag gegangen, sodass die Strapazen für den Klüver durch das Kutterstag (Bild!) selten sind.

Typisch für ozeangehende Fahrtenyachten ist die Passatbesegelung, also zwei symmetrische bauchige Vorwindsegel an zwei Bäumen.

Von einer Baumfock, wie sie gelegentlich noch zu sehen ist, rate ich dringend ab. Ihr einziger Vorteil ist die Tatsache, dass sie beim Wenden nicht bedient zu werden braucht. Demgegenüber lassen sich aber eine Reihe von wesentlichen Nachteilen aufzählen: Der sperrige Baum nimmt eine ganze Menge unseres kostbaren Platzes auf dem Vorschiff weg. Bei Dünung und wenig Wind kann das Arbeiten auf dem Vorschiff durch den schlagenden Baum außerordentlich gefährlich werden. Vor dem Wind ist sie ohnehin fast unbrauchbar, wenn wir nicht Gefahr laufen wollen, mit ihr eine Patenthalse zu bauen. Ein Bullenstander zur Sicherung, wie für den Großbaum, lässt sich nämlich nur schwer anbringen.

Maschine

Außenborder oder Innenborder?

Nur bis zu einer Länge von 7 Metern über alles oder bei Mehrrumpfbooten wird sich diese Frage stellen. Die Nachteile des Außenborders sind schnell aufgeführt:
1. Benzin an Bord (Feuer- und Explosionsgefahr!)
2. Die Benutzung der Maschine kann bei starkem Seegang unmöglich werden, da die Schraube aus dem Wasser kommt.
3. Hoher Treibstoffverbrauch.

Trotz dieser Nachteile wird sich der Gebrauch eines Außenborders auf sehr kleinen Yachten kaum umgehen lassen, denn dort ist nun mal nicht genügend Platz, um einen Innenborder mit aufwändiger Schraubenanlage einzubauen. Den entscheidenden Nachteil sehe ich darin, dass man auch bei Benutzung der so genannten Langschaftmodelle die Schraube nicht tief genug ins Wasser bringt, um bei starker Dünung zu garantieren, dass sie immer im Wasser bleibt. Selbstverständlich schadet es nicht, wenn sie einmal für einen Moment auftaucht und die Maschine aufheult, doch wird dadurch die Wirksamkeit ganz entscheidend herabgesetzt. Wird dieses Auftauchen jedoch zur Regel, so können die Lager schwer beschädigt werden.

Zwei Außenborder dienen dem Hauptantrieb auf diesem »Warrham«-Katamaran.

Empfehlenswert ist – falls möglich – den Außenborder in einem Schacht zu betreiben. Wenn wir ihn am Heck aufhängen, so laufen wir Gefahr, dass eine nachlaufende Welle einmal den wertvollen Motor überschwemmt. Es ist zwar unverständlich, aber Tatsache, dass in Außenbordern vieler namhafter Firmen Teile eingebaut sind, die nur begrenzt seewasserfest und nach 3 bis 4 Jahren verschlissen sind. Deshalb sollte der Motor peinlich gegen Seewasser geschützt werden.

Wenn wir einen Außenborder für unser Schiff bestellen, so weisen wir darauf hin, dass wir ihn nicht etwa für ein »Speedboot« benötigen, sondern für einen langsamen Verdränger. Sachverständige Firmen statten dann die Maschine mit einem speziellen Propeller aus und wir können bei unseren relativ langsamen Fahrten die zur Verfügung stehende Kraft besser nutzen. Als unterste Grenze für Küstengewässer sehe ich ca. 5 PS an.

Ich empfehle folgende Motorstärken:

Bootsgewicht	Motorstärke
bis 700 kg	ca. 5 PS oder ca. 4 KW
bis 800 kg	ca. 8 PS oder ca. 6 KW
bis 1000 kg	ca. 10 PS oder ca. 8 KW

Es muss darauf hingewiesen werden, dass die angegebenen Motorstärken keinesfalls ausreichen, um zum Beispiel gegen einen sehr starken Wind oder Sturm motoren zu können. In diesem Falle ist ein Außenborder ohnehin nicht geeignet, und auch eine wesentliche Erhöhung der Motorstärke würde hier kaum eine Verbesserung bringen.

Benzin-Innenborder

Man trifft ihn nur noch selten auf älteren Schiffen oder auf Eigenbauten. Der Hauptnachteil eines Benzinmotors ist die mit ihm verbundene Explosions- und Feuergefahr. Auch wenn man die Maschine mit einigen

Schutzvorrichtungen versieht, um dieses Risiko zu reduzieren, gibt es keine hundertprozentige Sicherheit. Mindestens muss ein Gebläse eingebaut werden, das bei Betätigen des Zündschlüssels zunächst eine bestimmte Zeit den Motorraum absaugt, bis ein Start der Maschine möglich ist. Ein »Gasschnüffler« empfiehlt sich ebenfalls, nur dürfen bei dessen Ein- und Ausschalten keine Funken entstehen, die ein eventuelles Benzin-Luft-Gemisch (nur das explodiert, Benzin selbst verbrennt nur) zur Explosion bringen kann, bevor unser Schnüffler überhaupt etwas anzeigen konnte. Trotzdem kann die Katastrophe eintreten, wenn zum Beispiel eine Treibstoffleitung undicht wird und wir das nicht rechtzeitig bemerken. Wir müssen deshalb, solange wir Benzin an Bord haben, peinlichst vorsichtig sein und keinesfalls die dem Autofahrer eigene Gleichgültigkeit gegenüber diesem Treibstoff zeigen. Beim Auto sind nämlich lecke Treibstoffleitungen vergleichsweise ungefährlich, weil dort der Benzindunst ins Freie abgeweht wird, das gefährliche Benzin-Luft-Gemisch also gar nicht entstehen kann.

Warum sich wenige Segler trotzdem für einen Benzinmotor entscheiden, liegt weniger am Preis als vielmehr am geringen Gewicht. Das ist einer der Hauptvorteile gegenüber einer Dieselmaschine. Der höhere Treibstoffpreis fällt meiner Meinung nach bei den geringen Mengen, die wir auf unseren kleinen Schiffen verbrauchen, kaum ins Gewicht. Ein weiterer Vorzug der Benzinmaschine ist die wesentlich größere Laufruhe im Vergleich zu einem Dieselmotor.

Ein großer Nachteil dagegen ist die störungsempfindliche Zündanlage, ohne die kein Benzinmotor auskommt. Gerade auf einem Boot, wo die Luft immer feuchtigkeitsschwanger ist und das Salzwasser ein Übriges tut, Kontakte korrodieren zu lassen, ist eine derartige Zündanlage ein großes Problem. Eine gewisse Vorsichtsmaßnahme ist es, die Maschine, solange wir auf Törn sind, möglichst jeden Morgen zu starten, denn die dadurch entstehende Hitze trocknet sie wieder einmal richtig durch, insbesondere die Zündkerzen und den Verteiler.

Dieselmotor

Er hat dagegen, abgesehen von seinem höheren Gewicht und der wesentlich stärkeren Vibration, nur Vorteile. Der Treibstoffverbrauch ist niedriger, Diesel billiger, er verdunstet bei den üblichen Temperaturen nicht, sodass es zu keinem explosionsgefährlichen Gemisch mit Luft kommen kann, und störanfällige Teile fehlen fast gänzlich. Der Einbau einer Dieselmaschine kann nur von Fachleuten ausgeführt werden. Heutzutage verwendet man immer eine flexible Aufhängung. Die Vibrationen, die auf den Schiffskörper übertragen werden, sollen nämlich so gering wie nur irgend möglich sein. Würde man eine Maschine starr lagern, so könnte es passieren, dass die Lebensdauer des gesamten Schiffes, vor allem bei Kunststoffbooten, wesentlich herabgesetzt wird. Besonders problematisch ist bei kleinen Yachten der Einbau eines Einzylinder-Dieselmotors. Es gehört hier schon einiges Geschick und sicher auch Glück dazu, den Einbau so vorzunehmen, dass von »Laufruhe« gesprochen werden kann. Meist wird das Ergebnis, auch bei Zweizylindern, nicht in allen Drehzahlbereichen befriedigend sein. Vor allem im Leerlauf legen sich die Erschütterungen, die das ganze Schiff erfassen, auf unsere Nerven.

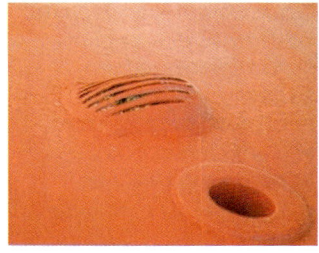

Das Sieb am Unterwasserschiff schützt den Motor davor, dass durch den Kühlwassereintritt Fremdstoffe (Fische, Plastikfolien etc.) in den Kühlwasserkreislauf eingesaugt werden.

Ölmessstab

Entlüftungsschraube

Dieselfilter

Treibstoff-Förderpumpe

Öleinfüllung

Welle für Handkurbel zum Anlassen

Ölfilter

Kühlwasser-Pumpe

Wir können deshalb die »Marschfahrt«, wenn wir auch nur ein wenig Gefühl für unser Schiff haben, nicht allein nach dem Treibstoffverbrauch ausrichten, also nach der wirtschaftlichsten Fahrt, sondern wir müssen hierbei auch etwas die Vibrationen, die unsere Maschine erzeugt, berücksichtigen. Dieses Problem wird umso kleiner, je mehr Zylinder die Maschine hat.

Wie stark sollen wir den Motor für unser Schiff wählen? Es wird vielfach die Meinung vertreten, dass für ein Segelschiff eine Maschinenstärke von 3 PS pro Tonne Schiffsgewicht vollkommen ausreicht. Ich bin nicht der Meinung, sondern glaube, dass dies die unters-te Grenze ist. Denn wir wollen ja unsere Maschine nicht nur bei Windstille und Flaute benutzen, sondern beispielsweise auch gegen starken Wind, Seegang und Strom durch eine Hafenausfahrt nach draußen laufen. Ein Erfahrungswert: Meine Weltumsegel-Yacht war mit 3 PS/t motorisiert, was ihr bei glattem Wasser und Flaute eine Geschwindigkeit von fast 6 Knoten (Rumpfgeschwindigkeit!) verlieh. Bei Windstärke 4 und entsprechender See gegenan machte ich aber nur noch so zwischen 2 und 3 Knoten.

Es ist interessant, wie fehlinformiert auch so genannte Fachleute sein können. Bevor ich meine Weltreise antrat, fuhr ich zur Herstellerfirma meines Bootsmotors. Einer der Chefs (!) dort konnte gar nicht glauben, dass diese Riesenmaschine mein Sechs-Tonnen-Schiff nur auf eine Geschwindigkeit von 6 Knoten brachte. Er war der festen Überzeugung, dass man mit 20 PS mindestens auf 9 Knoten kommen müsste. Von einer »Rumpfgeschwindigkeit« (bei Fahrtenschiffen: 2,2 x Wurzel aus Wasserlinienlänge in Metern) hatte er noch nie etwas gehört.

Wenn ich noch einmal eine Maschine für ein Segelschiff auszuwählen habe, so werde ich von 4 PS/t ausgehen, bei einem Motorsegler mehr.

Motor-Probleme

Es ist selbstverständlich, dass wir uns, auch wenn wir glauben, mechanisch nicht sehr begabt zu sein, etwas mit unserer Maschine befassen müssen. Wir können nämlich nicht bei jeder Störung einfach zu einer Werkstatt fahren, sondern unterwegs müssen wir uns auch mal mit Bordmitteln an die Maschine machen, um kleinere Reparaturen auszuführen.

Ein Trost, der allerdings nur für ordentlich gewartete Maschinenanlagen gilt: Bei einer der üblichen Dieselmaschinen kann es kaum zu anderen Störungen kommen als an der Treibstoffversorgung. Die häufigsten Fehlerursachen sind hier verschmutzte Filter oder Dieselleitungen oder Luft in der Treibstoffleitung. Wir erkennen sie daran, dass die Dieselmaschine »unrund« oder nach dem Starten nur einige Sekunden läuft, abstirbt und nicht wieder anspringt. Hier sollten wir mit Bordmitteln selbst Abhilfe schaffen können, obwohl es gar nicht so leicht ist, wie es scheint.

Selbstverständlich haben wir uns von der Herstellerfirma zu diesem Zweck einen Satz Dichtungen mitgeben lassen. Es ist auf jeden Fall ratsam, die alte Dichtung wegzuwerfen. Kupferdichtungen sollen kein zweites Mal verwendet werden. Wenn man aber keine neuen Kupferdichtungen zur Hand hat, kann man sich dadurch behelfen, dass man die alten über dem Kocher ausglüht. Dadurch erhalten sie ihre alte Geschmeidigkeit und damit Dichtfähigkeit zurück. Dabei ist auf peinliche Sauberkeit zu achten. Bereits ein kleines Schmutzteilchen oder ein Farbrest kann diese Stelle wieder undicht machen. Auch sind alle Teile vor dem Zusammenbau mit Benzin vom Dieseltreibstoff zu reinigen. Diesel ist nämlich selbst ein so genanntes »penetrating oil«, ein Kriechöl, wie wir es in Spraydosen im Haushalt oder auch auf dem Schiff verwenden, um rostige Schrauben und ähnliche Störungsquellen wieder gängig zu machen (WD40 oder Ähnliche).

Bei allen Arbeiten an Treibstoff führenden Leitungen muss der Motor anschließend entlüftet werden. Viele Motoren haben hierzu eine so genannte Entlüftungsschraube, die mit Sicherheit im Motoren-Handbuch abgebildet oder besonders beschrieben wird. Das Einzige, was wir dann machen müssen, ist an der Treibstoff-Förderpumpe per Hand etwas Diesel zu pumpen, bis aus

Einen Ersatzimpeller für die Wasserpumpe sollte man in der Reservelast haben. Der Austausch ist einfach. Zeigen lassen!

der Entlüftungsschraube keine Bläschen mehr austreten, sondern reiner Treibstoff. Fehlt diese Schraube, so gibt uns wiederum die Bedienungsanleitung Aufschluss, wo wir die Luft aus den Leitungen entströmen lassen können.

Wir sollten überhaupt darauf drängen, so viele Unterlagen wie nur irgend möglich für unseren Motor zu bekommen. Selbst wenn wir nämlich mit einer Werkstattanleitung, die vielleicht Arbeiten am Zylinderkopf betrifft, nicht viel anfangen können, so besteht eventuell die Möglichkeit, in einem abgeschiedenen Hafen einen geschickten Mechaniker zu finden, der sich dann natürlich mit einer Anleitung für solche Reparaturarbeiten wesentlich leichter tut. Von der Herstellerfirma erbitten wir uns auch die Angabe der Drehmomente zu den verschiedenen Schrauben. Wir können nämlich bei Arbeiten an unserer Maschine großen Schaden anrichten, wenn wir irgendwelche Schrauben abdrehen, was mit entsprechend langen Schlüsseln selbst für Damenhände gar nicht so schwer ist. Die Ideallösung heißt: Arbeiten mit Drehmomentschlüsseln, damit man sich nicht auf sein Gefühl verlassen muss, welches uns als Nichtmechanikern ohnehin abgeht.

Im Übrigen gilt der Grundsatz, dass es nichts schadet, wenn man zu viel Werkzeug und Ersatzteile an Bord hat. Das von den Herstellerfirmen mitgelieferte Werkzeug reicht, insbesondere bei Langfahrten, bestimmt nicht aus.

Für einen Benzinmotor hätte ich an Ersatzteilen ebenfalls gern einen Satz Dichtungen, Zündkerzen, Zündspule, Unterbrecherkontakte und vielleicht sogar einen zweiten Vergaser dabei. Bei einer Dieselmaschine sollten wir Ersatzdichtungen, Ölfilter und Reserve-Einspritzdüsen an Bord haben. An den Letzteren selbst können wir keine Arbeiten vornehmen, sodass bei den seltenen Störungen nur eines hilft: auf Verdacht alle Einspritzdüsen (also bei einem Zweizylinder zwei) austauschen.

Vor die Wahl gestellt, seinen Schiffsmotor in mehreren Farben zu erhalten, entscheide man sich am besten für eine möglichst helle. Dann können wir nämlich leicht erkennen, wo Treibstoff oder Öl austritt und der Ursache sofort nachgehen. Überhaupt ist es besonders wichtig, den Motorraum gut zugänglich zu halten. Darauf muss selbstverständlich schon beim Einbau geachtet werden, denn die Lebensdauer und die Funktionstüchtigkeit einer Maschine hängt ganz entscheidend von ihrer Zugänglichkeit ab. Im Idealfall sollten alle Verschalungen um die Maschine abnehmbar sein, sodass von jeder Seite her die notwendigen Routinearbeiten leicht durchgeführt werden können. Eine kleinere Dieselmaschine (bis zwei Zylinder) hat den Vorteil, dass sie unter Umständen noch per Hand angeworfen werden kann. Wir sollten diese fantastische Möglichkeit beim Einbau der Maschine berücksichtigen, sodass nicht etwa der Raum zum Drehen der Kurbel fehlt.

Auch einer Dieselmaschine tut es nur gut, wenn sie so häufig wie möglich durchgestartet wird. Dann kann sich nämlich in den Zylinderräumen an den Kolbenringen kein Rost absetzen, was die Lebensdauer der Maschine entscheidend mindern würde – eine Möglichkeit, die auch im Winterlager beachtet werden soll. Deshalb sollte die Stellung der Kolben während des Winters – vielleicht einmal pro Monat – per Hand immer etwas verändert werden.

Bei entsprechender Pflege wird eine Dieselmaschine, wie wir sie für unser Schiff benutzen, eine Lebensdauer von über 5000 Stunden erreichen. Das ist fast einmal rund um den Erdball unter Maschine. Hier die Firmen, die nach den Erfahrungen meiner Freunde zuverlässige Dieselmotoren für Yachten bauen:

Saab, Fairyman, Mercedes, Peugeot, Renault, Yanmar und Perkins.

Maschinen-Kühlung

An dieser Frage scheiden sich die Geister. Auf dem Papier problemlos scheint die luftgekühlte Maschine zu sein. Diese heute nur noch selten genutzte Möglichkeit kommt aber erst ab einer erheblichen Größe des Schiffes in Betracht. Peinlich müssen hier spezielle Luftschächte vorgesehen werden, die eine wirksame Kühlung des Motors gewährleisten. Wenn wir einmal ausrechnen, wie teuer jeder Quadratmeter unserer Yacht ist, so werden wir feststellen, dass der verlorene Raum für Luftschächte eine recht aufwändige Lösung darstellt. Natürlich muss auch entsprechender Schutz vorhanden sein, um überkommendes Wasser abzuhalten, und darüber hinaus werden wir um die Wasserkühlung des Auspuffes, der über 400 °C heiß wird, kaum herumkommen. Deshalb gebe ich persönlich immer der Wasserkühlung den Vorzug. Auch hier kann man sich lange darüber streiten, ob wir nun eine Einkreis- oder eine Zweikreis-Kühlung verwenden. Im ersteren Falle wird durch eine Pumpe Seewasser angesogen und durch den Kühlkreislauf der Maschine und des Auspuffes gepumpt. Eine einfache Anordnung, bei der wir lediglich eine Pumpe benötigen. Ihr Nachteil: Bei Temperaturen über 65 °C Celsius beginnen im Salzwasser Kalk und Salz auszufallen, was den Kühlkreislauf über kurz oder lang mit Sicherheit verstopft. Der Betrieb der Maschine ist deshalb nur im kalten Zustand, und das sind 60 °C, möglich. Hierdurch wird der Verschleiß erhöht und somit die Lebensdauer der Maschine reduziert.

Diesen Nachteil vermeidet die Zweikreis-Kühlung. Der Motor ist ähnlich wie beim Auto an einen geschlossenen Kühlkreislauf angeschlossen, der mit Süßwasser arbeiten kann. Dabei wird die Maschine im wesentlich günstigeren Temperaturbereich nahe dem Siedepunkt gefahren. Die Aufgabe, die beim Auto der Fahrtwind am Kühler übernimmt, nämlich den Kühlkreislauf herunterzukühlen, überlassen wir bei der Zweikreis-Kühlung einem zweiten Kühlkreis, für den Salzwasser verwendet wird. Der Nachteil dieser Anordnung: Eine zweite Pumpe ist notwendig. Letztendlich dürfte aber eine Zweikreis-Kühlung auch sicherer sein, denn bei Ausfall einer Pumpe steigt die Temperatur nur langsam an und die Maschine ist nicht sofort überhitzt, während wir bei der Einkreis-Kühlung bei Versagen der Pumpe oder Verstopfung des Ansaugventils nur noch wenige Sekunden Zeit haben, um die Maschine sofort zu stoppen.

In Stahlschiffen hat man mit gutem Erfolg auch eine Einkreis-Süßwasserkühlung verwendet. Die Leitungen werden von innen an

die Wand (oder im Stahlruder) angeschweißt, wobei dann das erhitzte Wasser die Wärme über die Schiffswand an das vorbeiströmende Seewasser abgeben kann. Ein Problem stellt dann aber immer noch die Kühlung des Auspuffs dar, zu der dann doch ein separater Kühlkreislauf notwendig wird, oder der Auspuff bleibt ungekühlt, was eine wohl durchdachte, platzraubende Verlegung notwendig macht.

Instrumente sind notwendig, um unsere Maschine gut überwachen zu können. Das Wichtigste ist ein Temperaturmesser, auch wenn der Maschine ein Thermostat angebaut ist, der selbsttätig die Temperatur im erforderlichen Bereich hält. Er kann nämlich ausfallen, was uns im Allgemeinen nur der Temperaturmesser zeigt. Zum Zweiten benötigen wir einen Öldruckmesser, auf dem wir ablesen können, ob genügend Öl in der Maschine ist und ob die Ölpumpe zufrieden stellend arbeitet. Beim Start wird der Öldruckmesser meist sehr hoch stehen, während er im Laufe der Fahrt etwas absinkt. Wie weit er heruntergehen kann, ohne dass die Maschine gefährdet ist, erfahren wir am besten von der Herstellerfirma. Und natürlich brauchen wir einen Drehzahlmesser, um die einmal als »Marschfahrt« ermittelte günstige Drehzahl immer wieder einstellen zu können.

Für einen Bootsdiesel gibt es in der Praxis nur zwei Gefahren: Überhitzung durch Ausfall eines Kühlkreislaufes oder Druckabfall in der Ölschmierung durch ein Leck in einer Ölleitung. Beides ist tödlich für die Maschine. Weil häufig die Instrumente unterwegs doch nicht so sorgfältig wie nötig beobachtet werden, merkt man ein derartiges Unglück oft erst, wenn es zu spät ist. Unbe-

Wenn abends der Wind nachlässt, ist die Versuchung groß, auf den Starter zu drücken. Aber wer will hier die Natur mit dem Geknatter eines Diesels stören? Erreichen wir den Hafen halt erst morgen. Nächte mit der See allein sind ein Reiz des Fahrtensegelns.

dingt empfehle ich deshalb eine Alarmanlage, die einen akustischen Alarm gibt, wenn entweder die Wassertemperatur einen Grenzwert überschreitet oder der Öldruck einen Grenzwert unterschreitet.

Tanks

Diese sollten aus Sicherheitsgründen immer so eingebaut werden, dass der Treibstoff mit einer Förderpumpe angesaugt wird. Ausgenommen von dieser Regel sind so genannte Tagestanks – siehe unten. Bei einem Dieselmotor nehmen wir am besten eine mechanische Förderpumpe, dann sind wir im Notfall von der Elektrizität unabhängig. Wir sollten besonders bei Diesel darauf achten, dass der Tank so sauber wie möglich gehalten wird. So kommt aus diesem Grunde ein Kupfertank für Dieselkraftstoff nicht infrage, denn hier wird eine gummiartige Masse abgesondert, die Filter schnell verstopfen würde. Ein Treibstofftank muss selbstverständlich mit einem »Atmer« ausgestattet sein, der oben an Deck mündet.

Im Tank wird sich immer etwas Kondenswasser bilden, je nachdem, wie viel Luft darin vorhanden ist. Aus diesem Grunde empfiehlt sich vor allem bei Diesel, den Tank immer möglichst voll gefüllt zu fahren. In Gegenden, wo Luft- und Wassertemperatur sehr unterschiedlich sind, muss das Kondenswasser von Zeit zu Zeit aus dem Tank entfernt werden. Wasser ist schwerer als Dieselkraftstoff und sammelt sich so am Boden des Tanks. Ideal wäre dann, wenn wir unter den Tank gelangen und mithilfe eines Absperrventils ganz einfach das Wasser nach unten ablaufen lassen können. Wann der eigentliche Dieselkraftstoff beginnt, sehen wir an der Färbung. Die Ansaugleitung darf selbstverständlich im Dieseltank nicht ganz bis zum Boden gehen. Denn sonst würden ja häufig Wasser oder gar der Satz angesaugt werden.

Es gibt noch ein anderes Problem mit Dieseltanks, nämlich eine biologische Verschmutzung. Im Diesel, besser gesagt: wahrscheinlich im Kondenswasser, gedeiht üppiges Leben, Bakterien. Sie führen ebenfalls zur Verstopfung der Filter. Um dies zu vermeiden, haben sich Zusätze im Treibstoff bewährt. Der Autor benutzt seit ein paar Jahren mit Zufriedenheit DIESEL PLUS von Yachticon (www.yachticon.de), das außerordentlich ergiebig ist. Ein Zweieinhalb-Liter-Kanister reicht für 2500 Liter Diesel. Dieser Zusatz zum Diesel soll auch die Laufeigenschaften und den Verbrauch des Motors verbessern. Schlamm- oder Bakterienbildung konnte auf der Yacht des Autors nach Verwendung dieses Zusatzes nicht beobachtet werden.

Um nicht immer entlüften zu müssen, sollte ein Dieseltank niemals ganz leergefahren werden. Auch wenn der Ansaugstutzen nicht bis zum Boden herabgeht, so kann es doch aufgrund der Schiffsbewegungen möglich sein, dass entweder »Schmutz« (meist sind das Algen, die im Kondenswasser gedeihen) oder auch Wasser im Tank aufgewirbelt und dieses angesaugt wird. Wir merken das sofort am Stottern der Maschine. Im Allgemeinen wird der Motor dadurch nicht stehen bleiben, aber er ist doch in seiner Leistung stark gemindert.

Viele Schiffe haben auch einen so genannten »Tagestank«. Dieser sieht nicht schön aus, ist aber eigentlich eine recht funktionssichere, primitive Sache. Die Maschine ist in einem solchen Fall nicht mehr von einer Förderpumpe abhängig. Das Prinzip des Tagestanks ist einfach: Über dem Motor wird ein relativ kleiner Tank mit wenigen Litern Inhalt angebracht, in den wir Treibstoff einfüllen oder vom Haupttank hochpumpen. Der Tank sollte entweder eine Anzeige haben oder aber durchsichtig sein, sodass wir vermeiden können, ihn leerzufahren und so Luft in die Treibstoffleitung zu bekommen, was zum Absterben der Maschine führt.

Für die Marschfahrt verbraucht unser Diesel ganz grob gerechnet übrigens 0,1 Liter pro geleisteter PS und Stunde. Öl sollte er nahezu gar keines fressen. Es ist übrigens nur von Nutzen für die Maschine, wenn wir so oft wie möglich das Öl wechseln. Meist schreibt die Herstellerfirma genau vor, welchen Typ Öl wir verwenden müssen. An diese Empfehlung sollten wir uns unbedingt halten. Wird zum Beispiel 20er HD-Öl ohne Rücksicht auf die Jahreszeit gefordert, so müssen wir unter allen Umständen versuchen, dieses dünnflüssige Öl auch in den heißen Gegenden zu erhalten, was oft gar nicht so einfach ist. Man tut gut daran, sich dementsprechend mit Vorrat einzudecken. Das darf allerdings nicht übertrieben werden. Öl kann nämlich wie jeder organische Stoff verderben – Diesel übrigens auch, sodass als grobe Grenze für die Bevorratung zwei Jahre angegeben werden können.

Propeller und Getriebe

In der Regel wird die Kraft von der Maschine auf den Propeller immer noch mit einem mechanischen Getriebe übertragen, das unbedingt einen Rückwärtsgang haben soll – früher keine Selbstverständlichkeit. Nur so ist es uns nämlich möglich, das Schiff »abzubremsen«. Vergessen wir aber nicht, dass auch das Getriebe einen, wenn auch nicht so häufigen, Ölwechsel benötigt. An diesem angeflanscht ist die Propellerwelle, die meist kurz hinter dem Getriebe durch das Schiff nach draußen ins Wasser tritt. Gelagert wird sie heutzutage häufig auf Gummilagern. In südlichen Gegenden soll-

ten wir übrigens nicht nur die Maschine häufig laufen lassen, sondern auch dafür sorgen, dass sich die Propellerwelle von Zeit zu Zeit dreht. Zwischen Gummilager und Welle setzen sich nämlich kalkhaltige kleine, harte Muscheln an, die, wenn sie nicht frühzeitig beim Durchdrehen entfernt werden, unser Gummilager stark beschädigen oder gar zerstören können.

Das Gummilager wird mit Wasser geschmiert. Es muss verhindert werden, dass über die Welle Wasser ins Schiffsinnere dringt. Diese Aufgabe erfüllt die Stopfbuchse. Sie bedarf unserer besonderen Aufmerksamkeit. In ihrem Inneren befindet sich die so genannte »Stopfbuchsenpackung«, die je nach Druck der beiden Brillen aufeinander mehr oder weniger hart an die sich drehende Welle angepresst wird. Die Stopfbuchsenpackung ist nichts anderes als ein Stück Baumwollschnur, satt in Fett getränkt. Meist befindet sich auch außen an der Stopfbuchse eine Fettpresse, die wir jeweils ein wenig weiterdrehen sollten, wenn die Maschine gelaufen ist, um diese Schnüre wieder mit Fett anzureichern. Der Druck kann verändert werden, indem wir einfach die Stellung der Muttern verändern. Die Kunst, die Stopfbuchse richtig einzustellen, besteht darin, dass diese nicht trocken läuft, andererseits aber möglichst wenig Wasser ins Schiff dringt. Man wird sich eine Stellung suchen, dass aus der Stopfbuchse ins Schiffsinnere bei laufender Welle ungefähr alle 5 bis 10 Sekunden ein Tropfen Wasser dringt. Diese Einstellung können wir eigentlich nur bei laufender Welle vornehmen. Hierbei ist zu beachten, dass wir die Brille auf gar keinen Fall einseitig anziehen dürfen, weil sonst eine der beiden Schrauben mit einiger Sicherheit brechen wird. Deshalb ist es besser, geduldig die linke Schraube eine halbe Drehung und dann die rechte Schraube eine halbe Drehung und so fort anzuziehen.

Ist die richtige Einstellung gefunden, so muss die Stellung mit den Kontermuttern fixiert werden. In regelmäßigen Abständen (20 Betriebsstunden) sehe man nach, ob die Buchse eine neue Einstellung braucht. Ist man am Anschlag angelangt, so müssen wir die Stopfbuchse neu packen. Dies kann

Nur bei sehr großen (Einrumpf-) Segelyachten sollte man an zwei Maschinen denken: doppelter Ärger mit wenig Vorteilen! Die Schrauben stehen hier viel zu eng beieinander, um durch entsprechende Hebelwirkung mit verschiedenen Drehrichtungen der Propeller einen Vorteil bei Hafenmanövern zu haben.

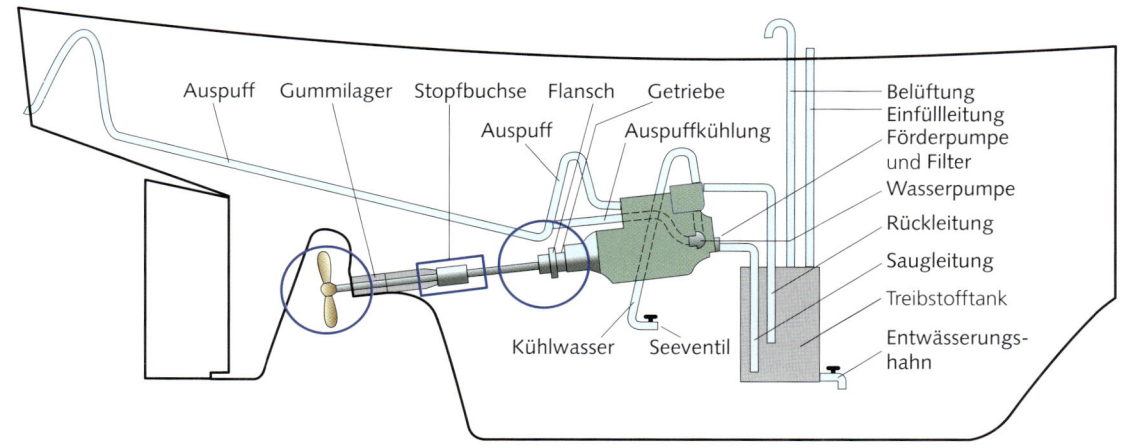

Auspuff Gummilager Stopfbuchse Flansch Getriebe

Auspuff Auspuffkühlung

Belüftung
Einfüllleitung
Förderpumpe
und Filter
Wasserpumpe
Rückleitung
Saugleitung
Treibstofftank
Entwässerungs-
hahn

Kühlwasser Seeventil

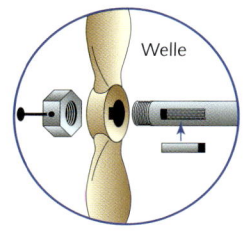

Welle

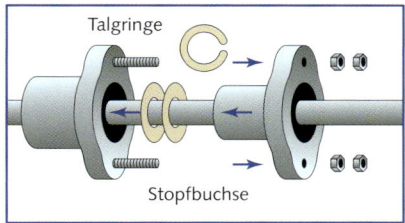

Talgringe

Stopfbuchse

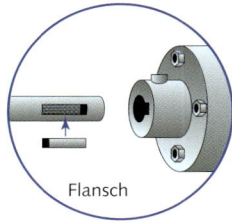

Flansch

*System eines ordnungsge-
mäß installierten Diesel-
motors mit dazugehöriger
Tankanlage.*

*Systematischer Aufbau
einer Wellenanlage.*

*Bei der Einfahrt in enge
Fjorde oder bei gebirgigem
Ufer ist es ratsam, die
Maschine mitlaufen zu
lassen. Die Bö hier auf dem
Bild kann innerhalb von
Sekunden wegbleiben –
oder gar um 90 Grad
drehen.*

Faltpropeller haben nur den Vorteil des (etwas) geringeren Widerstands im Wasser. Das bringt ein oder zwei Zehntelknoten Geschwindigkeitsgewinn. Andererseits: Wenn Kalkmuscheln angewachsen sind, öffnet er sich vielleicht nicht und beim Rückwärtsfahren ist sein Wirkungsgrad schlecht.

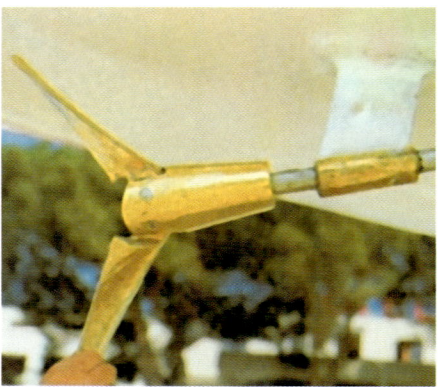

Faltpropeller mit Leinenschneider. Soll Leinen, Netze, Angelschnüre, die sich sonst in der Schraube verfangen würden, kappen und in kleine harmlose Stückchen »zerlegen«. Funktioniert nicht unter allen Bedingungen.

man auch durchführen, solange das Boot im Wasser ist. Wenn wir unsere neue Packung vorbereitet haben, handelt es sich um Sekunden, bis die Schnurringe eingeschoben sind und der kleine »Wassereinbruch« gestoppt ist.

Bei der Berechnung des Propellerdurchmessers und seiner Steigung verlassen wir uns auf den Fachmann. Meist werden wir auf einer Segelyacht wegen des geringeren Wasserwiderstandes einen zweiflügeligen vorziehen. Es ist wenig bekannt, dass ein mitlaufender zweiflügeliger Propeller bei niedriger Drehzahl einen ganz erheblichen Wasserwiderstand verursacht, sodass es wesentlich günstiger ist, den Propeller senkrecht hinter dem Totholz durch Einkuppeln festzustellen. Aus dem gleichen Grund werden wir eine dreiflügelige Schraube festsetzen. Ein Stück Tesaband auf die Welle im Motorraum geklebt, zeigt die »richtige« Stellung der Schraube an. Außerdem werden dadurch Lager und Stopfbuchse weniger verschlissen.

Ich bin kein Freund von Faltpropellern, die, auch wenn sie sich nicht hinter dem Totholz

befinden, nur noch wenig Widerstand verursachen. Kleine Muscheln oder Dreck verhindern nur allzu oft das automatische Aufgehen. Rückwärts fahren kann man mit ihnen ohnehin schlecht. Solche Propeller haben deshalb bei Fahrtenyachten, wo es ja nicht auf Zehntelknoten Geschwindigkeitsunterschiede ankommt, keine rechte Daseinsberechtigung, erst recht sind sie die erheblichen Mehrkosten nicht wert.

Wesentlich interessanter wäre ein Verstellpropeller. Mit diesem kann man mithilfe eines Gestänges die Steigung des Propellers verändern. Wir können uns sogar das mechanische Wendegetriebe sparen, weil es möglich ist, die Propellerblätter bis auf »Rückwärtsfahrt« zu drehen. Aber auch beim Segeln mit mitlaufender Maschine hat man den Vorteil, dass die Steigung etwas steiler eingestellt werden kann und somit die Maschine, die ja durch den Segelvortrieb entlastet ist, wirksamer eingesetzt wird. Leider ist der Wirkungsgrad umso schlechter, je kleiner die Anlage ist, sodass sie schon aus diesem Grunde bei Schiffen unter 13 Metern nicht als ideal angesehen werden kann. Hinzu kommt noch, dass eine zweite Stopfbuchse versorgt werden muss, denn das Gestänge für die Verstellung der Propellerblätter muss ja auch nach außen zum Propeller hingeführt werden.

Checkliste für die Maschinenanlage:

Jede Woche:	Batterie: Säurestand und Dichte
Vor jeder Fahrt:	Ölstand im Motor
Zu Beginn der Fahrt:	Bei laufender Maschine Stopfbuchse (ein Tropfen alle 10 Sekunden) Auspuffdichtigkeit (erkennbar an geschwärzten Stellen, über verdächtige Stellen kann auch weißes Papier gehalten werden, das sich schwarz verfärben würde).
Während der Fahrt:	Temperatur und Öldruck (alle 10 Minuten)
Nach jeder Fahrt:	Die Fettpresse bei der Wasserpumpe und bei der Stopfbuchse weiterdrehen. Gashebel bei eingekuppelter Schraube in Vollgasstellung.
Alle 20 Stunden:	Wasserstand bei der Zweikreiskühlung
Alle 50 Stunden:	Ölstand im Getriebe, Ölwechsel – je nach Bedienungsanleitung
Alle 250 Stunden:	Ölfilter wechseln – Ventilspiel – je nach Bedienungsanleitung

Inneneinrichtung

Diese wird – logisch – maßgeblich von der Größe des ganzen Schiffes bestimmt. In kleinen Yachten wäre es ungeschickt, den ohnehin schon geringen Raum durch Raumteiler oder gar Zwischenwände noch weiter zu unterteilen. Auf größeren Yachten (ab 10 Metern) bin ich ein Freund von abgeteilten Räumen, weil ich der Meinung bin, dass dies dem Höhlentrieb des Menschen am ehesten entspricht und die Sache gemütlicher macht.

Die übliche Einteilung auf einer kleinen Fahrtenyacht wird immer sein: Salon und Vorschiff. Wenn wir das Vorschiff als Wohnraum benutzen wollen, sollten wir dort möglichst wenig stauen, also insbesondere keine Segel. Diese gehören dann in die Backskisten oder – was sicher nicht das Schlechteste

ist – einfach an Deck. Das Vorschiff ist unterwegs der unbequemste Teil des ganzen Schiffes. Die Kojen dort können in rauer See nahezu unbenutzbar werden, dann spielt sich das Leben ohnehin hauptsächlich in den Kojen beim Niedergang ab.

So bequem breite Betten im Hafen sein können, so nachteilig sind sie auf hoher See. Die Doppelkoje macht sich im Prospekt sehr gut, ist aber ein ausgesprochener Unsinn für eine Fahrtenyacht, denn dort werden wir auf raumen oder Vorwind-Kursen kaum ruhigen Schlaf finden. Die Kojen müssen so ausgestattet sein, dass wir gegen das Herausfallen geschützt sind. Dies kann man mit vorgespanntem Segeltuch erreichen oder mit Kojenbrettern. Wir haben auf unserer Weltreise Kojenbretter benutzt, die im Hafen unter der Matratze an einem Scharnier befestigt waren, sodass sie auf hoher See nur herausgeklappt werden mussten. Sie haben sich gut bewährt.

Ein Kinderwagenverdeck über dem Nieder-

Schöner wohnen in einer »Sunbeam 32«.

gang erweitert den Wohnraum unserer kleinen Yachten ganz wesentlich. Nur selten, bei Regen und achterlichem Wind vielleicht, müssen wir die Niedergangsluke schließen, sodass wir sonst mindestens subjektiv das Gefühl des größeren Raumes haben.

Auf größeren Yachten werden wir uns eine Achterkajüte leisten. Sie ist natürlich dann ideal, wenn wir mit mehreren Freunden unterwegs sind, die dort ihr abgeschlossenes Reich haben. Allerdings muss sie von einer bestimmten Größe sein, damit es kein »Rattenloch« ist, wie ein berühmter Konstrukteur einmal eine kleine Achterkajüte genannt hat.

Bei Schiffen ab 12 Metern Länge können wir sogar ein Mittelcockpit einbauen, dem meine Vorliebe gilt, obwohl es eine ganze Reihe von Nachteilen hat. Der größte ist sicher die Tatsache, dass es mit Abstand der nasseste Platz des ganzen Schiffes ist. Außerdem »verschwenden« wir damit den, von den Schiffsbewegungen her gesehen,

»Bavaria 42« – aber wie machen sich nasses Ölzeug oder Salzwasser-Badehosen auf diesen eleganten Polstern?

Im Innern einer 50-Fuß-Aluyacht aus Holland.

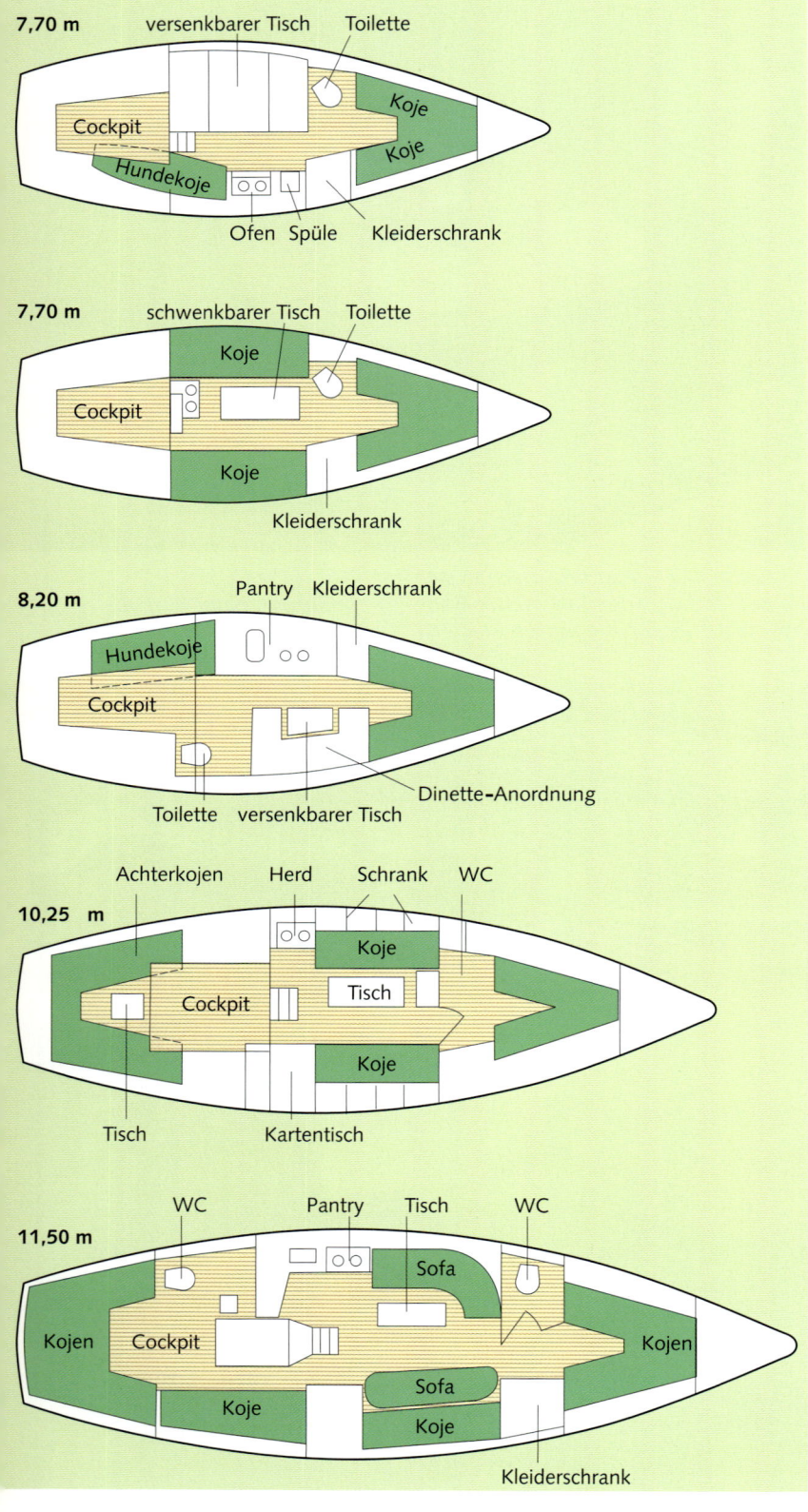

7,70 m   versenkbarer Tisch   Toilette

Cockpit

Koje

Koje

Hundekoje

Ofen   Spüle   Kleiderschrank

7,70 m   schwenkbarer Tisch   Toilette

Koje

Cockpit

Koje

Kleiderschrank

8,20 m   Pantry   Kleiderschrank

Hundekoje

Cockpit

Dinette-Anordnung

Toilette   versenkbarer Tisch

10,25 m   Achterkojen   Herd   Schrank   WC

Koje

Cockpit   Tisch

Koje

Tisch   Kartentisch

11,50 m   WC   Pantry   Tisch   WC

Sofa

Kojen   Cockpit   Kojen

Sofa

Koje

Koje

Kleiderschrank

bequemsten Platz für die darunter befindliche Maschine. Im Idealfall ist unser Schiff so groß, dass wir vom Salon unter dem Mittelcockpit hindurch ins Achterschiff gelangen können und somit bei schlechtem Wetter gar nicht erst die Niedergangsluken öffnen müssen. Befindet sich die Maschine unter dem Mittelcockpit, so kommen wir für Überholungs- und Reparaturarbeiten gut heran. Nur müssen wir hierbei peinlichst darauf achten, dass ins Cockpit eingestiegenes Wasser zu den Lenzrohren abläuft und nicht etwa in den Maschinenraum gelangen kann. Eine schwierige Aufgabe, aber sicher lösbar.

Eine wichtige Forderung an ein seegehendes Schiff ist selbstverständlich ein selbstlenzendes Cockpit und darüber hinaus auf jeden Fall ein Brückendeck. Gefährlich sind die Konstruktionen, bei denen praktisch nur ein gewöhnliches Holzschott unterwegs eingesetzt wird, um dem Wasser im Cockpit den Zugang zur Kajüte zu verwehren. Wenn nämlich eine See einsteigt, so ist im Allgemeinen das Cockpit zunächst für einen Moment randvoll. Zwar wird durch die Schiffsbewegung ein großer Teil des Wassers sofort wieder hinausgeworfen, doch bleiben Hunderte von Litern zurück, die unter Umständen minutenlang im Cockpit stehen und bei einem Holzschott fast ungehinderten Zugang zur Kajüte finden. Ganz abgesehen von der damit verbundenen Unbequemlichkeit muss dies schon aus Sicherheitsgründen auf alle Fälle vermieden werden.

Es ist Geschmackssache, ob man in der Nähe des Niederganges eine so genannte »Nasszelle« vorsieht, wo Toilette, Dusche, Küche, Ölzeugschrank und so fort eingebaut sind. Die Erfahrung lehrt nämlich, dass auch ohne überkommendes Wasser bei schlechtem Wetter mit dem Ölzeug unglaubliche Mengen von Feuchtigkeit ins Schiffsinnere geschleppt werden, die einem

Bei Yachten unter 12 Metern Länge wird meist die Einrichtung von der Schiffsgröße diktiert.

*Der erfolgreiche Whit-
bread-Race-Winner FLYER
(25 Meter) wurde nach seiner Rennkarriere zur Fahrtenyacht umgebaut und
bietet nunmehr dem Eig-
nerehepaar ein gemüt-
liches Zuhause.*

das Leben ganz gehörig vermiesen können. Bis zu einem gewissen Grad kann das dadurch verhindert werden, dass jedes Mannschaftsmitglied sich nach dem Niedergang in dieser Nasszelle umzieht und dort auch sein triefendes Ölzeug zurücklässt. Eine solche Einrichtung ist allerdings nur auf großen Yachten möglich, wo es nichts ausmacht, dass an der breitesten Stelle des Schiffes Wohnraum verloren geht.

In der Nähe des Niedergangs soll die Navigationsecke mit den wertvollen Instrumenten, jedoch gut geschützt gegen Spritzwasser, zu finden sein. Natürlich ist es leicht gesagt, man solle den Kartentisch so groß auslegen, dass eine übliche Seekarte darauf Platz hat. So viel Raum werden wir auf unseren Yachten selten haben. Eine Auflagefläche von 70 x 50 cm reicht vollkommen aus. Auf einer Weltreise-Yacht würde ich sogar einen Kartentisch als unnötig ansehen. Hierbei muss immer daran gedacht werden, dass unsere Yachten so teuer sind, dass wirklich kein Grund besteht, Platz zu verschwenden. Unterwegs, also außer Landsicht, benötigen wir nämlich überhaupt

keine Karte oder höchstens einmal am Tag, um traditionsgemäß unsere Mittagsposition festzustellen. Dies aber passiert sicher nicht, während der Esstisch schon gedeckt ist, und so können wir auch diesen als Unterlage benutzen. In Landnähe, also nach dem Landfall, kann ich mir ebenfalls nicht vorstellen, dass gleichzeitig in der Karte navigiert und gegessen wird. Meist ist es doch so, dass erst, wenn »alles klar« ist, wir uns in Ruhe zum Essen an den Tisch setzen. Noch eine Überlegung zum Kartentisch: Die Zukunft gehört der elektronischen Seekarte. Wer sich also nicht gegen diese Entwicklung stemmt, wird sich auch deshalb überlegen, auf einen speziellen Kartentisch zu verzichten. Stattdessen genügt eine Art Schreibtisch, auf dem das Notebook Platz haben muss. Dieses neben den Niedergang zu platzieren ist riskant, denn der Computer kann viel, aber mit Salzwasser kann er nichts anfangen. Andererseits muss der Computer, sollen seine Fähigkeiten ausgeschöpft werden, an das GPS per Kabel angeschlossen sein. Das gilt es bei der Planung der »Navigationsecke« zu berücksichtigen.

*Ein Schlingertisch ist halb-
kardanisch aufgehängt. Er
sollte auch in rauem Wet-
ter seine Last nicht abwer-
fen. Funktioniert! Bei sechs
Windstärken bleiben Tisch
und Rotwein in der Waage-
rechten.*

Der Salon einer 33-Meter-Segelyacht. Wer nach dem Preis dieser Yacht von Jongert fragt, wird sie sich nicht leisten können.

Eigner-»Kabine« auf der 33-Meter-Yacht von Jongert.

Ich habe hervorragende Erfahrungen mit einem Schlingertisch gemacht, kenne aber auch eine Reihe von weit gereisten Fahrtenseglern, die nur Negatives über diese Einrichtung zu berichten wissen. Für mich ist sein Hauptvorteil nicht der, dass ich an diesem Tisch essen kann, ohne befürchten zu müssen, dass ein Teller oder das Salzfass durch die Gegend fliegt, sondern dass es auf einem rollenden Schiff einen Platz gibt, wo vor allem der Smutje seine Siebensachen beim Kochen zu jeder Zeit hinstellen kann. Selten wird es so sein, dass ein Schwingtisch sofort einwandfrei funktioniert. Meist werden wir eine längere Zeit herumexperimentieren, bis wir durch Abdämpfen der Schwingungen mit Gummizügen die Pendelbewegungen ungefähr der Rollperiode unserer Yacht angeglichen haben. Es schadet bei einem kardanisch (genau gesagt: »halbkardanisch«) aufgehängten Tisch nicht, wenn wir ihn zusätzlich mit einer kleinen Reling versehen, die wir im Hafen jedoch abnehmen müssen, denn das Essen wird sonst zur Quälerei und ein Abwischen des Tisches ist ganz unmöglich.

Verzichten wir auf einen Schwingtisch, so werden wir unterwegs zu einer ganzen Reihe von Notlösungen greifen müssen. Selbstverständlich hilft eine Reling von mindestens 5 cm Höhe um den Tischrand. Eine nasse Unterlage auf den Tisch gebreitet vermeidet ebenfalls in gewissen Grenzen das Umherrutschen des Geschirrs.

Ein Tipp für ganz schweres Wetter: Essen und Schlafen ist dann am bequemsten auf dem Boden.

Ob der Tisch in der Mitte des Salons steht oder wir die Dinette-Anordnung vorziehen, ist in erster Linie eine Frage des persönlichen Geschmacks. Mir selbst gefällt eine Dinette-Anordnung wesentlich besser (vor allem bei Yachten ab 9 Metern), weil sie den Raum (nach meiner Meinung) gemütlicher gestaltet. Ist man ein geselliger Mensch und legt vor allem im Hafen wert auf viele Gäste an Bord, dann würde ich eher die konservative Einrichtung mit Tisch in der Mitte bevorzugen, wo wir dann doch größere »Versammlungen« abhalten können. Allerdings – der Tisch steht immer im Mittelpunkt und mitten im Gang.

Die 52-Fuß-Slup Sarita hat den Atlantik zahlreiche Male überquert und die Welt umsegelt. Bequemes Reiseschiff für bis zu 8 Mitsegler.

Inneneinrichtung bei Katamaranen

Noch mehr als bei Monos ist bei Mehrrumpfbooten die Inneneinrichtung durch die Rumpfform (und die Schiffsgröße) weitgehend vorgegeben. Es kommen – im Wesentlichen – lediglich zwei Einrichtungsalternativen zur Anwendung: Im ersten Fall ist das Deck zwischen den beiden Rümpfen ohne Wohnraum, im zweiten Fall befindet sich dort der Salon.

In den Rümpfen befinden sich praktisch immer die Schlafräume, die Kojen, meist in Längsrichtung. Erst bei Katamaranen über 15 Meter Länge über alles verfügt das Schiff über eine Rumpfbreite von über zwei Metern, könnte man also auch Kojen in Querrichtung anordnen.

Wer zum ersten Mal einen Katamaran betritt, ist meist überwältigt vom Platzangebot, übersieht aber hierbei leicht, dass

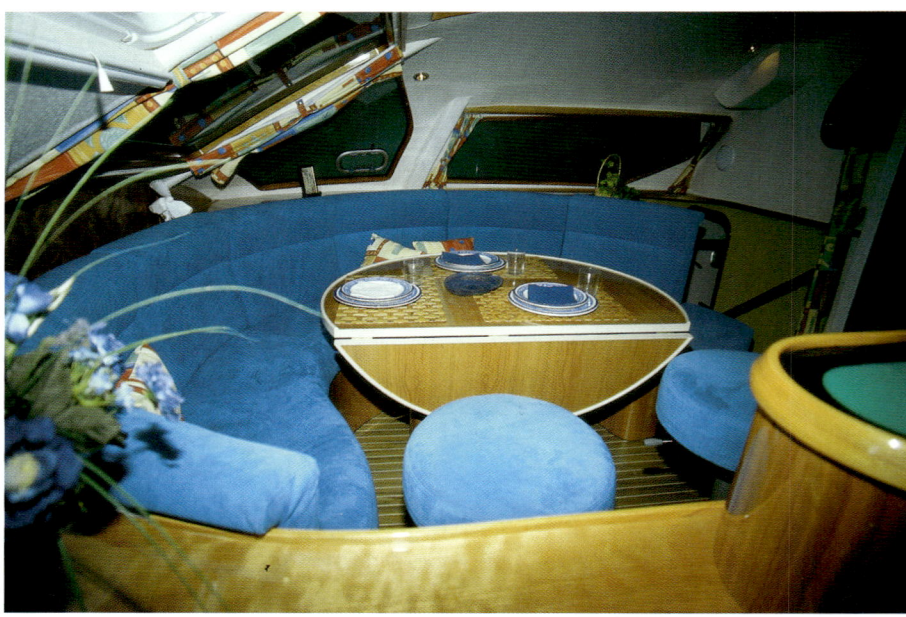

Salon auf einer »Catana« – das ist Erster-Klasse-Reisen mit über 10 Knoten.

Eine »Privilège« mit »nur« 43 Fuß Länge. Aber welch ein Platzangebot mit französischer Eleganz!

andere Einrichtungsmöglichkeiten aufgrund der Vorgabe – zwei Rümpfe mit jeweils schlauchförmigem Innenraum – kaum existieren. Wenn also ein bewohnbares Brückendeck fehlt, dann wird auch der »Salon«, also der allgemeine Aufenthaltsraum, in einem der Rümpfe untergebracht sein. Damit aber ist die (geringe) Breite von rund zwei Metern vorgegeben. In diesem Fall entfällt auch der Platz für ein Kojen-

paar, sodass bei dieser Lösung meistens »nur« sechs Kojen angeboten werden.

Positiv betrachtet: Eine Sitzecke mit zwei Metern Breite ist ohnehin ideal, ein Mehr wäre bei sechs Personen am Esstisch überflüssig. Was hier allerdings im Vergleich zur Sitzecke eines Einrumpfers fehlt, ist eine bequeme Durchgangsmöglichkeit zum Vorschiff, wenn die Mannschaft gerade am Tisch sitzt.

Anders sieht es auf größeren Katamaranen aus, die ein überdachtes Brückendeck haben. Dies wird dann fast immer der bewohnbare Aufenthaltsraum sein, der, wenn das Dach über die ganze Schiffsbreite gezogen wird, so groß ist, dass der Konstrukteur – besser gesagt: der »Innenarchitekt« – gelegentlich nicht so richtig weiß, was er mit dem riesigen Platzangebot – wer hat zu Hause schon ein Wohnzimmer mit sieben Metern Breite – machen soll. Die Verlegung der Pantry, der Navigation sowieso, in das »Wohnzimmer« ist die Folge. Die Bordfrau freut sich, denn sie hat von dort einen herrlichen Ausblick aufs Heckwasser und jede Menge Frischluft.

Betritt man die »Kajüte« einer »Privilège 465« und blickt an der Navi-Ecke vorbei nach Backbord, hat man den Blick zur Kombüse und zum Niedergang in den Backbordrumpf.

Hier wurde auf einer 46 Fuß langen »Privilège«, die nur von einem Ehepaar über die Weltmeere gesegelt wird, im Rumpf achtern ein »Arbeitsraum« mit Werkstatt untergebracht.

Und was ist dann noch in den Rümpfen? Richtig: In jedem der Rümpfe, oft spiegelbildlich, Toilette, Dusche und zweimal zwei Kojen. Das führt dazu, dass gelegentlich Einrumpfsegler die Nase rümpfen: »Katamarane haben sehr viel Platz, in dem sie jede Menge Kojen spazieren fahren.«

Es gibt noch eine weitere Variante der Platzaufteilung, die vor allem bei den Privilège-Katamaranen zu finden ist. Dort ist nicht nur das Brückendeck in Salongröße überdacht, sondern das Dach wird noch ein paar Meter weiter über das Deck gezogen. Damit wird Wohnraum gewonnen, der für zusätzliche Kojen im Mittelteil des Schiffes, also außerhalb der Rümpfe, genutzt wird. Der so gewonnene Raum ergibt dann ein vom Salon aus zugängliches »Schlafzimmer« – so der optische Eindruck.

Lösungen wie diese haben den Mehrrumpfbooten den Ruf von Raumwundern eingebracht – Raum allerdings, der nicht mit hoher Zuladung genutzt werden kann, weil die guten Segeleigenschaften dieser Schiffe nur bei geringem Gewicht gegeben sind.

Die Pantry

Ich habe etwas gegen Plastikteller und finde sie auch gar nicht so praktisch. Der einzige

Austern beanspruchen die Kochkünste der Bordfrau nicht allzu sehr. Die Pantry auf dieser »Najad« ist aber auch gehobenen Kochkünsten gewachsen.

Vorteil ist ihre Unzerbrechlichkeit. Im Übrigen sind sie empfindlich gegen Messerschnitte und ziehen Schmutz an. Auf unserer Weltreise hatten wir normales Porzellan dabei und erlebten keinen einzigen Bruch. Voraussetzung ist natürlich, dass der Schrank in der Pantry mit entsprechenden Fächern und Ausschnitten versehen ist, um ein Hin- und Herrutschen des Geschirrs zu vermeiden. Wer sich mit Plastikgeschirr anfreunden kann, sollte »bruchfestes« kaufen!

Beim Besteck sollte man darauf achten, dass das »gute Silber« durch das häufige Abwaschen in Salzwasser elektrolytisch dergestalt beschädigt wird, dass der Stahl der Messer (auch wenn er aus »NIROSTA« ist) durch Elektrolyse angegriffen wird und bald über einen unbeabsichtigten Sägeschliff verfügt. Schafft man sich Becher an, um draußen dem frierenden Mann am Rohr eine heiße Muck Kaffee in die Hand zu drücken, so sollte man diese vorher ausprobieren, denn die Hitze darf nicht so gut abgeleitet werden, dass der Steuermann die Tasse nicht mehr in der Hand behalten kann. Suppenschüsseln aus emailliertem Metall haben sich nicht bewährt, weil wir uns daran dauernd die Finger verbrannt haben.

Emailletöpfe sind wegen der Emaillesplitter gefährlich. Viele erfahrene Bordfrauen kommen ohne Dampfdrucktöpfe überhaupt nicht aus. Sie vermeiden in der Kajüte lästigen Dampf, der sich dann als Feuchtigkeit überall niederschlägt, die Kochzeit wird erheblich reduziert und in Gegenden, wo wir halt kein abgehangenes Filetsteak erhalten, können wir auch zähes Fleisch im Dampftopf zu einem zarten Gulasch verarbeiten (»totkochen«). Die Angst vor kleineren Explosionen ist bei der heutigen idiotensicheren Konstruktion der Dampfdrucktöpfe unbegründet, solange man sich nur an die Gebrauchsanweisung hält.

Kocher

Propangas

Nur wenige sind sich bewusst, dass dieser Brennstoff für eine Reihe von furchtbaren Unglücken verantwortlich ist, und gehen ziemlich sorglos mit dieser Gefahr um. Tatsächlich haben die letzten Jahre gezeigt,

Auch in der Pantry macht sich das riesige Platzangebot eines Katamarans bemerkbar: Kombüse auf einer »Privilège 465«.

ständlich, denn diese Hilfe verbraucht im Dauerbetrieb nennenswert Strom, sodass die Versuchung besteht, mindestens diese paar Ampère einzusparen, indem man den Gasschnüffler ausschaltet.

Es ist müßig, über die Vor- und Nachteile von Gas zu diskutieren, denn heute ist es der einzige Brennstoff, der auf Yachten, jedenfalls unter 15 Metern, in der Regel zum Einsatz kommt. Sein Heizwert ist sehr hoch – verglichen mit Petroleum, Diesel oder gar Spiritus – und die Bedienung des Ofens einfach.

Die Installation muss sehr sorgfältig vorgenommen und zum Teil schon bei der Konstruktion des Schiffes berücksichtigt werden. Die Gasflasche sollte am besten im Freien stehen oder dorthin abströmen können. Ein Muss ist außerdem ein Sicherheitsventil, das die Gaszufuhr automatisch abschaltet, wenn aus irgendeinem Grund die Flamme verlöscht, vielleicht, weil sie vom Wind ausgeblasen wird. Am sichersten ist es, wenn auch ein klein wenig umständlich, das Ventil an der Flasche vor jedem Gebrauch auf- und nach jeder Gasbenutzung zuzudrehen. Elektrische Ventile sind hierfür ebenfalls erhältlich, sodass man die Flaschen auch aus der Ferne schließen und öffnen könnte.

Gasflaschen müssen von Zeit zu Zeit gefüllt werden, was besonders im Ausland sehr umständlich sein kann. In einigen Städten Spaniens weigern sich Taxifahrer, Segler mit Gasflaschen im Arm durch die Gegend zu fahren. Und dann muss noch der Anschluss der Gasflasche mit den Fittings der Füllstation zusammenpassen, was im Ausland nicht immer der Fall ist. Viele Segler haben schon herausgefunden, dass es billiger ist, die eigene Flasche wegzuschmeißen und an Ort und Stelle eine neue zu kaufen.

Hat man Platz, so decke man sich mit entsprechendem Gasvorrat ein, nehme man vor allem eine zweite Flasche mit. Da es schwierig ist, den Gasvorrat zu messen, so hat man bei vorhandener zweiter Flasche mindestens einen ungefähren Überblick, wie lange das Gas noch reicht.

Ein Wert aus der Praxis: Mit einer 13-Kilo-Flasche kommt man zu zweit ungefähr ein halbes Jahr aus.

dass Gasöfen und -kocher an Bord betrieben werden können, ohne dass es zu meist verheerenden Explosionen kommen muss. Maßgeblich zu dieser positiven Entwicklung beigetragen hat die Sorgfalt, mit der verantwortungsbewusste Werften den Einbau der Gasanlagen vorgenommen haben. Trotzdem: Propangas hat die Eigenschaft, schwerer als Luft zu sein, und so sinkt es aus einem Leck in der Zuleitung oder einer schlechten Schraubverbindung ab und sammelt sich dann in der Bilge, um eines Tages unbeabsichtigt entzündet zu werden. Es ist richtig, dass ausgeströmtes Gas riecht, aber nur solange man keinen Schnupfen hat. Es ist auch richtig, dass es elektronische Gasschnüffler gibt, die zuverlässig ausgeströmtes Gas in der Bilge anzeigen – solange sie funktionieren und eingeschaltet sind. Besonders Letzteres ist nicht selbstver-

Alle Werften bauen schon seit vielen Jahren praktisch nur noch Gasanlagen ein, sodass sich Alternativen zu Gas in der Praxis kaum noch finden, mag man es bedauern oder nicht. Hat man eine Yacht mit einer ordnungsgemäß installierten Gasanlage aus der neueren Zeit, so ist auch nur noch wenig dagegen einzuwenden. Nur für den Selbstbauer oder für den Erwerber einer alten Yacht aus zweiter Hand ergeben sich – mit Einschränkungen – noch andere Möglichkeiten.

Spiritus

Spiritus ist der ungefährlichste Brennstoff, doch ist sein Heizwert relativ gering. Dennoch reicht er vollkommen aus, um ein Stück Fleisch in einer Pfanne zwar nicht scharf, aber immerhin zu braten. Spiritus kann nicht explodieren, wohl aber brennen. Haben wir etwas davon verschüttet und hat dieses Feuer gefangen, so besteht kein Grund zur Panik. Mit einer Pütz Wasser sind auch größere Spiritusbrände leicht gelöscht. Spiritus ist allerdings zu Kochzwecken reichlich teuer und wohl nur eine Notlösung, eventuell für den Reservekocher.

Petroleum

Nach meiner Meinung würde sich Petroleum am besten für den Bordgebrauch eignen. Sein Heizwert kommt in die Nähe von Propangas und die Bedienung des Ofens macht, wenn man sie gewohnt ist, keine Schwierigkeiten. Der Brenner eines Petroleumofens muss zum Gebrauch so erhitzt werden, dass das später ausströmende Petroleum sofort verdampfen kann. Angeheizt wird mit Spiritus, den wir über den Brenner gießen. Selbstverständlich geschieht das, bevor wir unter leichtem Druck stehendes Petroleum mit dem Regler in den Brenner einströmen lassen. Ist dieser nun nicht ausreichend heiß, so geschieht genau das, was Petroleum bei einigen unwissenden Seglern so unbeliebt gemacht hat: Es steigt eine relativ hohe Stichflamme empor, die aber, wenn sich nicht gerade ein Vorhang darüber befindet, bei einiger Ruhe vollkommen harmlos ist. Wird nämlich der Regler wieder zugedreht, so brennt die Stichflamme in kurzer Zeit ab.

Im Übrigen braucht dieses kleine Malheur gar nicht vorzukommen, wenn wir mit etwas Geduld anheizen. Zu diesem Zweck werden kleine Kännchen verwendet, die genau die ausreichende Menge von Spiritus zum Vorheizen ausschütten. Ist einmal eine Flamme ausgegangen, so warte man geduldig, bis der Brenner erkaltet ist, um die Prozedur wieder von vorne zu beginnen. Zieht es im Schiffsinneren, so kann die vorgemessene Brennstoffmenge unter Umständen nicht genügend Hitze erzeugen, sodass der Brenner dann beim Einströmen von Petroleum noch zu kalt ist. In manchen Ländern bekommt man nur schwach konzentrierten Spiritus zu kaufen (70%ig und darunter), sodass in diesem Fall natürlich ein wenig mehr Spiritus zum Vorheizen verwendet werden muss.

Der Autor war einst energischer Befürworter von Primus-Petroleum-Kochern. Heute kann die Verwendung von Petroleum zu Kochzwecken nicht mehr empfohlen werden. Der Grund liegt in der – weltweit – schlechten Verfügbarkeit eines Petroleums von ausreichender Qualität, vom Preis mal ganz abgesehen. Tatsache ist, dass in den entlegensten Gegenden, weitab höherer Zivilisation, früher allgemein Petroleum nicht nur zum Kochen, sondern auch zum Kühlen eingesetzt wurde. Auch hier hat weniger die Elektrizität als das Gas Petroleum für immer verdrängt.

Hinzu kommt, dass die einstmals führenden Firmen in der Herstellung von Petroleum-Brennern ihre Produktion eingestellt haben, sodass die notwendigen Ersatzteile heute nicht mehr leicht beschafft werden können. Trotzdem könnte auf mancher Yacht noch Petroleum zum Einsatz kommen, wenn es gelingt, für mehrere Jahre die notwendigen Brenner mit Ersatzdüsen (!) und das Petroleum einzukaufen. Immerhin würden weniger als 100 Liter Petroleum pro Paar und Weltumsegelung ausreichen, sodass man auf eine Versorgung unterwegs nicht angewiesen wäre.

Diesel

Diesel als Brennstoff zum Kochen scheint nahe zu liegen, schließlich hat doch fast jede Yacht Dieselkraftstoff in großen Mengen an Bord. Tatsächlich gab es auch eine Handvoll Hersteller von Kochöfen, die mit Diesel betrieben wurden. Durchgesetzt haben sie sich nicht, weil die Heizleistung von Diesel – verglichen zum Beispiel mit Petroleum oder gar Gas – für Kochzwecke unbefriedigend niedrig war.

Elektrisch kochen

Mit Strom zu kochen scheint das Sicherste zu sein. Dies ist jedoch ein Trugschluss. Denn elektrisch kochen ist außerhalb des Hafens oder einer Marina nur mithilfe eines Generators möglich, der auch jeweils zur Kochzeit laufen muss. Nachdem der Einsatz jedes Verbrennungsmotors auch mit – beherrschbaren – Risiken verbunden ist, kann man Kochen mit Elektrizität nicht als völlig risikolos abtun. Das Hauptargument ist aber die Tatsache, dass eben eine Reihe von Pferdestärken im Dieselmotor in Gang gesetzt werden müssen, um zu kochen, und sei es auch nur zum Erhitzen von Kaffeewasser. Denn keine Batterie auf Yachten »unserer Größe« ist leistungsfähig genug, um einige tausend Watt für den Braten abzugeben, ohne nach kurzer Zeit in die Knie zu gehen.

Mikrowelle

Gelten die Argumente gegen den elektrischen Kocher nicht auch für die Mikrowelle? Ein durchschnittliches Mikrowellengerät braucht 600 bis 800 Watt. Da aber die Mikrowelle nur für ein paar Minuten läuft, ist dieser Verbrauch durchaus zu realisieren, zumal wenn die Maschine mitläuft. Viele Fahrtensegler, die eine Mikrowelle an Bord haben, möchten sie nicht mehr missen und setzen sie zusätzlich zu ihrem Ofen in der Pantry regelmäßig ein, sei es zum schnellen Aufwärmen von vorbereiteten Speisen, sei es zum Frühstück, sei es auch zum schnellen Auftauen von Tiefkühlkost.

Backofen

Dieser ist auf einer Fahrtenyacht, die gemütlich von Hafen zu Hafen schippert und selten länger als drei Tage auf See ist, nicht erforderlich. Wollen wir aber einen Ozean überqueren, so kann ein Backofen unseren Küchenzettel schon ungemein bereichern. Man denke nur an die Möglichkeit, selbst

Brot zu backen! Haben wir eine luxuriöse Yacht mit Tiefkühltruhe an Bord (siehe unten), so ist ein Ofen fast ein Muss.

Heizung

Unsere Kochöfen lassen sich auch ganz gut als Heizung verwenden. In den kleinen Kajüten sind sie recht wirkungsvoll. Wir müssen jedoch immer darauf achten, dass genügend Frischluft in die Kajüte strömen kann, weil die Öfen unglaubliche Mengen von Sauerstoff verbrennen. Sollten wir dies nicht beachten und vielleicht gar über Nacht den Ofen als Heizung verwenden, besteht Lebensgefahr!

Kühlschrank

Dieser wäre, vor allem in südlichen Regionen, eine der wertvollsten Einrichtungen für das Wohlbefinden an Bord. Wenn wir allerdings vernünftig überlegen und Prospekte aufmerksam studieren, so müssen wir einsehen, dass ein elektrischer Kühlschrank an Bord einer Segelyacht Unsinn ist. Eine einfache Rechnung beweist das. In einem Prospekt ist angegeben: »Sparsamer Verbrauch von fünf Ampère – wenn die Ware abgekühlt ist, nur noch drei Ampère.« Selbst die angeblich ganz modernen, die elektrisch nach dem Schwingverdichter-Prinzip arbei-

»Pantry« auf einer Mega-Yacht. Jegliche – auch elektrische – Küchentechnik ist vorhanden, aber letztlich entscheidend ist nur, wie das Essen schmeckt.

ten, benötigen immer noch zwei bis drei Ampère. Rechnen wir eine Abkühlzeit von drei Stunden, so haben wir aus unserer 72-Ampèrestunden-Batterie bereits 15 Ampèrestunden (Ah) entnommen und nach weiteren 10 Stunden über Nacht sind wir schon bei insgesamt 45 Ah angelangt. Wenn unsere Batterie in der Praxis ca. 55 Ah abgibt, so liegt es nahe, dass sie allein durch den Kühlschrank am Morgen restlos entleert wurde und wir die Maschine 10 Stunden lang orgeln lassen müssen, um sie wieder hochzukriegen (siehe Elektrizität an Bord, Seite 102).

Wir könnten allerdings auch einen Absorber-Kühlschrank mit Gas, Petroleum oder Spiritus betreiben. Was über die tödliche Gefahr von Gas an Bord beim Kochofen gesagt wurde, gilt in erhöhtem Maße auch für unseren Gas-Kühlschrank. Ein Luftzug, der die Flamme hinter dem Kühlschrank aushauchen würde, ließe beim Fehlen einer entsprechenden Schutzvorrichtung das Gas ungehindert ausströmen, ohne dass irgendeine Leitung leck sein muss.

Viel weniger riskant wäre ein Petroleum-Kühlschrank, der im Hafen hervorragend funktioniert. Allerdings sollte auf kleinen Yachten nicht übersehen werden, dass die Petroleumflamme die Umgebung des Kühlschranks ganz schön aufheizen kann. Im Übrigen gilt die schlechte Verfügbarkeit dieses Brennstoffs auch bei Kühlschränken. Hinzu kommt, dass alle Kühlschränke, die nach dem Absorber-Prinzip funktionieren, extrem krängungsempfindlich sind, sodass ein einwandfreier Betrieb unterwegs nicht gewährleistet ist.

Amerikanische Yachtsegler haben vor ein paar Jahrzehnten eine gute Lösung des Problems gefunden. Sehen wir uns zunächst einmal den Energieweg bei einem normalen Kompressor-Kühlschrank an: Hier wird die im Treibstoff steckende Energie durch die Verbrennung in mechanische Energie (Maschine) und sodann mithilfe der Lichtmaschine in elektrische Energie umgewandelt. Die Lichtmaschine speichert die entstehende Elektrizität in die Batterie, die auch wiederum nur einen Teil der in sie hineingesteckten Energie an den stromfressenden Elektromotor des Kühlschrankes abgibt.

Letzterer treibt dann schließlich den Kompressor der Kühlmaschine an. Bei jedem Schritt geht Energie verloren, und das nicht zu knapp!

Die Amerikaner haben hier nun den auf der Abbildung ersichtlichen Weg eingeschlagen. Die wesentlich höhere Wirtschaftlichkeit dürfte auf den ersten Blick einleuchten. Der Hauptvorteil liegt aber darin, dass wir den ohnehin schwächsten Teil unserer elektrischen Versorgungsanlage, nämlich die Batterie, überhaupt nicht belasten, sondern die mechanische Energie der Hauptmaschine genutzt wird, die spielend den Erfordernissen dieses kleinen Kühlschrankkompressors nachkommt. Eine Schwierigkeit gibt es natürlich dabei. Während der Kühlschrank zu Hause durch seinen Thermostat in kurzen Zeitabständen den Motor ein und ausschaltet, um ein Ansteigen der Temperatur zu verhindern, können wir selbstverständlich unsere Hauptmaschine nicht alle 5 Minuten anwerfen, um die Temperatur niedrig zu halten. Gelöst wird das Problem durch sog. »Cold Banks«, auch »eutektische Platten« genannt, flache Metall-Tanks, gefüllt mit einem (meist) Alkohol-Wasser-Gemisch, die in dem Kühlschrank rund um das Kühlgut herumgebaut sind. Sie wirken quasi als Kälte-Batterien, das heißt, sie nehmen die während der Motorlaufzeit produzierten Kältemengen auf und geben sie dann langsam, wenn der Motor nicht läuft, an ihre Umgebung ab.

Mithilfe eines Kompressors, der mittels einer Magnetkupplung von der Hauptmaschine angetrieben wird, brauchen wir nur die Cold Banks, in denen die Kälte gestaut wird, herunterzukühlen, um die Maschine erst am nächsten Tag wieder benutzen zu müssen. Solche Werte werden allerdings nicht etwa allein durch hervorragende Isolation erreicht, sondern durch die Nutzung des Gefriereffekts. Wenn man beispielsweise eine Kalorie Energie benötigt, um eine gewisse Menge einer Flüssigkeit um ein Grad abzukühlen, dann ist die fünfzig- bis achtzigfache Menge Energie notwendig, die Flüssigkeit in der Nähe des Gefrierpunktes vom flüssigen in den festen (Eis!) Zustand zu bringen. Umgekehrt wird eine Menge Kälte »frei«, wenn das Eis schließlich beim Auftauen wieder in den flüssigen Zustand übergeht.

Genau diesen Effekt macht man sich in den Cold Banks zunutze. Beim Einfrieren der Gefrierflüssigkeit in den Cold Banks benötigt man viel Energie, was unserer Schiffsmaschine aber keine Schwierigkeiten bereitet (Zwei bis drei PS fallen bei 20 PS und mehr kaum ins Gewicht!). Wenn nach dem Abstellen des Kühlkompressors die Flüssigkeit wieder auftaut, wird die einmal hineingesteckte Kälte wieder frei und kann das Kühlgut lange kühlen. Es leuchtet ein, dass man diesen Kühleffekt allerdings nur dann nutzen kann, wenn die Kühlflüssigkeit einmal so weit abgekühlt worden ist, dass sie gefroren ist.

Ein Wert aus der Praxis für eine erstklassige Anlage: Ca. 5 bis 6 Stunden benötigt die Maschine, um die gesamte Kühlflüssigkeit auf minus 32 °C herunterzukühlen; nach Erreichen dieser Temperatur reicht eine tägliche Laufzeit der Hauptmaschine von nur noch 60 Minuten.

Die Anlage muss aber von vornherein als Kühlschrank oder Tiefkühltruhe ausgelegt sein. Wird zum Beispiel die Kühlflüssigkeit in den Cold Banks (eutektische Lösung) für einen Gefrierpunkt von minus 18 °C gewählt, so arbeitet die Anlage eben erst dann wirtschaftlich, wenn die Lösung gefroren wird, also mindestens minus 18 °C erreicht werden. Hierzu ist wiederum ein größerer Kompressor nötig als bei Betrieb eines Kühlschrankes knapp unter 0 °C.

Die einzelnen Bauteile, zu denen noch ein seewassergekühlter Kondensator kommt, müssen also genau aufeinander abgestimmt werden. Keinesfalls ist es möglich, einen bereits vorhandenen Kühlschrank umzubauen. Überhaupt rate ich davon ab, hier selbst herumzubasteln. Das Problem bei solchen Anlagen ist nämlich das verwendete Kühlgas, das, auch wenn es sich nicht mehr um das zwischenzeitlich verbotene Freon (halonhaltig!) handelt, außerordentlich aggressiv ist. Leitungen, selbst einwandfreie Lötstellen, werden gelegentlich undicht, sodass Feuchtigkeit in das System eindringen kann, was zum Versagen der Anlage führt. Das ist fast unverständlich, wenn man an unsere Kühlschränke zu Hause denkt, die ohne jede Wartung jahrzehntelang störungsfrei laufen. Tatsache ist, und das haben die letzten Jahre bewiesen, dass mit solchen Problemen nur Spezialfirmen fertig werden, die langjährige Erfahrung mit solchen Anlagen haben müssen. Sie allein können eine solche im Betrieb unkomplizierte Kühlanlage zusammenstellen und bauen. So zum Beispiel: Adler Barbour – www.waecoadlerbarbour.com – beschäftigt sich seit 35 Jahren mit Yacht-Kühlanlagen.

Wassermacher

Bis vor kurzem war der Autor kein Freund dieser Geräte. Es kursierten zu viele Berichte über die Störanfälligkeit solcher Anlagen, auch »Entsalzungsanlagen« genannt. Zudem gelten sie als wartungsintensiv, scheinen also gerade das Gegenteil von dem zu sein, was wir uns an Bord eines Fahrtenschiffes wünschen.

Andererseits kommen die Hersteller nunmehr mit der Technik gut zurecht, sodass Wassermacher oder besser ausgedrückt »Entsalzungsanlagen« auf echten Fahrtenyachten immer häufiger zu finden sind, ja bald zur Standardausrüstung zählen.

Ihre Vorteile sind nicht zu übersehen: Man braucht nicht mehr vor jedem längeren Schlag die Tanks mit gewichtigem Süßwasser zu füllen. Es ist überflüssig geworden, nur wegen Wasserübernahme in eine teure Marina zu gehen, und an vielen tropischen Plätzen, wo gelegentlich nur zweifelhafte Wasserqualität erhältlich ist, kann man auf die bordeigene Wasserversorgung zurückgreifen. Und schließlich erspart man sich manches riskante Hafenmanöver bei ungünstigem Wind, das nur wegen fehlendem Süßwasser in den Tanks notwendig geworden ist.

Ja, Tatsache ist, dass die Wasserqualität aus dem Entsalzer in gesundheitlicher Hinsicht fast jedem Wasser von Land weit überlegen ist. Welches Wasser von dort ist garantiert virenfrei?

Gelegentlich wird gegen diese Maschinen eingewandt, entsalztes Meerwasser würde keine Mineralien enthalten, was insofern richtig ist, da dem Salzwasser 99,5 Prozent

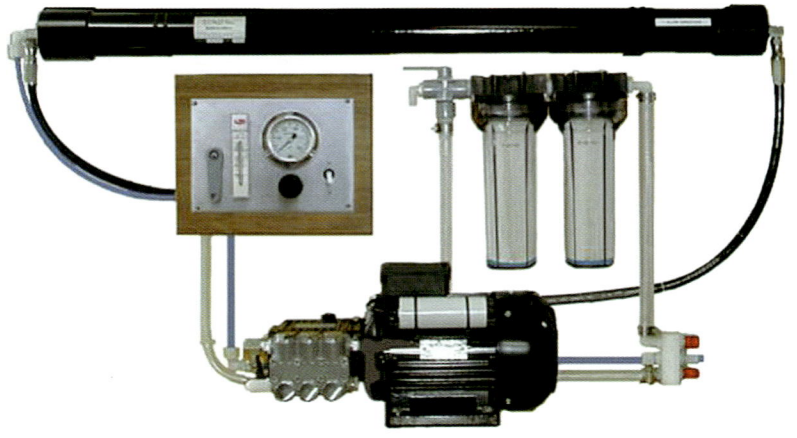

Eine Entsalzungsanlage ist vom Prinzip her einfach: Seewasser wird angesaugt und in den Vorfiltern (Mitte rechts) vorgereinigt (meist mit einem 5-Micron-Filter). Die Druckwasserpumpe (unten links), von der Hauptmaschine oder von einem Elektromotor (unten rechts) angetrieben, presst sodann das salzige Seewasser mit sehr hohem Druck durch eine Kunststoffmembrane (oben), die auf Osmosebasis das Salz aus dem Seewasser heraus-»filtert«. Ergebnis: sehr reines (unter 500 Parts per Million) Süßwasser mit völlig neutralem Geschmack.

der Mineralien entzogen werden. Dies hat sogar eine positive Seite – schädlicher Kalk ist tatsächlich nicht im Wasser aus dem Wassermacher enthalten. Im Übrigen werden auf Langfahrt dem Körper über Konserven, Softdrinks, Bier und die sonstige Nahrung so viele Mineralien zugeführt, dass es daran sicher nicht mangelt.

Im Prinzip sind Wassermacher nichts anderes als eine extrem dichte Membran, durch die mit sehr hohem Druck Seewasser hindurchgepresst wird und die nach Möglichkeit alle Partikel aus dem Salzwasser entfernt, die nicht reines H_2O, also Süßwasser, sind. So besteht jeder moderne Wassermacher (englisch: Watermaker) im Wesentlichen aus mehreren Vorfiltern zur groben Reinigung des Salzwassers, einer Hochdruck-Pumpe und der Membrane.

Dementsprechend einfach ist der Einbau, auch nachträglich: Es muss ein Salzwasserzufluss vorhanden sein, was fast immer der Fall ist. Notfalls kann in einen vorhandenen Anschluss ein T-Stück eingesetzt werden, um Salzwasser durch die Vorfilter zur Pumpe zu leiten, die dann den hohen Druck aufbaut, mit dem das Salzwasser durch die Membrane gedrückt wird. Auf der anderen Seite der Kunststoffmembrane, die sich in einem Kunststoffbehälter befindet, erhalten wir Süßwasser, das direkt in den Wassertank geleitet werden kann, während das angereicherte Salzwasser wieder nach außenbords abgeleitet werden muss.

Das Sorgenkind einer solchen Anlage ist die teure Kunststoffmembrane. Bleibt hier über

mehrere Tage Wasser stehen, beginnt dieses zu faulen und kann die Membrane durch biologische Rückstände blockieren. Die größte Gefahr für einen Wasserentsalzer geht also davon aus, dass er nicht regelmäßig benutzt wird. »Use it or loose it« (Benutze ihn oder verliere ihn!) sagen deshalb die Amerikaner. Es ist also nicht so, dass ich mir vorsichtshalber einen Watermaker einbauen kann, um ihn im Falle von Wassermangel zu benutzen. Gleiche Probleme ergeben sich dann, wenn der Watermaker bei längerer Abwesenheit von Bord stillgelegt werden muss. Doch haben die Herstellerfirmen gerade für diesen Zweck sehr genaue und nicht zu komplizierte Anleitungen in ihren Manuals, wie mit zugeführten Chemikalien die Membrane bis zu 12 Monaten konserviert werden kann.

Wo ist der Haken einer solchen Anlage? Selbstverständlich, wie bei den meisten praktischen Ausrüstungsgegenständen eines Fahrtenschiffes, wieder einmal bei der Energieversorgung! Obwohl Wassermacher in den letzten Jahren durch das Osmoseprinzip gegenüber früher die zugeführte Energie sehr viel besser ausnutzen, ist man noch weit davon entfernt, Süßwasser zum Nulltarif zu bekommen. Blickt man in die Werbebroschüren der Herstellerfirmen, so könnte man glauben, Strom spielt überhaupt keine Rolle. Es ist beispielsweise Verdummung, wenn manche Firmen schreiben: »Eine Tonne Trinkwasser pro Tag.« Die wichtigste Angabe für uns fehlt hierbei, nämlich die aufgewendete Strommenge. Deshalb können wir nur mit solchen Angaben was anfangen: »50 Liter mit 33 Ah bei 12 Volt.«

Dies bedeutet, dass die Anlage in einer Stunde 50 Liter Süßwasser erzeugt und hierbei 33 Ampèrestunden aus der 12-Volt-Bordbatterie entnimmt. Voraussetzung für diese Anlage ist also, dass es sich um eine größere Yacht handeln muss, für deren Batteriekapazität 33 Ah kein Thema sind (was schon eine Batteriebank von rund 1000 Ah voraussetzen würde) oder dass eben zur Wassererzeugung die Maschine mitlaufen muss, was in der Praxis bedeutet, dass während der Maschinenlaufzeit (für Fortbewegung, Kühlung etc.) eben gleichzeitig die

Wassertanks gefüllt werden. Oder aber – die eleganteste Lösung –, die Strom fressende Pumpe wird, ähnlich wie ein Kühlkompressor oder eine Lichtmaschine, direkt an die Hauptmaschine angeflanscht. Dann wird aus der Batterie überhaupt kein Strom mehr verbraucht.

Es gibt Watermaker auf dem Markt, die ein besseres Strom-Wassermengen-Verhältnis haben. Allerdings ist bei diesen Geräten die Technik so ausgereizt, dass häufige Störungsfälle bekannt geworden sind. Man stelle sich das nur einmal plastisch vor: ein Traumankerplatz, weitab von jeder Zivilisation (und Postamt), und die Pumpe des Watermakers ist defekt – mit entsprechenden Konsequenzen für die teure Membrane.

Der Deutsche Michael Bauza, Chef der Firma Echo-Marine, selbst Fahrtensegler mit einem 10-Meter-Stahlschiff, hat aus seinen Erfahrungen mit seinem eigenen Reparaturbetrieb für Wasserentsalzungsanlagen (mehrere hundert Wassermacher gehen pro Jahr durch seine Hände) einen neuen Watermaker konzipiert, zu dem er eben wegen der Zuverlässigkeit viele Bauteile verwendet hat, die sonst in allgemeinen Industrieanlagen eingesetzt werden. Unter Verzicht auf Rekordwerte bei der Effizienz hat er eine ungewöhnlich hohe Zuverlässigkeit seiner

Maschinen erreicht. Diese Watermaker können bei vernünftigen Batteriedimensionen (über 400 Ah bei 12 Volt) auch direkt aus der Batterie betrieben werden, denn die Pumpe benötigt weniger als 20 Ampère, um daraus in einer Stunde 8,4 Gallonen (32 Liter) gutes Trinkwasser zu produzieren. Man wird die Wasserproduktion vernünftigerweise in die Zeiten verlegen, wenn die Maschine ohnehin das Schiff durch die Flauten schiebt oder die Batterien geladen werden müssen. Bei größeren Yachten mit einem Generator an Bord kann auch ein 220-Volt-Elektro-Antrieb benutzt werden. Und für kleinere Yachten empfiehlt es sich vielleicht, die Pumpe des Watermakers direkt an die Hauptmaschine anzuflanschen, sodass der energiefressende Umweg über die Elektrizität vermieden wird. Preiswert sind die Watermaker von Echo-Marine ebenfalls, jedenfalls im Vergleich zu den Mitbewerbern – siehe www.ech2otec.com.

Toilette

Die Schiffstoilette ist eigentlich nichts anderes als ein Behälter (Schüssel) mit zwei Pumpen. Die eine Pumpe sorgt dafür, dass der Inhalt hinausgeschafft wird, während die andere das Seewasser zur Spülung in die Schüssel einspritzt. Heutzutage sind die Toiletten wesentlich robuster geworden, weil fast ausschließlich nur noch (fast) salzwasserresistente Kunststoffteile benutzt werden. Aber auch diese sind nicht ganz unempfindlich, und so empfiehlt es sich, nicht zu weiches Toilettenpapier zu benutzen und ansonsten darauf zu achten, dass die Pumpe auf keinen Fall irgendwelche künstlichen, festen Gegenstände zu verarbeiten hat – oder anders formuliert:

> Die Toilettenpumpe soll außer Toilettenpapier nichts befördern, was nicht zuvor gegessen worden ist.

Liegt die Pumpe am Boden der Schüssel unterhalb der Wasserlinie, so müssen sowohl die Ansaug- als auch die Auspumpschlauchleitung mit einem Schwanenhals gesichert sein. Um zu verhindern, dass aber

Auf dieser 10-Meter-Yacht betreibt der Zwei-Zylinder-Yanmar die Pumpe für eine Entsalzungsanlage von Echo-Marine direkt (Pfeil!). In einer Stunde werden so 60 Liter Wasser erzeugt. Schiebt der Motor die Yacht durch eine stundenlange Flaute, sind die Trinkwassertanks mit sauberstem Trinkwasser gefüllt. Die Anlage arbeitet seit Jahren einwandfrei.

Die Salzwasser-Druck-Pumpe einer Entsalzungsanlage. Bewährt haben sich Pumpen, die auch in Industrieanlagen an Land eingesetzt werden.

Wie bei jeder Membranpumpe ist die Neopren-Membrane nur von begrenzter Lebensdauer, die im Seewasser nicht viel mehr als ein Jahr beträgt. Man tut deshalb gut daran, sich von vornherein beim Kauf der Toilette – das gilt für jede Toilette – mindestens ein Ersatzteilpaket mitgeben zu lassen. Das Austauschen der Membrane ist eine unangenehme, jedoch nicht sehr schwierige Arbeit, die jeder mit Bordmitteln bei geschlossenen Seeventilen allein vornehmen kann.

Es ist möglich, dass in Zukunft nur noch Bord-WCs benutzt werden dürfen, die nicht nach außen entleert werden können, wo also spezielle Fäkalientanks oder Schmutzwassertanks verwendet werden müssen. Solche WC-Anlagen haben – wer dies verschweigt, ist nicht ganz ehrlich – einige Nachteile. So müssen die Platz fressenden Fäkalientanks geruchsdicht sein, was bei der notwendigen Belüftung nicht ganz einfach ist. Unbehandelte Stahltanks können nicht verwendet werden, weil der Toiletteninhalt ziemlich aggressiv ist.

Ein weiteres Problem ist die Entleerung der Tanks. Solange die Marinas keine Entsorgungsmöglichkeiten haben, ist die Benutzung von Fäkalientanks keine große Umweltentlastung. Deshalb würde ich vorerst immer noch die altmodische Bordtoilette vorziehen. Allerdings achte ich bei einem neuen Schiff darauf, dass eine Umrüstung in Zukunft leicht möglich ist. Also schon mal einen hierfür geeigneten Schmutzwassertank vorsehen!

Das Unaussprechliche! Jeder Fahrtensegler sollte seine Toilette nicht nur benutzen, sondern auch die Funktionsweise verstehen. Nichts trägt so sehr zum Misslingen eines Hochseetörns bei wie eine kaputte Toilette. Heute werden die Toiletten meist als ganze Bauelemente in Kunststoffschiffe eingebaut. Am Prinzip – zwei Pumpen – hat sich nichts geändert.

einmal eine solche Schlauchverbindung mit stehender Wassersäule als Flüssigkeitsheber wirkt, muss oben auf der Krümmung am Schlauch ein Ventil angebracht werden, das den Zustrom von etwas Luft vorsieht, damit dort durch die entstehende Luftblase die Flüssigkeitssäule abreißen kann. Je nach Stellung des Ventils wird beim Betätigen der Pumpe ohne Spülung der Inhalt hinausgepumpt oder hierzu die Spülung hinzugeschaltet.

Interessanterweise übernimmt bei einigen Modellen eine einzige Membran beide Pumpfunktionen; mit ihrer Unterseite drückt sie das Spülwasser in die Schüssel, mit ihrer Oberseite dessen Inhalt nach draußen. Alles muss jedoch einen engen Schlauch passieren, was häufig zu Problemen führt.

Pumpen an Bord

Die Bilgepumpe ist nicht so wichtig, wie es zunächst den Anschein hat. Denn mit ihrer Kapazität, der beschränkten Batteriekapazität auf unseren Yachten und unserer endlichen Muskelkraft eignet sie sich nicht, eine Yacht bei Wassereinbruch vor dem Sinken zu bewahren. Wäre sie hierzu von der Förderleistung her stark genug, so steht uns nicht genügend Energie zu ihrem fortlaufenden Betrieb zur Verfügung. Was sie im Notfall leisten kann, ist lediglich ein Hinausschieben von Ereignissen.

Kaum eine Bilgepumpe ist nämlich so wirkungsvoll wie »ein Eimer in der Hand eines Ertrinkenden«! Das Schiff vor dem Sinken zu schützen ist nicht die Hauptaufgabe einer Bilgepumpe. Das war vielleicht in den Zeiten der Holzschiffe so, als es ein dichtes Schiff nicht gegeben hat und eine Yacht zum Beispiel am Liegeplatz ohne automatische Pumpe während der Abwesenheit des Skippers auf die Dauer gefährlich viel Wasser gemacht hat.

Wenn auf einem ansonsten trockenen Schiff eine automatische Bilgepumpe ständig ein- und ausschaltet, dann stimmt etwas nicht. Dann ist eine Leckage vorhanden, die abgedichtet werden muss. Allenfalls unterwegs auf bestimmten Kursen kann es hingenommen werden, dass eine Yacht so viel Wasser macht, dass dieses abgepumpt werden muss. Für solche Yachten, auf denen eine laufende Bilgepumpe »normal« ist, sollte eine solche mit einem Betriebsstundenzähler kombiniert sein. Der gibt dann guten Aufschluss darüber, ob die Yacht über Gebühr Wasser macht, also der Ursache nachgegangen werden muss.

Neben der Bilgepumpe, die für die Sicherheit des Schiffes zuständig und verantwortlich ist, benötigen wir an Bord noch eine ganze Reihe von Pumpen. Grundsätzlich sollten wir dazu ausreichend Ersatzteile haben, dann können wir uns bei Störungen leicht helfen. Für das Waschbecken in der Toilette hat sich am besten eine Fußpumpe bewährt, damit wir unsere Hände auch waschen können. Lässt sich die Wasserpumpe nur mit der Hand bedienen, wird diese einfache Verrichtung zu einem Kunst-

stück. Wollen wir unbedingt im Spülbecken unser Geschirr abwaschen, so muss, auch wenn das Becken oberhalb der Wasserlinie liegt, am Ausfluss eine Pumpe mit Rückschlagventil angebracht werden. Es ist nämlich ein Trugschluss zu glauben, dass das Abwasser von selbst abfließt.

Auf Schiffen ab 10 Meter Länge empfiehlt sich durchaus die Installation einer Dusche. Es ist eine große Wohltat, sich das Salzwasser vom Körper zu waschen, außerdem bleiben die Betten länger trocken. Der Grund, warum unsere Kojen meist sehr klamm werden, ist nämlich der, dass wir unbeabsichtigt eine ganze Menge Salz ins Bett tragen. Im Übrigen sollten wir uns, mit Ausnahme auf ganz extremen Langstreckenreisen, wegen des Wasserverbrauches keine Gedanken machen. Eine kurze Dusche benötigt nicht mehr als 5 Liter Wasser, das ist ein halber Eimer. Wer es nicht glaubt, kann es ausprobieren. Ausnahmsweise möchte ich im Falle der Dusche eine elektrische Pumpe empfehlen, die zwar ein großer Stromfresser ist, jedoch selten länger als eine Minute benutzt wird und deshalb wenig ins Gewicht fällt. Ich persönlich würde nämlich die ganze Lust an einer kühlenden Dusche verlieren, wenn ich gleichzeitig artistisch eine Fußpumpe zu betätigen hätte. Das Abwasser von der Dusche kann ruhig in die Bilge laufen; mit wenigen Pumpstößen der überdimensionierten Bilgepumpe ist es leicht wieder draußen.

In kühlen Gegenden könnte eine heiße Dusche zur rechten Zeit eine große Wohltat sein. Heißes Wasser für eine Dusche mittels Gas oder Petroleum zu produzieren schafft ganz erhebliche Probleme. Viel besser ist es, in den Kühlwasserkreislauf der Maschine einen Wärmetauscher einbauen zu lassen. Diese gibt es fix und fertig, sodass die Werft lediglich die Installation des Gerätes vorzunehmen hat, was unproblematisch sein dürfte, da die angebotenen Wärmetauscher keine beweglichen Teile haben. Freilich ist Voraussetzung hierzu, dass das Schiff mit einer Süßwasser-Druckanlage ausgestattet sein muss, was allerdings bei Yachten ab 10 Meter heute Standard ist.

So ein Wärmetauscher leistet Beachtliches. Noch einen halben Tag, nachdem die

Ein Klappverdeck gehört auf jede Fahrtenyacht. Für wenig Geld bekommt man einen zusätzlichen Raum »geschenkt«, in den man sich bei überkommender Gischt verkriechen kann. Bei Regen kann man sich unter dem Dach schon mal des Ölzeugs entledigen. Die Nässe bleibt draußen unterm Klappverdeck.

Maschine abgestellt wurde, steht warmes bis heißes Wasser zur Verfügung. Selbstverständlich kann warmes Wasser nur erzeugt werden, wenn die Maschine läuft. Da sie aber ohnehin regelmäßig laufen sollte, ist dies in der Bordpraxis keine große Einschränkung des Gebrauchswertes des Wärmetauschers.

Plant man für »später« den Einbau einer Warmwasseranlage, so sorge man beim Bau des Schiffes schon dafür, dass die Wasserleitungen in Kupfer und nicht in Plastik, weil ungeeignet für heißes Wasser, verlegt werden.

Kochen an Bord

Eine ganz erhebliche Bedeutung für das Wohlbefinden der Besatzung und damit für die Sicherheit des Schiffes kommt der Kocherei zu. Hier muss zunächst einmal bedacht werden, dass wir ja leider auf offene Flammen angewiesen sind und somit die Verletzungsgefahr nicht gering ist. Verbrennungen an Bord sind außerordentlich ernst zu nehmen, und deshalb muss Vorsorge getroffen werden, dass so etwas gar nicht passieren kann. Der Smutje sollte, auch in heißen Gegenden, niemals in kurzen Hosen am Ofen herumhantieren. Griffbereit müssen Handschuhe aus ähnlichem Material wie Topflappen sein, um auch heiße Töpfe festhalten zu können. Meist sind unsere Kocher ohnehin mit einer Reling ausgestattet, die auf die verschiedenen Größen der Töpfe eingestellt werden kann, doch schadet es sicher nicht, wenn man besonders die hohen Töpfe zusätzlich noch mit Gummistropps befestigt.

Für viele, die lange Reisen planen, stellt die Trinkwasserversorgung ein ganz besonderes Problem dar. In Wirklichkeit gibt es damit kaum Schwierigkeiten, wenn man nur ein paar Grundsätze berücksichtigt. Vermeidet man große Körperwäschen und achtet nur ein wenig auf den Verbrauch, so benötigt der Mensch ungefähr eineinhalb Liter pro Tag. Nimmt man Säfte und Limonaden aus Dosen und verwendet Seewasser immer da, wo es möglich ist, so kann der Verbrauch spielend auf einen Liter gedrückt werden,

Kochen an Bord ist eine besondere Kunst, weil es unter erschwerten Bedingungen stattfindet. Ein guter Schiffskoch ist begehrter als ein Spitzen-Navigator. Der Österreicher Theo ist so einer. Mitten auf dem Atlantik serviert er Salzburger Nockerln. Guten Appetit!

ohne dass das Leben unbequem wird. Abspülen müssen wir dann natürlich in Seewasser, was ohne weiteres geht.

Eier können in Salzwasser kochen. Für Nudeln und Kartoffeln genügt eine Mischung aus halb Salz- und Süßwasser. Mit speziellen Salzwasserseifen können wir uns auch mit Seewasser waschen. Bekommen wir keine derartige Seife, tut's auch ein normales Duschgel.

Viele Süßwassertanks eignen sich vom Material her nicht für Trinkwasser, was man leider oft erst lange nach dem Kauf des Schiffes herausfindet. Besonders kritisch sind verzinkte Metalltanks, die dem Wasser einen bitteren Beigeschmack verleihen. Kunststofftanks sind im Allgemeinen problemloser. Normale Plastikkanister sind ebenso gut zu verwenden. Schlechtes Trinkwasser wird auch durch Aufbewahrung in einem geeigneten Tank nicht besser. Deshalb sehe man zu, dass in jedem Hafen nach Möglichkeit Wasser bester Qualität gebunkert werden kann.

Auf meiner Weltumsegelung habe ich grundsätzlich das Wasser nicht abgekocht und auch keine Zusätze in meine Tanks beigegeben. Hygienebewusste Amerikaner würden ein derartiges Wasser niemals trinken. Tatsächlich musste ich bei der Reinigung der Tanks auch Algenbildung feststellen, die aber weder Farbe noch Geschmack des Wassers beeinflusste. Wenn möglich würde ich statt zweifelhaftem Wasser von Land immer Regenwasser sammeln und verwenden. Besonders in den Tropen reicht bei geeigneten Auffangmaßnahmen ein einziger Regenschauer aus, um die Tanks zu füllen. Sonnensegel oder das speziell zu diesem Zweck umrandete Kajütdach sind vorzügliche Wasserfänger. Man warte mit dem Auffangen aber immer, bis das Salz weggespült ist.

Ist die Qualität des Wassers zweifelhaft und wirklich nichts Besseres zu bekommen, so gehe man auf Nummer Sicher, indem man das Wasser vor Gebrauch mindestens 10 Minuten lang kochen lässt. Auf meiner letzten Weltreise habe ich das Trinkwasser allerdings mit Micropur (www.yachticon.de) behandelt, was sich auf diesem vier Jahre langen Törn bestens bewährt hat. Der Was-

sertank war aus Nirosta und musste nicht ein einziges Mal gereinigt werden, was ich auf den Zusatz von geschmacklosem Micropur zurückführe. Wichtig: Micropur auf Silberionen-Basis tötet zwar Bakterien ab, jedoch keine Viren!

Verbringen wir ausgedehnte Urlaube an Bord und sind bestrebt, auch hier einen perfekten Haushalt zu haben, so lohnt es sich, einmal Großmutters Bodenkammer nach alten Küchengeräten zu durchstöbern: z. B. einem mechanischen Rührquirl, Waffeleisen, Backhaube für Kuchen und Brot, Petroleumbügeleisen oder gar einer kleinen Nähmaschine mit Handbetrieb.

Proviant

Oft sah ich selbst erfahrene Bordfrauen vor größeren Törns vollkommen nervös durch die Geschäfte hetzen, ängstlich in ihre Listen schauend, um ja nichts zu vergessen. Wirklich notwendig sind nur ganz wenige Dinge: Brennstoff für den Kocher, Zündhölzer, Salz und Pfeffer, Zucker, Essig und Öl. Haben wir keine Nudeln an Bord, so gibt es eben Reis und Kartoffeln. Die Aufregung lohnt sich jedenfalls nicht. Gehen wir aufmerksam durch einen großen Supermarkt, ist es fast eine Kunst, etwas zu übersehen.

Leider sind wenig wirklich delikate Fleischkonserven auf dem Markt, im außereuropäischen Ausland schon gar nicht. So wurden auf unserer großen Reise mangels einer Tiefkühltruhe Großmutters Rezepte wieder ausgepackt und eingeweckt, eingepökelt, ja

Unter der heißen Sonne des Mittelmeers schmeckt es häufig im Cockpit besser als unten am gedeckten Tisch.

wie wir es lieben, über länger als zwei oder drei Wochen haltbar zu machen. Deshalb muss man sich wohl oder übel als Brotersatz mit Knäckebrot, Pumpernickel, Cracker, Zwieback und Ähnlichem eindecken. Findet man einen freundlichen Bäcker, so lassen wir das Brot doppelt backen. Zugegeben, es schmeckt dann etwas trocken, hält sich aber monatelang. Weißbrot können wir in Scheiben schneiden und in der Sonne auf dem Deck zunächst vollkommen austrocknen lassen. Auch nach einigen Wochen lässt es sich auf offener Flamme toasten, wenn wir es zuvor mit ein paar Spritzern Wasser besprenkelt haben. Ist ein Backofen an Bord, so werden wir selbst backen, denn ein frisches Brot wird auf langen Reisen zu einer Delikatesse.

Ein sehr wichtiges Nahrungsmittel für große Fahrt sind Eier. Die große Gefahr bei Eiern ist heute die Möglichkeit, dass sie mit Salmonellen infiziert sind. Besteht auch nur der leiseste Verdacht in dieser Richtung, sollte man Eier im Kühlschrank aufbewahren, keine Spiegeleier oder weich gekochte Eier mehr verzehren.

Fühlt man sich dagegen vor dieser Zivilisationserscheinung ganz sicher, halten gesunde Eier, wirklich frisch eingekauft, mehrere Wochen. Die Lagerfähigkeit kann noch wesentlich gesteigert werden, wenn sie spätestens einen Tag nach dem Legen mit Vaseline eingefettet oder für zwei Sekunden in kochendes Wasser getaucht werden. Will man später vermeiden, in der Kajüte ein faules Ei zu öffnen, so kann man es zur Probe in eine Pütz mit Wasser eintauchen. Geht es unter, so ist es mit Sicherheit noch gut.

In größeren Städten hat man heutzutage leider ziemliche Schwierigkeiten, wirklich frisches Obst und Gemüse zu bekommen. Ware aus Tiefkühltruhen eignet sich für unsere Zwecke wenig, weil sie ziemlich schnell verdirbt, was übrigens auch für Milch und andere Nahrungsmittel gilt. Hier heißt es wieder, bei Langtörns möglichst am Ende noch frisches Obst und Gemüse auf dem Speisezettel zu haben. Deshalb sollten wir dieses möglichst unreif einkaufen. Tomaten halten sich zum Beispiel nicht länger als 10 Tage. Nach vier Wochen dage-

Fisch und Fleisch sogar getrocknet oder geräuchert. Als Frischfleischersatz eignet sich hervorragend (selbst in den Tropen) ein gut geräucherter ganzer Schinken. Wochenlang haltbar, können wir sogar einen guten Braten daraus machen, wenn wir ein paar dicke Scheiben davon über Nacht wässern. Gefriergetrocknete Nahrung ist teuer, aber immer noch besser als Corned Beef. Unsere amerikanische Freundin Dawn kannte zwar 148 Rezepte, um Frühstücksfleisch schmackhaft zuzubereiten, aber »schmackhaft« ist ein dehnbarer Begriff!

Eines der Hauptprobleme für europäische Mägen wird immer das Brot sein. Es gibt keine Methode, um normales Schwarzbrot,

gen sind noch genießbar Orangen, Pampelmusen und Kohl (den ich normalerweise nicht mag, der aber am Ende einer Atlantiküberquerung als Salat wirklich eine Delikatesse ist) und Äpfel (für die Nachtwache). Zitronen, Kartoffeln, Zwiebeln und Knoblauch halten sich mehrere Monate lang .

Voraussetzung für eine gute Haltbarkeit ist selbstverständlich eine entsprechende Lagerung und Beaufsichtigung. Faule Stücke sind auszusondern, verdorbene Teile (Außenschale beim Kohl) rechtzeitig zu entfernen. Zur Aufbewahrung besonders gut bewährt haben sich Behälter aus einem Drahtgeflecht, ähnlich den Körben in Selbstbedienungsläden. Grün eingekaufte Bananen sollen dagegen im Vorschiff aufgehängt werden, bis sie – leider – alle auf einmal reif werden.

Auf längeren und oft langweiligen Reisen muss wenigstens der Speiseplan abwechslungsreich sein. Hierbei helfen genügend Gewürze, Ketchup und ähnliche Soßen, Senf, Kapern, Oliven, Gewürzgurken u. Ä. Vielfach wurde empfohlen, Konservendosen besonders zu kennzeichnen oder gar gegen Rost zu lackieren. Auf unseren vergleichsweise trockenen Schiffen sollte diese Arbeit heute überflüssig sein. Liegt eine Dose halb im Seewasser, so dauert es mindestens ein halbes Jahr, bis sie durchgerostet ist. Wenn wir befürchten, dass sich die Papieretiketten lösen, genügt die Aufschrift mit einem wasserfesten Stift »O«, »G« oder »F« für Obst, Gemüse, Fleisch. Auf langen Fahrten müssen für die Nachtwachen Schokolade, Trockenobst und Kekse vorhanden sein. Bei Anfällen von Seekrankheit sind fade schmeckende Kekse der beste Anfang zum guten Appetit.

Der Spinnaker ist ein faszinierendes Segel, setzt aber meist eine starke Mannschaft voraus. Hier sind immerhin vier Mann allein damit beschäftigt, das riesige Tuch sauber zu segeln.

Selbststeueranlagen

Windsteueranlagen

Was kann es Schöneres geben, als die eigene Segelyacht unter blauem Himmel bei Backstagsbrise eigenhändig am Rad über die Weltmeere zu steuern? So träumen sicher viele, wenn sie in der Werft ein neues Schiff bestellen. Vielleicht liegt es daran, dass kaum ein Neubau, selbst wenn er für das reine Fahrtensegeln konzipiert ist, die Werft mit angebauter Windsteuerung verlässt. Es zeigt aber auch, dass Käufer und Werft von den Erfordernissen beim Fahrtensegeln, vor allem wenn längere Strecken abgesegelt werden sollen, diesbezüglich wenig Ahnung haben.

Ganz anders sieht es nämlich in Häfen oder auf Ankerplätzen aus, wo sich reine Fahrtensegler treffen. Dort gibt es praktisch keine Yacht, die nicht so einen sperrigen Apparat am Heck hat, der die Yacht mit Hilfe des Windes steuern soll. Diese Segler haben längst erkannt, dass Rudergehen nach ein paar Stunden, vor allem nachts, in eine Knechtschaft ausartet, die eigentlich jedem, auch den begeistertsten Seglern, nach einiger Zeit nur noch unangenehm ist. Solche Segler kommen meist sehr schnell zur Einsicht:

> Eine Windsteueranlage ist eines der wichtigsten Ausrüstungsteile beim Fahrtensegeln.

Kurz gesagt, funktionieren Selbststeuerungen für kleine Yachten prinzipiell nach folgendem Prinzip: Eine Windfahne lässt man sich frei einpendeln, sodass sie genau im Wind steht. Dann wird sie an die Pinne, die in dem Moment auf »Fahrt geradeaus« stehen muss, mechanisch angekoppelt. Läuft

Die deutschen »Windpilot«-Anlagen sind heute praktisch der Standard unter den Windfahnen-Steuerungen. Sie sind – als Pendelanlagen – stark genug, auch schnelle Katamarane zu steuern.

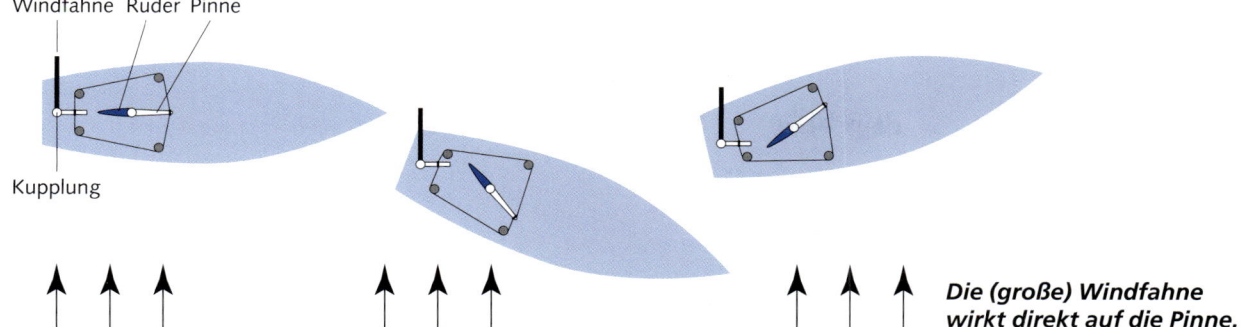

Windfahne Ruder Pinne

Kupplung

*Die (große) Windfahne
wirkt direkt auf die Pinne.*

*Hier wird ein Hilfsruder
benutzt, um die Windkraft
zu verstärken; die Wind-
fahne braucht nur wenig
Kraft, um das Hilfsruder zu
drehen.*

die Yacht nun aus ihrem Kurs, so steht die Fahne nicht mehr im Wind und dieser findet so viel Angriffsfläche, um die drehbare Windfahne wieder in den Wind zu drehen. Weil aber die Windfahne über ein Gelenk oder Leinen mit der Pinne verbunden ist, bewegt sie hierdurch die Pinne, die Yacht ändert ihren Kurs (relativ zum Wind), bis die Windfahne wieder im Wind und gleichzeitig die Pinne auf Stellung »geradeaus« steht.

So arbeiteten die ersten funktionierenden Windsteueranlagen. Allerdings benötigte man hierfür ziemlich große Windfahnen. Heute wird dieses System kaum noch angewendet, vor allem nicht bei größeren Fahrtenyachten. Ungünstig bei diesem System ist nämlich die Tatsache, dass bei geringen Windstärken die Anlage einfach nicht empfindlich genug ist, um das Ruder zu »bedienen«. Heute wird allgemein die Kraft der Windfahne auf ein zweites »Ruder« übertragen, welches wegen seiner Kleinheit gerade noch direkt von der Windfahne bewegt werden kann. Diese Anordnung hat den großen Vorzug, dass man im Notfall ein zweites Ruder zur Verfügung hat.

Die oben genannten Nachteile haben Steueranlagen nicht, die nach einer anderen genialen Idee funktionieren: Statt die Kraft der Windfahne direkt auf ein Ruder zu übertragen, wird am Heck der Yacht ein schlankes, schmales Brett, das ungefähr einen Meter ins Wasser reicht, angesteuert. Dieses hat nicht die Aufgabe, die Yacht zu steuern. Es ist zwar drehbar angeordnet, aber gleichzeitig so aufgehängt, dass es wie ein Pendel nach Steuerbord oder nach Backbord auspendeln kann. Nehmen wir an, die Yacht

fährt mit einer Geschwindigkeit von 4 Knoten. Dabei wird durch die Windfahne das »Servoruder« etwas gedreht. So kann es nicht mehr mittschiffs im Fahrtstrom stehen bleiben, sondern wird von der Wasserströmung nach der Seite weggedrückt. Die Kraft, mit der dies geschieht, ist ganz beachtlich, besonders dann, wenn das Servoblatt entsprechend lang ist. Wenn wir nun ganz einfach an diesem Servoblatt entweder am unteren Ende eine Leine anbringen oder aber es oben über den Drehpunkt hinaus verlängern und dort zwei Leinen anschäkeln, so können wir über Blöcke diese Kraft auf die Pinne übertragen. Mit anderen Worten: Immer dann, wenn die Windfahne nicht im Wind steht, pendelt das Servoblatt nach der einen oder nach der anderen Seite aus und bewegt die Pinne. Die Windkraft wird also nicht zur Steuerung des Bootes verwendet, sondern lediglich zur Drehung des schlanken, langen Servoblattes (wofür kaum Kraft nötig ist), während wir die Kraft für die Steuerung vom Fahrtstrom beziehen.

Der Vorteil dieses Systems liegt vor allem darin, dass die Windfahnen nur noch sehr klein zu sein brauchen, sie müssen ja nur das Servoblatt drehen. Die Wirksamkeit hängt somit nicht so sehr von der Windstärke als vielmehr von der Fahrt ab. Auf einer meiner Weltreisen benutzte ich eine Hasler-Anlage, die bereits bei einem Knoten Geschwindigkeit zufrieden stellend arbeitete. Im Übrigen habe ich auch von den 32 000 Seemeilen meiner Weltumsegelung lediglich rund 100 Seemeilen mit der Hand gesteuert. Den Rest der Strecke hat das geniale Meisterwerk von Hasler übernommen.

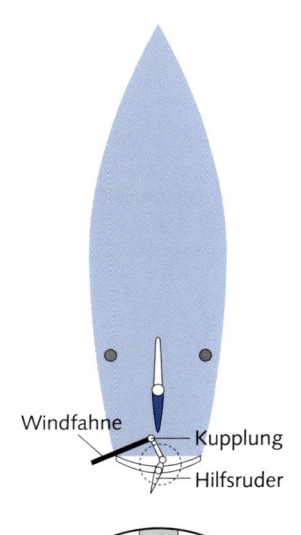

Windfahne

Kupplung

Hilfsruder

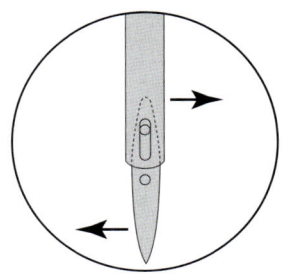

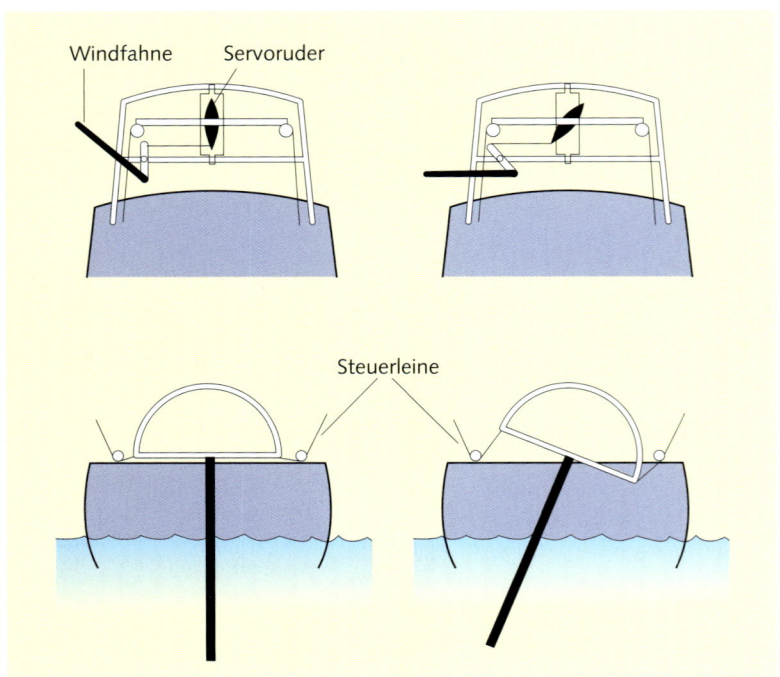

Windfahne Servoruder

Steuerleine

System Hasler: Die Wind-fahne bewegt ein Pendel-ruder, das bei Schiefstel-lung durch den Fahrtstrom zur Seite weggedrückt wird.

Gelenk genau in Drehachse, deshalb kein Rückholeffekt

Die Anlage würde nicht funktionieren, wenn das Pendel nicht jeweils von selbst in eine neutrale Stel-lung zurückkehrte.

Wenn man glaubt, dass dieses hervorra-gende System nun perfekt sei, so irrt man sich. Bastelnde Yachtsleute konnten auch die Hasler-Anlage noch weiter verbessern. Es war der Engländer Nick Franklin (und einige andere Tüftler), der die Ansteuerung des Pendelruders noch verfeinert hat. Statt einer Windfahne, die sich um eine senk-rechte Achse dreht, benutzte er eine Wind-fahne mit einer waagerechten Achse. Die Grundidee blieb, nämlich die Kraft für die Pinne aus dem Fahrtstrom zu beziehen. Drehte sich die Windfahne vorher wie der Verklicker im Masttopp um eine senkrechte Achse, so drehten sich nunmehr die Wind-steuerfahnen um eine waagerechte Achse. Die Windfahne musste jedoch, um ohne Windbeeinflussung senkrecht zu stehen, mit einem Gegengewicht unter ihr versehen sein. Wenn der Wind genau auf die Kante der Windfahne trifft, kann er sie nicht umle-gen, weil er genau parallel zur Drehachse bläst. Das Gegengewicht hält die Windfah-ne senkrecht. Läuft nun die Yacht etwas aus dem Kurs, so bekommt der Wind sofort Angriffsfläche und legt – je nach Windstär-ke – die Windfahne mehr oder weniger stark um. Auch hier wird dann diese Bewe-gung über eine etwas komplizierte Kons-

truktion auf das Servoruder übertragen. Diese Anordnung lässt uns mit einer noch wesentlich kleineren Windfahne auskom-men, bei Sturm wahrlich ein großer Vorteil (siehe Abbildung unten).

Die »Aries« arbeitete nach diesem Prinzip. Sie war die Erfindung von Nick Franklin und vor 20, 30 Jahren wohl die verbreitetste Windsteueranlage auf der Welt. Eine Aries hat unsere 15 Meter lange Stahlyacht THA-LASSA II praktisch zu hundert Prozent gesteu-ert. Selbst in den Brüllenden Vierzigern um Kap Hoorn haben wir nicht eine Sekunde das Ruder selbst in die Hand nehmen müs-sen.

Die Entwicklung ist weiter vorangeschrit-ten, die Windsteueranlagen wurden weiter verfeinert, sowohl was Technik als auch was Material betrifft. Heute wird der Weltmarkt ziemlich beherrscht von einer Anlage aus deutscher Fertigung, ein seltener Fall, denn sonst kommen die meisten Impulse fürs

System Aries: Diese über viele Jahrzehnte weltweit bewährte Anlage benutzt neben dem Pendel-Hilfsru-der eine Windfahne mit waagerechter Achse. Der Vorteil ist die höhere Emp-findlichkeit unter leichten Winden bei kleinerer – handlicherer – Windfahne.

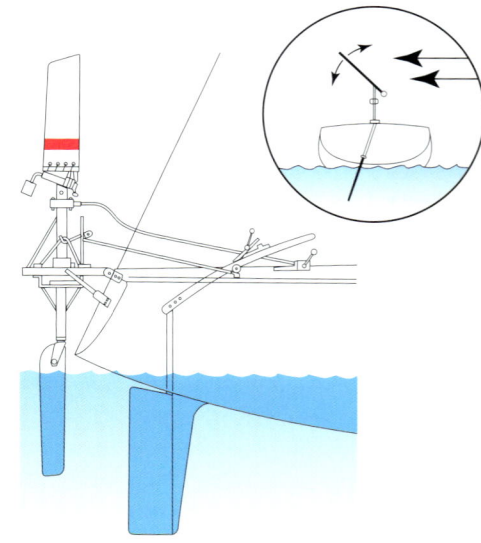

Die Windpilot-Anlage nimmt am Heck wenig Platz weg und kann im Hafen bei weggenommener Windfahne hochgeklappt werden.

Fahrtensegeln aus Frankreich und den USA. Die »Windpilot« (www.windpilot.com) gibt es sowohl in der Art, dass ein eigenes Hilfsruder angesteuert wird (was der Yacht Extra-Sicherheit in Form eines zweiten Ruders verleiht), als auch als Pendelanlage. Letztere befindet sich an meinem jetzigen Katamaran und es ist sehr erstaunlich, dass diese fast zierliche Anlage genügend Kraft aufbringt, sogar einen – nicht unkritischen – Katamaran von 20 Tonnen zu steuern.

Es ist allerdings nicht so, und das gilt für alle Anlagen, dass man nur eine Windsteuerung installieren muss, um sich unterwegs genüsslich zurückzulehnen und den Automaten steuern zu lassen. Ein paar Trimmarbeiten sind schon nötig. Zunächst sollte die Yacht so gesegelt werden, dass ein möglichst geringer Ruderdruck aufgebaut wird. Aber das ist ja ohnehin selbstverständlich, denn Ruderdruck bedeutet, dass das Ruderblatt im Wasser Widerstand aufbaut, also bremst. Wenn unsere Yacht dann immer noch deutlich luvgierig ist, sollten wir der Anlage mithilfe von gespannten Gummizügen an der Pinne hilfreich unter die Arme greifen.

Es braucht nicht extra betont zu werden, dass die Seilzüge selbstverständlich auch auf eine Trommel übertragen werden können, die am Ruderrad angebracht ist. Natürlich muss man beim Einbau einer solchen Anlage daran denken, dass es unter Umständen notwendig ist, die Anlage sehr schnell auszukuppeln. Das ist wichtig, denn die Kraft, die das Servoruder erzeugt, ist so stark, dass wir per Hand nicht gegensteuern können. Ich hatte für Notfälle zu diesem Zweck im Schwalbennest meines Cockpits eine nicht rostende Schere griffbereit.

Wichtig bei solchen Anlagen ist vor allem der Rückholeffekt. Dies besagt nichts anderes, als dass das Servoruder, sobald der Winddruck auf die Windfahne weg ist, von selbst in die Mittelposition zurückschwenkt was man leicht dadurch erreicht, dass das Gestänge, das das Servoruder drehen soll, nicht im Pendeldrehpunkt angreift. Würde es sich genau im Zentrum befinden, so hätte das Pendulum keine Veranlassung, von selbst in die Ausgangsposition zurückzukehren, sondern würde zuerst einen Impuls von der Windfahne von der anderen Seite benötigen. Unsere Yacht würde einen extremen Zick-Zack-Kurs laufen.

Trotzdem – ein ganz leichter Zick-Zack-Kurs bleibt, da sollte man sich keinen Illusionen hingeben. Oft wird aus Begeisterung über

Die Windpilot-Anlagen eignen sich praktisch für jede Heckform.

Die Windpilot gibt es auch mit eigenständigem Ruder, mit dem sie die Yacht steuert. Bei Bruch des Hauptruders bleibt ein zweites Ruder.

den automatischen Rudergänger gesagt, er würde besser steuern als ein guter menschlicher Rudergänger. Das ist so nicht richtig, denn präzise muss es heißen: »Eine gute Windsteueranlage steuert besser als ein menschlicher Rudergänger nach einer halben Stunde am Ruder. Und das 24 Stunden am Tag – rund um die Uhr!«

Im Gegensatz zu einer elektrischen Anlage hält die Windfahnensteuerung selbstverständlich keinen Kompasskurs ein, sondern sie verändert den Kurs, wenn sich zum Beispiel der Wind dreht. Dies geschieht auch, wenn der Wind stärker oder schwächer wird, denn dadurch ändert sich auch die Richtung des scheinbaren Windes, der ja für uns an Bord allein maßgebend ist. Der Vorteil liegt darin, dass unsere einmal eingestellten Segel optimal stehen, der Nachteil ist die Kursänderung.

Windsteueranlagen funktionieren nicht, wenn motort wird. Aber da gibt es einen kleinen Kunstkniff: Wir setzen statt der Windfahne an deren Halterung mit einer kleinen Pinnensteuerung an, das heißt, nicht der Wind steuert die Windfahne, sondern stattdessen ein kleiner Hebel – je nach Kompasskurs. Der Vorteil dieser preiswerten Anordnung ist, dass die kleinste elektrische Selbststeueranlage ausreicht, um selbst größere Yachten zu steuern. Denn die Steuer-

kraft bezieht das Ruderrad (oder die Pinne) ja vom Servoruder und nicht von der Elektrik. Dementsprechend gering ist mit weniger als einem Ampère der Stromverbrauch.

Elektrische Steueranlagen

Sie behalten stur ihren Kompasskurs bei. Auch dies kann ein Nachteil sein, denn wenn der Wind dreht, stimmt ja die Segelstellung nicht mehr. Der Hauptnachteil ist aber der hohe Stromverbrauch einer solchen Anlage, denn sie muss ja die gesamte Steuerkraft fortdauernd aufbringen. Auch wenn die Industrie den Segler noch so sehr mit nichtssagenden Argumenten wie »geringer Stromverbrauch« oder »wenig Batteriebelastung« umwirbt, so darf nicht übersehen werden, dass auch wohlmeinende Hersteller solcher Anlagen physikalische Gesetze nicht aus den Angeln heben können. Ein elektrischer Motor wird aus- und eingeschaltet durch Befehle, die er von einem abgetasteten Steuerkompass erhält. Je schwerer die Yacht nun auf dem Ruder liegt, umso mehr Kraft muss der Elektromotor erzeugen. Und das kostet Batteriestrom. Wenn so eine Anlage »nur« fünf Ampère in der Stunde zieht, und das ist nicht viel, dann kommen über einen ganzen Tag 120 Ah zusammen, allein fürs Kurshalten! Hinzu kommt, dass bei Langzeitbetrieb (Atlantiküberquerung) die Dauerbelastung der Relais, der Bürsten und so fort so erheblich ist, dass solche Törns über ein paar Wochen selten mit einer elektrischen Anlage durchgeführt werden.

Das gilt auch für elektrische Anlagen, die statt mit einem Kompass von einer kleinen Windfahne gesteuert werden. Weil die Windfahne kaum Kraft erzeugen muss, sondern lediglich eine Information weitergibt, die auf elektronischem Weg übertragen wird, braucht sie nicht viel größer als ein paar Quadratzentimeter zu sein – ähnlich wie wir sie von den Windrichtungsanzeigern kennen. Ich sehe allerdings nicht ganz ein, warum ich einen Effekt mit teurem Batteriestrom erzielen muss, den ich genauso gut mechanisch haben kann dank der genialen Idee von Hasler.

Elektrische »Steuerautomaten« brauchen, je nach Arbeit, viel Strom, können aber den Kompasskurs, unabhängig von der Windrichtung, halten. Der Einbau kleinerer Anlagen kann unter Umständen einfach sein – ohne Eingriff in den Steuermechanismus.

Beiboot

Das Beiboot oder »Dingi« gehört zur Grundausrüstung einer Fahrtenyacht. Immer muss damit gerechnet werden, dass man »nur« einen Ankerplatz bekommt, dass einmal eine Leine ausgefahren werden muss oder »italienisch« angelegt wird (siehe Abbildung) und die Verhältnisse so ungünstig sind, dass die Yacht mit dem Heck nicht nahe genug an die Pier gebracht werden kann, um ein direktes Übersteigen zu ermöglichen.

Wenn über Beiboote im Allgemeinen gesprochen wird, übersehen wir oft, dass es das ideale Beiboot schlechthin nicht gibt. Es existiert eben kein Dingi, das an Bord keinen Platz wegnimmt, also leicht zu verstauen ist, das mit vielen Personen besetzt werden kann und dabei auch noch überaus stabil im Wasser liegt, das dabei aber gleichzeitig so leicht ist, dass eine Person es über scharfkantige Felsen oder Korallen hoch auf den

Strand ziehen kann, das ohne Kraft zu rudern ist, das mit einem kleinen Außenborder ins Gleiten kommt und dessen Lebensdauer auch in sonnigen Gebieten praktisch unbeschränkt ist. So ein »ideales« Beiboot gibt es nicht. Jedes Beiboot ist ein mehr oder weniger guter Kompromiss.

Aufblasbar oder fest?

Einem Schiff von 7 oder 8 Metern Länge wird sich diese Frage gar nicht stellen, weil dort zu wenig Platz ist, um ein festes Beiboot an Deck zu fahren. Und so müssen wir uns in diesem Fall zwangsläufig für ein Schlauchboot entscheiden. Damit meine ich selbstverständlich nicht jene billigen Kaufhauserzeugnisse, die man als Badeboote bereits für rund 50 Euro bekommt und die aus einem einzigen Auftriebskörper beste-

Das Beiboot ist beim Fahrtensegeln einer der wichtigsten Ausrüstungsgegenstände.

83

Das seit Jahrzehnten beliebte und unverwüstliche »Banana-Boot« ist ideal zum Stauen auf kleineren Yachten.

Daneben ist das Beiboot an heißen Sommertagen ein herrliches Spielzeug.

hen. Die Industrie stellt seit Jahren für Yachten ausgesprochen leistungsfähige Beiboote her, welche so robust sind, dass sie selbst heftige Landungen auf Felsen ganz gut überstehen. Und wenn sie dann mal ein Loch haben, so lässt sich der Riss vergleichsweise leicht kleben. Nach mehr als sechs Jahren jedoch wird der Gummi so spröde und rissig, dass es besser ist, sich nach einem neuen Beiboot umzusehen. Ein Gummidingi ist im Seegang stabiler, lässt sich jedoch schwerer rudern.

Leider ist es der Industrie immer noch nicht gelungen, die Arbeit des Aufblasens und Zusammenlegens so zu vereinfachen, dass

dies in wenigen Minuten bewerkstelligt werden könnte. Das ist der wahre Nachteil eines Gummibootes. Ist vor der Abreise das Gummiboot noch feucht, dürfte es in diesem Zustand überhaupt nicht weggestaut werden. Für schlechte Seemannschaft halte ich es, das Beiboot unterwegs nachzuschleppen, was ohnehin nur in geschützten Küstengewässern möglich ist. Die Fahrt wird nicht unerheblich gehemmt und es besteht immer die Gefahr, dass vor allem bei achterlichem Wind eine See das Dingi füllt und durch die ungeheure Belastung die Festmacherleine herausgerissen wird. Kommt schlechtes Wetter auf, muss das Beiboot an Bord genommen werden. Meist hat man dann aber mit anderen wichtigen Dingen so viel zu tun, dass für das Dingi kaum Zeit bleibt.

Die Vorteile der aufblasbaren und der festen Beiboote vereinigt in eindrucksvoller Weise das »Banana-Boot« aus Kunststoff (www.banana-boat.net). Im betriebsbereiten, also aufgeklappten Zustand bietet es drei oder vier Erwachsenen Platz, lässt sich wegen der großen Breite gut rudern oder mit einem 2-PS-Außenborder motoren und ist andererseits in wenigen Augenblicken zusammengelegt. Selbst auf kleinen Fahrtenkreuzern findet sich für das Banana-Boot »Stauraum« längs der Reling. Ein weiterer Vorteil des Banana-Bootes gegenüber einem Schlauchboot ist seine Fähigkeit, recht gut zu segeln, was nebenbei eine ideale Beschäftigung für Kinder am abgelegenen Ankerplatz ist.

Nur unwesentlich schwerer ist das »große« Banana-Boot, das bis zu sechs Leuten Platz bietet, das aber vor allem den Vorteil hat, dass es mit zwei Personen und einem 5-PS-Außenborder eine Geschwindigkeit von 10 Knoten erreicht und damit ins Gleiten kommt.

Haben wir das Glück, eine Reise in die Tropen unternehmen zu können, so ist es bei einem festen Beiboot kein großer Aufwand, in den Boden eine Plexiglas-Scheibe einzusetzen. Im klaren Tropenwasser können wir ohne Schnorchel und Maske so den Ankergrund prüfen. Fahren wir das Dingi unterwegs auf dem Kajütaufbau, wie meist üblich bei kleinen Yachten, so wird das darunter

Das »große«, 40 Kilo schwere Banana-Boot besticht durch seine Tragfähigkeit. Hier wurde Sprit übernommen, 250 Liter – zusätzlich zwei Erwachsene, macht...!

Jedes Beiboot ist ein Kompromiss. Der Vorteil eines Schlauchbootes ist, dass man es zusammenlegen kann. Aber wer tut das schon?

Das Zusammenlegen eines Schlauchbootes scheint so anstrengend zu sein, dass man es offensichtlich nicht mal fürs Winterlager macht...

befindliche Skylight nicht verdunkelt, die Scheibe im Beiboot lässt das helle Licht ungehindert durch. In Korallengewässern können wir mit unserem »Glasbodenschiff« die Unterwasserwelt kennen lernen, ohne uns Gedanken um die dort zahlreichen Haie machen zu müssen.

Die Größe unseres Beibootes richtet sich in erster Linie nach der Größe des Mutterschiffes und dessen Besatzung. Als Faustregel kann gesagt werden, dass es höchstens so groß sein darf, dass die gesamte Mannschaft es zur Not noch per Hand an Deck hieven kann, ohne die Fallen zu Hilfe zu nehmen.

Scheinbar drängen sich auf größeren Yachten als ideale Aufbewahrung fürs Beiboot Davits, also Metallarme am Heck, auf. Tatsächlich ist es mit denen und ein paar Taljen ein Kinderspiel, das Beiboot aufzuholen. Allerdings geht hierbei der Platz für die Selbststeueranlage verloren. Wenn also eine Yacht nicht für größere Törns geplant ist, sondern für Reviere, wo der Einsatz des Beibootes alltäglich ist, ist dieses dort achtern gut aufgehoben.

Außenborder fürs Beiboot

Dem Außenborder für das Schlauchboot schaden frische Luft und gelegentliche Wasserspritzer weniger als eine stickige Persenning.

»In Ostsee, Nordsee oder Mittelmeer ist ein Außenborder an unserem Beiboot eine überflüssige Sache, ja er wird sicher wegen seines Lärms und der (geringen) Umweltverschmutzung nicht gern gesehen«, stand in der ersten Auflage dieses Buches. Die Realitäten heute sehen aber ganz anders aus. Der Ruderer im Beiboot gehört zu den Ausnahmeerscheinungen, fast schon ein »Alternativer«; der Außenborder am Heck des Dingis ist auch im Mittelmeer heute selbstverständlich. Das gilt erst recht auf der anderen Seite des großen Teiches, in der Karibik, wo Pierplätze außerordentlich selten und günstige Ankerplätze so weit vom Ufer entfernt sind, dass ein leichter Außenborder auf jeden Fall eine lohnende Anschaffung ist. Denn mit einem Außenborder am Beiboot suchen wir uns unseren Ankerplatz nicht allein unter dem Gesichtspunkt »Landnähe« aus, sondern wir wählen den sichersten, auch wenn er etwas weiter draußen liegt. Bei Gegenwind und Seegang ist ein kleiner Außenborder um ein Vielfaches wirkungsvoller als ein noch so sportlicher Ruderer.

Wichtig beim Außenborder ist sein Gewicht. Deshalb sind die neueren Viertakter für unsere leichten Beiboote nicht so gut geeignet. Hinzu kommt, dass es an entlegenen Plätzen nicht so einfach ist, diese zu warten. Der Weltmarkt der 2-Takt-Außenborder wird von den »Japanern« beherrscht, sodass bei Benutzung der großen Marken Yamaha, Tohatsu und Suzuki keine Probleme bei der Ersatzteilbeschaffung bestehen. Trotzdem sollte man zum mitgelieferten Zubehör ein paar Zündkerzen vorrätig haben. Ebenso wichtig ist eine Diebstahlsicherung, denn an vielen Plätzen wecken die zuverlässigen Außenborder bei einigen Einheimischen Begehrlichkeit.

Das »große« Banana-Boot kommt mit zwei Personen und einem 5-PS-Außenborder ins Gleiten und erreicht dabei 10 Knoten. Ein großer Vorteil auf weiten Ankerplätzen!

Das »ideale« Fahrtenschiff

Der große Reiz des Fahrtensegelns kommt sicher zum Teil daher, dass sich nur für wenige Dinge feste Regeln aufstellen lassen und so genügend Raum für ganz persönliche Ansichten und Meinungen bleibt. Aus diesem Grunde wäre es auch vermessen und wider den Sinn dieses Sportes, wollte man einem Segelfreund vorschreiben, wie sein Schiff auszusehen habe. So wie ich zum Beispiel ein Schiff aus Stahl als das ideale ansehe, so hält vielleicht ein anderer Segelfreund mit gleich guten und gewichtigen Gründen eine Sperrholzyacht für das Optimum.

Trotzdem – in den letzten zwei Jahrzehnten ist eine bemerkenswerte Entwicklung zu beobachten: Zuvor sah man auf den Ankerplätzen rund um die Welt Fahrtenyachten, die mehr oder weniger zufällig zu Langfahrtyachten gemacht worden waren. Man denke nur an die Suaheli, mit der in den 60er-Jahren Sir Robin Knox-Johnson als Erster einhand und nonstop um die Welt gesegelt ist. Dieses Schiffchen war aus Holz, ursprünglich gebaut fürs gemütliche Küstenskippern, und befand sich zufällig im Besitz des späteren Weltumseglers. Das war die einzige Qualifikation für diese Yacht, um

THALASSA II **vor Bora Bora.**

die Welt zu segeln. Gleiches gilt für die Yacht von Sir Alec Rose, einem Gemüsehändler, der die legendäre Reise von Francis Chichester um die Welt nachsegelte. Fast alle Weltumseglungen wurden damals mit Yachten durchgeführt, die nie und nimmer für diesen Zweck gebaut, sondern von ihren Eignern hoch- beziehungsweise umgerüstet worden waren.

Erst allmählich, eben in den letzten Jahren, werden von der Bootsindustrie Yachten angeboten, die sich von Haus aus für ausgedehntes Fahrtensegeln eignen und nur noch dementsprechend ausgerüstet werden müssen. Heute kann man fast jedes beliebige Boot »von der Stange« nehmen und damit erfolgreich fahrtensegeln. Deshalb gilt heute mehr denn je der Satz: »Die Mannschaft macht eine Yacht zur erfolgreichen Weltumsegelyacht!«

Interessant war eine Umfrage der englischen Zeitschrift »Yachting World« vor 30 Jahren. Die Mitglieder des »Ocean Cruising Club«, fast ausschließlich Fahrtensegler – darunter so prominente wie Robin Knox-Johnson, Sir Alec Rose oder Roderick Stephens –, wurden nach den bevorzugten Elementen einer Fahrtenyacht befragt. Wenn man so will, stehen hinter den nüchternen Prozentzahlen Erkenntnisse, die auf Törns über mehr als insgesamt 7 000 000 Seemeilen auf hoher See und Küstengewässern gewonnen wurden. Umso erstaunlicher ist es, wie anders die Entwicklung der Fahrtenyachten letztlich verlaufen ist.

Damals hat diese Umfrage nicht nur ein Spiegelbild der in Gebrauch befindlichen Fahrtenschiffe wiedergegeben, sondern auch manche Wunschvorstellung reflektiert. Es wäre interessant zu untersuchen, inwieweit sich die heutigen Verhältnisse damit noch im Einklang befinden. Es wurden deshalb eine Reihe von sehr erfahrenen Fahrtenseglern und Weltumseglern für dieses Buch befragt, wie sie die heutigen Verhältnisse einschätzen. Obwohl genaue statistische Erhebungen fehlen, ist es doch ganz aufschlussreich, was für Fahrtenschiffe heute die Häfen und Marinas füllen, die Ankerplätze bevölkern:

	Umfrageergebnisse 1972	Schätzungen 2002
Rumpfform:		
Einrumpf	95%	92%
Katamaran	4%	8%
Trimaran	1%	0%

Die Tendenz zeigt, dass Trimarane wohl als Fahrtenschiffe verschwinden, Katamarane langsam zunehmen.

	Umfrageergebnisse 1972	Schätzungen 2002
Baumaterial:		
Holz	24%	1%
Komposit (Holz+Eisen)	11%	0%
kaltverformtes Holz	8%	1%
GFK	28%	82%
Stahl	15%	10%
Aluminium	10%	5%
Stahlbeton	4%	1%

Von allen möglichen Bootsbaustoffen werden wohl nur Kunststoff, daneben Stahl und in geringem Umfang Aluminium übrig bleiben.

	Umfrageergebnisse 1972	Schätzungen 2002
Deck:		
Flachdeck	24%	8%
kurzer Aufbau	28%	32%
längerer Aufbau	18%	45%
Aufbau und Deckshaus	20%	15%

Das »Flushdeck«, einst Inbegriff für eine elegante Yacht, geht deutlich zurück – offensichtlich, weil die Eigner »Schönheit« nicht vor Zweckmäßigkeit setzen.

	Umfrageergebnisse 1972	Schätzungen 2002
Decksoberfläche:		
Teak	65%	15%
Sperrholz	3%	0%
Kunststoff	17%	60%
Gemalt	3%	10%
rutschfester Belag	12%	15%

Teakdeck zeigt deutlich abnehmende Tendenz, was für die Vernunft der Fahrtensegler spricht.

Kiel:

langer Kiel	81%	20%
kurzer Kiel+ getrenntes Ruder	10%	73%
Kimmkieler	1%	2%
Schwert	6%	5%
Anderes	2%	0%

Der früher dominierende lange Rumpf weicht dem Zeitgeschmack und der Serienprodukion. Interessant ist, dass auf dem amerikanischen Markt der lange Kiel noch lange nicht Vergangenheit ist. Es ist jedoch aufgrund der zahlreichen europäischen Exporte nach den USA zu erwarten, dass auch dort der kurze Kiel auf Dauer die Überhand gewinnt.

Rigg:

Sloop	14%	75%
Kutter	17%	15%
Ketsch	47%	9%
Yawl	16%	0%
Schoner	3%	1%

Würde man die Neubauten mit einrechnen, geht die Tendenz bei den Mehrmastern gegen Null.

Vor-dem-Wind-Segel:

Spinnaker	15%	30%
Passatsegel	20%	35%
Breitfock	4%	0%
ausgebaumte Focks	61%	35%

Die Breitfock hat ausgespielt, Passatsegel nehmen nur langsam zu, offensichtlich wegen der aufwändigen Hardware (zwei Bäume). Die meisten begnügen sich auf Vorwindkursen mit einer Notlösung – ausgebaumte Focks.

Reff:

Rollreff	66%	80%
Binderfeff	30%	20%

In wenigen Jahren wird das Rollreff wohl über 90% erreichen.

Länge über alles:

unter 7 m	0%	1%
7 bis 9 m	1%	5%
9 bis 12m	58%	40%
über 12 m	41%	54%

Stetig nimmt die Schiffsgröße zu, was auch an der leichteren Bedienbarkeit der Yachten durch bessere Winschen, einfachere Reffmöglichkeiten (siehe oben) und den stärkeren, auch zuverlässigeren Maschinen liegt.

Steuerung:

Pinne	37%	15%
Rad	63%	85%

Haupt-Selbststeuerung:

Windsteuerung	82%	82%
elektrisch	10%	10%
ohne Selbststeuerung	8%	8%

Arbeitsweise der Selbststeuerung:

direkt auf Pinne/Rad	32%	85%
getrenntes Servo-Ruder	44%	10%
Trimmklappe am Hauptruder	24%	5%

Stromquellen – außer den Lichtmaschinen:

getrennter Generator	22%	20%
vom Wind angetrieben	1%	10%
Solarzellen	0%	20%
Kombination mehrerer Methoden	38%	47%
Wellengenerator	–	5%

Die alternativen Stromquellen sind deutlich im Kommen. Bei der ersten Befragung waren Wellengeneratoren praktisch noch unbekannt.

Elektrisches System:

12 Volt	69%	90%
24 Volt	27%	10%
andere	4%	0%

6 Volt und 32 Volt haben schon lange ausgespielt. Wenn bei Personenkraftwagen Spannungen über 40 Volt als Standard eingeführt werden, wird sich obiges Bild sehr schnell ändern.

Batteriekapazität:

100 AH	6%	10%
200 AH	45%	20%
400 AH	40%	45%
über 400 AH	9%	25%

Die Entwicklung geht eindeutig zu höheren Batteriekapazitäten, was auch mit den größeren Yachten zusammenhängt.

Beiboot:

Starr	33%	20%
Aufblasbar	67%	80%

Das Schlauchboot übernimmt trotz der bekannten Nachteile die Führung.

Haupt-Antrieb des Beibootes

Ruder	52%	5%
Außenborder	42%	95%
Segel	6%	0%

Die allgemeine Motorisierung macht auch vor den Beibooten nicht Halt.

Cockpit:

Mittelcockpit	28%	20%
Achtercockpit	72%	80%

Keine nennenswerten Änderungen!

Seeanker (Treibanker):

Notwendig	12%	5%
Nützlich	26%	15%
Überflüssig	62%	80%

Der Treibanker setzt sich offensichtlich nicht durch. Ein Grund hierfür mögen die fehlenden praktischen Erfahrungen sein. Einige wenige schwören auf ihn.

Maschine:

Keine	0%	0%
Außenborder	0%	2%
Innenborder	95%	93%
zwei Innenborder	5%	5%

Die »zwei Innenborder« finden sich meistens auf Katamaranen.

Maschinenstärke in PS:

unter 10	2%	5%
10 bis 30	44%	15%
30 bis 60	43%	45%
über 60	11%	35%

Maschinen sind stärker geworden – entsprechend der zunehmenden Schiffsgröße!

Reichweite unter Maschine:

0 - 200 Meilen	16%	5%
200 - 800 Meilen	70%	80%
über 800 Meilen	14%	15%

Hauptanker:

CQR	60%	40%
Danforth	27%	15%
Deutscher Stock-Anker	12%	1%
Andere	1%	24%
Bügelanker	–	10%

Die konservativen Anker büßen langsam ihre dominante Stellung ein. Der »deutsche« Bügelanker, bei der ersten Befragung noch nicht existent, gewinnt deutlich an Bedeutung.

Anker mit:

Kette allein	66%	65%
Trosse und Kettenvorläufer	44%	25%
Trosse allein	0%	10%

»Kette allein« ist heute Standard. Der Kettenvorläufer findet sich vor allem auf gewichtssensiblen Yachten wie z.B. Mehrrumpfbooten.

Wie viel Kette?

40 m bis 80 m	46%	65%
80 m bis 100 m	41%	28%
über 100 m	13%	7%

Offensichtlich: Fahrtensegler ankern sicherheitsbetont.

Brennstoff zum Kochen:

Petroleum	51%	15%
Gas	52%	75%
Spiritus	11%	5%
Elektrisch	2%	4%
Diesel	2%	1%

An Gas führt kein Weg mehr vorbei.

Würden Sie Ihr Schiff ausrüsten mit:

Rettungsinsel	95%	80%
Radar	16%	55%
Kurzwellen-sender	12%	50%
UKW-Sender	31%	95%
Echolot	96%	100%
Windgeschwindig-keitsmesser	51%	80%
Windrichtungs-anzeiger	43%	80%
Radarreflektor	80%	80%
Tiefkühltruhe/Kühlschrank	18%	80%

Die Tendenz zeigt die vollständige Hinwendung zur Elektronik, was auch von den leistungsfähigeren Ladegeräten und der zuverlässigeren Elektrik herrührt. Endlich erkennen Fahrtensegler den überragenden Sicherheitsvorteil durch Radar.

Folgende Geräte waren bei der ersten Umfrage noch nicht auf dem Ausrüstungsmarkt:

Sonar	3%
Laptop	60%
elektronische Karten auf Notebook	20%
eigener Kartenplotter	5%
Satelliten-Handy oder -Telefon	3%
Inverter (12/24 V--->220 V)	20%
Watermaker	30%
GPS	100%

Keine Yacht mehr ohne GPS! Elektronische Seekarten sind stark im Kommen.

Vorschläge für die Zusatzausrüstung eines »segelfertigen« Schiffes zur tüchtigen Fahrtenyacht

Bei dem Versuch, ein preisgünstiges Schiff anzubieten, können nur wenige Werften der Versuchung widerstehen, bei der Ausrüstung zu sparen. Dagegen wäre wenig einzuwenden, wenn der Verkäufer ehrlich darauf hinweisen würde, dass sich sein Schiff eben nur für Tagestörns in Sichtweite der Marina eignet. Leider Fehlanzeige! Eine (sehr teure) Renommierwerft beispielsweise verleiht ihren Erzeugnissen das Attribut »für weltweite Fahrt«, stattet aber die Yacht nicht mit einer Windsteueranlage aus, was die Käufer beim Start zur ARC (Atlantic Rally for Cruisers) regelrecht in Schwierigkeiten bringt, denn dort erkennen sie erstmalig, dass die meisten anderen Schiffe mit einer Windfahnensteuerung ausgestattet sind und sie nun vor folgender Frage stehen: Wie komme ich jetzt auf den Kanaren an eine Windsteueranlage und wer baut mir die – fernab der Werft – hier im Wasser ein?

Man sollte sich auch beim Kauf eines Schiffes nicht bequem damit beruhigen: »Das kann ich ja alles später dazukaufen!« Denn es ist ein Leichtes, in der Werft beispielsweise die Halterung für den Außenborder montieren zu lassen, während vielleicht später der hierfür geeignete Platz schon »vergeben« ist.

Nachfolgende kurze und nicht vollständige Liste soll Yachtkäufern eine Idee geben, was sie von einer guten Werft bei Bestellung eines Fahrtenschiffs über die Standardausrüstung hinaus verlangen sollten:

Radar
– ein Muss bei Yachten über 12 Meter.

Ankerwinde
– bei Yachten über 11 Meter elektrisch.

Kettenkasten
– möglichst unter der Ankerwinde, mit Entwässerungsmöglichkeit.

Anker
– mindestens drei – Hauptanker, Zweitanker, Warpanker – mit Halterung (auch am Heck) und 70 Metern Kette sowie etwa 70 Meter Trosse.

Trossen
– neben den Ankertrossen drei Mal 50 Meter »Panama-Leinen«, wenn weltweite Fahrt beabsichtigt ist.

Bullenstander
– oder Bullentalje ist kaum auf einer Fahrtenyacht »ab Werft« vorhanden. Meistens lässt er sich ohne weiteres nachträglich mit einfachen Mitteln anbringen, manchmal aber vermisst man später das Auge für den Umlenkblock, das in der Werft leicht hätte angebracht werden können.

Beiboot
– mit Halterung (Davits) oder geeigneter Staumöglichkeit.

Außenborder fürs Beiboot
– mit Halterung.

Wind-Selbststeueranlage
– mit Kraftübertragung (Leinenführung), um das Ruder anzusteuern – blitzartig auskuppelbar.

Solarzellenpaneele
– möglichst viele fest montiert mit Laderegler.

Wassermacher
– wird bald Standardausrüstung auf einer Fahrtenyacht. Glaubt man, auf ihn verzichten zu können, sollte die Werft Möglichkeiten zum Wasserfangen vorsehen (Rinnen am Kajütdach oder Ähnliches).

Vorwindbeseglung
– mit entsprechenden Bäumen und Beschlägen am Mast für die Passatbeseglung oder Spinnakerbaum für Fahrten-Spi (Parasailor).

Bimini
– schon aus gesundheitlichen Gründen eine Notwendigkeit. Jeder Arzt wird vor stundenlanger direkter Sonneneinstrahlung – vor allem in den Tropen – warnen.

Sonnensegel
– ist notwendig, wenn das Schiff für die Tropen vorgesehen ist.

Der Traum vom Traumschiff und was daraus wurde

Das Wort »Traumschiff« besagt schon, dass es sich hierbei um etwas ganz Persönliches handelt, eben um einen Traum, sodass nachstehende Meinungen nicht einfach übernommen werden können. Alle anderen Ansichten lasse ich auch nach wie vor gelten, solange sie technisch vertretbar sind.

Die THALASSA II war eine Stahlslup mit nahezu 16 Metern Länge über alles. Der Konstrukteur Elsenga hat sie ursprünglich als Ketsch konzipiert, mein Mast wurde gegenüber dem Zweimast-Entwurf lediglich um einen Meter nach achtern versetzt.

Genau genommen handelte es sich um ein Kutterrigg, denn bei mehr als 4 Windstärken wurde die 65 Quadratmeter große Genua gegen eine Fock und einen Klüver ausgetauscht. Bei raumem Wind bis 4

THALASSA II wurde – fast – unser Traumschiff. Das 4,70 Meter breite Deck machte die Segelarbeit leicht. Die Bewegungen im Seegang waren gutmütig. Auch in den Brüllenden Vierzigern fanden die Seen selten ihren Weg ins Cockpit oder aufs Vorschiff.

Ob zu zweit 72 Tage lang auf hoher See, ob zu acht in 19 Tagen über den Atlantik, die THALASSA II war stets problemlos zu segeln.

Vier Jahre lang war die *THALASSA II* das schwimmende Heim für die Schenks. Heimathafen: Cook Bay, Moorea, Südsee.

Windstärken wurde ein »Bollejan« (eine Art Blister) mit 120 Quadratmetern statt der Genua gefahren. Für die häufigen achterlichen Winde waren zwei Passatsegel, beide gemeinsam am Vorstag angeschlagen, vorgesehen. Die Bäume hierfür wurden fest am Mast gefahren.

Die Fallen hatten einen Drahtvorläufer und wurden über starke Winschen bedient, die an Deck montiert waren. Sie liefen außen – meine Idee, nachdem ich auf meiner ersten Weltumsegelung mit innen laufenden Fallen zwar nie Ärger, aber immer ein ungutes Gefühl hatte.

Das Ankergeschirr bestand aus einer Kette von 80 Metern und ansonsten Trossen für den Standard-CQR mit 75 Pfund (lbs) und den Danforth mit 35 Kilogramm. Die Kette lief über eine starke Simpson-and-Lawrence-Winsch für 12 Volt.

Im Maschinenraum stand ein 80-PS-Diesel von MAN, der bis zu 25 Grad Lage vertrug (auf dem Prüfstand dargestellt). An der Hauptmaschine befanden sich der Kompressor für die Tiefkühltruhe und zwei Lichtmaschinen für 55 Ampere bei 12 Volt. Sie betrieben zwei voneinander unabhängige Batteriepakete von 240 Ah für den Starter und 480 Ah für die allgemeine Stromversorgung. Einen Generator hatte das Schiff nicht, alles war also auf die Hauptmaschine abgestellt. Ansonsten – vom »Luxus« einer Tiefkühltruhe abgesehen – war das Schiff eher spartanisch eingerichtet: Keine elektrischen Pumpen, keine Warmwasseranlage, keine Heizung (das Schiff war von vornherein für warme Gegenden geplant) und schon gar nicht eine Klimaanlage, deren Versorgung ohnehin nur über einen immer mitlaufenden Generator möglich gewesen wäre.

Die Belüftung erfolgte über vier große Luken. Weiter waren sechs zusätzliche Lüfter eingebaut.

Das Deck und das ganze Schiff waren weiß gestrichen, um die Temperatur niedrig zu halten. Auf ein Teakdeck wurde deshalb auch verzichtet. Um die Pantry mit dem heißen Petroleumofen zu belüften – sie befand sich im Durchgang vom Salon ins Achterschiff –, wurde zum Cockpit noch eine Luke eingebaut.

Die Steuerung sollte über eine Hydraulik erfolgen, die beim Übergang auf die Aries-Selbststeuerung lediglich mit einem Ventil kurzgeschlossen werden musste, weil die Aries bei dieser Schiffsgröße nur mehr direkt auf die Pinne geht. Deshalb wurde auch eine Pinne fest eingebaut.

Die Navigation war von Anfang an spartanisch, wenn man – es gab noch kein GPS – von einem Omega-Gerät absieht. Kompass, Echolot, Schlepplog und Sextant waren die einzigen Navigationsgeräte.

Wie hat sich unser »Traumschiff« nach rund 40 000 gesegelten Seemeilen in der Praxis bewährt? Also:

Meine ersten Bedenken, dass sich das immerhin über 20 Tonnen schwere Schiff von zwei Leuten nicht mehr segeln lässt, haben sich als gegenstandslos erwiesen. Allerdings war THALASSA II keine Yacht, mit der man schnell mal eben ein paar Schläge segelt. Nur zwei Dinge durften nie versagen – was auch nicht geschehen ist: die elektrische Ankerwinsch und die Maschine.

Aber der gemütliche Multiknickspanter mit langem Kiel war gar kein so langsames Segelschiff. Unter den beiden Passatsegeln mit je 40 Quadratmetern waren 150 Seemeilen in 24 Stunden schon bei 4 Windstärken normal. Trotz zwei Tagen Flaute benötigten wir – allerdings mit größerer Mannschaft – über den Atlantik (2800 sm) nur 19 Tage, wobei zwei Etmale über 180 Seemeilen lagen. Das Rekordetmal lag bei 196 Seemeilen, für einen Stahlkübel ohne Spinnaker ganz beachtlich. Gesteuert hat diese Etmale die Aries, eine preiswerte (damals 1400,- DM) Wind-Selbststeueranlage. Ärger haben mir nur die außen laufenden Fallen verursacht, die sich eigentlich immer irgendwo verfingen.

Und wie war es mit den Rostproblemen? Ja, es gab sie, aber bei weitem nicht in dem Maße wie befürchtet. Ein Kasten mit Farbtöpfen war immer bereit, um mal eben schnell fünf Minuten benutzt zu werden. Arbeitsaufwand im ersten Jahr in den Tropen – die Zeit auf dem Slip ausgenommen – ungefähr 10 Stunden insgesamt. Bewährt hat sich auch das weiß gestrichene Deck mit den vielen Luken. In den Tropen war die THALASSA II innen so angenehm kühl, dass auf das sonst unvermeidliche Sonnensegel verzichtet werden konnte. Überflüssig waren die Lüfter, die niemals Luft, höchstens überkommendes Wasser hereinließen.

Das Schiff blieb – auch nach einem rauen Törn um Kap Hoorn – absolut dicht. In der Bilge konnte ich Staub saugen, und unter der Maschine fanden sich Spinnweben. Sie war also öldicht, leider sonst bei Schiffsmaschinen eine Seltenheit. Der Diesel war das Herz des Schiffes. Zur Stromerzeugung und für die Tiefkühltruhe musste er alle zwei Tage für eine Stunde laufen, hierbei verbrauchte er ca. 3 bis 4 Liter, bei Marschfahrt (7 Knoten) 6 Liter. Damit wurde die gesamte benötigte Energie an Bord der THALASSA II produziert. Mit diesem Energieversorger, 1000 Litern Diesel und 1000 Litern Wasser in den Tanks waren wir nicht auf Landstrom angewiesen. Allen Unkenrufen zum Trotz hatte sich auch der Petroleumkocher mit den Primusbrennern bewährt. Zeitweise hat er acht Leute bekocht, die ihn auch nach einer kurzen Gewöhnungszeit einwandfrei bedienen konnten.

Nach den ersten Nebelfahrten in der Nordsee wurde die Navigationsausrüstung um ein Radargerät ergänzt, was der THALASSA II einen kurzen hässlichen Radarmast eingebracht hat, ein kleines Opfer für die Vorteile. Ich würde niemals mehr ohne Radar segeln, auch nicht in Gewässern ohne Nebel. Es macht die Navigation so einfach und sicher. Auf meinem Traumschiff waren ursprünglich auch Rollfocks eingeplant, auf die ich dann aber aus Kostengründen schweren Herzens verzichtet habe. Trotzdem würden diese Dinger natürlich die Segelei mit so einem großen Schiff sehr erleichtern, solange sie funktionieren. Obgleich zufrieden, träumte man also weiter! Ich stelle absichtlich den Ausführungen über »mein Traumschiff« die Ausführungen meines Freundes Dr. Ernst Bullmer gegenüber, der, von der ersten deutschen Weltumsegelung auf einem Katamaran zurückgekehrt, auch mit guten Gründen zu einem ganz anderen »Traumschiff« kam. Ich will dadurch aufzeigen, wie vielfältig und reizvoll die Fahrtensegelei ist. Dr. Ernst Bullmer, früher Jollensegler, später Eigner einer Einrumpfyacht, schrieb:

»Mein ideales Fahrtenschiff für eine Weltumsegelung? Ein Katamaran nicht unter 12 Metern Länge, leicht, aber sehr stark ge-baut, mit Ketschtakelung, ganz wenig Technik, ein leichter Dieselmotor, der gerade ausreicht für Hafenmanöver und Kanaldurchfahrten (Bei der Weltumsegelung hatte ich ganze 275 Motorstunden einschließlich Panamakanal-Durchfahrt!), ein kleiner Dieselgenerator, Wasservorräte in 20-Liter-Kanistern, als Dusche eine Gartenspritze, Druckbehälter von Hand aufzupumpen, eine kleine 30-Liter-Kühlbox mit Schwingkompressor, damit die Butter kalt bleibt...«

Nachdem wir wieder in unsere »richtigen« Berufe zurückgekehrt waren, mussten wir unsere THALASSA II verkaufen. So gut sich ein Stahlschiff fürs Fahrtensegeln auch eignet, bedarf es doch laufender Pflege. Diese ist nicht gewährleistet, wenn man 2000 Kilometer vom Schiff entfernt im Büro sitzt. Das war der einzige Grund, unsere THALASSA II abzugeben. Als wir nunmehr wiederum die Chance hatten, längere Zeit wegzusegeln, standen wir wieder vor der Frage: »Welches Schiff?«

Ernsthaft überlegten wir, die THALASSA II, mit der wir perfekt zufrieden gewesen waren, zurückzukaufen. Doch zwischenzeitlich hatten die neuen Eigner – das Schiff war im Charterbetrieb unterwegs – doch einige Änderungen an der Yacht vorgenommen, sodass es nicht mehr »unsere« THALASSA II war. Also machten wir uns wiederum auf die Suche nach einem »Traumschiff«.

Diesmal sah der »Traum« so aus: Eine 14-Meter-Aluminium-Sloop aus holländischer Fertigung mit einem technischen Layout, wie es die THALASSA II hatte. Doch der Preis für dieses Schiff war für uns unerschwinglich. So fuhren wir eines Tages nach Les Sables d'Olonne in Frankreich an der Biskaya, um dort eine französische Yacht, 14 Meter lang aus Aluminium, zu erstehen. Doch der Werftchef schien wenig geneigt, meine bescheidenen Sonderwünsche zu erfüllen. Also – aus der Traum vom Aluschiff!

Es war reiner Zufall, dass wir auf dem Weg zum Flugplatz Les Sables d'Olonne an der Werft Aliaura vorbeikamen, die Katamarane vom Typ »Privilège« baut. Als wir in den sauberen Hallen den 14,30 Meter langen Privilège 465 sahen, wussten wir: »Das ist unser neues Schiff!«

Die Werft ging weitgehend auf meine speziellen, doch recht einfachen Sonderwünsche ein. Inzwischen sind wir, fast immer nur meine Frau Carla und ich, damit schon wieder über 10 000 Meilen gesegelt. So traue ich mir zu, ein Urteil über diesen Katamaran abzugeben.

Eines vorweg: Wenn von einem Katamaran die Rede ist, dann wird als Erstes, besonders von Laien, nach der Geschwindigkeit gefragt. Als ob dies ein so wichtiges Kriterium für ein Boot wäre – besser wäre nach dieser Logik wohl ein Motorboot. Die Trümpfe bei einem Fahrtenkatamaran liegen ganz woanders, nämlich bei der Wohnlichkeit, beim Platzangebot und schließlich bei den Schiffsbewegungen. So hat die THALASSA, so heißt der Kat, alle unsere Erwartungen in dieser Richtung erfüllt. Wer nur Einrumpfschiffe gewohnt ist, kann sich nicht vorstellen, dass es unterwegs ohne jede Schutzvorrichtung wie kardanischer Tisch, rutschfeste Unterlagen oder eine Tischreling möglich ist, volle Gläser und geöffnete Flaschen nicht nur auf den Tisch zu stellen, sondern diese auch stundenlang stehen zu lassen, ohne dass ein Glas umfällt. Erst recht am Ankerplatz bietet die Geräumigkeit einen Lebensraum, den wir auf einem Schiff dieser Größe bisher nicht gekannt hatten. Lebensraum heißt auch Luftigkeit, sodass die heißen Tropen am Ankerplatz erträglicher werden.

Die Geschwindigkeit des Katamarans befriedigt. Es kommt schon mal vor, dass auf dem Speedometer 15 Knoten abzulesen sind. Doch wenn zusammengezählt wird, ergeben sich nach 24 Stunden meistens Etmale, die auch von Einrumpfschiffen erzielt werden können. Das liegt daran, dass Kurse, auf denen der Katamaran sein hohes Geschwindigkeitspotenzial ausspielen könnte (Backstagsbrise mit 25 Knoten Wind), auch beim Langfahrtsegeln recht selten sind. Sicher kein Nachteil gegenüber einer Einrumpfyacht sind die eingeschränkten Amwind-Möglichkeiten. Denn auch mit Einrumpfschiffen, die theoretisch tolle Höhe

am Wind laufen könnten, relativiert sich das, wenn sie gegen den typischen Ozean-Seegang laufen müssen. Dann stampft sich die Yacht hoch am Wind nur allzu leicht fest, fällt ab und nimmt erst so langsam wieder Geschwindigkeit auf, dass in der Praxis von den hoch gelobten Amwind-Eigenschaften nicht mehr sehr viel übrig bleibt und sie dann unter diesen Bedingungen nicht viel besser abschneiden als ein gleich langer Katamaran.

Unterm Strich bietet uns THALASSA für das Leben auf dem Wasser eine so hohe Lebensqualität, wie es ein vergleichbares Einrumpfschiff niemals könnte.

Und die Sicherheit? Katamarane haben sich noch nicht vollständig erholt von dem schlechten Image, das ihnen vor ein paar Jahrzehnten verpasst wurde. Aber zwischenzeitlich hat sich vieles zum Positiven verändert. So hatten wir bei der neuen THALASSA in richtig schlechtem Wetter nie ein Gefühl der Unsicherheit. Ganz im Gegenteil: Durch die viel magenfreundlicheren Schiffsbewegungen vermittelt ein so großer Katamaran meist eher das Gefühl, es könne im Sturm gar nichts passieren. Voraussetzung ist hierbei, dass man die seemannschaftlichen Spielregeln einhält: »Rechtzeitig reffen oder Segel wegnehmen!« Zwar fehlt das warnende Indiz der starken Krängung, aber schließlich hat man als Ersatz den Windgeschwindigkeitsmesser, nach dem man sich richtet. Und, eine neue Erfahrung, auch ohne Krängung spürt man, wenn man für die Wetterverhältnisse zu viel Segel trägt: Das Schiff benimmt sich irgendwie gestresst. THALASSA und Crew fühlen sich nicht mehr wohl.

Katamarane können kentern! Was soll's? Einrumpfschiffe können sinken, unsere THALASSA ist unsinkbar. Hierzu das stärkste Argument für die THALASSA: Bisher hat die Werft Aliaura in 15 Jahren rund 350 Katamarane gebaut. Nicht einem Skipper ist es bis jetzt gelungen, einen Privilège-Katamaran umzukippen.

Ist die THALASSA, ein Katamaran, jetzt unser »Traumschiff« geworden? Eine vorsichtige Antwort: Wenn wir nochmals ein Schiff um die 15 Meter Länge erwerben würden, wäre es ein Katamaran!

Elektrik und Elektronik an Bord

Bordelektrizität

Grundsätzlich ist jede Scheu vor den technischen Fragen, welche Elektrizität an Bord mit sich bringt, unangebracht. Ja, es ist sogar für den Skipper äußerst empfehlenswert, sich ein wenig mit seiner elektrischen Anlage zu befassen.

Als Stromquelle stehen uns zunächst die Lichtmaschine am laufenden Motor und die Batterie, solange sie nicht leer ist, zur Verfügung. Unsere Batterien sind samt und sonders Bleibatterien. Ein Bleielement ergibt ziemlich genau eine Spannung von 2 Volt. Vergleichen wir elektrischen Strom mit Wasser in einem Schlauch, so ist die Spannung ungefähr das, was im Schlauch der Wasserdruck ist. In Autos ist die gängige Batteriespannung 12 Volt. Hierbei werden lediglich entsprechend viele Bleielemente zusammengefasst, also bei einer 12-Volt-Batterie eben 6 Elemente.

Grundsätzlich wäre es wünschenswert, die Spannung so hoch wie nur möglich zu wählen. Das hat physikalische Gründe. Leiten wir durch einen langen Draht Strom mit einer Spannung (»Druck«) von genau 12 Volt, so können wir am anderen Ende der Leitung feststellen, dass nicht mehr genau 12 Volt ankommen, sondern etwas weniger. Man nennt dies den »Spannungsverlust«. Er ist prozentual umso größer, je niedriger die Spannung und je kleiner der Durchmesser der heute ausschließlich gebräuchlichen Kupferleitungen ist.

Danach wäre es günstiger, 24 Volt als Bordspannung zu wählen. Viele Geräte, die für den Autofahrer hergestellt und deshalb wegen der Massenfertigung besonders preiswert sind, könnten wir aber dann nicht mehr an Bord verwenden. Ja, für manche Bootsmaschinen gäbe es gar keine geeigneten Starter mehr, denn diese sind nahezu ausnahmslos für 12 Volt ausgelegt. Wir

schließen deshalb den Kompromiss und wählen für unser Bordnetz 12 Volt. Um den Spannungsverlust gering zu halten, verwenden wir als Leitungen zu den elektrischen Verbrauchern möglichst dicke Drähte. Das ist zunächst etwas teuer, doch handelt es sich hierbei um eine einmalige Ausgabe. 2,5 Millimeter Durchmesser als untere Grenze wäre ideal.

Der Mindestquerschnitt für elektrische Leitungen lässt sich nach folgenden Formeln leicht ausrechnen, wenn man davon ausgeht, dass bei den meisten Geräten der zulässige Spannungsabfall 5% (bei Positionslampen 2%) beträgt und bei der Länge des zweiadrigen Drahtes beide Adern berücksichtigt werden müssen.

Formeln zur Berechnung von Kabelquerschnitten und Stromstärken:

$$\text{Querschnitt des Drahtes} = \frac{\text{Länge des Drahtes}}{(50 \times \text{Widerstand in Ohm})}$$

$$\text{Widerstand in Ohm} = \frac{\text{zulässiger Spannungsabfall in Volt}}{\text{Strom in Ampère}}$$

$$\text{Strom in Ampère} = \frac{\text{Stromverbrauch in Watt}}{\text{Spannung in Volt}}$$

Bordbatterie

Achtung: Batterien dürfen keinesfalls längere Zeit entladen an Bord stehen, denn sie werden dadurch nachhaltig beschädigt.

Der Ladezustand der Batterie muss deshalb von Zeit zu Zeit kontrolliert werden. Leider gibt es kein elektronisches Instrument, auf dem man zuverlässig den Ladezustand der Batterie ablesen könnte. Deshalb verwende man hierzu einen Säureheber, der das spezifische Gewicht der Batteriesäure anzeigt. Eine neu geladene Batterie erreicht den Wert von 1,28. Ist die Dichte bei 1,15 angelangt, so muss nachgeladen werden.

Hält sich eine Yacht ausschließlich in heißen Gegenden (Mittelmeer) oder in den Tropen auf, so muss die Batteriesäure derart eingestellt sein, dass »voll geladen« nur mehr eine Säuredichte von 1,235 bis 1,245 erreicht wird. Andernfalls leidet die Lebensdauer.

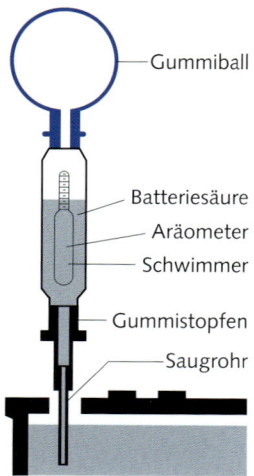

Gummiball
Batteriesäure
Aräometer
Schwimmer
Gummistopfen
Saugrohr

Batterieprüfer (Säureheber)

Eine spätere Umstellung bei Verlegung der Yacht in heiße Gegenden soll nach einem Rezept der Batterie-Herstellerin Hagen AG folgendermaßen vorgenommen werden: »Aus der voll geladenen (!) Batterie wird die Säure in einen Behälter geleert und diese mit destilliertem Wasser auf 1,220 verdünnt. Nach dem Zurückgeben der Flüssigkeit in die Batterie müsste eine Dichte von 1,235 bis 1,245 erreicht sein. Wenn nicht, muss dieser Zustand durch Zusetzen von Säure (1,28) oder destilliertem Wasser eingepegelt werden.«

Wartungsarme Batterien sind normale Bleibatterien, bei denen aber das beim Ladevorgang verdunstende Wasser wieder in die Batterie zurückgeführt wird, während es bei einer normalen Batterie an die (Luft-)Umgebung abgegeben wird. Bei Letzterer muss also gelegentlich destilliertes Wasser (niemals Schwefelsäure!) in die Batterie nachgegossen werden. Nur diese Arbeit erspart uns die wartungsarme Batterie.

Anders sind die heute viel benutzten Gel-Batterien, bei denen das Schwefelsäure-Wasser-Gemisch durch eine geleeartige Masse ersetzt ist. Gel-Batterien sind also auslaufsicher, außerdem kann ihr Ladezustand nicht mit dem Säureheber nachgeprüft werden. Letzteres ist aber nicht der Grund, warum der Autor über seine Gel-Batterien nicht besonders glücklich ist. Bei hohen Stromentnahmen sind Gel-Batterien deutlich leistungsschwächer (20 bis 30 Prozent) als die gewöhnlichen und viel billigeren Säurebatterien.

Eine alte Batterie erkennen wir daran, dass trotz ausreichender Nachladung die Dichte-Werte mit dem Säureheber und die Spannung beim Laden nicht mehr erreicht werden. Im Allgemeinen ist eine Batterie nach vier Jahren Dauereinsatz reif zum Wegwerfen. Sämtliche Zellen müssen noch die gleichen Spannungswerte erbringen. Weicht eine Zelle wesentlich nach unten ab, so ist das fast ein sicheres Zeichen, dass diese und damit die ganze Batterie kaputt ist.

Der Säurestand in der Batterie sollte regelmäßig – mindestens einmal im Monat – nachgesehen werden. Die Platten müssen mit Flüssigkeit bedeckt sein. Sind sie es nicht, so darf auf keinen Fall Schwefelsäure nachgefüllt werden, denn fast immer ist dies ein Zeichen, dass Wasser verdunstet ist. Wenn möglich, verwendet man zum Nachfüllen destilliertes Wasser – Regenwasser tut´s zur Not allerdings auch.

Ein Voltmeter an der Batterie ist unerlässlich (genauso wie ein Ampèremeter), aber zum Prüfen des Ladezustandes eignet es sich nicht gut. Eine Bleibatterie hat nämlich folgende Entladungskurve:

den gewünschten 12 Volt arbeiten können. Dies ist technisch nur sehr aufwändig zu realisieren.

Nicht alle 12-Volt-Batterien sind gleich groß. Je nach Kapazität ist in einer Batterie – denken wir an den »Tank« – eine mehr oder weniger große »Strommenge« enthalten. Wir brauchen hierzu nur einmal in ein Elektroboot hineinzusehen. Auch dort haben 12-Volt-Batterien 6 Zellen, die ge-

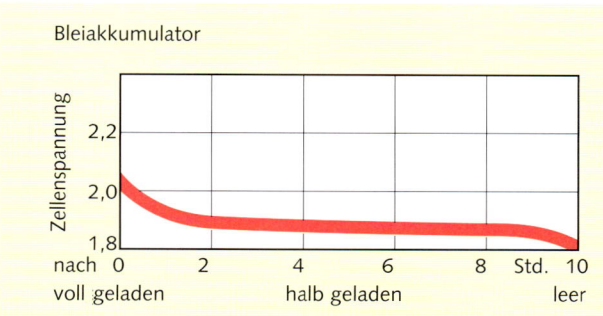

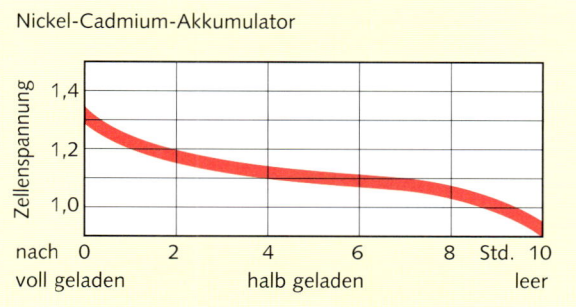

Es ist leicht ersichtlich, dass die Spannung der voll geladenen Batterie bereits nach kurzer Zeit auf ungefähr 12 Volt (6 Zellen zu je 2 Volt) absinkt und sodann über eine längere Entladezeit auf annähernd gleichbleibendem Niveau verharrt. Erst anschließend fällt die Spannung rapide ab. Unser Voltmeter kann hier keinen Aufschluss darüber geben, wie weit wir uns auf dieser fast geraden Linie dem Zustand »entladen« genähert haben.

Bleibatterien entladen sich selbst, Größenordnung fünf bis zehn Prozent pro Monat, falls keine Nachladung erfolgt. Diesen Nachteil hat eine Nickel-Cadmium-Batterie nicht. Sie ist praktisch wartungsfrei, ihre Lebensdauer gegenüber der Bleibatterie beträgt ungefähr das Zehnfache – leider auch der Preis. Sie hat einen weiteren Nachteil, der von Leuten, die für sie schwärmen, gern übersehen wird:

Unsere Stromverbraucher benötigen mindestens 12 Volt. Bei diesem Typ von Batterie würde die gewünschte Spannung jedoch nur für einen kurzen Zeitraum zur Verfügung stehen. Es müssten somit während des Betriebes weitere Zellen hinzugeschaltet werden, damit unsere Geräte immer mit

samte Batterie ist jedoch viel größer als die Batterie im Auto, denn die unwirtschaftlichen Antriebsmotoren von Elektrobooten benötigen eine Menge Strom.

Die Kapazität der Batterie wird mit Ampère-Stunden (Ah) bezeichnet. Wenn sich unsere Kajütbeleuchtung aus der Batterie einen Strom von 1 Ampère (abgekürzt: 1 A) holt und wir diese Lampe eine Stunde brennen lassen, so haben wir 1 Ah verbraucht. Theoretisch können wir also mit einer Batterie von 100 Ah diese Lampe 100 Stunden lang brennen lassen. In Wirklichkeit ist die Batterie viel früher entleert, denn die angegebene Kapazität wird in der Bordpraxis selbst von einer neuen Batterie nur zu 90%, später nur zu höchstens 70% bis 50% erreicht.

Die übliche Verwendung von Auto-Starterbatterien auf Yachten ist alles andere als ideal. Sie sind nämlich so konstruiert, dass sie kurze Zeit einen hohen Strom abgeben können, eben, um den Motor anzulassen. Neben diesem Zweck haben Bordbatterien die Aufgabe, viel Strom zu speichern und diesen dann über längere Zeit möglichst vollständig an die vielen Verbraucher auf der Yacht abzugeben. Wird die hierfür nicht

Die beiden Kurven verdeutlichen, dass Bleibatterien über einen viel längeren Zeitraum ihre Spannung in einem nutzbaren Bereich halten als NC-Akkus, deren Entladekurve viel steiler nach unten verläuft.

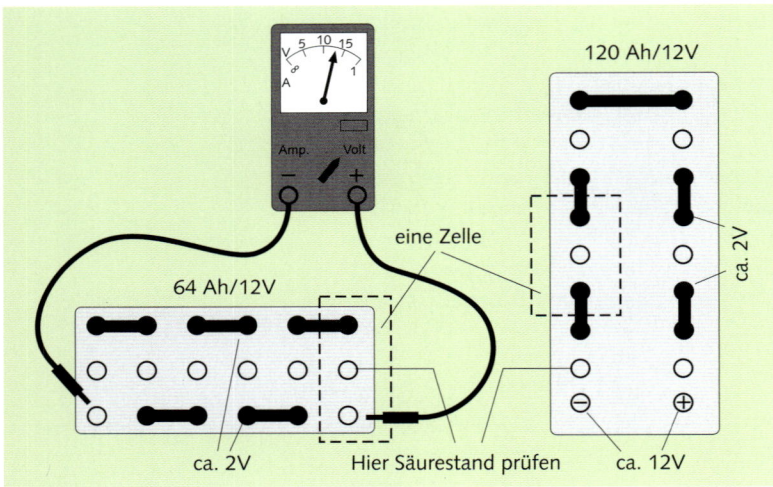

64 Ah/12V

eine Zelle

120 Ah/12V

ca. 2V

ca. 2V

Hier Säurestand prüfen

ca. 12V

Mit einem einfachen Voltmeter lässt sich die Spannung der ganzen Batterie oder auch nur einer einzelnen Zelle messen; auch bei einer »großen« Batterie ist die Spannung jeder einzelnen Zelle um die 2 Volt.

Vorbildliche Schalttafel auf einer 15-Meter-Yacht. Hier hat der Skipper einen guten Überblick über die Bordelektrizität.

konstruierte und deshalb diese ungeeignete Autobatterie verwendet, diese also »kapazitiv« belastet, so reduziert das ihre Lebensdauer und Wirksamkeit ganz beträchtlich. Einige Batterie-Hersteller haben sich der Probleme der Fahrtensegler angenommen und nach praktischen Erprobungen Spezialbatterien mit extra dicken Platten für kapazitive Belastung entwickelt. Diese Batterien können notfalls auch zum Starten der Maschine benutzt werden, besser ist es jedoch, hierfür eine »normale« Auto-Starterbatterie zu verwenden. Das ist der Hauptgrund, warum eine eigene Starterbatterie vorhanden sein sollte, und nicht nur, wie so oft behauptet wird, aus Gründen der Sicherheit. Um beide Batterien mit der Hauptmaschine laden zu können, müssen entweder zwei Lichtmaschinen benutzt werden oder beide werden gleichzeitig geladen. Dann müssen sie aber unbedingt durch eine Sperrdiode voneinander getrennt sein.

Es ist wichtig, dass wir uns immer der Tatsache bewusst sind, dass es sich bei der Entladung einer Batterie um exakte physikalische Vorgänge handelt. Es hat deshalb keinen Sinn, sich über deren Leistungsfähigkeit Illusionen zu machen. Wenn die Batterie 72 Ah hat, dann können wir eben in der Praxis nicht mehr herausholen als um die 50 Ah, und wenn in unseren Kühlschrank 5 A in der Stunde fließen, dann heißt das eben, dass unsere Batterie nach zehn Stunden restlos leer ist. Übrigens finden wir auf den verschiedenen elektrischen Geräten

deren Stromverbrauch meist in Watt (abgekürzt »W«) angegeben.

Wir können damit die Ampère leicht nach folgender Formel ausrechnen.

$$\text{Ampère} = \frac{\text{Watt}}{\text{Volt}}$$

Verbraucht unsere Positionslampe 20 W, so benötigt sie bei 12 Volt in einer Stunde also 1,7 A. Bei vorgeschriebener Beleuchtung (2 Positionslampen und Hecklicht) sind das 5 Ah, mit obiger Batterie können wir also nachts bestimmt nicht länger als 10 Stunden Lichter führen.

Das wäre nicht weiter tragisch, wenn wir ohne weiteres die vollkommen leere Batterie am nächsten Tage gleich aufladen könnten. Hierzu müssen wir aber wissen, dass dazu nicht nur eine leistungsfähige Lichtmaschine notwendig ist, die uns die passende Menge von Ampère liefert, sondern dass wir den Ladevorgang langsam vornehmen müssen, damit die Batterie nicht beschädigt wird. Das ist nur dann der Fall, wenn die Batterie – so eine Faustregel – mit höchstens einem Zehntel ihrer Kapazität in der Stunde nachgeladen wird.

Oder mit anderen Worten:

Eine vollkommen entleerte Batterie muss 10 Stunden lang nachgeladen werden.

Lichtmaschine

Heute sind an unseren Bootsmotoren fast ausschließlich Drehstrom-Lichtmaschinen (Alternatoren). Der Vorteil gegenüber den früher üblichen Gleichstrom-Generatoren ist im Wesentlichen der, dass sie viel mehr Strom erzeugen können und bereits bei niedrigen Drehzahlen diesen Strom abgeben. Letzteres ist für uns wenig interessant, denn bei Marschfahrt läuft die Maschine ohnehin in einem mittleren Drehzahlbereich. Wichtig ist dieser Umstand nur, wenn wir am Ankerplatz die Hauptmaschine nur zur Energieerzeugung einsetzen.

Es gibt heute Lichtmaschinen, die bis zu 140 A Spitzenleistung abgeben. Auf der

Lichtmaschine finden wir meist die Angabe in Watt, also beispielsweise 400 W (das bedeutet: 400 W : 12 V = rund 35 A). Mit diesen 35 A könnten wir selbstverständlich eine ganze Reihe von hungrigen Stromverbrauchern speisen. Da wir die Batterie aber nur mit einem Zehntel der Kapazität laden sollten (Faustregel!), nutzen uns dafür die 35 A wenig, es sei denn, wir hätten eine große Batterie von 350 Ah an Bord. Auf einem kleinen Fahrtenkreuzer können wir eine solche schon wegen des Gewichts nicht unterbringen. Und hier schließt sich der Teufelskreis. Wir haben zwar heute leistungsfähige Licht-maschinen, können aber mit dem Strom eigentlich nicht so sehr viel anfangen. Ist das Schiff allerdings etwas größer, sodass das erhöhte Gewicht der Batterie keine Rolle spielt, so würde ich mein Hauptaugenmerk darauf richten, dass ich möglichst viel Batteriekapazität an Bord habe. Das nachfolgende Beispiel macht den Vorteil deutlich:

Wenn oben von der Faustregel (!) »leere Batterie wird in 10 Stunden aufgeladen« die Rede war, dann ist dies eine ungefähre Vereinfachung. Tatsächlich hängt die Stromaufnahmefähigkeit einer nicht geladenen Batterie von mehreren Faktoren ab, die beeinflussen können, wann eine Batterie durch zu hohe Ladeströme dauerhaft geschädigt wird. Moderne Regler, die meist an die Lichtmaschine angebaut sind, nehmen auf diese Faktoren (Alter der Batterie, Dicke der Platten, Temperatur der Säure und so fort) automatisch Rücksicht. Sie sorgen dafür, dass in die Batterie nicht zu viel Strom hineingepumpt wird. Nach einer gewissen Anlaufzeit wird der Regler üblicherweise den zunächst sehr hohen Ladestrom auf wenige Ampère herunterregeln.

Entgegen früher von mir geäußerten Ansichten sollte man sich mit dieser Funktion des Reglers abfinden, denn er wird vom Ladezustand der Batterie – also objektiv – gesteuert. Von einem manuellen Eingriff in diesen Regelvorgang durch Überbrückung des Reglers oder Einbau eines von Hand zu regelnden Potentiometers ist abzuraten.

Wenn der Regler also nach kurzer Zeit den Ladestrom herunterregelt, kann dies nur bedeuten, dass entweder die Batterie schon

Yacht A		Yacht B	
Lichtmaschine	400 W	Lichtmaschine	400 W
tägl. Stromverbrauch	35 Ah	tägl. Stromverbrauch	35 Ah
Batteriekapazität	70 Ah	Batteriekapazität	350 Ah
Maschinenlaufzeit/Tag	5 Std	Maschinenlaufzeit/Tag	1 Std

voll geladen ist oder – häufig – die Batterie wegen ihres Alters nicht mehr Strom aufnehmen kann. Letzteres lässt sich mit dem Säureheber feststellen. Zeigt dieser »leer« und regelt ein einwandfreier Regler trotzdem zurück, ist es Zeit, sich von dieser Batterie zu trennen. Sie ist verbraucht (oft schon nach 3 bis 4 Jahren Bordeinsatz, vor allem in den Tropen!).

»Jockel« und Generatoren

Wenn nur die Batterie geladen werden soll, so erscheint es nicht sehr wirtschaftlich, unsere große Schiffsmaschine mit ihren vielen PS hierfür einzusetzen. Viele Yachten haben deshalb einen speziellen Generator an Bord, um die Batterien nachzuladen. Seine Nachteile sind im Wesentlichen:

• Generatoren, die sich für uns von der Größe her eignen, zum Beispiel die bewährten Honda EX7 und Yamaha EF 1000, arbeiten fast immer mit Benzin, und damit besteht Explosionsgefahr. Beide »Jockel« liefern sowohl 220 Volt als auch 12 Volt. Mit 570 beziehungsweise 700 Watt Leistung bei 220 Volt lassen sich die meisten »Power-Tools« gut betreiben. Beim Batterieladen mit dem eingebauten Ladegerät kann man keine tollen Leistungen erwarten. So gibt der Honda 72 Watt ab, macht bei 12 Volt nach Adam Riese gerade mal 6 Ampère.

• Alle tragbaren Generatoren sind ziemlich laut, was besonders auf engen Anker- oder Hafenplätzen lästig ist. Man wird sie weit hören, weil sie wegen der Auspuffgase und der Luftkühlung nicht im Schiffsinnern betrieben werden können.

• Die Treibstoffkosten sind kaum geringer als für unsere Hauptmaschine.

• An Bord ist ein weiterer Motor, der gewartet werden muss.

Eine Drehstrom-Lichtmaschine (Alternator) gibt hohen Strom bereits bei niedriger Drehzahl ab.

Gleiches gilt bei größeren Fahrtenschiffen für fest eingebaute Stromerzeuger – Generatoren. Unter Insidern ist bekannt, dass diese ungewöhnlich störanfällig sind, wahrscheinlich deshalb, weil sie – im letzten Winkel eingebaut – ein stiefmütterliches Dasein führen, was regelmäßige Wartung anbelangt. Aber das ist nicht der einzige Grund, warum der Autor die Notwendigkeit eines (Diesel-)Generators nicht gelten lassen will: Auf jedem Schiff befindet sich schon ein Generator, nämlich die Hauptmaschine mit der Lichtmaschine, die zudem noch die Fähigkeit hat, das Schiff anzutreiben.

Erst, wenn die Hauptmaschine so groß ist – weit über 100 PS –, dass es unwirtschaftlich wäre, sie zur Stromerzeugung einzusetzen, sollte ein eigener Diesel-Generator eingebaut werden.

Landstrom

Heute haben alle Marinas Stromanschluss am Liegeplatz. Wir können diesen Landstrom (meist 220 Volt Wechselstrom mit – in Europa – 50 Hertz) mithilfe eines Batterieladers in 12 Volt Gleichstrom (nur mit dem können unsere Batterien etwas anfangen) umwandeln, um damit die Batterien nachzuladen.

Achtung: Nur spezielle Ladegeräte mit Trenn-Trafo verwenden!

Natürlich besteht auch die Möglichkeit, mit dem Landstrom direkt unsere üblichen Haushaltsgeräte zu betreiben. Dabei ist ganz besondere Vorsicht vonnöten, weil wir an Bord unserer Yacht meist sehr gut »geerdet« sind. Dieser Umstand war die Ursache für den tragischen Tod des österreichischen Yachtsmannes Joe Pachernagg, der auf seinem Schiff von der defekten Bohrmaschine einen tödlichen Schlag erhielt.

Verlässt sich der Skipper allzu sehr auf Land-Wechselstrom, so muss er bedenken, dass in den verschiedenen Ländern unterschiedliche Spannungen herrschen. In Europa hat er es mit 220 Volt und 50 Hz zu tun, während die Amerikaner fast ausschließlich den ungefährlicheren 110-Volt-Strom mit 60 Hz verwenden.

Steht kein Landstrom zur Verfügung, benötigen wir aber trotzdem ausnahmsweise 220-Volt-Wechselstrom an Bord, können wir mit einem Inverter 12-Volt-Gleichstrom in 220-Volt-Wechselstrom umwandeln. Heute arbeiten diese mit wenig Leistungsverlust und bereits bis 2000 Watt und mehr. Aber Vorsicht: So genial manche von ihnen konstruiert sind, physikalische Gesetze können sie nicht aus den Angeln heben. Unsere 600-Watt-Mikrowelle fällt uns zu Hause am 220-Volt-Haushaltsnetz nicht als besonderer Stromverbraucher auf. An Bord zieht sie über den Inverter aus der Batterie satte 600 : 12 = 50 (!) Ampère.

Alternative Stromerzeuger

Solange Menschen auf Schiffen wandern und leben, sind sie auf der Suche nach Energiequellen, die auch an Bord von Booten zur Verfügung stehen. Noch vor ein paar Jahr-

Kombiniertes »Kraftwerk am Heck« – Windgenerator und Solarzellen. Für alle Fälle gerüstet – wegen der kleinen Dimensionen aber mit magerem Ergebnis.

zehnten waren die Möglichkeiten der Energiegewinnung an Bord sehr beschränkt. Meist hat man sich damit begnügt, Nahrung aus dem Meer, Fische, zu konservieren, indem man sie zum Trocknen in die Sonne legte. Als auch auf Yachten zuverlässige Diesel-Maschinen ihren Einzug hielten, glaubte man diese Probleme gelöst zu haben. Erst mit steigendem Umweltbewusstsein begann man sich im Yachtbau für echte alternative Energiequellen zu interessieren. Heute sind zwar die mit der Energiegewinnung aus praktisch unendlichen Quellen (Sonne, Fahrtstrom, Wind) einhergehenden physikalischen Probleme bei weitem noch nicht gelöst, doch ist die Entwicklung schon so weit fortgeschritten, dass die Bordversorgung jedenfalls teilweise von alternativen Energiequellen übernommen wird. Und damit sind die Yachtsleute den Stadtmenschen um einiges voraus!

Windgeneratoren
Man hat lange nach Methoden gesucht, Strom zu erzeugen, ohne hierfür die Schiffsmaschine oder einen lärmenden Generator einsetzen zu müssen. Eigentlich sind alle Versuche mit Windflügeln und mitlaufenden Propellern mehr oder weniger fehlgeschlagen. Sie funktionieren zwar, doch ist die Leistung meist unbefriedigend. Die Prospektverheißungen klingen gut: Da sind wunderschöne Grafiken mit einer Kurve abgebildet, die ab 10 Knoten Wind steil nach oben zeigt. Ich will nicht behaupten, dass die Windgenerator-Hersteller mit getürkten Werten arbeiten, doch habe ich bis jetzt selten zufriedene Nutzer solcher Geräte getroffen, obwohl ich an den Ankerplätzen bereits viele Dutzend Fahrtensegler – bei gutem Wind – nach den Leistungen ihrer Windgeneratoren befragt habe. Die Auskünfte waren jedes Mal ziemlich ernüchternd. Nennenswerte Ampère in die Batterie liefern solche Propeller mit nachgeschalteten Lichtmaschinen erst ab ca. 15 Knoten Wind, und zwar scheinbarem. Dementsprechend berichten Atlantiksegler enttäuscht über die Leistungen. Denn nur ganz selten zeigt der Windmesser solche Werte scheinbaren (!) Windes an, wenn im Passat, also vor dem Wind, gesegelt wird.

Ebenso enttäuschend verliefen auch Tests im Windkanal durch die französische Yachtzeitschrift »Voiles et voiliers«, bei denen fast alle Windgeneratoren erst bei knapp 10 Knoten Wind die 5-Ampère-Marke erreichten. Am besten hat übrigens bei diesen Tests der Aerogen 6 abgeschnitten, der bei 25 Knoten Wind immerhin über 10 Ampère geliefert hat. Aber Achtung: 25 Knoten Wind bedeutet nicht etwa das, was wir beiläufig auf 5 Bft schätzen, sondern dieser Wind muss ständig vom Windmesser angezeigt werden. Wind in der Natur ist ja ein ständiges An- und Abschwellen, was der Windgenerator dementsprechend mit weniger Strom quittiert. An windigen Tagen hört man in der Marina die Windgeneratoren deutlich, und nur wenn die Geräusche jeweils für ein paar Sekunden schrill werden, fließen in die dazugehörigen Batterien nennenswerte Ströme.

Damit sind wir bei einem weiteren Einwand gegen diese Lärm- und – nebenbei – Stromerzeuger: Einige dieser Windgeneratoren werden ab vier bis fünf Windstärken so unangenehm laut, dass es selbst die Eigner kaum aushalten und das Windrad anhalten. Das wichtigste Argument aber gegen die Windgeneratoren: Es sind erhebliche Sicherheitsrisiken. Es geht dabei nicht nur um das Risiko, mit der Hand oder gar dem Kopf in einen solchen Propeller zu geraten. Damit es

»Aerogen«-Windgeneratoren haben bei Tests am besten abgeschnitten: Sie bringen bei starkem (scheinbarem!) Wind über 5 Ampère. Um ihn ruhig zu stellen, hat ihn der Skipper mit einem Tampen »gefesselt«.

dem Eigner nicht geschieht, sind die Windräder meist so hoch über dem Deck montiert, dass diese Gefahr für ihn selbst nahezu ausgeschlossen ist. Aber sie bleibt für Dritte bestehen – unlängst konnte ich beobachten, wie sich eine Yacht am Anker losgerissen hatte und in eine andere Yacht hineintrieb. Die verzweifelte Crew der deutlich größeren »angegriffenen« Yacht wagte es nicht, die treibende Yacht mit den Händen abzuhalten, weil in genau dieser Höhe das Windrad laut kreischend rotierte. In der Nacht hätte leicht eine Hand in das Rad geraten können.

Drei Berichte liegen mir vor, wo sich Flügel von so einem praktischen Produkt selbstständig gemacht haben und hierbei zweimal neben einem Crewmitglied eingeschlagen sind. In einem Fall wurde der Skipper am Rücken getroffen und musste ins Krankenhaus eingeliefert werden. Der Abbruch seines Fahrtenseglerlebens war die – glimpfliche – Folge. Es handelte sich hierbei um unterschiedliche Fabrikate, sodass man die

Schuld nicht einer Firma in die Schuhe schieben kann. Wenn man bedenkt, unter welch hohen Sicherheitsauflagen und Überprüfungen Propeller auch für nur kleine Flugzeuge gebaut werden, ist es unverständlich, dass offensichtlich jeder, ohne irgendwelche Sicherheitsauflagen beachten zu müssen, solche Propellerräder basteln darf, unter denen – vollkommen ungeschützt – Menschen agieren.

Solarzellen

Es ist ein Irrtum zu glauben, Solarzellen würden in naher Zukunft leistungsfähiger. Diese Mär wird schon seit 20 Jahren verbreitet, ohne dass sich an der Effizienz von Solarzellen etwas geändert hätte. Gleiches gilt für den Preis: Wenn man bedenkt, dass ein überwiegender Teil der Weltproduktion der Kontrolle führender Mineralöl-Konzerne unterliegt, wird man einsehen, dass wenig Interesse besteht, diese nebenkostenlose Erzeugung von Energie besonders preisgünstig zu gestalten.

Solarzellen sind trotzdem »im Kommen«. Der Grund hierfür liegt in der Tatsache, dass unsere Yachten immer größer werden und deshalb mehr Fläche bieten, die der direkten Einstrahlung der Sonne ausgesetzt ist. Denn dies ist Voraussetzung für die direkte Umwandlung von Sonnenlicht in elektrische Energie.

Damit man sich einen Begriff von der Leistungsfähigkeit von Solarzellen machen kann, folgende Daten: Ein Solar-Paneel mit einer Nenn-Leistung von 55 Watt benötigt eine Fläche von 1,30 x 0,33 Meter und kostet rund 500,- Euro. Rein theoretisch liefert dieses Paneel bei 12 Volt also fast 5 Ampère.

In der Praxis sieht die Sache ganz anders aus. Da Solarpaneele ihre beste Leistung nur bei sehr niedrigen Temperaturen und »vollem« Sonnenschein erbringen, wird in der Mittelmeergegend um die Mittagszeit ein solch starr eingebautes Paneel in der Bordpraxis wohl nur zwei bis drei Ampère liefern, vor Mittag und nach Mittag entsprechend weniger. Ganz trübe sieht es aus, wenn der Himmel bedeckt ist. Dann sinkt die Leistung der Solarzellen sehr schnell in Richtung Null. Gleiches gilt auch, wenn auch nur ein

Hier sind drei Windgeneratoren übereinander am Mast angebracht. Der Eigner äußerte sich nicht begeistert und wies darauf hin, dass die Turbulenzen der drei Windräder sich negativ beeinflussen.

Solarpaneel – je größer, desto besser.

kleiner Teil der Zellen eines Paneels abgeschattet ist, weil dann die Spannung unter die Ladespannung für die Batterien fällt; somit ist überhaupt keine Leistung mehr zu erwarten.

Das sind nun zunächst mal keine überzeugenden Leistungen. Wenn man aber auf größeren Yachten mehr Fläche zur Verfügung hat, in Revieren mit sehr viel Sonnenschein (Tropen und Mittelmeer) segelt, dann sieht die Effizienz von Solarzellen anders aus. Man kann dann mehr Paneele bündeln, um so zu höheren Leistungen zu kommen. Wenn man vor allem bedenkt, dass die Sonnenenergie – bis auf die Anschaffung der Solarzellen – völlig kostenlos ist, man eine praktisch unendliche Energiequelle anzapft, keinerlei Umweltbelastungen auftreten, keine Wartungsarbeiten anfallen, ja der Liegeplatznachbar nicht mal mit Lärm belästigt wird, dann ergeben sich im »richtigen« Revier eine Menge Pluspunkte für die Sonnenenergie. Vor allem auf Mehrrumpfbooten mit ihrer riesigen Decksfläche drängt es sich regelrecht auf, die der Sonne zugewandte Fläche über dem Cockpit oder auch auf dem Vorschiff mit Solarpaneelen zu »bepflastern«. Man kommt hierbei auf Leistungen, die einem Diesel-Generator nicht viel nachstehen, wobei die Solarpaneele immer noch billiger sind als so eine stinkende Kraftquelle im Maschinenraum, die den Nachbarn mit Geruch und Lärm belästigt und fossile Energie verbraucht.

Die Installation von Solarzellen ist ebenfalls unkompliziert. Manche Yachteigner haben sogar Vorrichtungen, um den Neigungswinkel der Paneele zu verändern, womit die Ausbeute nennenswert erhöht werden kann, weil Solarzellen bezüglich des Einstrahlungswinkels sehr empfindlich sind.

Auch die Anschlüsse sind nicht besonders kompliziert. Es ist nur darauf zu achten,

Keine schlechte Idee ist es, Solarzellen zum Speisen von einzelnen Geräten einzusetzen. Hier wird ein Ortungssystem der Yacht TRACECARE mithilfe der Solarzelle und einer eingebauten Batterie vom Bordnetz unabhängig mit Energie versorgt.

Dieses Paneel kann per Hand nach der Sonne ausgerichtet werden, was den Wirkungsgrad erheblich verbessert. Das ist aber leider unterwegs kaum praktikabel.

Auf diesem Katamaran liefern ein Windgenerator und ein Schleppgenerator (unten rechts) Strom. Während der Eigner nach einer Weltumseglung vom Windgenerator nicht begeistert war, ...

dass alle Paneele mit einer Diode gesichert sind, die verhindert, dass die Batterien sich beim Absinken der Solarzellenleistung unter die Ladespannung in die falsche Richtung entladen. Bei einer leistungsfähigen Solaranlage müssen, das gilt für jedes Ladegerät, Laderegler nachgeschaltet sein, die eine Überladung der Batterien verhindern. Das alles sind aber keine komplizierten Geräte. Sie gibt es in jedem Elektronikladen, der etwas auf sich hält. Wird dafür gesorgt, dass die Elektronik nicht nass werden kann, brauchen wir nicht unbedingt teure »Marineausführungen«.

Welche Solarpaneele?

Mit Alterung lässt die Leistung von Solarzellen nach, doch diese Werte bewegen sich im Promillebereich, können somit in der Bordpraxis vernachlässigt werden. Ansonsten sind Solarzellen von praktisch unbeschränkter Lebensdauer, solange sie nicht mechanisch beschädigt werden. Das gilt auch für die »trittfesten« und vor allem für die »flexiblen« Solarpaneele, die einen bestimmten Biegewinkel nicht überschreiten dürfen. Letztere bringen leider auch, und das bestätigen die meisten Eigner, eine deutlich schlechtere Stromausbeute als die starren Paneele. Man lasse sich also nicht durch Werbefotos mit um den Großbaum »geschlungenen« Solarzellen verleiten, an so eine Lösung der Stromprobleme zu glauben.

Jeder sollte sich die Anschaffung von Solarzellen ernsthaft überlegen. Wie weit er seinen Stromhaushalt durch sie entlasten oder ganz bestreiten kann, hängt im Wesentlichen vom Klima und der zur Verfügung stehenden Fläche ab. Von großem Vorteil ist es, bereits beim Neubau eines Schiffes auf diese Umstände zu achten und Solarzellen mit einzuplanen. In naher Zukunft wird es keine Fahrtenyachten ohne Solarzellen mehr geben. Und selbst auf Yachten in kälteren Gegenden und wenig Platz für die Sonnenlichtwandler können sie zumindest eingesetzt werden, um während längerer Abwesenheitszeiten des Eigners die Selbstentladung der Bordbatterien auszugleichen. Die Batterien danken es mit einer längeren Lebensdauer.

Wellengenerator – Schleppgeneratoren
Eines vorweg: Obwohl aus technischer Sicht zahlreiche Einwände gegen den Wellengenerator bestehen, habe ich doch von Benutzern gute Beurteilungen gehört.
Die Argumente gegen den an der Motorwelle angebrachten Alternator: Es klingt zwar ganz plausibel – die unterwegs mitlaufende und vom Propeller angetriebene Welle dreht einen Generator. Das Ganze funktioniert auch nicht so schlecht. Aber: Die Hauptprobleme mit dem Strom haben wir ja nicht unterwegs, sondern beispielsweise am Ankerplatz. Und außerdem ist die Wellenanlage der verschleißfreudigste Teil der ganzen Maschine. Lärm verursacht die mitlaufende Welle auch und die Fahrt wird ebenfalls etwas gemindert (Größenordnung: 0,3 bis 0,5 Knoten) – in der Natur gibt es nichts geschenkt.
Es gibt auch kombinierte Generatoren, also Windgeneratoren, deren Alternator an einer starren Welle nachgeschleppt werden kann. Deren Eigner haben sich kritisch über den »Windgenerator-Teil« geäußert, während sie mit dem »Schleppgenerator-Teil« sehr zufrieden waren.

Überprüfung der Bordelektrik

Zur Überprüfung unserer elektrischen Anlage – nicht der einzelnen elektrischen Geräte – müssen wir an Bord nur ein billiges Messinstrument für Spannung, Widerstand und geringe Stromstärken haben, das schon

...lobte er den Schleppgenerator in hohen Tönen. Während der Fahrt wird der Generator ähnlich einem Außenborder abgesenkt und vom Fahrtstrom angetrieben.

ab 10,- Euro zu haben ist. Zeigergeräte lassen die Tendenz besser erkennen als Messinstrumente mit Ziffern in der Anzeige. Als Laien benutzen wir das Instrument nur als Durchgangsprüfer oder als Spannungsmesser. Im ersteren Fall schalten wir es auf »Widerstandsmessung« und können so bei Vollausschlag (beim Zeigerinstrument) feststellen, dass eine Leitung eben nicht defekt ist, oder aber, dass zwischen zwei Drähten ein Kurzschluss besteht, der nicht sein sollte. (Eine intakte Glühbirne erkennen wir auch daran, dass das Instrument »Durchgang« anzeigt.)
Wollen wir die Spannung der Batterien messen, so stellen wir das Gerät auf einen etwas höheren »Spannungs«-Messbereich als notwendig ein (also auf 20 Volt bei unserer 12-Volt-Batterie) und verbinden die Minus-Prüfspitze (meist schwarz) mit dem Minus-Pol der Batterie und genauso die beiden Plus-Pole. Unsere vielfach eingesetzten Trocken-Batterien für Taschenlampe, Radio und so weiter können wir so auch überprüfen. Bringt eine 1,5-Volt-Batterie nur noch 1,3 Volt, entsorgen wir sie lieber gleich.
Es ist vielleicht ganz tröstlich, dass wir an der Bordelektrik nicht sehr viel selbst machen können. Aber das gilt auch für die meisten Fachleute, wenn sie nicht die nötigen Ersatzteile zur Hand haben.

Das Wenige, was wir mit dem Prüfinstrument durchführen können, ist aber so leicht, dass es schade wäre, wenn wir deswegen gleich den nächsten Hafen anlaufen müssten, um nach einem Elektro-Fachmann zu rufen.

Wichtig ist, dass wir für alle elektrischen Geräte die dazugehörigen Handbücher an Bord haben.

Ansonsten beschränken sich Überprüfungen bei Störungen meistens darauf,

> ob das Gerät ausreichend Strom bekommt (Spannung mit dem Messgerät überprüfen – die Spannung am Gerät darf nur geringfügig niedriger sein als an der Servicebatterie),
>
> ob alle Anschlüsse und Kabelverbindungen fest sind,
>
> ob Sicherungen defekt oder ausgelöst sind.

Wenn wir also am vermeintlich defekten Gerät Spannungswerte von ungefähr 12 Volt (bei stehender Maschine) oder 13 bis 14 Volt bei laufender Maschine messen und das Gerät trotzdem nicht funktioniert, dann müssen wir den Fehler mithilfe der Fehlersuchliste in der Bedienungsanleitung weiter einkreisen.

Fast alle haben ein eigenes Kapitel: »Fehlersuche« oder »Trouble Shooting«. Gehen wir bei Störungen diese Liste durch, dann kommen selbst »Laien« sehr schnell zu einem Ergebnis. Oft werden wir damit enden, dass der Fehler »im« Gerät ist, was insofern ein kleiner Trost ist, dass wir uns nicht weiter mit der Reparatur abplagen müssen. Denn die elektronischen Geräte sind heute so komplex, dass auch ein Fachmann ohne die notwendigen Ersatzteile kaum noch weiterkommt.

Im Allgemeinen sind aber die heutigen Marine-Geräte im Vergleich zu noch vor einigen Jahren sehr zuverlässig, insbesondere weitgehend unempfindlich gegen Seeluft geworden, wenn man sie nicht direkt kompaktem Salzwasser aussetzt.

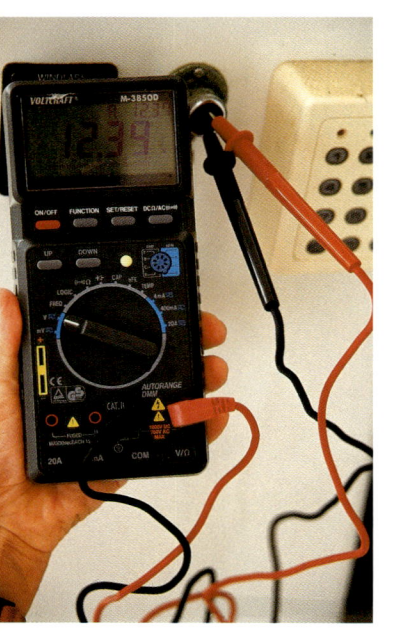

An dieser Steckdose werden über 12 Volt Gleichstrom (»DC« = Gleichstrom) gemessen. Wenn hier ein angestecktes Gerät nicht funktioniert, liegt es am Gerät und nicht an der Steckdose oder der Stromzuführung dorthin.

Energiekonzept auf der Yacht des Autors

»Man kann auch auf einen Kühlschrank verzichten!« Kann man. Auf unserer Weltumseglung damals, als wir noch ganz genügsam waren, hatten wir keinen. Aber in den Tropen haben wir ihn täglich und dauernd vermisst, was die Lebensqualität bei Kajüttemperaturen um die 40 °C deutlich beeinträchtigt hat. Heute halte ich ihn für unverzichtbar, schon wegen der Vorratshaltung. Weil aber gerade sein Betrieb an Bord ohne Landstrom am schwierigsten vernünftig zu realisieren ist, gab er das Energiekonzept auf der THALASSA in groben Zügen vor: Es musste so ausgelegt, so effizient sein, dass eine gerade noch hinnehmbare Maschinenlaufzeit von zweimal dreißig Minuten pro Tag zur Kühlung ausreichte, während gleichzeitig der ansonsten nötige Strom in dieser Zeit ebenso erzeugt werden konnte.

Die Realisierung des Konzepts

Wie schwierig es ist, so ein einfach scheinendes Konzept in die Praxis umzusetzen, zeigten unsere ersten Gespräche mit der Werft, die sich mit viel Verständnis unsere Vorschläge zur Autarkie der THALASSA anhörte: Wir mussten in den 60 Minuten Maschinenlaufzeit, die ich mit rund zwei Litern Diesel noch tolerieren wollte (alles ist ein Kompromiss), also möglichst viel Strom erzeugen, so um die 100 Ampèrestunden. Die Standard-Lichtmaschine hat aber nur 60 Ampère, also musste auf der Maschine eine zweite Lichtmaschine (140 Ampere) montiert werden.

Um den hohen benötigten Strom für Batterieladung und Kühlkompressor auch als Dauerleistung zu erzielen, wurden beide Lichtmaschinen zusammengeschaltet, sodass sich bei Bedarf extrem hohe Ströme entnehmen lassen. Carla hatte zum Beispiel den Wunsch nach einer Waschmaschine: Über einen Inverter (macht aus 12-Volt-Batteriestrom 220-Volt-Wechselstrom) sollte diese mit 220 Volt betrieben werden, wenn beide Maschinen, also vier Lichtmaschinen Strom erzeugen.

Der Inverter sollte weiter dazu dienen, oben erwähnte Kurzzeitverbraucher (Mikrowelle aus dem Kaufhaus) anzutreiben.

Um den hohen Strom bei Batterieladung auch aufnehmen zu können, wurden Service-(Gel-)Batterien von insgesamt 600 Ah vorgesehen.

Für das gelegentlich benötigte warme Wasser – auch in den Tropen kann eine warme Dusche eine Wohltat sein – wurde von der Werft standardmäßig ein Wärmetauscher an den Kühlwasserkreislauf der Maschine gehängt. Das ist eine feine Sache, weil zur Warmwasserbereitung kein Strom benötigt wird.

Nachdem die THALASSA dafür gebaut werden sollte, autark zu sein, also sich auch schon mal ein paar Monate ohne Versorgungsprobleme auf Ankerplätzen aufhalten zu können, wurde das Bimini so ausgestaltet, dass man damit auch Regenwasser auffangen kann.

Erfahrungen in der Praxis

Beide Motoren liefern über die beiden Lichtmaschinen reichlich Strom, sogar zum Betrieb der Waschmaschine reicht es, allerdings nur, wenn beide Maschinen laufen. Man wird also das zweistündige Wäschewaschen halt in die Zeiten verlegen, wenn man ohnehin durch Flautenlöcher motort. Denn zum Batterieladen wird selbstverständlich – sparsam – nur eine Maschine benutzt.

Ein Schwachpunkt war ursprünglich die Tiefkühltruhe, die, gleichwohl von einem namhaften Hersteller, die von mir erwartete Leistung – Kühlleistung pro Ampèrestunden – bei weitem nicht erbrachte, sodass die von mir angepeilten zweimal dreißig Minuten Maschinenlaufzeit pro Tag nicht eingehalten werden konnten.

Spätestens hier wird mancher die Frage stellen, warum man nicht für 200,- Euro einen ganz ordinären Kühlschrank aus dem Kaufhaus aufs Schiff stellt. Die Antwort: Man rechne den Strombedarf (bei den »umweltfreundlichen Sparmodellen« ungefähr 0,35 Kilowatt/Stunde) in 12 Volt um, dann merkt man schnell, dass diese Lösung sich strommäßig nicht rechnen kann.

Yachttauglich sind nur solche Anlagen, die speziell auf geringsten Strombedarf hin konstruiert sind, was sich übrigens auch im Preis ausdrückt: Das Zehnfache...

Solche Anlagen zu bauen, ist eine echte Wissenschaft. Riesenunterschiede gibt es in der Wirksamkeit der Kältegase, vor allem, seitdem die früheren Freon-Mischungen allesamt weltweit verboten wurden. Die seither entwickelten Gase sind aber schon wieder effizient. Ja, für verschiedene Kältestufen eignen sich verschiedene Gase optimal. Das Ergebnis sah unter dem Strich so aus: Die Tiefkühltruhe funktionierte so, wie ich es erwartet hatte: ein Kühlschrank mit 35 Ah Verbrauch und eine Tiefkühltruhe mit 100 Ah Verbrauch pro Tag, genau das, was meine Lichtmaschinen in zweimal dreißig Minuten in die Batterien pumpen können. Damit war mein Konzept aufgegangen.

Kostenlose Energie

Gegen alternative Energiequellen, Wind- und Wellengenerator und Solarzellen hatte ich eigentlich immer etwas einzuwenden. Aber das war die Denkweise eines »Monohullers«. Ein Freund überredete mich angesichts der großen, scheinbar nutzlosen Flächen auf einem Katamaran, Solartechnik einzusetzen. Ich lernte aus eigener Anschauung, dass Solarzellen extrem richtungs- und abdeckungsempfindlich sind, dass die Werksangaben in der Bordpraxis schon allein deshalb bei weitem nicht erreicht werden können. Zudem verlieren sie bei Hitze an Wirkungsgrad.

Trotzdem: Nachdem ich ungefähr 600 Watt auf dem Bimini und Vorschiff installiert hatte, standen auf meinem DCC 4000 (ein Gerät, das fortlaufend den Strom anzeigt, der in die Batterien fließt oder ihnen gerade entnommen wird – das meistgebrauchte Instrument auf der THALASSA) statt der rechnerischen 50 Ampère Spitzenwerte bis zu 26 Ampère Ladestrom. 26 Ampère! So aus dem Nichts! Ohne Lärm! Ohne Abgase! Ohne sonstige Umweltbelastungen! Ohne Belästigung des Liegeplatznachbarn! Ohne regelmäßigen Ölwechsel und sonstigen Service – das war schon beeindruckend Das war: ein Geschenk des Himmels.

Solarzellen auf dem Katamaran des Autors. Die abgebildeten Solarzellen sind nur ein Drittel der Gesamt-Solarzellen auf der THALASSA.

Außerdem: Es macht stolz, eiskaltes Wasser zu trinken, das nur mit Sonnenenergie produziert und gekühlt wurde – ohne die Umwelt zu schädigen oder jemanden mit Lärm und Gestank zu belästigen.

Schiffselektronik

Echolot

Es ist eine wirkungsvolle Navigationshilfe und vor allem beim Ankern fast unentbehrlich. Nach seinen Angaben bemessen wir Ketten- und Trossenlänge und können den Schwojkreis von vornherein genau abschätzen. Nur zu einem taugt es entgegen gängiger Meinung wenig: Grundberührungen lassen sich damit kaum vermeiden, weil gerade gefährliche Untiefen steil aufragen, wir also keine »Vorwarnung« bekommen. Zur Navigation sollte es über mehrere Messbereiche verfügen, erstklassig wäre eine Reichweite von 100 Metern und mehr.

Echolote werden mit verschiedenen Anzeigen angeboten: Glimmlampe, Zeiger und digital. Am bequemsten sind Letztere, doch eindeutiger ist die Glimmröhre, weil sie »wilde Echos« von Fischen und Luftblasen erkennen lässt. Die Genauigkeit der Geräte ist in der Praxis für alle Zwecke überraschend gut, wesentlich genauer als das Handlot. Der Stromverbrauch fällt kaum ins Gewicht.

Die Kosten für die Solarzellen irritierten zunächst, doch ein Generator für mein Schiff hätte ungefähr dreißigtausend Mark Aufpreis gekostet.

Der Mensch wird leicht begehrlich. Jetzt hatte ich ausreichend Strom für die Kühlung und den sonstigen Strombedarf an Bord zur Verfügung, da nagte es in mir: Könnte man da nicht auch einen Watermaker betreiben? Strom und Wasser zum Nulltarif? Könnte man da nicht auch Süßwasser produzieren? Ein Watermaker wurde eingebaut.

Erfahrung nach einem Jahr Dauerbetrieb
Seit über einem Jahr ist die THALASSA unabhängig vom Landstrom. In dieser Zeit haben wir die Maschinen der THALASSA, außer zur Fortbewegung, keine einzige Minute laufen lassen. Und dies, obwohl wir uns manchmal eine Woche lang nicht vom Fleck gerührt haben! Das Wasser in den Tanks (700 Liter) stammt ausschließlich aus dem Watermaker. Täglich wird in heißen Gegenden am Ankerplatz mindestens zehnmal geduscht, mit Süßwasser abgespült und gelegentlich sogar das Salz vom Deck gespült. Außerdem werden eine Tiefkühltruhe und ein Kühlschrank betrieben.

Wäsche wird mit der Waschmaschine gewaschen. Sie benötigt hierzu zwei Stunden und zwei laufende Maschinen. Waschzeit ist also dann, wenn wir mal zwei Stunden durch ein Flautenloch laufen, in dieser Zeit macht der Wassermacher mehr als die hierfür benötigten 50 Liter Wasser. Anschließend gäbe es sogar ausreichend heißes Wasser zum Duschen, woran aber in den Tropen niemand so recht interessiert ist.

Gekocht wird mit Gas, gelegentlich wird auch die Mikrowelle über den Inverter, der 220 Volt abgibt, eingesetzt.

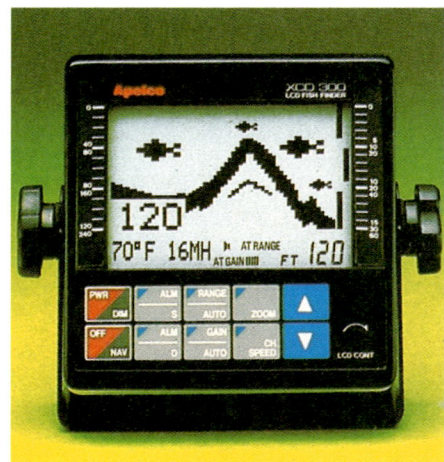

Echolot mit »Fischanzeige« – nicht unbedingt notwendig auf einer Yacht.

Einen Tiefenschreiber halte ich auf einer Fahrtenyacht für überflüssig, zumal sich maßstabsgerechte Lotstreifen für Standlinien, falls im GPS-Zeitalter überhaupt noch irgendjemand damit navigiert, daraus nicht direkt gewinnen lassen.

Praktisch ist dagegen ein Alarmgeber, der bei einer vorher eingestellten Tiefe einen Signalton gibt. Bei allen Messungen muss die Einbautiefe des Schwingers berücksichtigt werden. Er darf nicht bemalt, Muschelbewuchs keinesfalls mit scharfen metallischen Gegenständen entfernt werden!

Radar

Es ist, wenn man es sich vom Platz, Strom und vom Geld her leisten kann, eine prima Sache, ja ein Muss, obwohl die große Antenne die meisten Yachten verunziert! Aber das darf kein Argument gegen ein Gerät sein, das so viel zusätzliche Sicherheit schafft.

Die Arbeitsweise eines Radargerätes ist einfach. Das Bordradar sendet mit seiner Drehantenne (meist mit einer Kunststoffhaube abgedeckt) Radiowellen im Kreise aus, die von Objekten in der Umgebung reflektiert werden. Diese werden von der Antenne wieder empfangen und das Gerät an Bord stellt intern fest, wie lange die in eine bestimmte Richtung ausgestrahlten Radiowellen benötigt haben, bis sie reflektiert wurden. Daraus kann es die Entfernung der angestrahlten Objekte errechnen und auf einem Bildschirm um das Schiff im Mittelpunkt herum abbilden.

Wie gut das Radarbild wird, hängt also allein von der Intensität der Radarechos ab. Die Reflexionsfähigkeit von Objekten ist sehr unterschiedlich, je nachdem aus welchem Material sie bestehen. Der Auftreffwinkel der Radarwellen und die Intensität des Sendesignals spielen ebenso eine Rolle. So bilden sich Sandstrände sehr schlecht und steile Felswände sehr gut ab, was dazu führen kann, dass das Radarbild sich grundlegend von der Seekarte unterscheidet. Schauer geben ebenfalls meist ein sehr gutes Echo, aus dessen Intensität geschätzt werden kann, wie viel Wasser in der Regenwolke »hängt«, denn allein das Wasser verursacht hier das Echo. Wenn also ein hell weißer, scharf begrenzter Fleck auf dem Bildschirm

sich dessen Mittelpunkt schnell nähert, ist es besser, die Segel einzuholen, denn eine heftige Regenbö ist wahrscheinlich.

Die Reichweite, in der Echos erfasst werden können, hängt auch von der Höhe der Antenne ab. Deshalb sieht man sie auf einer Ketsch meist vor der Besansaling. Bei einer Slup gibt es keinen idealen Platz. Aber man hat sich auf den meisten Einmastern dahin gehend arrangiert, dass man die Antenne in Höhe der Saling fährt, auch, wenn es dort gelegentlich zu Kontakten mit den Vorsegeln kommt. Bei beiden Alternativen wird man einen »Radarschatten«, also eine Abdeckung durch die Masten, hinnehmen müssen. Da unsere Schiffe aber kaum jemals einen ganz exakt geraden Kurs laufen, fällt diese Abdeckung in der Praxis nur wenig auf.

Im Seegang ist die Position der Antenne im Mast nicht immer günstig. Eine hohe Antenne ist wegen der heftigeren Bewegungen nicht ideal. Andererseits hängt die »Sichtweite« des Radars nicht nur von seiner Verstärkung und Leistung ab, sondern auch von der Antennenhöhe. Sie entspricht nämlich ungefähr der optischen Sichtverbindung. Ein Objekt, das wegen der Erdkrümmung hinter dem Horizont liegt, kann auch das stärkste Radar nicht »sehen«. Andererseits können Radargeräte mit einer Reichweite von 16 Meilen auch einen Riesenberg in 20 Meilen nicht mehr abbilden. Deshalb wird die Anbringung der Antenne auf Yachten immer ein Kompromiss bleiben. Als durchaus ausreichend hat sich in der Praxis eine Antennenhöhe zwischen drei und vier Metern über der Wasseroberfläche erwiesen.

In jedem Fall soll die Antenne jedoch so angebracht werden, dass ihre Strahlenkeule deutlich über die Köpfe der Yachtbesatzung hinwegstreicht. Es fehlen eindeutige Beweise für eine Gesundheitsgefährdung durch Yachtradars, ausgeschlossen werden können mögliche Schäden unter ungünstigen Bedingungen im Strahlengang aber auch nicht.

Das Prinzip des Radars ist genial einfach: Ein starker Sender (deshalb der hohe Stromverbrauch) sendet elektronische Impulse rundherum (deshalb die kreisende Antenne, oft

Wohin mit der Antenne auf einem Segelschiff? Technisch gute, aber unschöne Lösung.

Die Radarantenne seitlich in der Saling ist unter Umständen die beste Lösung bei einem Einmaster.

Die »Schüssel« wird am Mast einer Slup beim Wenden immer mit den Segeln Krieg führen.

abgedeckt von der runden Antennenhaube) in die Umgebung, die von Gegenständen rings um das Schiff als Echos reflektiert werden. Je nach Entfernung und damit Laufzeit kommen die Echos unterschiedlich lange nach der Ausstrahlung an. Dementsprechend werden sie auf dem Bildschirm mehr oder weniger weit entfernt vom Mittelpunkt (Antenne) abgebildet.

Zwar hat sich am Prinzip eines Radars seit einem halben Jahrhundert nichts geändert, doch ist die Software immer raffinierter geworden. Besonders in der Berufsschifffahrt mit ihrer starken Abhängigkeit vom Radar wurden die Geräte immer leistungsfähiger. Sie sind zum Teil »nordstabilisiert«, das heißt, oben am Bildschirm ist NORD

(während auf den »kleinen« Radars oben immer »voraus« bedeutet). Viele Radars haben bereits unterlegtes Kartenmaterial, sodass das Schiff – abhängig von seiner GPS-Position – auf dem Bildschirm nicht nur in der Radarumgebung, sondern auch »in der Karte« zu sehen ist.

All dies ist auf unseren Fahrtenyachten unnötig. Eine Fähigkeit des Radargerätes wünschte ich mir, und viele moderne Radargeräte können das auch: Um den Schiffsort, also um den Mittelpunkt des Bildschirms, lässt sich ein »Warnbereich« einrichten. Ortet das Gerät innerhalb dieses Bereiches ein deutliches (einstellbar) Echo, dann gibt es Alarm. Dies ist zwar keine Einrichtung, die einen der fortlaufenden Beobachtung des Warnbereichs enthebt, ist jedoch bei nachlassender Aufmerksamkeit eine große Hilfe.

Man kann den Stromverbrauch eines Radargerätes erheblich reduzieren, indem man es – bei Nichtgebrauch – auf »Standby« schaltet. Damit erspart man sich beim Einschalten des Gerätes die Wartezeit bis zum Aufwärmen. Einige Geräte sind sogar in der Lage, automatisch in gewissen Zeitabständen für ein paar Minuten vom Standby-Modus auf »Senden« zu schalten, um dann den »Warnbereich« – siehe oben – auf ein Echo in der Nähe abzufragen. Nochmals: Das ist nur (!) eine zusätzliche Navigationshilfe!

Je nach Reichweite liegt der Stromverbrauch während des Sendens bei 5 bis 10 Ampère. Ab 1500,- Euro gibt es Radargeräte beim Schiffszubehörhändler.

Dass Radar bei schlechten Sichtverhältnissen wie Nacht oder Nebel eine halbe Lebensversicherung ist, wird jeder einsehen. Wer einmal ohne Radar im Nebel durch den Englischen Kanal geirrt ist, kennt das Gefühl, bei russischem Roulette mitzuspielen. Von großem Vorteil ist Radar nachts im Schiffsverkehr. Wenn beispielsweise die Peilung eines anderen Schiffes »steht«, dann bedeutet dies, dass sich beide Schiffe auf Kollisionskurs (bei Annäherung) befinden. Meist herrscht erhebliche Nervosität. Ein Blick auf den Radarschirm lässt dann schnell die Entfernung beider Schiffe zueinander erkennen, ja möglicherweise sogar die Tatsache, dass sich beide Schiffe voneinander entfernen, dass also trotz »stehender« Peilung keine Kollisionsgefahr mehr besteht. Im Übrigen erleichtert Radar bei starkem Schiffsverkehr die Beobachtung der übrigen Fahrzeuge sehr.

Aber: Radar dient nicht nur der Aufbesserung der Sichtverhältnisse, sondern auch der Schiffsortbestimmung in Küstennähe. Radar zur Navigation? Heute im GPS-Zeitalter? Die Antwort gibt es am Ende dieses Abschnitts!

Konzentrische Ringe um die Bildmitte (Schiffsort) lassen mit einem Blick die Entfernung zu einem Peilobjekt erkennen, ein drehbarer Peilstrich ergibt die Seitenpeilung. Die Schwierigkeit beim Einsatz des Radars als Navigationsinstrument liegt aber nicht in der Bedienung, sondern im Identifizieren des Peilobjekts.

Manche optisch sehr deutlichen Landmarken geben nur ein sehr schwaches Echo auf dem Bildschirm, was unter Umständen zu einer scheinbar verwirrenden Verzeichnung des Radarbildes führt. Von einigen Gebieten gibt es deshalb Radarkarten, auf denen die Landmarken so eingezeichnet sind, wie sie sich auf dem Bildschirm darstellen.

Farbradars helfen da übrigens nicht weiter, denn die Farben auf dem Bildschirm sind künstlich. Sie haben mit der Natur nichts zu tun, nur mit der Intensität des Radarechos. Wenn allerdings das Bordradar regelmäßig zusammen mit der Seekarte benutzt wird, dann wird der Skipper bald in der Lage sein, ausreichend viele Peilobjekte auf dem Bildschirm zu identifizieren.

Radar ist das wichtigste Navigationsinstrument an Bord, so bedeutsam, dass der Gesetzgeber, nämlich die internationalen Kollisionsverhütungsregeln (KVR), zwingend vorschreibt, das Radar an Bord auch zu benutzen. Vor allem Anfänger, die sich das Geld für ein einfaches Radargerät mit hässlicher Antenne sparen wollen, sehen das oft nicht ein.

Christian Eckhoff schrieb in den Mitteilungen des Trans-Ocean-Klubs in Heft 1/1996, nachdem er seine 14-Meter-Yacht DONELLA in Vanuatu verloren hatte, weil die Seekarte und das GPS einen Unterschied von 2,75

Ein gute Lösung für größere Yachten: Die Radarantenne hat ungehinderten »Blick« nach vorn, ist aber vor den Segeln gut geschützt.

Seemeilen aufgewiesen hatten: »Da ich immer versuche, aus den Fehlern zu lernen: Mein nächstes Schiff hat Radar!«

Sonar

Ein deutscher Weltumsegler hat das Sonar, also ein vorausschauendes Echolot, speziell das amerikanische PROBE von Interphase (www.interphase-tech.com), als sein wertvollstes und unentbehrlichstes Navigationsinstrument bezeichnet. Man stelle sich nur mal vor, man navigiere in Korallengewässern in einer Südseelagune. Dort hilft das beste GPS-Gerät nichts, denn die Seekarten zeigen statt detaillierter Tiefenangaben oft nur den Eintrag: »Zahlreiche Korallenköpfe«. Und selbst, wenn der Grund durchgängig vermessen wäre, würde man mit dem GPS nicht sehr weit kommen, weil selbst die fantastische Genauigkeit des GPS hierfür nicht ausreicht. In manchen Gebieten liegen Korallenköpfe nur ein paar Dutzend Meter auseinander, dazwischen aber findet man durchaus befahrbare Tiefen – auf den Seekarten, denen man in diesen Gebieten eine Genauigkeit von höchstens einer Seemeile unterstellen darf, oft sogar nur drei Seemeilen, nicht darstellbar.

Das ist ein Revier für ein vorausschauendes Echolot. Zwar sieht man bei hoch stehender Sonne mit den bloßen Augen (noch besser mit einer polarisierenden Sonnenbrille) die steil aufragenden Korallenköpfe meist sehr

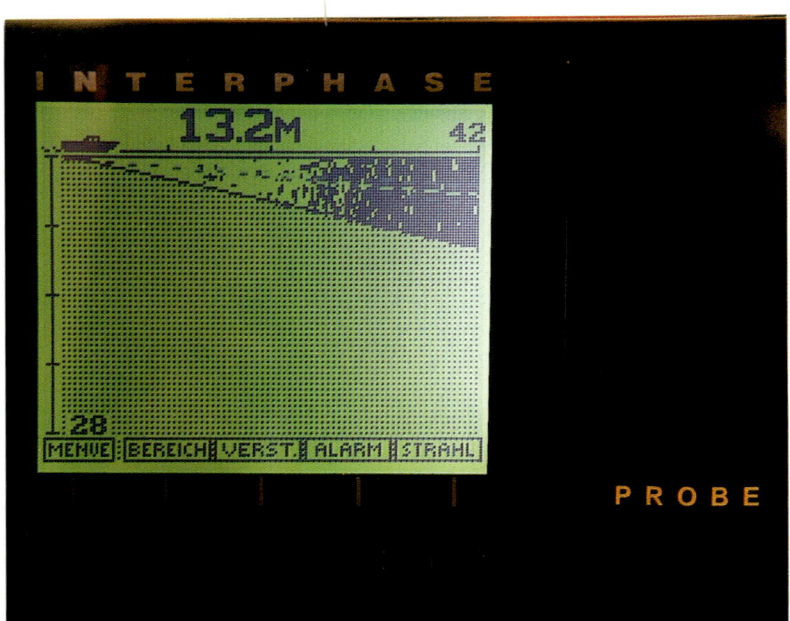

ist. Deshalb sollte man dies auch vor dem Ernstfall geübt haben. Wird die Verstärkung nämlich auf Anschlag gestellt, bekommt man zwar die deutlichsten Echos, leider aber auch von Schwebeteilchen im Wasser, Wasserblasen, Fischen und so weiter. Dreht man die Verstärkung dementsprechend zurück, besteht die Gefahr, dass man auch feste Hindernisse »wegdreht«. Genauso wie am Radargerät (Sonar ist eigentlich ein Unterwasser-Radar) sollte also in Gefahrensituationen ein Mann am Bildschirm sitzen und laufend die Verstärkung bedienen, das Display beobachten. Dann werden auch Unterwasserhindernisse rechtzeitig erkannt werden, beim PROBE bis in eine Entfernung von 400 Metern.

Aber selbst, wenn man nicht das Glück hat, Korallengewässer kennen zu lernen, kann ein Sonar auch vor treibenden Gegenständen im Wasser, Bäumen oder verloren gegangenen Containern, warnen.

Dies waren – vor Beginn des GPS-Zeitalters – die wichtigsten Navigationsgeräte, als man seine Schiffsorte noch höchst ungenau, mittels Koppeln, also mittels Schätzen aus der abgelaufenen Strecke und dem Kompasskurs, festgestellt hat.

Das Sonar PROBE von Interphase zeigt eine Tiefe von 13 Metern und in ungefähr 20 Metern Entfernung ein Korallenriff gerade unter der Wasseroberfläche an, das im trüben Wasser mit bloßen Augen nicht zu erkennen ist.

gut, doch gilt das nur für gutes Wetter. Ist der Himmel bedeckt und spiegelt er sich deshalb grau-bläulich auf der Wasseroberfläche, so ist nichts mehr zu sehen von der tödlichen Gefahr unmittelbar unter der Wasseroberfläche.

Dann gilt es die Anzeige des Sonars zu interpretieren, was nicht immer ganz leicht

Hier hat der Rudergänger alle wichtigen Daten im Blick, vor allem den Geschwindigkeitsmesser.

Logge

Logge und Speedometer befinden sich heute meist in einem Gerät. Sind diese mithilfe von Meilenfahrten einmal justiert (was selten gemacht wird), arbeiten sie genau und zuverlässig. Der Geber ist vielfach ein kleines Kunststoffrädchen, oft fehlt eine mechanische Kraftübertragung. Das Funktionsprinzip ist dann das Gleiche wie die Benzinpreisberechnung an der Tankstelle. Auch hier gibt das frei bewegliche Kunststoffrad im Benzinstrom hinter dem Schauglas magnetische Impulse, die elektronisch dann in eine Geschwindigkeits- bzw. Literanzeige umgesetzt werden. Das Rädchen oder der Fühler muss für eine genaue Anzeige peinlich sauber sein, deshalb sollte der Geber zum Entfernen von Bewuchs, Seegras oder Unrat in das Schiffsinnere gezogen werden können, auch wenn sich die Yacht im Wasser befindet.

Der Stromverbrauch scheint zunächst niedrig, auf Langfahrten fällt er bei ununterbrochenem Betrieb aber doch erheblich ins Gewicht.

Windgeschwindigkeitsmesser

Ich war einmal der Meinung, ein erfahrener Segler könne die Windstärke zuverlässig schätzen. Heute denke ich nicht mehr so, weil diese Schätzungen zu sehr von persönlichen Stimmungen beeinträchtigt werden (Angst vor Sturm, Einsamkeit). Ein objektives Messgerät erleichtert dagegen die Entscheidung, ob beigedreht oder gerefft werden soll. Die meisten Anemometer sind nichts anderes als ein Dynamo, der durch den Wind über ein Schalenkreuz angetrieben wird. Je mehr Wind, desto mehr Strom wird erzeugt, desto größer der Zeigerausschlag. Strom aus der Bordbatterie wird hierbei nicht verbraucht.

Windrichtungsanzeiger

Ein solcher gehört zur Standardausrüstung einer Fahrtenyacht. Früher ebenfalls von mir als unnötig angesehen, ist es doch ein gutes Kontrollinstrument für die Segelstellung, für die Segelleistung der Yacht und schließlich dient es zur genaueren Einstellung der Steuerautomaten, die heute wohl auf allen Fahrtenyachten vorhanden sind. Ein nicht zu

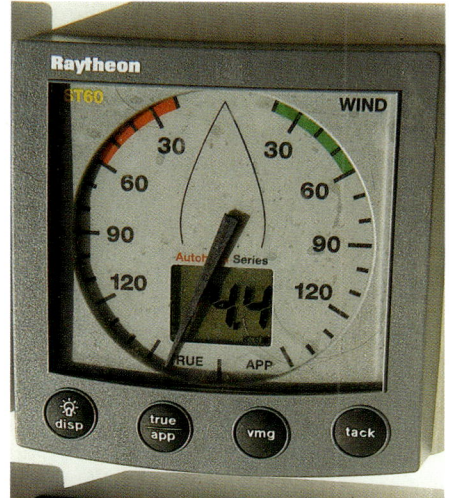

Einziehbarer Geber für Logge/Speedometer mit Grasabweiser – gut!

Vielsagende Anzeige für den Rudergänger – die Yacht macht mit nur viereinhalb Knoten achterlichem (scheinbarem) Wind immerhin noch 3,5 Knoten Fahrt durchs Wasser.

unterschätzender Vorteil einer elektronischen Windrichtungsanzeige ist die Tatsache, dass der Wind hoch oben im Masttopp, der ja unverfälscht ist, angezeigt wird, während beispielsweise die Windfahne der Selbststeuerung in Deckshöhe die Windrichtung nur eingeschränkt angibt.

Ein Windmesser kann nur den Wind anzeigen, der auf ihn einwirkt. Erst wenn zusätzlich ein Geschwindigkeitsmesser vorhanden ist, kann auch der »wahre« Wind errechnet werden. Zunächst maßgeblich ist jedoch nur der »scheinbare« Wind, auch »Bordwind« genannt. Nur daran kann nämlich beurteilt werden, welche Segelfläche gefahren wird und vor allem, wann gerefft werden muss.

Der Skipper wird sich aber auch Gedanken um den wahren Wind machen, denn bei Kurswechsel wird sich der scheinbare Wind erheblich ändern. Eine Yacht, die vor dem

Geber für Windrichtung und Windstärke.

scheinbaren Wind abläuft und auf dem Windmesser mäßige 20 Knoten Wind hat, wird beim Kurswechsel auf »gegenan« nämlich plötzlich mit ca. 30 Knoten konfrontiert werden. Denn vor dem Wind ist die Fahrt von vielleicht 5 Knoten dem scheinbaren Wind hinzuzuzählen, sodass tatsächlich ein wahrer Wind von runden 25 Knoten herrscht. Geht diese Yacht dann mit 5 oder 6 Knoten in Windrichtung, dann ist – ungefähr – die Fahrt von 5 Knoten dem wahren Wind hinzuzuzählen, um den scheinbaren Wind zu erhalten.

Ist auf dem Instrumentenbrett auch ein Speedometer und/oder ein GPS (oder ein elektronischer Kompass) montiert und sind die Instrumente untereinander auch »vernetzt«, was bei Neubauten fast immer der Fall ist, dann kann auch der Windmesser so geschaltet werden, dass die wahre Windgeschwindigkeit und die wahre Windrichtung angezeigt werden. Man vergesse aber nicht, dass dieses Rechenergebnisse sind. Der Autor zieht es deshalb immer vor, den Windmesser auf »scheinbaren Wind« einzustellen.

Achtung: Beim Einbau von Windmessgeräten überprüfen, ob der Radioempfang gestört wird und ggf. Abhilfe verlangen!

Der richtige Radioempfänger an Bord

Immer wieder wird von der Zubehörindustrie darauf hingewiesen, dass ein Yachtempfänger speziell für den Gebrauch unter erschwerten Bedingungen in salzwasserschwangerer Luft konstruiert und gebaut sein muss. Wegen der kleinen Stückzahl erreichen diese Geräte im Vergleich mit normalen Radios geradezu astronomische Verkaufspreise. Aufgrund eigener Erfahrung kann ich aber sagen, dass die üblichen Markengeräte namhafter Firmen, die wir in den Kaufhäusern finden, auf einer Yacht mindestens genauso diensttauglich sind wie spezielle »Schiffsempfänger«. Selbstverständlich wird man ein normales Radiogerät nicht gerade Spritzwasser aussetzen, was vielleicht ein Yacht-Radio noch verkraftet. Aber ansonsten sollte man sich darüber im Klaren sein, dass in Letzteren genau die gleichen Bauteile verwendet werden wie in elektronischen Geräten zu Hause.

Zunächst jedoch dürfen wir nicht auf den Preis achten, sondern müssen uns fragen, welche Sendungen wir an Bord aufnehmen wollen und welche Empfänger über diese Möglichkeiten überhaupt verfügen. Wir können danach mit wenigen Blicken in die Prospekte bereits entscheiden, welches Gerät von vornherein nicht infrage kommt.

Die heutigen Allwellenempfänger sind frequenzstabil und dank der Tastatur leicht zu bedienen.

Am einfachsten wäre es natürlich, wir würden einen Empfänger auswählen, bei dem alle infrage kommenden Radiofrequenzen auf der Skala sind. Eine Frequenz ist nichts anderes als die Anzahl von Radiowellen in einer bestimmten Zeit. Das Maß hierfür ist ein Hertz, eine Schwingung in einer Sekunde. Radiowellen beginnen bei einer Frequenz von ca. 100 Kilohertz, abgekürzt 100 kHz. Ein kHz sind 1000 Schwingungen, 1000 kHz werden als ein Megahertz (MHz) bezeichnet. Weil die Wellenlängen abhängig von der Frequenz sind, können wir die Skala eines Empfängers auch grob in Lang-, Mittel-, Grenz- und Kurzwellen einteilen. Die Ultrakurzwellen (über 30 MHz) gewährleisten den Empfang lokaler (Wetter-) Nachrichten in besonders guter Tonqualität.

Welche Sendungen brauchen wir?

Wetternachrichten
Wir sollten spezielle Seewetter-Vorhersagen benutzen, falls das möglich ist. Die Frequenzen sind in den »Revierführern« für die Sport- oder Berufsschifffahrt abgedruckt. Noch werden Wettersendungen für die Schifffahrt häufig auf Grenzwelle abgestrahlt. Es scheint so zu sein, dass allmählich Wettersendungen auf Grenzwelle weltweit eingestellt werden. Nachdem aber heute alle guten Empfänger ohnehin alle Bänder lückenlos bestreichen können, wird die Grenzwelle »mitgeliefert«.
Häufig liefern, vor allem in Gegenden mit blühendem Yachttourismus, normale Rundfunkanstalten als Service Seewetterberichte, die meist auf UKW ausgestrahlt werden. Aber auch ganz normale Wetternachrichten, die üblicherweise nach den Nachrichten gesendet werden, können für uns schon eine große Hilfe sein. Zwar interessiert uns nicht besonders, ob es regnet, aber die Wetterlage und die Windangaben sind eigentlich schon alles, was wir brauchen.
Häufig bekommen wir im Mittelmeer das Wetter über unsere heimischen Sendeanstalten, wiederum als Service für die Urlauber. Wegen der großen Entfernungen werden diese Berichte immer über Kurzwelle ausgestrahlt. So gibt es Wetterberichte fürs Mittelmeer in deutscher Sprache auf den Kurzwellenbändern des Österreichischen Rundfunks auf 6155 kHz um 7.45 Uhr und um 12.15 Uhr MEZ (Sommerzeit).
Fast am besten sind Wetternachrichten übers örtliche Fernsehen, das wir im Hafen empfangen können. Hinzu kommt noch der Vorteil einer informativen Wetterkarte auf dem Bildschirm.
Wollen wir das Wetter aus »erster Hand«, dann sollten wir uns einem der großen Wetterdienste anvertrauen, die spezielle Seewetterberichte senden. Von ihnen werden ebenso Satellitenbilder als Fax und Wetterberichte per Fernschreiben ausgestrahlt. Um sie empfangen zu können, benötigen wir ebenfalls einen leistungsfähigen Empfänger und – für letztere Ausstrahlungen – einen nachgeschalteten Computer, also einen Laptop, mit der entsprechenden preiswerten Software an Bord.
Wetter-Faxausstrahlungen des Deutschen Wetterdienstes erfolgen auf folgenden Frequenzen:
3855 kHz, 7880 kHz und 13 882,5 kHz.
Fernschreibausstrahlungen des Deutschen Wetterdienstes erfolgen auf folgenden Frequenzen: 1. Programm: 4583 kHz, 7646 kHz, 10 100,8 kHz. 2. Programm: 147,3 kHz, 11 039 kHz, 14 467,3 kHz.
Ich habe hier diese Frequenzen vor allem deshalb angegeben, um aufzuzeigen, welche Frequenzen ein Bord-Radio-Empfänger abstimmen können muss. Wir dürfen uns nun aber nicht damit zufrieden geben, dass unser Empfänger eine der angegebenen Frequenzen auf der Skala hat. Die verschiedenen Frequenzbereiche unterscheiden sich nämlich stark voneinander durch ihre Reichweiten beziehungsweise Ausbreitungsbedingungen. Bestimmte Frequenzen sind in der Nacht besonders günstig aufzunehmen, während andere wiederum spezielle Tagesfrequenzen sind. Die hohen Frequenzen reichen im Allgemeinen besonders weit, sind aber zum Beispiel im Umkreis von einigen hundert Kilometern Entfernung vom Sender nicht zu hören, in diesem Falle müssen wir die niedrigeren benutzen.
Denn, je nach den Ausbreitungsbedingungen, der Entfernung der Yacht zum Sender,

der Tageszeit und sonstigen atmosphärischen Bedingungen kann die eine Frequenz den Empfang zulassen, während auf der anderen Frequenz der Lautsprecher oder Kopfhörer still bleibt.

Allein dies zeigt schon, dass von Langwelle (147,3 kHz) bis zur Kurzwelle (14467,3 kHz) alle Frequenzen auf der Radioskala enthalten sein müssen.

Spezielle Wettersendungen – neben wichtigen Mitteilungen für die Schifffahrt in der Nähe des Senders – erfolgen über NAVTEX auf der Mittelwellenfrequenz von 518 kHz. Zwar gibt es hierfür spezielle Navtex-Empfänger, doch können diese auch mit normalen Radioempfängern aufgenommen und mittels Computer und Software ausgewertet werden. Wir benötigen also auch einen guten Mittelwellen-Empfang.

Langer Rede, kurzer Sinn: Ein guter Bordempfänger bestreicht alle Frequenzen von der Langwelle bis zur Kurzwelle. Dass auf ihnen gelegentlich UKW nicht enthalten ist, spielt deshalb keine Rolle, weil auf allen Yachten zur Unterhaltung irgendein Autoradio (mit Kassetten- oder CD-Spieler) eingebaut ist, das immer über UKW verfügen sollte. Das reicht für den Nahbereich aus.

Gemorste Sendungen, wie es die Sendungen für den Entzifferungsschlüssel FM 46 waren, spielen heute keine Rolle mehr. Trotzdem benötigen geeignete Radioempfänger eine Vorrichtung, um Sendeenergie hörbar zu machen. Das Radio muss »einseitenbandtauglich« (»SSB-tauglich«, SSB = Single Side Band) sein. Um Fernschreib-Sendungen aufnehmen zu können, muss er die Einstellung »RTTY« auf der Anzeige haben.

Rundfunkprogramme

Heute ist es selbstverständlich, dass man an jedem Punkt der Erde ausreichend mit den neuesten Nachrichten und Musik versorgt wird. Diese Sendungen liegen alle auf der Mittelwelle, die in jedem Empfänger enthalten ist. Leider haben Mittelwellen im günstigsten Falle nur eine Reichweite von 1000 Kilometern. Bei einer Atlantiküberquerung verstummt unser Radio deshalb schon nach ein paar Tagen, wenn wir nicht auch Kurzwellen, also über 5 MHz, empfangen können.

Zeitzeichensender

Sie gehören noch nicht zum alten Eisen. Wird an Bord – und sei es nur zur Übung – astronomisch navigiert und ist deshalb die sekundengenaue Zeit benötigt, so muss unser Empfänger die Zeitzeichensender empfangen können. Auch die modernen billigen Quarzuhren sind ohne ständige Radiokontrolle bei den meist großen Temperaturunterschieden an Bord nach ein paar Tagen für Navigationszwecke zu ungenau. Die Zeitzeichen-Frequenzen lassen sich leicht merken, die Hauptsender liegen auf 2,5 MHz, 5 MHz, 10 MHz, 15 MHz und schließlich auf 20 MHz. Wiederum wäre es ein Fehler, sich damit zufrieden zu geben, wenn der Empfänger beispielsweise allein über 15 MHz verfügt. Aufgrund meiner Erfahrung ist man nämlich nur dann in der Lage, jederzeit das Zeitzeichen einzustellen, wenn möglichst alle diese Frequenzen zu bekommen sind. Oft habe ich es erlebt, dass von vielen Zeitzeichen-Sendern nur auf einer einzigen Frequenz das gleichmäßige »Tick - Tack« hörbar war.

Wer wegen der genauen Zeit auf sein GPS verweist, hat nur scheinbar Recht. Zwar sind die GPS-Satelliten auf höchst genaue Zeit synchronisiert, doch benötigen wir ja gerade für den Ernstfall die genaue Zeit, um astronomisch navigieren zu können. Der »Ernstfall« aber ist, wenn das GPS abgeschaltet oder gestört ist und damit auch über den GPS-Empfänger keine genaue Zeit mehr zu bekommen ist.

Im Übrigen sind die Zeitzeichensender deshalb so wertvoll, weil sie für den ganzen Erdball Hurrikane- und Sturmwarnungen ausstrahlen.

WWVH (Hawaii) sendet auf 2,5 MHz, 5,0 MHz, 10,0 MHz und 15 MHz zur Minute nach der vollen Stunde folgende gesprochene Informationen:

29 min	Stations-Kennung
47 min	Omega-Bericht
48 min	Sturm-Information
49 min	Sturm-Information
50 min	Sturm-Information
59 min	Stations-Kennung
48-51 min	Pazifik-Hochseewarnungen

Hat ein Radioempfänger alle diese Frequenzen auf einer Skala, heißt das aber noch nicht, dass er in jedem Fall ideal für unsere Zwecke ist. Wir könnten mit diesem Radio besonders in den Kurzwellenbereichen fast gar nichts anfangen. Der Grund hierfür ist folgender: Jeder Sender beansprucht auf der Skala eine gewisse Breite, meist ungefähr 10 kHz. Zwischen 1000 und 3000 kHz könnte man somit ca. 200 Sender ansiedeln, ohne dass sie sich gegenseitig stören würden. Aber: Zwischen 28 und 30 MHz haben elektronisch gesehen ebenso viele, nämlich 200 Sender Platz. Es ist ohne weiteres einzusehen, dass kaum die Möglichkeit besteht, auf diesem winzigen Stückchen der Skala einen dieser 200 Sender einzustellen, selbst wenn wir ihn finden würden. Ändert sich nämlich die Sendereinstellung nur ganz geringfügig (Temperaturunterschiede oder mechanische Erschütterungen), so verschwindet das eingestellte Programm blitzartig. Besonders die Kurzwellenbereiche sollten deshalb bei einem hochklassigen Empfänger so weit wie möglich »gespreizt« sein. Spitzengeräte verteilen aus diesem Grund den auf der obigen Skala eingezeichneten Frequenzbereich auf bis zu 30 »Bänder«. Leider sind viele spezielle Yachtempfänger diesbezüglich recht mager bestückt.

Der ideale Bordempfänger ist folgendermaßen ausgestattet:

• Alle Frequenzen von 150 kHz bis 30 MHz mit der Möglichkeit, alle Frequenzen genau – auf 0,1 kHz – abstimmen zu können, also nicht etwa nur in 5-kHz-Schritten.

Seit ein paar Jahren gibt es Radioempfänger, welche sich in geradezu idealer Weise für den Bordbetrieb eignen. Dabei handelt es sich – wieder mal – nicht um Spezial-Schiffsempfänger, sondern um ganz »normale« Radios. Sie zeichnen sich dadurch aus, dass wie bei einem Taschenrechner die Frequenz eingetippt werden kann. Aufgrund ihrer Konstruktion bleiben sie auch frequenzstabil, das bedeutet, dass es das früher so gefürchtete Abdriften der Frequenz und das Nachstellen nicht mehr gibt. Viele dieser Geräte haben auch Memories, in denen bestimmte, häufig benötigte Sender abgespeichert und mit einem (!) Tastendruck wieder aufgerufen werden können. Beim Kauf achte man darauf, dass sie den Frequenzumfang von 150 kHz bis 26 MHz durchgehend haben und außerdem noch über UKW verfügen. Sie sollen in 1-kHz-Schritten, besser 0,1-kHz-Schritten, eingestellt werden können. Sie sollten außerdem einseitenbandtauglich sein.

Steht man noch vor der Neuanschaffung eines Bordempfängers, kaufe man sich unbedingt einen solchen »Weltempfänger«. Sein Preis wird zwischen 200,- und 500,- Euro liegen, eine Anschaffung, die sich immer bezahlt macht!

Wer es sich leisten kann, sollte sich einen Kurzwellen-Amateurradio-Transceiver (also Sender und Empfänger in einem Gerät) zulegen. Denn der Empfänger genügt immer unseren Ansprüchen. Bei nahezu all diesen Geräten aus ausnahmslos japanischer Produktion ist der Empfänger so ausgelegt, dass er von Langwelle bis mindestens 30 MHz durchstimmbar, also lückenlos empfangsbereit ist.

Zudem haben wir einen hochwertigen Kurzwellen-Sender, der nach geringfügigen Änderungen durch das Fachgeschäft auch

Eine gute Lösung: Das isolierte Achterstag als Antenne.

auf der Senderseite »geöffnet« werden kann und somit alle Marinefrequenzen bestreicht – siehe unten. Kostenpunkt für den Transceiver: ab 1000,- Euro.

Empfangsantenne

Darüber sollte man sich keine allzu großen Gedanken machen. Das oben und unten mit einem Porzellanei isolierte Achterstag ist für den Empfang mehr als ausreichend. Außer auf einem Stahlschiff könnte man auch die eingebaute Stabantenne mit ganz passablen Ergebnissen benutzen. Da sie aber richtungsempfindlich ist und deshalb gelegentlich für einen guten Empfang geschwenkt werden muss, ist von ihr abzuraten. Denn wenn wir schon mit unserer Langdrahtantenne (Achterstag!) eine äußerst leistungsfähige Antenne haben, sollten wir sie auch benutzen.

Frequenzverzeichnis

Will man die Möglichkeiten eines guten Bordempfängers ausnutzen, so kommt man um ein gutes, allumfassendes Frequenzverzeichnis nicht herum. Hier sei empfohlen das Buch von Jörg Klingenfuss »Guide to the utility stations«, zu beziehen im Verlag Klingenfuss Publications, Hagenloher Str. l4, D-74000 Tübingen.

Sender an Bord

Heute gibt es wohl nur noch wenige Fahrtenyachten, die keinen Sender an Bord haben. Trotzdem: Der Skipper steht verwirrt vor einem Riesenangebot von modernen Geräten und Systemen. Nur wenige wissen, ob für sie nun ein Citizen Band-Sender (sendet im 11-Meter-Bereich), ein Kurzwellensender (Einseitenband), eine Amateurfunkanlage oder schließlich ein UKW-Gerät das Richtige ist. Versuchen wir etwas Ordnung und Übersicht in das Riesenangebot zu bringen:

CB-Funke

Das 11-Meter-Gerät (CB-Funk) ist für den Laien sicher das verführerischste. Für so ein »Walkie-Talkie« braucht man in manchen Kaufhäusern kaum mehr als 50,- Euro zu investieren. Sie sind einfach in der Bedienung und der Stromverbrauch ist überhaupt nicht zu spüren, weil sie ihren Saft aus eingebauten Batterien beziehen. In deutschen Hoheitsgewässern sollte man darauf achten, dass das Gerät auch behördlich zugelassen ist, anderenfalls ist es nämlich möglich, dass man sich wegen Schwarzsendens strafbar macht. In Deutschland sind nur Geräte mit einer sehr begrenzten Leistung erlaubt, man arbeitet im Kurzwellenbereich bei 27 MHz (»CityBand«).

Die Leistungen dieser Geräte sind entsprechend. Reichweiten über 5 Seemeilen lassen sich nicht einmal im freien Seeraum zuverlässig erzielen. Das Einzige, was man mit diesen Dingern anstellen kann, ist, mit einer anderen Yacht, die fast in Sichtweite sein muss, Verbindung aufzunehmen, falls vorher ein Zeitpunkt verabredet wurde. Eine Überwachung des Funkverkehrs durch eine staatliche Stelle findet auch in unseren Gewässern nicht statt, sodass die Geräte im Notfall wirklich nutzlos sind. Haben wir so ein Ding an Bord, muss man sich immer der Tatsache bewusst sein, dass es sich hierbei um ein Spielzeug handelt, aber keinesfalls um mehr. Vor allem dürfen wir nicht glauben, auf diesen Geräten einen Seenotruf absetzen zu können. Entweder ist man nämlich außerhalb der Reichweite anderer Benutzer von Walkie-Talkies oder aber die betreffende Frequenz ist derart besetzt, dass nur eine geringe Chance besteht, gehört zu werden.

Für einen Zweck eignen sich diese billigen Handfunken ganz gut: Wenn auf einsamen Ankerplätzen das Beiboot benutzt wird, kann eine Funkverbindung mit dem Land gehalten werden. Wird zum Beispiel jemand per Beiboot an Land abgesetzt, kann über Funk die Yacht verständigt werden, wenn man abgeholt werden möchte.

SSB-Transceiver

Kurzwellen-Einseitenband-Anlagen sind heute – neben den UKW-Geräten – der Standard auf größeren Yachten. Diese SSB-Sender (»Single-Side-Band«) arbeiten auf verschiedenen Frequenzbereichen und können über Relaisstationen Verbindungen mit der ganzen Welt aufnehmen. Auf einer solchen Anlage habe ich von einem einsamen Ankerplatz bei Bora Bora in der Südsee mit einem Freund in Deutschland telefoniert, die Verbindung war nicht viel schlechter als ein innerdeutsches Ferngespräch. Die Geräte werden immer handlicher und preiswerter. Für 1500,- Euro gibt es schon sehr leistungsfähige Sender.

Man darf allerdings nicht den Fehler machen, diese Sender allein nach der Leistung in »Watt« zu beurteilen. Weil die Geräte auf Kurzwellenfrequenzen arbeiten, sind vor allem die Ausbreitungsbedingungen entscheidend. Mit anderen Worten: Sind diese schlecht, beispielsweise um die Mittagszeit, so ist von der Karibik kein Gespräch nach Hamburg möglich, auch wenn man mit 1000 Watt senden würde. Andererseits reichen schon 50 Watt, um bei günstigen Bedingungen (häufig in der Dämmerung) Interkontinentalgespräche störungsfrei führen zu können.

Neben den Ausbreitungsbedingungen spielt die Qualität der Antenne eine außerordentliche Rolle. Sie muss in jedem Fall elektrisch zur Frequenz »passen«. Weil aber je nach Ausbreitungsbedingungen sehr verschiedene Frequenzen verwendet werden, nehmen so genannte »Antennentuner« die Anpassung vor. Heute werden für diesen Zweck fast nur noch automatische Antennentuner benutzt, das heißt, der »Funker« muss auf seinem SSB-Sender nur noch die gewünschte Frequenz eintippen und innerhalb weniger Sekundenbruchteile ist die Antenne abgestimmt. Als Antenne würde ich immer das ohnehin vorhandene – oben und unten isolierte – Achterstag verwenden und über eine automatische Matchbox (Anpassgerät) den Sender abstimmen.

VHF-Transceiver

Ist beabsichtigt, mit der Yacht in der Karibik oder in den USA zu segeln, dann sollte man bei der Anschaffung des Gerätes darauf achten, dass nicht nur die internationalen Kanäle angewählt werden können, sondern auch die USA-Kanäle. Alle diese Kanäle können nämlich von den Geräten mit ausschließlich internationaler Kanaleinteilung nicht benutzt werden. Auf manchen Kanälen kann man dann zwar sprechen, aber die Gegenstation nicht hören, weil diese die Einstellung »USA« benutzt.

Es gibt kaum noch Fahrtenyachten, die ohne UKW losfahren. Die Vorteile liegen auf der Hand: niedriger Stromverbrauch, unempfindlich gegen atmosphärische Störungen, geringe Abmessungen, keine aufwändigen Antennenanlagen und relativ niedrige Preise (schon unter 500,- Euro).

In vielen Ländern ist ein UKW-Gerät an Bord eine Selbstverständlichkeit und zahlreiche Hafenbehörden erwarten auch, dass sich die Yachten vor der Ankunft über UKW melden. Aber auch private Marinas haben meistens einen Kanal (siehe Prospekte) für sich und ihre Marineros »okkupiert«, über den Liegeplätze, Diesel oder auch das Taxi bestellt werden können. Auf einigen stark yachtorientierten Plätzen sind die Yachtzubehörgeschäfte, die Reiseunternehmer,

Auf Kanal 16 lassen sich die meisten »Biggies« ansprechen; ein tragbares UKW-Gerät kann man notfalls auch mit in die Rettungsinsel nehmen.

Moderner Kurzwellen-Sender (SSB-Transceiver) mit angeschlossenem Controller (auf dem Sender), mit dem man Fernschreiben, Wetterfaxe etc. empfangen kann.

Ein UKW-Sender gehört heute zur Grundausstattung einer Fahrtenyacht.

Moderne UKW-Geräte haben alle Kanäle.

Die Reichweite eines UKW-Senders hängt nicht in erster Linie von seiner Ausgangsleistung ab, sondern von der Höhe seiner Antenne. Ihre Position im Masttopp ist deshalb ideal.

Dieses moderne UKW-Handfunkgerät ist weitgehend wasserdicht, hat alle Kanäle und ist mit eingelegten Walkman-Batterien über 20 Stunden betriebsbereit.

Taxis sowieso, praktisch jedermann, der mit Yachten etwas zu tun hat, mit UKW-Geräten ausgestattet und rund um die Uhr auf Standby, also in Hörbereitschaft. Viel häufiger als in Deutschland dient das UKW-Gerät anderswo oftmals nur als ein portables Walkie-Talkie dem täglichen Umgang miteinander. In Westindien z.B. gibt es zahlreiche

»Funknetze« auf UKW, wo sogar täglich eine Börse an gebrauchtem Schiffszubehör (Kanal 68) abgehalten wird, ohne dass sich daran jemand stört, obwohl es Tausende Zuhörer gibt. In diesen Ländern fragt auch niemand nach funkrechtlichen Genehmigungen. In anderen Ländern – Kroatien beispielsweise – wird auf Charteryachten eine entsprechende behördliche Genehmigung (Sprechfunkzeugnis) vorausgesetzt. Für eine UKW-Anlage ist in Deutschland ein Sprechfunkzeugnis erforderlich.

Alle Berufsschiffe haben UKW an Bord, sodass sich auf hoher See über die internationale Anruf- und Not-Frequenz, Kanal 16, der große Bruder anpreien lässt. Ist er gefällig, gibt er auch Telegramme weiter.

Ich empfehle aus Sicherheitsgründen eine »Handfunke«, selbst wenn ein stationäres Gerät eingebaut ist. Zahlreiche Seenotfälle haben gezeigt, dass häufig die Bordstromversorgung ausgefallen ist und damit die stationären Geräte unbrauchbar wurden. Auch im Brandfall ist es nicht unwahrscheinlich, dass das UKW-Gerät am Kartentisch nicht mehr erreichbar ist. Eine Handfunke kann in die Rettungsinsel mitgenommen werden und eröffnet so weitere gute Chancen, von einem vorbeifahrenden Schiff entdeckt zu werden (Kanal 16!). Die amerikanische Coast Guard empfiehlt sogar dringend UKW-Handys, weil sich bei Notfällen mit anschließender Abbergung durch den Hubschrauber herausgestellt hat, dass die notwendige Funkverbindung nicht mehr aufrechterhalten werden konnte, wenn die Mannschaft sich bereit machte, sich vom Schiff abbergen zu lassen, und kein Handfunkgerät zur Verfügung stand. Früher benutzte man den UKW-Funk auch dazu, um über eine Relaisstation an Land ins öffentliche Telefonnetz zu gelangen. Das ist heute vorbei. Denn hierfür gibt es etwas Effizienteres, das wir wahrscheinlich ohnehin an Bord haben, nämlich ein handelsübliches Handy. Allerdings – im Gegensatz zum UKW-Funk ist es gebührenpflichtig!

Mobiltelefone

Zunächst zur Reichweite: Mobiltelefone haben ungefähr die gleiche Reichweite wie UKW-Sender. Sie müssen aber in jedem Fall die Küste erreichen, denn nur dort stehen die Mobilfunkantennen, über die unsere Gespräche ins Telefonnetz (und sonst nirgendwohin) eingespeist werden. Die Reichweite von handelsüblichen Handys von Yachten aus beträgt im besten Fall 20 bis 40 Seemeilen. Eine zusätzliche Außenantenne bringt übrigens nach Erfahrungen des Autors keinen nennenswerten Reichweitengewinn, auf sie kann deshalb verzichtet werden.

Heute sind nahezu alle europäischen Küsten sowie fast alle Mittelmeer-Küsten sehr gut für Mobiltelefone abgedeckt. Wenn das Mobiltelefon mit der SIM-Karte eines deutschen Providers ausgestattet ist, dann kann damit an den genannten Küsten praktisch jederzeit telefoniert werden.

Auf der Überführung einer Yacht von England nach Griechenland war es, mit Ausnahme von zwei Tagen, immer möglich zu telefonieren. Allerdings darf man mit einem Handy an Bord seine Telefonrechnung nicht zu kritisch betrachten. Denn die Roaming-Gebühren sind meist so happig, dass man sich im Nachhinein manchmal ausgeraubt fühlt. Hinzu kommt, dass es manchem wohlmeinenden Freund zu Hause Spaß macht, eine Yacht auf den Weltmeeren telefonisch zu begleiten – wobei er nicht ahnt, dass seine Gespräche zum größten Teil vom Skipper bezahlt werden.

Segelt man längere Zeit in einem Revier, ist es meist ratsam, sich so genannte Prepaid-SIM-Karten zu kaufen. In einigen Ländern (Spanien, Türkei) ist dies recht unkompliziert. Damit erwirbt man eine bestimmte Menge Gebühreneinheiten. Sind die abtelefoniert, kann man sich in zahlreichen Geschäften Gebühreneinheiten nachkaufen. Und der Hauptvorteil: Man kann auf der Prepaid-Telefonnummer angerufen werden, ohne selbst die Gebühren bezahlen zu müssen. Gelegentlich gibt es hierzu Ausnahmen, deshalb sollte man sich beim Kauf der Prepaid-Karte vorher entsprechend informieren.

Ein Handy an Bord erhöht die Sicherheit erheblich. Beispiele hierfür gibt es zahlreiche, in denen das Handy zum Lebensretter nicht nur auf Schiffen, sondern auch bei verletzten Bergsteigern, verirrten Wanderern, ja selbst bei brennenden Aufzügen wurde. Wenn man in einem Notfall an Bord zunächst auch nicht direkt die Stelle erreicht, die einem weiterhelfen kann, so lässt sich doch in Sekunden ein Kontakt zur Außenwelt herstellen. Ab da sollte sicher die Rettungsaktion in Gang gesetzt werden können.

Satelliten-Telefone

Telefone, die über Satelliten arbeiten, sind noch viel wirkungsvoller als normale Handys, welche über terrestrische Umsetzer funktionieren. Mit Satelliten-Telefonen wie Worldphone (Inmarsat) oder Iridium (eigenes Satelliten-System) lassen sich von jedem Ort der Erde, der von Fahrtenyachten befahren wird, in Sekundenschnelle alle Telefone der Welt erreichen. Satelliten-Telefone müssen »Sichtverbindung« zu einem Satelliten haben, vom Inneren eines Stahlschiffes aus ist somit ein Telefonieren nicht möglich. Dünne Kunststoffschichten sind für die Funkstrahlen jedoch weitgehend durchlässig, sodass auch aus der Kajüte eines Kunststoffschiffes heraus Telefongespräche möglich sind.

Satellitenhandys kosten ab 1000,- Euro mit fallender Tendenz. Als Anhaltspunkt für die Kosten mögen zwei Euro pro Gesprächsminuten gelten. Beim Iridium ist besonders interessant, dass von jedem Internetanschluss aus Kurznachrichten auf ein Iridium-Telefon geschickt werden können: Nach Aufruf der Seite http://messaging.iridium.com wird die 12-stellige Iridiumnummer und die Nachricht eingegeben. Praktisch unmittelbar danach erscheint die Botschaft auf der Anzeige des Telefons, das zur Zeit des Absendens eingeschaltet sein muss. Dieser Dienst ist für Empfänger und Sender kostenlos, so können auch mehrere Nachrichten hintereinander verschickt werden, sodass die Beschränkung einer Nachricht auf 120 Zeichen pro Message praktisch keine große Bedeutung hat. Der Autor hat sich so während einer Atlantiküberquerung von einem Freund täglich die Wettermeldungen und die Fußballergebnisse überspielen lassen – ohne Gebühren.

Satelliten-Telefone sind auch vom Gesichtspunkt der Sicherheit her fast unverzichtbar,

Mit diesem Telefon kann jederzeit von jedem Ort der Welt zu jedem Telefon der Welt gesprochen werden – die Minute für knappe zwei Euro.

Es ist kaum zu glauben: Mit diesem Amateurradio können weltweite Gespräche kostenlos abgewickelt werden. Der Sender kann auch mit Hilfe eines Notebooks gesteuert werden.

Herkömmliche Amateurfunkanlage auf einer Yacht.

wenn man es sich leisten kann. Denn eine Sprechverbindung von jedem Platz der Welt zu irgendeinem Telefon kann Leben retten. Man denke nur an einen Überfall auf hoher See, wie er heute leider nicht mit letzter Sicherheit auszuschließen ist. Ich könnte mir vorstellen, dass böse Menschen, die sich mit einem Außenborderboot der Yacht auf hoher See nähern, sich von einem Überfall abhalten lassen, wenn sie den Skipper der Yacht vorher mit einem Satellitenhandy an Deck telefonieren sehen. Wenn es uns gar gelingt, im Falle des Falles das Satellitenhandy trocken in die Rettungsinsel mitzunehmen, um die Außenwelt per Telefon zu informieren, dürften wir schon fast gerettet sein.

Amateur-Radio-Sender

Eine Amateurfunkanlage ist für Langfahrten das universellste Kommunikationsmittel. Die Geräte kosten um 1500,- Euro und sind immer von modernster Konzeption. Selbstverständlich arbeiten sie im Einseitenbandverfahren. Viele sind kaum größer als ein Autoradio und mit dem neuestem Bedienungskomfort ausgerüstet (Suchlauf, Digitalanzeige, Sendervorwahl, Senderspeicher, automatische Abschaltung bei Fehlanpassung und so weiter).

Dem Amateur stehen die Amateur-Bänder zur Verfügung, auf denen er sich eine beliebige Frequenz heraussuchen kann. Die Bänder sind nun in ihren Eigenschaften derart unterschiedlich, dass immer die Möglich-

keit einer Verbindung gewährleistet ist. Die bevorzugten Amateurbänder sind das 15- und das 20-m-Band. Auf diesen kann der Skipper mühelos Direktgespräche von Kontinent zu Kontinent führen. Sie haben allerdings den einen Nachteil, dass auf kurze Entfernungen (wenige 100 km) eine »tote Zone« um den Sender besteht. Kein Problem für einen Amateur, er schaltet einfach auf das 80-m-Band, mit dem er zwar keine weiteren Verbindungen herstellen kann, das jedoch auf kurze Distanz vorzüglich arbeitet. Die Geräte sind äußerst klein und handlich, sodass es gelegentlich bei der Vielzahl der zur Verfügung stehenden Funktionen und mehrfachen Tastenbelegungen nicht ganz leicht ist, den Überblick zu behalten. Zur Erleichterung können deshalb fast alle modernen Amateur-Transceiver auch mittels Computer gesteuert werden.

Als Sendeantenne kann ohne weiteres das isolierte Achterstag zusammen mit einer – heute automatischen – Matchbox benutzt werden, mit dem ich immerhin Direktverbindungen von Neuguinea nach Wuppertal »gefahren« habe.

Der Haken bei der Sache ist die Amateurfunklizenz, deren Erlangung schwieriger als die des Sprechfunkzeugnisses ist. Um auf den Kurzwellenbändern arbeiten zu können, muss man Morsekenntnisse (25 Zeichen pro Minute) nachweisen. Um auf einem deutschen Schiff rechtmäßig mit einer Amateurfunkanlage arbeiten zu können, benötigt man eine deutsche Lizenz. Das schließt nicht die Möglichkeit aus, in einem anderen Land die Amateurfunklizenz zu erwerben. Sind die Anforderungen bei der Prüfung ungefähr mit den deutschen Anforderungen vergleichbar, kann die ausländische Lizenz ohne große Umstände in eine deutsche umgetauscht werden. Bevor man sich also darum bemüht, eine ausländische Lizenz (meist auch gegen Geld) zu erwerben, sollte man sich bei den deutschen Behörden (früher Bundespost, heute RegTP, Regulationsbehörde für Telekommunikation und Post) erkundigen, ob die Lizenz später um-getauscht werden kann. In einem Einzelfall hat die RegTP folgende Auskunft erteilt:

Sehr geehrte Damen und Herren,
zu Ihrer Anfrage bezüglich der Anerkennung einer Amateurfunkgenehmigung aus Panama teile ich Ihnen Folgendes mit: Ermessensgrundlage einer Anerkennung ist u.a. die Prüfung, inwieweit die ausländische Amateurfunkgenehmigung – bezogen auf die Prüfungsanforderungen – mit einer der deutschen Amateurfunkzeugnisklassen vergleichbar ist. Eine mehrfache Bitte um Zusendung der panamaischen Prüfungsbedingungen und -themen, um die o.b. Vergleichbarkeit feststellen zu können, blieb erfolglos. Insofern fehlt hier grundsätzlich z.Zt. die Anerkennungsvoraussetzung.
Zur Erlangung einer deutschen Amateurfunkzeugnisklasse 1 ist u.a. eine Morseprüfung von mindestens 25 Zeichen pro Minute vorgeschrieben. Sollte eine ausländische Genehmigung ohne das Ablegen einer Morseprüfung erteilt werden, kann diese Genehmigung in Deutschland grundsätzlich nicht in die Zeugnisklasse 1 umgeschrieben werden.
Mit freundlichen Grüßen
Im Auftrag
Wendland

Selbstverständlich kann man sich mit einer Amateurfunkanlage ausschließlich mit Amateuren unterhalten. Ein Seenotruf, sei es an ein anderes Schiff oder an eine der wenigen verbliebenen Küstenfunkstellen, ist ausgeschlossen, weil die Amateurbänder dort nicht abgehört werden. Allerdings ist es nur eine Angelegenheit von wenigen Minuten, im Seenotfall mit irgendeiner Amateurstation an Land in Verbindung zu kommen, damit unser Funkfreund dann über normales Telefon die entsprechenden Maßnahmen einleiten kann. Ein Funkamateur wird ohnehin kaum auf große Reise gehen, ohne ein regelmäßiges Äthertreffen mit anderen Amateuren zu verabreden. Er kann dann täglich seine Position durchgeben, sodass im Notfall die mögliche Unfallstelle doch sehr eingegrenzt werden kann. Die Gespräche des Amateurs sind selbstverständlich gebührenfrei (abgesehen von einer bescheidenen Pauschalgebühr von einigen Euros), doch darf er keinerlei »Nachrichten« an Dritte, also an Nichtamateure,

weitergeben. Im Klartext heißt das, es ist verboten, einen befreundeten Amateur bei sich zu Hause anrufen zu lassen, um zu erfahren, ab alles in Ordnung ist.

Trotzdem fühlt man sich mit einer Amateurfunkanlage niemals einsam, auch auf den Weiten des Ozeans nicht. Ich würde vor allem jenen Skippern, die mit Gedanken an eine Atlantiküberquerung oder gar noch mehr spielen, raten, sich mit dem Thema Amateurfunk näher zu befassen.

Mithilfe von Amateurfunk ist es seit ein paar Jahren auch möglich, E-Mails von und zum Internet per Kurzwelle zu versenden – siehe weiter unten.

Es gibt eine Reihe von Amateurgruppen, die es sich zur Aufgabe gemacht haben, regelmäßigen Kontakt zu »Maritime Mobile«-Stationen (abgekürzt »mm-Stationen« – Spitzname: »Mickey-Mouse-Stationen«) in aller Welt zu halten. Da sich diese »Netze« von Zeit zu Zeit auflösen oder neu bilden, ist es müßig, die Sendezeiten und Frequenzen, auf denen sich die Funkamateure täglich treffen, hier wiederzugeben. Gelegentlich verabreden sich ein paar Yachten mit Amateurfunkstationen zu einem täglichen Äthertreff, bei dem dann die interessantesten Neuigkeiten sowie Wetterberichte von unterwegs ausgetauscht werden können. Dann stoßen andere Micky-Mouse-Stationen dazu und fertig ist das »SEA-Net« (South-East-Asia-Net) oder das »Micronesia-Net«, das »Sauerkraut-Netz« (eine Gruppe von deutschen Kurzwellenfunkern) und so fort.

In Deutschland kümmert sich um die unterwegs befindlichen Yachten mit Amateurfunk auch der Verein INTERMAR – http://www.rheinland.com/intermar/who.htm.

Notebooks

Moderne Kommunikation von einer Fahrtenyacht aus ist ohne Computer kaum noch denkbar. Mancher, der sich bereits im »Zivilleben« mehr oder weniger erfolgreich gegen diese Zeit-Vernichtungs-Maschinen gewehrt hat, wird sich sträuben, so ein Ding ausgerechnet auf seiner Fahrtenyacht, mit der er ja die große Freiheit sucht, einzubauen. Trotzdem, die Einsatzmöglichkeiten eines Computers auf einer Fahrtenyacht

Ein Notebook findet sich heute in den Navigations-ecken der meisten Fahrtenyachten.

- TFT-Display
- Prozessor mit mindestens einem GHz
- 256 MHz RAM
- Diskettenlaufwerk
- CD- oder DVD-Laufwerk
- Festplatte mit zwanzig Gigabyte oder darüber
- Software-Grundausstattung (Text verarbeitung, Grafik-Programm)

sind so vielfältig, dass die Tendenz nicht mehr zu übersehen ist: Der Computer wird zur Standardausrüstung auf einer Fahrtenyacht!

Welcher Computer?
Als Erstes muss ich mir im Klaren sein: Der Computer, den ich heute kaufe, ist schon in vier Wochen nicht mehr der letzte Schrei – was nicht heißt, dass er nichts mehr taugt. Der Leistungszuwachs ist noch dramatischer als beim Auto – wobei niemand auf die Idee käme, zu behaupten, einen fünf Jahre alten Wagen könne man nicht mehr fahren.
Wer noch vor dem Kauf eines Computers steht, sollte Folgendes bedenken:
Man könnte auch auf die Idee kommen, auf einer Yacht mit viel Platz einen ganz normalen PC zu installieren. Der in jedem Fall günstigere Preis (ab 500,- Euro) steht aber in keinem Verhältnis zu den Nachteilen an Bord. Neben dem Platzbedarf ist es vor allem der Stromverbrauch, der nicht von einer »normalen« Bordanlage abgedeckt werden kann. Man lasse sich nicht durch Argumente wie »jetzt gibt es schon ganz preiswerte und leistungsfähige Inverter für so was« blenden. Ein Computer ist, das ist leider die Praxis, ein Langzeitverbraucher, das heißt, er hängt stundenlang an unseren Batterien. Zieht er nur eine Leistung von ein paar hundert Watt (was dem Haushaltsstrom von 220 Volt wirklich keine Schmerzen bereitet), dann würde er bei 12 Volt immerhin ein paar Dutzend Ampère aus den Batterien saugen, pro Stunde – indiskutabel!
Nein, ein teureres Notebook ist schon aus diesem Grund nicht zu vermeiden.
Der Stand der Technik (zur Drucklegung) ist ein Notebook mit:

Als Betriebssystem ist unbedingt ein »Windows«-Programm zu wählen, weil die besten Nautik-Programme darauf basieren.
Leider wird man, auch in den Billigläden, für so ein Notebook mindestens 1000,- Euro, meistens 1500,- Euro und mehr hinlegen müssen. Mit mir warten die meisten auf den Tag, wo so ein mobiler Computer mal unter die 500-Euro-Grenze fällt. Vergeblich, und dabei wird es auch bleiben! Die Leistungsfähigkeit steigt rasend, der Preis für den Endverbraucher stagniert – eine Art Naturgesetz bei der Chip-Technik.

Ein Trost: Jedes Notebook wie oben wird leistungsfähig genug sein, mit den an Bord anfallenden Arbeiten fertig zu werden. Leicht!
Ist ein Notebook schon vorhanden, dann kann es ebenso gut an Bord eingesetzt werden. Gleiches gilt für preiswerte Second-Hand-Notebooks, wenn sie nur folgende Grundvoraussetzungen erfüllen:

- Farb-Display
- Prozessor mit mindestens 133 MHz
- 32 MHz RAM
- Diskettenlaufwerk
- CD-Laufwerk
- Festplatte ab zwei Gigabyte
- Betriebssystem Windows
- Software-Grundausstattung (Text-verarbeitung, Grafik-Programm)

Reine DOS-Computer reichen heute an Bord, jedenfalls zur Kommunikation, nicht mehr aus, weil die für uns interessanten Programme fast ausschließlich auf der Windows-Oberfläche arbeiten.

Verwendung des Notebooks an Bord
Wie ein Notebook an Bord eingesetzt wird
– zur Navigation, für die Meteorologie,
Kommunikation, für tägliche Korrespon-
denz oder auch zum Zeitvertreib –, hängt
selbstverständlich von Skipper und Crew
ab. Tatsache ist, dass sich der Computer an
Bord gleichermaßen Raum verschafft wie im
täglichen Leben an Land. Auf vielen Yachten hat er die ehrwürdig vor sich hin rostende Schreibmaschine längst verdrängt, meist
wird er aber auch mit wichtigeren Aufgaben
im Dienste der Schiffssicherheit betraut.
Spezielle Nautik-Software ist anspruchslos,
was die Anforderungen an die Leistungsfähigkeit des Computers angeht. Elektronische Seekarten, die sich neben und bald
wohl statt (!) der Papierkarte immer mehr
durchsetzen, werden wegen des großen
Platzbedarfs heute nur noch auf CDs geliefert, aber hierfür ist jedes Notebook bestens
gerüstet. Man verzichte jedoch keinesfalls
auf ein Diskettenlaufwerk, denn nur damit,
mangels CD-Brenner an Bord, lassen sich
einfache Programme weitergeben oder
weitersenden. Letzteres ist auch deshalb so
wichtig, weil man heute in fast allen Häfen
in Internet-Cafés Zugriff auf die leistungsfähigste Datenautobahn (Internet) hat und
so Dateien (Software) von Bord und aufs
Schiff transportieren kann. Im Übrigen gibt
es zahlreiche Nautik-Programme im Internet
als Shareware zum Herunterladen – weltweite Gezeitenberechnung, Astronavigation, Wetterkarten-Empfang etc. –, die auf
einer Diskette durchaus Platz haben und so
vom Internet-Café auf die Yacht gebracht
werden können.
Die Kombination aus Kurzwellen-Empfän-
ger (besser: Sender) und Computer, verbunden mit einem so genannten Controller
ergibt – ohne größere Zusatzkosten – die
Möglichkeit, Wetterkarten als Faxe, Satellitenbilder als Faxe, Wetterberichte und Voraussagen als Fernschreiben zu empfangen.
Ebenso könnten, wiederum ohne nennenswerte Kosten, Navtex-Aussendungen empfangen werden, wobei dann allerdings der
Computer ständig in Betrieb sein muss. Der
Computer ersetzt also allein im Wetterbe-
reich einen speziellen Wetterkartenschrei-
ber, Navtex-Radio oder Fernschreibgerät.

Die Frequenzen für die Faxaussendungen
findet man übrigens im Internet unter der
Adresse www.hffax.de.
Die deutsche Software Jvcomm32 (www.
jvcomm.de) kostet gerade mal 60,- Euro
und zaubert aus den Pfeiftönen im Radio
die Wetterberichte oder auch Satellitenfotos auf den Bildschirm. Sie kommt sogar
ohne Controller aus, denn sie kann's auch
mit der Soundkarte.
Einen Controller, am besten den weltweit
verbreitetsten von SCS (siehe www.scs-
ptc.com), benötigt man, wenn man an Bord
über Funk E-Mails empfangen oder verschicken möchte. Das heute übliche Verfahren
heißt Pactor II, beziehungsweise das vielfach
schnellere Pactor III. Es eignet sich jedoch
nur für die Übermittlung von E-Mails und
bietet unter keinen Umständen einen normalen Zugang ins Internet. Dafür funktioniert es – über Kurzwelle – unabhängig
davon, ob man sich in Küstennähe, mitten
auf dem Atlantik oder sonst irgendwo auf

***Internet-Cafés finden sich
heute in der Nähe der
meisten Ankerplätze und
Häfen wie hier an einem
Ankerplatz in Trinidad. Es
ist eines von fünfen im
Umkreis von 200 Metern!***

***Diese Wetterkarte wurde
mit dem Programm
Jvcomm32 empfangen. Die
auf Kurzwelle unvermeid-
lichen Empfangsstörungen
(Lautstärkeschwankungen,
Störgeräusche etc.) äußern
sich in – hinnehmbaren –
Streifen im Bild und
Unschärfen.***

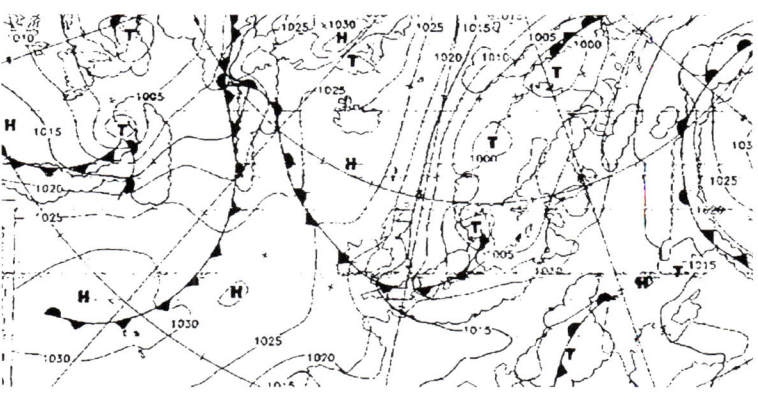

```
SEEWETTERBERICHT WESTLICHES MITTELMEER
HERAUSGEGEBEN VOM SEEWETTERDIENST HAMBURG
11.09.2001, 06 UTC:

WETTERLAGE:
TIEF 1005 MAZEDONIEN MIT KALTFRONT AEGAEIS OSTZIEHEND,
MORGEN 1010 WESTTUERKEI. HOCH 1025 DICHOISUEDLICHIVON IRLAMBVP
ABDCWAECHEND, KEIL 1020 WESTALPEN FESTLIEGEND. NLACHES TIEF 1014
IBERISCHE HALBINSEL ABSCHWAECHEND.

ALBORAN (36.0N 2.4W) WT: 24 C

DI 11. 12Z: NE     2-3  /    0.5 M   //
DI 11. 18Z: W      0-2  /    0.5 M   //
MI 12. 00Z: PQNNW 0-2  /      0.5 M      //
MI 12. 06Z: W      0-2  /    0.5 M   //
MI 12. 12Z: NE-E  0-2  /     0.5 M   //
MI 12. 18Z: NE     0-2  /    0.5 M   //
DO 13. 00Z: NE     0-2  /    0.5 M   //
```

Bei Fernschreib-Wetterberichten äußern sich die auf Kurzwelle unvermeidlichen Empfangsstörungen (Lautstärkeschwankungen, Störgeräusche etc.) in – hinnehmbaren – »Schreibfehlern« – siehe Zeile »MI 12.00Z...«.

der Welt befindet. Aber: Pactor ist kein System, das sich zum »Einschalten-und-los-gehts« eignet. Grundkenntnisse in Sende-tech-nik, ein Kurzwellen-Transceiver mit entsprechend aufwändiger Antennen-Anlage und einem Controller sind Voraussetzung. Ist man Funkamateur, hat man diese Dinge ohnehin an Bord, sodass sich Pactor für den E-Mail-Verkehr anbietet, zumal hierfür keine Kosten anfallen.

Auch für Nicht-Funkamateure gibt es immer mehr Dienste, die E-Mail-Vermittlung (Empfang und Einspeisung ins Internet beziehungsweise das Herunterladen und Weitersenden der E-Mails) an der Küste übernehmen, beispielsweise Kiel-Radio. Wem es die Gebühren und die Anschaffungskosten für die Gerätschaft (ein paar tausend Mark) wert sind, sollte es probieren.

Tauglichkeit des Computers im rauen Seeklima

Das kritischere Problem bei einem Notebook ist seine Bordtauglichkeit im rauen »Seeklima« und die Stromversorgung.

Vorweg: Ich bin kein Freund von speziell klimageschützten (»wasserfest«, »spritzwassergeschützt«, »wasserdicht«) Computern, wie sie in den Yachtzeitschriften angeboten werden. Warum?

Sie sind wegen der vergleichsweise geringen Stückzahlen gegenüber der Normal-Ausführung sehr teuer, gelegentlich zahlt man das Doppelte und Dreifache gegenüber einem anderen Computer mit gleicher Hardwareleistung. Ich kann mir also für den

gleichen Preis beizeiten ein neues Notebook leisten und bin dann technisch auch wieder »up-to-date«.

Außerdem wird die Klimaempfindlichkeit solcher Erzeugnisse heute hochgeredet. Selbstverständlich verträgt ein Notebook kein Salzwasser, auch nicht spurenweise. Es wird deshalb so eingebaut oder aufbewahrt, dass es niemals ein Salzwasserspritzer erwischt, und ebenso selbstverständlich wird man sich niemals im nassen Ölzeug an den Computer setzen. Zwingend: Vor Gebrauch müssen alle Salzwasserspuren von den Fingern mit Süßwasser abgewaschen werden. Dann kann nicht viel passieren, wenn um den Computer Frischluft zirkulieren kann.

Hat man am Computer noch Platz für eine handelsübliche Tastatur, so stecke man eine solche (und eine Maus) an das Notebook – Zusatzkosten keine 100,- Euro. Neben der besseren Bedienung bringt man seine Finger erst gar nicht auf das teure Notebook.

Übrigens: Der Autor hat handelsübliche Computer jahrelang an Bord seiner Yacht gehabt, und zwar in den Tropen ebenso wie in den brüllenden Vierzigern, ohne dass auch nur einziges Mal ein Rechner oder ein Computer versagt hätte, was man von manchem speziellen nautischen Zubehör nicht sagen kann. Der Trumpf war hier die hoch technisierte industrielle, damit zuverlässige Fertigung moderner Computer in gigantischen Stückzahlen. Wer dies nicht wahrhaben möchte, dürfte auch keinen Fotoapparat, keine Uhr, keinen Amateursender, keine Videokamera, kein Autoradio, keinen CD-Spieler und so fort auf dem Schiff mitnehmen.

Dass im Cockpit der Computer benutzt wird (was übrigens die Seekarte kaum übel nimmt), verbietet sich schon deshalb, weil das Display im gleißenden Tageslicht kaum abzulesen ist.

Vor einem sei sogar ausdrücklich gewarnt: Computer gehören nicht »geschützt« in Plastik und in einer Schublade verstaut! Denn dort kann die salzwasserhaltige feuchte Luft munter angreifen, ohne dass sie verdrängt wird. Wenn schon in der Plastiktüte »geschützt«, muss immer trocknendes Silikagel hineingelegt werden. Achtung: Diese seit Jahrzehnten bewährte Chemikalie ist als krebserregend eingestuft worden. Wer deshalb Bedenken hat, seine alten Bestände aufzubrauchen, sollte zum Beispiel KC-Trockenperlen Orange der Fa. Engelhard (wasserfreier Zustand orange, wasserhaltiger Zustand ab 6% Sättigung farblos, regenerierfähig von 130-160° C), welche auch biologisch abbaubar sind, verwenden. Zum Regenerieren benutze man vorsichtig die Bratpfanne.

Stromversorgung des Notebook

Am unkompliziertesten wäre ein Notebook, das direkt mit 12 Volt oder weniger betrieben werden kann. Leider haben diese heute Seltenheitswert. Gebräuchlicher sind höhere Spannungen wie 18 Volt. Unsere übliche 12-Volt-Anlage liefert nun ziemlich unkompliziert 12 Volt oder weniger, aber – Gleichstrom kann man nicht transformieren – niemals eine höhere Spannung als 12 Volt. Damit man sich an Bord nicht mit diesem Problem herumschlagen und auch keinen stromfressenden (siehe oben) großen Inverter mit 220-Volt-Steckdose auf dem Schiff benutzen muss, achte man darauf, nur ein Notebook zu kaufen, das auch mit einem »Autoanschluss-Kabel« geliefert wird.

Computer als Störer

Wenn der Computer für die Kommunikation per Sendeanlage benutzt werden soll, also zum Versenden von E-Mails über Kurzwelle (Pactor II), zum Fax-Empfang von Wetterkarten, für sonstige Fernschreib-Anwendungen oder zur Steuerung des Kurzwellensenders, muss schon beim Kauf darauf geachtet werden, dass das Notebook den Radioempfänger nicht stört. Mir ist ein Fall bekannt, wo die Hintergrundbeleuchtung des Notebook-Bildschirms derart auf das Radio durchgeschlagen hat, dass ein Empfang des Sendesignals nicht mehr möglich war. Abhilfe in diesem Fall: Fehlanzeige! Bei manchen Notebooks liefert auch der Zerhacker beim Stromanschluss ans Batterienetz ein sattes Störsignal mit gleichem Effekt. Vorsorge kann hier nur dadurch getroffen werden, dass man dieses beim Verkäufer mit einem empfindlichen Kurzwellenradio testet.

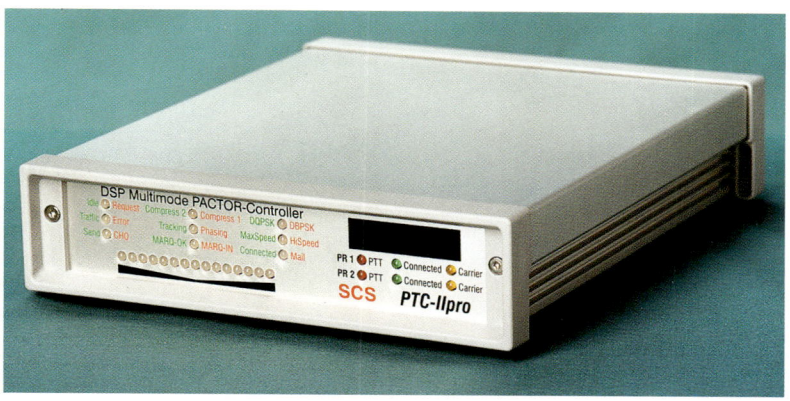

Drucker

Ganz klar, auch ein Drucker ist an Bord einer größeren Yacht wünschenswert. Nicht nur, dass die Törnberichte an die Segelzeitung oder der Brief an die Lieben ja nur in schriftlicher Form zum Briefkasten im Hafen gebracht werden können, auch die Wetterkarte ist viel aussagekräftiger in Papierform als auf dem Bildschirm – und macht das Logbuch lebendiger. Wer mit elektronischen Seekarten arbeitet, wird es zu schätzen wissen, wenn er vor der Ankunft die Hafenkarte ausdrucken kann, damit der Skipper am Rad dann mit der »Karte« in der Hand den besseren Überblick hat. Wer gar vollkommen ohne Papierkarten unterwegs ist – auch das gibt es jetzt schon – , wird sich vor Abfahrt die wichtigsten Karten ausdrucken, damit er beim Datencrash nicht hilflos ist.

Drucker, die mit Akkus laufen, sind selten geworden. Allerdings läuft der Drucker, anders als der Computer, jeweils nur für ein paar Minuten, sodass sein 220-Volt-Betrieb über einen Inverter strommäßig zu verkraften ist. Dass ein Drucker ohne Ersatz-Farbpatronen recht wertlos werden kann, versteht sich von selbst.

Für den Drucker gilt das Gleiche zur mechanischen Empfindlichkeit wie für das Notebook: Regelmäßiger Betrieb ohne jeglichen Salzwasserkontakt ist die beste Pflege. Im Übrigen ist es bei den heutigen Tiefstpreisen auch nicht übermäßig tragisch, wenn so ein Tintenstrahler mal aussteigt. Der Verlust von ein paar Patentschäkeln kann teurer kommen.

Der Pactor-Controller PTC-IIpro von SCS eignet sich in Verbindung mit einem Kurzwellen-Transceiver hervorragend für alle an Bord vorkommenden digitalen Übertragungsarten wie Fernschreiben, Morsecode, Wetterfaxe und Pactor II und Pactor III.

*Auch diese Maxi eignet
sich zum Fahrtensegeln,
allerdings nur mit größerer
Mannschaft.*

Handhabung von Yachten

Leinen, Drahtseile, Knoten

Wir unterscheiden zwischen geflochtenem und geschlagenem Tauwerk. Geflochtenes Tauwerk hat den Vorteil, dass es wesentlich schmiegsamer oder, wie der Seemann sagt, »lehniger«, ist, aber dafür umso teurer. Es wird vor allem für Schoten und Fallen verwendet. Geschlagenes Tauwerk finden wir bei unseren Festmacherleinen, bei der Ankertrosse und nur noch gelegentlich bei Groß- und Fockfall, wenn wir hier nicht ein Draht-Tau-Fall vorziehen. Draht wird heute jedoch kaum mehr verwendet. Hochfestes Synthetiktauwerk hat eine längere Lebensdauer und auch sonst nur Vorteile: Höhere Festigkeit, ähnliche gering Dehnung, viel weniger Gewicht, keine »Fleischhaken« – und außerdem schlägt es nicht so nervig am Mast.

Geflochtenes Tauwerk lässt sich recht gut spleißen, man kann dies auch selbst erlernen, wenn man sich an die (kostenlose) Schrift »LIROS Yachttauwerk« (info @liros.com) hält, in der dies sehr anschaulich demonstriert wird. Geschlagenes Tauwerk lässt sich leichter verarbeiten (spleißen!), hat allerdings ansonsten in der Handhabung eine Reihe von Nachteilen: Drall, Kinkneigung, geringere Dehnung, raue Oberfläche und damit schlechter »im Griff«. Es scheint, dass es deshalb immer mehr von geflochtenem Tauwerk ersetzt wird.

Eine Eigenschaft von Kunstfasern müssen wir immer in Rechnung stellen, die mal vorteilhaft, aber auch lästig sein kann. Jede Kunstfaser hat einen gewissen Reck; wenn Zug auf sie kommt, wird sie länger. In Extremfällen können das bis zu 20% sein. Man halte sich das deutlich vor Augen. Aus einer 20-Meter-Trosse werden plötzlich 24 Meter. Bei Festmacherleinen und Ankertrossen ist dieser Effekt fast immer erwünscht. Denn durch die Elastizität der

Seile werden unsere Beschläge erheblich geschont, wenn die durch Schwell, Schwojen und Wind zusätzlich zur Haltekraft entwickelten Rucks abgefedert werden. Andererseits muss der Reck der Leinen zum Beispiel beim Ankern vor Trosse und Heck zur Pier berücksichtigt werden.

Schoten und Fallen

Bei Schoten und Fallen dagegen ist dieser Effekt lästig: Wenn man Parallelen zum Auto zieht, dann entspricht nämlich das Tauwerk dem Reifen. In beiden Fällen werden Kräfte (vom Motor bzw. Segel) übertragen. Die zahlreichen Parameter beim Seil (hohe oder geringe Dehnung, Festigkeit, Abriebbeständigkeit, Biege-/ Wechselfestigkeit, UV-Beständigkeit, Flechtart und Farbe) sind mindestens genauso vielfältig wie die eines Reifens. Entscheidend aber ist neben der Bruchlast die Dehnung, der Reck. Die vom Segel über das Seil übertragene Windkraft wird umso schlechter in Vortrieb umgesetzt, je höher die Seildehnung ist. Die Windenergie verliert sich in Reibungswärme. Hinzu kommt noch ein anderer erheblicher Effekt: Die Segelstellung ändert sich und entspricht nicht mehr dem eingestellten Optimum. Weitere Verluste entstehen, weil der Winddruck keine statische Größe ist und die dynamischen Kräfte permanente Reibungsverluste erzeugen. In der Praxis bedeutet dies allein durch Reibungsverluste Unterschiede von bis zu 30% zwischen dehnungsarmem und dehnbarem Tauwerk. Denn dem Segler steht damit rund 30% weniger Vortriebskraft zur Verfügung, und das entspricht bei sieben Knoten Fahrt ca. einem Knoten (Fahrtwiderstand steigt mit der Geschwindigkeit).

Nach vielen Jahren Entwicklungsarbeit und Laborversuchen mit Prüfmaschinen für Bruchlast, Dehnung und Verschleiß ist es den führenden Tauwerkherstellern gelungen, mittels geeigneter Materialien, Flechtarten und chemischer Behandlungen praktisch für alle Bedürfnisse das maßgerechte Seil anzubieten. Der deutsche Seilhersteller LIROS (www.liros.de) hat weltweit das größte Sortiment im Yacht-Tauwerkbereich und bietet Qualitäts-Tauwerk an. Der Autor hat auf seinen Weltreisen immer Lirostauwerk an Bord gehabt und auf rund 100 000 Seemeilen noch nie einen Versager erlebt.

Liros-Empfehlung für Schoten und Fallen auf einem Fahrtensegler
Sehr gute Standardqualität (100% Polyester, Bruchdehnung ca. 12%):
- LIROS – Herkules
- LIROS – Genua
  oder etwas günstiger:
- LIROS – Top-Cruising
- LIROS – Top-Color
Spitzenqualität (Mantel aus Polyester, Kern aus Dyneema, Bruchdehnung ca. 4%):
- LIROS – Racer 2001
- LIROS – Dyneema Light

Achtung: Eine neue Leine benötigt erst eine bestimmte Belastungszeit, bis sie die gewünschten Dehnungswerte erreicht. LIROS-Seile werden zwar alle thermostabilisiert, aber auch dadurch lässt sich eine gewisse Anfangsdehnung nicht ganz vermeiden.

Festmacher und Ankertrosse

Jede Yacht muss mindestens (!) vier Festmacherleinen an Bord haben. Feste Regeln, wie lang sie sein sollen, können nicht aufgestellt werden. Als Anhaltspunkt gilt die eineinhalbfache Schiffslänge. Allerdings wird jede Fahrtenyacht in Situationen kommen, wo die normalen Festmacherleinen von der Länge her nicht ausreichen, zum Beispiel beim Drehen, Schleppen oder Verholen der Yacht. Dann ist wichtig, dass zusätzlich zur Ankerkette auch eine Ankertrosse an Bord ist, die auch als Festmacher eingesetzt werden kann. Man sieht, überreichlich Tauwerk an Bord schadet bestimmt nicht.

Empfohlene Leinendurchmesser in Millimetern je Segelfläche in Quadratmeter:

	20	30	40	50	60	70
LIROS – Herkules	6	8	10	12	12	14
LIROS – Genua	6	8	10	12	12	14
LIROS – Top-Cruising	6	8	10	12	12	14
LIROS – Top-Color	6	8	10	12	12	14
LIROS – Racer 2001	6	8	10	12	12	14
LIROS – Dyneema Light	8	10	12	14	14	14

Festmacherleinen und Ankertrossen sollten sehr elastisch sein. Der beste Festmacher dürfte wohl die LIROS – Handy-Elastic sein, die bis zu 70% Bruchdehnung und, ganz wichtig, eine Dehnung hat, die im Anfangsbereich reversibel, ähnlich einer Feder, ist. Tauwerk aus Kunststoff fault und verrottet nicht; es ermüdet jedoch bei Überbelastung und UV-Strahlung, mindert unter Versteifung seine Festigkeit. Nach einer Empfehlung der Seilfabrik LIROS, die sich zum Nut-

zen der Segler intensiv mit Zerreißversuchen beschäftigt hat, sollte deshalb die Dauerbelastung von Tauwerk auf Yachten nur ein Fünftel der Seilbruchfestigkeit betragen. Gerade auf Fahrtenyachten, die gegen ein paar Kilo Mehrgewicht unempfindlich sind, muss das Tauwerk überdimensioniert sein. Ein häufig beobachteter Fehler ist es, alte Schoten als Festmacher zu verwenden. Das ist fahrlässig: Die Bruchlast ist durch Alterung und Verschleiß stark zurückgegangen

Zu viel Tauwerk an Bord schadet nie. Hier musste zum Schutz vor dem auflandigen Schwell eine Yacht fünf starke Trossen zur gegenüberliegenden Seite ausbringen.

LIROS-Empfehlung für Festmacher und Ankertrosse auf einem Fahrtensegler
Durchmesser in Millimetern je Tonne Schiffsgewicht:

Schiffsgewicht:	1	2	6	12	25	40
LIROS – Handy - Elastic	14	14	16	18	20	22
LIROS – Porto	14	14	16	18	20	22

Auch zum Ausbringen von Landfesten am Ankerplatz ist immer zusätzliches Tauwerk von Nutzen.

Diese (obere) Trosse sollte bald ausgetauscht werden. Sie taugt gerade noch dazu, die Bordhunde anzubinden.

Minderwertiges »Tauwerk«! Unter UV-Licht-Einwirkung zerfällt das Material förmlich – sofort entsorgen!

und die geringe Dehnung verhindert, dass Bootsbewegungen ausgeglichen werden können.

Wichtig: Alle Leinen unterliegen einer Alterung (durch UV-Licht, Biegung/Knickung, Schmutz, Salzkristalle und Chemikalien), die sie schwächt. Auch wenn die führenden Tauwerkhersteller bei der Rohstoffauswahl nur die besten und geeignetsten Materialien einsetzen, so lässt sich dieser Prozess durch gute Pflege nur verzögern, aber nicht aufhalten. Vorsicht vor Seilen, die nach kurzem Einsatz stark angegraut sind, was ein Zeichen von UV-Zersetzung ist. Davon sind hauptsächlich Leinen aus dem Rohstoff Polypropylen betroffen, weshalb sie an Bord von Yachten nicht empfehlenswert sind.

Mit Tauwerk hantieren

Jeder Segler muss in der Lage sein, mit Tauwerk an Bord umzugehen. Denn nur selten bekommen wir ein Schiff fix und fertig ausgerüstet für die Fahrtensegelei, andererseits passiert es – selten – auch bei bestem Material, dass hin und wieder eine Leine bricht und wir sie reparieren oder ersetzen müssen. Es ist erforderlich, neben Reservetauwerk auch einige billige Werkzeuge

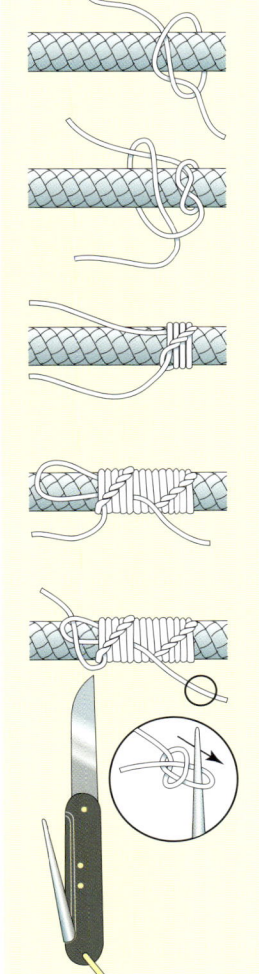

Wenn da die Leinen nicht ordentlich aufgeschossen sind und es schnell gehen muss...

an Bord zu haben, um mit Leinen arbeiten zu können:

- Marlspieker: Es gibt ihn in Dorn-Form oder in hohler Form (»Schwedischer Marlspieker«). Der hohle Typ ist für viele Arbeiten besser geeignet. (Bild unten)
- Takelgarn
- Schere, Streichhölzer oder Feuerzeug

Jeder Tampen (= Ende) einer Leine muss gegen selbstständiges Aufdrehen gesichert sein. Zur Not können wir die Enden der Kardeele mit einem Streichholz erhitzen und anschließend, wenn sie gerade »Fingertemperatur« erreicht haben, kurz zusammendrücken, um sie so miteinander zu verkleben. Besser und nicht so schmerzhaft geht es freilich mit dem Heißschneider.

Leicht kann es aber passieren, dass diese »Klebestelle« durch mechanische Belastung bricht. Es geht eben doch nichts über einen richtigen Takling.

Den nebenstehend beschriebenen Deller-Takling halte ich für den besten auf einer Fahrtenyacht, weil er nicht genäht werden muss, kinderleicht ohne Werkzeug anzufertigen ist und hundertprozentig hält. Mit diesem geknüpften Takling habe ich meine Fockschot verlängert. Die Verbindungsstelle hat über meine gesamte Weltreise von 32 000 Seemeilen gehalten und sieht am Ende noch aus, als sei der Takling erst gestern aufgesetzt worden.

Loses Tauwerk an Bord muss aufgeschossen werden. Hierbei ist darauf zu achten, dass

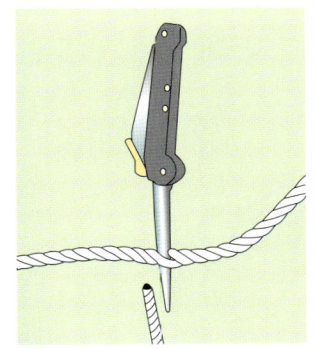 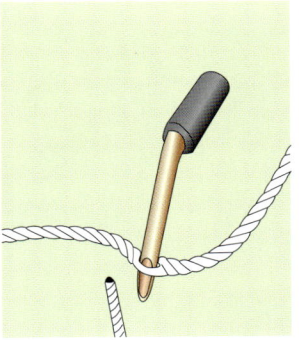 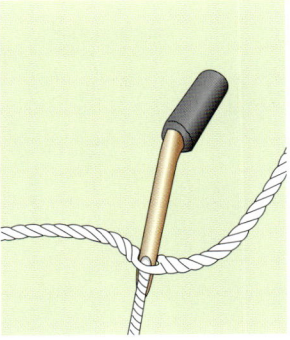

Beim Deller-Takling müssen alle Törns in der gleichen Drehrichtung eng nebeneinander gelegt und einzeln steif geholt werden, am besten mit dem Marlspiekerstek (unterste Zeichnung). Ungefähr nach der Hälfte der vorgesehenen Länge lege man die Törns über die Bucht des anderen Tampens. Zum Abschluss wird dieser dann mit dem Marlspieker durchgezogen.

Von links nach rechts: Beim Aufschießen von Leinen achte man darauf, dass die Buchten möglichst gleich groß sind. »8er« müssen vermieden werden. Der Abschluss sollte immer gleich sein, damit man die Leinen mit einem Griff aus der Backskiste holen und einsetzen kann.

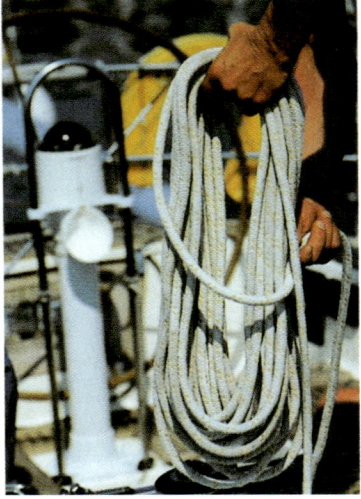

Wenn die Leine so verdreht ist, dass »8er« nicht zu vermeiden sind, helfe man sich, indem mit Daumen und Zeigefinger beim Aufschießen ein wenig nachgedreht wird. Ausprobieren!

Von links nach rechts: Fallen müssen nach jedem Einsatz aufgeschossen werden, um danach blitzschnell wieder einsatzbereit zu sein.

die Leine ohne Kinken Bucht auf Bucht in die Hand genommen wird und keine »8«er bildet. Hat das Tauwerk doch die Tendenz, sich einzudrehen, so kann man mit Daumen und Zeigefinger diesem sehr leicht entgegenwirken. Der Abschluss erfolgt nach den Fotos oben.

Ein Fall hingegen, mit dem bereits ein Segel vorgeheißt ist und das deshalb in Sekundenschnelle klar sein muss, wird am besten wie unten gezeigt »aufgeschossen«.

Vom Umgang mit Leinen

Mithilfe von leistungsfähigen Winschen, Blöcken und Patentklemmen ist es heute kein Kunststück mehr, auch mit geringerem Krafteinsatz ein Segel dicht zu holen. Viel gibt es hier nicht zu beachten. Selbst bei leichten Winden dürfen wir die Fockschot nicht direkt in die Klemme legen, ohne dass sie vorher mindestens dreimal um die Schotwinsch gewickelt ist. Ein Windstoß beschädigt nämlich dann mit Sicherheit entweder

die Klemme oder die Schot. Gleiches gilt für selbstholende Winschen. Auch hier müssen drei Törns auf der Trommel sein.

Es ist übrigens nicht notwendig, dass die Trommel der Schotwinsch besonders aufgeraut ist. Der Reibungswiderstand, der erforderlich ist, um ein Ausrauschen der Schot zu verhindern, ergibt sich allein durch die Anzahl der Windungen. Vier Windungen auf einer Trommel lassen höchstens noch 5% der Zugkraft der Schot in unseren Händen zur Wirkung kommen. Es ist jedoch nicht empfehlenswert, vor dem Überstaggehen bereits vier Törns auf die Trommel zu legen. Wenn wir nämlich die lose Fockschot per Hand durchholen wollen, verklemmt sie sich mit Sicherheit auf der Trommel. Deshalb gilt im Regelfall: Einen Törn auf die Winsch legen, beim Überstaggehen mit beiden Händen schnell durchholen und sofort – kurz bevor sich das Segel wieder füllt – mindestens noch zwei Törns auf die Trommel legen. Vielfach ist hinter der Schotwinsch

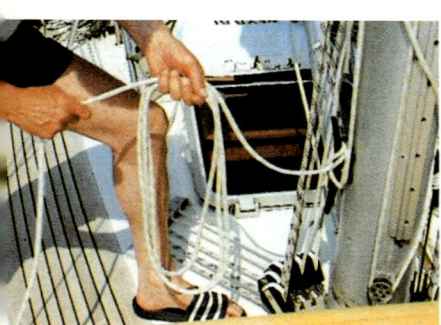
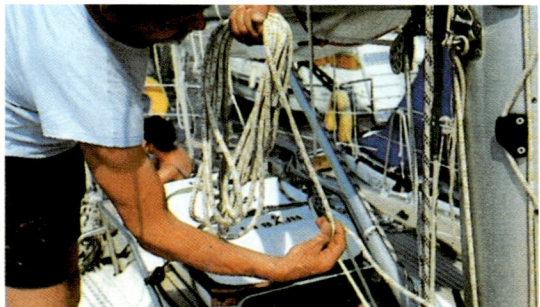

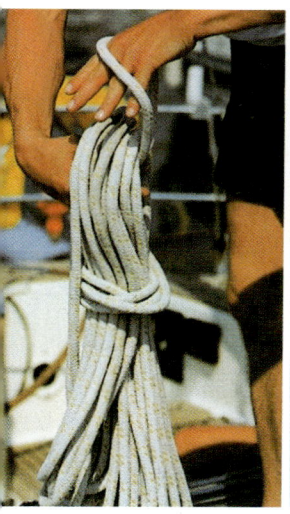

Wenn die Bö einfällt, muss das Groß runter. Wehe, wenn irgendwo in den Fallen ein Kinken ist!

noch eine Klampe angebracht. Handelt es sich hierbei nicht um eine Patentklampe, für die ein einziger Törn zum Belegen ausreicht, so müssen wir uns mit Kreuzschlägen behelfen.

Genau denselben Knoten verwenden wir, wenn wir unsere Festmacherleinen am Schiff belegen. Der erste Kreuzschlag dient dazu, ausreichend Reibung auf der Klampe zu erzeugen, damit wir die Leine hinter der Klampe guten Gewissens in der Hand halten und somit die Yacht kontrollieren können. Anschließend setzen wir nach Belieben eine Reihe von Kreuzschlägen darauf, um mit einem richtigen Kopfschlag abzuschließen.

Achtung: Auf den Kopfschlag darf kein Zug mehr kommen. Er dient nur (!) dazu, ein »Aufspringen« der Leine zu verhindern.

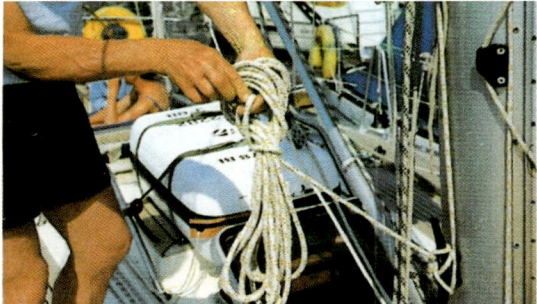

In einigen Büchern finden wir die Bemerkung, dass ein Kopfschlag an Bord einer Yacht generell verboten ist, außer zum Belegen einer Leine, mit der wir einen Kameraden in den Mast gezogen haben. Diese Ansicht stammt noch aus den Tagen des Naturfasertauwerks, als es passieren konnte, dass bei Nässe der Kopfschlag bekniff und ohne Beil nicht mehr zu lösen war. Im Zeitalter der Kunstfasern ist diese Sorge unberechtigt, zumal dann, wenn er nur verwendet wird, um das Aufspringen der Kreuzschläge auf der Klampe zu verhindern, also wenn vor dem Kopfschlag bereits, auch bei voller Belastung der Leine, jeglicher Zug heraus ist.

Damit haben wir schon den ersten Knoten gemacht, den wir bei unseren seemännischen Arbeiten verwenden müssen. Es gibt eine Reihe von Büchern, in denen Hunderte von Knoten beschrieben und abgebildet werden. In Wirklichkeit aber sind nur wenige einfache Knoten an Bord einer Yacht wirklich nötig, viel weniger als für eine Segelprüfung. Diese aber sollte jeder Segler im Schlafe beherrschen.

Knoten

> Ein Seemannsknoten öffnet sich nicht von selbst, lässt sich aber jederzeit öffnen.

Deshalb ist der so genannte Hausfrauenknoten auf einer Yacht verboten. Er geht leicht von selbst auf; hat er sich jedoch einmal richtig bekniffen, bricht man sich an ihm die Fingernägel ab.

Der Kreuzknoten dagegen dient dazu, um zwei Leinen zusammenzustecken. Man sollte ihn überall dort verwenden, wo man als Landratte einen Hausfrauenknoten machen würde, so z. B. beim Festzeisern des Großsegels. Keine Verwendung an Bord dagegen gibt es für den »Rauschknoten«, höchstens zu Juxzwecken (während der Rahsegelzeit ließ man den Moses so seine Hängematte befestigen). Wir dürfen den »Rauschknoten« nicht mit dem Kreuzknoten verwechseln, letzterer hat die beiden Tampen auf derselben Seite. Vom Kreuzknoten abgeleitet ist der Schotstek. Kommt er dagegen

Mehr braucht ein Fahrtensegler über Knoten nicht zu wissen:

1a: Kreuzschlag, aber schon der Anfang ist falsch.
1b: Anfang ist hier richtig, aber der letzte Kopfschlag ist falsch.
1c: Richtig! Bei dünnem Tauwerk ein Kreuzschlag mehr. Auf den letzten Kopfschlag darf kein Zug mehr kommen.

2: 1½ Rundtörns mit zwei halben Schlägen.

3: Achtknoten.

4a bis 4e: Der Webeleinstek eignet sich allenfalls zum Festmachen des Beibootes, nicht der Yacht.

5: Das ist der richtige Einsatz für den Webeleinstek, nämlich für Fender, links zum schnellen Weg nehmen auf Slip.

6: Hausfrauen- oder Altweiberknoten (modern: Hausmänner- oder Altmännerknoten).

7: Der »echte« Kreuzknoten.

8: Achtung! Der »falsche« Kreuzknoten, nämlich der Rauschknoten (Tampen auf verschiedenen Seiten).

9: Schotstek: Entsteht aus dem »echten« Kreuzknoten.

10: Doppelter Schotstek.

11a – 11d: Palstek auf »amerikanisch«; kinderleicht – ausprobieren!

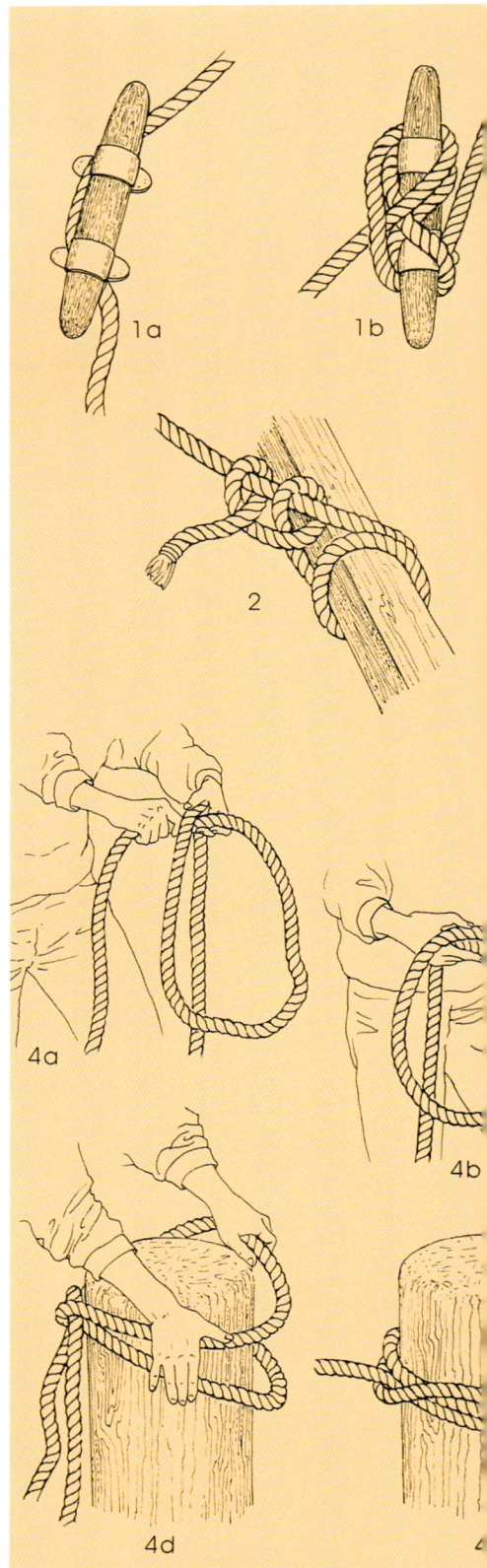

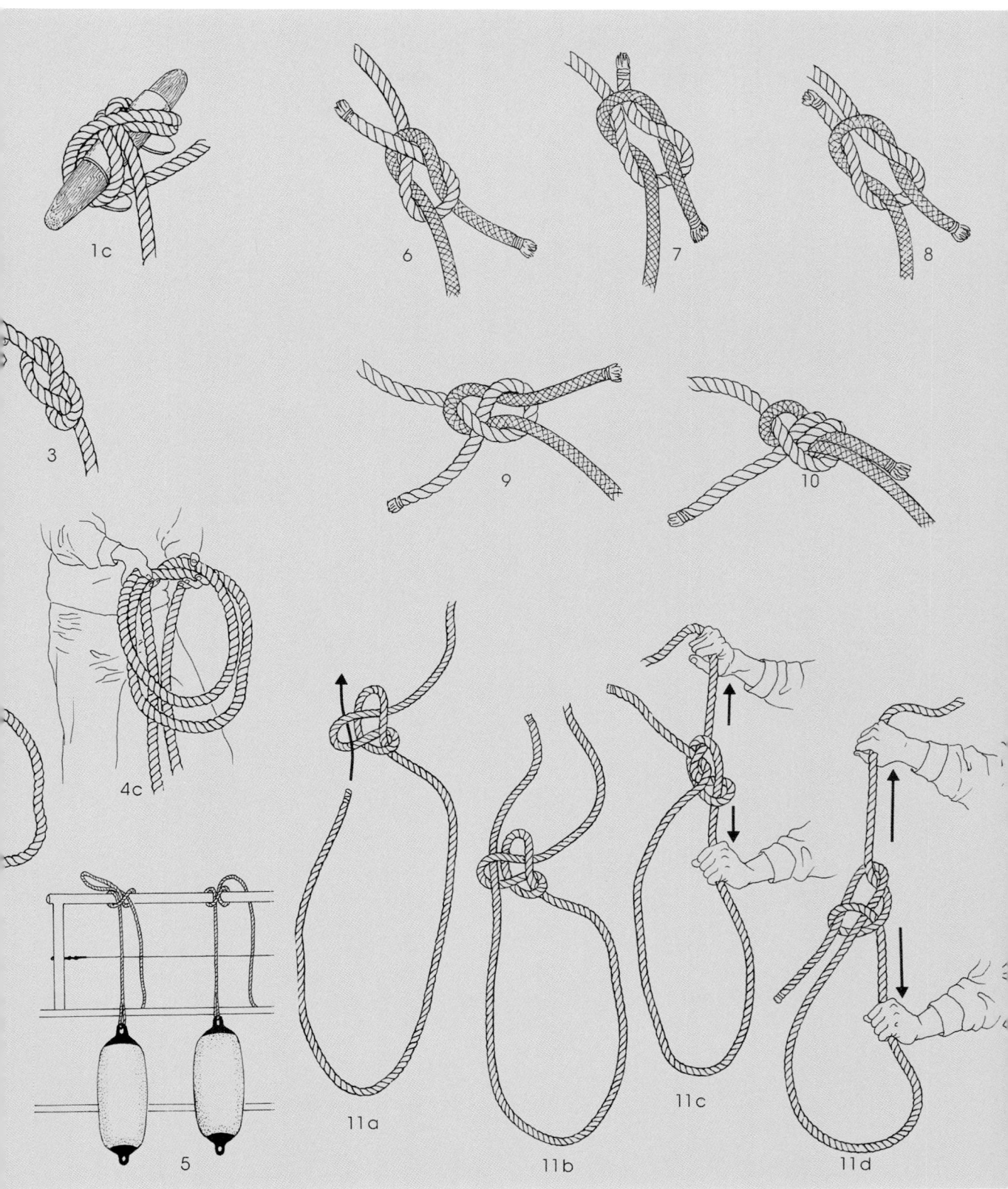

1c

6

7

8

3

9

10

4c

5

11a

11b

11c

11d

vom Rauschknoten, würde ich ihm nicht trauen, obwohl er in vielen Büchern so abgebildet ist. Der einfache Schotstek wird übrigens praktisch nie verwendet, während der doppelte Schotstek gern zum Verbinden von zwei ungleichen Leinen benutzt wird. Großes Vertrauen habe ich allerdings zu diesem Knoten dann nicht, wenn er unter wechselnder Zugbelastung steht, es sei denn, ich habe die beiden Tampen zusätzlich durch jeweils einen halben Schlag gesichert. Um zwei Leinen zu verbinden, gibt es eine einfachere Art: Zwei ineinander geknüpfte Palsteke.

Der Palstek ist der Universalknoten schlechthin, ohne den kein Segler auskommt. Er zeichnet sich dadurch aus, dass sich das gebildete Auge nicht von selbst zuzieht. Amerikanische Yachtsleute (und Bergsteiger) machen diesen Knoten auf eine geradezu kinderleichte Art: Je nach Größe des zu bildenden Auges stecken wir statt des Marlspiekers den Tampen der Leine durch den Marlspiekerstek (s. Seite 140) und ziehen vom Auge weg den durchgesteckten Tampen zu einem Palstek durch. Dieser Universalknoten wird vor allem zum Festmachen einer Yacht verwendet, weil derjenige, der uns an Land beim Anlegen hilft, das fertige Auge nur über einen Poller zu legen braucht, was auch eine hilfsbereite Landratte fertig bringt.

Einen Webeleinstek dürfen wir bei einer Yacht nicht zum Anlegen verwenden, so wie wir es vielleicht beim Jollensegeln gelernt haben. Auf unserem Schiff eignet er sich gut zum Befestigen der Fender.

Bei all den Knoten, die wir gerade besprochen haben, dürfen wir eines nicht vergessen: Jeder Knoten schwächt die Bruchfestigkeit der Leine, und zwar um ungefähr 40%. Eine Verbindung mit dem Kreuzknoten bringt es gar auf 60%. Wenn es in einem Sturm hart auf hart geht, sollten wir deshalb für die Festmacherleinen am Poller lieber einen Rundtörn mit zwei halben Schlägen verwenden. Die Schwächung liegt dann lediglich bei ca. 25%.

Zu guter Letzt der einfachste Knoten, der Achtknoten. Er sollte in jedem Tampen unserer Schoten sein, um deren Ausrauschen durch die Blöcke zu vermeiden.

Achtung: Anfänger an Bord!

Blöcke

Wird die Zugrichtung einer Leine umgelenkt, so muss sie durch einen so genannten Block laufen. Für Tauwerk werden fast nur noch Blöcke aus Kunststoff verwendet. Sie sind nahezu wartungsfrei, müssen jedoch ausreichend breit sein, um unser Tauwerk gut aufnehmen zu können. Scheuert es an den Seiten, so ist seine Lebensdauer sehr begrenzt. Schoten oder Leinen, die ständig an derselben Stelle durch Blöcke laufen, sind vor allem bei Langfahrten zu schützen. Hier hat sich ganz ausgezeichnet Rindertalg bewährt, den wir in jeder Metzgerei kaufen können und mit dem wir die gefährdeten Stellen sorgfältig einreiben. Diese Prozedur wiederholen wir alle 2000 Meilen. Leinen, die über scharfe Ecken laufen, wie unsere Festmacherleinen, führen wir zum Schutz am besten durch einen einfachen Plastikschlauch.

Drahttauwerk

In den letzten Jahren ist der Segen des Nirostamaterials über die Segler hereingebrochen, obwohl sich leider dieses Wunder auch im Preis niedergeschlagen hat. Die Vorteile überwiegen jedoch bei weitem. Während früher die Stahldrähte sogar eines Schutzanstriches bedurften, brauchen wir uns um Nirostafallen praktisch nicht mehr zu kümmern. Wir können aber diese Art von Drahttauwerk an Bord nicht mehr bearbeiten. Insbesondere ist es zum Spleißen zu spröde. Terminals lassen sich allerdings auch mit Bordmitteln anbringen, wenn wir die Schraubterminals der Firma »Norseman« verwenden. Als Werkzeuge genügen ein kleiner Schraubstock und eine Zange. Mit der mitgelieferten Gebrauchsanweisung ist es kein großes Kunststück, ein Auge im Drahtfall herzustellen. Das Gewinde sichern wir mit einem der modernen Epoxid-Kleber (oder Spezialkleber wie »Locktite«), um ein selbstständiges Aufdrehen zu verhindern. Ich habe nie einen Versager unter ihnen erlebt.

Nirostamaterial ist empfindlich gegen Knicke. Wenn wir also die Genua mithilfe von Drahtfall und Trommel vorheißen, sollten wir das Fall mit einer Hand so führen, dass die letzten Windungen auf der Winsch-

trommel auf eine noch freigehaltene Stelle zu liegen kommen, damit kein darunter liegendes Drahtseil gequetscht wird.

Auf eines achten wir bei neuen Drahtfallen: Bilden sich bereits am Anfang Fleischhaken, so bedeutet dies, dass entweder der Block, über den das Fall läuft, klemmt oder dass der Blockdurchmesser zu gering ist. Blöcke, über die Drahtseile laufen, müssen mindestens folgende Durchmesser haben:

Empfohlene Blockdurchmesser für verschiedene Drahtseilstärken:

Draht-durchmesser	Block-durchmesser
5 mm	7 cm
6 mm	8 cm
7 mm	10 cm
8 mm	13 cm

So kann man sich leicht behelfen, wenn eine Trosse (weiß) auf der »falschen« Klampe sitzt oder wenn man auf einer Winsch einen Überläufer hat und man keine Lose in die Schot bekommt oder geben darf: Eine zweite Leine (rot-weiß) wird oben auf der zu verlegenden Schot befestigt. Es hängt von der Anzahl der Törns auf der weißen Trosse ab, wie wenig Kraft man benötigt, um die »Hilfsleine« auf der Trosse zu fixieren. Diese lässt sich dann mithilfe der rot-weißen Leine und einer Winsch dichtholen, sodass man genügend Lose bekommt, um die Trosse umzusetzen oder den Überläufer auf der Schotwinsch zu lösen.

Der Skipper

Er ist der absolute Herr auf dem Schiff und auch wenn es altmodisch klingt: Es gibt auf einem Schiff keine Demokratie, solange es um die Frage des Manövrierens oder der Schiffsführung geht. Diese Notwendigkeit ist ohne weiteres einzusehen, wenn man die Führung eines Schiffes mit dem Führen eines Autos vergleicht. Im Auto hat der Lenker alle notwendigen Bedienungselemente in seiner Reichweite. Er benutzt zur Bedienung des Fahrzeuges seine beiden Füße und seine beiden Hände. Auf einem Fahrtenschiff von einer bestimmten Größe an ist dies ganz anders. Die notwendigen Bedienungselemente sind nicht in der Reichweite einer einzigen Person, sondern über die ganze Schiffslänge von sieben Metern und mehr verstreut. Die Mannschaftsmitglieder müssen genau die Rolle spielen, die beim Autolenker seinen Beinen und Händen zukommt. Wenn also der Lenker des Autos sein Fahrzeug schneller machen möchte, dann drückt er mit der rechten Zehenspitze etwas mehr auf das Gaspedal. Übertragen auf die Verhältnisse an Bord ist es so, dass eben die Großschot etwas dichter genommen werden muss, und wenn der Skipper nicht an der Großschot steht, muss das eines seiner Mannschaftsmitglieder übernehmen, und zwar so unmittelbar wie nur möglich. Rückfragen oder gar »Gegenvorschläge« sind hier undenkbar.

Die notwendige gute Zusammenarbeit zwischen Skipper und Mannschaft ist nur dann gewährleistet, wenn die betreffenden Mannschaftsmitglieder aufmerksam auf die Anweisungen des Skippers achten und diese auch verstehen. Es ist kein Rückfall in alte Zeiten zu fordern, dass zur Führung einer Fahrtenyacht eine klar verständliche Kommandosprache gesprochen werden muss. Bei dieser bedient man sich am besten der Ausdrücke, die seit alters her auf allen Segelschiffen benutzt werden.

Selbstverständlich ist es theoretisch auch möglich, sich seine eigene Kommandosprache zurechtzulegen, davon wird aber aus vernünftigen Gründen abgeraten: Selbst auf Yachten, auf denen grundsätzlich nur ein und dieselbe Besatzung fährt, ist es durchaus denkbar, dass mal ein Gast an Bord ist. Dieser kann nur dann mitarbeiten, wenn auch er die Kommandosprache, die an Bord gesprochen wird, beherrscht. Ist man einmal auf Hilfe von Land angewiesen, ist es ebenfalls von großem Vorteil, wenn man sich der gängigen Kommandos bedient, denn diese werden von allen Seglern verstanden.

Die Lautstärke der Kommandos richtet sich nicht nach dem, was nun gerade schön oder fein ist, sondern ganz allgemein nach den äußeren Gegebenheiten. Sie müssen auf jeden Fall so laut sein, dass sie von jedermann an Bord einwandfrei verstanden werden.

Zum Zeichen, dass die Kommandos verstanden worden sind, ist es notwendig, dass sie von den angesprochenen Mannschaftsmitgliedern bestätigt werden, indem diese als »Rückmeldung« das Kommando wiederholen. Die Ausführung des Kommandos wird immer dann gemeldet, wenn es auch nur theoretisch denkbar ist, dass der Skipper noch nicht bemerkt hat, ob seine Anordnungen befolgt wurden.

Da an Bord der Skipper die Verantwortung trägt, ist es ausgeschlossen, dass ein Mannschaftsmitglied einen Befehl von einem hilfsbereiten Passanten an Land entgegennimmt oder dass sich der Skipper gar die Befehlsgewalt durch einen sonstigen Helfer aus der Hand nehmen lässt. Dann nämlich liegt die Ausführung des Manövers nicht mehr in der Kontrolle des Skippers.

Die Besatzung der FRABATO. Setzt sich so die ideale Mannschaft zusammen? Der Skipper und fünf (hübsche) Mädchen als Crew? Die Damen behaupten es und der Skipper strahlt zufrieden.

Hier nun die gebräuchlichsten Kommandos. Aus ihrem Sinn ergibt sich, ob eine Vollzugsmeldung notwendig ist: z. B. »Achterleine los« – »Achterleine ist los«.

Kommandos

Kurskommandos:
»Ruder hart Steuerbord« (Schiff fährt nach Steuerbord.)
»In den Wind drehen«
»Kurs hart am Wind«
»Kurs raumer Wind«
»Kurs 220 Grad«
»Kurs Hafeneinfahrt« usw.

Leinenkommandos:
»Achterleine los«
»Vorspring auf Slip«
»Klar bei Achterspring«
»Vorleine über«
»Springs ausbringen«
»Verholleine durchsetzen«
»Achterleine fest«

Segelkommandos:
»Klar zum Bergen Groß«
»Hol nieder Fock«
»Andirken«
»Hol dicht Großschot« (nur bei Kursen hart am Wind)
»Heiß auf Fock«
»Fier auf Großschot«
»Hol an Fockschot« (Schot wird nicht dichtgeholt, sondern entsprechend der Soll-Segelstellung »angeholt«.)
»Fock backsetzen«
»Klar zum Wenden/Halsen«

Ankerkommandos:
»Klar zum Fallen Anker«
»Anker fallen«
»Klar zum Ankerlichten«
»Hol Anker kurzstag«
»Anker auf«

Der Skipper bereitet Schiff und Mannschaft auf das bevorstehende Manöver vor. Man fange damit lieber viel zu früh an. Auf jeden Fall ist es günstig, alles mit der Mannschaft durchzusprechen. Keinesfalls darf ein Manöver eingeleitet werden, bevor sich der Skipper nicht völlig über den Ablauf im Klaren ist. Ein guter Skipper sieht das Manöver vor seinem geistigen Auge genau voraus.

Die Mannschaftsstärke ist für das Gelingen eines Manövers nicht entscheidend. Zwar geht es reibungsloser, wenn mehr Könner an Bord sind, doch lässt sich nahezu jedes Manöver auch von einer kleinen Mannschaft durchführen. Auf einer Fahrtenyacht ist die »normale« Besatzung meist ein Paar. Auf Charteryachten ist die Zahl der Mitsegler meist größer.

Ein besonderes Problem sind hilfsbereite, aber unerfahrene »Badegäste«. Man versuche nicht, sie krampfhaft in ein Manöver einzubauen, wenn man sein Schiff auch mit der Stammcrew beherrschen kann. Üblicherweise stehen diese bedauernswerten Menschen immer im Weg oder versperren dem Skipper die Sicht. Der beste Platz ist für sie eigentlich unter Deck. Auf keinen Fall vertraue man ihnen auch noch so einfach scheinende Handgriffe an, von denen das Gelingen des An- oder Ablegens abhängt. Nahezu alle auf den folgenden Seiten beschriebenen Manöver sind auch von einer kleinen Crew, wie Skipper plus einem Mannschaftsmitglied, leicht durchzuführen. Es ist dann Aufgabe des Skippers, sich die beschriebenen Manöver so zurechtzulegen, dass die verschiedenen Handgriffe nacheinander gemacht werden. Wenn eine Yacht in einen Hafen einläuft, sieht es zwar gut aus, wenn die zum Anlegen benötigten Fender erst im letzten Moment ausgebracht werden, doch ist es sicher keine Schande, wenn eine kleine Crew bereits in der Hafeneinfahrt die Fender an die Reling bändselt.

Der wichtigste Grundsatz bei jedem Manöver lautet:

> Es muss immer genügend Zeit vorhanden sein, um ein Manöver zu durchdenken und – wenn sich der Skipper vollkommen über den Ablauf des Manövers im Klaren ist – es dann mit Bestimmtheit durchzuführen.

Man vermeide, Manöver zu fahren nach dem Motto: »Jetzt probieren wir es einmal, es wird schon gelingen!«

Hafenmanöver

Das festgemachte Boot

Auf keinen Fall darf eine Fahrtenyacht nach ähnlichen Regeln an der Pier festgemacht werden wie eine Jolle. Falls eine Fahrtenyacht von etwas Gewicht nur mit einer Vorleine festgemacht wäre, wie das durchaus bei Jollen möglich ist, würde auch bei schwach ablandigem Wind die Yacht selbst bei langer Festmacherleine Fahrt voraus aufnehmen und gegen die Pier treiben.

Grundsätzlich soll eine Fahrtenyacht, soweit Platz vorhanden ist und kein auflandiger Schwell herrscht, längsseitig zur Pier festgemacht werden. Zwei Leinen, nämlich eine Vorleine und eine Achterleine, reichen hierfür nicht aus, denn die Yacht würde sich immer etwas um ihren breitesten Punkt drehen. Um diese Drehung an der Pier zu verhindern, sind zwei weitere Leinen notwendig: die Vorspring und die Achterspring.

Es ist empfehlenswert, als Festmacherleinen die stärksten Leinen an Bord zu verwenden. Auf einer Yacht sollte für jede Festmacherleine eine eigene Klampe (möglichst stark) zur Verfügung stehen. Die Leine wird an Bord mit mehreren Kreuzschlägen und abschließendem Kopfschlag belegt. An Land benutze man soweit wie möglich, also wenn Poller da sind, unbedingt einen Palstek. Dieser hat den Vorteil, dass das Auge auch von hilfsbereiten Fremden auf der Pier leicht über den Poller gelegt werden kann. Für alle Manöver, die mit Leinenhilfe durchgeführt werden (das sind nahezu alle Manöver), gilt der Grundsatz:

In Holland und in norddeutschen Revieren alltäglich: Liegen im Päckchen.

Sämtliche Leinen werden an Bord und nicht an Land bedient.

Die Leinen dürfen nicht zu stramm durchgesetzt werden. Wenn die Yacht in Tidengewässern liegt, müssen sie von Zeit zu Zeit den geänderten Gezeitenverhältnissen angepasst werden, damit die Yacht sich nicht aufhängt. Je länger die Leinen ausgebracht sind, desto geringer ist diese Gefahr. In Häfen mit starken Gezeiten ist es deshalb ratsam zu versuchen, das Schiff an schwimmende Pontons oder an nicht eingesetzte Berufsfahrzeuge zu legen.

Keine Fahrtenyacht darf ohne Fender an eine Pier gelegt werden, denn bereits bei der geringsten Wasserbewegung, z. B. wenn ein Schiff durch den Hafen fährt und Schwell verursacht, würde die empfindliche Außenhaut beschädigt werden. Es müssen deshalb zwischen der Pier und der Yacht genügend Fender ausgebracht werden, und zwar nur dort, wo sie tatsächlich gebraucht werden, also mittschiffs. Ist die Yacht ordnungsgemäß mit Vorleine, Achterleine, Achterspring und Vorspring festgemacht, erübrigen sich Fender am Vorschiff und am Heck – ein sehr häufiges Bild in unseren Häfen. Eine Ansammlung von Fendern vom Vorschiff bis an das Heck verrät meist den Anfänger im Fahrtensegeln.

Das Liegen im Päckchen unterscheidet sich nicht wesentlich vom Festmachen an der Pier, nur sollte hierbei der Grundsatz beachtet werden, dass das größte Boot innen zu liegen hat. Falls es sich beim landeinwärts liegenden Nachbarn nicht um eine wesentlich größere Yacht handelt, müssen eine eigene Achter- und Vorleine zum Land ausgebracht werden. Es ist selbstverständlich, dass der Skipper, bevor er sich ins Päckchen legt, den Nachbarn um Erlaubnis fragt, ebenso, ob er über dessen Boot an Land gehen darf. Grundsätzlich wählt er hierbei den Weg über das Vorschiff, weil damit die Schiffsnachbarn am wenigsten gestört werden.

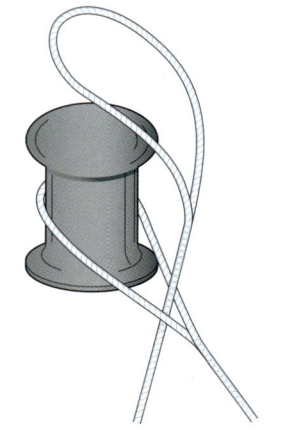

So behindert man niemanden, wenn bereits eine fremde Leine auf dem Poller liegt.

Die schwarze Leine kommt von einem Anfänger, der zudem grob unhöflich ist!

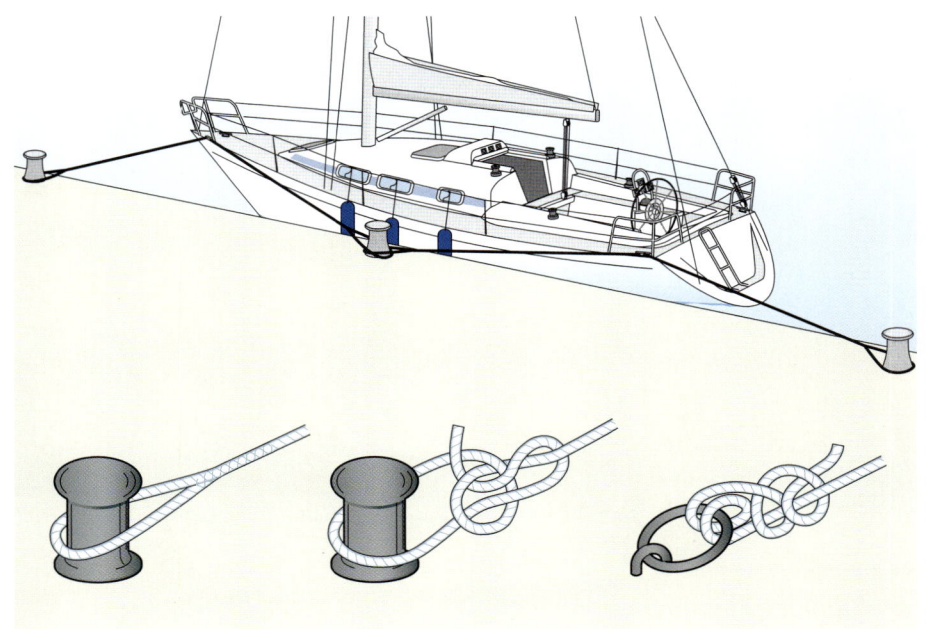

Ordnungsgemäß festgemachte Yacht: Vorleine, Vorspring, Achterspring und Achterleine. Fender werden nur da ausgebracht, wo sie wirklich nötig sind. Ein eingespleißtes Auge in der Landfeste (unten links) scheint praktisch zu sein, passt aber nicht auf große Poller; der Palstek (unten Mitte) ist der Standardknoten beim Festmachen am Poller. 1$\frac{1}{2}$ Rundtörns mit zwei halben Schlägen (unten rechts) haben gegenüber dem Palstek den Vorteil, dass sie auch unter (leichtem) Zug noch angebracht werden können.

Hafenmanöver mit Maschine

Es war einmal der Stolz eines jeden Seglers, alle Manöver unter Segeln zu fahren. Bei unseren überfüllten Häfen ist dies nicht mehr angebracht. Heute heißt das erste Gebot: Sicherheit.

Da Manöver unter Segeln wesentlich umständlicher, zeitraubender und unsicherer sind als unter Maschine, entspricht es nicht der guten Seemannschaft, in engen Häfen herumzusegeln, es sei denn, man ist hierzu mangels Maschine gezwungen.

> Ob mit Maschine oder unter Segeln – das Schiff soll bei jedem Manöver so wenig Fahrt wie nur möglich haben.

Segelmanöver in engen Häfen stören den Frieden der Hafenlieger: heute unerwünscht!

Dann lässt es sich am besten beherrschen. Die Mindestgeschwindigkeit ist durch die Manövrierfähigkeit der Yacht, also durch die Eigenschaft, dem Ruder noch zu gehorchen, bestimmt. Bei Flaute und ruhigem Fahrwasser dürfte somit bei einer durchschnittlichen Fahrtenyacht die ideale Geschwindigkeit hierfür ungefähr bei einem Knoten liegen. Bei Wind muss das Schiff unter Umständen wesentlich schneller sein, damit der Bug nicht vom Wind weggedrückt wird.

Bevor wir ein Manöver unter Maschine fahren, müssen wir uns über grundlegende Eigenschaften einer Propelleranlage klar werden. Wenn sich der Propeller im Wasser dreht, so erzeugt er nicht nur für das Schiff Fahrt voraus, sondern er hat auch, bedingt durch seine Drehrichtung, die Tendenz, das Heck des Schiffes nach der einen oder der anderen Seite wegzudrehen. Dieser »Radeffekt« rührt daher, dass die zwei oder drei Flügel der Schraube oben Wasser vorfinden, das wesentlich leichter ausweichen kann und somit den Flügeln weniger Widerstand entgegensetzt als die Wassermassen unterhalb der Achse des Propellers. Der Rad-

effekt lässt sich gedanklich am besten dadurch erfassen, wenn man sich vorstellt, dass die Schraube auf hartem Boden drehen würde.

Ein rechtsdrehender Propeller (immer hinter dem Propeller stehend gesehen) hat also die Tendenz, das Heck des Bootes nach Steuerbord wegzudrehen. Bei einem linksdrehenden ist es genau umgekehrt. Ein rechtsdrehender Propeller wird in Rückwärtsfahrt zum linksdrehenden. Derselbe Propeller also, der bei »Fahrt voraus« das Heck des Bootes nach Steuerbord wegdreht, schiebt das Heck des Bootes bei »Fahrt zurück« nach Backbord, so lange, bis der Radeffekt bei zunehmender Geschwindigkeit an Einfluss verliert. Der Radeffekt ist nämlich umso größer, je geringer die Geschwindigkeit des Bootes voraus oder rückwärts ist. Bei vielen Booten ist der Radeffekt an der Pinne oder am Rad bei einer Geschwindigkeit über 1,5 Knoten nicht mehr zu spüren.

Grundsatz: Nie mit einem Boot ein Maschinenmanöver fahren, bevor man sich vergewissert hat, ob das Boot über einen rechts- oder einen linksdrehenden Propeller verfügt.

Ablegen von der Pier

Bevor wir uns über das Ablegen von der Pier unter Maschine Gedanken machen, müssen wir uns zunächst darüber klar werden, wie sich ein Schiff bewegt. Vorher haben wir unsere Yacht mit einem Auto verglichen. Dieser Vergleich lässt sich hier nicht mehr durchführen, denn der wesentliche Unterschied zwischen der Bewegung und Steuerung eines Schiffes und eines Autos besteht darin, dass das Auto durch eine Steuerung gelenkt wird, die auf die Vorderräder wirkt, während bei einem Boot, gleichgültig ob unter Maschine oder unter Segeln, die Steuerung das Heck nach der Seite ausweichen lässt. Was das zur Folge hat, lässt sich an einem Beispiel leicht erklären:

Legt der Rudergänger das Ruder hart steuerbord (das Schiff soll also nach Steuerbord

fahren), dann passiert zunächst folgendes: Das Heck des Schiffes geht nach Backbord. Wenn der Raum, wohin sich also das Heck bei dieser Ruderlage bewegen würde, nicht frei ist, sei es, dass dort ein anderes Schiff oder die Pier liegt, dann lässt sich eine solche Drehung eben nicht durchführen. Diese Tatsache muss bei allen An- und Ablegemanövern berücksichtigt werden.

Liegt das Schiff mit seiner Steuerbordseite an einer Pier, so kann deshalb das Schiff nicht ohne weiteres einfach nach Backbord abdrehen. Grundsätzlich zielt also jedes Ablegemanöver darauf ab, genügend Abstand vom Land zu bekommen, um anschließend die Drehung durchführen zu können. Bei einer solchen Drehung tut der Rudergänger gut daran, während der Bedienung des Ruders vor allem auf das Heck zu achten.

Das Ablegen von der Pier ist bei kleineren Yachten deshalb unproblematisch, weil wir durch Absetzen per Hand, Fuß oder am besten mit dem Bootshaken immer genügend Platz bekommen, um abfahren zu können, ohne an der Pier entlangzuschrammen. Ein größeres Schiff drücken wir am wirkungsvollsten von der Pier weg, indem wir vom Vorschiff oder Achterschiff aus abstoßen. Wenig Erfolg haben wir dagegen, wenn wir es mittschiffs versuchen.

An dieser Stelle ein Hinweis für die Bewegung schwerer Lasten auf dem Wasser: Müssen wir eine größere Yacht mit der Hand an der Bordwand von der Pier absetzen, so ist es sinnlos, dieses mit ruckartigen Stößen zu versuchen. Nur ein stetiger Druck, am besten unter Einsatz des Körpergewichts, so durch längeres (!) Anlehnen an die Yacht, vermag das große Gewicht im Wasser zu bewegen.

Gleiches gilt, wenn wir eine Yacht per Trosse verholen wollen. Es ist nicht Erfolg versprechend, an der Trosse zu zerren. Auch hier hilft nur ein stetiger Zug an der Trosse. Wir können so sogar Lasten mit dem Gewicht eines Güterwagons bewegen. Das gleiche System wird auch angewendet, wenn eine Yacht abgeschleppt werden soll. Verwenden wir hierbei eine leichte Leine, dann ist es das Gleiche, als wenn wir an der zu ziehenden Yacht zerren würden: Die

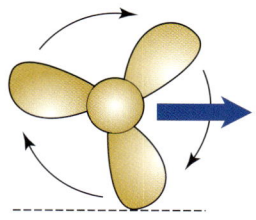

Eine rechtsdrehende Schraube bewegt das Heck nach Steuerbord – so als ob »die Schraube auf festem Boden rollt«.

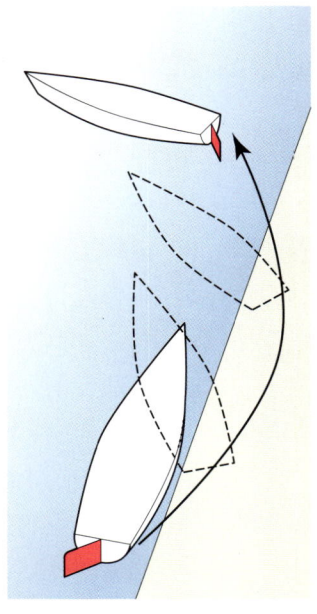

Bei Ruder hart backbord kollidiert das Heck mit der Pier – so kommt die Yacht nie weg.

Leine würde sich kurz spannen, dann aber wieder sofort lose kommen. Wird dagegen eine schwere und lange Schlepptrosse eingesetzt, wird wegen des Eigengewichts der durchhängenden Trosse ein ständiger Zug ausgeübt. Das geschleppte Schiff setzt sich in Bewegung. Beim Anlegen einer Yacht, beim Verholen, beim Dichterholen einer Landfeste – überall wird nur so die menschliche Kraft Erfolg versprechend eingesetzt.

Bei sehr großen Schiffen oder wenn der Wind auflandig ist, wird ein Absetzen per Hand immer schwieriger. Hier müssen wir die Maschine zu Hilfe nehmen. Der Radeffekt der Maschine ist am größten, wenn das Boot keine Fahrt durchs Wasser macht. Diese Tatsache machen wir uns beim Ablegen von der Pier zunutze. Nehmen wir an, unser Schiff hat eine linksdrehende Schraube (heutzutage bei fast allen Bootstypen üblich) und liegt mit seiner Steuerbordseite an der Pier:

Ein ablandiger Wind macht ein Ablegemanöver außerordentlich leicht, denn die Arbeit des Absetzens von der Pier verrichtet der Wind. Selbst bei größeren Schiffen, wo ein Absetzen per Hand schwer möglich ist (oder sehr lange dauert), kann der Wind diese Aufgabe übernehmen.

Auflandiger Wind erschwert ein Ablegemanöver von der Pier. Starker auflandiger Wind kann sogar das nachstehend beschriebene Manöver unmöglich machen.

Achterleine auf Slip: Die Leinen können beim Ablegen von Bord aus bedient werden.

Grundsatz:
Bei allen Manövern – ob unter Maschine oder unter Segeln – muss der Wind berücksichtigt werden.

Wenn Schiff und Mannschaft klar zum Ablegen sind, werden zusätzlich lange Leinen an Bord belegt und diese dann um die Poller herum zum Schiff zurückgeführt. Zwekkmäßigerweise nimmt man nun sofort die Leine in dieser Weise »auf Slip«, auf deren Seite die Festmacherleinen unter Zug stehen. Anschließend werden alle Festmacherleinen an Bord gegeben, sodass die Yacht nur noch von den Leinen auf Slip gehalten wird.

Der Sinn der ganzen Sache ist die Möglichkeit, dass wir während des Ablegemanövers die Leinen von Bord aus bedienen können und nicht auf die Freundlichkeit von Passanten angewiesen sind, welche die Leine vielleicht im unrechten Moment in den Bach schmeißen. In den langen Leinen auf Slip sollte kein Auge und vor allem kein Knoten im freien Tampen sein, damit die Leine nicht hängen bleibt. Denn häufig hängt das Gelingen eines Manövers davon ab, dass eine Leine schnell eingeholt wird.

Läuft die Maschine, gibt der Skipper das Kommando »Klar zum Ablegen« und alle Leinen – außer denjenigen auf Slip – werden an Bord genommen.

Das Wichtigste ist nun, das Heck von der Pier freizubekommen. Im vorliegenden Fall – linksdrehende Schraube, Pier an der Steuerbordseite – ergibt sich das automatisch, denn wenn nach dem Absetzen des Schiffes auf »langsame Fahrt voraus« gegangen wird, nimmt das Schiff zunächst keine Fahrt voraus auf, sondern der Radeffekt der Schraube kommt zur Geltung: Das Heck entfernt sich deutlich von der Pier. Hat die Yacht dann genügend Abstand von der Pier gewonnen, werden alle Leinen an Bord genommen und der Skipper gibt etwas mehr Gas, worauf das Schiff langsam Fahrt voraus aufnimmt.

Falsch wäre es nun, hart Ruder backbord zu legen (also nach Backbord abzudrehen), denn wenn der Abstand noch nicht groß genug ist, würde das Heck jetzt unweigerlich an die Pier krachen. Das Schiff benötigt deshalb einen deutlich großen Drehkreis beim Ablegen von der Pier.

Erst dann kann auf »Marschfahrt« gegangen werden, wenn die Yacht sicher von der Pier oder sonstigen Hindernissen im Hafen klarkommt.

In dieser Situation unterstützt der Radeffekt das Ablegemanöver. Deshalb nennt man diese Lage – linksdrehende Schraube und Pier an Steuerbord (oder rechtsdrehende Schraube und Pier an Backbord) – auch das Ablegen von der »Schokoladenseite«.

Bei umgekehrter Situation (linksdrehende Schraube – Pier an Backbord) ist ein Ablegen in dieser Form nicht möglich. Selbst ein ständiges Abhalten von der Pier würde nicht so viel Platz und Raum verschaffen, dass dann das Ruder steuerbord und schließlich hart steuerbord gelegt werden könnte. Der einzige »Erfolg« wäre, dass die Yacht an der Pier entlangschrammen würde. In diesem Falle muss das Schiff von der Pier freikommen, indem zunächst mit dem Rückwärtsgang aus der linksdrehenden Schraube ein Radeffekt nach rechts erzielt wird, der das Heck nach Steuerbord zieht. Empfehlenswert ist es hierbei, Fender am Bug bereitzuhalten, um dort Schäden durch Berühren der Pier zu vermeiden. Der Drehpunkt bei einem Segelschiff liegt nämlich ungefähr in Masthöhe. Setzen wir das Heck ab, dreht sich der Bug zur Pier und umgekehrt. Erst nach einiger Zeit (zwei bis drei Schiffslängen) ist das Schiff so weit von der Pier weg, dass wir es wagen können, Steuerbordruder zu legen und mit langsamer Fahrt voraus von der Pier wegzuschippern.

Weil wir bei diesen Manövern nur sehr langsam von der Pier abdrehen können, benötigen wir vor uns oder achteraus an der Pier ziemlich viel Platz. Leider treffen wir so günstige Verhältnisse nur noch selten in einem

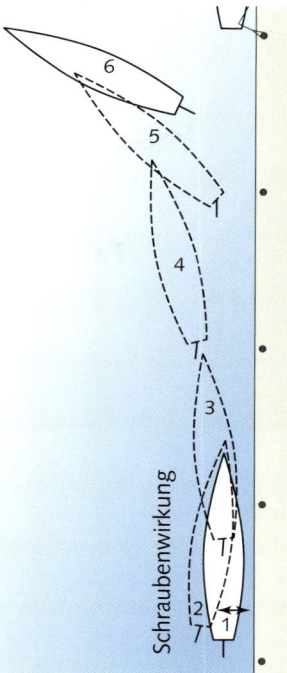

Linksdrehende Schraube – Pier an Steuerbord: Beim mäßigen Gasgeben (1) und neutraler Ruderlage entfernt sich aufgrund des Schraubeneffektes das Heck zunächst etwas von der Pier (2), bevor die Yacht Fahrt voraus aufnimmt (3); wenn genügend Abstand von der Pier erreicht ist (4), kann das Ruder backbord gelegt werden, später hart backbord (5), damit die Yacht rechtzeitig vor dem voraus liegenden Schiff von der Pier abdrehen kann (6).

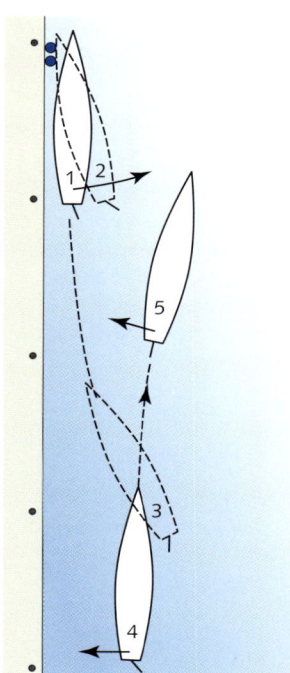

Linksdrehende Schraube – Pier an Backbord: Es empfiehlt sich wegen des Radeffekts zunächst den Rückwärtsgang zu benutzen: Mit Fender am Vorschiff wird der Rückwärtsgang eingelegt (1), worauf sich die Yacht durch den Radeffekt mit dem Heck von der Pier entfernt (2). Mit zunehmender Rückwärtsfahrt wird der Radeffekt schwächer und die Yacht nimmt Fahrt rückwärts auf (3). Hat sie genügend Abstand von der Pier gewonnen, bleibt sie beim Vorwärtsfahren trotz des Radeffekts von der Pier frei (4) und kann dann allmählich abdrehen (5).

Hafen an. Normalerweise liegen Schiffe inmitten anderer. Hier hilft nur ein Manöver, das außerordentlich einfach und wirkungsvoll durchzuführen ist:

Ablegen mit Eindampfen in die Spring

Hierzu ersetzen wir die Vorspring durch eine Vorspring »auf Slip«. Wichtig bei diesem Manöver ist, dass das Vorschiff gut abgefendert ist und die Leine auf Slip so weit vorn wie möglich am Bug angreift, wobei peinlich darauf zu achten ist, dass diese

Vorleine auf Slip; sie sollte allerdings vor dem Ablegen als oberste auf dem Poller liegen.

Beim Ablegen mit Eindampfen in die (Vor-) Spring ist die sorgfältige Abfenderung des Bugs sehr wichtig: Pier an Steuerbord – Ruder hart steuerbord!

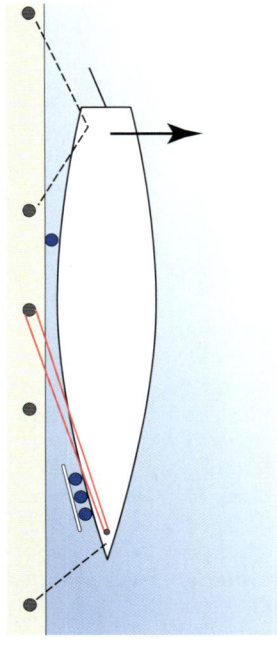

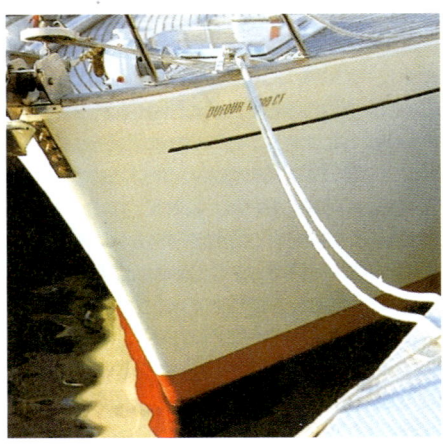

nach dem Loswerfen »glatt« eingeholt werden kann. Eine Vorspring, die bei diesem Manöver beim Einholen hängen bleibt, versaut nicht nur das Manöver, sondern kann zu Schäden am Bug führen.

Nachdem sonst alle Leinen entfernt sind, fahren wir mit Maschine langsam (wie immer bei Hafenmanövern) voraus in die Spring ein. Durch den Angriffspunkt der Vorspring am Bug wird dieser durch den Druck des Schiffes in die Spring leicht zum Land hingezogen. Ist die Pier an Backbord, legen wir, wenn Zug auf der Vorspring ist, das Ruder hart backbord, so als ob wir auf die Pier hinauffahren wollten. Wenn die Vorspring nun ganz straff ist und das Vorschiff durch die Fender einwandfrei von der Pier abgehalten wird, können wir mit der

Maschine beruhigt auf halbe Kraft voraus gehen. Hierbei werden wir feststellen, dass das Heck sehr wirkungsvoll vom Land wegdreht. Selbst bei starkem Wind lässt sich so erreichen, dass das Schiff einen Winkel von ca. 45 Grad zur Pier einnimmt.

Anschließend schalten wir die Maschine auf Leerlauf und dann auf langsame Fahrt zurück. Das Heck ist nun genügend frei von der Pier und das Schiff wird langsam Fahrt zurück aufnehmen. Ist der Bug frei von der Pier, holen wir die Vorspring ein. Wir haben damit so viel Platz gewonnen, dass wir uns rückwärts von der Pier entfernen und, wenn wir vollkommen frei sind, mit langsamer Kraft voraus aus dem Hafen laufen können.

Grundsatz:
Niemals von »Marschfahrt voraus« auf »Marschfahrt zurück« gehen. Niemals von »voll voraus« auf »voll zurück« gehen.

Es ist in jedem Fall richtig, von der Stellung »vorwärts« zunächst für ein paar Sekunden auf die Neutralstellung zu gehen und dann erst den Rückwärtsgang einzulegen. Der Grund hierfür ist, dass bei einer Durchschaltung von vorwärts auf rückwärts die Wellenanlage und das Getriebe derart belastet werden, dass sie brechen können. Bei einer hydraulischen Schaltung ist diese Gefahr allerdings geringer.

1 Ablegen mit Eindampfen in die Spring:
Vorleine, Achterleine, Vorspring, Achterspring werden auf Slip genommen, der Bug muss sehr gut abgefendert sein. Die Yacht liegt längsseits zur Pier.

2 Alle Leinen – außer Vorspring – werden an Bord genommen, das Ruder steht auf »neutral«, die Maschine läuft langsam voraus. Die Yacht läuft in die Vorspring, das Heck dreht langsam von der Pier weg.

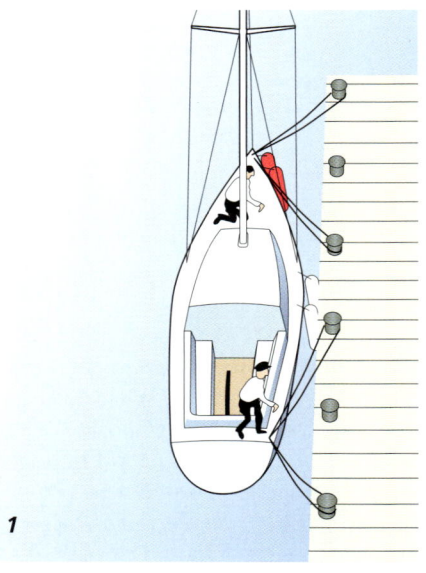

1

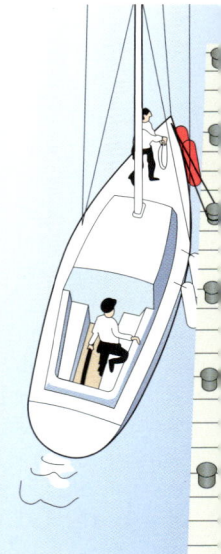

2

Beim Wegnehmen von Leinen, auf denen Zug steht, ist meist die Bedienung durch zwei Leute notwendig. Will das Mannschaftsmitglied an Land den Palstek vom Poller nehmen, ist es eine große Hilfe, wenn von einem anderen Mann an Bord Lose in die Leine gegeben wird, sodass ohne Verletzungsgefahr für die Finger durch Spreißel, Rostabblätterungen etc. der Palstek bequem vom Poller genommen werden kann. Das Kommando hierfür heißt lediglich kurz: »Achterleine los«. Für eine gute Mannschaft versteht es sich von selbst, dass hierfür zunächst Lose in die Achterleine gegeben wird.

Grundsätzlich sind von Mannschaftsmitgliedern, die Leinen bedienen, Vollzugsmeldungen zu geben. Befiehlt also der Skipper: »Achterleine los«, lautet die Vollzugsmeldung: »Achterleine ist los«.

Auch bei einem kleineren Schiff wird die Arbeit des Skippers erleichtert, wenn er immer über den Zustand seines Schiffes unterrichtet ist, ohne dass er sich selbst über jede Einzelheit vergewissern muss.

Bei der Bedienung der Leinen werden diese immer über eine Klampe gefahren. Kommt nämlich Zug auf eine Leine, die aus der Hand gefahren wird, so ist es meist nicht mehr möglich, genug Lose zu bekommen, um anschließend noch auf die Klampe zu gehen. Andererseits haben, wenn die Leine über eine Klampe geführt wird, auch schwä-

chere Crewmitglieder ohne weiteres die Kraft, auch große und schwere Schiffe mit einer Hand zu stoppen oder zu verhindern, dass die Leine ausrauscht.

Anlegen mit Maschine

Für alle Maschinenmanöver lautet der oberste Grundsatz:

Fenderbedienung sollte ein Kinderspiel sein.

> Nie ein Manöver übereilt durchführen!

In Ruhe sucht sich der Skipper den Platz aus, an dem er anlegen möchte. Hierbei beobachtet er genau die örtlichen Gegebenheiten. Es schadet nichts, wenn er ein paarmal in kleinem Abstand an der Pier entlangfährt und sich überzeugt, dass diese Stelle an der Mole auch tatsächlich zur Verfügung steht und nicht unter Umständen kurz darauf einem heimkehrenden Fischerboot gewichen werden muss. Es ist nicht unhöflich, wenn Yachtsleute auf anderen Schiffen über den Hafen, seine Gegebenheiten und speziell über den gewählten Liegeplatz befragt werden. Dabei ist es selbstverständlich, dass sich der Skipper lange vorher in einschlägigen Büchern, die an Bord sein sollten, oder in Mitteilungen für Seeleute genau über den Hafen informiert hat. Die Tatsache, dass in einem ansonsten überfüllten Hafen ein wunderbar geeigneter Platz an der Pier in

3 Wenn die Vorspring auf Zug ist, geht der Rudergänger mit der Maschine auf »halbe Kraft voraus«, während das Ruder auf »hart steuerbord« gelegt wird. Das Heck dreht deutlich von der Pier weg. Ein Mann achtet auf dem Vorschiff darauf, dass die Fender nicht verrutschen.

4 »Maschine zurück«, Ruder neutral! Die Vorleine wird an Bord genommen. Die Yacht ist frei.

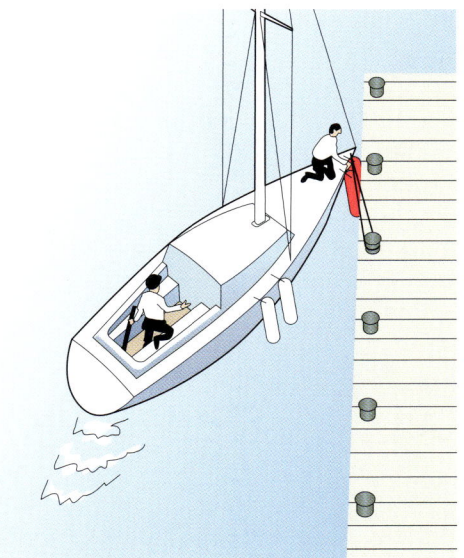

3

4

1 Anlegen mit Maschine: *Die Yacht nähert sich der Pier in einem Winkel von 30 Grad. Ein »Springer« steht in Höhe der Wanten. Die Crew auf Vorschiff und Achterschiff hat Festmacherleinen – bei Pollern mit Palstek – »wurfbereit« in der Hand.*

2 *Die Yacht wird parallel zur Pier gedreht und fährt in geringem Abstand mit langsamer Fahrt entlang der Pier. Der »Springer« steigt an Land.*

3 *Der »Springer« nimmt die Achterleine und legt den Palstek über den Poller. Die Achterleine ist noch lose...*

4 *Die Achterleine spannt sich, der Mann auf dem Achterschiff bremst mit der Achterleine über eine Klampe die Restfahrt aus dem Schiff. Der Rudergänger legt Ruder hart steuerbord, um dem Zug der Achterleine entgegenzuwirken. Der »Springer« ist am Vorschiff und übernimmt die Vorleine.*

der richtigen Größe gerade frei sein sollte, muss misstrauisch machen.

Während der Hafenrunden dürfen sich die Mannschaftsmitglieder keinesfalls mit irgendetwas anderem beschäftigen oder sich gar schon landfein machen. Sie sollen auch nicht an Deck herumstehen, sondern sich irgendwo hinsetzen, wo sie dem Skipper am wenigsten die Sicht und den Rundblick beeinträchtigen. Deshalb sollten auch alle Segel aufgeklart sein.

Haben wir den geeigneten Platz an der Pier entdeckt, dann überlegen wir genau, wie das Manöver angelegt wird. Nicht vergessen, unser Schiff hat eine »Schokoladenseite«! Diese befindet sich immer an der dem Schraubendrehsinn entgegengesetzten Seite, also bei linksdrehender Schraube auf der Steuerbordseite.

Ist entschieden, dass wir mit linksdrehender Schraube mit Steuerbord anlegen, so soll diese Entscheidung der Mannschaft mitgeteilt werden. Eine gute Crew wird sodann ohne weitere Kommandos an Steuerbord die Fender ausbringen und die vier Leinen (Achterleine, Vorleine, Vorspring, Achterspring) zurechtlegen. Die Leinen müssen so vorbereitet sein, dass ihre Tampen, in denen sich regelmäßig ein Palstek befinden sollte,

ohne weiteres über die Reling an Land gegeben werden können. Der Palstek sollte lieber zu groß als zu klein sein. Man achte auf die Poller an Land! Nur wenn an Ringen festgemacht werden muss, sollten in den Festmacherleinen keine Palsteks sein.

Eine gut eingespielte Mannschaft wird dies alles automatisch berücksichtigen, wenn der Skipper das Kommando »Klar bei Leinen und Fendern an Steuerbord« ausruft. Für den Skipper ist es außerordentlich hilfreich, wenn dann der Reihe nach die Rückmeldungen von den Mannschaftsmitgliedern kommen, also: Achterleine ist klar, Vorleine ist klar und so fort. Handelt es sich nur um eine kleine Mannschaft, beispielsweise Skipper und Frau, dann genügt die Rückmeldung von der Mannschaft: »Leinen und Fender an Steuerbord sind klar«.

Beim Anlegen an der »Schokoladenseite«, also bei linksdrehender Schraube mit Steuerbord, müssen wir Fender am Bug vorn ausbringen. Zu Beginn des Anlegemanövers nimmt der Skipper die Fahrt so weit zurück, dass er gerade noch die volle Steuerfähigkeit hat.

Herrscht etwas Wind, so merkt der Skipper, dass er zu langsam ist, meist daran, dass der Bug vom Wind abgetrieben wird, der Wind-

druck also wirkungsvoller ist als der Ruderdruck. Falls ein elektronischer Geschwindigkeitsmesser an Bord ist, der selbst geringe Geschwindigkeitsänderungen angibt, ist es leichter, sich nach diesem zu orientieren, wenn man damit schon Erfahrungen gesammelt hat.

Beim Anlegen nähert sich die Yacht der Pier mit langsamer Fahrt in einem Winkel von ungefähr 30°, wobei es eine außerordentliche Hilfe für den Skipper ist, wenn am Vorschiff ein Mannschaftsmitglied die Entfernungen (Maßeinheit zu Schiffslängen) aussingt.

Je nach Gewicht des Bootes (meist lässt sich das nach kurzer Erfahrung sehr genau abschätzen) wird der Gang dann auf Stellung »neutral« gelegt. Im Idealfall sollte, wenn der Bug nahe an der Pier ist, das Schiff kaum noch Fahrt voraus machen. Erfahrungsgemäß ist das in der Praxis kaum durchzuführen. Rechtzeitig muss also auf »rückwärts« gegangen werden. Hiermit wird zweierlei erreicht: Die Fahrt des Schiffes wird abgebremst und das Schiff schließlich zum Stillstand gebracht, das Heck, das ja noch etwas von der Pier entfernt ist, wird durch den Radeffekt zur Pier gedreht.

Es ist auf jeden Fall günstiger, das Anlege-

Ein gutes Beispiel für einen schlechten Leineneinsatz. Zuerst müssen die Leinen entgegen der Fahrtrichtung ausgebracht werden. Hier aber wurde bei langsamer Vorwärtsfahrt zuerst die Vorleine als einzige Leine ausgebracht.

Statt noch mehr Lose in die Vorleine zu geben, holt der Mann am Vorschiff die Vorleine dicht und belegt sie. Das muss schief gehen...

Durch die verbleibende Restfahrt in die Vorleine (jetzt Vorspring) wird der Bug von der Leine zur Pier gerissen. Da hilft es auch nichts mehr, dass der Skipper sein Bugstrahlruder als »Gegenmaßnahme« einsetzt. Der Mann am Vorschiff ahnt noch gar nicht, was er da angestellt hat, als...

...der Bug – folgerichtig – gegen die Pier knallt.

Von links nach rechts: Wenn Leinen am festgemachten Boot dichtgeholt werden müssen, hilft das Gewicht eines Mannschaftsmitglieds mehr als der Bizeps. Wenn die an der Belegklampe mit einem Schlag fixierte Leine durchgedrückt ist, wird sie entlastet und weiter dichtgeholt – und so fort.

manöver so zu fahren, dass es zu weit vor der Pier endet und somit noch einmal gefahren werden muss, als mit zu viel Fahrt auf die Pier zu donnern. Selbst bei guten Fendern ist es dann nämlich wahrscheinlich, dass die Außenhaut des Schiffes verschrammt wird. Ist das Manöver einwandfrei geglückt, ist es kein Kunststück für einen Mann, vom Schiff auf die Pier zu springen beziehungsweise zu steigen. Der günstigste Platz zum Übersteigen ist immer mittschiffs. Denn dort kann er sich an den Wanten festhalten und ist der Pier am nächsten.

Wichtig: So schnell wie möglich müssen die Leinen dann an Land ausgebracht werden, vor allem bei stärkerem Wind, Schwell und Strom.

Die vorbereiteten Festmacherleinen werden auf den Steg geworfen. Hierzu ist es notwendig, dass jedes Mannschaftsmitglied

schon einmal eine Leine geworfen und auch dieses Werfen geübt hat. Leicht überschätzt man sich. Auch ein geübter Segler wird nicht in der Lage sein, eine Leine weiter als 15 Meter zu werfen, gegen den Wind wesentlich kürzer. Es kann für ein Schiff lebenswichtig sein, im rechten Moment eine Leine an Land zu bringen.

Die Technik des Leinenwerfens

Wie eine Leine zu werfen ist, ist nicht so selbstverständlich, wie viele glauben. Man kann bei Hafenmanövern oft beobachten, dass eine Leine nicht einmal über wenige Meter ordentlich übergeben wird. Ein einigermaßen geübter Segler sollte Festmacherleinen von Fahrtenyachten bei Windstille annähernd 10 Meter weit werfen können. Deshalb muss die (einfache) Technik des Leinenwerfens ab und zu geübt wer-

Von links nach rechts: Leinenwerfen: Ein Drittel in die Wurfhand, zwei Drittel in die andere Hand! Keine Achten! Das ist das ganze Geheimnis. Üben!

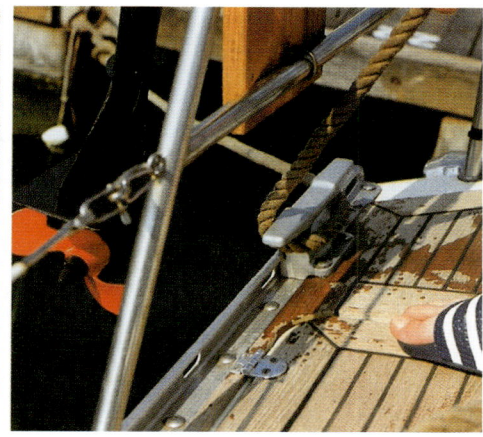

den. Hierzu wird die Leine zunächst wie beim Aufschießen zu einem Bunsch von ca. 10 Buchten zusammengefasst. Keinesfalls darf die erste und die zweite Bucht größer sein als die übrigen. Die Leine würde sich dann nie im Fluge strecken. Ungefähr ein Drittel des Bunsches wird sodann in die Wurfhand genommen, während der Rest in der offenen anderen Hand verbleibt. Der Tampen muss belegt oder mit dem Fuß gesichert werden. Dann muss nur noch darauf geachtet werden, dass die Leine nicht in Wanten oder Stagen hängen bleibt.

Schwerere Trossen von größeren Schiffen lassen sich kaum noch werfen. Hier muss eine Wurfleine verwendet werden. Diese besteht aus einer relativ dünnen Leine mit einem gewichtigen Gegenstand an einem Tampen, einem speziellen Knoten oder noch besser einem kleinen Sandsäckchen.

Erfahrungsgemäß können diese Leinen über wesentlich weitere Entfernungen übergeben werden. Deshalb empfiehlt es sich, auch auf kleinen Fahrtenyachten eine Wurfleine ordentlich aufgeschossen griffbereit an der Reling zur Hand zu haben. (Arbeiter bei der Panamakanal-Gesellschaft sind in der Lage, diese Leinen über 40 Meter sicher zu werfen.)

Ist die Wurfleine einmal an Land, so kann an ihrem Tampen dann die eigentliche Festmacherleine angesteckt und hinübergezogen werden. Hierzu eignen sich am besten zwei Palsteks ineinander oder der doppelte Schotstek, wobei der Letztere zwar schneller ist, der Palstek aber den Vorteil hat, dass er – richtig gemacht – immer hundertprozentig hält und außerdem am Tampen der Festmacherleine sich dann bereits ein Palstek befindet.

Eine griffbereite Wurfleine an der Reling kann bei einer Leinenübergabe über mehr als 10 Meter effizienter sein, weil eine Trosse kaum so weit geworfen werden kann – schon gar nicht gegen den Wind. Deshalb Wurfleine einsetzen und Trosse anhängen!

Hafenmanöver unter Segeln

Es ist heute selbstverständlich, dass Hafenmanöver regelmäßig mit der Maschine gefahren werden. Allerdings kann jeder Segler, beispielsweise bei Maschinen-, Schrauben- oder Wellenschaden, gezwungen sein, ein Hafenmanöver unter Segeln zu fahren. Es ist deshalb ratsam, solche Manöver auch gelegentlich übungshalber zu segeln, sofern keine anderen Schiffe dabei gefährdet werden.

Unverständlicherweise kann man immer wieder Segler beobachten, die sich der Tatsache nicht bewusst zu sein scheinen, dass ein Segelschiff keinen Rückwärtsgang hat wie ein Motorboot. Der Rückwärtsgang wird dort oftmals nicht zum Rückwärtsfahren benutzt, sondern in erster Linie dazu, um die Fahrt des treibenden Schiffes zu stoppen. Unter Segeln gibt es eine solche Möglichkeit nicht. Das back gesetzte Vor- oder Großsegel (mit Bullentalje) dient zwar ebenfalls dem Abbremsen des Schiffes, jedoch ist in der Praxis die Wirkung so gering, dass dringend davor gewarnt werden muss, ein Manöver allein darauf aufzubauen.

> Aus diesem Grunde darf eine Fahrtenyacht niemals mit einem Aufschießer an der Pier angelegt werden, wenn der Aufschießer genau auf die Pier gerichtet ist.

Dieses für Jollen und leichte Boote richtige Manöver ist bei Yachten nicht mehr durchzuführen. Der Unterschied ist folgender: Eine Jolle hat keinen langen Auslaufweg, sodass das Boot nach dem Aufschießen bereits nach wenigen Metern steht. Außerdem ist die Jolle, die ja sehr leicht »anspringt«, falls der Aufschießer zu kurz ist, jederzeit wieder in Gang zu setzen, um den Aufschießer auf natürliche Weise zu verlängern.

Beide Möglichkeiten entfallen bei einem Kielboot. Zwar findet man in allen Lehrbüchern Regeln über die Berechnung eines

Hafenmanöver unter Segeln, die »hohe Schule« des Fahrtensegelns, sind heute »im Normalfall« verpönt. Jeder Skipper sollte sie aber beherrschen, denn es kann immer notwendig werden, die natürliche Antriebskraft unserer Yachten bei An-und Ablegemanövern zu nutzen.

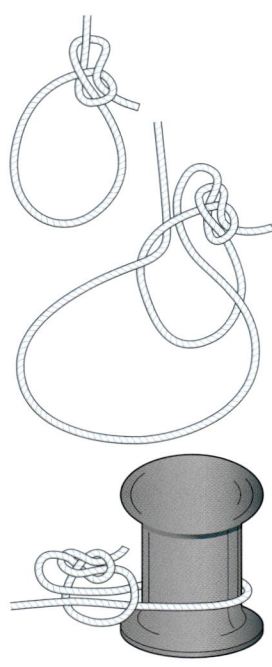

Ist der vorbereitete Palstek zu klein für den Poller, kann man sich schnell behelfen.

Aufschießers, doch muss immer darauf hingewiesen werden, dass ein Aufschießer – soll er seinen Zweck erfüllen – ja auf mindestens einen Meter genau berechnet werden muss. Das ist bei einer Jolle mit einem Aufschießweg von 7 bis 10 Metern leichter möglich als bei einer schweren Kielyacht, die unter Umständen 50 und mehr Meter ausläuft. Ist bei einem Kielboot der Aufschießer zu kurz bemessen, so kann das Boot durch neuerliches Dichtholen der Segel wegen seiner Schwerfälligkeit nicht mehr zum Starten gebracht werden, sondern es wird abtreiben – meist übt hierbei die Fock die größere Wirkung aus, sodass das Boot mit dem Bug wegdreht. Ist der Aufschießer aber nur ein oder zwei Meter zu lang bemessen, so ist es bei dem Gewicht – oft mehrere Tonnen – nicht mehr möglich, das Boot per Hand oder mit den Beinen abzuhalten. Die Energie ist nämlich ungefähr dieselbe wie bei einem langsam rollenden Lastwagen. Deshalb müsste bei einem nur geringfügig zu langen Auslaufweg mit schweren Schäden am Bug gerechnet werden.

Die Kunst des Anlegens mit dem Segelschiff an der Pier besteht darin, dass die Segel rechtzeitig geborgen werden (entsprechend dem Schalten in den Leerlauf der Maschine) und dass anschließend – da ja kein Rückwärtsgang vorhanden ist – die restliche Fahrt mithilfe von Leinen, die während des Manövers zum Land ausgebracht werden, herausgenommen wird.

Alle bis auf das zum Schluss beschriebene Manöver sind auch – bei gewissenhafter Vorbereitung – mit kleiner Mannschaft durchzuführen.

Erster Grundsatz:
Bei einer trägen, schweren Fahrtenyacht darf niemals am Steg angelegt werden, solange noch Segel stehen. Ein aufgefiertes Großsegel – und auch ein killendes Vorsegel – erzeugen selbst bei sehr wenig Wind noch viel zu viel Vortrieb. Kommt der Wind achterlich, so ist ein genügend weites Auffieren der Segel ohnehin nicht möglich.

Zweiter Grundsatz:
Bei allen An- und Ablegemanövern darf das Großsegel nur dann gesetzt bzw. geborgen werden, wenn das Schiff im Wind oder nahezu im Wind steht. Das Vorsegel dagegen kann und soll sogar bei jedem Kurs zum Wind gesetzt und geborgen werden.

Bevor sich der Skipper das Manöver »Anlegen unter Segeln« überlegt, muss er genaue Kenntnis von der Pier und den Windverhältnissen an der Pier haben. Es ist deshalb zu empfehlen, auch hier ruhig einige Hafenrunden zu drehen und die Verhältnisse an der Pier genau zu beobachten. Besonders ist auf die Beschaffenheit der Poller (Durchmesser!) zu achten. Können Fender überhaupt so ausgebracht werden, dass sie auch an der Pier aufliegen, damit Schäden mit Sicherheit vermieden werden? Ist dies nicht der Fall, kann dort nicht angelegt werden, denn für jedes Anlegemanöver unter Segeln muss mit Fendereinsatz gerechnet werden. Zuletzt vergewissere sich der Skipper, ob es möglich sein wird, eine Leine auszubringen: Ist die Pier nicht zu hoch, um einen Mann abzusetzen? Ist jemand auf der Pier, der vertrauenerweckend erscheint, so soll er angepreit werden: »Ich bitte um Leinenhilfe!« Ist genügend Crew an Bord, ist es am zweckmäßigsten, vorher einen Mann mit dem Dingi abzusetzen oder einmal knapp am Steg vorbeizufahren, wobei dieser übersteigen und bei der nächsten Runde die Leinen wahrnehmen kann.

Gerade beim Anlegen unter Segeln ist es notwendig, dass das Manöver genügend vorbereitet (Leinen und Fender klar) und vorher genau durchdacht wird.

Der Skipper gibt ruhig eine halbe Stunde vor dem Anlegen bereits an die Mannschaft die Anweisung: »Klar bei Leinen und Fendern zum Anlegen an Steuerbord«. Je nach Windrichtung im Verhältnis zur Pier werden die Manöver unterschiedlich zu fahren sein.

Anlegen bei ablandigem Wind

Wenn die Pier frei ist, kann bei diesem Manöver wenig passieren. Glückt die Leinenübergabe nicht, so wird der Wind die Yacht von der Pier wegtreiben und es können, wenn genügend Abstand gewonnen ist, wieder Segel gesetzt werden, um das Manöver nochmals zu fahren.

Wichtig: Das Großsegel kann nur im Wind oder fast im Wind geborgen werden. Logischerweise wird deshalb das Manöver des Anlegens bei ablandigem Wind so ausgeführt, dass sich die Yacht der Pier parallel – also mit halbem Wind – in einem Abstand von ca. 4 Bootslängen (je nach Größe) nähert und anschließend in den Wind geht, nachdem sich der Skipper vorher durch das Kommando »Klar zum Fallen Groß« und die Rückmeldung »Groß ist klar zum Fallen« vergewissert hat, dass auf sein Kommando »Fallen Groß« das Groß auch tatsächlich

fällt. Zweckmäßigerweise wird das Groß sofort runtergeholt, nachdem das Schiff in den Wind geschossen ist. Gleichzeitig oder kurz danach muss auch die Fock fallen oder weggedreht werden, denn bei halbem Wind wäre auch mit der Fock allein viel zu viel Fahrt im Schiff zum Anlegen.

Auch hier soll die Geschwindigkeit höchstens so groß sein, dass das Schiff gerade noch dem Ruder gehorcht. Bei wenig Wind z. B. würden wir uns also mit ca. einem Knoten Geschwindigkeit unter nackten Masten der Pier nähern.

Das Manöver lässt sich unter Umständen erleichtern – vor allem, wenn die Mannschaft klein ist –, indem die Fock bereits vorher weggenommen wird. Das hängt allerdings auch von den Segeleigenschaften der Yacht unter Groß allein ab. Die Yacht nähert sich sodann wie unter Maschine der Pier (in einem Winkel von ca. 30°). Das

Beim Anlegen unter Segeln darf das Groß an der Pier nicht mehr oben sein! Es kann nur im Wind geborgen werden. Deshalb beginnt das Anlegen immer vor dem Steg mit Aufschießen – Bergen des Großsegels – Abfallen Richtung Steg. Mit der Fock allein lässt sich anschließend die Yacht bei raumen und achterlichen Winden gut steuern (siehe Kreis!). Wenn die Fahrt zum Anlegen ausreicht, kommt die Fock runter (oder wird weggedreht), was bei allen Windrichtungen durchgeführt werden kann. Die verbleibende Fahrt wird mit der Achterleine, und zwar nur mit dieser, aus dem Schiff gebremst.

161

Manöver sollte nur dann ausgeführt werden, wenn an der Pier mindestens zwei Schiffslängen Platz sind.

Die im Schiff verbleibende Fahrt muss diesmal statt mit »Maschine zurück« mithilfe der Achterleine abgestoppt werden. Fender müssen deshalb mittschiffs und am Heck angebracht werden. Bei diesem Manöver sollte immer besonderes Augenmerk auf die Bedienung der Achterleine gerichtet werden, denn nur mit der darf die Fahrt aus dem Schiff genommen werden.

Sind nur zwei Mann an Bord, so wird einer, sobald es geht, an Land springen, mit der Achterleine zurücklaufen und sie dort über den Poller werfen. Ist das Schiff bereits annähernd parallel zur Pier gestellt, kann das Ruder ruhig losgelassen werden, damit die jetzt allein wichtige Achterleine bedient wird. Anschließend wird mit deren Hilfe – nie aus der Hand, sondern immer über eine starke Belegklampe – das Schiff sacht abgebremst. Hierbei drückt das Heck leicht an die Pier, deshalb die Fender am Heck! Ist die Fahrt aus dem Schiff, belegen wir schnell die Achterleine und übergeben die restlichen drei Leinen.

> **Grundsatz:**
> **Das Schiff immer mit der Leine abstoppen, die der Fahrtrichtung des Schiffes entgegengesetzt ist.**

Würde beim Vorausfahren mit der Vorleine gestoppt werden, so muss der Bug unweigerlich gegen die Pier knallen. Ist ein eigener Mann zur Bedienung der Achterleine zur Verfügung, so soll, wenn Zug auf die Achterleine kommt, Gegenruder gegeben werden, um der Bewegung des Hecks zur Pier entgegenzuarbeiten. Wird an Steuerbord angelegt, so gebe man Ruder hart steuerbord, also so, als ab man auf die Pier hinauffahren wollte.

Anlegen
bei auflandigem Wind

Auch hier gilt: Das Groß darf nur im Wind oder fast im Wind heruntergenommen werden. Jedes Segelschiff ist, mit Ausnahme auf Amwind-Kursen, unter der Fock allein sehr gut zu manövrieren. Deshalb nehme

der Skipper frühzeitig das Groß weg, um sich der Pier allein unter Fock zu nähern. Noch einmal: Die Fock kann auf allen Kursen zum Wind geborgen werden.

Wiederum vergewissert sich der Skipper durch das Kommando »Klar zum Fallen Fock« und die Rückmeldung »Fock ist klar zum Fallen«, ob er jederzeit sein Schiff voll in der Hand hat.

Der Pier nähert man sich im üblichen Winkel von ungefähr 20 – 30 Grad. Bei diesem Manöver müssen erst recht mindestens zwei Schiffslängen Platz sein, um an der Pier entlanglaufen zu können, während mithilfe der Achterleine sachte die Fahrt aus dem Schiff genommen wird.

Nähert man sich der Pier zu schnell, so lasse man die Fock zunächst etwas killen, um sie rechtzeitig ganz wegzunehmen. Vorsicht: Dieses Manöver kann nicht ohne weiteres abgebrochen und neu begonnen werden. Mit nachlassender Fahrt wird nämlich der Einfluss des Windes immer stärker und er wird die Yacht immer mehr auf die Pier treiben. Somit darf nicht zu langsam gefahren werden. Gerade hier müssen die Leinenübergabe und das anschließende Abstoppen mithilfe der Leine unbedingt perfekt funktionieren.

Nie die Fender am Heck vergessen! Läuft das Boot beim Abstoppen in die Achterleine, wird das Heck immer an die Pier gedrückt.

Anlegen bei parallel zur Pier wehendem Wind

Dieses Manöver ist genauso durchzuführen wie das Anlegen bei ablandigem Wind. Es soll nach Möglichkeit gegen den Wind gefahren werden. Starker achterlicher Wind kann einem Segelschiff immerhin eine Fahrt von über drei Knoten verleihen, auch wenn es keine Segel trägt, und das wäre in jedem Fall zu schnell für das Anlegen.

Die eben beschriebenen Manöver können auch mit kleiner Mannschaft, ja sogar einhand durchgeführt werden, wenn der Skipper das Manöver sehr gut durchdacht hat und die verschiedenen Handgriffe eben der Reihe nach und nicht gleichzeitig durchgeführt werden.

Segelmanöver im überfüllten Hafen dürfen nur ausgeführt werden, wenn

- erstens die Maschine nicht eingesetzt werden kann (Defekt an Motor, Welle, Getriebe oder Schraube),
- zweitens niemand dabei belästigt wird,
- drittens der Skipper sich ganz sicher über das Gelingen des Manövers ist.

Eine unter Segeln in einem engen Hafen manövrierunfähig umhertreibende Yacht gehört zu den Albträumen jedes Seglers. Der Skipper sollte mit allen Möglichkeiten rechnen: Der Mann an der Pier, der freundlich die Leine abnimmt, weiß unter Umständen nicht, was er mit der Leine anfangen soll und behält sie in der Hand, statt den Palstek über den Poller zu legen.

In diesem Falle ist ein Abstoppen nicht mehr möglich.

Wenn die Maschinenanlage ausgefallen ist und auch nur die geringsten Zweifel an der Zuverlässigkeit und Durchführbarkeit eines Segelmanövers bestehen, gibt es ein sehr einfaches und sicheres Mittel, das Schiff letztlich anzulegen, ohne Schäden zu verursachen. Zu diesem Zwecke gehe man im Hafen vor Anker und verhole dann in aller Ruhe sein Schiff mithilfe des Beibootes oder mit Unterstützung anderer Yachtsleute zum gewünschten Liegeplatz. Für Einhandsegler wird das in vielen Fällen die einzig »wahre« Methode sein.

Ablegen unter Segeln

So wie bei Ausfall der Maschine fast immer die Möglichkeit gegeben ist, zunächst vor Anker zu gehen, um anschließend das Schiff mithilfe des Beibootes und einer Verholtrosse an die Pier zu verholen, so kann auch immer dann, wenn die Mannschaft für ein Absegelmanöver von der Pier zu klein oder zu schwach ist, ein Anker an einer langen Leine mit dem Beiboot ausgefahren werden, um mit dessen Hilfe von der Pier wegzuverholen und dann gefahrlos ein normales »Anker auf«-Manöver durchzuführen.

Es gibt aber auch Fälle, in denen ein Ablegen unter Segeln auch für eine sehr kleine Mannschaft vollkommen gefahrlos und einfach ist:

Für das Ablegen von der Pier unter Segeln bei ablandigem Wind braucht lediglich die Fock gesetzt, dann die Springs und die Vorleine und anschließend die Achterleine an Bord genommen zu werden. Der Wind wird die Yacht automatisch von der Pier wegdrehen – mit Drehpunkt Masthöhe –, also Fender am Heck! Vollkommen frei von der Pier kann dann in einem kurzen Zwischenaufschießer das Groß gesetzt werden, und das Schiff ist wieder voll manövrierfähig.

Dasselbe Manöver kann auch bei achterlichem Wind parallel zur Pier durchgeführt werden, wobei hier darauf zu achten ist, dass nicht mit dem Heck an der Pier entlanggescheuert wird. Das Schiff darf also nicht zu schnell abdrehen, sondern es wird sich in sehr spitzem Winkel von der Pier entfernen. Weht der Wind von vorn – parallel zur Pier –, so muss das Schiff zunächst an der Pier gedreht werden. Dieses Manöver ist leicht, wenn die unterstützende Wirkung des Windes ausgenutzt wird.

Hierbei bringen wir zunächst vom Vorschiff, an der der Pier abgewandten Seite, frei von allen Wanten und Stagen eine Leine zur Pier nach achtern aus. Sodann wird der Bug etwas abgesetzt, kurz darauf unterstützt der Wind die Drehung. Sie muss hierbei immer mit einer langen Vorleine kontrolliert werden. Diese darf erst losgeworfen werden, wenn sie wegen des ungünstigen Winkels keine Wirkung mehr zeigt. Das Heck muss außerordentlich gut abgefendert werden. Immer muss ein Mann die Fender am Heck bedienen.

Das einzige Manöver, das eine sehr schwache Mannschaft nicht durchführen kann, ist das Ablegen unter Segeln bei auflandigem Wind. Zunächst muss eine Leine auf Slip weit nach vorn (mindestens zwei Schiffslängen) so ausgebracht werden, dass der eine Tampen am Achterschiff belegt und der andere von möglichst vielen Mann-

Beim Ablegen unter Segeln bleiben Fender am Heck und die Achterspring bis zuletzt auf Slip. Der Wind dreht die Yacht von der Pier weg (Kreis), bis die Fock gesetzt und die Achterleine(n) eingeholt werden können. Anschließend wird so viel Fahrt aufgenommen, dass die Yacht zum Großsegel-Setzen in den Wind schießen und nach der richtigen Seite abfallen kann.

schaftsmitgliedern auf dem Vorschiff geholt wird. Dies dient dazu, dem Schiff genügend Fahrt zu verleihen, um – frei von der Pier – in den Wind zu gehen, damit dort das Großsegel gesetzt werden kann. Hat das Schiff in diesem Moment nicht genügend Freiheit von der Pier, so wird es auf die Pier treiben, bevor es Fahrt aufgenommen hat. Es ist ohne weiteres einzusehen, dass ab einer bestimmten Schiffsgröße (ca. 6 Tonnen) – aber auch ab einer bestimmten Windstärke – dieses Manöver nicht mehr durchgeführt werden kann. Aber auch in

diesem Falle gibt es die Möglichkeit des Verholens mit einem Anker und von dort ein problemloses Absegeln.

Nicht vergessen: Eine Fahrtenyacht hat unter Segeln keinen »Rückwärtsgang« und keine »Bremse«. Das Groß kann nur in der Stellung »am Wind« und »im Wind« geborgen und gesetzt werden; die Fock dagegen auf allen Kursen. Es ist ratsam, alle Anlegemanöver »gefahrlos« zu üben: Man hänge das Beiboot mit einer langen schwimmfähigen Leine an eine Boje und betrachte die Leine als die Pier.

Hafenmanöver mit Katamaranen

Im Gegensatz zu Einrumpfyachten müssen Katamarane wegen des fehlenden Schiffsbauches beim Liegen an der Pier über die ganze Schiffslänge gleichmäßig abgefendert werden.

Es versteht sich von selbst, dass man Segelmanöver mit Katamaranen im Hafen vermeidet. Denn die nicht sehr guten Dreheigenschaften von Mehrrumpfbooten würden bei solchen Manövern erst recht zu Schwierigkeiten führen. Im Übrigen sind praktisch alle modernen Fahrten-Katamarane mit einer Doppelmaschinenanlage ausgerüstet, sodass es kaum vorstellbar ist, dass ein Mehrrumpfboot allein auf die Segel angewiesen ist. Und wenn, dann ließe sich immer noch das Notmanöver »Vor-Anker-gehen-und-Verholen« durchführen.

Einerseits sind Maschinen-Hafenmanöver mit Mehrrumpfbooten wegen ihrer Doppelschraubenanlage leicht durchzuführen. Die Ursache ist aber nicht allein die Tatsache, dass zwei Schrauben zur Verfügung stehen, das gibt es gelegentlich bei Segel-Monos auch. Es ist der lange Hebelarm, fast die gesamte Schiffsbreite von über sechs oder sieben Metern, die den Einsatz der Schrauben so wirkungsvoll macht.

Andererseits sind Hafenmanöver häufig viel schwieriger durchzuführen, weil die meisten Katamarane mit ihren hohen Aufbauten einen erheblich höheren Windwiderstand bieten als Einrumpfschiffe. Die Windempfindlichkeit wird durch das Absenken von

Katamarane sind meist sehr breit und deshalb im Hafen etwas behäbiger zu manövrieren.

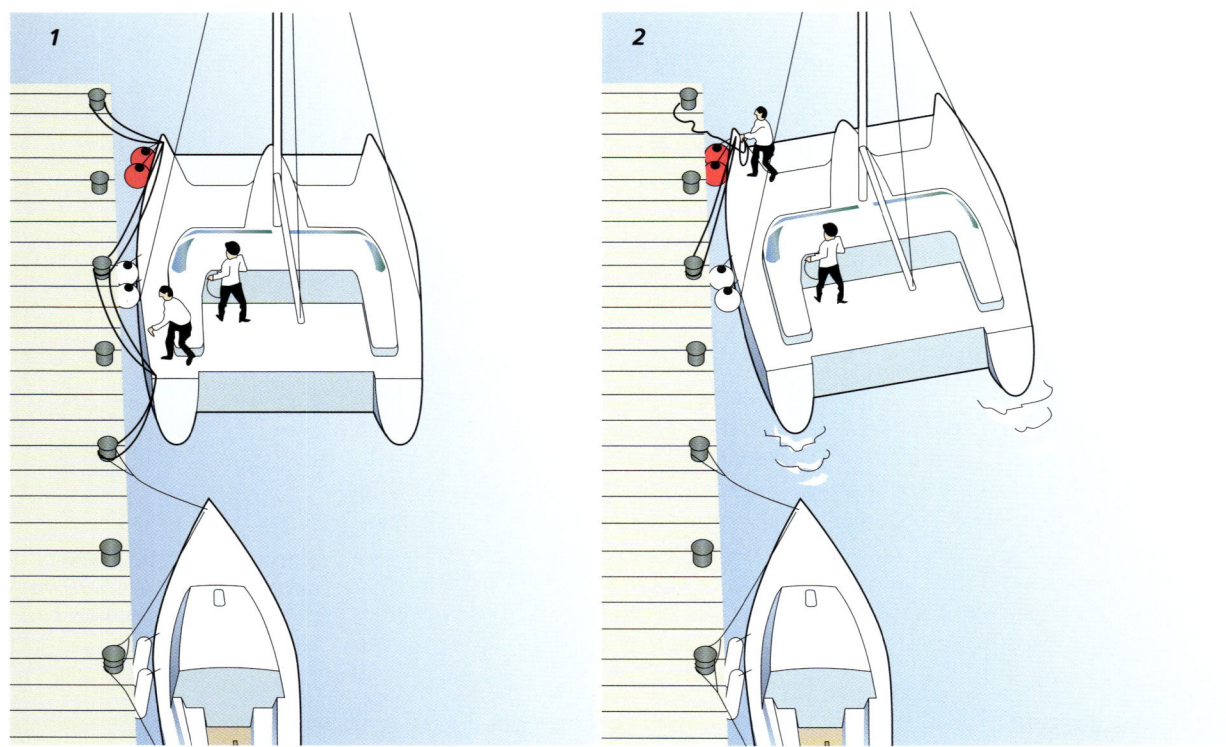

Ablegen mit einem Katamaran mittels Eindampfen in die Vorspring:
1 Alle Leinen werden auf Slip genommen. Das Vorschiff wird besonders gut abgefendert.

2 Mit beiden (!) Maschinen wird mäßiger Schub nach vorn gegeben – bis die Vorspring, die möglichst weit vorn am Bug ansetzen soll, auf Zug steht. Alle Leinen, außer der Vorspring, werden an Bord genommen.

3 Mit der der Pier abgewandten Maschine geht der Kat nunmehr langsame Fahrt voraus – das Heck dreht sich von der Pier weg. Ist die Pier nach achtern leer und weht kein Wind, reicht bereits ein Winkel von ungefähr 20 Grad zum Ablegen. Bei viel Wind oder wenn die Pier achteraus nicht frei ist,

eventuell vorhandenen Schwertern geringfügig verbessert, aber einen großen Gewinn bringt dies bei den niedrigen Geschwindigkeiten im Hafen nicht.

Ein erfahrener Kat-Segler hat das Verhalten seines Kats im Hafen treffend auf den Punkt gebracht: »Ich kann mit meinen beiden Maschinen auf dem Fleck drehen. Aber der Fleck bewegt sich manchmal!«

Die guten Dreheigenschaften unter Maschinen verleiten manchmal zu dem Trugschluss, man könnte damit den Katamaran auch nach der Seite versetzen. Das ist falsch. Nicht einen Zentimeter lässt sich ein Kat mit den Schrauben nach Steuerbord oder Backbord verschieben.

Aber alle Argumente berücksichtigt: Wenn der Wind im Hafen nicht zu stark ist, lassen sich Manöver mit Mehrrumpfschiffen leichter und genauer fahren als mit Einrumpfbooten. Es gilt lediglich ein paar Eigenheiten zu berücksichtigen:

Da mit den Maschinen ein sehr wirkungsvolles Drehmoment erzeugt werden kann, die Ruder meistens recht klein sind und bei

geringen Geschwindigkeiten praktisch keine Wirkung zeigen, sollen sie mittschiffs festgesetzt und bei den Hafenmanövern nicht beachtet werden. Hat der Rudergänger ohnehin schon zwei Maschinen getrennt zu bedienen, würde das meist weitgehend wirkungslose Ruderlegen nur verunsichern und zu Fehlreaktionen führen.

> Hafenmanöver mit Katamaranen, die zwei Maschinen haben, werden ohne Ruderbedienung nur mit Schraubenhilfe durchgeführt.

Bei Ablegemanövern ist der Schraubeneffekt zu beachten! Ideal wäre es bei einer Doppelschraubenanlage, dass die beiden Wellen gegenläufig drehen und so den Schraubeneffekt neutralisieren. Das ist jedoch selten der Fall, weil meistens Mehrrumpfschiffe mit Sail- oder Z-Drives ausgestattet sind, welche die gleiche Drehrichtung haben. In diesem Fall wird der Schraubeneffekt nicht aufgehoben, son-

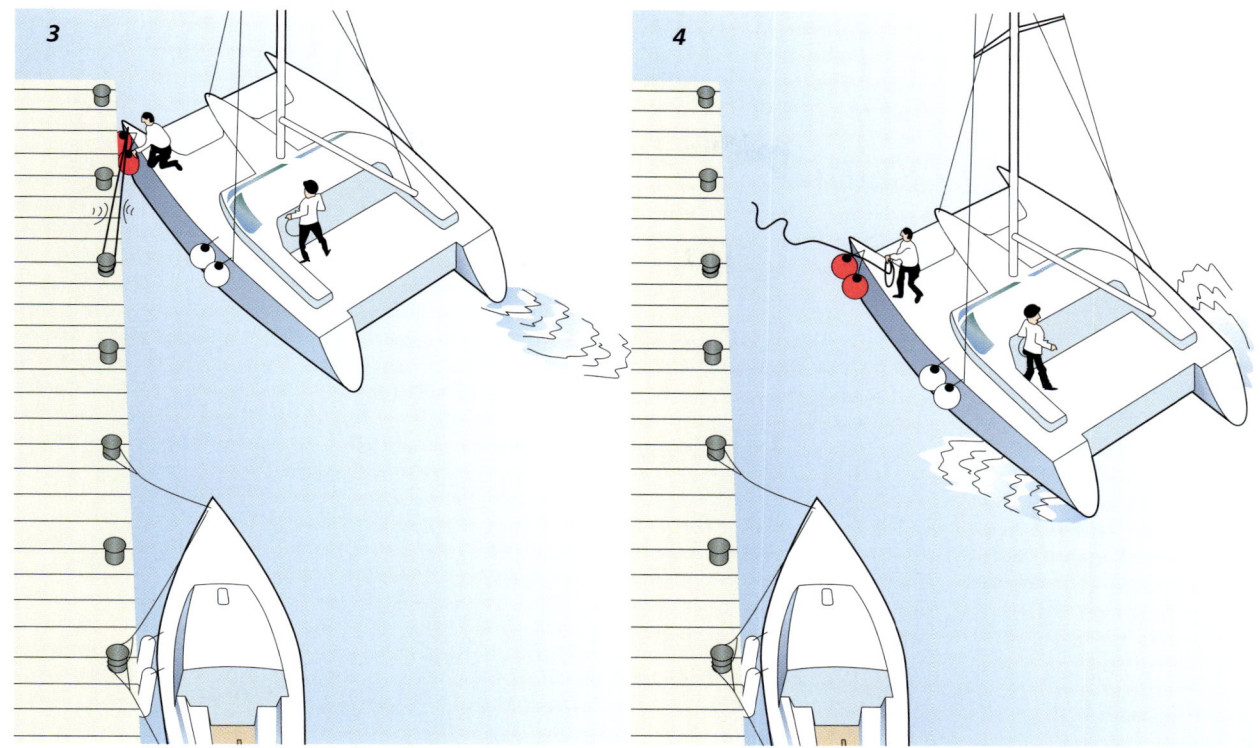

dern sogar verstärkt. Dies wirkt sich vor allem bei Ablegemanövern aus, was dazu führen kann, dass das übliche »Nach-vorn-Wegfahren« nicht durchführbar ist, weil das Heck an der Pier entlangschleift. Noch schlimmer wird es, wenn Wind auf die Pier steht. Dann kann so ein einfach aussehendes Ablegemanöver ganz unmöglich werden.

Das Manöver der Wahl schlechthin beim Ablegen von Katamaranen ist das Eindampfen in die Vorspring. Dieses Manöver ermöglicht auch das Verlassen einer engen Lücke an der Pier – besonders wichtig bei der Überbreite von Mehrrumpfbooten.

Das Manöver unterscheidet sich nicht sehr vom Eindampfen in die Vorspring mit Einrumpfbooten. Hier wie da wird die Vorspring möglichst weit vorn so auf Slip genommen, dass diese später nach dem Loswerfen »glatt« eingeholt werden kann, damit sie nicht hängen bleibt und deshalb am Ende den Bug zur Pier reißt.

Statt das Ruder zu benutzen, das mittschiffs genommen wird, wird das Manöver aller-

dings ausschließlich mit den Maschinen gefahren.

Gelegentlich kann mit einem Katamaran auch mittels Eindampfen in die Achterspring abgelegt werden. Dies hat bei kleiner Mannschaft den Vorteil, dass der Rudergänger am Rad das Geschehen besser im Blickfeld hat. Außerdem wird das Übersteigen eines Mannschaftsmitglieds, das an Land die Leinen losgeworfen hat, erleichtert.

Von diesem Manöver ist allerdings abzuraten, wenn beide Schrauben den Effekt haben, das Heck zur Pier hinzudrehen, also zum Beispiel Pier an Backbord – linksdrehende Schrauben. So bekommt man das Heck kaum frei von der Pier, um nach vorn wegzufahren.

kann durch mehr Schub ein Winkel zur Pier von über 60 Grad erreicht werden. Allerdings: Der Druck auf die Fender am Bug nimmt je nach Winkel zur Pier erheblich zu.

4 Jetzt beginnt das eigentliche Ablegemanöver: Maschine für ein, zwei Sekunden in den Leerlauf! Beide (!) Maschinen gleichmäßig mit mittlerer Drehzahl rückwärts! Bei Beginn der Rückwärtsfahrt wird die Vorspring an Bord genommen. Die Rückwärtsfahrt wird so lange fortgesetzt, bis der Kat von der Pier völlig frei ist und beim Wegfahren nach vorn genügend Raum für seinen großen Drehkreis findet. Das Drehen kann durch die entgegengesetzt laufenden Schrauben sehr wirkungsvoll unterstützt werden.

Vom richtigen Ankern

Ausrüstung

Völlig zu Unrecht wird der Ausrüstung mit gutem Ankergeschirr nur wenig Augenmerk geschenkt. Dabei hängt davon unter Umständen die Sicherheit des Schiffes und damit der Besatzung ab, von den erheblichen materiellen Werten ganz zu schweigen. Auf jeden Fall ist es mit einer Trosse und einem Anker an Bord einer Fahrtenyacht nicht getan. Das liegt schon daran, dass man vorher überhaupt nicht sagen kann, mit welchem Ankergrund man zu rechnen hat, ob Sand, Kies, Schlamm, Schlick oder unter Umständen auch Felsboden.

Es gibt keinen Universalanker, der auf jedem Grund gleich gut arbeitet. Deshalb wurde in den letzten Jahrzehnten eine Vielzahl von Ankern konstruiert. Heute haben sich nur wenige Typen als gut geeignet herauskristallisiert:

- Der Stockanker oder Admiralitäts-anker
- Der Pflugschar- oder CQR-Anker
- Der Danforth-Anker
- Der Bruce-Anker
- Der (deutsche) Bügelanker

Einsamster Ankerplatz am Ende der Welt: Staateninsel / Feuerland. Die Ketsch KSAR hat zwei mächtige Trossen vom Heck zu den Felsen ausgebracht. Denn trotz des sicher scheinenden Ankerplatzes heulen in wenigen Augenblicken Böen mit bis zu 12 Windstärken die Felshänge hinunter und reißen die Gischt aus dem Wasser.

Der Stockanker

Er wird immer unbeliebter, was letztlich seinem hohen Gewicht zuzuschreiben ist, das aber für eine ausreichende Haltekraft notwendig ist. Andererseits hat er gegenüber den anderen Ankertypen aufgrund seiner spitzen Flunken den unschätzbaren Vorteil, dass er sich am ehesten eingräbt. Und dies ist die erste Voraussetzung für die Güte eines Ankers. Schließlich hilft der beste Anker mit der größten Haltekraft gar nichts, wenn er sich in den harten Boden überhaupt nicht eingegraben hat. Bezahlen müssen wir dafür mit einer relativ geringen

Fast museumsreif: Der schwere Stockanker.

Haltekraft – bezogen auf das Gewicht. Deshalb muss der Stockanker wesentlich schwerer gewählt werden als die anderen gängigen Typen, wenn er seinen Hauptzweck erfüllen soll, nämlich die Yacht auch bei starkem Wind oder gar bei Sturm sicher zu halten.

Natürlich kann ein Anker im Hinblick auf seine Haltekraft gar nicht zu schwer sein. Dem sind allerdings natürliche Grenzen im Vorhandensein eines Ankerspills oder in der Mannschaftsstärke gesetzt. Folgendes Gewicht empfehle ich für einen Stockanker:

bis zu   2 t Schiffsgewicht ca. 20 kg
bis zu   4 t Schiffsgewicht ca. 25 kg
bis zu   7 t Schiffsgewicht ca. 30 kg
bis zu 10 t Schiffsgewicht ca. 45 kg
bis zu 20 t Schiffsgewicht ca. 60 kg

CQR- oder Pflugscharanker

Er wurde lange Zeit von englischen Yachtsleuten – allen voran Eric Hiscock – als das Nonplusultra eines Ankers bezeichnet.

Diese Begeisterung hat sich etwas gelegt, nachdem eine ganz wesentliche Schwäche sichtbar geworden ist. Erst ab einem bestimmten Gewicht nämlich kann man davon ausgehen, dass sich dieser Anker mit Sicherheit in den Boden eingräbt. Viele gescheite Tabellen, die einer bestimmten Schiffsgröße nahezu linear ein bestimmtes Ankergewicht zuordnen, vergessen nämlich einen wichtigen Faktor, der sich eben nicht mit der Schiffsgröße ändert: die Bodenbeschaffenheit. Ein kleiner Anker von – sagen wir – drei Kilogramm Gewicht wäre mit Sicherheit in der Lage, ein Beiboot gegen einen Sturm zu halten, doch müsste er sich hierfür zunächst einmal in den Boden

Dieser CQR-Anker dient im Hafen gleichzeitig als Stufe, wenn das Schiff mit dem Bug zum Steg liegt.

Ein CQR-Anker wurde weiß gestrichen, um seine Erkennbarkeit unter Wasser zu verbessern. Außerdem hält so die Verzinkung länger. Die Kette wurde mit verschiedenen Farben gekennzeichnet, um die ausgebrachte Länge festzustellen – wichtig.

eingraben können, was ihm aufgrund seines geringen Gewichtes bei etwas härterem Schlick nicht gelingt.

Gerade aber der CQR-Anker hat eine so breite Auflagefläche (die ihm seine ungeheure Haltekraft verleiht), dass es in der Praxis immer wieder zu Schwierigkeiten kommt, weil er sich nicht eingraben kann. Auf meiner ersten Weltreise hatte ich einen 35-lbs-CQR-Anker dabei, der ausgezeichnet hielt, wenn er einmal im Boden verschwunden war. Leider ist es aber allzu häufig vorgekommen, dass er nur über den Ankergrund hinwegrutschte.

Amerikanische Segler haben die Schwäche des CQR-Ankers schon längst erkannt und gießen häufig den Hohlraum an seiner Unterseite mit Blei aus, um ihn etwas schwerer zu machen. Empfehlenswert ist deshalb ein CQR-Anker erst ab 45 lbs, das sind rund 21 kg.

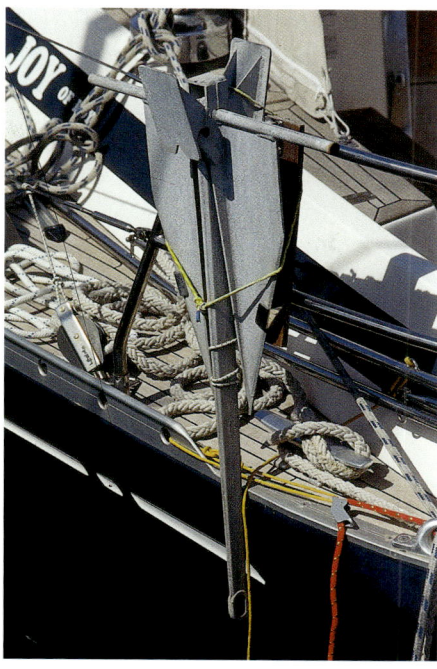

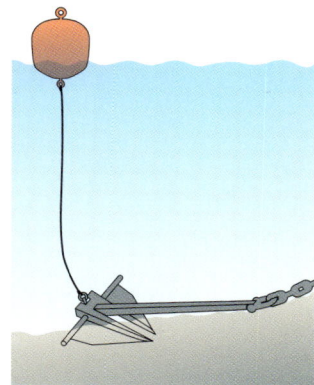

Danforth-Anker: Seine Stärke ist der Sandgrund.

Der Danforth hält auf festem Schlick oder Sand oft so gut, dass eine Bojenleine beim Ankeraufgehen das Herausziehen des Ankers erheblich erleichtert.

Empfohlene Gewichte für den CQR-Anker:

bis 2 t Schiffsgewicht	6,8 kg
bis 4 t Schiffsgewicht	9,1 kg
bis 6 t Schiffsgewicht	11,3 kg
bis 10 t Schiffsgewicht	16,0 kg
bis 20 t Schiffsgewicht	34,0 kg

Empfohlene Gewichte für den Danforth-Anker:

bis 2 t Schiffsgewicht	ca. 10 kg
bis 4 t Schiffsgewicht	ca. 13 kg
bis 6 t Schiffsgewicht	ca. 15 kg
bis 10 t Schiffsgewicht	ca. 20 kg
bis 20 t Schiffsgewicht	ca. 30 kg

Wenn sich der CQR einmal eingegraben hat, ist er fähig, wahre Wunderdinge an Haltekraft zu leisten. Im Hurrikan »Bebe« lag die 13-Meter-Yacht SHEBESSA vor zwei 60-lbs-CQR und bekam 150 Knoten Wind direkt auf die Nase. Die Anker hielten, anschließend mussten sie mithilfe von Tauchern und Druckwasseranlagen aus ungefähr vier Metern Tiefe unter der Schlickoberfläche herausgespült werden.

Danforth-Anker

Ein ausgesprochen populärer Anker, wohl in erster Linie wegen seines geringen Gewichtes. In der Haltekraft ist dieser Anker allen anderen bei weitem überlegen. Von einer bestimmten Größe an (30 kg) wird man sogar Schwierigkeiten haben, den Danforth-Anker wieder auszubrechen, hierfür empfehle ich unbedingt eine Bojenleine.

Leider hat der Danforth einen großen Nachteil: Auf felsigem Boden, wo wir uns gerade noch auf den deutschen Stockanker verlassen können, ist er unbrauchbar, auf Sandgrund dagegen unschlagbar.

Bruce-Anker

Der Bruce-Anker ist erst seit ungefähr 20 Jahren auf Yachten populär. Deshalb liegen über ihn bei weitem nicht so viele Erfahrungswerte vor wie für die zuvor genannten. Er dürfte aber in seinen Eigenschaften sehr dem Pflugscharanker ähneln, wobei vielleicht ein Vorteil darin zu sehen ist, dass er kein Gelenk hat, eine gelegentliche Schwachstelle des CQR.

Darüber hinaus kann der Bugbeschlag unter Umständen leichter so zu konstruieren sein, dass er den Bruce-Anker nahtlos aufnimmt.

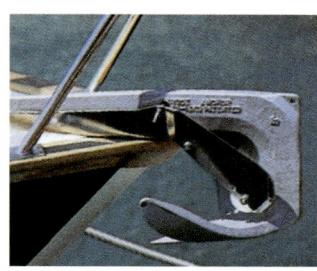

Bruce-Anker

Bei der Wahl, ob Bruce oder CQR, wird man sich wahrscheinlich danach richten, welcher der beiden Typen leichter am Bug zu stauen ist beziehungsweise welcher der beiden Anker sich selbst am besten »aufräumt«. Das Verhältnis Gewicht zu Haltekraft dürfte bei beiden gleich sein.

Bügelanker

In letzter Zeit scheint sich nicht nur auf deutschen Yachten der Bügelanker (eine deutsche Konstruktion) durchzusetzen. Ja, in Teilen des Mittelmeers (Türkei) ist der »Bügel« in kurzer Zeit unter den Yachten zum Standardanker geworden. Seine herausragende Fähigkeit liegt wohl darin, dass er sich auf kürzestem Weg eingräbt und – entsprechend seiner Auflagefläche – ein sehr gutes Haltevermögen zeigt.

Empfohlene Gewichte für den Bügelanker

bis 2 t Schiffsgewicht	ca.	11 kg
bis 4 t Schiffsgewicht	ca.	14 kg
bis 6 t Schiffsgewicht	ca.	18 kg
bis 10 t Schiffsgewicht	ca.	25 kg
bis 20 t Schiffsgewicht	ca.	34 kg

Fortress-Anker

Der Autor hat diesem Ankertyp zunächst sehr misstrauisch gegenübergestanden, da er scheinbar in erster Linie der Bequemlichkeit der Amerikaner entgegenkommt. Er ist nämlich extrem leicht, wie man anhand der empfohlenen Gewichte sofort feststellen kann. Der Grund für das geringe Gewicht ist die Aluminiumlegierung. Weil aber die Haltekraft eines Ankers nicht von seinem Gewicht, sondern von seiner Fläche im Grund abhängt, besteht kein Anlass, dem Fortress zu misstrauen, wenn er sich einmal eingegraben hat. Offensichtlich ist die Konstruktion auch so stark, dass sie entsprechendem Kettenzug widerstehen kann. Darüber hinaus liegen eine Reihe von Erfahrungsberichten vor, die den hohen Qualitätsanspruch des Fortress bestätigen. So hat ein deutscher Yachtsmann in einem Hurrikan in Westindien alle seine sonstigen Anker verloren, bis auf einen, eben den Fortress. Dieser Anker hat das Unwetter mit einer verbogenen Flunke überstanden, die – Fortress garantiert »for lifetime« – kostenlos ersetzt worden ist. Der Fortress wirbt für sich mit der bescheidenen Bezeichnung »Bester

Bügelanker in Niro von WASI (rechts).

Fortress-Anker, einsatzbereit als Heckanker (ganz rechts).

Anker der Welt«, was nach europäischer Denkungsart nicht gerade Vertrauen schafft.

Nachdem aber nun der Fortress-Anker ausgesprochen leicht und damit handlich ist, kann der Autor ihn jedenfalls als Zweit- oder Drittanker empfehlen, geradezu ideal, um ihn mit dem Beiboot auszubringen.

bis 2 t Schiffsgewicht ca. 1,8 kg
bis 4 t Schiffsgewicht ca. 3,2 kg
bis 6 t Schiffsgewicht ca. 5,5 kg
bis 10 t Schiffsgewicht ca. 6,8 kg
bis 18 t Schiffsgewicht ca. 9,5 kg

Wie viele Anker?

Je mehr, umso besser! Das Minimum sind drei Anker. Der Hauptanker sollte durch einen zweiten Anker ergänzt werden, der im Falle von schlechtem Wetter zusätzlich ausgebracht wird. Ein weiterer Anker muss in jedem Fall zur Verfügung stehen, um die Yacht als Heckanker in einer bestimmten Richtung zum Liegen zu bringen. Es empfiehlt sich ohnehin, am Heck einen (leichteren) Anker einsatzbereit zu fahren, damit dieser beim Verholen der Yacht oder bei Versagen der Maschine als »Bremse« eingesetzt werden kann.

Trosse oder Kette?

Die Antwort lautet: beides.

Der Vorteil der Trosse: Außerordentlich häufig gibt es Situationen, wo der Skipper gezwungen ist, einen zweiten Anker auszubringen. Es ist aber unmöglich, mit dem Beiboot Anker plus Kette weiter als 5 – 8 Meter vom Mutterschiff wegzufahren. Dagegen können wir selbst bei starkem Wind einen leichten Danforth-Anker oder einen Fortress-Anker mit einer Trosse per Dingi nach Luv ausbringen. Notfalls lässt er sich mithilfe eines Auftriebskörpers sogar »ausschwimmen«.

Ansonsten überwiegen die Vorteile der Kette, sodass die Standardausrüstung einer Fahrtenyacht immer eine Kette sein sollte.

Dieser Anker vom Typ Danforth (Nachbau?) war der Belastung nicht gewachsen – die 10-Meter-Alu-Yacht strandete.

Empfohlene Kettenstärken nach Bootsgewicht:

bis 4 t Bootsgewicht 6 mm
bis 8 t Bootsgewicht 8 mm
bis 10 t Bootsgewicht 10 mm
bis 20 t Bootsgewicht 12 mm

Der größte Nachteil der Kette ist selbstverständlich ihr Gewicht, was sich bei leichten Booten wesentlich ärger auswirkt. 50 Meter – und das ist das Mindeste, was an Bord sein muss – wiegen bei einer 8-mm-Kette ca. 100 Kilogramm. Es sollte selbstverständlich sein, dass dieses konzentrierte Gewicht nicht dort verstaut wird, wo es sich am negativsten auswirkt, nämlich in der vordersten Bugspitze. Und trotzdem ist auf vielen Konstruktionszeichnungen gerade dieser Platz als Kettenraum vorgesehen. In einem Kunststoffschiff muss dann mindestens ein eigener Kasten (aus Holz) vorgesehen sein, damit beim Stampfen des Schiffes die zentnerschwere Kette nicht direkt gegen die Bordwand schlagen kann. Immerhin käme dies einem Fall aus 2 bis 3 Metern Höhe gleich.

Legt man den Kettenkasten ein Stück nach achtern und will die Kette mit weniger als 70° Neigung in den Kasten führen, so wird sie sich mit Sicherheit nicht von selbst verstauen. Das ist ein großer Nachteil, denn sie bildet dann einen Haufen, der – garantiert im unrechten Moment – die Ankerwinde blockiert. Ein Mann wird also bei einem Ankermanöver allein damit gebunden, dass er fortlaufend den Kettenhaufen umstürzen muss. Dabei brauchten wir bei unseren zahlenmäßig schwachen Mannschaften diesen Mann bestimmt woanders.

Die Kette verstaut sich nur dann von selbst, wenn sie nahezu senkrecht nach unten geleitet wird und genügend Platz für sie vorhanden ist – oder man benutzt eine Nirostakette.

Obgleich diese Ketten aus speziellem Chromstahl erheblich teurer sind als verzinkte Eisenketten, kann sich ihre Anschaffung durchaus rentieren. Sie haben nicht nur den Vorzug, dass sie viel besser gleiten, sich also auch bei einem nicht zu starken Gefälle in den Kettenkasten von selbst ver-

stauen, sondern sie ziehen keine Folgekosten nach sich. Eine verzinkte Eisenkette muss nämlich ungefähr alle fünf Jahre neu (feuer-)verzinkt werden, was vor allem wegen der hohen Transportkosten teuer werden kann. Außerdem sind Edelstahlketten (»Nirostaketten«) gelegentlich stärker, haben also eine höhere Bruchfestigkeit als Eisenketten.

Der Autor verwendet übrigens seit mehreren Jahren auf seinem 14-Meter-Katamaran eine Nirostakette der Firma WASI (www.wasi.de) zusammen mit einem 31-Kilogramm-Bügelanker, ebenfalls in Niro. Trotz gründlicher Augenkontrolle aller einzelnen Kettenglieder wurden keine Korrosionsspuren entdeckt. Das Gleiche gilt für den daran hängenden Bügelanker. Kette und Niro-Anker sind mit einem WASI-Kugelverbinder verbunden, der zuverlässig auch bei wochenlangem Liegen vor Anker und vielfachem Schwojen jeden Kinken in der Kette vermieden hat.

Diese Kombination – Bügelanker, Nirokette und Kugelverbinder – hat WASI zum Patent angemeldet und vertreibt es als WASI GTS (Ground Tackle System).

Warnung: Es ist ein Irrglaube, dass Edelstahl (»Nirosta«) nicht rosten kann. Er ist – wie jeder Stahl – für Elektrolyse empfänglich. Man beziehe eine Edelstahlkette deshalb nicht aus »Billigimporten«, sondern von renommierten Firmen, die für die Qualität geradestehen können. Andererseits sind bei einer Edelstahlkette oberflächliche (!) bräunliche Verfärbungen kein Anlass durchzudrehen, wenn sich dieser »Rost« mit den Fingern abreiben lässt.

Der große Vorteil der Kette ist ihre absolute Unempfindlichkeit gegen Schamfilen. Ein scharfer Felsbrocken kann nämlich in wenigen Minuten für eine Trosse das Ende bedeuten.

Um dieser Gefahr zu begegnen, verwendet man gerne eine Trosse mit daran angeschäkelter Kette von 5 bis 10 Metern Länge, einen »Kettenvorläufer«. Um die Schamfilgefahr gänzlich auszuschalten, kann man zusätzlich an die Trosse ein oder zwei Bojen stecken, die hinter dem Kettenvorläufer die Trosse aus der Reichweite von Felsbrocken anheben können.

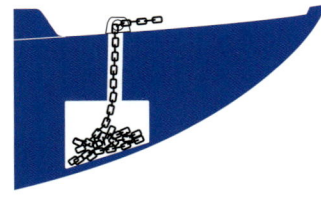

Oben: Ideale Position des Kettenkastens – Unten: Bei diesem Kettenkasten muss beim Ankeraufgehen immer eine Person die Kette »aufräumen«. Eine Niro-Kette würde sich – vielleicht – selbst verstauen.

Die Verwendung eines Kettenvorläufers ist allerdings nur ein Kompromiss. Der Hauptvorteil der Kette geht nämlich dadurch verloren. Durch ihr Gewicht federt sie die ruckweise Belastung des Ankergeschirrs ab, die dadurch entsteht, dass eine See unser Schiff hochreißt, während das Ankergeschirr gerade auf Zug steht. Allerdings wird bei den modernen Kunststoff-Fasern durch deren Elastizität auch das Einrucken nicht mehr so gefährlich sein wie in den früheren Tagen, als die damals verwendeten Naturfasern sich nur wenig dehnten.

Für die Ankertrosse, deren Stärke mindestens den Festmacherleinen entsprechen muss, werden folgende Durchmesser empfohlen:

Oh je! Kette und Anker sind mit einem viel zu kleinen Schäkel verbunden, der außerdem nicht gegen das Aufdrehen gesichert ist. Jede Kette ist so schwach wie...

bis	4 t Bootsgewicht	ca. 12 mm
bis	8 t Bootsgewicht	ca. 16 mm
bis	20 t Bootsgewicht	ca. 22 mm

Ankerspill

Auf einem Schiff bis ungefähr 6 Tonnen ist ein mechanisches Ankerspill nicht notwendig. Anker bis 25 Kilogramm können nämlich auch von weniger sportlichen Seglern noch durchaus mit der Hand bewältigt werden.

Jedes handbetriebene Ankerspill, welches ja nach dem bekannten Kraft-mal-Weg-Gesetz arbeitet, ist – wenn es kräftig sein soll – außerordentlich langsam. Wenn wir Anker auf gehen, werden wir uns zunächst nicht mit der Hand zum Anker verholen, sondern dorthin mit der Maschine motoren oder unter Umständen die Segel benutzen. Hierbei holen wir Hand über Hand die Trosse oder die Kette ein, das Ankerspill wäre viel zu langsam. Lediglich für einen kurzen Moment, nämlich zum Ausbrechen des Ankers, wäre dann die Kraft eines Ankerspills vonnöten. Anschließend aber zeigt sich dann der Nachteil eines »gut« übersetzten Ankerspills, wenn wir es dazu benutzen, den ausgebrochenen Anker aufzuholen. Das dauert nämlich! Dies ist der kritische Moment, wo eine Yacht nahezu

manövrierunfähig ist. Gerade hier wäre es wichtig, den Anker möglichst schnell aus dem Wasser zu bringen, wofür unsere Hände wesentlich besser geeignet sind als das langsame Spill.

Beim Ausbrechen des Ankers kommen wir auch ohne Ankerspill gut zurecht, wenn wir folgende wirkungsvolle Methode anwenden:

Der Anker wird so kurzstag wie möglich geholt und man wartet ab, bis eine kleine Welle das Vorschiff etwas anhebt. Hierfür reichen wenige Zentimeter aus, die Kraft dagegen ist außerordentlich groß. Kommt der Anker nach einigen Minuten noch nicht, so können wir die Mannschaft aufs Vorschiff schicken, die Trosse oder Kette so kurz wie nur irgendwie möglich belegen, um dann anschließend das gesamte Gewicht der Mannschaft im Cockpit zu versammeln. In 99 von 100 Fällen wird so das Vorschiff den Anker ausbrechen. Passiert aber nichts, hängen Anker oder Kette an einem Hindernis (Felsen, Muring etc.).

Auf einer kleinen Fahrtenyacht ist deshalb viel wichtiger als ein Hand-Ankerspill ein ausreichend stark bemessener Bugbeschlag mit einer robusten Belegklampe. Als Ideallösung bewährte sich eine sogenannte Pallklinke – auch Kettenstopper genannt –, unter der man zwar Kette einholen kann, die jedoch bei umgekehrter Zugrichtung das Kettenglied sperrt. So vergeudet man nicht unnütz Kraft, um die Kette zum Atemholen zu »belegen«.

Das eben Gesagte gilt selbstverständlich nicht mehr, wenn wir es mit Ankertypen von

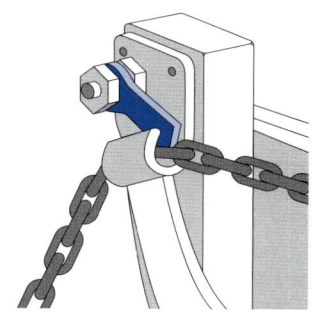

Auf kleinen Yachten ist eine einfache Pallklinke oft die bessere Lösung als ein handbetriebenes Ankerspill.

Handbetriebenes Ankerspill: Sehr langsam – für jüngere Segler ein besseres Spielzeug!

Ankergeschirr vom Feinsten: Für jeden der beiden Buganker ein eigenes Ankerspill für die Niro-Ketten. Entlastet werden die Anker durch je eine Pallklinke.

mehr als 30 Kilogramm zu tun haben. In diesem Fall muss ein Ankerspill an Bord sein, und zwar nach Möglichkeit ein elektrisch oder hydraulisch betriebenes. Weil aber diese Spills eine enorme Kraft aufbringen, arbeiten sie handbetrieben noch viel langsamer als die kleinen Dinger für 8-mm-Ketten. Es kommen deshalb elektrische Spills ernsthaft nur für Yachten ab 11 Meter infrage. Ist die Yacht energiemäßig vernünftig ausgelegt, so sollte der Antrieb des Ankerspills kein besonderes Problem sein, weil ja ohnehin bei nahezu allen Ankermanövern die Maschine mitläuft und so direkt ohne den energiefressenden Umweg über die Batterien Strom fürs Spill erzeugen kann.

Das Ankern selbst

Genauso wie Hafenmanöver wird auch ein Ankermanöver gründlich und mit der nötigen Umsicht vorbereitet. Warnungen in Seehandbüchern oder in Handbüchern für die Sportbootfahrt sind genau zu beachten. Nicht immer deutet andererseits ein in der Seekarte eingezeichneter Anker darauf hin, dass der Platz auch für Yachten geeignet ist. Vorwiegend sind nautische Unterlagen in erster Linie für die Großschifffahrt gedacht, die viel mehr Wind und vor allem Schwell verträgt.

Zunächst wird sich der Skipper in der Seekarte vergewissern, mit welchem Ankergrund er es zu tun hat. Felsige Gründe sind

– wenn möglich – zu meiden. Beim Fahrtensegeln gibt es zwei verschiedene Arten von Ankerplätzen. Das eine sind die »hundertprozentigen«, auf denen eine Fahrtenyacht auch bei Unwettern keine Probleme haben wird, die anderen sind nur bei bestimmten Windrichtungen als geschützt anzusehen. Gerade bei Letzteren sollte sich der Skipper frühzeitig Gedanken machen, was er tun kann, wenn der Wind unverhofft aus der »falschen« Richtung blasen wird. Niemals darf sich der Schiffsführer darauf verlassen, dass eine solche Situation nicht eintritt. Er muss sich deshalb von vornherein darüber im Klaren sein, ob er in einem solchen Fall den Ankerplatz noch verlassen kann. Ist diese Möglichkeit nicht gegeben, so handelt es sich um einen ungeeigneten Platz, der auf keinen Fall zum Übernachten gewählt werden darf.

Wie beim Anlegen im Hafen soll der Skipper ruhig ein paar Runden in der Bucht drehen, sich unter Umständen bei anderen Ankerliegern nach den Gegebenheiten erkundigen, bevor er sich dann zum Ankern entschließt. Auf jeden Fall muss er vorher, wenn er die beabsichtigte Ankerstelle überfahren hat, die genaue Wassertiefe des ausgewählten Platzes mit Hilfe des Echolots festgestellt haben, um genügend Kette oder Trosse vorzubereiten.

Die Regel »Dreimal so viel Kette, wie die Wassertiefe beträgt« ist gefährlich!

Sie hat allenfalls bei bestem Wetter und bei einwandfreien Bedingungen Gültigkeit. Wenn ein verantwortungsvoller Skipper aber vor Anker geht, so gebietet gute Seemannschaft, an alle Eventualitäten zu denken, und dazu gehört in erster Linie eine Wetterverschlechterung. Generell kann lediglich gesagt werden: Je länger die Trosse oder Kette, umso sicherer wird das Schiff liegen. Hat eine Fahrtenyacht also genügend Platz zum Schwojen, so ist nicht einzusehen, warum nicht die fünffache oder gar die zehnfache Ketten- oder Trossenlänge verwendet werden soll. Richtig ist es in jedem Fall, ohne Rücksicht auf die Wassertiefe immer eine Länge von mindestens 25 Metern zu wählen, denn dadurch wird die Gefahr des Einruckens wesentlich gemindert.

Leider sind gute Ankerplätze gelegentlich mit Yachten oder auch der Berufsschifffahrt überbelegt. Dann ist es manchmal schwierig, einen Platz zu finden, an dem viel Kette gesteckt werden kann, ohne dass andere Yachten in ihrem Schwojkreis behindert werden. In einem solchen Fall bleibt nichts anderes übrig, als sich einzugestehen, dass kein »Platz zum Ankern« zur Verfügung steht. Denn schlimm wäre es, mit ungenügender Kette zu ankern, dann den Anker unbeabsichtigt auszubrechen und durchs enge Ankerfeld zu driften, wobei Schäden bei anderen und einem selbst vorprogrammiert sind.

Bei der Auswahl des Platzes und der Kettenlänge muss auch berücksichtigt werden, ob es sich um ein Strom- oder Gezeitengewässer handelt. Es gibt windarme Ankerplätze, an denen ständiger Strom herrscht. Auf denen braucht ein gelegentliches Schwojen nicht einkalkuliert zu werden, doch das ist die Ausnahme. Üblicherweise drehen sich ankernde Yachten schon mit dem jeweiligen Wind. Es ist hierbei ein Irrtum anzunehmen, alle Schiffe würden sich im gleichen Rhythmus drehen. Manche Boote mit wenig Tiefgang (zum Beispiel Katamarane) werden sich schneller in die Windrichtung legen als andere behäbige.

Traumbucht im Mittelmeer. Geankert wird mit einem oder zwei Bugankern. Wer hätte da nicht Lust, die Heckleinen zu den Felsen auszuschwimmen?

Bei Flaute können die Ankerlieger völlig durcheinander stehen, um sich bei aufkommendem Wind diesem anzupassen. Dabei kann es zwischen eng benachbarten Booten zu entgegengesetzten Drehungen und damit zu Berührungen kommen. Mag man diese bei Flaute für harmlos halten, können sie doch schwere Schäden bei anderen und sich selbst anrichten, wenn in diesem Moment Schwell herrscht, wozu schon ein vorbeibrausendes Motorboot ausreicht. Nein, am besten ist es, genügend Abstand zu halten und alle Eventualitäten einzukalkulieren. Leider sehen es Neuankömmlinge auf einem Ankerplatz gelegentlich nicht so, vor allem dann, wenn es nicht ihr eigenes Boot ist (Charterboote). Ein Trick, mit dem der eigene Schwojkreis in etwa markiert werden kann, hilft vielleicht. Man verwende an seinem Anker eine Bojenleine mit einem auffälligen Schwimmkörper, zum Beispiel einem Fender. Dann sieht jeder, wo der Anker liegt, und er wird sich nicht gerade darüber legen, weil ja die Gefahr besteht, dass sich die Bojenleine in seiner Schraube oder dem Ruder verhängt. Allerdings hat eine solche Bojenleine auch für einen selbst den gleichen Nachteil, wenn die Yacht bei Flaute über den Auftriebskörper und die Leine treibt.

Auch unter Maschine wird der Skipper seinen Ankerplatz gegen den Wind anlaufen. Der Anker darf nicht fallen, wenn das Schiff gerade steht, damit die Kette nicht gerade auf dem Anker einen Haufen bildet und sich um den Anker wickeln kann. Am besten wartet man mit Maschine im Leerlauf so lange, bis der Wind den Bug der Yacht zum Abfallen bringt, um dann den Anker fallen zu lassen. Gefühlsmäßig lässt der Skipper jetzt nur so viel Kette stecken, dass der Anker zwar auf dem Grund liegt, auf ihn jedoch kein Zug kommt. (Erstes Gebot für Segler: »Zeit lassen!«) Ist die vorgesehene Länge ausgefahren und wird der Bug der Yacht zum Anker hingezogen, so ist das ein Zeichen, dass der Anker gefasst hat.

Nachdem ohnehin schon die Maschine läuft, ist es ein seemännisches Gebot, den Anker »einzufahren«. Wir warten dazu bei »Maschine langsam zurück« so lange, bis

Zug auf die Kette kommt, und gehen sodann über »Maschine halbe Kraft zurück« auf die Stellung »Maschine voll zurück«.

Immer wieder kann man Segler beobachten, die dieses Manöver meiden, weil sie Angst haben, dabei den Anker herauszureißen. Diese Einstellung ist ausgesprochen dumm. Wenn nämlich der Anker das Schiff bei gestreckter Kette mit »Maschine voll zurück« nicht halten kann, so wird er mit Sicherheit bei starkem Wind mit dazugehöriger Dünung und entsprechendem Einrucken ausbrechen. Selbst wenn ich unter Segeln vor Anker gehe, fahre ich zur Sicherheit regelmäßig dieses Manöver mit der Maschine.

Unter Segeln bereiten wir ein Ankermanöver in gleicher Weise vor, das heißt, wir segeln vorher einige Runden und stellen die Tiefe am Ankerplatz fest. Anschließend wird die Fock geborgen, um auf dem Vorschiff genügend Platz zum Arbeiten zu haben. Den genauen Ankerplatz fahren wir so an, wie wir es bei einem »Boje-über-Bord-Manöver« gelernt haben. Fischer, die einstmals große Schiffe ohne Maschine in engen Häfen segeln mussten, haben mir folgendes Manöver hierfür gezeigt, das ich persönlich als wesentlich geeigneter zum Ankern oder zum »An die Boje gehen« ansehe. In den Segelschulen ist es unbekannt oder wird nicht gelehrt, weil es für Jollen nicht geeignet, ja wegen der Kentergefahr sogar verboten ist.

Der ganze Trick besteht darin, dass das Manöver vor dem Wind und ohne Fock, also bei geringster Fahrt, angefahren wird. Die wenige Fahrt wird anschließend durch einen Aufschießer aus der Vorwindstellung noch »totgedreht«. Das Manöver hat den Vorteil, dass es selbst bei fremden Booten meist auf Anhieb gelingt, wenn vor dem Wind die beabsichtigte Ankerstelle oder die Boje in einer bis eineinhalb Schiffslängen (je nach Drehkreis des Schiffes) passiert und genau in dem Moment in den Wind gedreht wird, wenn der Rudergänger die Boje querab hat. Mit großer Wahrscheinlichkeit steht danach der Bug genau über der Boje. Ich habe dieses Manöver schon unter den verschiedensten Bedingungen und mit vielen Schiffen gefahren und war immer wieder

178

Fischer-Bojen-Anker-Manöver wie auf Seite 178 beschrieben. Die Fahrt wird »totgedreht«. Der seitliche Querabstand zur beabsichtigten Anlegestelle – eine oder eineinhalb Bootslängen – variiert je nach Schiffstyp. Ausprobieren!

verwundert über die Präzision, mit der auch schwere Yachten am vorbestimmten Platz standen. Selbst im Seegang funktioniert das Manöver.

Anschließend warten wir, bis auch hier der Wind den Bug der Yacht abfallen lässt, um den Anker fallen zu lassen. Erst wenn sicher ist, dass dieser gefasst hat, bergen wir das Groß. Zu früh heruntergeholt, wäre die Yacht im Falle eines Missgeschicks ohne Antrieb.

Noch einmal: Es ist gute Seemannschaft, auch bei einem Manöver unter Segeln anschließend den Anker mit der Maschine in den Grund zu fahren.

Da ja Fahrtenyachten meist in unmittelbarer Landnähe ankern, bewahren uns Peilungen von Landmarken kaum davor, unbemerkt abzutreiben, denn das Auswandern der Peilung kann auch durch das Schwojen des Schiffes verursacht sein. Gleiches gilt für das Festhalten der GPS-Position.

Auf weiträumigen und entfernteren Ankerplätzen aber sind Peilungen von Landmarken eine gute Vorsichtsmaßnahme gegen das unbemerkte Abtreiben, das auch erst Stunden oder Tage nach dem Ankern passieren kann. Auch wenn der Anker einen Sturm abgewettert hat, kann er beim nachfolgenden Schwojen ausgebrochen sein, ohne sich danach wieder einzugraben. Dann ist es gut, seine ursprüngliche Position mithilfe der beim Ankern vorgenommenen Peilungen zu vergleichen. Am besten eignen sich Deckpeilungen, bei denen also zwei zufällig hintereinander liegende Landmarken in Deckung stehen, zum Beispiel ein Leuchtfeuer und die rechte Kante eines Hauses oder Ähnliches. Hat man eine zweite Deckpeilung, die sich in einem deutlichen Winkel von der ersten unterscheidet, dann bekommt man ohne technische Hilfsmittel (Kompass) hochgenau seinen Ankerort, der jedenfalls nicht mit Messfehlern (Kompass) belastet ist. Solche Peilungen aber haben meist den Nachteil, dass sie in der Nacht nicht nachgeprüft werden können. Diesen Nachteil vermeiden Radarpeilungen.

Noch einfacher ist es, mit dem GPS-Gerät die Position festzuhalten und zu überprüfen. Hierbei kann berücksichtigt werden, dass eine GPS-Position heute auf ungefähr 10 Meter genau ist, dass es aber im Laufe des Tages auch zu einigen »Ausreißern« in der Ortsbestimmung kommen kann. Wenn man also den Verdacht hat, dass sich die Position verändert hat, sollte man das GPS einige Zeit (mindestens eine Minute) beobachten. Die Ankerposition lässt sich mit nahezu allen GPS-Geräten am einfachsten mit der MOB-Funktion (»Man overbord«) bestimmen. Einige Geräte haben auch eine eigene Funktion eingebaut – speziell für diesen Zweck. Dann lässt sich auch ein Alarm einstellen, der ertönt, wenn sich die Position um einen bestimmten Wert verändert.

Ist man sich sicher, dass der Anker hält, sollte man den Zug von der Kette nehmen. Denn es ist für die Ankerwinde vor allem bei schwerem Wetter unnötiger Stress, den Zug der Kette mit den unvermeidlichen Rucks aufzunehmen. Außerdem wird dadurch der Lärm von Anker und Kette auf das gesamte Schiff übertragen. Gut bewährt für diesen Zweck hat sich ein einfacher starker Stropp, der ein paar Meter vor der Ankerwinde mittels eines so genannten Kettenfanghakens oder einer Ankerklaue mit der Kette verbunden wird. Dann wird dieser Stropp auf der vorderen Klampe belegt und die Kette so lange von der Ankerwinde nachgelassen, bis nicht mehr die Kette den Zug aufnimmt, sondern eben dieser Stropp, der Ruck und Zug der Kette durch seinen Reck abfedert.

Stehen keine Ankerkralle oder Kettenfanghaken zur Verfügung, könnte man sich auch dadurch behelfen, dass an ein Kettenglied ein Schäkel geschraubt und dort der Stropp befestigt wird. Davon ist abzuraten, denn wenn im Notfall schnell Anker auf gegangen werden soll, kann dieser Schäkel zum Hindernis für die Kette auf ihrem Weg über die Ankerwinde und dann durch die Kettenklüse werden.

Ist Kette oder Stropp nicht genau mittschiffs befestigt, sondern werden sie über eine seitliche Lippe zur Belegklampe geführt, kann dies den Effekt haben, dass die Yacht vor Anker niemals geradlinig zur Kette ausgerichtet ist, sondern immer etwas seitlich liegt, was zum verstärkten Schwojen führt. Dies lässt sich dadurch vermeiden, dass von

der Ankerklaue zwei gleich lange Stropps durch die jeweiligen seitlichen Klüsen gefahren werden.

Besonders Katamarane neigen vor Anker wegen ihrer großen Breite und dem geringen Tiefgang dazu, sehr lebhaft vor dem Anker herumzutreiben. Dies ist schon deshalb unangenehm, weil sie sich nicht harmonisch den Treibbewegungen anderer Yachten am Ankerplatz angleichen können. Auch hier helfen zwei Tampen an Ankerklaue oder Kettenfanghaken, um die seitlichen Bewegungen zu dämpfen und das Ankerspill durch Abfangen von Ruck und Zug zu schonen. Katamarane liegen nur so einigermaßen ruhig vor Anker.

Mehrere Anker im Einsatz

Nur empfehlenswert ist es, mit dem Beiboot einen zweiten Anker auszubringen. Wenige Minuten brauchen wir bei gutem Wetter, um den leichteren Zweitanker mit einer angeschäkelten Trosse auszufahren und ins Wasser zu werfen. Bei eintretender Wetterverschlechterung kann das dagegen in der Nacht bei hartem Wind und Seegang zur Strapaze werden. Ich lege mein Schiff grundsätzlich vor zwei Anker. Das bedeutet fünf Minuten leichte Mehrarbeit und einen ruhigen Schlaf, auch wenn der Wind nachts anfängt, in den Wanten zu heulen. Ist unser Schwojkreis begrenzt, so werden wir ohnehin einen zweiten Anker ausbringen.

Eine der berühmtesten Ankerbuchten: Marigot Bay in St.Lucia/Westindien.

Wenn wir zur Sicherheit gegen schweres Wetter zwei Anker ausbringen, müssen beide in Richtung des erwarteten Sturmes liegen, wobei die Trossen zum Bug hin einen Winkel von 30 bis 45 Grad bilden sollten. Es ist illusorisch zu glauben, dass die Länge von Kette oder Trosse so bemessen werden kann, dass beide Anker gleichmäßig die Last des Schiffes tragen werden. Im Ernstfall wird der Bug abwechselnd an der einen und dann an der anderen Trosse reißen. Der Sinn zweier Anker ist in diesem Falle nicht, das Gewicht und die Belastung zu halbieren, sondern sozusagen eine zweite Verteidigungslinie gegen den Sturm zu bilden. Hält der eine Anker nicht, so haben wir immer noch einen zweiten.

Besteht bei Sturm die Gefahr, dass die Anker nicht halten, verlasse man den Ankerplatz. Im äußersten Fall, wenn ein geordnetes Ankeraufmanöver wegen des schlechten Wetters nicht mehr möglich ist, werden Anker und Kette bzw. Trosse an einem Fender zurückgelassen! Voraussetzung, um die gesamte Kette ins Wasser zu geben, ist allerdings, dass der Schäkel, mit dem sie im Kettenkasten gesichert ist, leicht geöffnet werden kann. Ist der Sturm vorbei, kann das Ankergeschirr in Ruhe wieder eingesammelt werden.

Links: Vermuren
Rechts: Verkatten

Vermuren und verkatten

Nahezu in jedem Lehrbuch beschrieben, habe ich es selbst in meiner ganzen Segellaufbahn kein einziges Mal erlebt. Der Grund hierfür ist der, dass das Manöver in einem Buch zwar sehr einfach beschrieben werden kann, in Wirklichkeit die Handhabung aber äußerst schwierig sein dürfte. Wesentlich leichter ist es nämlich, einen zweiten Anker auszufahren als zwei Anker an ein und dieselbe Kette zu stecken. Als wir in Suva (Fidschi) eine Hurrikan-Warnung erhielten, war es interessant, wie die dort befindlichen Segler – samt und sonders außerordentlich erfahrene Fahrensleute – sich bezüglich ihres Ankergeschirrs auf diese Naturkatastrophe vorbereiteten. Kein einziger Skipper griff zum Mittel des Vermurens oder Verkattens oder beschwerte gar die Kette mit einem Gewicht an einem Gleitschäkel, ebenfalls eine Methode, die sich häufig in Lehrbüchern findet. Sämtliche Yachten brachten alle Anker an möglichst langen Ketten oder Trossen aus. BEBINKA legte sich auf vier Meter Wassertiefe vor 100 Meter (!) Kette, an deren Ende ihr – wie sie meinten – zuverlässigster Anker angeschäkelt war, nämlich der Danforth. In der gesamten großen Bucht gab es keine einzige Yacht, die weniger als drei Anker ausgebracht hatte. SKYLARK benutzte gar vier.

Nachdem der Hurrikan mit 150 Knoten Windgeschwindigkeit über die Bucht gefegt war, stellte sich auf fast allen Yachten heraus, dass weniger die Anker und die Trossen die schwachen Punkte waren, sondern in den meisten Fällen die Belegklampen an Deck. Ein Boot verlor sämtliche Klampen und ging verloren. Dies beweist wieder einmal die Wahrheit vom schwächsten Glied in der Kette, und das waren hier die Belegklampen. Es versteht sich eigentlich von selbst, dass ein derart wichtiger Teil des Schiffes nicht einfach auf das Deck aufgeschraubt werden darf, und trotzdem passiert es auch in renommierten Werften. Jeder Skipper sehe sich daraufhin sein Schiff einmal genau an.

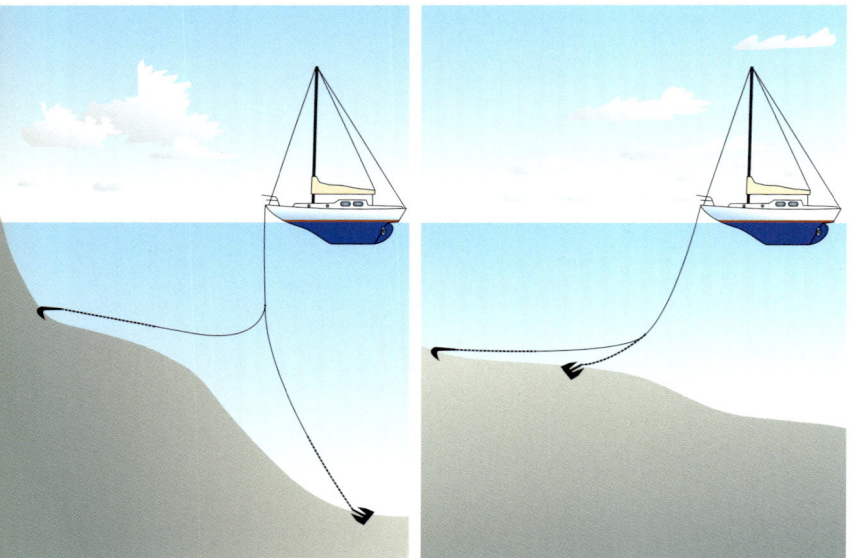

Über das Ankeraufgehen

So einfach dieses Manöver unter Maschine gefahren werden kann, so hängt unter Segeln sein Gelingen oft von einigen Unwägbarkeiten ab. Eigentlich ist es nur dann problemlos, wenn man genügend Platz hat, um in Ruhe abzusegeln – heutzutage nur sehr selten der Fall. Meist muss die Yacht nach einer bestimmten Seite absegeln.

Richtig ausgeführt, wird das Manöver dann gelingen, wenn der Anker sich gut eingegraben hat – ein Grund mehr, diesen immer mit der Maschine einzufahren.

Zunächst wird das Groß gesetzt. Die Fock würde die Arbeit auf dem Vorschiff nur behindern. Vorsichtshalber werden wir sie allerdings anschlagen und an der Reling festbändseln oder die Reihleine der Rollfock so vorbereiten, dass die Fock nach jeder Seite hin sofort aufgerollt werden kann. Die Großschot muss genügend Lose haben, damit das Schiff nicht gegen unseren Willen zu segeln anfängt. Nur wenn wir Schwierigkeiten haben, den Anker aus dem Boden zu brechen, ist es angebracht, »über den Anker zu segeln«. Dies wäre jedoch auf einem beengten Ankerplatz, bei dem wir unbedingt nach einer bestimmten Seite ablegen müssen, höchst gefährlich, denn wahrscheinlich wird der Anker genau im falschen Moment ausbrechen, nämlich dann, wenn er mit seiner letzten Haltekraft den Bug in die verkehrte Richtung reißt. Haben wir also nur die Wahl nach einer Seite, verholen wir uns langsam zum Anker hin. Wenn die Yacht fast über diesem steht, müssen wir ihn nunmehr aufmerksam beobachten. Immerhin ist es möglich, dass er gerade jetzt ausbricht – das wäre wahrscheinlich der falsche Moment –, und wir müssten sofort wieder Kette stecken. Der Anker darf erst dann kommen, wenn unser Schiff genau in der Richtung steht, in die wir absegeln wollen. Dies erreichen wir, indem wir mithilfe einer Bullentalje das Großsegel nach der Seite backsetzen, nach der wir absegeln wollen. Eine back gesetzte Fock wäre hier wenig wirkungsvoll, weil beim kurzstag geholten Anker der Drehpunkt vorn am Bug ist, also genau dort, wo die Fock ansetzen würde.

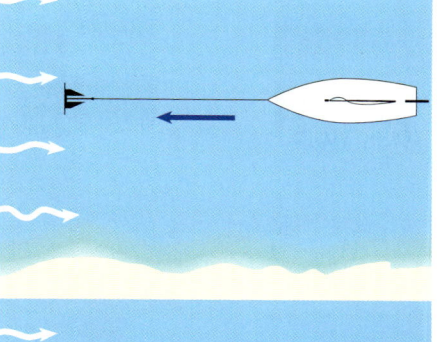

Ankeraufgehen unter Segeln nach einer bestimmten Seite: Kette kurzstag holen.

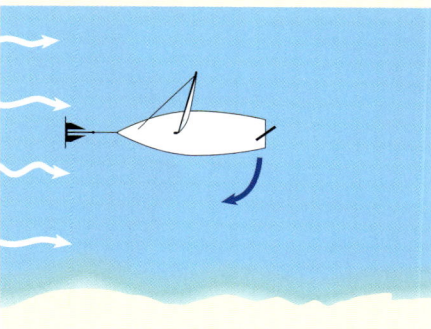

Der Wind dreht wegen des back gesetzten Großsegels (Bullenstander) das Heck nach backbord, ...

... bis der Wind seitlich genug einfällt, um das Groß zu füllen. Jetzt gilt: »Anker auf!«

Ruder hart backbord unterstützt die Drehbewegung, solange die Yacht noch achteraus treibt.

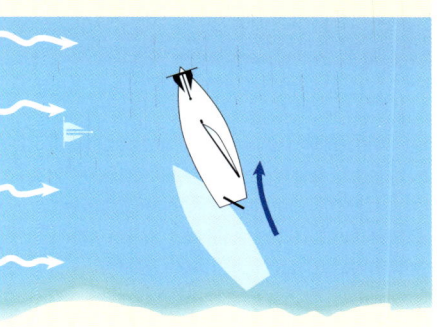

Bei Fahrt voraus sofort Ruder legen!

Gerade jetzt ist eine Zusammenarbeit zwischen Skipper und Vorschiff außerordentlich wichtig, denn der Schiffsführer sieht selbstverständlich von seinem Standort am Ruder nicht, wann der Anker frei wird. Dies ist aber der entscheidende Moment. Deshalb muss der Mann am Ankerspill melden: »Anker ist frei!«

Mit dem back gesetzten Groß wird die Yacht langsam Fahrt zurück aufnehmen. Der Rudergänger muss nun durch geeignetes Ruderlegen die Drehrichtung des Schiffes weiter unterstützen. Wollen wir nach Backbord ablegen, muss das Ruder in die Stellung hart steuerbord gelegt werden, solange die Yacht rückwärts läuft. Ist das Großsegel anschließend dichtgeholt, darf der Rudergänger den Moment zum Ruderlegen nicht verpassen, wenn das Schiff Fahrt voraus aufnimmt. Selbstverständlich muss der Anker so schnell wie möglich an Bord gebracht werden, damit wir die volle Manövrierfähigkeit zurückerhalten. In diesem Falle geht Sicherheit vor Sauberkeit auf dem Vorschiff.

Die Gefahr bei diesem Manöver liegt darin, dass der Anker zur Unzeit ausbricht. Weil wir davor nie ganz sicher sind, ist es in Fällen, in denen in der Nachbarschaft des Ankerplatzes eine Gefahrenquelle droht, empfehlenswert, das Schiff mit einem Verholanker zunächst zu einem hierfür günstigeren Ankerplatz zu bringen, um dann von dort abzusegeln, wobei es gleichgültig bleiben kann, nach welcher Seite unser Bug nach Ausbrechen des Ankers abfällt. Eine weitere Gelegenheit, bei der ein Beiboot zeigt, wie wertvoll es ist!

Yacht vor Anker mit dem Heck zur Pier

Das im Mittelmeer so verbreitete »italienische« Ankermanöver hat eine Reihe von Nachteilen: Um sicher zu sein, dass bei Schwell das Heck nicht auf die Pier knallt, wird immer ein gewisser Mindestabstand einzuhalten sein, was dazu führt, dass das Übersteigen auf die Pier eine recht unbequeme Angelegenheit wird, es sei denn, man benutzt eine Gangway.

Bei diesem Manöver muss der Anker unbedingt halten. So darf er bei starkem auflandigen Wind auf keinen Fall schlieren, denn

Vor Anker in Patagonien: Ein besonderes Problem ist Kelp, Schlingpflanzen, die verhindern, dass der Anker hält oder ihn fesseln.

Bei wenig Wind wird es unter Umständen einige Minuten dauern, bis das Schiff sich in die richtige Lage gedreht hat. Erst wenn wir sicher sind, dass wir nur noch die Großschot dichtholen müssen, damit sich das Groß füllt, kommt das Kommando »Anker auf«.

184

das hätte unweigerlich sofort das Auftreiben auf die Pier und damit schwere Schäden an Heck und Ruder zur Folge. Deshalb muss gerade hier der Anker mit äußerster Maschinenkraft in den Boden gefahren werden. Ein gut sitzender Anker muss es aushalten, wenn wir die Maschine mehrere Minuten volle Kraft zurück laufen lassen. Die Heckleine zu belegen und die Kette mit der Ankerwinde zu holen, ist stattdessen nur dann angebracht, wenn wir über eine sehr starke Ankerwinde verfügen. Weil aber auch hier aus Stromgründen die Maschine mitlaufen muss, ist nicht einzusehen, warum wir die Ankerwinde quälen sollen.

Übrigens kann das »italienische Anlegen« wegen der mäßigen Eigenschaften der meisten Segelschiffe beim Rückwärtsmotoren derart schwierig sein (und außerdem viel Spott im Hafen ernten), dass es in vielen Fällen empfehlenswerter ist, in Seelenruhe den Anker am richtigen Platz zu werfen und anschließend mit dem Beiboot eine lange Leine zum Land auszubringen. Bei abgestellter Maschine verholen wir uns anschließend in aller Gemütlichkeit mithilfe der starken Schotwinden.

Beim Ankeraufgehen aus diesem Manöver gebietet gute Seemannschaft, das Schiff so lange wie möglich unter voller Kontrolle zu haben. Hierzu werden zunächst die Achterleinen durch eine lange Leine auf Slip

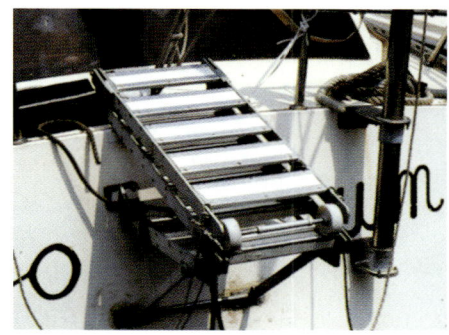

ersetzt, die bei gleichzeitigem Einholen der Ankertrosse langsam gefiert wird. Bei seitlichem Wind muss darauf geachtet werden, dass sowohl auf Trosse als auch auf Slipleine genügend Zug steht, um nicht auf ein anderes Schiff gedrückt zu werden.

Ist einem das Malheur passiert, dass man mit seinem Anker eine zweite Ankerkette mit aufholt, so wird die fremde Kette so weit hochgehievt, bis es gelingt, sie entweder durch Bootshaken oder durch einstweiliges Festmachen am Bug zu unterfangen. Hat man gar einen fremden Anker aus dem Grund gerissen, so versteht es sich eigentlich von selbst, dass dieser nicht einfach wieder ins Wasser geworfen wird, sondern dass der Skipper des betroffenen Schiffes verständigt wird. Selbstverständlich hilft man diesem tatkräftig, den Anker wieder auszubringen.

Unterwegs

Mit Maschine

Flaute nach dem Sturm in der Le-Maire-Straße. Mit Motor geht's weiter Richtung Staateninsel, dem größten Schiffsfriedhof der Welt.

Bei einem Segeltörn wird die Maschine auf offener See nicht allzu häufig benutzt werden. Ohne stützende Segel ist es nämlich unbequem zu motoren, außer, wenn nach lang anhaltender Flaute die Dünung einschläft. Auf einer wohl ausgewogenen Segelyacht wird die Geschwindigkeit, die die Maschine bei »Marschfahrt« dem Schiff verleiht, ohnehin etwas niedriger sein als unter Vollzeug bei gutem Wind.

Welche Drehzahl wählt man aber nun für die »Marschfahrt«? Auf Segelyachten sind hierfür zwei Kriterien maßgebend. Natürlich richten wir uns nicht etwa, wie bei der Berufsschifffahrt, nach der Rentabilität des Schiffes oder der »größten Reichweite«. Kaum jemals werden wir nämlich unseren ganzen Treibstoffvorrat herunterfahren. In der Berufsschifffahrt und auch bei unseren Kollegen von den reinen Motorbooten ermittelt man die »Marschfahrt« danach, wie weit man mit einer bestimmten Menge Treibstoff kommt. Der Mühe, dies mithilfe von Meilenfahrten genau festzustellen, brauchen wir uns nicht zu unterziehen.

In erster Linie werden wir die Maschine so schnell laufen lassen, dass wir eine gute Leistung von ihr bekommen und noch ein wenig Reserve haben. Ist die Maschinenstärke (und die Schraube!) für unser Schiff richtig bemessen, so werden wir deshalb den Motor mit ungefähr 70 bis 80% seiner möglichen Höchstdrehzahl laufen lassen. Steigt der Drehzahlmesser also beispielsweise bei Vollgas bis 2500 Umdrehungen pro Minute an, so liegt die Marschfahrt bei ungefähr 1750 – 2000 Umdrehungen pro Minute. Wir werden hier gleich feststellen, dass der Unterschied in der Geschwindigkeit zwischen 2000 und 2500 Umdrehungen pro Minute gar nicht mehr so groß ist, wenn wir im Schiffsbauch mehr als 3 PS pro Tonne haben.

Diese friedvolle Flaute sollte man nicht mit dem Brummen eines Diesels stören. Mitten auf dem Atlantik hat sogar der Ozean zu atmen aufgehört.

Zum Zweiten müssen wir uns aber auch noch nach der Laufruhe richten. Dieselmotoren, wie sie zumeist in Segelyachten verwendet werden, sind im Vergleich zu den Benzinmotoren ziemlich laufunruhig. Am schlechtesten ist es bei Einzylindern bestellt, während bei Vier- oder gar Sechszylindern solche Probleme kaum noch auftreten. Leider überwiegen jedoch in den kleineren Yachten (bis 11 Meter über alles) die Ein- und Zweizylinder. Bei der allgemein verwendeten flexiblen Aufhängung gibt es

Drehzahlbereiche, in denen die Maschine besonders unwuchtig läuft, und andererseits Drehzahlbereiche, wo man kaum mehr als ein leichtes Vibrieren im Schiff spürt. Seine Marschfahrt wird man deshalb innerhalb des vorher erwähnten Bereiches von ungefähr drei Vierteln der Höchstdrehzahl so einrichten, dass die Maschine besonders ruhig läuft.

Das Motoren auf offener See kann recht ungemütlich sein. Selten ist das Meer nämlich spiegelglatt, fast immer steht noch

das Rollen etwas zu dämpfen, ist es deshalb empfehlenswert, das Großsegel zu setzen und es dichtzuholen. Fock oder Genua wären da nur nachteilig, weil sie ja nicht mittschiffs dichtgeholt werden können und somit höchstens die Fahrt hemmen würden. Trotzdem kann das Flappen des Großsegels außerordentlich nervtötend sein. Eine gewisse Verbesserung lässt sich dadurch erzielen, dass mit dem Reff einige Ringe in das Groß und damit auch sein Bauch eingedreht werden. Wer den Aufwand nicht scheut, kann denselben Effekt mit dem Sturmgroßsegel (Trysegel) erzielen.

Weht ausreichend Wind, so gibt es auf einem Segelschiff eigentlich nur eine Rechtfertigung, die Maschine mitlaufen zu lassen, nämlich dann, wenn gegen den Wind unter Segeln allein nicht genügend Höhe herausgeholt wird. Hierbei kann eine geringe Verbesserung erzielt werden, indem die Maschine zur Unterstützung mitläuft. Wenn der Kurs aber so hoch am Wind ist, dass die Segel gerade noch stehen, erzeugen diese kaum mehr wirksamen Vortrieb. Besser ist es dann, einige wenige Grad abzufallen. Ein

Der Wind reicht nicht für genügend Fahrt. Um die Segel zu stützen, läuft die Maschine mit – siehe Kielwasser.

Dünung vom vorangegangenen Wind. Die Folge ist ein Rollen des Schiffes, das wirklich nicht nur auf unsere Nerven geht, sondern sich auch ungünstig auf die Maschine auswirkt. Unter Umständen treten sogar Motorstörungen auf, wenn der Dreck oder auch das Kondenswasser im Treibstofftank aufgewühlt wird und anschließend die Filter verstopft. Viele der Motoraufhängungen sind auf vertikalen Druck ausgelegt und reagieren auf die beim Rollen auftretende seitliche Belastung mit starken Vibrationen. Um

Blick auf den Geschwindigkeitsmesser zeigt uns den optimalen Kurs.

Bei viel Wind und einem ranken Schiff darf diese Methode nicht angewandt werden. Denn durch die Schräglage kann es passieren, dass die Maschine nicht mehr genügend Öl zur lebenswichtigen Schmierung bekommt. Eigentlich sollte man erwarten können, dass Motoren, die speziell für Segelschiffe gebaut werden, solche Probleme von vornherein berücksichtigen, doch das ist leider nicht der Fall. Eine Krängung von mehr als 20 Grad – ständig – ist auf jeden Fall zu vermeiden, weil sie zum Ende der Maschine führen kann, wenn der Ölfilm reißt und die Kolben deshalb »fressen«. Ein kurzzeitiges Überlegen von mehr als 20 Grad kann dagegen gerade noch hingenommen werden, wenn die Yacht z.B. in einer Dünung ohne das stützende Großsegel rollt. Erst größere Maschinen nehmen auf diesen Umstand Rücksicht, wie zum Beispiel der Sechszylinder-Diesel von Caterpillar, der deshalb eine zweite Ölförderpumpe eingebaut hat.

Eine gut installierte Maschine muss in der Lage sein, auch tagelang ohne Unterbrechung zu laufen. Notwendig ist dann aber unbedingt, ständig den Öldruck und die Temperatur der Maschine zu beobachten. Bei wassergekühlten Maschinen, besonders wenn sie nur mit Seewasser gekühlt werden, ist es notwendig, mindestens alle 10 Minuten auf den Temperaturmesser zu achten. Die seewassergekühlte Maschine darf höchstens 60 °C heiß werden, da sonst Kalk und Salzkristalle ausfallen und die kleinen Kühlkanäle in der Maschine verstopfen. Dies würde zu einem schnellen Anstieg der Temperatur führen.

Es kann hier und da vorkommen, dass das Ansaugventil für Kühlwasser durch Fische, Treibgut oder Plastiktüten verstopft wird. Liegt der Austritt des seewassergekühlten Auspuffes oberhalb der Wasserlinie, so bemerkt der aufmerksame Rudergänger sofort an einem etwas dumpferen Geräusch: Es ist etwas nicht in Ordnung. Ein Blick auf den Temperaturmesser wird ihm zeigen, dass die Temperatur innerhalb weniger Sekunden ansteigt. Sofort muss er das Gas wegnehmen und unmittelbar danach die Maschine abstellen. Diese sollte niemals direkt aus Volllast abgeschaltet werden. Ist der Kühlwassereintritt verstopft, so kann die Maschine auch nicht mehr im »Notfall« eingesetzt werden.

Wird der Motor über eine längere Zeit ununterbrochen benutzt, so muss auch daran gedacht werden, dass bei einigen Typen der Ölwechsel innerhalb kurzer Zeitabstände gemacht werden muss, zum Beispiel alle 50 Stunden.

Beim Motoren ist es erforderlich, dass das gesamte Schiff immer gut durchlüftet wird. Wenn möglich, bleiben alle Luken geöffnet. Sollte es nötig sein, dass Mannschaftsmitglieder während dieser Zeit schlafen, so sollen sie möglichst bei geöffneter Luke im Vorschiff ihrem Schlafbedürfnis nachkommen. Zwar muss eine Maschine immer so installiert sein, dass keine Abgase ins Schiffsinnere gelangen können, doch würde ich hier zu übermäßiger Vorsicht raten. Bereits eine leichte Kohlenmonoxyd-Vergiftung, die unter Umständen gar nicht als solche erkannt wird, kann zu ganz beachtlichen Ausfallerscheinungen führen. Starke Kopfschmerzen, Müdigkeit und Appetitlosigkeit gehören zu den Symptomen, welche die Leistungsfähigkeit der Mannschaft ganz erheblich reduzieren. Bei achterlichem Wind können sogar die Auspuffgase durch den Wind in den Niedergang getrieben werden. Dies ist zwar nicht lebensgefährlich, da ansonsten genügend Frischluft vorhanden ist, doch können unter diesen Umständen auch die oben genannten Unpässlichkeiten nach längerer Motorenfahrt auftreten.

Nimmt der Rudergänger ein fremdartiges Geräusch an der Maschine wahr, so ist diese immer sofort abzustellen, nachdem kurz in den Leerlauf gegangen wurde.

Unter Segeln auf hoher See

Kurs am Wind

Es gibt ein englisches Sprichwort, das da heißt: »Nur Idioten und Regattasegler gehen gegenan.« Die Gründe hierfür sind einleuchtend. Nicht nur, dass die Dünung gegen das Schiff arbeitet, der relative Wind ist ebenfalls wesentlich stärker. Angenommen, der wahre Wind bläst mit Stärke 4, die Yacht geht mit 6 Knoten gegenan, dann zeigt der Windmesser an Bord 5 Beaufort an. Segeln wir hingegen vor dem Wind, so messen wir nur noch 3 Windstärken. Diese Tatsache erklärt auch, warum die Wetterverhältnisse leicht unterschätzt werden, solange ein Segelschiff vor dem Wind abläuft. Am Wind herrscht auch aufgrund der stetigen Krängung subjektiv das Gefühl der größeren Unbequemlichkeit. Außerdem beträgt die Belastung von Rigg und Schiff hart am Wind ein Vielfaches im Vergleich zu anderen Kursen unter den gleichen Wetterbedingungen. Hierbei spielt auch die Wellenform eine Rolle. Bei »Gegenankursen« muss nämlich das Schiff die Welle auf der steileren Leeseite erklimmen.

Erfahrene Segler meinen deshalb: Es rentiert sich auf offener See meistens, auf eine Winddrehung zu warten statt gegenanzubolzen. Auf einer Langstreckenfahrt ist es in solchen Fällen manchmal sogar empfehlenswert, seiner Mannschaft eine Pause zu gönnen und beizudrehen, bis man den Kurs direkt anlegen kann.

Nur selten wird der Wind so direkt vom Ziel her wehen, dass es schwierig ist zu entscheiden, ob Backbord- oder Steuerbordbug günstiger ist. Um das herauszufinden, braucht die Yacht lediglich einmal auf den Backbordbug gelegt und hierbei der Kompasskurs gemerkt zu werden und einmal auf den Steuerbordbug. Festgestellter Strom muss allerdings berücksichtigt werden.

Die Erfahrung lehrt, dass auf Amwindkursen gern zu viel Segeltuch getragen wird. Ist das Schiff auf einem Amwind-Kurs so luvgierig, dass der Rudergänger starken Druck an Pinne oder Rad spürt, muss meist das

Groß gerefft werden. Die Geschwindigkeit wird danach kaum abnehmen, das Schiff aber wesentlich besser auf dem Ruder liegen, weniger Krängung haben und überhaupt einen bequemeren Eindruck vermitteln. Aufgrund der relativ größeren Windstärke bei Amwind-Kursen wird es nötig sein, hier viel eher nach dem Reffen des Großsegels die Genua teilweise wegzurollen oder gegen die Fock auszutauschen

Langkieler am Wind.

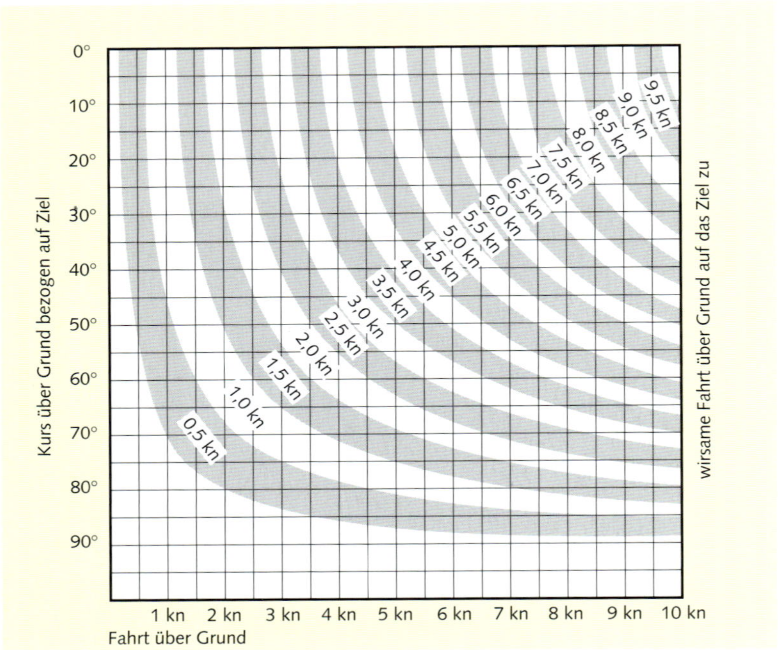
0°
10°
20°
30°
40°
50°
60°
70°
80°
90°
Kurs über Grund bezogen auf Ziel
0,5 kn
1,0 kn
1,5 kn
2,0 kn
2,5 kn
3,0 kn
3,5 kn
4,0 kn
4,5 kn
5,0 kn
5,5 kn
6,0 kn
6,5 kn
7,0 kn
7,5 kn
8,0 kn
8,5 kn
9,0 kn
9,5 kn
wirsame Fahrt über Grund auf das Ziel zu
1 kn
2 kn
3 kn
4 kn
5 kn
6 kn
7 kn
8 kn
9 kn
10 kn
Fahrt über Grund

Das Diagramm zeigt, mit welcher effektiven Geschwindigkeit (das sind die Kurven) man sich bei einer bestimmten Schiffsgeschwindigkeit dem Ziel nähert, wenn man es nicht direkt anliegen kann. Beispiel: Fahrt 7 Knoten, 50 Grad zum Ziel, ergibt 4,5 Knoten zum Zielort.

als beispielsweise bei raumen Winden oder Vorwind-Kursen. Bei den meisten Schiffen wäre es aber ungünstig, nicht vorher das Groß etwas zu reffen. Denn die Verkleinerung der Vorsegelfläche allein würde ja die Luvgierigkeit der Yacht vergrößern. Bei Rollfocks oder -genuas ist es aber meist verlockender, bequem das Vorsegel wegzurollen, als am Großbaum herumzuturnen, um das Großsegel zu verkleinern. Verständlich, wenn kein Rollgroß vorhanden ist, aber gute Seemannschaft ist es nicht!

Das Vorsegel soll am Wind so dicht wie möglich geholt werden. Bei Amwind-Kursen steuert man selbstverständlich nicht mehr nach dem Kompass, sondern versucht, so viel Höhe wie möglich herauszuholen. Weil der Wind um seine generelle Richtung immer etwas pendelt, müssen wir die kleinen Richtungsänderungen mitsteuern. Heute wird uns diese Tätigkeit, einst die Kunst des guten Rudergängers, durch hoch empfindliche elektronische Windrichtungsanzeiger erleichtert. Wir können sogar auf unserer Yacht wasserdichte Instrumente einbauen, die uns immer den optimalen Kurs zum Wind anzeigen.

Sind diese Geräte ein Muss auf einer Regattayacht, wo wenige Meter verschenkte Höhe über Sieg und Niederlage entscheiden, so kommen wir auf einer Fahrtenyacht immer noch ganz gut ohne sie zurecht. Es bleibt dem Rudergänger dann aber nichts anderes übrig, als in Lee zu sitzen und ständig die Vorsegel zu beobachten. Denn dort, und zwar am Vorliek, sieht er am ehesten, ob er zu viel Höhe läuft und die Segel dadurch nicht mehr richtig ziehen oder ob er Höhe verschenkt. In der Regel wird das Vorsegel ungefähr auf halber Höhe am Vorstag anfangen, leicht einzufallen. Dies ist das deutlichste Zeichen, dass die Fock nicht mehr zieht, und der Rudergänger sollte sofort abfallen. Anschließend kann er sich dann langsam wieder an den Wind herantasten, bis er gerade dieses leichte Killen am Vorliek der Fock bemerkt. Falls die Segel richtig stehen und noch nicht ausgeweht sind, sollten die Achterlieks der Segel nicht killen. Ist dies trotzdem der Fall, so deutet es darauf hin, dass die Segel nicht dicht genug geholt sind.

Der Amwind-Kurs ist außerordentlich günstig für eine Selbststeueranlage. Es ist allerdings ein Gerücht, dass sie besser steuert als ein guter Rudergänger. Der Grund liegt ganz einfach darin, dass der Steuermann sofort reagieren kann, wenn das Schiff zu hoch an den Wind gehen will, während die Selbststeueranlage naturgemäß erst dann abfällt, wenn das Boot bereits zu hoch am Wind ist. Segelt die Yacht gegen eine kabbelige See, so kann es passieren, dass sie immer wieder in ein Wellental kracht und fast völlig die Fahrt verliert. In diesem Fall wird, bevor das Schiff wieder volle Fahrt aufnimmt, der Bug weggedreht. Falls das öfter passiert, ist es ein Zeichen, dass wir zu hoch am Wind segeln und bei den Gegebenheiten letztlich nur noch wenig an Höhe gewinnen. Hier ist

Durch Windeinfluss ist die Leeseite einer See steiler; deshalb ist das »Gegenanbolzen« viel mühsamer als vor dem Wind abzulaufen.

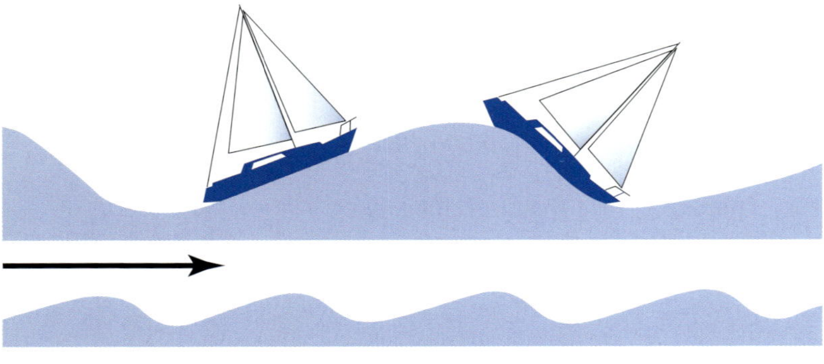

es auf jeden Fall richtiger, von vornherein so weit abzufallen, dass das Schiff durch den Seegang nicht mehr vollkommen abgestoppt wird.

> Je rauer die See, umso mehr müssen wir abfallen.

Im Übrigen bringt es oft wenig, wenn wir »Höhe kneifen«. Wie das Diagramm zeigt, ist es besser, 6 Knoten bei 50° am Wind als 5 Knoten bei 45° zu fahren. Die Luvgeschwindigkeit ist dann einen halben Knoten höher, und bequemer ist es auch.

Bei raumem Wind

Vergessen wir nie, dass wir ein Schiff so segeln müssen, dass Unfälle weitgehend ausgeschlossen werden. Der Sicherheitsfaktor muss immer an erster Stelle stehen. Eine große Gefahrenquelle an Bord ist der schlagende Großbaum. Der Autor hat selbst einmal an einer Regatta teilgenommen, wo einem Mannschaftsmitglied im Seegang vom schlagenden Großbaum – es war nicht einmal eine Patenthalse – tödliche Kopfverletzungen zugefügt worden sind. Dieses Risiko ist bei Amwind-Kursen am kleinsten,

weil der Großbaum fast mittschiffs gefahren wird und der Winddruck am stärksten ist. Selbst wenn der Wind plötzlich nachlassen sollte, könnte der Großbaum in einer rollenden Dünung wenig Schaden anrichten. Auf allen anderen Kursen muss er aber durch einen Bullenstander gesichert werden. Der Bullenstander oder die Bullentalje ist nichts anderes als eine Leine, die von der Nock des Großbaums aus möglichst weit vorn am Bug befestigt wird.

Segeln wir mit raumem Wind, so fieren wir das Großsegel zunächst etwas weiter als notwendig auf, belegen sodann die Bullentalje auf dem Vorschiff und holen anschließend das Großsegel wieder etwas dichter. Die Bullentalje erfüllt hier zwei Aufgaben: Zum Ersten verhindert sie, dass der Großbaum, falls der Wind nachlassen sollte, in der Dünung zu schlagen anfängt. Wenn der Großbaum die Wanten auch bei raumem Wind noch nicht gefährden würde, so kann er doch durch das ruckartige Einfallen in die Großschothalterung diese beschädigen. Der zweite Vorteil, den der Bullenstander bringt, ist, dass er das Steigen des Großbaums und damit des Segels verhindert. Dies kann sich nur positiv auf den Segelstand auswirken. Letztere Aufgabe wird auch vom Baumniederholer erfüllt, der allerdings nicht sehr häufig auf Fahrten-

Bei raumem Wind sind Yachten am schnellsten. Ein Rohrkicker unter dem Großbaum hindert diesen am Hochsteigen.

193

Auf dem offenen Ozean sind raume Winde deshalb nicht immer angenehm, weil die Dünung die Yacht rollen lässt.

Die Aufschrift auf dem Großbaum ersetzt den Bullenstander nicht. Dieser hat nämlich auch die Aufgabe, den Großbaum am Steigen zu hindern.

yachten zu finden ist, da er eine aufwändige Konstruktion benötigt, wenn ein Drehreff benutzt wird.

Befolgen wir den Grundsatz, möglichst jedes Risiko auszuschalten, so werden wir auch vermeiden, unnötig aufs Vorschiff zu gehen. Denn dort besteht erfahrungsgemäß die größte Gefahr, über Bord zu gehen, eine Situation, die einfach nicht eintreten darf. Um den Bullenstander nicht vom Vorschiff aus bedienen zu müssen, gibt es eine sehr einfache Lösung. Man führe eine lange Leine von der Nock des Großbaums zu einem Block auf dem Vorschiff, schere dort die Leine ein und führe den Tampen auf dem dem Großbaum entgegengesetzten Bug zurück ins Cockpit. Dort kann der Bullenstander dann auf die Schotwinsch genommen werden, um ihn vom Cockpit aus zu bedienen. Zwar muss ein Mann beim ersten Ausbringen aufs Vorschiff, um den Bullenstander einzuscheren, doch kann später bei Bedarf die Segelstellung jederzeit vom Cockpit aus geändert werden. Mit der freien Winsch in Luv kann der Bullenstander gut durchgesetzt werden. Ist in Luv keine Winsch frei, lässt sich der »Bulle« ähnlich ausbringen: Großschot etwas zu weit fieren, Bullentalje belegen und die Schot etwas dichter holen, wodurch der Bullenstander straff durchgesetzt wird.

Es ist sicher keine schlechte Idee, von vornherein zwei ständig ausgelegte Bullenstander durch einen Zwillingsblock am Vorschiff zu fahren. Wenn wir wenden oder eine Halse fahren, brauchen wir an dem hierbei mittschiffs kommenden Großbaum lediglich den einen Bullenstander gegen den anderen auszutauschen.

Der Rudergänger wird bei raumen Kursen und stärkerem Wind immer darauf achten müssen, dass er bei Windstößen nicht anluvt. Er wird deshalb dieser Tendenz des Bootes durch stärkeres Ruderlegen bereits vorher entgegenarbeiten. Spürt der Rudergänger übermäßigen Druck auf der Pinne, so ist das wiederum ein Zeichen, dass das Groß gerefft werden muss.

Leegierigkeit ist auf guten Schiffen kaum jemals festzustellen.

Das wirksamste Mittel gegen Luvgierigkeit ist das Verkleinern der Großsegelfläche.

So kann der Bullenstander vom Cockpit aus bedient werden.

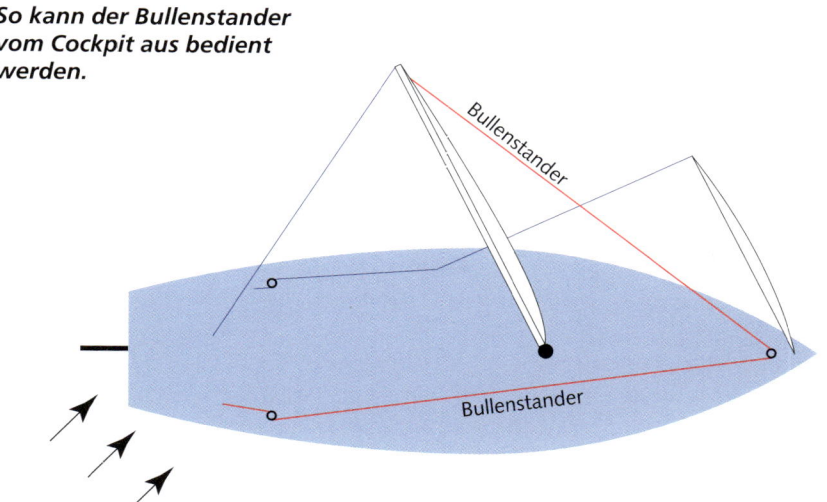

Das zeigt das Dilemma der (Fast-)Vorwind-Kurse: Wegen des besseren Standes des Vorsegels ist – trotz des mäßigen Windes – das Groß stark gerefft worden, um die Abdeckung gering zu halten. Der Skipper kann im Moment nicht mehr vor den Wind gehen, denn sonst würde die (Doppel-) Genua einfallen. So versucht er die zweite Genua auf der jetzigen Luvseite aufzuziehen, um dann später vor dem Wind das Groß zu bergen und unter Doppel-Genuas zu segeln. Nicht sehr befriedigend...

Während beim Amwind-Kurs ein einzeln gesetztes Vorsegel ohne das Großsegel nicht sehr wirkungsvoll ist, weil das Schiff keine gute Höhe mehr läuft, so kann auf raumen Kursen bei stärker werdendem Wind, wenn durch das Einreffen keine wesentliche Verbesserung des starken Drucks auf der Pinne erzielt wird, ohne weiteres das Großsegel ganz geborgen werden.

> Grundsätzlich gilt: Bevor das Vorsegel gegen ein etwas kleineres gewechselt wird, ist es immer besser, das Großsegel zu reffen oder ganz wegzunehmen.

Kurse vor dem Wind oder fast vor dem Wind

Wenn der Rudergänger vom raumen Kurs noch weiter abfällt, also so weit, dass das Schiff mit der wahren Windrichtung einen Winkel von 30 Grad vor dem Wind bildet, so fängt das Vorsegel an, vom Großsegel abgedeckt zu werden, die Fock beginnt zu killen. Dies bedeutet für den Rudergänger zweierlei:

- Die Fock ist wirkungslos, weil sie nicht mehr zieht, sie kann ebenso gut heruntergenommen oder eingerollt werden.

195

• Das Schiff nähert sich dem gefährlichen Kurs »platt vor dem Wind«, wo der Rudergänger aufpassen muss, keine Patenthalse zu fahren, die bei stärkerem Wind den Mast kosten kann.

Wenn die Fock dann folgerichtig weggenommen wird, lässt sich leicht feststellen, wo die Schwäche der Schratsegeltakelage liegt: Genau auf Vorwind-Kurs, wo wir wegen des geringeren scheinbaren Windes möglichst viel Segelfläche brauchen, haben wir nur noch die Hälfte zur Verfügung. Bei diesem Grenzkurs liegt die Idee nahe, die Fock auf die andere Seite zu nehmen. Sie wird bei deutlicher Dünung nur stabil stehen, wenn wir sie ausbaumen, allerdings noch nicht richtig ziehen. Das wäre erst dann der Fall, wenn wir noch weiter vor den Wind gehen. Nur in einem engen Kursbereich ziehen beide Segel voll, ohne dass der Abwind des Großsegels in die Fock strömt. Dieser Kurs lässt sich vor allem unter Selbststeueranlage mit den üblichen Kursschwankungen kaum halten, denn sie werden ja vom Wind angesteuert. Bei achterlichen Kursen sind scheinbare Wind-

sprünge von 30 Grad nicht selten. Der Automat kann sich aber nur nach dem scheinbaren Wind richten.

Wenn wir nicht nur mit der halben Segelfläche (nämlich dem Groß oder der Fock) segeln wollen und damit eine wesentlich niedrigere Geschwindigkeit laufen möchten, müssen wir eine effizientere Vorwind-Besegelung setzen. Hierzu gibt es drei Möglichkeiten:

Spinnaker

Der Spinnaker wurde von Rennseglern erfunden, die auf der Vorwind-Strecke möglichst viel an Geschwindigkeit vor den anderen Schiffen herausholen wollten. Weil der Spinnaker nie am Wind gesegelt wird, sondern immer nur auf den etwas windschwächeren Kursen »raumer Wind« und »vor dem Wind«, ist er – verglichen mit der übrigen Segelfläche – meist außerordentlich groß.

Der Spinnaker ist nicht einfach zu handhaben. Das Setzen und Bergen sollte deshalb bei leichten Winden ausreichend oft geübt werden, denn ein vertörnter Spinnaker

Das schönste und das schwierigste Segel: Spinnaker (500 Quadratmeter).

kann eine Reihe von Unannehmlichkeiten bereiten, insbesondere wenn er bei aufbrisendem Wind nicht mehr heruntergebracht wird.

Das Setzen und Bergen eines Spinnakers wird einer kleinen Mannschaft sehr dadurch erleichtert, dass ein »Bergeschlauch« (auch andere Bezeichnungen sind üblich, meinen aber alle dasselbe) verwendet wird. Hierbei wird der Spi in einer leichten schlauchartigen Hülle aus Spinnakerstoff vorgeheißt. Erst wenn alle Schoten und Achterholer parat sind, wird diese Hülle über das Segel nach oben gezogen, sodass der Spinnaker frei wird und sich entfalten kann. Das Hochziehen des Schlauchs wird dadurch erleichtert, dass das untere Ende als Plastikring ausgebildet ist, sodass es leicht über den stoffreichen Spinnaker gezogen werden kann. Das Bergen geht in umgekehrter Reihenfolge vor sich, wobei Voraussetzung ist, dass vor dem Bergen die Spinnaker-Schot völlig aufgefiert wird, damit der Druck aus dem riesigen Segel genommen wird. Nur

200 Quadratmeter Spinnaker können von nur zwei Mann mittels eines Bergeschlauchs in Sekunden geborgen (und gesetzt) werden.

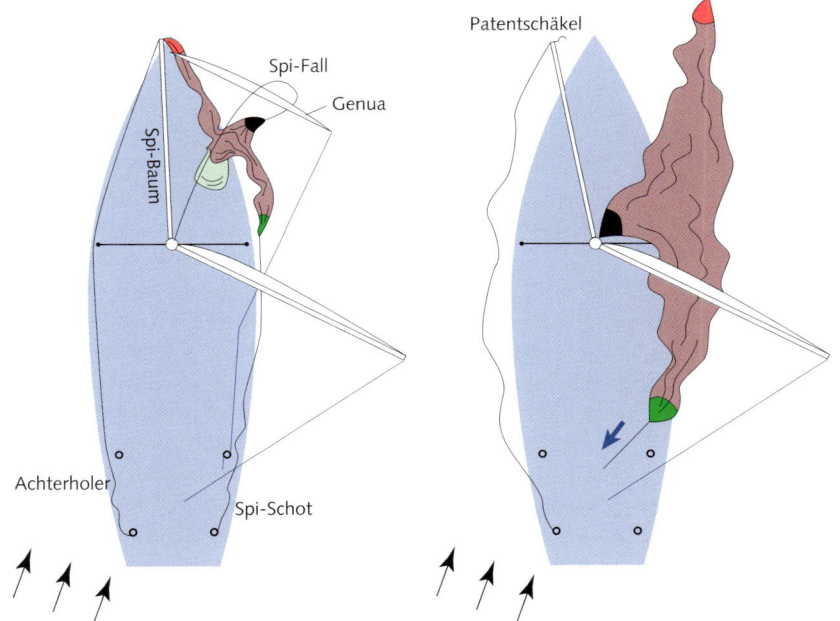

Links: Wenn kein Bergeschlauch verwendet wird, muss der Spinnaker zum problemlosen Setzen so – im Windschatten der Genua – vorbereitet werden. Zum Bergen wird ein Patentschäkel, der sich auch unter Last öffnen lässt, aufgerissen – der Druck ist aus dem Segel, wie eine wehende Fahne bietet der Spi kaum noch Widerstand, wenn er geborgen wird.

Spi-Fall
Genua
Spi-Baum
Achterholer
Spi-Schot

Patentschäkel

dann ist es nämlich möglich, die Hülle über den gesetzten Spinnaker herunterzuziehen. Es ist durchaus möglich, einen Spinnaker auch ohne Bergeschlauch zu setzen und zu bergen, wenn im Verhältnis zur Spinnakerfläche die Mannschaft zahlenmäßig nicht zu klein ist. Zwei Mann sollten auf dem Vorschiff mindestens zur Verfügung stehen. Aus der Regattaszene übernommen, hat sich folgendes Manöver auch auf Fahrtenyachten bewährt:

Das Spinnakersetzen bereitet nur dann Kummer, wenn das Segel Wind fängt, bevor es wirklich aufgeheißt ist. Dies gilt es also zu vermeiden! Der Spinnaker wird in seinem Sack so verstaut, dass Hals und Schothörner oben liegen. Den Segelsack bändselt man auf dem Vorschiff am Fußpunkt einer Relingstütze neben der Genua fest. Das Fall führen wir hinter der Genua herunter und picken es am Kopf des Spinnakers ein, die Schot läuft in gleicher Weise unter der Genua zum Schothorn durch. Das zweite Schothorn kommt unter dem Vorsegel hindurch und um das Stag herum an den bereits hochgeholten Spinnakerbaum, der hier ruhig am Vorstag anliegen darf. Hier müssen wir einen jener teuren Schnappschäkel verwenden, die auch unter Belastung aufzureißen sind. Mit dem Fall ziehen wir nun den Spinnaker hoch. Er wird nicht aufgehen, weil er ja noch abgedeckt ist, bis die Genua niedergeholt wird.

Beim Bergen des Spinnakers reißen wir ganz einfach den Schnappschäkel am Baum auf, Der Spinnaker weht aus wie eine Fahne. Bedient nun ein Mann das Fall, kann das Segel bequem mit der Schot im Schutze des Großsegels unter dem Großbaum hindurch ins Cockpit gezogen und dort gleich wieder in den Sack verstaut werden.

Ein Trick, wenn was schief geht:
Auszuschließen ist es trotz Bergeschlauch nicht, dass sich etwas verhakt, sodass der Schlauch den Spi nicht einhüllen kann. Dann muss das große Segel herkömmlich eingeholt werden, was sich bei kleiner Mannschaft trotz Abdeckung durch andere Segel (Groß, Genua) als schwierig erweisen kann. Um den scheinbaren Wind und damit den Druck im Segel zu verringern, kann die Maschine zu Hilfe genommen werden.

Unter höchstmöglicher Geschwindigkeit fahre man dann »platt vor dem Laken« hinter dem Spinnaker her. Aus vier Windstärken werden so zwei bis drei Beaufort.

Segeln wir unter Spinnaker, so muss ihn der Rudergänger ständig beobachten. Beginnt er einzufallen, wird er mithilfe der Schot aufgezupft oder der Mann am Ruder muss abfallen. Es sollte darauf geachtet werden, dass der Spinnaker nicht zu häufig einfällt, denn beim »Wiederaufblasen« wird fast immer ein erheblicher Ruck erzeugt, den wir als »Zittern des ganzen Riggs« sicher schon erlebt haben. Das ist jedoch eine deftige und schädliche Belastung für Mast und stehendes Gut.

Nur sehr kleine Spinnaker oder der Parasailor (siehe unten) fahren so stabil, dass sie nicht bedient werden müssen.

Fällt der Spinnaker ganz ein, so wäre es falsch, in den Wind zu schießen, die richtige Reaktion darf nur heißen: »Vor den Wind!« Die Tatsache, dass der Spinnaker laufend beobachtet werden muss, macht ihn auch für eine Selbststeueranlage ungeeignet. Sie kann nämlich die Pinne bewegen, jedoch nicht an den Schoten ziehen. Für Langfahrten eignet sich der Spinnaker überhaupt nicht sehr. Auf raumen Kursen lässt es sich ohne aufwändige Achterholer-Abweiser nicht vermeiden, dass der Baum am Vorstag unter großem Druck aufliegt. Eine schützende Ledermanschette bewahrt aber nur den Baum vor Schäden. Vor achterlichem Wind schamfilt meist die unterste Bahn des Spinnakers auf dem Vorstag. Eine mögliche Vorsorge gegen das Durchscheuern: Der Segelmacher soll die unterste Bahn doppelt nehmen.

Blister

Diese bauchigen und baumlosen Segel lösen leider auch nicht das Problem des Segelns vor dem Wind mit Fahrtenyachten. Mögen sie auf raumen Kursen wegen ihrer leichten Handhabung und leichten Tuches ideal für kleine Mannschaften sein, so sind sie nicht in der Lage, auf den so häufigen reinen Vorwind-Kursen stehen zu bleiben. Dies gilt erst recht unter Windsteuerung, wenn die konstruktionsbedingten Steuerschwankungen die Yacht schon mal für ein paar

viele hundert Meilen zu segeln, wird ihm klar, dass für solche Unternehmungen spezielle Vorwind-Segel ein Muss sind, um wirklich vorwärts zu kommen.

Seit vielen Jahren hat sich bei Fahrtenseglern die so genannte Passatbesegelung durchgesetzt. Ursprünglich aus der Not geboren – man wollte eine Besegelung, die einen von der Sklaverei des Rudergehens befreit –, sind die Passatfocks heute zu Standardsegeln für weite Fahrten auf Vorwind-Kursen geworden. Die Passatbesegelung besteht aus zwei gleich geschnittenen Focks, die mit jeweils einem Baum ausgebaut werden.

Zahlreichen Veröffentlichungen lag der Wunsch zugrunde, die ideale Passatbesegelung, also die Besegelung für wochenlange Vorwind-Strecken, zu finden, um das Problem der Selbststeuerung von Yachten zu lösen. Bis in die sechziger Jahre verfügte man nämlich über keine Windfahnensteuerungen und erreichte eine Selbststeuerung nur dadurch, dass man die Schoten der Passatsegel auf die Pinne übertrug und somit die Pinne durch die Segel bewegen ließ.

Es wurde gesagt, dass Passatsegel nur dann ihre besten Selbststeuereigenschaften haben, wenn der Fußpunkt der beiden Segel nicht vorn auf dem Bugbeschlag sei, sondern vor dem Mast. Außerdem würden dann strömungstechnisch die besten Verhältnisse herrschen, wenn die Fußpunkte der beiden Passatsegel ein Viertel der Unterlieklänge auseinander ständen. Weiter stritt man sich darüber, ob Passatsegel fliegend oder an Stagreitern gefahren werden sollen, was einen weiteren Aufwand bedingte, weil vor dem Aufheißen eigene Stagen gerigt werden müssten. Auch glaubte man die Selbststeuereigenschaften dadurch verbessern zu können, dass die Schothörner vorlicher als der Fußpunkt der Passatsegel liegen.

Diese Überlegungen spielen heute keine Rolle mehr, denn die Selbststeuerung wird zuverlässig von den Windfahnensteuerungen übernommen. Das Einzige, was derzeit bei den Passatsegeln noch interessiert, ist die Forderung, dass sie in einem möglichst breiten Kursbereich arbeitsfähig sein sollen. Bewährt hat sich beim Verfasser als Fußpunkt für die beiden Passatsegel derselbe

Sekunden über den reinen achterlichen Kurs »drübersteuern«. Versucht man es trotzdem, wird ein ständiges Einfallen die Folge sein, was Nerven und Segel übermäßig strapaziert.

Doppelfocks

Wie ungünstig unsere konventionellen Segel auf reinen Vorwind-Kursen sind, erfahren viele Fahrtensegler meist nicht, weil sie solche Kurse intuitiv als zu langsam meiden. Der Chartersegler wird ebenfalls ein anderes Ziel für den Segeltag wählen, wenn unter Groß und Genua die Geschwindigkeit vor dem Wind auf matte vier Knoten zurückgeht, weil die Genau nicht mehr zieht. Erst, wenn ein Fahrtensegler beispielsweise über den Atlantik segelt und er gezwungen ist, reine Vorwind-Kurse über

Unter Passatsegeln neigen Yachten – vor allem bei achterlichem Wind – zum Rollen. Hier wurde zum Abmildern des Rollens das Sturmgroßsegel (mit wenig Erfolg) gesetzt.

Fußpunkt, der für die Fock oder Genua benutzt wird. Das Setzen und Bergen wird wesentlich dadurch erleichtert, dass die Passatsegel nicht fliegend gesetzt werden, sondern an den normalen Vorstagen. Besitzt eine Yacht nur ein einziges Vorstag, so ist das kein Nachteil, wenn die Stagreiter der Passatsegel gegeneinander versetzt sind und die Segel mit einem einzigen Fockfall vorgeheißt werden. Weil dann nur beide gleichzeitig gesetzt werden können, erfordert dies eine starke Fallwinsch, denn per Hand wäre ein Aufheißen unmöglich.

Wird manuell gesteuert, können normale Passatsegel in einem Winkel bis zu 30 Grad zum wahren Wind gefahren werden. Freilich, ausgenutzt werden kann in der Praxis dieser Bereich nicht ganz, denn auch mit einer guten Selbststeueranlage läuft die Yacht ja »in Schlangenlinien«, sodass auf einem Grenzkurs – 30 Grad vor dem Wind – immer wieder der mögliche Bereich verlassen wird und ein Segel leicht back kommen kann.

Der große Nachteil der Passatsegel – und das gilt freilich auch für den Spinnaker –, ist, dass sie nur sehr umständlich und zeitraubend gesetzt und geborgen werden können. Dies muss beim Segeln vor dem Wind berücksichtigt werden – vor allem in der Nacht –, wenn wir uns mit einem »großen Bruder« auf Kollisionskurs befinden und

wegen der Doppelfocks eine Kursänderung um mehr als 30 Grad nicht möglich ist. Das erklärt vielleicht auch, warum Passatsegel sich ausschließlich auf ausgesprochenen Blauwasseryachten durchgesetzt haben, wo sie das Schiff wochenlang über einsame Ozeane ziehen.

Parasailor

Es kommt im Fahrtensegeln selten vor, dass neue Entwicklungen so offensichtlich ihre Vorteile demonstrieren, dass es nur eine Frage der Zeit ist, bis sie sich als neuer Standard auf Fahrtenyachten durchgesetzt haben. Das Parasail-Segel ist so ein Fall. Als der Autor auf dem Atlantik mit seinem 14-Meter-Katamaran Kurs West – ohne Parasail – einschlug, musste er sich bei achterlichen Winden mit den üblichen Problemen herumschlagen: Der vorhandene Spinnaker – 200 Quadratmeter groß – wurde bei kleiner Mannschaft nur bei besten Segelbedingungen gesetzt. Nachts schien es zu riskant, das große Segel mangels ausreichender Beobachtungsmöglichkeiten des Tuchs stehen zu lassen. Unter Genua und ungerefftem Groß musste bis zu 30 Grad vom Sollkurs abgewichen werden, damit beide Segel zogen. Wer schon einmal in der Atlantikdünung mit Groß und Vorsegel versucht hat, optimale »Tiefe« zu segeln, weiß, wie hierbei wegen der unvermeidlichen Winddrehungen das Rigg malträtiert wird.

Wurde stattdessen der direkte Weg zum Ziel gewählt, konnte man nur mit dem Groß oder der Genua allein segeln. Bei den schwachen Winden wurden so keine höheren Geschwindigkeiten als vier Knoten erzielt.

Alles, außer dem schwachen achterlichen Wind, änderte sich, als von der Firma Parasailor (www.parasailor.com) das Parasail-Segel auf die Kapverden nachgeschickt worden war. In knapp 15 Tagen war daraufhin der Atlantik nach Trinidad überquert, wobei das Parasail-Segel praktisch 14 Tage lang ununterbrochen als einziges Segel vorgeheißt war. Anfänglich unsicher, wurde für ein paar Stunden das Großsegel gesetzt, wegen seines nervigen Flappens jedoch bald wieder eingeholt und für den Rest des Törns in der Segeltasche verstaut. Die Genua blieb

Der Parasailor zieht hier mit seinen 200 Quadratmetern die Yacht mit über 10 Knoten unter Selbststeueranlage über den Ozean. Zur Bedienung reicht ein Mann.

Charakteristisch für den Parasailor ist sein »Vorflügel«, der nach aerodynamischen Erkenntnissen für den Auftrieb sorgt. Er braucht nicht gesondert bedient zu werden.

Der Parasailor kann auf einem Winkel von je 60 Grad vor dem Wind gefahren werden.

eine Nacht lang gesetzt – mit enttäuschenden Geschwindigkeiten. Ansonsten auf der gesamten Atlantiküberquerung: nur der Parasailor!

Inzwischen wurde die Yacht nur vom Skipper-Ehepaar weitere 1000 Seemeilen gesegelt, ausschließlich unter Parasail. Hierbei wurde bei konstanten 5 bis 6 Windstärken auch ein Etmal von 212 Seemeilen erzielt. Gesetzt und geborgen wurde der Parasail dieses Mal von nur einer Person. Nebenbei: Das unhandliche Großsegel ist seit einem halben Jahr nicht ein einziges Mal mehr gesetzt worden, was freilich auch damit zu tun hat, dass die Yacht hauptsächlich in reinen Passatgebieten gesegelt wurde.

Der Parasailor ist seiner Konstruktion nach ein Vorwind-Segel. Ohne weiteres verträgt er aber auch Winde, die aus einer Schiffsrichtung von 120 Grad einfallen. Daraus ergibt sich bei stärkeren Winden ein Einsatzbereich von zweimal 60, also 120 Grad. Bei schwächeren Winden kann dieser Bereich noch um ein paar Grad erweitert werden. Auf der THALASSA wurde der Parasail mit vier »Schoten« gefahren, was kompliziert klingt, in Wirklichkeit die Bedienung beim Schiften jedoch zum Kinderspiel macht: platt vor den Wind gehen, unbenutzte »Schot« über einen Block vorn am äußeren Bug bis auf einen Meter herunterwinschen (hierbei gleichzeitig die bisherige Spischot ein wenig fieren, bis sie nicht mehr trägt) und anschließend den bisherigen »Niederholer« fieren und die Spischot entsprechend trimmen. 10 Sekunden später ist der Schiftvorgang beendet.

Die Yacht wurde unter Parasail Tag und Nacht ausschließlich mit der Selbststeueranlage gesteuert – eine fast unlösbare Aufgabe bei einem herkömmlichen Spinnaker! Das Segel wurde ohne Baum gefahren und ist nicht ein einziges Mal eingefallen. Wenn die Lieken sichtbar den Druck verloren, öffneten sie sich von selbst nach ein paar Sekunden ohne den sonst bei Spinnakern gefürchteten Schlag oder Ruck, der Rigg und Schiff erzittern lässt. Gleiches wurde registriert, als eine Regenbö in der Nacht zu spät bemerkt wurde und den Windmesser für eine Minute auf über 40 Knoten bei einer Schiffsgeschwindigkeit von 14 Knoten brachte.

Das Setzen und Bergen des Parasailors mit seinen rund 200 Quadratmetern – regelmäßig vorgenommen, um Beschläge und Blöcke auf Abnutzung zu kontrollieren – verlief mittels des Bergeschlauchs unproblematisch, auch bei den seltenen steiferen Winden. Hierzu waren zunächst jeweils zwei Mann im Einsatz – später wurden die Manöver von einem Mann allein gefahren. Eine über 20 Meter lange, ranke Segelyacht war zur gleichen Zeit auf derselben Strecke unterwegs – ein paar Tage länger. Der Skipper berichtete, dass man sehr bald das Groß nicht mehr habe führen können, das Schlagen des Segels vor dem Wind in der Atlantikdünung hätte es absehbar zerstört. Nach diesem 3000-Meilen-Test kann der Parasailor für Fahrtenyachten als die ideale Vorwind-Lösung angesehen werden.

Die clevere Idee hinter dem Parasail ist, jahrzehntelange komplizierte aerodynamische Entwicklungen aus der Gleitschirmfliegerei zu übernehmen. Tatsächlich ist der Parasail nicht nur, wie ein Spinnaker, eine riesige Stofffläche, die dem Wind als Widerstand dargeboten wird, woraus sich dann der Vorschub (= Windgeschwindigkeit minus Schiffsgeschwindigkeit) ergibt. Das Segel setzt den Winddruck über das sich in einer großen Düse befindliche aerodynamische Profil gleichzeitig in Vortrieb und (!) Auftrieb um. Das Parasail fliegt der Yacht sozusagen voraus. Segel, Düse und Flügel bilden dabei eine nach aerodynamischen Gesetzmäßigkeiten entwickelte Einheit. Das Flügelprofil ist mit dem übrigen Segel vernäht und braucht nicht gesondert bedient zu werden.

Hieraus ergeben sich bemerkenswerte Verbesserungen gegenüber reinen platten Tuchflächen: Zum einen wird so eine gegenüber einem Spinnaker deutlich gesteigerte Standstabilität erreicht, zum anderen wird das ansonsten stützlose Rollen und Schaukeln von Einrumpfyachten deutlich abgemildert. Folge: höhere Kursstabilität – keine »Sonnenschüsse« mehr.

Bei Katamaranen, die ohnehin nicht rollen, wirkt sich dies in einer deutlichen Gewichtsentlastung des Vorschiffs aus. Bei Mehrrumpfbooten kommt hinzu, dass wegen deren Breite die Benutzung eines Baumes beim Parasail unnötig ist.

Faszinierend sind die geringen »Hardware«-Voraussetzungen an das Rigg. Werden bei der konventionellen Passatbesegelung zwei Bäume mit allem Drum und Dran, zwei Stagen oder zwei Nuten in der Rollanlage benötigt, so reichen beim Parasail das Tuch und ein paar Schoten. Beim Einrumpfschiff ist nur ein (!) Baum, kein Extrastag oder eine zweite Nut in der Rollreffanlage nötig. Ob Mono oder Multi, der viel stabilere Stand des Parasails gegenüber dem herkömmlichen Spinnaker wirkt sich auch dahin gehend aus, dass die berüchtigten rigggefährdenden Rucks praktisch nicht mehr vorkommen, auch nicht, wenn das Segel beim unbeabsichtigten Verlassen des Kurses für einen Moment gänzlich einfallen würde. Die Ursache hierfür ist – neben dem Auftrieb – die über die gesamte Segelbreite gehende Öffnung im oberen Drittel. Dort kann durch die Ventilwirkung überschüssige Luft entweichen, wodurch die gefürchteten Schläge abgefangen werden. Gleiches gilt für plötzlich einfallende Böen, die auffällig gutmütig verarbeitet werden.

Den genialen Parasail zähle ich zur Grundausstattung in der Segelgarderobe jeder Fahrtenyacht, gleichgültig ob Mono oder Kat. Er ist mein wichtigstes Segel.

Segel wechseln

Vorsegel an Stagen können auf allen Kursen zum Wind geborgen und gesetzt werden, Roll-Vorsegel sowieso. Unverständlicherweise sieht man trotzdem sehr viele Yachten, die zu diesem Zweck in den Wind gehen. Das Schiff verliert seine Fahrt und beginnt im Seegang zu stampfen. Das Vorschiff wird nass und die Mannschaft hat Schwierigkeiten, einen sicheren Halt zu finden. Wenn der Winddruck aus dem Groß heraus ist, beginnt dann zu allem Überfluss noch der Großbaum zu schlagen.

Ganz anders dagegen, wenn wir zum Wechseln der Vorsegel auf Vorwind-Kurs gehen – selbstverständlich nur mit gesetzter Bullentalje. Der relative Wind wird schwächer, das Vorsegel am Stag beginnt leicht zu flattern, weil es durch das Groß abgedeckt wird. Mit einer Hand können wir die Schot nahe beim Schothorn greifen, mit der anderen öffnen wir die Fallwinsch. Selbst wenn das Vorsegel hierbei zum Teil über die Reling ins Wasser fällt, ist das kein Unglück. Weil wir vor dem Wind laufen, ist das Vorschiff trocken und die Bewegungen sind harmonisch, sodass wir in Ruhe die Stagreiter öffnen und die Fock abschlagen können. Mit einer guten Fallwinsch ist es auch kein Problem, anschließend das neue

Segel zu setzen. Fehlt uns eine derartige Winsch, so können wir kurz an den Wind gehen, damit für den Moment des Vorheißens die Stagreiter nicht an das Vorstag gepresst werden.

Auch bei Rollfocks empfiehlt sich zum Wegrollen wegen des geringeren Winddrucks ein Kurs vor dem Wind. Das Segel kann so viel schonender und kraftsparender eingedreht werden.

Es ist nicht einzusehen, warum wir den Vorteil der ruhigen Schiffsbewegungen und des schwächeren relativen Windes auf Vorwindkursen nicht auch beim Großsegelbergen ausnutzen sollen. Das Einzige, was uns daran hindert, sind Segellatten im Groß, die ich auf einer Fahrtenyacht eigentlich sowieso nicht besonders schätze. Bevor wir den Großbaum ganz dichtholen, um ein Schlagen zu vermeiden, muss er selbstverständlich angedirkt werden. Natürlich fällt das Großsegel, das durch den Wind leicht an den Mast gedrückt wird, bei diesem Kurs nicht von selbst, doch lassen sich Großsegel bis zu 30 Quadratmeter von einer Person per Hand ganz gut herunterziehen, wenn Mastschiene und -rutscher in Ordnung sind. Sonst wirkt »WD40« oder ein sonstiges Kriechöl – vor jedem Auslaufen aufgesprüht – Wunder.

Selbst das Setzen des Großsegels vor dem Wind ist möglich. Dabei bestehen auch keine besonderen Schwierigkeiten, das Groß auf die gleiche Art mit der Fallwinsch aufzuheißen. Wenn nötig, können wir, um es schließlich endgültig stramm durchzusetzen, wiederum für einen Moment in den Wind gehen. Auf diese Art und Weise kann sogar ein Großsegel mit Segellatten gesetzt werden, wenn man nur aufmerksam darauf achtet, dass sich die Latten nicht unter der Saling verhängen. Ein zweiter Mann kann das Achterliek mittschiffs ziehen, sodass die Segellatten mit dem Segel problemlos über diese kritische Stelle gezogen werden.

Wenn eine Yacht allerdings ein durchgelattetes Groß fährt, dann müssen wir leider zum Setzen und Bergen in den Wind gehen. Unterstützt werden wir bei diesen Manövern häufig durch so genannte »Lazy Jacks«, Leinen, die verhindern sollen, dass das Großsegel allzu weit vom Mast fällt. Oft sind sie sogar so wirksam, dass das Großsegel nach dem Bergen auf dem Großbaum zu liegen kommt und so leicht festgebändselt oder in der Segeltasche verstaut werden kann.

Ganz egal, auf welchen Kursen unterwegs das Großsegel geborgen werden kann, gilt dies nicht bei Hafenmanövern. Dort darf das Groß nur im oder am Wind gesetzt und geborgen werden.

Reffen des Großsegels

Auf fast jeder Yacht findet sich heutzutage ein Rollreff. Vor einigen Jahren wurde diese Art des Reffs von Fahrtenseglern noch mit viel Misstrauen bedacht, weil es auf Langfahrten allzu oft das Schiff im Stich gelassen hat. Dies war aber hauptsächlich in jenen Tagen, als noch keine Kunststofflager verwendet wurden, die nicht mehr gepflegt werden müssen. Auf meiner Weltumsegelung habe ich ein Rollreff benutzt, das bis zum letzten Tag klaglos funktioniert hat. Allerdings habe ich es trotz der Kunststofflager in regelmäßigen Abständen gut gefettet. Ich muss aber einräumen, dass ich zur Sicherheit vor dem Start zur großen Reise noch ein Bindereff im Großsegel habe anbringen lassen.

Der Hauptvorteil des Rollreffs ist, dass ähn-

lich wie das oben beschriebene Setzen und Bergen des Großsegels auf jedem Kurs gerefft werden kann. Bei den modernen Rollreffs sind die Großsegel bereits auf das Reffen zugeschnitten, was aber andererseits bedeutet, dass sie einen mehr oder weniger guten Kompromiss darstellen.

Ein so gerefftes Großsegel wird niemals einen erstklassigen Stand haben. Das ist allerdings bei einer Fahrtenyacht hinnehmbar, da es hier nicht auf jeden Zehntelknoten ankommt. Andererseits bedeutet ein Rollreff einen erheblichen Bequemlichkeitsgewinn – und damit mehr Sicherheit.

Beim Bindereff treten solche Probleme nicht auf. Der Hauptnachteil allerdings ist die Tatsache, dass zum Reffen der Baum mittschiffs und der Druck aus dem Segel genommen werden muss, was nur im Wind möglich ist. Die Zeit im Wind oder am Wind mit den stampfenden Schiffsbewegungen sollte man mit guter Vorbereitung auf ein Minimum verkürzen. Wenn Vorliek und Achterliek dann gerefft sind, kann man wieder abfallen und an dem mit dem Bullenstander gesicherten Baum auf allen Kursen die Bändsel binden. Die Zuverlässigkeit des Bindereffs ist nicht zu übertreffen.

Ich persönlich würde auch in Zukunft gern ein Rollreff und (!) ein Bindereff auf meiner Fahrtenyacht haben.

Das Rollreff auf dieser Fahrtenyacht (Fähnrich 34) hat sich über 50 000 Seemeilen bewährt. Bei raumem Wind hat der Bullenstander den Großbaum im Griff, er kann nicht steigen.

Sicherheit auf See

Selbst wenn beim Bau einer Fahrtenyacht alles wohl bedacht wurde, drohen einem kleinen Schiff auf See eine ganze Reihe von Gefahren:

1. Über-Bord-Gehen
2. Kollision mit einem anderen Schiff
3. Strandung
4. Unfall oder Krankheit an Bord
5. Sinken durch Vollaufen
6. Feuer
7. Erschlagen werden von einer brechenden See
8. Kollision mit einem Wal

Die Gefahr einer Kollision mit einem Wal steht zwar in dieser Reihenfolge an letzter Stelle, doch gibt es erfahrene Ozeansegler, die sich davor auf offener See am meisten fürchten. Ich kenne allein zwölf Yachten, die – zufällig – das Opfer dieser sonst so gutmütigen Tiere geworden sind. Unwahrscheinlich ist dagegen, dass eine Yacht von einem Wal angegriffen wird.

Meist wünscht der gutmütige Riese ebenso wenig wie wir selbst eine Kollision. Auffällig ist, dass es zwischen Motorbooten und Walen praktisch nie Schwierigkeiten gibt. In den walreichen Gewässern der Neuen Hebriden, wo die Fischer jeden Morgen mit ihren Motorbooten auslaufen, ist niemandem bekannt, dass jemals eines der Fischerboote von einem Wal gerammt worden wäre. Daraus ergibt sich für mich sicher, dass Wale durch lautes Motorengeräusch fern gehalten werden. Ein häufig empfohlenes Rezept wage ich nicht anzuwenden, nämlich das Echolot einzuschalten. Ich hab dies einmal in einer Schule von Tümmlern probiert, mit dem Erfolg, dass die bis dahin so geschickten Tiere durch den Ultraschall derart verwirrt wurden, dass sie wuchtig gegen die Bordwand stießen.

Ein auf jeden Fall unschädliches Abwehrmittel erprobte ich über 15 000 Meilen und sah in dieser Zeit keinen Wal mehr in der Nähe: Von einem Ruderfitting unter Wasser spannte ich ein Stück Flaggleine zur Reling. Beim Segeln versetzte die Wasserströmung diese Leine in Vibrationen, was ständig ein schnarrendes Geräusch verursachte. Es könnte sein, dass sich hierdurch ein schlafender Wal vor meinem Schiff warnen lässt. In der Koje muss man sich allerdings auch erst an den Lärm gewöhnen.

Über-Bord-Gehen bedeutet sowohl in Küstennähe als auch auf hoher See Lebensge-

Dieser ungefähr 9 Meter lange Wal begleitete die Yacht des Autors eine bange Stunde lang im Atlantik, wobei er mehrfach unter der Yacht hindurchtauchte und auf der anderen Seite wieder hochkam.

Das Undenkbare geschieht: Die TJISJE sinkt im Nordatlantik! Noch scheint alles in Ordnung, doch Skipper Henk van de Weg hat sie schon aufgegeben, weil er gegen das steigende Wasser nicht mehr angekommen ist. Ursache unbekannt, wahrscheinlich eine Rammung mit einem Wal...

fahr. Je nach Seegang, Sichtverhältnissen und Wassertemperatur sind die Rettungsaussichten gering oder hoffnungslos. Das viel geübte »Mann-über-Bord-Manöver« (oder besser »Boje-über-Bord-Manöver«) ist in einem derartigen Notfall nur dann anzuwenden, wenn wir keine Maschine an Bord haben oder diese nicht einsatzfähig ist. Freilich deutet dies auf schlechte Seemannschaft hin, die Maschine muss heutzutage immer klar sein.

Beim folgenden Manöver können vor allem zwei Fehler gemacht werden. Es hängen Schoten, Fallen oder sonstige Leinen ins Wasser, sodass die Schraube blockiert wird. Praktische Übungen unter Ernstfallbedingungen haben gezeigt, dass das Gelingen des Manövers auch dadurch in Frage gestellt wird, dass Befehle entweder gar nicht (der Skipper ist ins Wasser gefallen!) oder so unklar gegeben werden, dass sie nicht ausgeführt werden können.

Es ist beispielsweise bei einer größeren Crew Unsinn, den Befehl »Hol nieder Groß« zu geben, worauf sich garantiert entweder alle oder gar keiner angesprochen fühlen. Besser ist es zu rufen: »Renate, wirf das Großfall los!« Wenn der Skipper ausgefallen ist, muss eine Person – zweckmäßigerweise der Rudergänger – das Kommando übernehmen, was vorher abgesprochen sein muss.

Henk van de Weg muss aus der Rettungsinsel zusehen, wie seine (unversicherte) Yacht auf Tiefe geht. Sein Leben verdankt er einer BFA-Rettungsinsel.

Mann-über-Bord-Manöver

Es ist ein Gebot der Seemannschaft, mit einer neuen Crew bei Törnbeginn das folgende Manöver überraschend einmal durchzuspielen!

Empfohlenes Mann-über-Bord-Manöver

1. Der Rudergänger legt hart Ruder, um das Schiff mit dem Bug durch den Wind zu bringen. Das sollte eine Reflexbewegung sein – oder werden.

2. Dem Kameraden im Wasser wird ein Rettungsring zugeworfen; besser wäre eine Rettungsboje (mit Licht), um die Unfallstelle zu markieren. Auch andere schwimmfähige Gegenstände gehen in kurzen Zeitabständen über Bord, um den Weg zur Unfallstelle zu kennzeichnen.

3. Gleichzeitig oder unmittelbar danach – soweit es eben die Mannschaftsstärke erlaubt – muss in jedem Fall die GPS-Position des Unfallortes festgehalten werden. Hat der GPS-Empfänger keine MOB-Taste (»Man over bord«), muss die Position mit allen (!) Dezimalziffern vom GPS abgeschrieben werden. Es gibt heute keine bessere Methode, die Unfallstelle auf 10 Meter genau festzuhalten.

4. Während die Yacht in den Wind dreht und über Stag geht, lässt der Rudergänger gleichzeitig die Maschine an.

5. Durch das back gesetzte Vorsegel liegt das Schiff nun mehr oder weniger ruhig breitseits. Läuft die Maschine, werden die Segel geworfen oder eingerollt, wobei darauf geachtet werden muss, dass keine Schoten oder Fallen ins Wasser hängen, die in die Schraube geraten könnten. Schönheitspreise werden hier keine vergeben. (Nicht vergessen: Großbaum andirken und sofort mit der Großschot dichtholen.)

6. Anschließend nähere man sich dem Verunglückten. Besteht die Gefahr, dass der überbord Gegangene aufgrund der niedrigen Wassertemperatur (unter 16° Celsius) in Kürze ohnmächtig oder bewegungsunfähig sein wird, so muss der Mann ohne Rücksicht auf Verluste so schnell wie möglich mit einer Leine gesichert werden. In den meisten Fällen kann der überbord Gegangene noch für einen kurzen Zeitraum selbst Hilfe leisten. Es wäre töricht, den Verunglückten erst versuchen zu lassen, über die Badeleiter an Bord zu kommen. Mit seinen klammen Fingern und den voll gesogenen Kleidern hat er keine Chance, und wenn die Kräfte erlahmen, ist es meist auch zu spät für ihn, sich selbst einen Palstek um die Brust zu legen. Bei Wassertemperaturen über 20° Celsius dagegen muss darauf geachtet werden, dass man den Verunglückten in jedem Fall in Luv von der Yacht an die breiteste Stelle des Schiffes bekommt. Auf der anderen Seite oder in der Nähe des Hecks besteht im Seegang die große Gefahr, dass die stampfende Yacht den Mann erschlägt. Bei ruhiger See dagegen ist die beste Einstiegsmöglichkeit eine fest montierte Badeleiter – ein besserer Ausdruck wäre »Sicherheitsleiter« – am Heck. Achtung auf die Schiffsschraube, sie kann tödlich verletzen!

7. Die größte Gefahr ist dann gebannt, wenn eine Leinenverbindung zwischen Schiff und Schwimmer hergestellt werden konnte. Meist wird der Verunglückte nicht in der Lage sein, aus eigener Kraft an Bord zu kommen; eine Patentlösung, um ihn wieder zurückzuhieven, gibt es nicht. Auf keinen Fall darf ein – auch gesicherter – Mann der Besatzung ins Wasser springen, um zu helfen. Wir hätten dann genau auf der Seite, wo wir ihn am nötigsten brauchen, einen wichtigen Mann weniger. Falls sich am Mast starke Winschen befinden, empfehle ich zur Bergung das Groß- oder das Fockfall. Am wirkungsvollsten kann es jedoch sein, den Großbaum so hoch wie nur irgend möglich anzudirken, den freien Tampen der Dirk mit dem Mann im Wasser zu verbinden und mithilfe der vielfach untersetzten Großschot den Großbaum nach unten und damit den Verunglückten an Deck zu ziehen (funktioniert nicht bei innen laufenden Fallen). Ist uns die Reling im Wege, schneiden wir sie mit dem Wantenschneider kurzerhand weg. (Es geht um ein Menschenleben!)

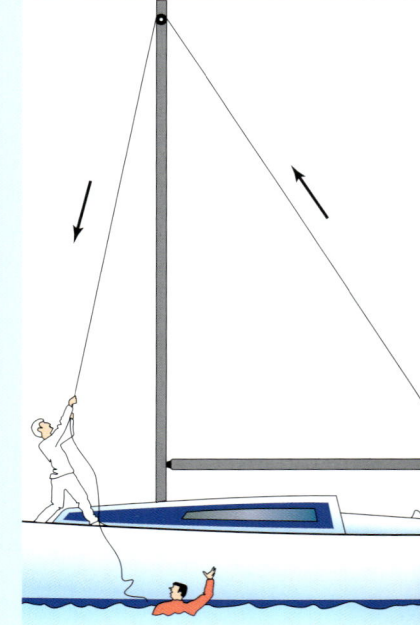

Eine weitere Methode, die jedoch eine starke, eingespielte Mannschaft voraussetzt, ist die Bergung mithilfe eines kleinen Segels. Hierbei wird die Sturmfock mit Fußpunkt und Schothorn an Deck festgemacht und das Fock- oder Großfall am Kopf eingeschäkelt. Ist der Treibende mithilfe des Bootshakens in das auf dem Wasser liegende Segel hineingezogen, braucht dieses nur noch am Kopf hochgeheißt zu werden. In den Fällen, wo eine Leinenverbindung zum Verunglückten mangels seiner Mithilfe nicht hergestellt werden kann, kann dieses Manöver die letzte Hoffnung sein.

Will es das Schicksal, dass wir den Sichtkontakt zu dem Verunglückten verloren haben, so halte ich es für eine ganz ausgezeichnete Idee von Behrend Beilken, in jedem Fall auch die Rettungsinsel über Bord zu werfen. Schon bei Windstärke 5 oder 6, wenn sich die ersten Schaumkronen gebildet haben, kann es sein, dass wir den Verunglückten optisch nicht mehr ausmachen können, obwohl er sich nur ein paar hundert Meter von uns entfernt hat. Wahrscheinlich sieht er aber uns. Die über Bord geworfene Rettungsinsel eröffnet dem Verunglückten eine zweite winzige Chance zur Rettung. Wegen der (geringen) Abdrift ist

Nachschwimmen zwecklos, trotzdem wird die Unfallstelle in etwa markiert.

Im Übrigen würde ich auch immer dann die Rettungsinsel einsetzen, wenn ich wegen des starken Seegangs nur die geringste Gefahr sehe, den Verunglückten beim Bergen zu verletzen. In diesem Fall hat er nämlich die Möglichkeit, in die Rettungsinsel zu steigen, und wir können diese mit einer langen Leine (etwa hundert Meter) am Schiff sichern, bis Wetterbesserung eintritt. Befinden wir uns nicht vor einer Leeküste, so kann der Verunglückte in der Rettungsinsel Stunden oder gar ein oder zwei Tage verbleiben, bis wir ihn dann bei Wetterbesserung oder mithilfe von herbeigerufenen Schiffen in Ruhe an Bord nehmen können.

»Mann über Bord« aus der Sicht eines Überlebenden

Dr. Dietger Mainz ist im Spätherbst auf dem IJsselmeer das Unvorstellbare passiert. Er hat Riesenglück gehabt und überlebt. Sein ehrlicher Bericht kann Menschenleben retten, wenn aus ihm gelernt wird:

»Ich zog mir meine Segelbekleidung komplett mit Rettungskragen und integriertem Lifebelt an. Der Regen wurde von zunehmendem Wind mit Stärke 7 abgelöst und wir erreichten dann bald die Schleuse zum Ijsselmeer. Mit dem Motor setzten wir die Fahrt fort und freuten uns auf den Hafen in ca. 4 Seemeilen Entfernung. Doch wir hatten uns zu früh gefreut, denn wir mussten die Segel setzen, weil plötzlich der Motor ausfiel. Beim Aufkreuzen riss letztlich auch noch das Großsegel ein, das wir daraufhin bargen. Wir setzten unseren ›Törn‹ nun mit der Fock fort. Nachdem ich die Selbstwendefock flach durchgesetzt hatte, machten wir ordentlich Fahrt. Das Schiff schob viel Lage.

Ich versuchte mit dem nicht mehr benötigten Großfall den Baum anzudirken, da die Baumnock im Cockpit sehr störte. Ohne eingeklinkten Lifebelt ein waghalsiges Unterfangen, das mich bei der nächsten Welle über Bord gehen ließ! Ich verlor das Gleichgewicht und schon lag ich im Wasser. Meine Rettungsweste blies sich sofort auf, und durch den geschlossenen Anzug, Stie-

Bei außen laufenden Fallen hat auch eine schwache Mannschaft eine Chance. Bei entsprechend dimensionierter Dirk kann man auch diese benutzen.

fel und Halsmanschette empfand ich auch keine unangenehme Kälte. Kein Schreck oder panische Angst stellte sich ein, ich kannte ja vom Überlebenstraining her alle Abläufe. Nun musste alles schnell gehen. Tom und Peter bemerkten erst durch mein Rufen, was passiert war. Ich erwartete, dass sie jetzt ein Mann-über-Bord-Manöver starten würden und blieb ruhig. Das Boot war hoch am Wind, sie liefen von mir weg, um zu halsen – also alles okay. Als sie zurückkamen, hatte das Schiff hohe Fahrt und schoss an mir vorbei. Beide hatten in der Aufregung vergessen, die Segel herunterzunehmen oder zumindest in den Wind zu schießen. Es herrschte Panik und Kopflosigkeit an Bord, wie ich an ihren starren Blicken erkennen konnte.

Ich rief nach einer Leine, bekam sie gerade noch zu fassen, ließ sie jedoch sofort wieder los, weil ich durch die hohe Fahrt unter Wasser kam. Dann war ich allein...

Ich dachte mir, dass Tom nun rot schießen würde – denn wir hatten einen Mitläufer etwa 2-3 Kabel an Backbord. Aber nichts passierte. Warum ich nach allen Erlebnissen auf alle diese Maßnahmen im Notfall vertraute, weiß ich bis heute nicht. Keine Zeit für irgendwelche Gedanken oder hektische Aktivitäten!

Ich kämpfte mit den überkommenden Wellen, schluckte Wasser und zog mir deshalb das Spray-Cap über, was zu meiner Rettung (erheblich) beitragen sollte. Durch das kleine Sichtfenster war außer dem Wasser nichts zu sehen. Ich versuchte mich an das zu erinnern, was ich als Ausbilder und im Überlebenstraining beim DSV gelernt hatte. Das half mir, nicht in Panik zu geraten. Also nahm ich eine Embryohaltung ein und verkniff es mir, meine Blase zu entleeren, um keine Wärme zu verlieren. Abwarten und ruhig bleiben war die Devise! Den Gedanken an die Familie schob ich sofort beiseite – dies war keine Hilfe für die Bewältigung meiner Lage. Ich fror nicht und konnte nur abwarten.

Wie lange ich so im Wasser lag, kann ich nicht sagen. Als es dämmerte, sah ich ein Schiff mit Scheinwerfern, hob aber keine Hand, um ja keine Energie zu verschwenden. Eine allmähliche Ohnmacht erlöste mich dann.

Ich erinnere mich an laute Schüttelgeräusche, da lag ich jedoch schon auf dem Rettungskreuzer. Als ich erwachte und die vielen Gesichter um mich herum sah, wollte ich mich aufrichten, wurde aber sofort hinuntergedrückt. Ich war in einer Alu-Folie eingewickelt und fror furchtbar, so, dass die Zähne klapperten.

Mit hoher Fahrt liefen wir in Richtung Hafen, dort sah mich ein Arzt an und sagte: ›Der kommt durch!‹

Jetzt passierte alles in Windeseile. Im Krankenwagen wurden mir Elektroden angelegt und ich wurde in ›Goldfolie‹ gepackt. Als wir im Krankenhaus ankamen, waren Arzt, Schwestern und Helfer sofort zur Stelle. Blitzschnell zog man mich aus, gab mir eine Infusion und röntgte mich. Mit Elektroden versehen kam ich schließlich auf die Intensivstation zum Aufwärmen. Meine Körpertemperatur lag knapp unter 30 °C, meine Arme und Beine waren völlig gefühllos.

In Folie gepackt lag ich da und konnte nur abwarten, ob mein Körper das Aufwärmen schaffte. Wegen der Gefahr des Kammerflimmerns wurden keine Hilfsmittel eingesetzt. Ich durfte wegen Energieverbrauchs auch nichts essen oder trinken.

Gegen 23.00 Uhr kamen dann Tom und Peter, die inzwischen die Familie benachrichtigt hatten, und erzählten, dass sie völlig kopflos gewesen waren. So hätten sie keinen Schuss abgefeuert und relativ spät ›Mayday‹ gefunkt – etwa zwei bis drei Seemeilen von der Unglücksstelle entfernt. Zum Glück funktionierte das UKW-Sprechfunkgerät.

Nachts schmerzten meine Beine und ich hatte Durst. Eine Schwester gab mir etwas warmen Tee. So verging langsam die Nacht ohne tiefsinnige Gedanken an die Ereignisse, sondern mit dem Gefühl, in Sicherheit und Geborgenheit zu sein.

Am Morgen hatte ich es geschafft. Zwar durfte ich noch nicht gleich aufstehen, wurde dann aber nachmittags nach einer Röntgenaufnahme entlassen. Erstaunlich war für mich, wie ich mich in dieser Extremsituation an das Überlebenstraining erinnerte, sodass letztlich das vorhandene Wissen und die Übungspraxis mich wohl stabilisiert haben.«

- Keine Panik, sie halbiert die Überlebenschancen!
- Wenn ein Schwimmkörper (Rettungsring oder Ähnliches) in nächs-
  ter Nähe ist, versuche ihn zu erreichen und halte dich daran fest!
- Keinesfalls sich irgendwelcher Kleidungsstücke entledigen!
- Nicht winken, nicht schreien, nicht
  strampeln, Rückenlage, Gesicht nach
  Lee oder Spray-Cap einsetzen!
- Falls sich an der Rettungsweste eine
  Pfeife befindet, alle 30 Sekunden
  einen Pfiff!
- Beten!

Die Dunkelziffer lässt sich nicht annähernd schätzen, aber eines ist sicher: Der Harndrang hat einige Segler das Leben gekostet. Welcher Segler kennt das nicht? Vor allem auf Nachtfahrt – auf Wache – möchte man sich erleichtern. Der Weg nach unten aufs WC scheint mühsam, vor allem, wenn man sich erst aus dem Ölzeug schälen müsste. Verlockend ist es, sich mal an die Reling zu stellen, auch wenn man dazu das Cockpit verlassen muss. Aber oft kann man der Versuchung nicht widerstehen. Eine Hand für sich selbst, da wird schon nichts passieren. Doch das mit dem Festhalten ist nicht so leicht. Denn dazu müsste man sich etwas anspannen, während für die andere Tätigkeit Entspannen angesagt ist. Wenn sich dann genau in diesem Moment die Yacht wegen einer querschlagenden See auf die Seite legt, könnte es passieren: »Mann über Bord« und nächtens kaum Aussicht auf Rettung. Erst recht dann nicht, wenn die anderen schlafen.

Da setzt Lee Bakewells Idee von der SY Escape Cay an. Wenn man das Cockpit gar nicht verlassen müsste? Wenn man gar nicht an die Reling gehen müsste? Wenn man vielleicht gar nicht aufstehen müsste? Einige Pfennigartikel lösen das Problem genial. Ein Trichter, eine Schlauchklemme und ein paar Meter Schlauch, die außenbords führen – mehr Utensilien sind fürs sichere Pinkeln nicht nötig. Sogar an Wasserspülung hat Lee auf seinem neuen 47-

So kann Mann sicher pinkeln, ohne Gefahr zu laufen, über Bord zu gehen.

Fuß-Katamaran gedacht: Aus einer Plastikflasche ein wenig Salzwasser nachlaufen lassen, und schon ist die Hygiene wiederhergestellt. Und die Zeiten der gelben Scheuerleisten sind auch vorbei!

Sicherheitsgurt

Das ständige Tragen einer Mannleine wäre die einzige Maßnahme, um eine solch katastrophale Situation wie »Mann über Bord« mit Sicherheit zu vermeiden. Dies mag angehen, wenn man nur einen kurzen Tagestörn fährt, ist aber praktisch kaum durchzuführen, wenn die Reise länger dauert. Aber man kann sich durchaus angewöhnen – ähnlich wie beim Sicherheitsgurt im Auto –, dass auf keinen Fall der gefährlichste Teil des Schiffes, nämlich das Vorschiff, ohne Sicherheitsgurt betreten wird. Bei schwerem Wetter ist es ohnehin selbstverständlich, dass niemand das Cockpit ohne Sicherheitsleine verlässt. Besteht auch nur geringe Gefahr von überkommendem

Ohnmachtsichere KADE-MATIC-Rettungsweste mit integriertem Sicherheitsgurt. Im nicht aufgeblasenem Zustand ist sie an Bord bequem zu tragen. Die Betriebsbereitschaft der Weste lässt sich mit Bordmitteln einfach überprüfen.

Mit dieser einsatzbereiten Sicherheitsleine kann zum Verunglückten im Wasser durch Einkreisen der Unglücksstelle eine Leinenverbindung hergestellt werden.

Wasser, so wird man sie auch im Cockpit eingepickt lassen.

Wie so ein Sicherheitsgurt beschaffen sein sollte, darüber wurde schon viel geredet und geschrieben. Einen guten Kompromiss stellt die Ausführung ohne Schrittgurt dar, der sich nicht als unbedingt notwendig erwiesen hat. Das Geschirr wird hierdurch bequemer, was letzten Endes dazu führt, dass man es auch häufiger anlegt.

Es hat schon eine Reihe von Unfällen gegeben, als Segler trotz angelegter Mannleine über Bord gewaschen wurden. Nein, der Gurt brach nicht, sondern sie waren gerade in diesem Moment auf dem Weg zum Vorschiff und hatten sich für einen Moment ausgepickt, um sich einen neuen Punkt zum Sichern zu suchen, als das Unglück passierte. Tatsächlich ist es nicht möglich, vom Cockpit zum Vorschiff zu gelangen, ohne für kurze Zeit ungesichert zu sein. Die Fockschot ist immer im Wege – auch dann, wenn man eigens eine Leine oder ein Drahtseil vom Cockpit zum Vorschiff verlegt, an dem man die Mannleine sichern kann. Es bleibt deshalb nichts anderes übrig, als in diesen Augenblicken besonders auf die heranbrausenden Seen zu achten.

Zum Sichern wähle man nach Möglichkeit Punkte, die mittschiffs liegen. Nicht günstig ist beispielsweise die Reling, denn die kann am allerwenigsten einen Sturz nach außenbords verhindern. Man wird dann – zwar mit der Mannleine am Schiff fixiert – im Wasser an der Bordwand mitgezerrt.

Ich bin kein Freund von Karabinerhaken als Sicherung am Tampen der Mannleine. Denn unter Zug gibt es in einem denkbaren Notfall keine Möglichkeit, sich zu lösen. Das führte beim berüchtigten Fastnet Race mindestens zu einem Todesfall, als sich der unglückliche Segler an der Rettungsinsel gesichert hatte und beim Abbergen die Mannleine unter Zug nicht mehr öffnen konnte. Ein Patentschäkel, der mit einem einfachen Zug an einem Bändsel zu öffnen gewesen wäre, hätte das Unglück verhindert. Eine gute Idee finde ich, den Sicherheitsgurt gleich in das Ölzeug einzuarbeiten. Da der Gurt mit der Jacke fest verbunden ist, erübrigen sich Träger. Ein Griff mit dem Sicherungshaken und man ist fest mit dem Schiff verbunden.

Wenn über den Sicherheitsgurt gesprochen wird, dann darf folgender Hinweis nicht fehlen: Einer der berühmtesten Segler, der je über die Weltmeere gefahren ist, nämlich der französische Seeheld Eric Tabarly, ist bei einem Segelausflug vor der französischen Küste in nicht allzu schwerem Wetter über Bord gefallen. Er hatte keinen Sicherheitsgurt getragen. Seine Leiche wurde erst Tage später geborgen.

Rettungsboje

Eine Rettungsboje muss in jedem Fall an Bord eines seegehenden Schiffes sein. Zur Not würde auch eine schwimmfähige Taschenlampe den Zweck erfüllen. Immer aber soll man sich vor Antritt einer Fahrt vergewissern, dass das Ding auch noch funktioniert und die Batterien nicht leer oder ausgelaufen sind. In der Nacht stellt diese billige Einrichtung für einen überbord Gegangenen die einzige Chance dar, noch jemals gefunden zu werden. Aus diesem Grunde muss eine solche Leuchtboje auch nach dem Überbordgehen so schnell wie möglich nachgeworfen werden. Der Verun-

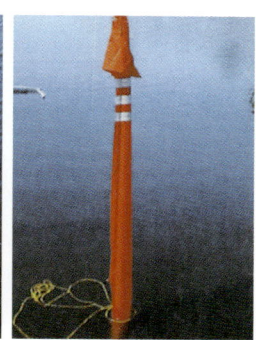

glückte muss dann versuchen, in die Nähe der Leuchtboje zu kommen. Aber auch am Tage kann eine Rettungsboje eine Lebensversicherung sein. Wenn nämlich ein Segler bei hartem Wetter, dann ist so ein Fall ja am wahrscheinlichsten, über Bord geht, verlieren ihn seine Kameraden allzu leicht aus den Augen. Bei fünf Windstärken und entsprechender See ist ein Kopf im Wasser schon aus 100 Metern Entfernung nicht mehr auszumachen. Über eine solche Distanz entfernt sich eine unter Vollzeug segelnde Yacht leicht, wenn nicht blitzschnell reagiert und das richtige Manöver eingeleitet wird. Wenn dann die Unfallstelle nicht markiert ist, gibt es kaum noch eine Chance auf Rettung. Schließlich hat die Mannschaft auf hoher See auch kaum eine Orientierungsmöglichkeit, außer wenn die Unfallstelle mit einer Rettungsboje gekennzeichnet ist.

Ein kleines Problem ergibt sich daraus, dass die Rettungsbojen einerseits gut sichtbar, also nicht zu klein, sein sollen, andererseits dürfen sie an Bord niemandem im Wege sein und vor allem nicht mit den Leinen in Konflikt geraten. Man hat sich dadurch

beholfen, dass man sie gewöhnlich am Achterstag – griffbereit – festgebändselt hat, was aber nicht gerade ideal ist.

Alle diese Nachteile vermeidet die patente aufblasbare Rettungsboje von KADEMATIC. Kaum jemand vermutet eine mehr als 1,5 Meter lange Rettungsboje in dem kleinen Behälter am Heckkorb. Wird dieser aufgerissen, dann fällt die Boje ins Wasser und bläst sich ohne weitere Handgriffe in Sekundenschnelle – wie eine ohnmachtsichere Rettungsweste – auf und markiert am Tage und bei Nacht (auch das Licht wird automatisch aktiviert) die Unfallstelle. Praktische Versuche haben gezeigt, dass sie auch bei viel Wind nicht aufs Wasser gedrückt wird, sondern gerade durch ständiges Nicken im Wind zusätzliche Aufmerksamkeit erregt.

Wie bei einer Rettungsweste muss ihre Funktionssicherheit regelmäßig überprüft werden, was mit Bordmitteln leicht durchgeführt werden kann. Sie kann zu Übungszwecken eingesetzt werden, ohne dass sie anschließend etwa ins Werk eingesandt werden muss. Lediglich der Gas-Zylinder muss nach dem Aktivieren der Boje erneuert werden.

Bei »Mann über Bord« muss die Unfallstelle markiert werden. Die KADEMATIC-Seenotboje bläst sich nach dem Auslösen automatisch auf und aktiviert das Licht. Im Gegensatz zu einer starren – zwei Meter langen – Seenotboje ist ihre Unterbringung kein Problem.

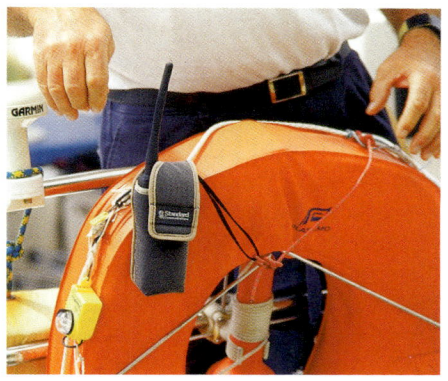

Gute Idee! Dieser Skipper hat unterwegs am Rettungsring ein wasserdichtes UKW-Gerät befestigt. Kostet nichts, weil die Handfunke ohnehin an Bord ist, kann aber Leben retten, wenn der überbord Gegangene mit dem voreingestellten Kanal 16 die Yacht zur Unfallstelle dirigieren kann.

*Schon nach wenigen
Sekunden im Wasser bläst
sich die Rettungsweste auf
und dreht die Verunglückte
in die ohnmachtssichere
Rückenlage.*

Rettungswesten

Eine Rettungsweste muss ohnmachtssicher sein. Deshalb sind heute die meisten Rettungswesten so konstruiert, dass sie einen Ohnmächtigen in Rückenlage drehen und das Kinn durch eine Halskrause über Wasser gehalten wird, sodass der Verunglückte die Atemwege frei hat.

Rettungswesten gibt es als so genannte Feststoffwesten und aufblasbar. Die Letzteren setzen sich immer mehr durch, weil sie leicht verstaut werden können. Sie arbeiten halbautomatisch oder vollautomatisch. Während bei den Ersteren eine Pressluftpatrone per Hand aufgerissen werden muss, die die sekundenschnelle Füllung der Luftkammern garantiert, geschieht das im zweiten Fall automatisch allein durch die Tatsache, dass sich die Weste im Wasser befindet. Die Konstruktionen sind bereits so zuverlässig, dass vor allem eine Auslösung durch starken Regen oder auch durch eine überkommende See kaum noch vorkommt. Natürlich hilft eine Rettungsweste, die per Mund aufgeblasen wird, nicht viel, wenn man bewusstlos über Bord geht oder es im Wasser wird. Deshalb lautet meine Empfehlung: Feststoffweste oder Vollautomatik.

Bei Rettungswesten ist es ebenso wie bei Sicherheitsleinen: Man sollte sie eigentlich immer tragen. Dies kann jedoch zum Beispiel bei langen Atlantiktörns, gar noch in den Tropen, niemandem zugemutet werden. Selbstverständlich muss eine Rettungsweste immer dann angelegt werden, wenn sich die Mannschaft in einer besonderen Gefahr befindet, etwa bei schlechtem Wetter oder Nebel, wenn eine Kollision mit anderen Schiffen immerhin denkbar ist. In Seenotfällen, also beim Verlassen des Schiffes oder wenn wir von einem anderen Schiff abgeborgen werden, ist das Tragen einer Rettungsweste selbstverständlich.

Ohnmachtssichere KADEMATIC-Rettungsweste mit Vollautomatik.

An jeder Rettungsweste müssen sich eine Pfeife und ein Licht befinden. Das Licht wird durch eine kleine Batterie betrieben, die durch das Seewasser aktiviert wird. Unsere Rettungswesten sollten wir jedes Jahr gründlich überprüfen, vor allem, wenn sie mit einer Vollautomatik ausgestattet sind. Die von der Herstellerfirma vorgeschriebenen Wartungsintervalle sind einzuhalten. Zeigen die CO_2-Zylinder nur geringste Zeichen von Rostansatz, soll man sie austauschen. Überhaupt ist es besser, ohne erst auf optische Alarmsignale achten zu müssen, die relativ billigen Patronen alle 12 Monate zu ersetzen.

Wasserdichter UKW-Sender

Leider noch recht teuer, aber eine halbe Lebensversicherung ist ein handelsübliches wasserdichtes UKW-Handgerät, das jedes Mannschaftsmitglied in einer Brusttasche tragen sollte. Ersatzweise kann es auch an der Rettungsboje oder an der Rettungsweste angebracht sein. Es lässt sich von dem Verunglückten im Wasser gut bedienen. Auf dem voreingestellten Kanal 16 kann Sprechverbindung mit der Yacht hergestellt werden. Praktische Versuche auf der Ostsee haben ergeben, dass noch über 5 Meilen der Kontakt zwischen der Versuchsperson im Wasser und der Yacht aufrechterhalten werden konnte. Eine Erkenntnis dieser Versuche war: Der Mann im Wasser muss die Yacht zu dem Unglücksort hin dirigieren. Beispiel: »Schalt mal dein Toplicht dreimal aus, ja, jetzt kann ich dich erkennen, halt mehr nach links.« Ein Nebeneffekt dieser Ausrüstung ist, dass das Funkgerät auch zu anderen Zwecken (Beibootverkehr!) eingesetzt werden kann, denn es handelt sich um ein handelsübliches UKW-Gerät. Deshalb ist der hohe Anschaffungspreis (ab 200 Euro) für so ein wasserdichtes (!) Funkgerät relativ zu sehen.

Seenot-Signalmittel

So wie Rettungswesten regelmäßig gewartet werden müssen, ist Erneuern von pyrotechnischen Signalmitteln, die wir an Bord haben, vorgeschrieben. Auf jedem Signalkörper ist ein Verfallsdatum aufgestempelt. Keinesfalls dürfen wir uns noch auf die Raketen verlassen, wenn sie bereits verfallen sind. Am wirkungsvollsten arbeiten natürlich teure Signalraketen, die mit einem kleinen Fallschirm ausgestattet sind. Sie steigen bis auf 70 Meter Höhe und bleiben dann eine wesentlich längere Zeit in der Luft. Die Chancen, gesehen zu werden, steigen.

Selbstverständlich verschießen wir in einem Seenotfall unsere wertvollen Raketen nicht in der ersten Panik, wenn keine Chance besteht, dass wir gesehen werden, sondern erst dann, wenn wir glauben, dass wir auch wirklich ausgemacht werden können. In jedem Fall heben wir uns eine oder zwei Raketen auf, um etwaige Retter an den Unfallort zu lenken.

Signalpistole

Signalpistolen sollten im Brückendeck einer jeden Fahrtenyacht griffbereit sein, doch sind peinlichst genau die gesetzlichen Vorschriften zu beachten.

Achtung: Eine geladene Signalpistole ist eine tödliche Waffe. Deshalb äußerste Vorsicht! Nicht nur kann im Seenotfall mit der Pistole »rot« geschossen werden, sondern sie ist auch ein ausgezeichnetes Hilfsmittel, wenn wir einen Kollisionsgegner auf uns aufmerksam machen wollen. Ein weißes Licht, in Richtung der Brücke des anderen Schiffes in den Himmel geschossen, lässt den Kollegen meist schnell reagieren.

Rettungsinsel

Eine Rettungsinsel ist ein Muss auf jeder Fahrtenyacht. Aus Seenotfällen weiß man, dass bei einem längeren Aufenthalt in der Rettungsinsel die Enge zum echten Problem werden kann. Rettungsinseln sind nur für einen kurzen Aufenthalt gebaut. Segelt man gern in einsameren Gegenden, dann kaufe man die Rettungsinsel immer »eine Nummer« größer, also statt der Vier-Personen-Insel eine Sechs-Personen-Insel.

Seenotfälle haben auch gezeigt, dass es den Verunglückten meist sehr schwer gefallen ist, die Insel im Seegang zu erklimmen, wozu unnötig Kräfte verbraucht wurden. Das »Easy-Boarding-System« (EBS) von KADEMATIC (www.kadematic.de) löst dieses Problem auf pfiffige Weise.

Die Insel darf nicht unter Deck gefahren werden, sondern sollte sich in Reichweite des Cockpits befinden. Auf kleinen Yachten drängt sich die Anbringung am Heckkorb auf. Sonst ist das Cockpit der richtige Platz. Bei der Suche nach dem richtigen Platz an Bord einer Yacht sollte man sich einmal vom Gewicht einer solchen Insel überzeugen. Dann wird man manche Plätze nicht mehr als ideal für die Insel ansehen. Immerhin muss ja daran gedacht werden, dass im Notfall die Rettungsinsel auch von schwächeren Mannschaftsmitgliedern klargemacht werden muss, wenn die anderen außer Gefecht gesetzt sind.

Achtung: Eine Rettungsinsel muss immer aufgerissen werden.

KADEMATIC-Rettungsweste mit integriertem Funkgerät, das vom Wasser aus arbeitet.

Mit einer Signalpistole kann jeweils nur ein Schuss abgegeben werden, je nach Munition rot, grün, oder weiß. Eine Signalpistole ist kein Spielzeug, sondern eine lebensgefährliche Waffe.

Aufblasvorgang einer Rettungsinsel. Im Notfall kann man auch auf die aufgeblasene Insel springen. (rechts)

Wenn wir die Rettungsinsel ins Wasser werfen, so geht sie nicht automatisch auf. Wir müssen hierzu zunächst die Reißleine (kann länger als 10 Meter sein) aus dem Container oder der Tasche herausziehen, um dann mit einem letzten Ruck den Schlagbolzen für den CO_2-Zylinder zu betätigen. Innerhalb weniger Sekunden wird die Rettungsinsel dann aufplatzen und sich selbsttätig aufblasen. Aus diesem Grunde verbietet sich das Aufreißen an Deck, denn allzu leicht könnte es passieren, dass sich die Rettungsinsel zwischen den Wanten verhängt und dann nicht mehr eingesetzt werden kann.

Noch lange nach dem Aufblasen hören wir ein Zischen. Kein Grund zur Aufregung, es ist nur das Zeichen, dass die Überdruckventile arbeiten! In der Rettungsinsel befindet sich ein Klappmesser, mit dem wir die Leine, die uns noch immer mit der Yacht verbindet, kappen. Aber keine Angst: Eine Sollbruchstelle verhindert, dass die Insel durch das sinkende Schiff beschädigt wird, wenn die Leine nicht zerschnitten wird.

Rettungsinseln, so wie wir sie geliefert bekommen, enthalten nur wenig Wasser, meist nur eine Tagesration, und kaum Proviant – für eine Atlantiküberquerung in diesem Zustand also unbrauchbar. Ohne Wasser kann der Mensch höchstens 40 Stunden überleben, während er ohne Nahrung mit Glück (falls er gesund ist) einen Monat auskommt.

Wasser ist platzraubend, sodass wir in die Rettungsinsel kaum zusätzliches Wasser hineinpacken lassen können. Das müssen wir im Kanister »mitbringen« oder einen Hand-Watermaker mit in die Insel nehmen.

Wir können aber die Herstellerfirma bitten – was sie gerne tut –,

- eine Plastikfolie
- Schlafsäcke aus Silberfolie
- ein sehr feinmaschiges kleines Netz
- Angelhaken, Blinker, Perlonleine (0,25 mm)
- Spiegel

in der Rettungsinsel unterzubringen. Mithilfe der Plastikfolie können wir Süßwasser gewinnen, wenn die Sonne scheint. Hierzu wird der Beutel lediglich über salz-

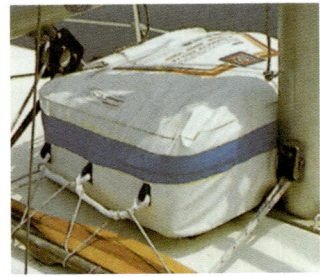

Alle drei Skipper haben ihre Insel im Notfall schnell klargemacht. Am schnellsten ist die Insel wohl von der Halterung achtern im Wasser, ohne Kraftanstrengung – mit einem Handgriff.

wassergetränkte Kleidungsstücke gebreitet, bis verdunstetes Wasser an der Plastikfolie als Süßwassertropfen kondensiert. Es darf aber nicht verschwiegen werden, dass der Ertrag von Süsswasser recht mager ist.

Keine gute Idee wäre es, einen handbetriebenen Wassermacher mit in die Rettungsinsel packen zu lassen. Nicht, dass dieser nicht wirkungsvoller als die genannte Plastikfolie wäre. Ganz im Gegenteil: Mit so einem Wassermacher kann in rund 10 Minuten ohne große Anstrengung ein Glas bestes Süßwasser aus dem Meer produziert werden. Die eingebaute Kunststoffmembran kann allerdings nicht jahrelang gelagert werden, ohne dass sie funktionsuntüchtig würde. Deshalb gehört so ein Wassermacher in den »Not-Beipack«, siehe unten!

Der Schlafsack schützt uns vor der Sonnenstrahlung und verringert dadurch den Flüssigkeitsverlust unseres Körpers. Der Spiegel dient zum Anblinken vorbeifahrender Schiffe.

Mit dem feinmaschigen Netz kann Plankton aus dem Meer gefischt werden, das sich gut als Nahrung verwenden lässt. Als Angelausrüstung genügen ein paar Haken, ein Blinker (also ein glänzendes Metallstück,

um Raubfische anzulocken) und 20 Meter Angelleine.

Die geschilderten Ergänzungsstücke passen in jede Rettungsinsel und verbessern die Sicherheitsgarantie ganz entscheidend – vor allem in abgelegenen Gebieten. Aller Sorgen aber sind wir ledig, wenn wir im Notfall noch einen größeren Plastikkanister mit Trinkwasser oder den oben erwähnten Wassermacher mitnehmen können. Der hierfür notwendige »Seenot-Kit« (ein Plastikkanister mit großer Öffnung oder ein wasserdichter Beutel) sollte eigentlich immer in der Nähe der Rettungsinsel bereitstehen.

In diesem Behälter sollte – soweit vorhanden – auch das Satellitenhandy aufbewahrt werden. Kann man es sich leisten, könnte man auf die Idee kommen, ein solches Handy mit in die Rettungsinsel packen zu lassen. Keine gute Idee! Denn nach jahrelanger Lagerzeit ist die Stromversorgung des Handys mangels Wartung nicht sicher gewährleistet.

Eine Erfahrung aus zahllosen See-Unfällen: Die Yacht niemals verlassen und in die Rettungsinsel gehen, solange das Schiff noch schwimmt!

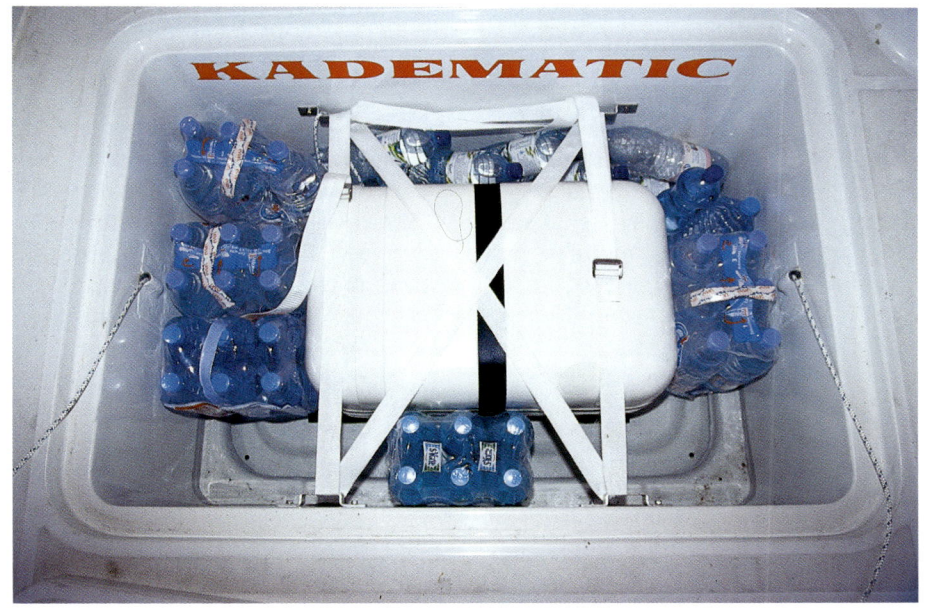

In diesem Vorratsraum im Boden eines Katamaran-Brückendecks kann die Rettungsinsel durch Öffnen der Bodenklappe nach unten ins Wasser gebracht werden. Die zusätzlichen Wasservorräte sind griffbereit.

Bilgepumpen

Sie gehören zur Sicherheitsausrüstung eines jeden Schiffes. Wenn elektrische Bilgepumpen eingebaut sind, müssen zur Sicherheit zusätzlich auch handbetriebene Pumpen vorhanden sein (Stromausfall!). Die Leitungen zur und von der Pumpe weg müssen aus Schläuchen bestehen, die durch Drahtarmierung vor einem Kollaps sicher sind. Normale Plastikschläuche, die sich in den kalten Gewässern der Nordsee sehr gut bewährt haben, können in der Hitze der Tropen oder auch im Mittelmeer so weich werden, dass sie vor allem auf der Ansaugseite zusammenklappen. Üblicherweise sollten ja unsere Fahrtenyachten heutzutage so dicht sein, dass wir die Pumpen selten benutzen müssen. Deshalb überprüfen wir routinemäßig deren Funktion. Auf einem gut ausgerüsteten Schiff sind zwei voneinander vollkommen unabhängige, leistungsstarke Pumpen zu finden. Eine davon muss vom Cockpit aus bedient werden können, ohne dass hierbei eine Backskiste oder Ähnliches geöffnet werden muss. Am besten wäre das in der Nähe des Rudergängers, sodass dieser sich im Notfall auch am Pumpen beteiligen kann. Wenn es ums Überleben geht, ist jedoch eine einfache Pütz am wirkungsvollsten.

Feuerlöscher und Brandvorbeugung

Feuer an Bord ist eine Gefahr, die nicht unterschätzt werden sollte. Auch wenn die Gasanlage ordentlich installiert ist, das Benzin für den Außenborder in sicheren und hierfür zugelassenen Behältern untergebracht ist, so kann es doch passieren, dass irgendwo ein Feuer entsteht. Erfahrungsgemäß sind kritische Punkte mit hohem Feuerpotenzial die Umgebung um den Ofen, die Bordbatterienähe und der Maschinenraum. In der Pantry wird täglich mit offenem Feuer hantiert, was so selbstverständlich ist, dass man sich um die Feuergefahr keine großen Gedanken mehr macht. Aber gerade die Gleichgültigkeit könnte hier zu einem Feuer und daraus resultierenden Fehlreaktionen führen. Heißes Fett kann sich zum Beispiel in der Pfanne entzünden, was nicht weiter dramatisch ist, wenn es nicht die darüber befindlichen Vorhänge in Brand setzt.

Batterien haben ein extrem hohes Gefährdungspotenzial. Wenn sie kurzgeschlossen werden, bringen sie Metall zum Glühen oder zum Schmelzen. Ein solcher Kurzschluss kann auch dadurch entstehen, dass auf den ungesicherten Batterien zum Beispiel ein Gegenstand (Schraubenschlüssel) zu liegen kommt. Dass Batterien so installiert sind, dass kein gefährliches Knallgas beim (Über-)Laden entstehen kann, versteht sich von selbst. In gleicher Weise können Kabelbrände entstehen – höchst gefährlich, weil mit Bordmitteln kaum löschbar. Als Wichtigstes muss hier das Kabel sofort vom Stromkreis getrennt werden, meist mittels Hauptschalter.

Im Maschinenraum ist die heiße Auspuffanlage gelegentlich ein Feuerauslöser, wenn sie mit anderen brennbaren Stoffen in Berührung kommt. Man überprüfe daraufhin den Maschinenraum, ob alle Gegenstände so gesichert sind, dass sie auch im schlimmsten Seegang nicht mit der Auspuffanlage in Berührung kommen können. Man denke daran, dass Feuer ohne Sauerstoff nicht brennen kann. So wäre es falsch, bei einem Brand im Motorraum die Motorabdeckung wegzunehmen, denn dadurch würde das Feuer erst die richtige Nahrung bekommen. Auch soll man versuchen, das Schiff so zu drehen, dass der Wind das Feuer möglichst vom Schiff wegbläst.

Selbstverständlich sind mindestens (!) zwei Feuerlöscher an Bord (ABC-Löscher), wovon der eine in der Kajüte und der andere in der Backskiste griffbereit ist. Sie müssen regelmäßig gewartet werden. Die Druckanzeige am Kopf des Feuerlöschers variiert mit wechselnder Temperatur etwas. Aussagekräftig ist sie deshalb nur dann, wenn der Zeiger den grünen Bereich verlassen hat. Man beachte, dass die üblichen Feuerlöscher nicht für den Gebrauch auf Yachten hergestellt sind. Man schütze sie deshalb besonders vor Spritzwasser oder Gischt. Blättert einmal die Farbe von einem Feuerlöscher ab und tritt darunter Rost hervor, so sollte man wegen des Drucks, unter dem der Feuerlöscher steht, sich dieser Gefahrenquelle so schnell wie möglich entledigen.

Die wirkungsvollsten Feuerlöscher waren früher mit Halon gefüllt. Seit dem weltweiten Bann dieses Giftes hat man hierfür Ersatzstoffe entwickelt, die fast ebenso gut funktionieren. Man lasse sich durch die zum Teil sehr hohen Preise nicht abschrecken. Empfehlenswert sind auf jeden Fall automatische Feuerlöscher im Maschinenraum, die ab einer bestimmten Temperatur selbsttätig auslösen.

> Achtung: Jede (!) Person an Bord muss genau wissen, wo sich die Feuerlöscher befinden!

Seenotsender

Hier darf nicht gespart werden. Es gab mal eine Zeit, wo es »zum guten Ton« eines Langfahrtseglers gehört hat, dass er im Seenotfall nicht andere belästigt oder gar in Gefahr bringt. Dazu haben übrigens auch wir gehört, denn auf unserer 10 Meter langen THALASSA, mit der wir vier Jahre um die Welt gesegelt sind, war auf den Kanaren an Elektronik nichts anderes da als ein Echolot und ein Radio, ein Empfänger wohlgemerkt. Damals hatte man als Notfrequenz nur die 2182 kHz. Sie wäre in verlassenen Gegenden nur dann nützlich gewesen, wenn sich zufällig dort, fast in Sichtweite, ein Dampfer befunden hätte. Das wäre auf einer Atlantiküberquerung nur für wenige Stunden, nämlich beim Überqueren der Linien nach und rund Kapstadt, Kapstadt-New York und rund Südamerika, wahrscheinlich gewesen. Auf der damaligen Grenzwelle waren nämlich mehr als 50 Kilometer Senderreichweite mit unseren lahmen Yachtgeräten nicht drin, was weniger mit der Senderleistung als mit der Frequenz zu tun hatte.

Nun wurde zum Segen aller Seeleute ein internationales Sicherheits- und Hilfssystem eingerichtet, das viel zitierte GMDSS, das mithilfe der Satelliten und anderer Stationen erheblich leistungsfähiger ist als alles

bisher Dagewesene. Eine EPIRB, also eine automatische Seenotboje, zu betreiben, erfordert keine speziellen Seefunkzeugnisse. Denn diese Wunderdinger sind nicht für die Kommunikation da, sondern ausschließlich für den Seenotfall oder auch für jeden Notfall, in dem Menschen (nicht Sachen oder Yachten) in Gefahr geraten. Als am 12. September 1999 unsere THALASSA in der Nähe von Vigo kreuzte, flog nur wenige Meilen entfernt die deutsche Motoryacht SEASTAR in die Luft. Nach 10 Tagen in der Rettungsinsel wurde die Besatzung, zum Teil dem Tod nahe, zufällig – ja es war reiner Zufall – gerade noch gerettet. Mit einer leistungsfähigen (!!!) EPIRB wäre es eine Frage von Stunden, nicht Tagen, bis zur endgültigen Rettung gewesen.

»Dann kauf ich halt so eine EPIRB, die sind ja auch nicht mehr so teuer«, mag mancher denken. Doch halt, die Leistungsunterschiede sind beträchtlich und damit die Leistung des Rettungssystems: Noch immer sind EPIRBs auf dem Markt, die zwar preiswert sind, doch nur über die Flug-Notfrequenz von 121,5 MHz verfügen. Das ist nur dann etwas wert, wenn im Notfall irgendwann ein Verkehrsflugzeug (kein Militärflugzeug) die Unglücksstätte überfliegt. Doch wann passiert das auf einer Atlantiküberquerung im Passat? Ich hab's noch nie erlebt. Damit ist die Effizienz der Flug-Notfrequenz für die Schifffahrt in entlegenen Gebieten minimal, sodass auch die wenigen hundert Euro für die handlichen Dinger zu viel Geld sind. Nein, sinnvoll sind nur Anlagen, welche die Inmarsat-Satelliten erreichen. Das ist für Langfahrtsegler praktisch lückenlos überall auf der Welt der Fall. Aus deutscher Fertigung stammt die GLOBAL-3 von Hagenuk – im Moment wohl das leistungsfähigste System. Ein paar beweisbare Fakten: In weniger als zwei Minuten (in Worten: »120 Sekunden!«) nach dem Auslösen des Alarms ist die zuständige Zentrale darüber informiert, dass die Yacht einen Notfall hat, auf welcher Position (und zwar auf 10 Meter genau – plus Kurs und Geschwindigkeit) die Yacht steht, wohin sie wie schnell unterwegs ist und unter welcher Telefonnummer mehr über Schiff, Reiseziel und Besatzung zu erfahren ist. Die Art des Notfalls erken-

Rettungsboje Inmarsat-E-EPIRB GLOBAL-3

nen die Helfer an Land nicht, aber das spielt ja zunächst keine Rolle.

Die Inmarsat-E-EPIRB GLOBAL-3 sendet auf 1645 GHz zu den Inmarsat-E-Satelliten. Sie ist überzeugend clever konzipiert und kinderleicht zu montieren, nämlich dort, wo es der Skipper für sinnvoll erachtet. Der Alarm kann per Hand ausgelöst und (!) auch noch nach ein paar Sekunden deaktiviert werden. Denn es läuft einem schon kalt über den Rücken bei dem Gedanken, dass man versehentlich (wozu man bei der GLOBAL-3 aber schon besoffen oder wahnsinnig sein muss) die EPIRB in Gang setzt. Die Kosten, wenn es nicht um die Rettung von Menschenleben geht, kann man sich schon ausrechnen, wenn das nächste Rettungskontrollcenter (MRCC) ein paar Minuten nach Alarmauslösung einen Tanker in der Nähe oder einen Hubschrauber zum Stundenpreis von 2500 Euro zur Unfallstelle dirigiert.

Die GLOBAL-3 hat auch den optionalen Mechanismus zur Selbstauslösung, der zwischen 1,50 und vier Metern Wassertiefe auslöst. Hier erhebt sich die auch offiziell diskutierte Frage, was das auf einem Katamaran nützt, der ja im durchgekenterten Zustand stabil liegen bleibt, was übrigens auch Einrumpfyachten beim letzten Weltrennen passiert ist. Denn dann würde die Boje kaum automatisch auslösen, und an die Oberfläche schwimmen kann sie auch

nicht. Trotzdem sind Situationen auch auf einem Katamaran vorstellbar, wo dieser Mechanismus etwas bringen kann. Aber: Per Hand geht's immer!

Auf einer Yacht muss die Seenotboje an einer exponierten Stelle angebracht sein – mit guten Gründen: Im Falle eines Feuers muss sie zur Handauslösung leicht zugänglich sein, auch wenn niemand mehr ins Schiffsinnere kommt. Sie muss vom Rudergänger aus zu bedienen sein, denn dort wird wohl im Falle einer Katastrophe der Mittelpunkt des Geschehens sein und andere sollen auch sehen, dass dieses Schiff jederzeit in Sekundenschnelle auf sich aufmerksam machen kann. Die Boje ist nämlich auch ein wirksamer Schutz, passiv freilich, gegen Überfälle, Piraterie. Somit: Ein paar tausend Mark für extrem viel Sicherheit ohne besondere Wartung, Stromversorgungsprobleme (Batteriewechsel nur alle drei Jahre!), ohne viel Bürokratie oder gar Scheinzwänge.

Man zögere nicht, eine vorhandene Seenotboje auch dann einzusetzen, wenn ein Mann (Frau) über Bord gegangen ist. Dies ist einer der ernstesten Seenotfälle, also spielt Geld in diesem Moment sowieso keine Rolle. Es ist zwar oft unwahrscheinlich, dass auf offener See, außer in viel befahrenen Gegenden, noch andere Helfer zur Stelle sein werden, um einen im Wasser Treibenden zu retten, doch ist die Seenotboje eine weitere und erstklassige Möglichkeit, die Unfallstelle auf wenige Meter genau zu identifizieren.

Daran denken: Hat man zusätzlich ein Satellitenhandy an Bord, so kann im Falle eines Fehlalarms (der nicht vorkommen sollte) die Rettungszentrale von dieser Tatsache benachrichtigt werden. Gleiches gilt, wenn der Mann glücklicherweise nach Aktivierung des Alarms ohne fremde Hilfe gerettet werden kann.

Die Telefonnummer zur Klarstellung bei Fehlalarmen oder falls der Alarm bereits gegenstandslos geworden ist lautet:
Inmarsat London: 0044 207 728 1616

Vermeidung von Zusammenstößen

von Dr. Gerhard Meyer-Uhl

Die größte Gefahr für eine kleine Yacht auf dem Meer ist die Großschifffahrt. Um Sicherheit im Schiffsverkehr zu erreichen, wurden die »Internationalen Regeln von 1972 zur Verhütung von Zusammenstößen auf See« aufgestellt. Sie traten in Deutschland am 15. Juli 1977 als »Seestraßenordnung 1972« in Kraft. Seit der Überarbeitung am 4. November 1993 (in Deutschland seit dem 4. November 1995 in Kraft) heißt dieses Regelwerk »KVR« (= Kollisionsverhütungsregeln); die letzten kleinen Änderungen wurden zum 1. November 1998 beschlossen. Diese Regeln gelten auf hoher See und auf den mit dieser zusammenhängenden befahrbaren Gewässern, sofern keine von örtlichen Behörden erlassenen Sondervorschriften bestehen.

Jeder Skipper, der den Hafen verlässt, muss die KVR und von diesen vor allem die »Ausweich- und Fahrregeln« kennen, denn deren falsche oder unsichere Befolgung kann den Tod bedeuten, abgesehen davon, dass wir durch falsches Verhalten Schadenersatzansprüche in Millionenhöhe auslösen können.

Beispiel: Wir zwingen ein vorfahrtberechtigtes Schiff zum plötzlichen Ausweichen. Es strandet deshalb.

Stehende Peilung bedeutet Kollisionskurs

Die Zeitspanne, welche vergeht, bis sich zwei sich entgegenkommende Schiffe auf gleicher Höhe befinden, kann mit der geschätzten Summe aus der Geschwindigkeit des fremden Schiffes und der eigenen unter Berücksichtigung der Entfernung ermittelt werden. 15 bis 30 Knoten kann die Geschwindigkeit eines Großschiffes betragen, 5 bis 10 Knoten wird wahrscheinlich unsere eigene sein. Damit bleiben uns sage und schreibe nur 5 bis 15 Minuten Zeit für die wichtigste Tätigkeit, nämlich die Peilung

des in Sicht gekommenen Schiffes zu kontrollieren und danach zu entscheiden, ob wir den Kurs ändern oder beibehalten. Auch ohne Peilung ist es bei Tag nicht so schwer, festzustellen, welchen Kurs ein Schiff fährt. Bugwelle, Aufbauten und so fort lassen uns Größe, Richtung und Geschwindigkeit leicht erkennen. Wenn uns nachts die weißen Lichter des entgegenkommenden Dampfers (das achterliche ist immer höher) oder seine Positionslichter nicht eindeutig sagen,

Albtraum: Beide Dampferlichter in Linie recht voraus: zum Ausweichen zu spät!

dass das andere Schiff von uns wegläuft, müssen wir die Peilung möglichst mithilfe eines Handkompasses mit selbst leuchtender Skala kontrollieren. Peilung und Uhrzeit sind hier minutengenau zu notieren!

Ist kein Peilkompass zur Verfügung, sollten die Lichter des anderen Schiffes über Gegenstände an Bord (Stagen, Relingstützen etc.) gepeilt werden. Um hier aber zuverlässige Vergleichsmöglichkeiten zur vorangegangenen Peilung zu erhalten, müssen bei jeder Peilung der gleiche Steuerkurs anliegen und die Augen exakt die gleiche Position an Bord haben. Klingt kompliziert, ist es aber nicht. Diese Methode wirkt besonders dann recht gut, wenn man unter (elektrischem) Steuerautomaten fährt und die See nicht zu grob ist. Denn der Automat steuert meist genauer als ein menschlicher Rudergänger.

Viel zuverlässiger und aussagekräftiger sind Radarpeilungen. In diesem Zusammenhang ist interessant, dass sogar der Gesetzgeber in Regel 7, Buchstabe b) der internationalen Kollisionsverhütungsregeln (KVR) zwingend vorschreibt, ein »vorhandenes und betriebsbereites Radargerät« zur Feststellung eines etwaigen Kollisionskurses zu benutzen.

Der Beobachter erkennt nämlich mit wenigen Blicken auf dem Bildschirm, ob sich das andere Schiff nähert oder entfernt oder ob die Entfernung sich nur langsam verändert. Wird die Distanz größer, so können wir den »anderen« als Kollisionsgegner sofort »abhaken«. Ähnlich ist es, wenn sich die Entfernung nur unwesentlich ändert. Denn dann wissen wir, dass viel Zeit bleibt, um zu beobachten und um eventuell den Kurs zu ändern. Umgekehrt wird uns das Radargerät zur höchsten Aufmerksamkeit anhalten, wenn das andere Schiff sich schon im Nahbereich befindet.

Zusätzlich hilft beim Radargerät, dass wir das verdächtige Echo mit dem Cursor oder mit dem elektronischen Peillineal kennzeichnen können. So sehen wir mit einem Blick kurze Zeit später, wie sich Entfernung und (!) Seitenpeilung verändert haben. Kollisionsgefahr besteht nämlich nur dann, wenn sich sowohl das Peillineal und der veränderliche Entfernungsring (variable range marker) weiterhin auf dem Peilobjekt befinden. Wichtig: Mit unseren Yachtradars sind Radarpeilungen nur dann verwertbar (ähnlich den optischen Schiffsseitenpeilungen), wenn im Moment der Peilung der gleiche Steuerkurs anliegt.

Die Entfernungsmessung dagegen ist unabhängig vom Steuerkurs – bauartbedingt – immer auf rund 50 Meter genau.

Das ist alles, was der Skipper zunächst sieht.

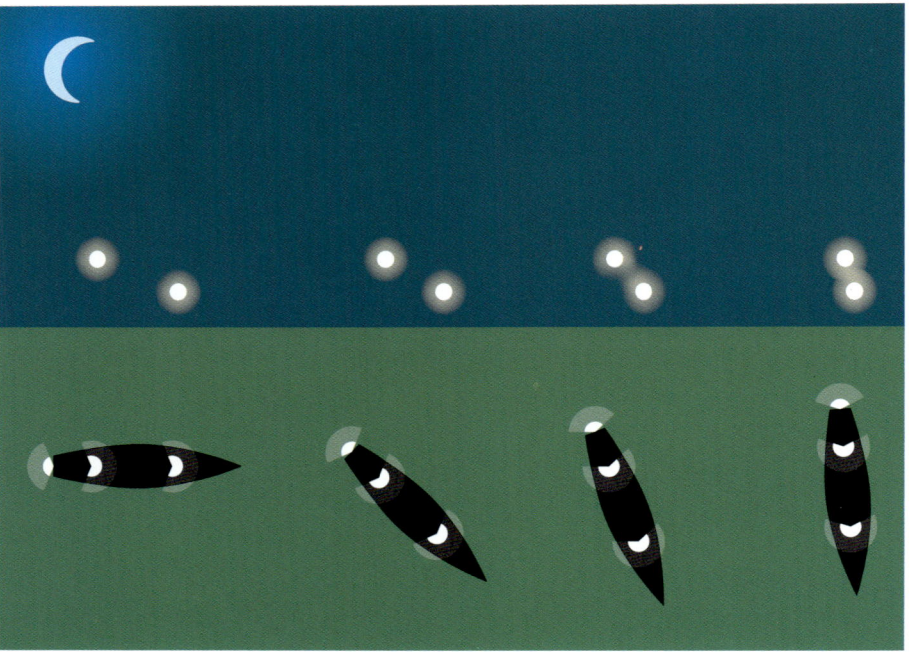

Sind die Seitenlichter noch nicht zu sehen, sagen uns die Topplichter oft schon die Richtung des anderen Schiffes.

Wer weicht wem aus?

Kein Segelschiff darf heute zu sehr auf die
Regel 18 der Kollisionsverhütungsregeln
(KVR), nach der es vor Maschinenfahrzeu-
gen Wegerecht hat, vertrauen, denn die
Großschiffe sind wegen ihrer Masse und
ihrer Geschwindigkeit aufgrund physikali-
scher Gesetze häufig gar nicht mehr in der
Lage, ein Ausweichmanöver zu fahren. Ein
100 000-Tonnen-Tanker braucht 3 Seemeilen bis zum Halt, wenn die Maschinen voll
rückwärts gehen. Zwei Minuten und über
eine Meile braucht er, wenn sein Ruder hart
Steuerbord gelegt wird, um 20 Grad von der
ursprünglichen Richtung abzuweichen. Darüber hinaus darf sich der Skipper besonders
in Gebieten, wo die Großschifffahrt kaum
mit Kleinfahrzeugen rechnet, nie ganz
sicher sein, dass er auch gesehen wird.
Automatische Steueranlagen und Radar lassen es leider allzu oft geschehen, dass die
Brücke für einen kurzen, aber entscheidenden Augenblick nicht besetzt ist. Unter
Berücksichtigung dieser Umstände liegt es
nahe, einfach grundsätzlich jedem großen
Schiff auszuweichen, obwohl wir vorfahrt-
berechtigt sind und die Kollisionsverhütungsregeln (KVR) vom Inhaber des Wege-
rechts verlangen, dass er sein Wegerecht
auch wahrnimmt und seine Fahrt mit gleichem Kurs und gleicher Geschwindigkeit
fortsetzt.

In solchen Fällen ist es vorteilhaft, auf UKW
(Kanal 16) Kontakt mit dem »Biggy« auf
Kollisionskurs aufzunehmen. Dort ist man

*Ein Rat: Der Großschiff-
fahrt gehe man so früh-
zeitig aus dem Weg, dass
sich die Frage nach der
Vorfahrt gar nicht ergibt.*

auf der Brücke froh, wenn unsere Absichten bekannt werden. Wir können erfahren, ob er uns auf dem Radar und – wichtig – identifiziert hat. So kann er am Radarbild entscheiden, ob überhaupt Kollisionsgefahr besteht.

Ausweich- und Fahrregeln

a) Segelfahrzeuge untereinander:
1. Backbordbug vor Steuerbordbug
   (wenn Wind von unterschiedlichen Seiten)
   Die Stellung des Großsegels ist maßgebend.
2. Lee vor Luv
   (wenn Wind von derselben Seite)
   In Zweifelsfällen aber muss ein Segler auf Steuerbordbug auch in Lee ausweichen.
3. Das überholende Fahrzeug ist ausweichpflichtig.
b) Maschinenfahrzeuge untereinander:
1. Entgegenkommende Fahrzeuge, das heißt, die Masten beider Fahrzeuge befinden sich in einer Linie oder bei Nacht sind beide Seitenlichter recht voraus zu sehen: nach Steuerbord ausweichen.
2. Kreuzende Maschinenfahrzeuge:
   Wer den anderen an Steuerbord hat, ist ausweichpflichtig (»rechts vor links«)
3. Das überholende Fahrzeug ist ausweichpflichtig.
c) Maschinenfahrzeug und Segelfahrzeug:
   Das Segelfahrzeug hat Vorfahrt, darf aber in einem engen Fahrwasser das Maschinenfahrzeug nicht behindern.
d) Ein Kurshalter
   (das heißt der, der Vorfahrt hat) muss Kurs und Geschwindigkeit beibehalten. Kommt es durch Verschulden des Ausweichpflichtigen trotzdem zur Gefahr eines Zusammenstoßes, so muss auch der Kurshalter so manövrieren, dass ein Zusammanstoß vermieden wird.
e) Ein Überholer
   muss immer ausweichen. Er bleibt ausweichpflichtig, bis er klar passiert hat. Das gilt auch für Zweifelsfälle.
f) Verantwortlichkeit der Fahrzeuge untereinander:
   In der Reihenfolge muss jedes Fahrzeug allen nach ihm genannten ausweichen.

- Überholer
- Maschinenfahrzeug in Fahrt
- Segelfahrzeug in Fahrt
- Fischer
- Tiefgangbehindertes Fahrzeug
- Manövrierbehindertes oder -unfähiges Fahrzeug.

Mit diesen »Fahrregeln« ist die Regel 34 (Manöver- und Warnsignale) eng verknüpft. Zwar gilt sie nur für Maschinenfahrzeuge und die Schallsignale werden von diesen – besonders bei dichtem Verkehr – auch nur sparsam gegeben, um keine Verwirrung zu stiften, jedoch müssen die entsprechenden Schallsignale mit einer Kursänderung gleichzeitig gegeben werden, wenn die Gefahr eines Zusammenstoßes besteht (eventuell in Ergänzung zu jedem Ton auch ein Blitz als mindestens 5 Seemeilen rundum sichtbares weißes Lichtsignal).

Manöver- und Warnsignale von Maschinenfahrzeugen in Sicht

Beim Ausweichen:

•	ändere Kurs nach Stb
••	ändere Kurs nach Bb
•••	arbeite rückwärts
•••••	bei Zweifeln (Weckruf)

In engem Fahrwasser oder -rinne:

▬ ▬ •	überhole an Stb
▬ ▬ ••	überhole an Bb.
▬ • ▬ •	einverstanden
▬	in Krümmungen vor Sichthindernis

Für den Segler, dem nach den KVR Maschinenfahrzeuge ausweichen müssten, sind die tatsächlichen Gegebenheiten auf hoher See trotzdem ziemlich beunruhigend. Einerseits ist er verpflichtet, als Wegerechtler seinen Kurs und die Geschwindigkeit beizubehalten, andererseits kann er sich nie ganz

Radar macht das Ausweichen leichter. Einen Radarreflektor sollte jede Yacht haben; viel mehr als drei bis fünf Seemeilen Sichtbarkeit sind allerdings auch bei den besten Fabrikaten nicht drin.

sicher darüber sein, ob ihn der Kollisionsgegner auch tatsächlich wahrgenommen hat und seiner Ausweichpflicht nachkommt. Ich rate deshalb dem Fahrtenskipper, dass er insbesondere bei wenig Schiffsverkehr dem anderen so frühzeitig aus dem Wege geht, dass es auf die Frage, wer nun Vorfahrt hat, gar nicht mehr ankommt, weil die Peilung nicht mehr steht.

Ratschläge für den Yachtskipper:

- Immer auf einen guten Ausguck bedacht sein.
- Frühzeitig das Fernglas benutzen. Die weißen Lichter kommen viel früher in Sicht.
- Häufig nachprüfen, ob unsere Lichter in Ordnung sind, und den Ladezustand der Batterie beachten.
- Kurs und Geschwindigkeit des Großschiffs aufmerksam kontrollieren – Radar einschalten und mitplotten!
- Immer daran denken, dass ein Großschiff uns vielleicht nicht gesehen hat.
- Signalpistole mit weißer Munition griffbereit halten, um damit notfalls ein anderes Schiff auf unser Wegerecht aufmerksam zu machen.
- Eigenen Kurs rechtzeitig und deutlich ändern.
- Beim Ausweichen nie vor dem Bug des anderen Schiffes, sondern immer hinter dem Heck vorbeifahren.
- Schifffahrtsstraßen nur auf dem kürzesten Weg kreuzen.
- Sieht unsere grüne Positionslampe die grüne Positionslampe des anderen oder liegen sich die beiden roten Positionslampen gegenüber, besteht keine Gefahr eines Zusammenstoßes (»Rot an Rot kennt keine Not...«).
- Ist an Steuerbord das niedrigere der beiden weißen Dampferlichter eines Maschinenfahrzeuges rechts zu sehen, besteht keine Gefahr eines Zusammenstoßes (ebenso, wenn wir an Backbord das niedrigere links ausmachen).

Wie erkenne ich die Art des anderen Fahrzeugs?

Zwischen Sonnenuntergang und Sonnenaufgang ermöglichen uns Lichter, die geführt werden müssen, die Identifizierung. Deshalb dürfen andere Lichter des Schiffes nicht die Erkennbarkeit stören, den Ausguck behindern oder mit den vorgeschriebenen Lichtern verwechselbar sein. Die schematische Darstellung auf Seite 230 gibt uns einen Überblick über die Lichter und deren Reichweite. Beim Maschinenfahrzeug lässt sich am besten erkennen, dass das oder die beiden Topplichter und das Hecklicht zusammen einen Winkel von 360 Grad ergeben. Das Hecklicht (ebenso das Schlepplicht eines Schleppers) hat einen Sektor von genau 135 Grad, in dem natürlich auch die beiden Seitenlichter nicht gesehen werden können. Alle Fahrzeuge, die in diesem Sektor folgen, sind Überholer. Nur ein genau von vorn kommendes Fahrzeug zeigt beide Seitenlichter gleichzeitig. Die vorgeschriebenen Reichweiten werden in der Praxis vor allem von kleineren Schiffen oft nicht erreicht. Insbesondere Segler, die »Lage schieben«, sind schlecht auszumachen, denn erfahrungsgemäß werden alle weißen Lichter viel früher ausgemacht als die roten und grünen.

Für kleine Fahrzeuge unter 20 Meter kennen die KVR die so genannten »Zwillingslampen«, in der das grüne und rote Positionslicht zusammengefasst sind. Der Segler wird sich immer für diese und kaum für die getrennten Lampen entscheiden, weil er ja mit seinem Strom haushalten muss und damit schon eine Ersparnis von ca. 25 W in der Stunde erreicht. Ähnlich kommt uns die so genannte »Drei-Farben-Laterne« entgegen, die zusätzlich noch das Hecklicht umfasst. Diese Lampe ist für Segelschiffe unter 20 Metern gestattet. Fahren sie aber mit Maschine, müssen sie weißes Topplicht und Seitenlichter getrennt führen.

Setzen wir vom Ankerplatz mit dem Dingi über, müssen wir eine Taschenlampe dabeihaben, denn unser Beiboot fällt unter die »Fahrzeuge unter Ruder«, in denen nach den KVR ein weißes Licht zur Hand sein muss. Aber das gebietet schon der Selbsterhaltungstrieb!

Zwei Maxi-Racer knapp vor dem Zusammenstoß. Wer hat Wegerecht?

Vor allem in der Nähe der Großschifffahrt ist die Kenntnis der Ausweichregeln lebenswichtig.

Die Erkennungszeichen der fischenden Fahrzeuge wird man nur auf Fischgründen finden, sonst zeigen diese Fahrzeuge die Lichter entsprechender Maschinen- oder Segelfahrzeuge.

Ankerlichter müssen alle Fahrzeuge unter 50 Metern Länge führen. Besonders dem Fahrtenskipper sei dringend empfohlen, im fremden Hafenrevier ein Ankerlicht zu benutzen, auch wenn er am Kai oder an der Mooring glaubt, besonders geschützt zu liegen. Er erfüllt hier nicht nur eine Vorschrift, sondern schützt sich selbst.

Nur wenige Signalkörper gibt es für die Zeit von Sonnenaufgang bis Sonnenuntergang. Einer von ihnen, das Dreieck mit der Spitze nach unten, zeigt an, dass ein Fahrzeug gleichzeitig unter Segeln und Maschinenkraft fährt und so nicht mehr die Vorrechte des Seglers nach den Fahrregeln hat.

Ein Dreieck mit der Spitze nach oben dagegen neben einem Stundenglas oder einem Korb – letzteres bei einem Fischer unter 20 Meter – zeigt an, dass der Fischer mit einem waagerecht mehr als 150 Meter langen Fanggerät fischt. Den Rhombus zeigt jedes Fahrzeug – Schlepper und Geschleppte – eines Schleppzuges, wenn dieser länger als 200 Meter ist. Ein schwarzer Zylinder ist das Zeichen für ein tiefgangbehindertes Fahrzeug. Schließlich haben schwarze Bälle von 60 cm Durchmesser folgende Bedeutung:

Im Nebel – Schallsignale und Verhalten

So wenig wie ein begeisterter Fahrtensegler seiner ersten Begegnung mit schwerem Wetter entgeht, so sicher wird er einmal vom Nebel überrascht werden.

Wenn es auch Wetterzeichen gibt und kein Skipper den Hafen bei aufkommendem Nebel verlassen wird, bilden sich Nebelbänke und -felder plötzlich und oft so unerwartet, dass man auf einmal in der schönsten Brühe steckt.

Nebel, oder allgemein verminderte Sicht, vergrößert die Gefahr von Zusammenstößen auf See wesentlich, besonders aber für kleinere Schiffe, und so widersprüchlich es klingen mag, gerade die Verbreitung des Radar hat ihre Gefährdung gesteigert. Denn im Nebel sind drei neue Risiken verborgen:

1. die hohen Geschwindigkeiten, mit denen heute die Großschiffe fahren;
2. die Gefahr, als Kleinschiff auf dem Radarschirm nicht gesehen zu werden (Dreht der Offizier die Verstärkung zurück, um störende Seegangsreflexe auf dem Schirm auszuschalten, verlischt unter Umständen auch das schwache Signal von unserem Radarreflektor.);
3. die Schwierigkeit, einen Schall richtig zu orten.

Wenn jedes Fahrzeug bei beeinträchtigter Sicht auch mit sicherer Geschwindigkeit fahren soll, ja erforderlichenfalls, wenn es voraus ein Nebelsignal hört, seine Maschine stoppen und, bis die Gefahr eines Zusammenstoßes vorüber ist, vorsichtig manövrieren muss (Regel 19), und wenn das alles natürlich ebenso auch für mit Radar einge-

Die Yacht hat sich vorschriftsmäßig als Ankerlieger gekennzeichnet.

richtete Fahrzeuge gilt, so ist zwischen den Buchstaben des Gesetzes und dem Verhalten in der Praxis ein recht großer Unterschied. Die großen Schiffe fahren nach vorgegebenen Zeiten und schon manche Gerichtsverhandlung hat ergeben, dass der angeschuldigte Kapitän sein Schiff mit 18 Knoten durch den Nebel rauschen ließ. Großschiffen macht es nichts aus, ihre volle Geschwindigkeit noch bei Windstärke 8 und mäßiger Sicht beizubehalten. Daher sind die Vorschriften über das Verhalten und die Schallsignale bei verminderter Sicht überaus wichtig.

Auch für Yachten über 12 Meter gibt es hierfür eine Vorschrift: Sie müssen mit einer Pfeife und einem Gong ausgerüstet sein, der Signalton ist vorgeschrieben.

Nach der Art des Signals wird man die Großfahrzeuge mit den tiefen Pfeifentönen von den Schallsignalen der kleineren Fahrzeuge noch gut unterscheiden können. Allerdings muss darauf hingewiesen werden, dass sich fast alle Nebelhörner, die üblicherweise in den Yachtgeschäften angeboten werden, nicht für die Praxis eignen. Im Nebel sind sie schon in wenigen Metern Entfernung nicht mehr zu hören, besonders wenn die Maschine eines großen Dampfers im Hintergrund dröhnt. Wirklich gut geeignet sind nur die Nebelhörner, die früher auf den Großseglern verwendet wurden und heute nur noch selten antiquarisch zu bekommen sind.

> Je tiefer der Ton, desto besser die Reichweite.

Mit der Richtungsbestimmung kann es leicht Schwierigkeiten geben. Die Nebelschwaden geben die Töne oft als Echo und auch unterschiedlich stark wieder und täuschen dazu noch unsere schnell überanstrengten Ohren und Augen. So sollten wir einige Erfahrungsregeln beherzigen und davon ausgehen, dass ein guter Skipper besonders während der Nebelfahrt fortlaufend seinen GPS-Ort mit der Karte vergleicht und diesen Ort mindestens mit dem Echolot und/oder Radargerät dahingehend überprüft, ob der Schiffsort plausibel ist.

Es ist übrigens eine bekannte psychologische und manchmal gefährliche Tatsache, dass in Situationen ohne Sichtkontakt zu Landmassen der Mensch (und Navigator) den Instrumentenanzeigen derart misstraut, dass er sie außer Acht lässt. Wenn es aber keinen konkreten Anhalt auf Störung des GPS-Systems gibt, so ist der GPS-Anzeige – mit den üblichen Vorsichtseinschränkungen – zu trauen. Ansonsten sind jetzt der Kompass (und eventuell der Stromatlas) unsere Hilfen.

Was uns außerdem zu tun bleibt:

- Schallsignal geben.
- Radarreflektor kontrollieren.
- Horchposten auf dem Vorschiff (Ruhe im Schiff!)
- Aus einer Schifffahrtsstraße heraussegeln.
- Rettungswesten anlegen.

Schallsignale bei verminderter Sicht:

mindestens alle 2 Minuten		mindestens jede Minute	
▬	Maschinenfahrzeug/ Fahrt durchs Wasser		
▬ ▬	mit Zwischenraum von etwa 2 Sekunden Maschinenfahrzeug/ Maschine gestoppt	🔔5s	Ankerlieger kl. als 100 m
		🔔5s ♬5s	Ankerlieger gr. als 100 m
▬ ··	Manövrierunfähiges Fahrzeug manövrierbehindertes Fahrzeug tiefgangbehindertes Fahrzeug Segelfahrzeug Fischer schleppendes oder schiebendes Fahrzeug	···🔔···	Grundsitzer kl. als 100 m
		···🔔··· ♬ 5s	Grundsitzer gr. als 100 m
		·	kurzer Ton zu 1 s Dauer
		▬	langer Ton zu 4 bis 6 s Dauer
▬ ···	geschlepptes Fahrzeug starrer Schleppverband wie Mfz.	🔔	Glocke = 5 s rasches Läuten
	kräftige Schallsignale Fahrzeug kleiner als 12m	♬	Gong
		·	= Einzelschlag

Fahrzeuglänge	>50 m	12–50 m	<12 m	<7 m
Lichter	Tragweite in sm			
Toplicht	6	5; <20 m–3	2	—
Seitenlicht	3	2; <20 m – Zwilling	1	—
Hecklicht	3	2	2	—
Schlepplicht	3	2	2	—
Rundumlicht weiß, rot, grün, gelb	3	2	2	—
	Maschinenfahrzeug mit weniger als 7 m Länge u. 7 kn Höchstgeschwindigkeit			
				wenn möglich, Seitenlichter sonst weißes Rundumlicht
	Segelfahrzeuge müssen Seiten- und Hecklicht nach Größe führen		darf Drei-Farben-Laterne	wenn möglich wie vor oder Lampe zur Hand
	Ruderfahrzeug darf Segelfahrzeuglichter führen, sonst Lampe zur Hand			

Seitenlicht 112,5°
Topplicht 225°
Hecklicht und Schlepplicht 135°

3 2 1 · 1 2 3 4 5 6

Zeichen für Rundumlicht =
Zeichen für Topplicht =
Zeichen für Funkellicht =

Maschinenfahrzeug in Fahrt;*) <50 m kann 1 Topplicht führen	Luftkissenfahrzeug in Fahrt;*) <50 m kann 1 Topplicht führen	Schlepper <200 m – in Fahrt *) ***)	Schlepper >200 m – in Fahrt *) ***)	Segler in Fahrt *) darf führen	Lotse im Dienst 1. vor Anker entspr. Ankerlicht; 2. in Fahrt*)	Trawler; bei Fahrt durchs Wasser *)	Fischer; bei Fahrt durchs Wasser *)
2. Topplicht achterlicher und höher	wie vor	senkrecht übereinander	wie vor				

Manövrierunfähig; bei Fahrt durchs Wasser *)	Manövrierbehindert; bei Fahrt durchs Wasser **)	Tiefgangbehindert **)	Schlepper, der beim Schleppen nicht vom Kurs abweichen kann >200 m	Manövrierbehindertes FZ, das baggert oder Unterwasserarbeiten ausführt **)	Geschlepptes Fahrzeug
					Seitenlichter und Hecklicht

Minensucher **)	Ankerlieger >50 m; >100 m muß Deckslichter einschalten	Ankerlieger <50 m	Grundsitzer zu Ankerlichtern nach Größe	Segler, <12 m darf Dreifarbenlaterne führen	Segler <7 m statt Seiten- und Hecklicht oder Dreifarbenlaterne Lampe zur Hand	MFZ <7 m nicht schneller als 7 kn
	Heck					

*) zusätzlich Seitenlichter und Hecklicht nach Länge
**) zusätzlich Topp- und Hecklicht sowie Seitenlichter nach Länge bei Fahrt durchs Wasser
***) zusätzlich gelbes Schlepplicht über Hecklicht

Notzeichen

Sie muss jeder Skipper unbedingt beherrschen. Es sind die so genannten »Notzeichen« der Anlage IV der Kollisionsverhütungsregeln (KVR). Nur bei unmittelbarer Gefahr für Leib oder Leben, wenn also sofortige Hilfe notwendig ist, dürfen sie benutzt werden. So ist ein Mastbruch ohne unmittelbare Gefahr für das Leben der Crew oder Treibstoffmangel keine ausreichende Begründung für die Abgabe eines Notzeichens.

Neben dem nur auf kurze Distanz verwendbaren seitlichen Heben und Senken der Arme merken wir uns am besten folgende Gruppen:

Seenotsignal Flagge »N« und Flagge »C« untereinander.

Ein Notzeichen.

1. Schallsignale
a) Kanonenschüsse oder andere Knallsignale in Abständen von etwa einer Minute (für kleine Fahrzeuge wenig geeignet)
b) Anhaltendes Ertönen eines Nebelsignalgerätes

2. Raketen
a) Raketen oder Leuchtkugeln mit roten Sternen
b) Rote Fallschirm-Leuchtrakete oder rote Handfackel

Diese sind die geeignetsten und wirksamsten Lichtsignale für kleine Kreuzer. Unter günstigen Bedingungen sind sie bei Tage 5 Meilen, bei Nacht noch 20 Meilen zu sehen. Trocken lagern, Verfallsdatum beachten!

3. Funk
a) Telegrafiefunk:
   SOS ••• ▬▬▬ •••
b) ▬ Alarmsignal = 12 Morsestriche von 4 Sekunden Dauer innerhalb einer Minute

c) Sprechfunk mit gesprochenem Wort »Mayday«
d) ▬▬▬ Alarmsignal
   = 30 Sekunden bis 1 Min. 2 Töne abwechselnd
e) Funksignale einer Seenot-Funkboje

Da viele Yachten heute Sprechfunk haben, tritt der Notfunk immer mehr in den Vordergrund.

f) Zugelassene Signale, die über Funksysteme einschließlich Radartransponder auf Überlebensfahrzeuge übermittelt werden.

4. Flaggensignale
a) Internationales Signalbuch NC
b) Viereckige Flagge, darunter oder darüber ein Ball (Fender)
c) Zusammengeknotete Nationalflagge

5. Feuer
a) Flamme (Teertonne, Öltonne)
b) Rauchsignal mit orangefarbenem Rauch (für kleine Schiffe geeignet)

Verhalten im Sturm

Um es gleich vorwegzunehmen: Schwere Stürme sind in unseren Breiten und während der Zeit, in der wir üblicherweise segeln, selten. Eine Segelyacht hat kaum eine Chance, einen Orkan von 12 Windstärken mit entsprechenden Ozean-Seen zu überstehen. Deshalb meint auch Altmeister Hiscock mit Recht, dass bereits bei 9 Windstärken der Kampf ums Überleben beginnt. Eines allerdings muss klargestellt werden: Wenn wir einen Windgeschwindigkeitsmesser an Bord haben, der beispielsweise im Durchschnitt 6 Windstärken anzeigt und die Nadel in einem Windstoß auch einmal bis »8« hochschnellt, so entspricht das selbstverständlich keinem Sturm von 8 Windstärken, sondern wir haben es hier mit einem Starkwind von Beaufort 6 zu tun. Das Hauptproblem in einem Sturm ist die Leeküste. Wir sollten uns deshalb – so weit wie irgend möglich – niemals in eine solche Situation begeben. Ein Sturm von 8 Windstärken und eine Leeküste in wenigen Meilen Entfernung können ohne weiteres das Schiff kosten, während wir auf hoher See kaum größere Probleme haben. Denn niemals sollten wir uns darüber Illusionen machen: Gegen einen Wind von 8 Beaufort können wir nicht mehr ansegeln, geschweige denn mit der Maschine angehen. Selbst wenn unser Schiff noch Segel tragen könn-

te, würde es mit Sicherheit, vor allem, wenn noch Dünung dagegen steht, keinen Meter nach Luv gutmachen. Dies ist der Grund, warum wir vor allem in Küstennähe immer ein Ohr für die Wetternachrichten übrig haben sollten.

Auf hoher See dagegen wird uns ein Sturm vor keine allzu großen Probleme stellen. Beidrehen können wir allerdings bei mehr als 8 Windstärken mit Sicherheit nicht, sondern hier gibt es eigentlich nur einen Ausweg, und der heißt: vor dem Wind ablaufen – im Notfall mit blanken Masten. Wir dürfen aber die Geschwindigkeit nicht unterschätzen; bei 8 Windstärken kann eine 6-Tonnen-Yacht unter blanken Masten ohne weiteres 4 – 5 Knoten erreichen. Das wären auf 24 Stunden um die 100 Seemeilen. Sollte der Wind aber noch stärker werden, sodass die Seen, die von achtern heranrollen, immer gefährlicher aussehen und unsere Yacht anfängt, häufiger die Wellenberge hinabzusurfen, müssen wir etwas tun, um die Fahrt unseres Schiffes zu hemmen.

Für diese Fälle ist in früheren Zeiten der Treibanker empfohlen worden. Inzwischen sind sich viele erfahrene Segler darin einig, dass ein Treibanker eigentlich eine nutzlose Einrichtung ist. Illusorisch sei es zu glauben, man könne sich an ihn hängen wie an einen stationären Anker. Weil der Windwider-

Falls jetzt ein Sturm aufkommen sollte, ist die Yacht am falschen Ort.

Stürme lassen sich kaum fotografieren, aber dieses einmalige Foto gibt eine Idee von dem, was da los sein kann. Das Wrack auf Seite 234 ist das Werk dieser Orkansee.

stand unseres Vorschiffes in jedem Fall größer ist als der des Achterschiffes, würden wir nur für kurze Augenblicke im Wind liegen, bis das Vorschiff wieder vom Sturm weggedrückt wird und wir genau in der Lage enden, die wir eigentlich bei einem Sturm vermeiden müssten, nämlich breitseits zu Wind und Wellen.

Aber auch um das Heck im Wind zu halten, ist der Treibanker nicht das geeignete Instrument. Erstens müsste er einen ziemlich großen Durchmesser haben, um wirksam zu sein, was seine Handhabung bei Sturm fast unmöglich macht. Zum anderen besteht die Gefahr, dass er das Heck der Yacht zu fest in den Griff nimmt, sodass sie die Steuerfähigkeit verliert.

Diese Erfahrungen kann der deutsche Weltumsegler Hannes von der VITEVITE nicht bestätigen. Er schwört auf einen »Fallschirm-Treibanker«, mit dem er in aller Ruhe einen Sturm im Nordatlantik abgewettert hat. Das mag allerdings auch daran liegen, dass die VITEVITE ein 15-Meter-Katamaran ist, der andere Treib-Eigenschaften als eine tief gehende Einrumpfyacht hat.

Die Fahrt zu drosseln erreichen wir auf einer Einrumpfyacht mit viel einfacheren Mitteln, so wenn wir zum Beispiel achteraus Trossen nachschleppen. Reicht dieser Widerstand immer noch nicht aus, so können wir die Leinen in Buchten legen. Eine Fahrt von 20% unter Rumpfgeschwindigkeit betrachte ich gerade als guten Kompromiss, wenn wir um der Sicherheit willen vor dem Wind ablaufen wollen. Einige Segelpropheten gaben den Rat, so viel Zeug wie nur möglich beim Ablaufen vor dem Wind zu tragen. Ich vermag diese Ansicht nicht zu teilen, denn in einem solchen Fall sähe ich das Schicksal des Mastes und meiner Yacht als gefährdet an. Immerhin sind einige Fälle bekannt, wo Yachten einen Wellenberg hinuntergesaust und durch die rasende Fahrt talwärts praktisch über ihren eigenen Kiel gestolpert sind. Wer einmal auf dem Deck der 15-Meter-Yacht SANDEFJORD gestanden hat, kann kaum begreifen, dass ein so behäbiges Schiff mit fast 5 Metern Breite sich nach vorn überschlagen kann. Und trotzdem ist es in den Riesenseen der Brüllenden Vierziger geschehen und hat einen Mann das Leben gekostet.

Vor Jahren hat Bernard Moitessier die Ansicht vertreten, man müsse die heranrollende See zwar von achtern, jedoch in einem Winkel von ca. 20 Grad nehmen und solle hierbei nichts nachschleppen. Mit dieser Ansicht stand Bernard Moitessier ziemlich allein in der Segelwelt und hat auch mir gegenüber ein paar Jahre später eingeräumt, dass er diese Technik bei seiner späteren Weltumsegelung nicht mehr angewandt hat. Es stimmt aber, dass Moitessier auf der Fahrt von Tahiti nach Alicante einige superschwere Stürme abgewettert hat, doch reicht dies sicher nicht aus, um den Beweis zu erbringen, dass seine Methode die einzig wahre sei.

Sturmwarnung!

Alle Gegenstände, die an Deck nicht niet- und nagelfest sind, müssen gesichert werden. Dies gilt insbesondere für das Dingi. Haben wir nur auf den Sturm zu warten, so schlagen wir am besten das Großsegel gleich vom Baum ab. Alle Zurrings (Anker!) sollen überprüft werden. Sind wir auch nur

Ein Foto für den Fahrtensegler, der »einmal einen richtigen Sturm erleben möchte«. Die KSAR nach einem Mistral-Sturm im Mittelmeer (Löwengolf). Mehrfach wurde die stählerne – ehemalige – Ketsch von Freak Waves überrollt, das Deck fast leergefegt. Wer glaubt, Wasser wirke nur auf große Flächen, betrachte den Bugkorb! Die Crew hat mit schwersten Verletzungen überlebt, die Yacht auch...

entfernt gegen Seekrankheit empfindlich, so nehmen wir rechtzeitig, also einige Stunden vor Eintreffen des schweren Wetters, bereits Tabletten. Sicher haben wir in diesem Moment keinen Appetit, doch müssen wir uns darüber im Klaren sein, dass schweres Wetter Kräfte kostet und wir deshalb auch etwas im Magen haben müssen. Hier hat sich außerordentlich eine große Thermoskanne bewährt, in der man auch heiß gemachte Speisen aufbewahren kann.

Der Schiffsort ist auf dem GPS abzulesen und (!) zu notieren. Denn immerhin können Sturmschäden dazu führen, dass eine ordnungsgemäße Navigation während des Unwetters nicht mehr möglich ist. Können wir ein Mitglied der Mannschaft entbehren, so soll es sich nicht mit irgendwelchen Beschäftigungen aufhalten, sondern versuchen, sozusagen auf Vorrat zu schlafen.

Selbstverständlich sind bei einem Sturm Rettungswesten und Sicherheitsleinen immer angelegt. Stürmt es bereits so stark, dass ein Querschlagen gefährlich werden würde, darf die Selbststeueranlage nicht mehr benutzt werden, um vor dem Wind abzulaufen. Auch wenn hierbei die Mannschaft insgesamt doch sehr geschwächt wird, muss dann immer ein angeleinter Mann am Ruder sitzen, der dies verhindert.

Kein Segler freut sich wirklich über schlechtes Wetter. Töricht sind die Landratten, die im Klublokal tönen: »Ich möchte einmal einen richtigen Sturm erleben!« Wenn wir ehrlich sind, so ist nämlich während eines Sturmes ständig die Angst mit an Bord. Diese lassen wir uns so wenig wie möglich anmerken. Auch denken wir daran, dass in der Nacht oder bei dunkelgrauem, bedrohlichem Himmel das Wetter viel gefährlicher aussieht als es in Wirklichkeit ist. Als ich einmal einen Mistral-Sturm im Löwengolf bei Sonnenschein und blauem Himmel erlebte, war dies viel weniger beeindruckend als lächerliche 6 Windstärken nahe den Azoren, wo mir der Regen ins Gesicht peitschte.

Noch eines: Es gibt nur ganz wenige Fälle, wo Yachten einen Sturm nicht überlebt haben. Viel zahlreicher dagegen sind die Fälle, wo Yachten von Mannschaften panikartig verlassen wurden und die Schiffe dann ein paar Tage später herrenlos treibend, aber sonst wohlbehalten aufgefunden wurden. Geradezu typisch für das Verhalten, wo Menschen panikartig ihrem Fluchtinstinkt nachgegeben haben, war ein Sturm vor Kap Hatteras. Dort ließen sich die Besatzungen von fünf (!) Yachten von einem Hubschrauber der Coast Guard abbergen. Alle fünf Yachten wurden später jedenfalls in schwimmendem Zustand vorgefunden. Wenn wir also nicht gerade auf eine Leeküste zutreiben, so haben wir eigentlich nichts zu befürchten.

Zum Schluss noch eine ganz persönliche Anmerkung: Nach ungefähr hunderttausend Seemeilen Erfahrung in nahezu allen Revieren der Welt, darunter wochenlanges Segeln in den Brüllenden Vierzigern und der Gegend um Kap Hoorn mit der gefürchteten Le-Maire-Straße (dreimal so hohe Sturmhäufigkeit wie in der Biskaya), komme ich zu dem Schluss, dass »Stürme zum Fürchten« ausgesprochen selten sind. In den gemäßigten Zonen erleben wir zwar gelegentlich starke Stürme, doch dauern sie meistens nicht so lange, dass sich eine lebensgefährliche See aufbauen kann. Der Wind ist ja nicht das Problem. Wer 12 Windstärken noch nie erlebt hat (das sind sicher 95 Prozent aller Segler!), kann zumindest einmal fühlen, wie das ist. Wenn er nämlich auf der Autobahn bei 120 Stundenkilometern die Hand aus dem Autofenster hält, dann hat er auf der Handfläche den Druck von 12 Beaufort. Ungefährlich!

Der Seegang ist das Problem Nummer eins auf hoher See.

Eine weitere Erfahrung: Es ist zwecklos, sich vorher allzu viele Gedanken über die richtige Sturmtaktik zu machen. Denn jedes Schiff wird anders reagieren und jede See ist anders – selbst im gleichen Revier. Einmal trifft der Sturm auf eine alte Dünung, was dann auf der Wasseroberfläche das Chaos schlechthin verursacht, ein anderes Mal folgt der Sturm einer Flaute, sodass er eine riesige, aber lange und harmonische See erzeugt, und wir spüren vom Unwetter nichts anderes als ein gleichmäßiges Heben und Senken. Deshalb ist es gleichgültig, wie es kommt: Im Ernstfall sind wir niemals unsicher darüber, welche Sturmtaktik wir anwenden! Wetter und Leeküste werden uns die richtige Taktik aufzwingen! Wenn wir noch überlegen können, ob wir vor dem Wind ablaufen oder gegenangehen, dann ist es noch nicht gefährlich. In den wenigen ausgewachsenen Stürmen, die ich erlebt habe, war ich nicht einen Augenblick unsicher, wie ich handeln sollte. Die Situation war einfach so, dass mir gar nichts anderes übrig geblieben ist, als das zu tun, was die See von mir fürs Überleben verlangte. Meine Überlegungen zuvor – noch an Land – über die richtige Sturmtaktik waren in solchen Augenblicken ziemlich sinnlos geworden.

Das Wichtigste:

Unser Schiff ist stärker als wir! Es ist der sicherste Platz während eines Sturmes.

Unglaublich, aber diese schöne Fahrtenyacht vom Typ »Joshua« ist die geschundene Ketsch von Seite 234. Ein halbes Jahr dauerten die Aufräumarbeiten.

Wind, Wetter, Wellen

Die Ansicht vieler Segler, es sei sinnlos, sich mit dem Wetter zu befassen, weil sogar berufsmäßige Wetterfrösche derart oft irren, ist nicht richtig. Im Gegensatz zu den Landratten interessiert uns nämlich nicht, ob es regnet oder die Sonne scheint, sondern für die Sicherheit des Schiffes ist nur wichtig, wie stark der Wind ist, aus welcher Richtung er wehen wird und höchstens noch, wie hoch der Seegang sein wird.

Wind

Fast alles lässt sich aus den Luftdruckverhältnissen vergleichsweise einfach erklären. Wie wir wissen, ist die Erde von einer Lufthülle umgeben. Diese hat nur eine Höhe von ca. 20 Kilometern. Natürlich hat Luft selbst auch ein – wenn auch nur geringes – Gewicht. Durch die Höhe ihrer Säule übt sie aber auf die Erdoberfläche immerhin einen Druck von etwa einem Kilopond pro Quadratzentimeter aus.

Dieser Luftdruck ist nicht überall gleichmäßig, er hängt im Wesentlichen von der Temperatur ab. Wenn nun zwei Gebiete, die nahe beieinander liegen, verschiedenen Luftdruck haben, so ist die Luft bestrebt, von einem Gebiet hohen Drucks in das Gebiet eines tiefen Drucks zu fließen, also den Druckunterschied auszugleichen. Diese fließende Luft ist genau die Antriebskraft für unser Segelboot, nämlich der Wind. Es ist ohne weiteres einzusehen, dass die Luft sich umso schneller vom Gebiet hohen Drucks in das »Tiefdruckgebiet« bewegt, je größer der Luftdruckunterschied ist.

Stürmische See bei Kap Hoorn.

Windstärke

Sie wird heute international fast nur noch in der Geschwindigkeit der Luftmassen, und zwar in Knoten angegeben. Für den Segler ist aber die althergebrachte Beaufort-Skala praktisch. Sie orientiert sich am Wasser- und Wellenbild, sodass jeder auch ohne Instrumente die Windstärke angeben kann. Diese Beaufort-Windstärken (von 1 bis 12) entsprechen einem bestimmten Geschwindigkeitsbereich in Knoten.

Der Seemann kann die Windstärke entweder schätzen oder mit einem Windgeschwindigkeitsmesser feststellen. Selbstverständlich ergibt die Messung an Bord immer nur die Geschwindigkeit des scheinbaren Windes, des Windes, den wir fühlen und

Beaufort-Skala

Beaufort	Knoten	Auswirkung auf die offene See
0	0	Spiegelglatte See
1	1–3	See kräuselt sich leicht.
2	4–6	Wellen bereits deutlich ausgeprägt.
3	7–10	Vereinzelt weiße Schaumköpfe.
4	11–15	Weiße Schaumköpfe treten bereits häufig auf, brechende See verursacht anhaltendes Rauschen.
5	16–21	Überall weiße Schaumkämme. Brechen der See hört sich wie Murmeln an.
6	22–27	Brechende Kämme hinterlassen weiße Schaumflächen, manchmal spritzt etwas Gischt ab.
7	28–33	Weißer Schaum beginnt sich in Streifen zur Windrichtung zu legen.
8	34–40	Schaum legt sich in ausgeprägten Streifen in der Windrichtung.
9	41–47	Hohe Wellenberge mit Kämmen von beträchtlicher Länge. Die See beginnt zu rollen.
10	48–55	Gischt beeinträchtigt die Sicht, die ganze Meeresoberfläche beginnt wegen der Schaumflächen weiß auszusehen.
11	56–63	Schätzung der Windstärke nicht mehr möglich.
12	64 und mehr	Schwerer Orkan, es bestehen für eine Yacht kaum Überlebenschancen.

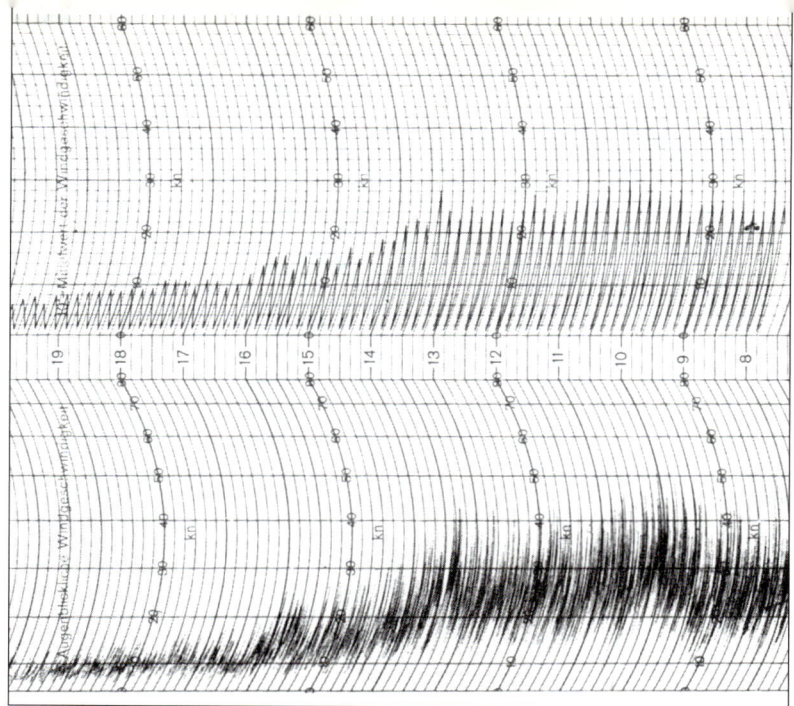

Um 10 Uhr herrschen tat-
sächlich 30 Knoten Wind
(= 7 Beaufort). Windstöße
und Böen erreichen jedoch
bis zu 50 Knoten.

Kap Hoorn in der Abend-
dämmerung; friedlich der
Ort mit der höchsten Sturmhäufigkeit aller Seestraßen
der Welt.

spüren. Also: Segeln wir platt vor dem Wind mit 5 Knoten, so müssen wir, um die Stärke des wahren Windes festzustellen, zur gemessenen Geschwindigkeit 5 Knoten dazuzählen. Wollen wir mithilfe des Anemometers die Windstärke nach Beaufort angeben, so dürfen wir nicht die Spitzenwerte annehmen, sondern den Mittelwert, um den sich alle Messungen bewegen. Bei einem 40-Knoten-Wind kann das Anemometer in einem Windstoß auch einmal auf 60 Knoten emporschnellen, ohne dass wir von Windstärke 11 sprechen dürfen. Deshalb sind die Angaben vieler Wochenendsegler mit großer Vorsicht zu genießen. Ein erfahrener, älterer Schiffsoffizier hat mir erzählt, sein stärkster Sturm sei einmal 10 Windstärken gewesen. Wenn ich da an viele meiner Freunde denke, die ungefähr jedes Jahr mehrere »10er« oder »11er« erleben, so bestätigt das meine Mahnung zum Misstrauen.

Der Segler kann die Windstärke auch am Bild der See schätzen, wozu aber einige Erfahrung gehört. Eine grobe Hilfe für die Schätzung der Windstärke gibt die Beaufort-Tabelle auf Seite 238.

Die Windstärke lässt sich auch am Seeverhalten unseres Schiffes »spüren«. Bei 6 Windstärken können wir noch gegenan gehen, bei Beaufort 7 wird es, wenn überhaupt möglich, zu einer Quälerei, bei 8 Windstärken kann man gerade noch beigedreht liegen, bei einem 9er und darüber ist von »Segeln« nicht mehr die Rede, Mannschaft und Schiff kämpfen ums Überleben.

Eines der wichtigsten Messinstrumente, die wir an Bord haben müssen, ist das Barometer. Es zeigt den augenblicklichen Luftdruck an, sonst nichts. Er wird heute in der Maßeinheit »Hektopascal« angegeben. Vor Gebrauch des Barometers sollten wir den Zeiger mithilfe einer Schraube an der Rückseite auf den tatsächlichen, augenblicklichen Luftdruck, den wir telefonisch von der Wetterwarte oder am nächsten Flugplatz erfragen können, justieren. Wollen wir dann jeweils den Druck ablesen, müssen wir durch leichtes Klopfen die hängen gebliebene Nadel in die rechte Position bringen. Bei diesem kleinen Sprung erkennen wir

sofort, ob der Luftdruck gerade im Steigen oder im Fallen begriffen ist. Es ist wichtig, sich klar zu machen, dass wir an Bord mit dem abgelesenen Luftdruck allein gar nichts anfangen können. Nur ganze Wetterlagenberichte oder eine Wetterkarte ergeben ein klares Bild vom derzeitigen Wetter und seiner Entwicklung.

Druckgebilde

Eine Wetterkarte zu lesen ist viel leichter als die meisten Segler denken. Wenn wir nur die drei Grundelemente, nämlich Druckgebilde, Isobaren und Fronten kennen, können wir schon eine ganze Menge über die Windverhältnisse in den jeweiligen Gebieten aussagen. Ein Druckgebilde stellt eigentlich nichts anderes dar als ein Gebiet des niedrigsten oder des höchsten Luftdruckes in der Umgebung. Es handelt sich also entweder um ein Tief oder Hoch. Ein Tiefdruckgebiet muss deshalb ausschließlich von Gebieten mit höherem Luftdruck umgeben sein, während es bei einem Hoch gerade andersherum ist.

Wenn wir demnach um ein Tiefdruckgebiet möglichst viele Luftdruckmessungen durchführen würden, könnten wir feststellen, dass der Luftdruck vom Tiefdruckgebiet weg mehr oder weniger schnell ansteigt. Man kann dies auch zeichnerisch darstellen, indem wir die Punkte gleichen Luftdrucks miteinander verbinden. Das ergibt dann die Isobaren. Wir zeichnen selbstverständlich nicht für jedes Hektopascal Druckunterschied eine eigene Isobare, sondern nur die Zehner- oder vielleicht auch Fünfer-Isobaren, also 995 hPa, 1000 hPa, 1005 hPa, 1010 hPa und so fort. In der Wetterkarte wird aber aus Gründen der Einfachheit nicht »1005«, sondern »05« und so fort geschrieben. Wenn wir uns noch einmal vergegenwärtigen, dass Isobaren nur Linien gleichen Drucks sind, so ist es einleuchtend, dass sich Isobaren niemals kreuzen können, denn an diesem Kreuzungspunkt müsste dann zweierlei Druck herrschen, was nicht möglich ist. Welchen praktischen Sinn haben diese Isobaren? Sie sagen uns sehr viel – und zwar genau das, was der Segler

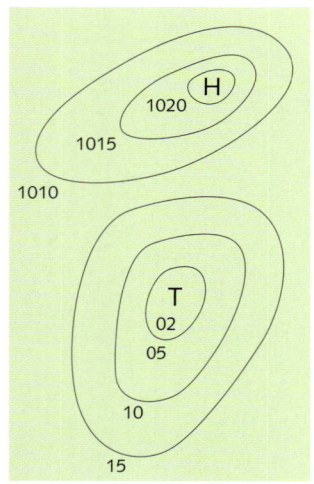

Hoch und Tief mit dazugehörigen Isobaren. Die »Tausender« und die »Neunhunderter« werden in der Seekarte oft nicht geschrieben – siehe unten.

wissen möchte, nämlich die Windrichtung und -stärke. Erinnern wir uns an das vorher Gesagte. Je größer der Druckunterschied, umso stärker der Wind, oder auf die Isobaren bezogen: Je näher die Isobaren zusammenliegen, desto größer die Windstärke. Haben wir es mit relativ geradlinigen Isobaren zu tun, so lässt sich die Windstärke schätzen, wenn wir den Abstand zweier Isobaren an unserem Schiffsort in Breitengraden zwischen zwei Isobaren messen, die einen Druckunterschied von 10 hPa aufweisen.

Bei starker Isobarenkrümmung können wir annähernd eine Windstärke abziehen.

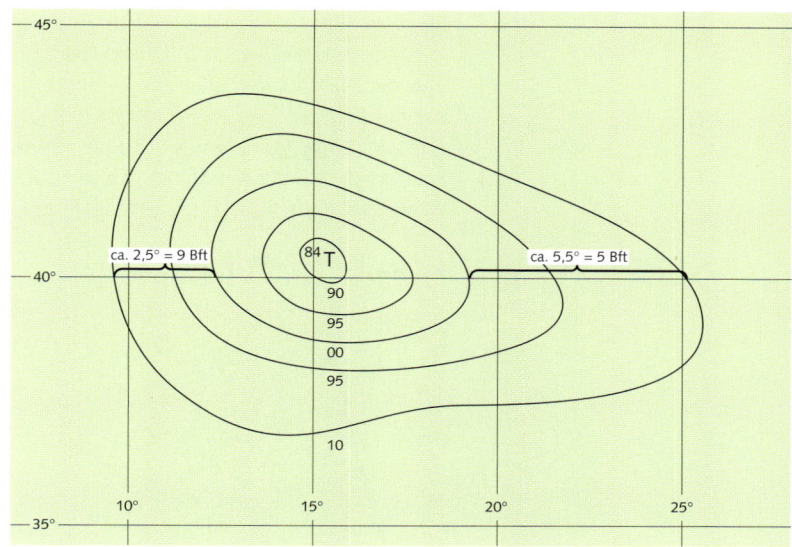

Isobarenabstand zeigt die Windstärke an

Abstand	Ost- und Nordsee	Mittel- meer
1°	12 Bft	12 Bft
2°	8 Bft	10 Bft
4°	5 Bft	6 Bft
8°	3 Bft	4 Bft
15°	2 Bft	3 Bft

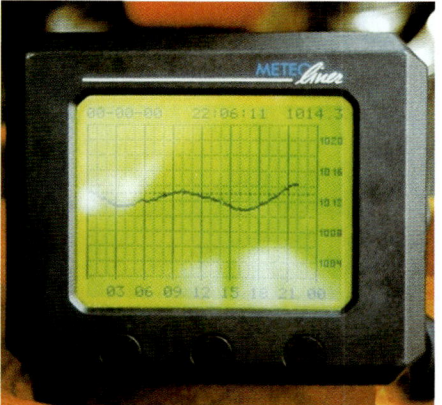

Aus dem Isobarenabstand lässt sich die ungefähre Windstärke ablesen.

Elektronischer Druckmesser »Meteoliner«. Wie ein Barograf »schreibt« das Gerät den Druckverlauf über mehrere Tage erschütterungsfrei. Deutlich ist die für die Passatgebiete typische tägliche Wellenbildung im Druck zu erkennen.

Fronten

Neben den Druckgebilden (Hochs, Tiefs) finden sich in der Wetterkarte im Wesentlichen noch Fronten. Das sind Zonen, in denen bewegte Luftmassen auf weitgehend stationäre Luft mit einem deutlichen Temperaturunterschied treffen.

Warmfront

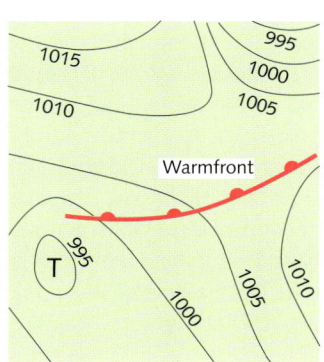

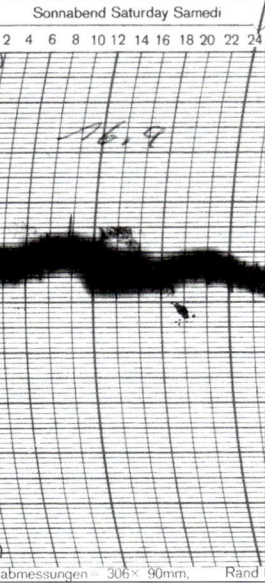

Barograf mit Papier und Tinte als Schreibwerkzeug: Am 16.9. herrschten nur 4 Windstärken, die Öldämpfung des Barografen arbeitet nicht zufriedenstellend.

241

Man erkennt sie in der Seekarte an einer Linie mit Halbkreisen. Die Warmfront bringt, wie der Name sagt, wärmere Luftmassen mit sich, die auf die kalten Luftmassen aufgleiten. Lang anhaltender Regen ohne besondere Windentwicklung ist typisch für eine Warmfront. Sie ist die harmlosere Front.

Kaltfront

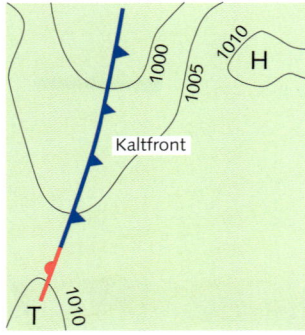

Dreiecke entlang der Frontlinie kennzeichnen die Kaltfront. Die Dreiecksspitzen zeigen die Zugrichtung. Die Kaltfront bringt neben einem deutlichen Fallen der Temperatur Starkwind oder/und heftige Böen.

Okklusion

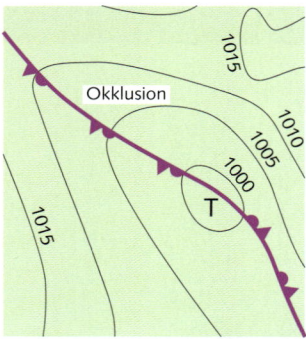

In ihr haben sich Kalt- und Warmfront in Bodennähe bereits vermischt. Das Wetter wird von den noch existierenden Temperaturgegensätzen in größerer Höhe bestimmt, sodass das Windbild dem einer Kaltfront ähnelt: Schauer und Böen, begleitet von Niederschlägen. In der Seekarte wird die Okklusion – logisch – abwechselnd mit Halbkreisen und Dreiecken gekennzeichnet.

Windrichtung

Wie aber können wir aus dem Isobarenverlauf die Windrichtung erkennen? Ganz einfach, wenn wir zunächst – wie vorher schon erwähnt – berücksichtigen, dass die Luftmassen immer von Gebieten höheren Drucks in Tiefdruckgebiete hineinfließen, wobei sie aus einem Hochdruckgebiet rechts herum (also im Uhrzeigersinn) herauswehen und in das Tiefdruckgebiet gegen den Uhrzeigersinn hinein. Auf der Südhalbkugel ist es gerade umgekehrt. Die Windrichtung bildet hierbei mit den Isobaren einen Winkel von ca. 15 Grad.

Natürlich gilt eine Wetterkarte nur für die Zeit der Beobachtung. Aus der vorhergesagten Zugrichtung und Geschwindigkeit eines Druckgebildes können wir jedoch leicht ausrechnen, welche Verhältnisse an unserem Schiffsort während der folgenden Zeit herrschen werden. Eine Vorhersage wird umso genauer sein, je weniger Zeit seit den letzten Informationen verstrichen ist. Um die Wetterentwicklung besser beobachten zu können, leistet ein Barometer unschätzbare Dienste. Wobei noch einmal gesagt wird, dass der augenblickliche Luftdruck an Bord von geringer Bedeutung ist, wenn wir nicht die Entwicklung am Schiffsort in den letzten Stunden oder Tagen berücksichtigen. Hierzu sollten wir den Luftdruck jeweils in kurzen Abständen in unser Logbuch eintragen. Diese Arbeit können wir uns ersparen, wenn wir einen Barografen an Bord haben, ein Gerät, das den Luftdruck aufzeichnet. Daraus lässt sich dann sehr deutlich die Luftdruckentwicklung verfolgen, so beispielsweise das Abziehen eines Tiefs.

Leider ist ein Barograf, der seine Werte auf Papier mitschreibt, sehr empfindlich gegen Erschütterungen, sodass wir bei der Installation an Bord darauf achten müssen, die Vibrationen möglichst zu dämpfen. Gummifüße und eine spezielle »Öldämpfung« des Schreibarmes sind Hilfen, die aber nicht immer den erwünschten Erfolg bringen. Doch selbst wenn wir einen Barografen an Bord haben, ist das Barometer keinesfalls überflüssig, es arbeitet nämlich wesentlich genauer.

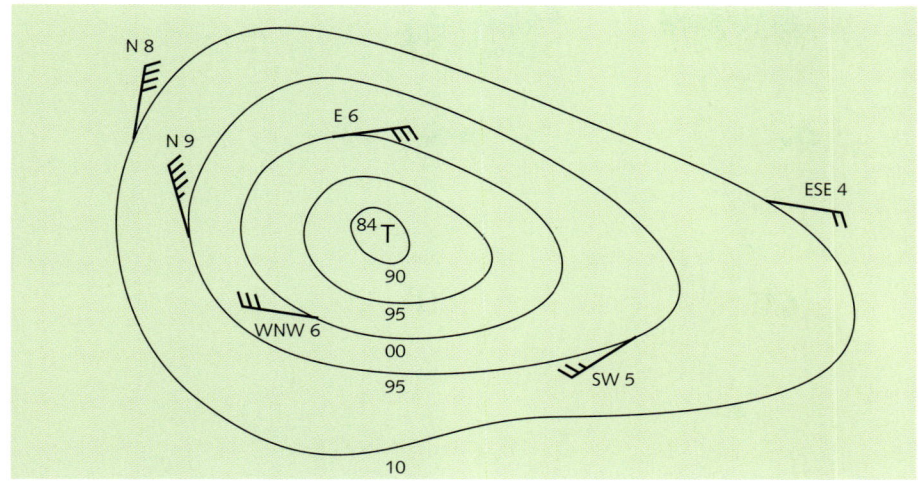

Der Wind weht gegen den Uhrzeigersinn in ein Tief; normalerweise bildet seine Richtung zu den Isobaren einen Winkel von angenähert 15 Grad.

Heute gibt es auch Barometer bzw. Barografen, die den jeweiligen Druck elektronisch messen und damit gegenüber heftigen Schiffsbewegungen unempfindlich sind. Auch ein Alarm lässt sich für Druckabfall oder -anstieg individuell einstellen. Gegenüber herkömmlichen Barografen hat die elektronische Anzeige den Vorteil, dass kein Schreibpapier benötigt wird. Ein hervorragendes, auf Yachten verbreitet eingesetztes Gerät ist der »Meteoliner«.

Wettervorhersage

Auf jeden Fall sollten wir versuchen, vor Antritt einer Reise die letzte Wetterkarte zu bekommen. In vielen Häfen hilft uns der Hafenmeister. Unterwegs werden wir uns jedoch auf die Wettervorhersage aus unserem Bordempfänger, vom Navtex-Gerät, aus dem Internet oder auch aus dem Telefon verlassen müssen. Im Ausland erkundige man sich frühzeitig, wann und auf welchem Sender Wetternachrichten durchgegeben werden, wobei wir dann selbstverständlich der entsprechenden Sprache mächtig sein müssten.

Zeiten und Frequenzen für Wettervorhersagen für die ganze Welt sind in nautischen Veröffentlichungen enthalten. Wird man da nicht fündig, kann man die entsprechenden Erkundigungen auch per Internet einziehen. Der beste Informationskanal ist aber immer noch der Stegnachbar oder die Sekretariate der großen Yachtklubs, auf deren Webseiten (die hat heute fast jeder Klub) fast immer solche Angaben bereitgehalten werden.

Spricht man nicht die Sprache, in welcher der Wetterbericht durchgegeben wird, so kann man den Versuch unternehmen, die Sendung auf Tonband (Kassettenrekorder haben sich gut bewährt, die Videokamera kann auch verwendet werden) aufzunehmen, um ihn dann mehrmals mithilfe eines Lexikons durchzugehen. Hilfreich sind hier spezielle nautische Lexika wie das »Internationale Yachtwörterbuch« von Webb/Manton (Delius Klasing Verlag). Hält man sich viel im gleichen Gebiet auf, rentiert sich auch die Anschaffung eines Mini-Fernsehers, von dem man die Wetterkarte nach den Nachrichten (zum Beispiel nach der Tagesschau) mit einer Digitalkamera abfotografieren oder auf Video aufzeichnen kann, um sie dann in Ruhe zu studieren.

Wetterkarte und Wetterbericht

Wenn wir auf hoher See sind, können wir auch den Versuch unternehmen, eine Wetterkarte aufgrund der Stationsangaben, die für Ost- und Nordsee und auch im Mittelmeer durchgegeben werden, selbst zu zeichnen. Um es gleich vorwegzunehmen, das ist keine leichte Aufgabe, und es gehört neben Übung auch einige Erfahrung dazu. Wer aber Freude daran empfindet, mag sich

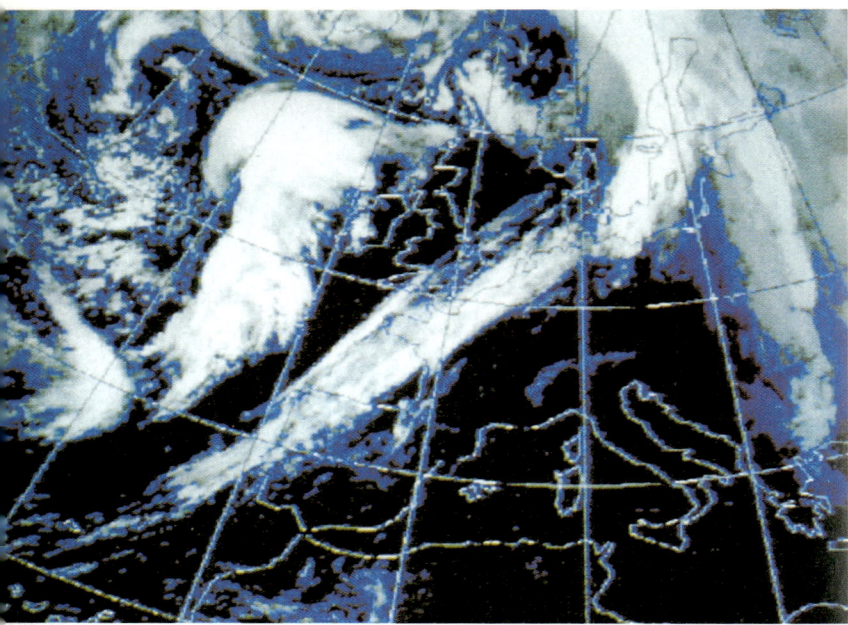

Ein mit Bordmitteln (Kurz-wellenempfänger, Demo-dulator und Computer mit entsprechender Software) empfangenes Satellitenbild – siehe Seiten 129/130.

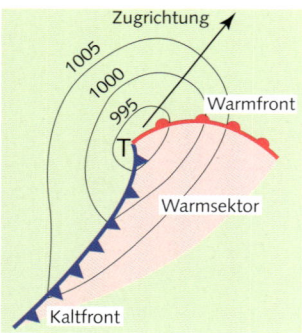

Durchzug einer Warmfront mit nachfolgender Kalt-front. Typisch ist der Isobarenknick, der die Windsprünge verursacht.

Hartes Revier für Fahrten-segler: Antarktis. Heute nur noch mit Sondergeneh-migung zu befahren! (rechts)

eine Anleitung hierzu in einem der zahlrei-chen Wetterbücher zu Gemüte führen.

Der Hauptvorteil einer Wetterkarte und einer guten Wettervorhersage liegt vor allem darin, dass sich entsprechende Wind-drehungen früh genug voraussagen lassen, wir also gerade beim Kreuzen den richtigen Bug wählen können. Aber natürlich haben wir auch eine bessere Chance, schlechtes Wetter zu vermeiden. Wetterkarten geben nur die Großwetterlage wieder. Auch wenn wir eigentlich in der Karte für »unser Gebiet« nur drei Windstärken finden, so kann es doch passieren, dass wir in Gewit-tern wesentlich heftigere Böen, ja sogar unter Umständen lokale Gewitterstürme abwettern müssen. Auch beim Durchzug von so genannten »Fronten« wird das »nor-male« Wetter, das wir aus der Wetterkarte herausgelesen haben, verändert. Insbeson-dere bei einer Kaltfront, das sind Luftmas-sen (meist auf der Rückseite eines Tiefs), die kälter als ihre Umgebung sind, muss mit starken Schauern und heftigen Böen gerechnet werden.

Genau beim Durchzug wird es auch zu Windsprüngen kommen, die in der Wetter-karte als »Isobarenknick« erkennbar sind. Ebenso kann der erwartete Wind durch ört-lich bedingte Luftströmungen beeinflusst werden.

Seewind während des Tages

Landwind in der Nacht

mit einer ganz anderen Windrichtung rechnen muss. Nachts kann es zum umgekehrten Vorgang kommen, wenn die Luftmassen über dem Land wieder abkühlen und die kältere Luft nach unten sinkt, um anschließend auf die See hinaus abzufließen.

Im Allgemeinen ist der Landwind wesentlich schwächer als der Seewind. Besonders im Mittelmeer, wo sommerliche Flauten ausgesprochen häufig sind, können wir mithilfe des Seewindes trotzdem ganz gut vorankommen, während eine andere Yacht – nur ein paar Seemeilen weiter draußen – auf hoher See in einer bleiernen Flaute gerade außerhalb der Reichweite des Land- und Seewindes liegen bleibt.

Natürlich kann es immer passieren, dass vor allem außerhalb Deutschlands der Segler keine Wetterkarte und auch keine sonstigen Wetterberichte erhalten hat. Dann muss er sich mit Bordmitteln weiterhin so gut wie möglich Klarheit über das zu erwartende Wetter verschaffen. Viele Möglichkeiten – das sei zugegeben – hat er nicht. Immer aber sollte er sich darüber im Klaren sein, in welcher Richtung sich ein Hoch- oder ein Tiefdruckgebilde befindet. Im Zusammenhang mit dem Barometer (oder besser Barografen) kann er dann zumindest feststellen, ob er sich dem Tief oder Hoch nähert.

Hier hilft eine Faustregel (»Barisches Windgesetz«):

> **Stehen wir (auf der Nordhalbkugel) mit dem Rücken zum Wind, dann ist das Hoch rechts und das Tief links von uns.**

Besser ist es aber in jedem Fall, unterwegs an professionelle Wetterberichte heranzukommen, hinter denen Profis stehen, die vor allem die modernsten Möglichkeiten zur Verfügung haben, um das Wetter zu »machen«, also Satellitenbilder, Wetterstationen, Computer mit gewaltigen Rechnerleistungen und vor allem ihr »Profi-Knowhow«. Es gibt heute so viele Möglichkeiten, auch unterwegs an »professionelles Wetter« zu kommen, dass der Segler nur noch ganz selten ahnungslos über die zukünftige Wetterentwicklung sein muss.

So kann die Fahrtenyacht unterwegs Wetterberichte empfangen:

Besonders in Landnähe werden wir es mit dem so genannten »Land-« und »Seewind« zu tun haben. Beide entstehen aus der unterschiedlichen Abkühlung oder Erwärmung der Luftschicht über den Landmassen und der Luftschicht über der See. Im Allgemeinen wird sich gegen Vormittag die Luft über der von der Nacht her noch kühlen Küste durch die Sonneneinstrahlung erwärmen und dementsprechend nach oben steigen. Hierdurch entsteht – örtlich begrenzt – niedriger Druck, der durch den Zufluss kühlerer Meeresluft ausgeglichen wird. Diese Bewegung der Luftmassen ist der »Seewind«. Er kann so stark sein, dass er die vorherrschende Windrichtung vollkommen überdeckt, sodass der Segler in Küstennähe

Wetterberichte über Radio

In vielen Küstengegenden, vor allem wo viel Berufsfischerei betrieben wird, werden über UKW, gelegentlich auf Kanal 16, Wetterberichte gegeben. Man erkundige sich bei ortsansässigen Seglern oder bei den Behörden (Hafenkapitän).

Sowohl die Deutsche Welle als auch der ORF bringen regelmäßige Wetternachrichten, auch fürs Mittelmeer, auf Kurzwelle. Frequenzen, Sendezeiten und Abdeckung können sich von Zeit zu Zeit ändern. Die aktuellsten Daten gibt es hierzu im Internet (www.orf.at und www.dwelle.de)

Sturm- und Hurrikan-Warnungen für Atlantik und Pazifik gibt es stündlich (!) auf WWV und WWVH (5, 10, 15 und 20 MHz).

Auch die Nachrichtensendungen in den örtlichen Rundfunk- oder Fernseh-Nachrichten können Quelle guter Wetterinformationen sein, wenn man die Sprachprobleme in den Griff bekommt. Diese Sendungen sind zwar für Nichtsegler, enthalten aber auch für uns meist die wichtigsten Angaben (»stürmischer Wind aus ...«).

Als Radio-Amateur hat man es überall auf der Welt leicht: Man checkt ins »Winlink-« Netz (am besten mit dem »Airmail«-Programm) und holt sich Wetterkarten und Prognosen über Kurzwelle im Pactor II- oder neuerdings Pactor III-Betrieb kostenlos ab.

Wetterfax an Bord

Noch vor ein paar Jahren nur an Bord von Luxusyachten vorstellbar: Satellitenfotos und die neuesten Wetterkarten. Heute gehört es fast schon zum meteorologischen Standard, derartige Funksendungen selbst aufzunehmen und auszuwerten. Die Grundausrüstung ist auf vielen Yachten schon vorhanden, nämlich ein guter einseitenbandtauglicher Radioempfänger und ein Computer. So ist nur noch die Software anzuschaffen, also zum Beispiel das ausgezeichnete Programm Jvcomm32 (www.jvcomm.de). Dieses Programm benötigt nicht einmal einen »Demodulator« oder Ähnliches, sondern bedient sich der Soundkarte im Computer, um die Pieptöne aus dem Radio in helle und dunkle Pixel umzuwandeln, woraus sich dann das Fax oder das Satellitenfoto ergibt. Nur anfänglich wird der am Computer oder Radio unerfahrene Benutzer Schwierigkeiten haben, die notwendigen Abstimmungen an Software und Radio vorzunehmen oder den geeigneten Sender zu finden. Letzteres erleichtert das Buch »Guide to facsimile stations« (zu beziehen direkt über den Autor: Klingenfuss Publications, Hagenloher Str. 14, D-72070 Tübingen, Telefon: +49-7071-62830, Fax +49-7071-600849, www.klingenfuss.org). Hat man erst einmal eine Sendung aufgenommen, so wird es weiter nicht schwer sein, Wetterkarten oder auch Satellitenfotos nach Belieben in bester Qualität zu empfangen – siehe Seite 244.

Mit dem Programm Jvcomm32 lassen sich auch Fernschreibsendungen im Klartext aufnehmen, sodass wir uns damit zum Beispiel vom deutschen Wetterdienst einen Wetterbericht und die Vorhersage im Klartext aus dem Äther »runterladen« können.

NAVTEX

Ebenso können wir mit Jvcomm 32 (und Computer, Controller und hochwertigem Empfänger oder Amateurtransceiver) auch die so genannten NAVTEX-Mitteilungen empfangen, die auf 518 kHz im Fernschreibmodus ausgesandt werden. Aber: Man kann aus NAVTEX nur dann den gesamten Nutzen dieses Dienstes ziehen, wenn der Empfänger fortlaufend bereit ist, eine Aussendung aufzunehmen. Das würde in der Praxis bedeuten, dass obige Geräte 24 Stunden laufen müssten, was auch vom Stromverbrauch her nicht sehr vernünftig wäre. In diesem Fall ist es besser, wenn an Bord ein eigener spezieller NAVTEX-Empfänger (ab 300 Euro) installiert ist.

NAVTEX steht für »Navigational Information over Telex« und wird per Funk auf der international festgelegten Frequenz 518 kHz ausgestrahlt. Alle NAVTEX-Stationen senden auf derselben Frequenz, doch die einzelnen Sender stören sich nicht gegenseitig, weil die Sendezeiten zeitversetzt zyklisch um den Globus laufen. Die Reichweiten der einzelnen Stationen sind nicht allzu groß, somit kann man sich in Gebieten, die nicht gezielt von NAVTEX abgedeckt sind, keine Informationen von diesem System erwarten. Danach wird man sich wohl richten bei der

Frage, ob man sich so einen Empfänger anschafft.

Für uns Fahrtensegler sind die europäischen Küsten, Mittelmeer inklusive, sowie die Küstenregionen Nordamerikas gut bedient. Außerhalb dieser Gebiete hat NAVTEX-Empfang eher Seltenheitswert. Im europäischen Mittelmeer (Griechenland, Spanien, Italien und Türkei) sind Fahrtensegler dagegen von dieser Einrichtung begeistert. Der Empfänger nimmt die NAVTEX-Sendungen automatisch auf und speichert sie. Sie können dann, je nach Fabrikat, ausgedruckt oder aber durch Rauf- und Runterrollen des Textes (Scrollen) im Display des Empfängers abgelesen werden.

NAVTEX ist zunächst ein Informationssystem mit festem Sendeplan, das auch (!) Wetternachrichten ausstrahlt. Durch Aufnahme von Seewetterberichten in den NAVTEX-Sendeplan ist der Informationsservice für Fahrtensegler besonders wertvoll. Aktuelle Wettervorhersagen ergänzen den ursprünglich für die Berufsschifffahrt eingerichteten Warndienst für Navigation und Ortung.

Seewetterberichte über NAVTEX

Für den Bereich Nordsee senden:
- Netherland Coastguard (Versuchsbetrieb)
- Cullercoats (GB)
- Rogaland (N)
- Niton (GB) sendet einen sehr ausführlichen Seewetterbericht mit 24-Std.-Vorhersage für die Irische See, Cromarty, Forth und Tyne (Westküste), Südküste, die Biskaya und Finisterre.

Für den Bereich Ostsee sendet:
- Gislövshammer (S) den aktuellen Seewetterbericht.

Im Mittelmeer sendet u.a.:
- Split Radio aktuelle Wettervorhersagen und Seewetterberichte.

NAVTEX wird in vielen Küstenbereichen bereits seit mehreren Jahren angeboten und ist als Teil des GMDSS (Global Maritime Distress and Safety System) nahezu weltweit verfügbar. Weiterhin werden alle Wetter- und Warnmeldungen im Rahmen des MSI (Maritime Security Information System) in diesem Telexverfahren gesendet.

Über NAVTEX werden Sicherheitsinformationen verbreitet, wie:
- nautische Warnnachrichten
- Seenotmeldungen
- Sturmwarnungen
- Ausfall von Navigationssystemen
- zeitlich begrenzte Sperrgebiete.

Mit der vollständigen Einführung des GMDSS senden viele Küstenfunkstellen auch Seewetterberichte und 24-Std.-Vorhersagen aus.

Wetterberichte übers Telefon

In zahlreichen Gebieten können Wetterberichte übers Telefon abgerufen werden. Die Telefonnummern stehen in den örtlichen Handbüchern oder lassen sich beim Hafenkapitän oder der Marinaleitung, bei gutem Willen auch bei den ortsansässigen Charterstützpunkten erfragen.

Neben den automatischen Ansagen vom Band gibt es auch individuelle Wetterberatungen, die fast immer gebührenpflichtig sind. Häufig wird hierfür das Wetterbüro des nächstgelegenen Flugplatzes zuständig sein. Solche Wetterberichte und Beratungen sind auch für Segler wertvoll, denn den Wetterfröschen vom Flugplatz stehen meist mehr technische Informationsmöglichkeiten (bis zum Wetterradar) zur Verfügung als vergleichbaren Seefahrtsdiensten, und der Wind spielt in der Fliegerei eine ebenso dominante Rolle wie bei den Seglern. Klar, dass der uns aber nicht in 10 000 Metern Höhe interessiert, sondern nur am Boden. Auch Flugwetterdienste können langfristige Prognosen für mehrere Tage abgeben. Wenig bekannt: Wetterbüros an Flugplätzen (die leider mehr und mehr wegrationalisiert werden) können praktisch für jedes Gebiet der Welt das Wetter innerhalb weniger Minuten abrufen. Hat man also Beziehungen zur Fliegerei, so kann man individuell beim Flughafen zu Hause das Wetter für den Standort der Yacht im Mittelmeer abfragen – wenn der Wetterfrosch »mitspielt«, denn eine Verpflichtung seinerseits besteht selbstverständlich nicht. Dass man versucht, solche Möglichkeiten nur in Extremfällen in Anspruch zu nehmen, versteht sich von selbst.

Darüber hinaus besteht die Möglichkeit, per Fax das (Flug-)Wetter automatisch abzurufen. Nach den betreffenden Telefonnummern erkundige man sich beim Wetterbüro am nächstgelegenen Flughafen.

Inzwischen gibt es auch immer mehr kommerzielle Dienste, die gegen Gebühren »das Wetter« als SMS aufs Handy schicken. So kann bei den Zeitschriften YACHT und BOOTE ein solcher Dienst in Anspruch genommen werden. Für 100 SMS mit jeweils dem aktuellen Wetter sind pro Jahr 45 Euro zu bezahlen (www.yacht.de/Wetter). Abgedeckt sind Nord- und Ostsee und das Mittelmeer mit Ausnahme von Afrika.

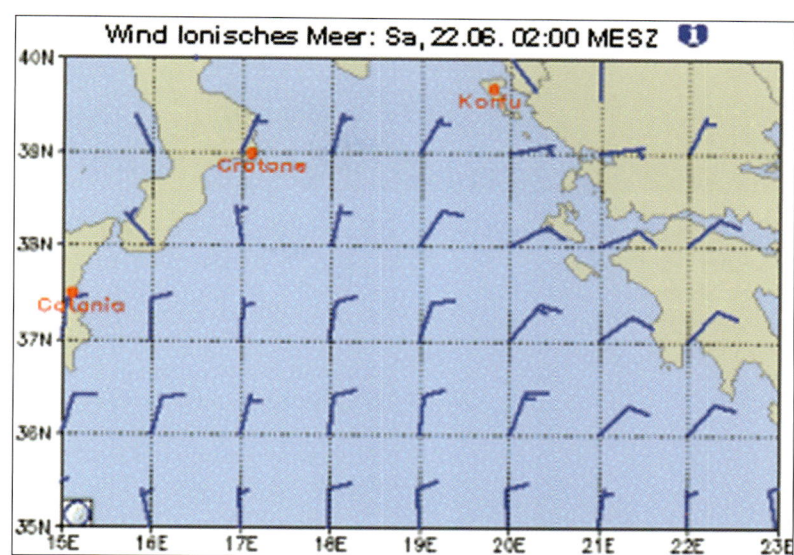

Wetterberichte aus dem Internet

Das Problem hierbei ist der Internetzugang von Bord aus. Nur mit Computer gibt es einen echten Internetzugang. Mit vorgeschaltetem Handy ist der in fast allen europäischen Küstengebieten möglich. Die Kosten halten sich im Rahmen, wenn man die betreffende Seite im Internet gezielt anwählt, also zum Beispiel: http://www.wetteronline.de/cgi-bin/windkarten?3&LANG=de&WIND=g029. Schon hat man die aktuelle Wetterkarte vom Ionischen Meer.

Würde man www.wetteronline.de eingeben, müsste man sich durch eine Reihe von Seiten zeit- und damit kostenmäßig durchquälen, um endlich die heutige Wetterkarte vom Ionischen Meer zu Gesicht zu bekommen. Wählt man direkt, halten sich die Kosten im Rahmen, ca. zwei oder drei Euro für eine Wetterkarte. Muss man sich erst durch alle Seiten von Wetteronline durchquälen, kommen leicht 10 Euro zusammen. Ein Tipp, wie das Surfen billiger kommt: Die Explorer-Option »BILDER ANZEIGEN« (EXTRAS - INTERNETOPTIONEN - ERWEITERT) wird ausgeschaltet. Wenn dann das Symbol für eine Grafik, hinter dem sich die Wetterkarte befindet, erscheint, kann mit der rechten Maustaste - »Bild anzeigen« - die Seekarte sichtbar gemacht und als »Screenshot« (Abbild des Bildschirms) abgespeichert werden. Damit ver-

meidet man die langen Ladezeiten für überflüssige Grafiken oder sonstige Abbildungen.

Ein weitaus billigerer Weg ist es, einen Freund zu Hause zu bitten, die Wetternachrichten aus dem Internet zu besorgen und dann per Handy durchzusprechen oder – noch preisgünstiger – als SMS zweimal täglich aufs Handy zu schicken.

Es ist auch möglich, mit dem Satellitenhandy selbst von überall her ins Internet zu kommen, was aber bei einer Übertragungsrate von 9600 Baud und einem Minutenpreis von ein bis zwei Euro kostenmäßig wohl nur in Notfällen zu vertreten ist.

Wetterregeln

Es ist ein Trost, sich zu erinnern, dass die Kapitäne der stolzen Rahsegler ihre Reisen durch die rauesten Gewässer ohne Wetterberichte machen mussten und allein auf Bordbeobachtungen angewiesen waren. Nicht zufällig stammen viele der folgenden Tipps aus einem modernen Lehrbuch für Seeleute.

Mit dem Satellitentelefon empfangene Windkarte vom Ionischen Meer. Ladedauer 2 bis 3 Minuten zu je 1,5 Euro. Bis zu 5-Tage-Prognosen sind möglich.

Solche Schauer lassen sich – nachts – gut mit dem Radar als weißer ausgefranster Fleck erkennen.

- Außerhalb der Tropen zeigt ein langsames, stetiges Steigen des Barografen immer das Herannahen eines Hochs an.

- Außerhalb der Tropen zeigt ein langsames Fallen das Nahen eines Tiefs an. Es kann aber auch nur eine Abschwächung des Hochs bedeuten.

- Erhebt sich die Sonne hell oder mit einem leicht rötlichen Schimmer über dem Horizont und verschwindet sie anschließend in Wolken, so ist mit Wind und Regen zu rechnen.

- Sinkt die Sonne abends leuchtend und klar hinter dem Horizont oder hinter Haufenwolken, deren Ränder hell beleuchtet sind, so können wir uns auf gutes Wetter freuen.

- Ist die Sonne vor dem Untergang auffallend groß und glänzend weiß, so reffen wir besser die Segel.

- Schwarze Wolken beim Sonnenuntergang oder gelbgrünliches Licht bedeuten schlechtes Wetter.

- Ist der Mond des Nachts nur fahl, so rechnen wir mit Regen, bei einem roten Mond mit Wind und wenn er scharf leuchtendsilbrig hervortritt, mit gutem Wetter.

- Ist der Himmel scheinbar »sternenklar« und treten dennoch nur die hellsten Sterne hervor, so richten wir uns auf Regen mit Wind ein.

- Ein roter Morgenhimmel und feurige Farben versprechen für den Tag Regen mit viel Wind.

- Bleibt der Abendhimmel nach Sonnenuntergang rot beleuchtet, so können wir uns auf schönes Wetter freuen, allerdings nur dann, wenn nicht am Osthimmel ein roter Schein zu sehen ist. Gelbroter oder kupferroter Abendhimmel verheißt Wind und Regen.

- Kleine Haufenwolken um den Mittag herum bedeuten schönes, trockenes Segelwetter, wenn der Morgenhimmel wolkenlos war.

- Schlechtes Wetter kommt von starker Bewölkung des Morgen- oder Abendhimmels.

- Grundsätzlich sind ungewöhnliche Farben der Wolken oder auffällige Wolkenbildungen immer ein Warnzeichen.

- Frischt der Wind am Morgen auf, so bekommen wir gutes, beim Auffrischen am Abend jedoch schlechtes Wetter.

- Ändert der Wind plötzlich seine Richtung, aus der er lange geweht hat, so deutet das auf eine generelle Wetteränderung hin.

- Erst Wind, dann Regen, bringt dem Schiffer Segen,
  erst Regen, dann Wind:
  Mach Segel fest geschwind.

- Hören wir in unserem Bordradio auf Mittelwelle und Grenzwelle starkes Prasseln oder sonstige atmosphärische Störungen, vor allem untertags, so müssen wir mit Gewitterschauern rechnen.

- Bewegt sich auf dem Radarbild ein sehr heller großer Fleck auf offener See auf den Bildmittelpunkt, also auf die Yacht, zu, sollte mit viel Regen und Böen gerechnet werden. Je schneller der Fleck näher kommt, umso mehr Wind ist zu erwarten.

In den Tropen, also meist in den Passatzonen, gelten diese Regeln nur eingeschränkt. Dort konnte ich zuweilen Wolkenbildungen beobachten, die einen Seemann unserer Breiten sicher in Angst und Schrecken versetzt hätten. Doch selten kam es zu einer Wetterverschlechterung. Im Passat gilt es vor allem, die Luftdruckänderung genau zu beachten. Typisch ist ein gleichmäßiges Auf und Ab des Barografen, wobei die Druckunterschiede nicht viel mehr als 3 Hektopascal – über den Tag verteilt – erreichen sollten. Weicht der Barograf allerdings von dieser gleichmäßigen Linie ab (mehr als 3 Hektopascal), so müssen wir mit dem Schlimmsten, nämlich mit einem tropischen Orkan rechnen.

Seegang

Einen ganz wesentlichen Einfluss auf die Geschwindigkeit unseres Bootes oder auf den Kurs, den wir überhaupt nehmen können, hat auch der Seegang. Er ist in erster Linie abhängig vom Wind und seiner Stärke. Wellen sind nicht Wassermassen, die sich vorwärts bewegen, sondern die Wasserteilchen bewegen sich nur im Rhythmus der Welle auf und ab. Trotzdem bereitet es unserem Schiffchen ausgesprochene Schwierigkeiten, gegen den Seegang anzugehen. Das liegt aber in erster Linie daran, dass unser Schiff ja den Wellenberg immer auf der steileren Leeseite erklimmen muss.

Windstärke acht – glücklicherweise von achtern, die Yacht segelt sogar noch trocken.

Der Seegang ist vom Wind abhängig. Das heißt, je stärker dieser weht, umso höher werden die einzelnen Wellen. Es ist richtig, dass es durchaus »haushohe« Wellen gibt. Im Nordatlantik sind Seen bis 16 Meter Höhe wissenschaftlich gemessen worden. Selbst 20 Meter sind durchaus vorstellbar. Das heißt aber nicht, dass nun diese weißen Riesen unbedingt für eine Yacht gefährlich sind. Meist sind die Wellen nämlich dann auch von einer entsprechenden Länge – 200 Meter und mehr. Katastrophal wäre der Seegang erst dann, wenn sich eine See brechen würde. Unter Brechen ist hier nicht das Überkippen des Kammes gemeint, sondern ein echtes Zerbersten der See, wie wir es bei der Brandungswelle gewohnt sind. Dies geschieht glücklicherweise außerordentlich selten. Eine Segelyacht hätte keine Überlebenschance, wenn man berücksichtigt, dass für eine solche Riesenwelle immerhin die unvorstellbare Wassermasse von 30 000 Tonnen berechnet wurde.

Unangenehm wird der Seegang dann, wenn der Wind gegen den Strom weht, sodass die Seen wesentlich steiler werden. Hier kann es unter unglücklichen Umständen dann auch passieren, dass sich eine solche See wirklich voll bricht. An der Ostküste von Südafrika setzt der Agulhas-Strom zeitweise mit einer Geschwindigkeit von 4 Knoten. Dort ist in seriösen englischen Seekarten der Hinweis eingedruckt: »Achtung, hier muss mit Wellenungetümen von über 20 Metern Höhe gerechnet werden.« Nur der Vollständigkeit halber wird darauf hingewiesen, dass die Wissenschaft nunmehr der Meinung ist, dass die höchstmöglichen Wellen eine Höhe von 35 Metern erreichen. Dies entspricht einem zehnstöckigen Haus.

Das »Traumschiff« MS BREMEN befand sich am 21.2.2001 auf Position 45° 54' Süd, 38° 58' West, als Kapitän Heinz Aye (99 Antarktisreisen), bei »14 Windstärken«, so das Logbuch, eine See mit 35 Metern Höhe einschätzte. Diese See traf die BREMEN voll und beschädigte sie schwer. Über 30 Minuten lang trieb das Schiff manövrierunfähig mit 40 Grad Schlagseite in den Wellen.

Gezeiten

Das Wissen um die Gezeiten, also um den Zeitpunkt von Hochwasser und Niedrigwasser und um deren Höhen, kann für den Fahrtensegler von großer Wichtigkeit sein. Das gilt sowohl für Gebiete mit einem Tidenhub von weniger als einem Meter (Mittelmeer) als auch für Gebiete, wo der Unterschied zwischen Hoch- und Niedrigwasser einem mehrstöckigen Haus entspricht wie zum Beispiel in St. Malo, wo der Tidenhub haushoch – über 10 Meter – ist. Oft sind Gewässer so flach, dass sie nur bei Hochwasser passierbar sind. Besonders in der Nordsee, in den Wattengewässern ohnehin, hängt von der Kenntnis der Gezeiten ab, ob ein Tagestörn überhaupt sicher durchgeführt werden kann.

Strömungen in Küstennähe sind meist von den Gezeiten abhängig. In den Seehandbüchern finden wir die Angaben über Richtung und Stärke des Stromes bezogen auf Hoch- oder Niedrigwasser. Auch in sonst stromlosen Gewässern können unter diesen Umständen lokale Strömungen entstehen, die sich der Segler zunutze machen kann oder denen er, wenn sie gegenan setzen, ausweichen muss.

In Tidengewässern können wir uns die unterschiedlichen Wassertiefen für Reparaturen oder Überholungsarbeiten am Unterwasserschiff zunutze machen. Ja, in vielen Gebieten der Erde gibt es so wenige Werften, dass wir froh darüber sind, wenn wir Gezeitenunterschiede antreffen, die ungefähr dem Tiefgang unserer Yacht entsprechen. Dann lassen wir unsere Yacht »trockenfallen« und malen zwischen den Hochwassern das Unterwasserschiff.

Um die Gezeiten vorausberechnen zu können, bedienen wir uns der Gezeitentafeln. Das Bundesamt für Seeschifffahrt und Hydrographie (BSH) verlegt jedes Jahr von neuem Gezeitentafeln, deren erster Band für ganz Europa gilt. Aber es ist nicht nötig, sich unbedingt dieser Gezeitentafeln zu bedienen. Die Gezeiten sind vielfach auch in lokalen Veröffentlichungen angegeben oder finden sich im »Macmillan REEDS«. Wenn man sich mit der grundsätzlichen Systematik aller Gezeitentafeln vertraut gemacht hat, ist es gleichgültig, mit welchen Tabellen gearbeitet wird.

Gezeitentafeln gelten meist ein Jahr lang. Es darf also keinesfalls mit Gezeitentafeln gearbeitet werden, die für ein anderes Jahr berechnet sind. In den Tafeln finden sich immer für einen bestimmten Tag die Zeiten des Hochwassers und nachfolgend des Niedrigwassers. Hierbei muss in der Beschreibung der Tafel nachgesehen werden, auf welche Tiefen sich die Angaben der Tidenhöhen beziehen. Meistens gelten die Tiefenangaben für »Kartennull«; also sind die angegebenen Höhen der Angabe in der Karte hinzuzurechnen beziehungsweise bei negativen Höhen abzuziehen. Dass man sich vergewissert, in welchen Maßeinheiten die Angaben über die Tidenhöhen erfolgen (Fuß, Meter, Faden), ist selbstverständlich.

Man braucht der jeweiligen Sprache nicht mächtig zu sein, um die wichtigen Daten aus einer Gezeitentafel herauslesen zu können: Niedrigwasser ist immer zwischen zwei Hochwassern, man erkennt das Niedrigwasser auch an der Angabe über die Gezeitenhöhe. Die Steigdauer ist immer die Zeit zwischen Niedrigwasser und Hochwasser und der Tidenhub ist die Höhe des Hochwassers abzüglich des Niedrigwassers.

Mit diesen Angaben ist es kinderleicht, die Höhe und die Zeit für Hoch- und Niedrigwasser festzustellen. Allerdings gelten diese Angaben nur für die in den Gezeitentafeln angegebenen Orte. Natürlich enthalten die Tafeln nicht für jeden kleinen Küstenort genaue Angaben, sondern es sind gewisse markante Orte, nämlich die Bezugsorte, ausgewählt. Befinden wir uns an einem der wenigen in den Tafeln enthaltenen Bezugsorte, haben wir es leicht. Ein Blick unter dem betreffenden Datum und wir finden unmittelbar die gewünschten Angaben.

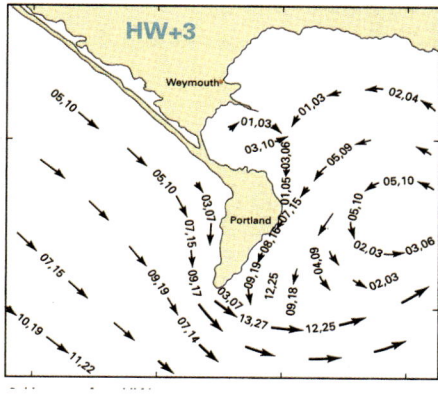

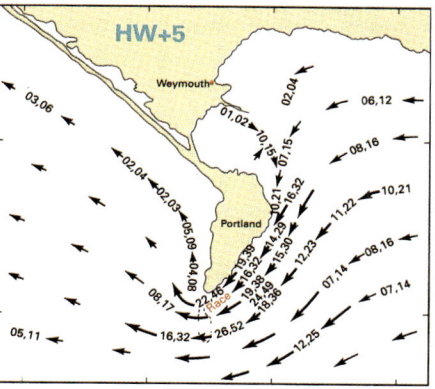

19. Februar 2000: Um 13.56 Uhr beträgt das Niedrigwasser in St. Malo (Frankreich – Kanalinseln) 1 Meter, während das nachfolgende Hochwasser 12 Meter 30 ist. Tidenunterschied also 11 Meter!

Nur zwei Stunden liegen zwischen den beiden Karten. Zwei Stunden, die dafür entscheidend sind, ob an der Südspitze von Portland eine nach Westen segelnde Yacht bis zu zweieinhalb Knoten starken Gegenstrom oder einhalb Knoten Schiebestrom hat – macht einen Unterschied von 4 Knoten! (Die Stromgeschwindigkeiten sind in Zehntelknoten angegeben!)

Tidengewässer in Guernsey/Nordatlantik: Tidenhub über 8 Meter.

Zeitunterschied gegen das nächste Hochwasser:
3 h 24 m
Steig- und Falldauer:
5 h 28 m
Tidenhub = 11,30 m
Ergebnis: ungefähr 3,6 m

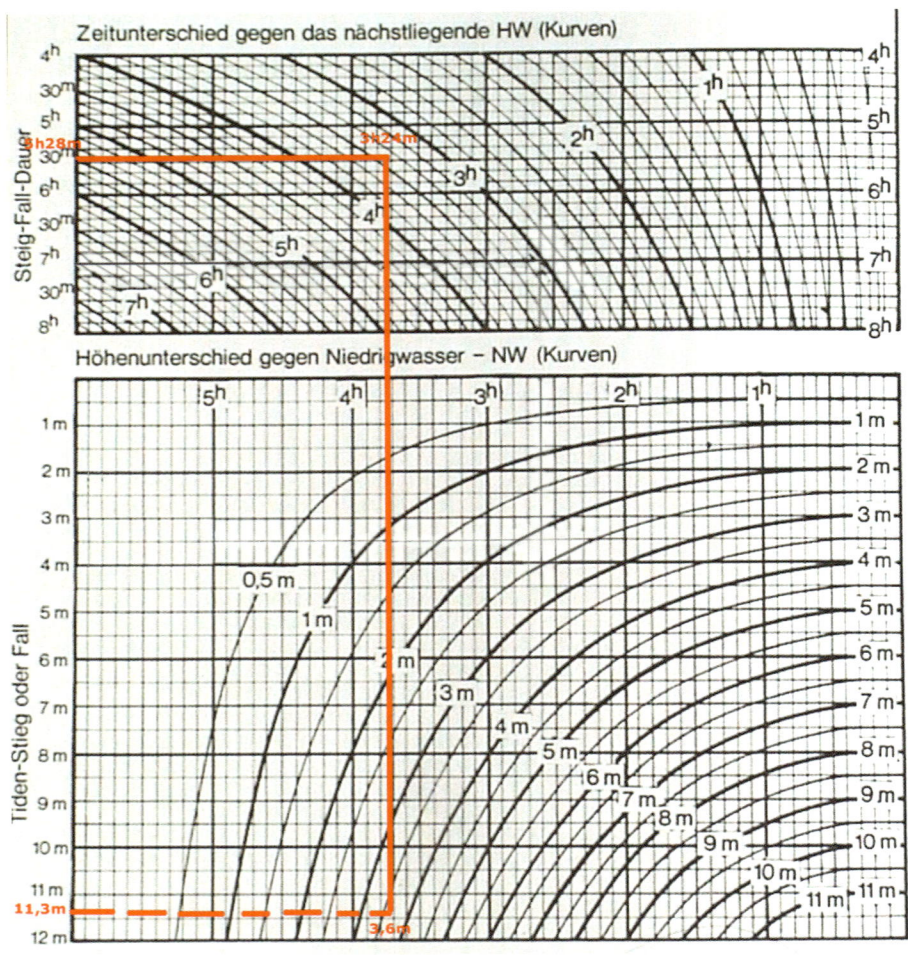

Zeitunterschied gegen das nächstliegende HW (Kurven)

Steig-Fall-Dauer

Höhenunterschied gegen Niedrigwasser – NW (Kurven)

Tiden-Stieg oder Fall

Nomogramm von Braren:
Wie hoch ist in St. Malo am 19. Februar 2000 um 16 Uhr ungefähr die Tide über dem Niedrigwasser? Die Antwort geben uns die Werte aus der Gezeitentafel und obiges Nomogramm von Braren:

Tafeleingänge
Steigdauer:

        19h 24m
    - 13h 56m

    =05h 28m

Zeitunterschied
gegen das nächste Hochwasser:
        19h 24m
    - 16h 00m

    =03h 24m

Tidenhub:

        12,30 m
   – 1,00 m

    = 11,30 m

Antwort:
Höhenunterschied gegen Niedrigwasser:
ungefähr   3,60 m
Niedrigwasser + 1,00 m

    = 4,60 m

Zu der Tiefe, die für einen bestimmten Ort in der Karte steht, müssten also 4,6 Meter hinzugezählt werden, um für 16 Uhr die tatsächliche Wassertiefe an diesem Ort zu bekommen.

Mit dem Nomogramm von Braren kann dann leicht die Höhe für jeden Zeitpunkt – oder auch umgekehrt – festgestellt werden. Dass diese Grafik nur bei Gezeiten anzuwenden ist, die einigermaßen gleichmäßig verlaufen, ist selbstverständlich. Ausnahmen hierzu ergeben sich wiederum aus den Gezeitentafeln. Ist dort die Gezeitenkurve, also der grafische Verlauf des Tidenhubs, aufgezeichnet, sind die Ergebnisse präziser. Die Gezeitenkurven sind meist so typisch, dass das Nomogramm, das auf einem gleichmäßigen Tidenverlauf beruht, angewendet werden kann. Ausnahmen finden sich in Tidengewässern, bei denen sich die Tiden mit Strömungen aufgrund von geografischen Küstenverwinkelungen überlagern, wie in der Deutschen Bucht oder in englischen Küstengewässern (siehe Tidenkurve für Poole Harbour). Hier muss die Tidenkurve zur Berechnung der Tidenhöhen verwendet werden. Das Nomogramm von Braren oder andere standardisierte Höhenberechnungen (»Zwölftel-Regel«, Cosinus-Verfahren oder Ähnliches) ergeben hier falsche Werte...

Natürlich haben wir nicht immer das Glück, dass wir uns genau an einem Bezugsort befinden, für den in der Gezeitentafel direkt die genauen Daten enthalten sind. Dafür finden wir aber in solchen Fällen in den Tafeln ein Verzeichnis der Anschlussorte und

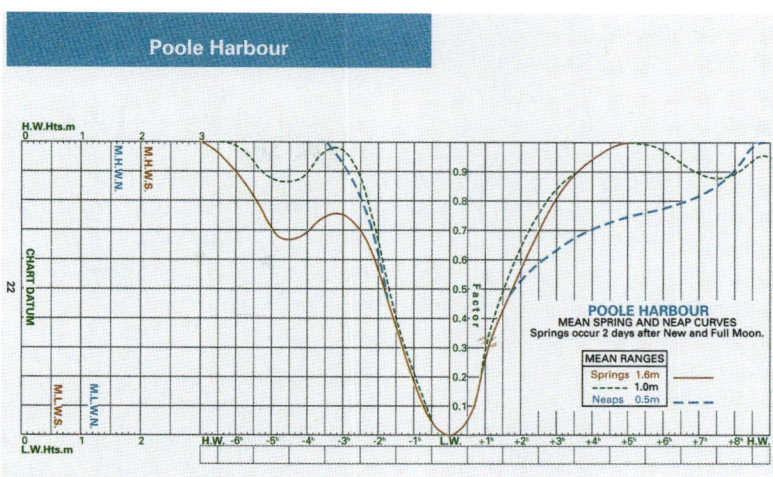

POOLE HARBOUR 9.2.13

Within the hbr the two chans (Middle Ship and Poole Quay are clearly marked by lateral buoys.

die Angaben, um wie viel die Daten für den Anschlussort vom Bezugsort differieren. Sind wir an einem Küstenort, für den in den Gezeitentafeln überhaupt keine Angaben vorhanden sind, so wählen wir ganz einfach den nächstliegenden Anschlussort.

Die Angaben in Gezeitentafeln beziehen sich auf »normale« Verhältnisse. Bei Stürmen können sich die Werte ganz entscheidend verändern. Zentimetergenaue Berechnungen sind ohnehin nicht anzuraten, in jedem Fall muss ein Sicherheitsspielraum von mehreren Dezimetern eingerechnet werden.

Eine »untypische« Gezeitenkurve: Eineinhalb Stunden nach dem Fallbeginn steigt das Wasser nochmals!

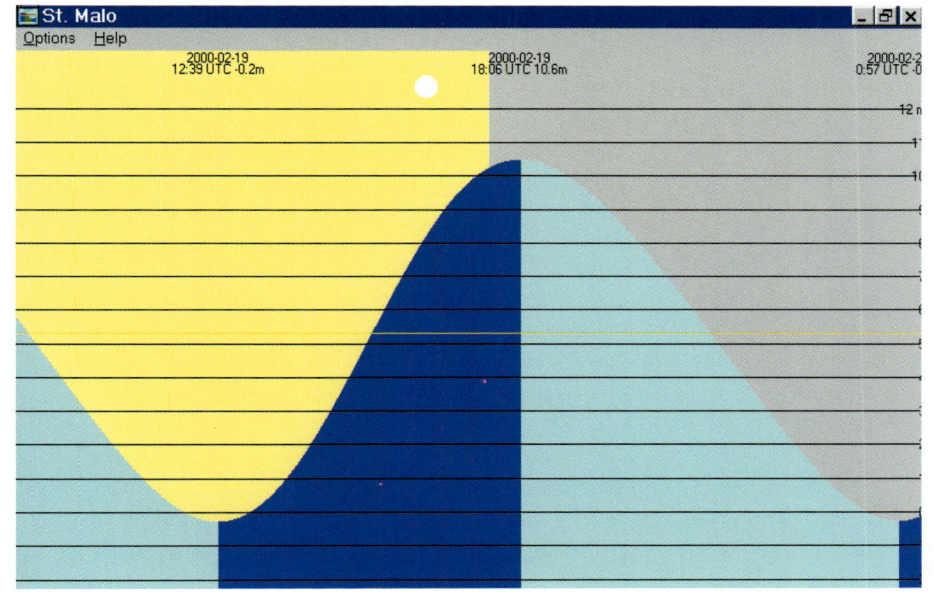

Die Zeiten im WXTIDE32-Programm für Hoch- und Niedrigwasser liegen nur unwesentlich daneben. Das Niedrigwasser wird für 12.39 Uhr UTC angegeben, was in St. Malo am 19.2.2000 einer Ortszeit von 13.39 Uhr entspricht. Unterschied gegen die Gezeitentafel also 17 Minuten. Auch der Tidenhub entspricht annähernd der Gezeitentafel.

255

Ist ein Computer an Bord (wie meist auf Fahrtenyachten), kann man sich, jedenfalls bei der Törnplanung, mit einem Gezeitenprogramm behelfen.

Das Programm WXTIDE32 kann unter der Adresse www.wxtide32.com aus dem Internet heruntergeladen werden. Es ist als Freeware kostenlos und gilt weltweit, ohne auf ein bestimmtes Jahr fixiert zu sein. Allerdings kann seine Genauigkeit mit der der speziellen Gezeitentafeln, die für jedes Jahr neu berechnet werden, nicht mithalten, wie das Beispiel für St. Malo am 19.2.2000 zeigt. Aber es ist besser als gar keine Gezeitentafel, und zur Planung reicht es aus.

Beagle-Kanal in Feuerland:
Fahrtensegeln bis ans Ende
der Welt.

Nur in Küstennähe sagen uns Seezeichen nach einem Blick in die Seekarte unsere Position...

Navigation

Koordinatensystem der Erde; Schiffsort ist 40°20'N und 019°40'E.

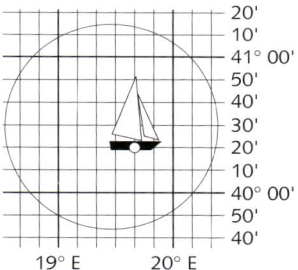

Navigation besteht darin, ein Schiff auf dem schnellsten und sichersten Weg zum Zielort zu bringen. Es ist deshalb schlechte Seemannschaft, sich bei der Navigation auf eine einzige Navigationshilfe zu verlassen!

Die ganze »Kunst« der Navigation besteht darin, den Kurs herauszufinden, den wir steuern müssen, um sicher und auf dem kürzesten Weg unser Ziel zu erreichen. Hierzu müssen wir unseren jeweiligen Standort (Schiffsort) so genau wie möglich kennen. Die Position wird immer zuerst nach Breite und dann nach Länge angegeben. Um dies zu ermöglichen, hat man die Erde mit einem gedachten Koordinatennetz überzogen.

Die Breitengrade werden vom Äquator (0°) nach Norden oder Süden gezählt, also zum Beispiel »44° N« oder »56° S«. Die beiden Erdpole sind dann jeweils der 90. Grad. Die

Längengrade werden vom Null-Meridian, der genau durch die englische Stadt Greenwich vom Nordpol zum Südpol läuft, nach Westen oder nach Osten gezählt.

Im Gegensatz zu den Breitengraden geht es aber hier bis zum 180. Längengrad, der in der Nähe von Fidschi von Nord nach Süd verläuft. Die Länge wird also beispielsweise mit »044°W« oder mit »166°E« angegeben. In der Navigation wird für Osten nie ein »O«, sondern immer ein »E« – East – geschrieben, um Verwechslungen mit der Ziffer »0« zu vermeiden.

Schiffsorte werden aus der Karte mit Kartenzirkeln herausgemessen, indem man ganz einfach die Strecke vom Schiffsort zum nächsten eingezeichneten Breitengrad in den Zirkel nimmt und rechts oder links am Kartenrand die Breite abliest, während die Länge in gleicher Weise abgegriffen und dem unteren oder oberen Kartenrand entnommen wird. Wegen der Verletzungsgefahr und weil sie die Seekarte mit einiger

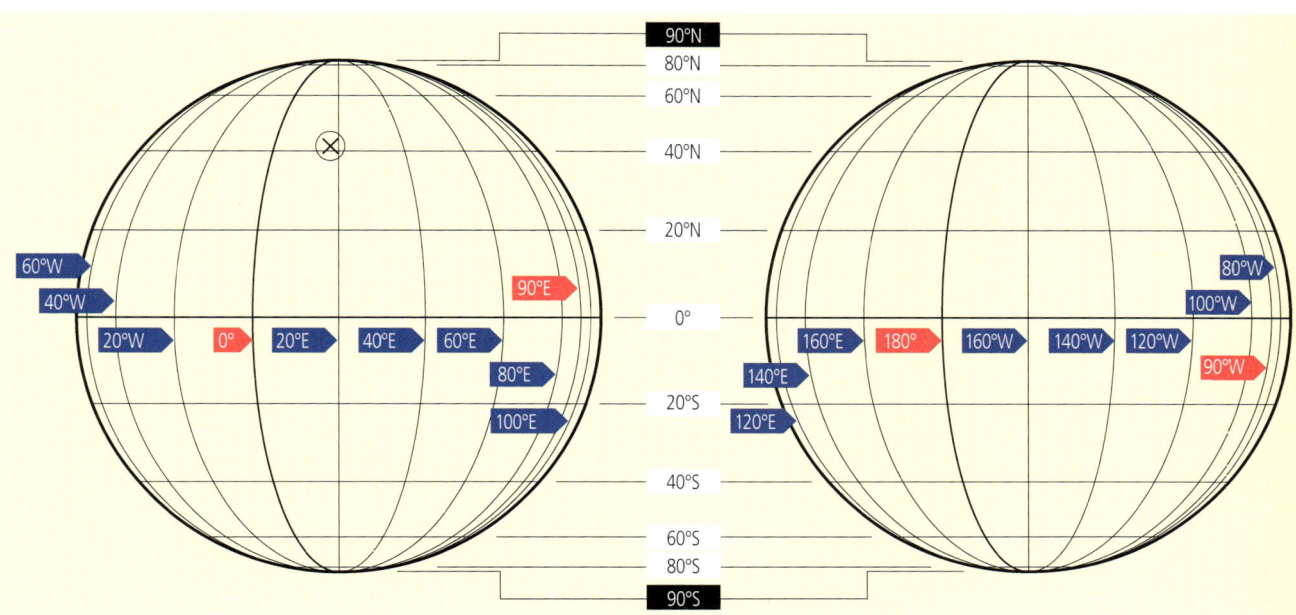

Entnehmen einer Position aus der Seekarte. Als »Werkzeug« ist nur der Kartenzirkel notwendig. Zirkelschläge zu eingezeichneten Grad- und Minuten-Einteilungen für Breite und Länge ergeben die beiden Koordinaten: Breite und Länge.

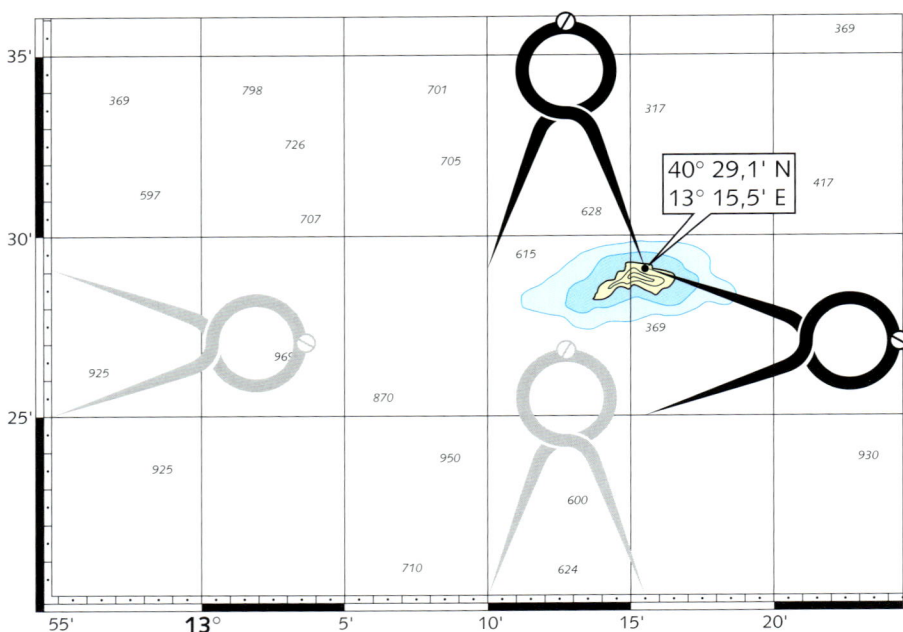

40° 29,1' N
13° 15,5' E

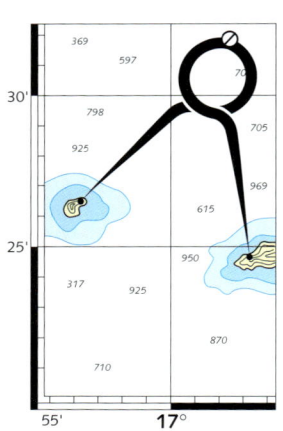

So einfach ist die Entfernungsmessung zwischen zwei Punkten in der Seekarte: Abgreifen und am linken oder rechten Kartenrand die Breitenminuten in den Zirkel nehmen und als Seemeilen ablesen.

Sicherheit zerstören würden, verwenden wir nicht die üblichen Stechzirkel, die wir von der Schule her kennen. Es gibt spezielle Kartenzirkel, wobei ich aus eigener Erfahrung zum englischen Typ rate, der auch bei schwankendem Schiff noch leicht mit einer Hand bedient werden kann. Aber nie auf dem Kartentisch liegen lassen! Bei Krängung fliegt dieses gefährliche Instrument quer durchs Schiff.

Für die Übungsaufgaben beigelegte Seekarte verwenden!
1. Aufgabe
   Wie lauten die Koordinaten der folgenden 5 Punkte auf der beiliegenden Übungskarte?
   a) Leuchtfeuer mit weißem und rotem Blitz und einer Tragweite von 14 beziehungsweise 10 Seemeilen alle 8 Sekunden am Needham Point auf Barbados;
   b) Ostspitze der Insel Canouan;
   c) Nordspitze von St. Lucia;
   d) Flugfunkfeuer auf Tobago mit der Kennung TAB;
   e) Wegpunkt 10.

(Lösungen der Übungsaufgaben auf Seite 354 ff.)

Übrigens: Jeder Breitengrad ist genau 60 Seemeilen lang und damit jede Breitenminute genau eine Seemeile. Legt ein Schiff in der Stunde eine Seemeile zurück, so spricht man von einer Geschwindigkeit von einem Knoten. Das ist der Grund, warum in der Seefahrt ausschließlich diese natürliche Maßeinheit benutzt wird. Wenn wir in einer Seekarte Entfernungen messen wollen, so brauchen wir deshalb nicht mühsam nach einem Maßstab auf der Karte zu suchen, sondern wir greifen die Entfernung mit unserem Kartenzirkel ab, legen diesen dann auf den rechten oder linken Kartenrand über der Skala mit den Breitenminuten an und können so direkt die Entfernungen feststellen.

Wichtig! Nur die **Breiten**minuten sind eine Seemeile lang. Am oberen oder unteren Kartenrand dürfen deshalb niemals Entfernungen abgegriffen werden.

Um die Kugelform der Erde auf eine ebene Fläche (Seekarte) übertragen zu können, musste man sich eines Kunstgriffes bedienen. Dieser führt dazu, dass auf der Seekarte (nicht in Wirklichkeit) der Abstand der Breitengrade zu den Polen hin immer größer wird. Wir sollten deshalb Entfernungen am linken oder rechten Kartenrand möglichst in Höhe des Schiffsortes abgreifen. Auf normalen Seekarten sind die Unterschiede kaum merkbar, auf »Überseglern«, die ein weites Gebiet abdecken, würden sich hier aber Ungenauigkeiten einschleichen.

> **2. Aufgabe**
> Wie viele Meilen sind es von Frigate Island südlich von Carriacou nach Crown Point an der Westseite von Tobago?

Kompass

Mindestens einer muss auf jeder Fahrtenyacht vorhanden sein. Die Kompassscheibe, auf der sich die Gradeinteilung von 0 bis 360 befindet, ist nichts anderes als eine frei bewegliche Magnetnadel. Vom Physikunterricht wissen wir, dass diese immer nach Norden zeigt. Für Yachten ist es wichtig, dass sich die Scheibe, also die Kompassrose, möglichst reibungslos bewegt, damit sie sich bei den schwankenden Schiffsbewegungen immer auf Nord einpendeln kann. Am besten erreicht man dies mit einem kugelförmigen Gehäuse, das mit einer Flüssigkeit zur Dämpfung gefüllt ist, oder aber mit einer vollkardanischen Aufhängung des Kompasses.

Missweisung mit »westlich« (Vorzeichen minus) oder »östlich« (Vorzeichen plus) angegeben. In englischen oder amerikanischen Seekarten heißt die Missweisung »variation«.

> **Beim Rechnen:**
> Westliche Missweisung hat das Vorzeichen –.
> Östliche Missweisung hat das Vorzeichen +.

Die Missweisung bleibt nicht immer gleich. Allmählich, über Jahre hinweg, ändert sie sich. Diese Änderungen sind meist in einer Größenordnung von Zehntelgraden pro Jahr. Da aber kein Mensch am Kompass

Alle (Magnet-)Kompasse arbeiten nach dem gleichen Prinzip: Die an einer Stelle – außen – magnetische Kompassrose schwimmt in einer speziellen Flüssigkeit und richtet sich entsprechend dem Magnetfeld der Erde ungefähr in Nord-Süd-Richtung aus.

Missweisung

Wenn vorher gesagt wurde, dass sich die Kompassnadel nach Norden ausrichtet, so stimmt das nicht genau. Das Magnetfeld der Erde hat einen eigenen Süd- und Nordpol, die nicht mit den Erdpolen identisch sind. Zwischen diesen magnetischen Polen verlaufen – nicht geradlinig – die magnetischen Kraftlinien. Die Kompassnadel oder die Nord-Süd-Achse der Kompassrose wird sich immer parallel zu diesen einpendeln. Sie zeigt also nicht genau nach Nord. Den Wert, um den der Kompass von der geografischen Nordrichtung abweicht, nennt der Nautiker »Missweisung«. In jeder Seekarte ist die

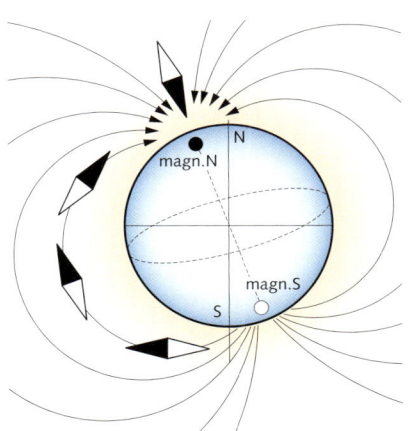

Die Kompassrose zeigt nicht zum geografischen Nordpol, sondern richtet sich parallel nach den magnetischen Kraftlinien der Erde aus. Der Unterschied der Stellung der Kompassrose zur Nord-Süd-Richtung ist die Missweisung.

Messen des rechtweisenden Kurses (Kartenkurs) zwischen zwei Orten:
1. Lange Seite (Hypotenuse) des Kartendreiecks durch die beiden Orte (schwarze Punkte) legen.
2. Mithilfe eines zweiten Dreiecks so lange das Kursdreieck verschieben, bis dessen Nullpunkt (auf der langen Seite) genau auf einem Meridian (senkrechte Linien der Längengrad- und -minuteneinteilung auf der Seekarte) liegt (kleiner Kreis).
3. Kurs ablesen (großer Kreis).

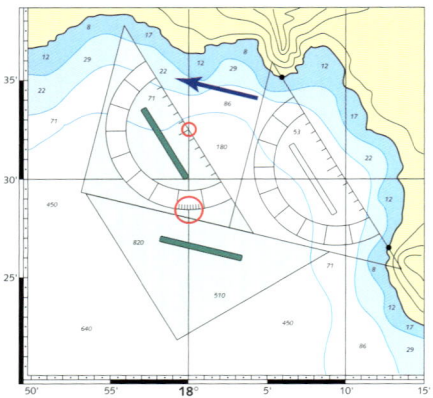

Kartenkurs

Um zu erfahren, welchen Kurs der Rudergänger von einem Punkt zu einem anderen steuern muss, messen wir zunächst aus der Seekarte den Kartenkurs oder rechtweisenden Kurs heraus. Hierzu benötigen wir unbedingt ein Kursdreieck, dessen lange Seite wir zwischen dem Abfahrtsort und dem Ankunftsort so anlegen, dass die gegenüberliegende Spitze möglichst zu uns zeigt. Ein zweites Dreieck legen wir dann an eine der kurzen Seiten des Kursdreiecks an, um dieses zu verschieben, bis der Nullpunkt auf der langen Seite auf irgendeinem Meridian (das sind die eingezeichneten Längengrade) liegt. Wo der Meridian dann durch die Gradeinteilung des Kursdreieckes läuft, können wir den Kartenkurs ablesen. Je nach Richtung, in die wir fahren, sind zwei Werte angegeben. Müssen wir einmal einen bestimmten Kartenkurs in die Karte zeichnen, so läuft der ganze Vorgang ganz einfach umgekehrt ab: Das Kursdreieck wird zunächst mit seinem Nullpunkt und dem gewünschten Kurs auf den Meridian gelegt, um es dann mithilfe eines zweiten Dreieckes so zu verschieben, dass die lange Seite des Kursdreiecks durch den Ort läuft, von dem aus weitergesegelt werden soll.

auch nur auf ein Grad genau den Kurs halten kann, wäre es in der Bordpraxis übertrieben (und bei Stress auch verwirrend), wenn die jährliche Änderung immer mit in die Kursberechnung einbezogen würde. Wenn allerdings sehr alte Seekarten verwendet werden, ist es schon angebracht, sich einmal die aktuelle Missweisung auszurechnen und diese dann jeweils anzuwenden.

Übrigens ist in den meisten GPS-Empfängern die jeweilige Missweisung für alle Gebiete der Erde vorausberechnet.

3. Aufgabe
Wie groß ist 2005 die Missweisung für Tobago, wenn auch die jährliche Änderung berücksichtigt wird?

Zu Beginn ist man leicht versucht, den Kurs mit einem einzigen Dreieck herauszulesen oder einzuzeichnen. Das ist möglich, führt aber zu Ungenauigkeiten und dauert länger. Neben den Kartendreiecken gibt es eine Reihe von weiteren Hilfsmitteln, um Kurse aus der Karte herauszulesen oder abzusetzen. Sie haben sich im deutschen Sprachraum nicht durchgesetzt.

Den Kartenkurs vom Abfahrts- zum Ankunftsort haben wir nun aus der Karte herausgemessen. Wegen der Missweisung dürfen wir diesen aber am Kompass nicht steuern, sondern zunächst muss er um den Betrag der Missweisung berichtigt werden. Und hier rate ich ganz dringend, sich über den Rechenvorgang keine großen Gedanken zu machen, sondern diesen ganz mechanisch nach einer einfachen, in der Navigation allgemein gültigen Regel vorzunehmen.

Einzeichnen eines rechtweisenden Kurses (Kartenkurs):
1. Dreieck so auf die Karte legen, dass gewünschter Kurs (großer Kreis) und der Nullpunkt des Kartendreiecks (kleiner Kreis) auf einem Meridian liegen.
2. Dreieck mithilfe eines anderen so verschieben, dass die lange Seite des Kartendreiecks durch den Abfahrtsort geht.
3. Kurs an der langen Seite des Dreiecks zeichnen!

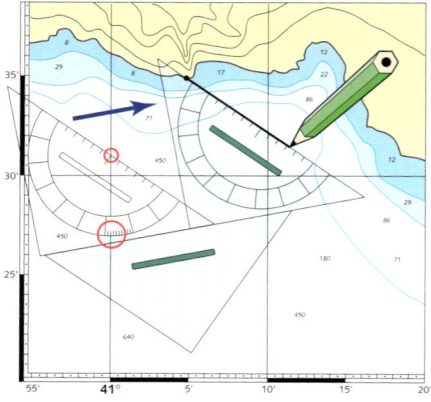

Grundsatz: Rechnen wir vom richtigen Kurs (Kartenkurs) zum falschen Kurs (Kompasskurs), dann nehmen wir das falsche Vorzeichen.

Oder umgekehrt (wenn wir also den gelaufenen Kurs in die Karte einzeichnen wollen):
Vom falschen (Kompasskurs) zum richtigen (Kartenkurs) = richtiges Vorzeichen.

Diese einfache Regel wiederholt sich in der gesamten Navigation immer und gehört deshalb zum geistigen Handwerkszeug eines jeden Navigators. Ist der Kartenkurs oder rechtweisende Kurs zum Beispiel 261°, die westliche Missweisung – 11,2°, dann heißt der Kompasskurs:

rwK	261°	
MW +	11,2°	(falsches Vorzeichen, weil wir zum falschen Kurs rechnen)

KpK	272,2°	

4. Aufgabe
Am 22. April 2005 ankert die GFK-Yacht Sylphe nach ihrer Atlantiküberquerung in der Carlisle Bay von Barbados beim Wegpunkt 13. Sie möchte zur Savan-Insel südlich von Mustique. Welcher Kompasskurs muss zum Kap gesteuert werden?

5. Aufgabe
Der Skipper der Sylphe ändert seine Meinung und entschließt sich, nach Grenada zu segeln. Wie lauten um 11 Uhr die Koordinaten des Schiffsortes, wenn die Sylphe um 08.30 Uhr von der Carlisle Bay mit einem Kompasskurs von 255° abgesegelt ist und bis dahin eine Geschwindigkeit von 7 Knoten (= 7 Meilen pro Stunde) halten konnte?

Deviation

Obige Regel »vom falschen zum richtigen Kurs mit richtigem Vorzeichen« oder »vom richtigen zum falschen Kurs mit falschem Vorzeichen« wenden wir in der Navigation immer an, wenn wir Kurse aufgrund von weiteren Einflüssen umrechnen müssen. Dies gilt auch für die so genannte Deviation. Unser Kompass richtet sich nicht nur nach dem großen Magnetfeld der Erde, sondern er wird auch von einigen Metallen in seiner Umgebung beeinflusst. Diese Ablenkung ist die Deviation, die auf einer Stahlyacht naturgemäß viel größer ist als beispielsweise auf einem Kunststoffschiff. Aber auch auf Letzterem kann es zu erheblichen Deviationswerten kommen, wenn der Kompass zum Beispiel zu nahe an der Maschine oder an den elektronischen Geräten aufgestellt ist. Ebenso verursachen Metallgegenstände in der Tasche des Rudergängers magnetische Ablenkung. Vor dieser Deviation schützt uns übrigens auch nicht der Kauf eines sehr teuren Kompasses, selbst wenn es schon Firmen gegeben hat, die das behaupteten. Wäre der Kompass nämlich gegen die störenden Metallteile oder Magnetfelder abgeschirmt, so könnte sich die Nadel selbstverständlich auch nicht mehr in eine bestimmte Richtung gemäß dem Magnetfeld der Erde ausrichten.

Ein Kompass darf nicht benutzt werden, wenn nicht vorher die genaue Deviation festgestellt wurde, damit sie ähnlich wie die Missweisung bei der Umrechnung vom Kartenkurs zum Kompasskurs (oder umgekehrt) berücksichtigt werden kann. Die Deviation ist kein gleich bleibender Wert, sondern sie ändert sich je nach Richtung des Schiffes. Aus diesem Grunde muss sie für jede Kursrichtung des Schiffes festgestellt und in eine Steuertafel eingetragen werden. Hierzu brauchen wir lediglich einen ruhigen Bojenplatz und ein Beiboot, mit dem wir die Yacht drehen können, ein entferntes Peilobjekt und schließlich einen Peilaufsatz auf dem Kompass, mit dem wir das bekannte Objekt »peilen« können. Bei einem Kugelkompass müssen wir eine Peilscheibe benutzen.

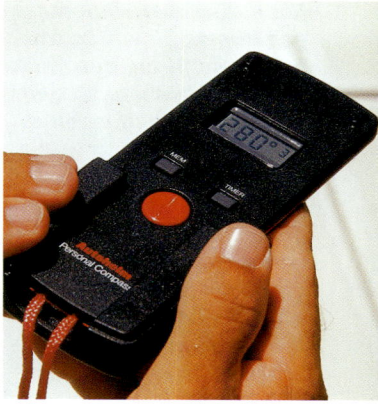

Außer auf einem Stahlschiff wird bei Benutzung eines Peilkompasses die Deviation so gering sein, dass sie vernachlässigt werden kann. Aber Achtung bei metallenen Brillengestellen – nachprüfen!

Kann über den Steuerkompass hinweg – wie so oft – nicht gepeilt werden (fehlender Peilaufsatz, Kugelkompass etc.), muss eine Peilscheibe benutzt werden, um die Deviation festzustellen. Ist die Peilscheibe genau in Schiffslängsrichtung ausgerichtet, wird deren Peilung zum Kompasskurs hinzugezählt, um die Kompasspeilung zu erhalten. Bei Werten über 360 Grad müssen 360 Grad abgezogen werden.

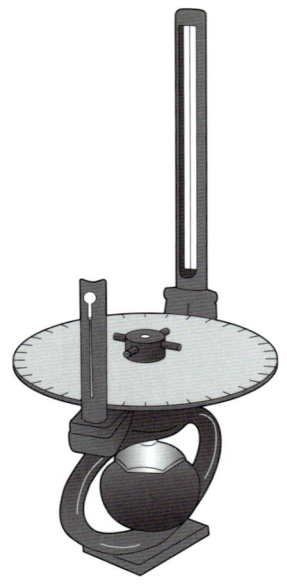

Das Zeichnen einer Deviationskurve dient vor allem dazu, um Fehlmessungen zu erkennen und ausgefallene Peilungen (»Mast davor«, »Peilung ausgefallen« etc.) rekonstruieren zu können.

Steuertafel

Wenn wir für unser Schiff eine Steuertafel aufstellen, drehen wir es mithilfe eines am Heck befestigten Beibootes im Kreis. Ein Mann beobachtet den Kompasskurs und gibt von 10° zu 10° das Signal »jetzt«. In diesem Moment stellt der zweite Mann mithilfe des Peilaufsatzes auf dem Kompass die Kompasspeilung zur Landmarke fest. Fällt die eine oder die andere Peilung aus, weil der Mast oder ein anderer Gegenstand im Weg ist, so ist das nicht besonders schlimm. Zunächst stellen wir nämlich eine Devia-

tionskurve auf, die es uns später ermöglicht, auch die fehlenden Werte zeichnerisch zu interpolieren. Für jede Peilung wird die entsprechende Deviation nach der einfachen Formel ausgerechnet:

> Kartenkurs zum Peilobjekt – Missweisung – Kompasspeilung = Deviation

Die errechneten Deviationswerte brauchen wir dann nur noch als Kurve in die Tafel unten einzuzeichnen, wobei wir die fehlenden Werte leicht interpolieren können und auch sofort merken, ob eine Fehlmessung vorliegt.

Können wir bei unserer Yacht nicht über den Kompass peilen (Kugelkompass oder ungünstiger Aufstellungsort), so müssen wir eine Peilscheibe verwenden. Sie ist nichts anderes als die Filiale des Kompasses. Deshalb muss zum Augenblick der Peilung auf Zuruf der Kompasskurs vermerkt werden. Um die Kompasspeilung zu erhalten, gilt ganz einfach:

> Peilung + Kompasskurs = Kompasspeilung.
> (Über 360° werden diese abgezogen.)

6. Aufgabe:
Am übernächsten Tag motort die SYLPHE wieder Richtung Nord. Als der Skipper die Nordspitze von Canouan gut ausmachen kann, beschließt er, eine neue Deviationstabelle aufzustellen, weil die an Bord befindliche bereits zwei Jahre alt ist.

Nachdem er seine Position mit 12° 22,0'N und 061°09,5'W festgestellt hat, dreht er mit der Maschine langsam einen Kreis, während gleichzeitig die Nordspitze von Canouan mit dem Peildiopter über den Kompass hinweg gepeilt wird. Anschließend hat der Skipper folgende Peilwerte auf seinem Notizzettel:

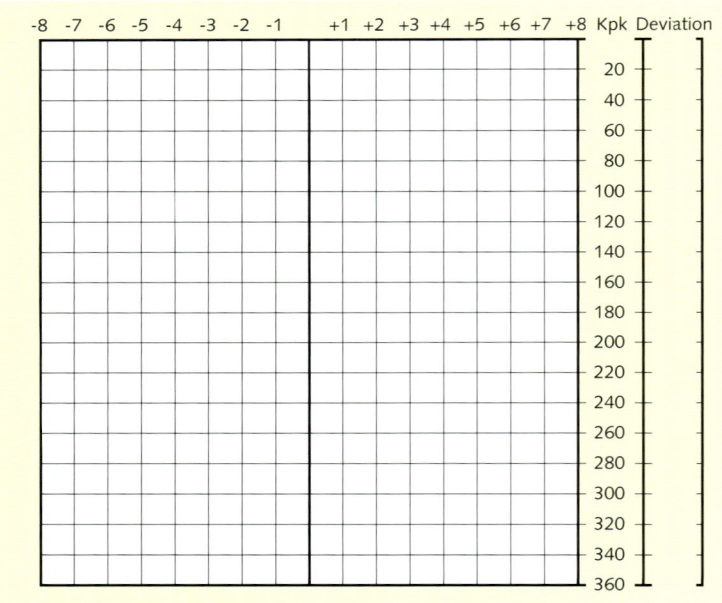

KpK : Peilung	KpK : Peilung
010 : 351	190 : 355
020 : 350	200 : 350
030 : 350	210 : 349
040 : 349	220 : 348
050 : 349	230 : 347
060 : 353	240 : 348
070 : ausgefallen	250 : 349
080 : 351	260 : 350
090 : 352	270 : 353
100 : 353	280 : 354
110 : 354	290 : 355
120 : 354	300 : 355
130 : 355	310 : 356
140 : 355	320 : 356
150 : 354	330 : 356
160 : 354	340 : 355
170 : 353	350 : ausgefallen
180 : 352	360 : 352

Wie sieht die Deviationskurve und schließlich die Steuertafel aus? Dabei soll die Leertafel auf Seite 264 ausgefüllt werden.

Bleiben die Deviationswerte unter 15 Grad, so können wir unseren Schiffskompass mit der Steuertafel benutzen. Darüber muss der Kompass kompensiert werden (meist auf einem Stahlschiff), was wir dem Fachmann überlassen müssen. Bei günstigem Einbau des Kompasses in einem Kunststoffschiff sollte die Deviation 5 Grad nicht wesentlich überschreiten. Die Deviation ändert sich von Zeit zu Zeit und muss deshalb zu Beginn jeder Saison überprüft werden. Mit einem Charterschiff beispielsweise sollten wir deshalb nur dann lossegeln, wenn wir vorher die Deviation festgestellt haben.

Die Deviation muss bei der Berechnung des Karten- oder Kompasskurses ebenso berücksichtigt werden wie die Missweisung, nämlich nach der Formel:
Vom falschen zum richtigen Kurs = richtiges Vorzeichen.
Vom richtigen zum falschen Kurs = falsches Vorzeichen.

Auf Kunststoffschiffen kann für die Ortsbestimmung an Deck jederzeit ein Peilkompass aus der Hand benutzt werden, ohne dass die Deviation berücksichtigt wird, weil der hoch gehaltene Kompass ausreichend weit von ablenkenden Teilen entfernt ist.
Achtung Brillenträger! Manche Gestelle verursachen Deviation. Nicht in der Nähe des Steuerkompasses peilen, der ja selbst ein starker Magnet ist.

7. Aufgabe
Nach Erstellung der Steuertafel befindet sich die Sylphe auf 12°18,5' N und 061°08' W. Nunmehr möchte der Skipper zur Nordspitze von Tobago, zur Melville-Insel, motoren. Welchen Kompasskurs muss der Rudergänger steuern?

Abdrift

Es leuchtet ohne weiteres ein, dass unser Schiff besonders hart am Wind nicht nur Fahrt genau in der Kursrichtung macht, sondern etwas nach Lee abgetrieben wird. Diese Versetzung nennen wir Abdrift. Bei der Kursberechnung müssen wir auch diese berücksichtigen, denn wir wollen ja einen Kurs steuern, auf dem wir tatsächlich am Zielort ankommen. Die Abdrift können wir nicht messen, nur schätzen, auch durch den Vergleich vom Kurs durch das Wasser in Richtung des Kielwassers.

Erfahrungswerte hierfür sind:

	mäßige harte See	harte See
hoch am Wind:	10°	20° und darüber
raumer Wind:	5°	10°
vor dem Wind:	0°	0°

Um die Abdrift in unsere Kursverwandlungen einbeziehen zu können, versehen wir sie mit einem Vorzeichen:

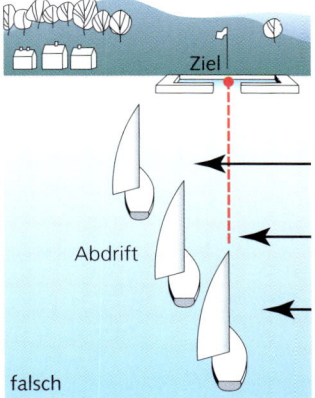

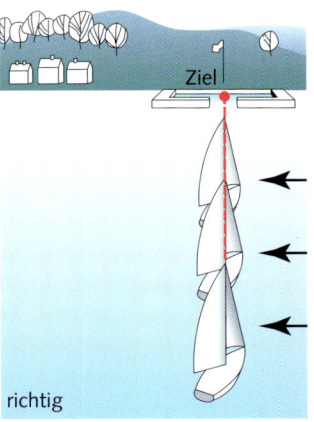

Vorhalten ist der kürzeste Weg zum Ziel.

Es gibt also keine Abdrift von 5°, sondern nur eine Abtrift von + 5° oder − 5°. Genau wie die Deviation und Missweisung wird die Abdrift dann nach der Vorzeichenregel vom »richtigen zum falschen« = falsches Vorzeichen usw. in die Rechnung einbezogen.

Schiffsort

Der Schiffsort ergibt sich immer aus dem Schnittpunkt zweier oder mehrerer Standlinien. Dabei ist es grundsätzlich gleichgültig, welche Standlinien verwendet werden. Alle Standlinien können – theoretisch – miteinander kombiniert werden. Die Qualität eines Schiffsortes hängt – logisch – von der Genauigkeit der verwendeten Standlinien ab, aber auch von den Winkeln, in denen sich die Standlinien schneiden. Ist ein Winkel kleiner als 30 Grad, so sollte diesem Standort nur mit Vorsicht vertraut werden. Bei Winkeln unter 20 Grad dürfen für den Schiffsort nur sehr genaue Standlinien verwendet werden. Man sollte sich also auch immer Gedanken über die Präzision einer Standlinie und den Schnittwinkel machen.

Dass ein Schiffsort sich immer aus dem Schnittpunkt mehrerer Standlinien ergeben hat, gilt auch für fertige Schiffsorte. Wenn das GPS einen Ort fortlaufend nach geografischer Breite und Länge anzeigt, dann wird dieser Schiffsort – unsichtbar für den Betrachter – nach dem gleichen Naturgesetz intern mithilfe der im Gerät enthaltenen Software errechnet.

Mancher Skipper wird sich fragen: »Warum soll ich mich überhaupt mit Standlinien herumschlagen, wenn mein preiswertes Hand-GPS mir jederzeit einen Schiffsort gibt – auf wenige Meter genau?« Tatsächlich gibt es viele Skipper, die sich heute ausschließlich auf das GPS verlassen. Das ist keine verantwortungsbewusste Seemannschaft.

Kann das GPS-System versagen? Dass ein Empfänger kaputt gehen kann oder die Batterien leer werden können, ist klar. Aber das ist kein Grund, nicht weiterhin mit dem GPS zu navigieren. Bei den heutigen Preisen für ein GPS ist es selbstverständlich, dass Ersatzgerät(e) und frische Batterien an Bord in Reserve sind. Es ist auch nicht gerade wahrscheinlich, dass wie bei dem Weltumsegler-Katamaran VITEVITE ein Blitz einschlägt und die gesamte Elektronik, inklusive GPS-Empfänger, lahmlegt.

Befinden wir uns neben einem Leuchtturm – hier Europe Point –, haben wir eine sichere Position. Wir können sie aus der Seekarte, aber auch aus dem Leuchtfeuerverzeichnis herauslesen.

8. Aufgabe

Nachdem die SYLPHE 11° 59' N und 060° 50' W erreicht hat, setzt Nordostwind mit 3 Bft ein, worauf die Segel hochgezogen werden. Welcher Kompasskurs muss unter Berücksichtigung von Missweisung, Deviation und Abdrift nun gesteuert werden?

Etwas anderes ist zwar nicht wahrscheinlich, aber denkbar: Das GPS kann jederzeit durch die Betreiber, das amerikanische Militär, abgeschaltet werden. Was nicht jeder weiß: Selbst Passagierfluzeuge navigieren mit dem GPS-System. Aber alle Maschinen – das ist Vorschrift – haben Ersatzsysteme an Bord, die sofort eingreifen würden, wenn das GPS-System – aus welchen Gründen auch immer – ausfällt oder versagt.

Das GPS kann also aus vielerlei Gründen den Navigator im Stich lassen. Auch daran muss heute – leider – gedacht werden. Ein Zitat aus dem Nachrichtenmagazin »Der Spiegel« (Nr. 38/2001):

»Nach einer Studie des amerikanischen Verkehrsministeriums sollten die GPS-Informationen mit Vorsicht zu genießen sein. Böswillige Angreifer könnten ohne Probleme die GPS-Positionssignale stören. Weil die zur Ortsbestimmung nötigen Satellitendaten aus 20 000 Kilometern Höhe mit der unvorstellbar kleinen Leistung von weniger als Billiardstel Watt auf der Erdoberfläche ankommen, benötigten Eindringlinge nur einen schwachen Störsender, um das GPS-Signal großflächig zu torpedieren. Das US-Verkehrsministerium schlägt daher vor, ältere und alternative Navigationssysteme, wie das der Luftfahrtbehörden, parallel zu GPS fortzuführen.«

Das europäische System »Galileo« soll noch in dieser Dekade starten.

Im Übrigen wird nur der ein guter Navigator, der mit seinen Navigationshilfen auch umgehen kann, auch mit den einfachsten, althergebrachten. Denn nur der wird ein Gefühl dafür bekommen, wie man eine Yacht sicher über die Ozeane lenkt.

Standlinien

Eine Standlinie ist ganz einfach eine Linie, auf der wir uns befinden. Peilen wir zum Beispiel einen Leuchtturm mit 270 Grad (rechtweisend), so befinden wir uns irgendwo auf der Kurslinie, die in der Karte mit 270 Grad zum Turm verläuft. Haben wir nun eine zweite Standlinie, die den Kurs von 270 Grad kreuzt, so ist unser Schiffsort genau dieser Kreuzungspunkt, weil wir uns nur dort auf beiden Standlinien gleichzeitig befinden.

Die ganze Kunst der Navigation besteht nun darin, möglichst gute Standlinien zu erhalten. Wir können jede mit jeder kombinieren, wenn sich die beiden nur in einem größeren Winkel als 20 Grad schneiden. Standlinien müssen aber nicht immer gerade Linien sein. Wissen wir, dass wir 6 Seemeilen von einem Objekt entfernt sind, so ist unsere Standlinie ein Kreis um das Peilobjekt mit dem Halbmesser von 6 Seemeilen. Nähern wir uns einer Küste und zeigt das Echolot genau 20 Meter, so ist unsere Standlinie ganz unregelmäßig gekrümmt, nämlich die 20-Meter-Linie in der Karte.

Als gewissenhafte Navigatoren versuchen wir immer, unseren Schiffsort so genau wie möglich zu ermitteln. Wir werden uns deshalb kaum mit zwei Standlinien zufrieden geben, sondern wir suchen nach einer dritten oder sogar nach einer vierten. Hierbei wird in der Praxis immer ein Vieleck entstehen. Je größer dies ist, umso kritischer sollten wir dem Schiffsort gegenüber sein. Nicht jede mögliche Standlinie ist gleich gut. Einige sind mit so vielen Unsicherheiten behaftet (Abstandsschätzungen!), dass es leichtsinnig wäre, sie zu verwenden, wenn wir gleichzeitig die Möglichkeit haben, bessere Standlinien zu erhalten.

Mit folgenden Standlinien arbeiten wir üblicherweise an Bord einer Yacht:

Abgelaufener Kurs
(Gerade)
In stromlosen Gewässern unter Maschine ist sie ganz gut zu gebrauchen. Kommen aber so schwer bestimmbare Faktoren wie Abdrift, Strom oder ungenaues Steuern in schwerer See hinzu, müssen wir uns nach besseren Standlinien umsehen. Verwenden wir sie trotzdem, dann nur mit genügend Sicherheitsspielraum. Sie ist nur ein Notbehelf.

Zurückgelegte Strecke
(Kreis um den letzten Schiffsort)
Auch diese Standlinie verwende ich nur ungern, weil sie immer mit Messungenauigkeit und möglicherweise mit Stromversetzung behaftet ist. Elektronische Loggen messen – falls sie justiert sind – bis auf 1% und besser genau, aber nur die Fahrt durchs

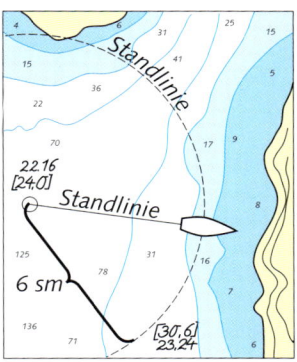

Die häufigsten Standlinien: Abgelaufener Kurs (Gerade) und Strecke (Kreis) ergeben einen Schnittpunkt, den Koppelort, meist eine ungenaue Position, die mit großer Vorsicht zu verwenden ist.

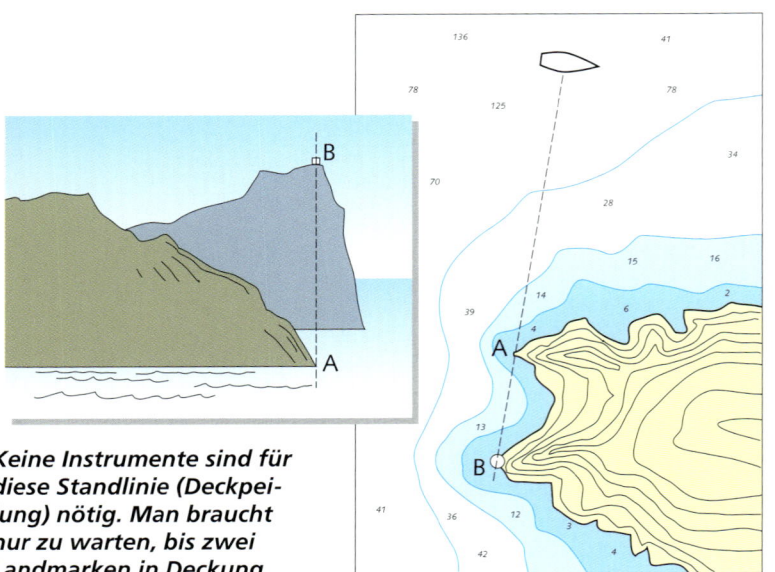

Keine Instrumente sind für diese Standlinie (Deckpeilung) nötig. Man braucht nur zu warten, bis zwei Landmarken in Deckung sind.

Wasser. Es gibt keine Logge, die auf Yachten die »Fahrt über Grund« messen kann. Deshalb Vorsicht bei Strom!

Deckpeilung
(Gerade)

Eine Deckpeilung ist eine sehr genaue Standlinie, weil kaum Messfehler oder sonstige Faktoren die Genauigkeit beeinträchtigen können.

Kompasspeilung
(Gerade)

Nach Berücksichtigung von Deviation (nicht bei Peilkompassen auf einem Kunststoffschiff) und Missweisung ist sie bei gutem Wetter recht brauchbar. Bei stark bewegtem Schiff können sich leicht Messfehler bis 10 Grad und darüber einschleichen. Dann empfiehlt es sich, zum Zwecke der Peilung

kurzzeitig Kurs auf das Peilobjekt zu nehmen und den anliegenden Steuerkurs als Kompasspeilung zu verwenden.

Abstandsmessung
(Kreis um das Peilobjekt)

Für diese genaue Standlinie benötigen wir einen Sextanten und die Kenntnis der Höhe des Peilobjektes über der Wasseroberfläche, die wir aus Karte, Handbuch oder Leuchtfeuerverzeichnis entnehmen.

Sind wir weiter als 2,5 Meilen vom Peilobjekt entfernt, so dürfen wir dieses Verfahren nicht mehr anwenden, weil der Fußpunkt des Peilobjektes bereits durch die dazwischen liegende Kimm (= Horizont) verdeckt wird. In der Praxis werden wir im Zweifelsfalle zunächst eine Messung vornehmen und diese nur dann verwenden, wenn die errechnete Entfernung unter 2,5 Meilen liegt.

Die Entfernung in Seemeilen berechnen wir nach der Formel:

$$\text{Entfernung in Seemeilen} = \frac{13 \times \text{Höhe über der Wasseroberfläche in Metern}}{7 \times \text{Winkelminuten}}$$

Lotung
(unregelmäßige Linie)

Vorsicht! Nur bei charakteristischer Grundbeschaffenheit verwenden. Empfehlenswert ist sie nur mit Echolot (Tidenstand und Anbringungsort des Gebers am Kiel berücksichtigen!).

Astronomische Standlinie
(Gerade)

Auch unter günstigen Verhältnissen kann man sich nicht darauf verlassen, dass eine Gestirnsmessung eine Standlinie mit einer höheren Genauigkeit als zwei Seemeilen ist. Dies ist auf offener See mehr als ausreichend, bei Landsicht sollten wir aber immer eine »terrestrische« Standlinie, einen Radarort oder den GPS-Ort verwenden.

Der Skipper peilt mit dem Peilkompass 270 Grad zum Leuchtturm, also befindet er sich auf einer Linie, die auf der Seekarte mit 270 Grad durch den Leuchtturm verläuft.

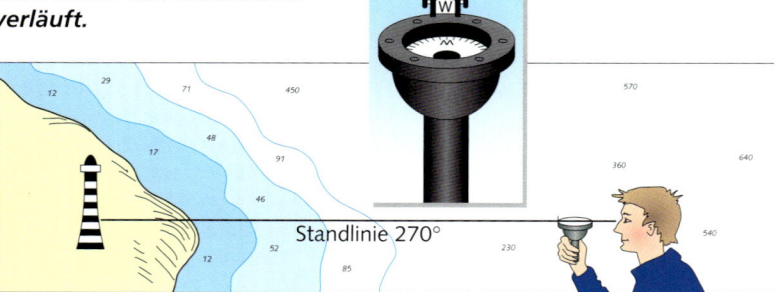

Standlinie 270°

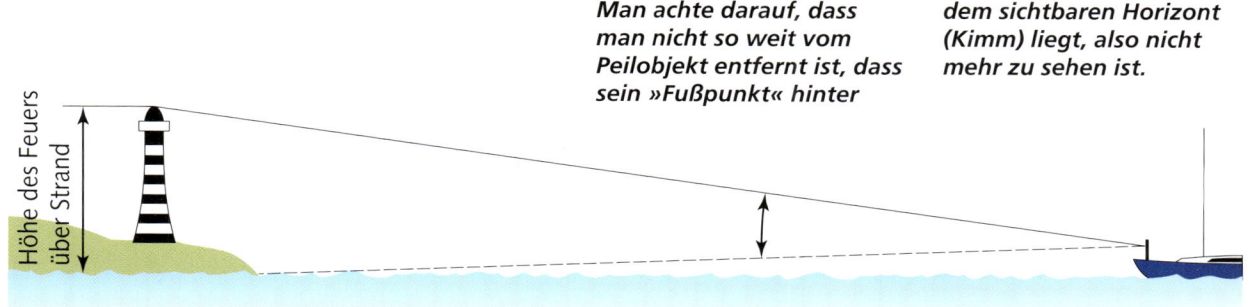

Man achte darauf, dass man nicht so weit vom Peilobjekt entfernt ist, dass sein »Fußpunkt« hinter dem sichtbaren Horizont (Kimm) liegt, also nicht mehr zu sehen ist.

Höhe des Feuers über Strand

Radar

(Gerade oder Kreis als Standlinie)

In den letzten Jahren sind Fahrtenyachten nicht nur erheblich teurer geworden, sondern auch größer. Damit ist ein Vorbehalt gegen eine der wertvollsten Navigationshilfen entfallen. Radar fand früher nur selten Einsatz auf Yachten, weil die Radarantennen für Schiffe unter 10 Metern einfach zu groß waren. Heute sieht man häufig die runde Radarschüssel (Antenne!) im Besan von Ketschen, in Salinghöhe auf den Sloops und an kleinen Gerätemasten am Heck der Yacht. Denn Radar vereinfacht die Navigation erheblich. Der Skipper sieht seine Umgebung in einem Umkreis von 16 oder 24 Meilen, seien es nun andere Schiffe im Nebel oder die enge Hafeneinfahrt.

Jeder, der Radar einmal in der Praxis erlebt hat, ist von der großen Hilfe begeistert. Radar ist auch dann von unschätzbarem Wert, wenn man sich in Gewässern aufhält, die üblicherweise von Nebel verschont bleiben. Denn auf dem Radarschirm lässt sich der Abstand zu (identifizierten) Landobjekten auf 50 Meter genau herausmessen, was erstklassige Standlinien in der Karte ergibt, nämlich jeweils Kreise um die Peilobjekte mit der Entfernung als Radius. Der hohe Stromverbrauch (bis 10 Ampère) ist kein überzeugendes Argument gegen das Radargerät, denn zur Navigation reicht es aus, das Radar gelegentlich für ein paar Minuten einzuschalten.

Radar ist das einzige elektronische Navigationssystem, das nicht durch GPS überflüssig gemacht wird! GPS zeigt Ziffern, Radar direkt den Schiffsort.

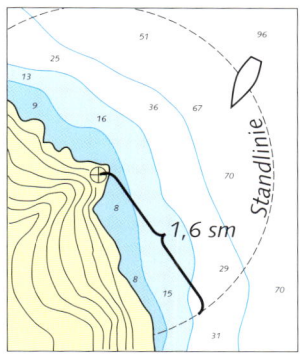

Wurde der Abstand mit 1,6 Seemeilen gemessen (und errechnet), dann ist die Yacht auf einem Kreis um den Leuchtturm mit einem Halbmesser von 1,6 Seemeilen.

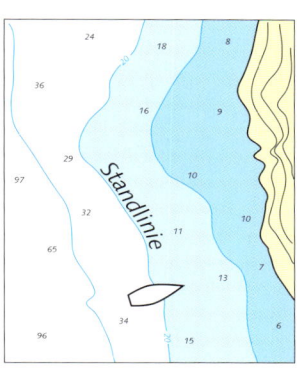

Standlinien aus Lotungen sollten nur im Notfall und nur bei charakteristischen Tiefenformationen (nicht in flachen Gewässern) verwendet werden.

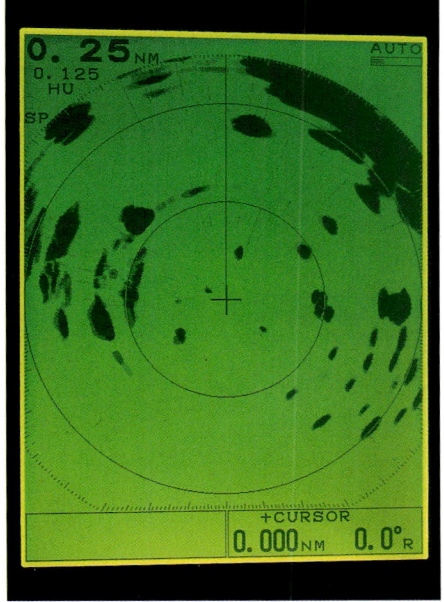

Hier wurde der Viertelmeilenbereich eingeschaltet, um nachts die unbeleuchteten Ankerlieger besser ausmachen zu können. Die Entfernung zum Land (steuerbord voraus) vom Schiff aus (Bildmittelpunkt – Kreuz) beträgt weniger als eine viertel Seemeile.

Global Positioning System (GPS)

Man lasse sich durch das inzwischen unübersichtlich gewordene Angebot an GPS-Empfängern nicht täuschen. In allen Geräten kommt das gleiche Prinzip zur Anwendung: Von den rund zwei Dutzend Satelliten, die auf sechs verschiedenen Umlaufbahnen in 20 000 Kilometern »Höhe« in 12 Stunden um die Erde kreisen, bekommt der Empfänger nur die höchst genauen Laufzeiten der Sendesignale von den Satelliten zum Empfänger an Bord. Daraus wird die exakte Position errechnet. Zur genauen Standortbestimmung benötigt der Empfänger mindestens zwei Satelliten (zwei Standlinien!) und einen weiteren Satelliten, der den Empfänger mit der atomuhrgenauen Zeit versorgt. Drei »sichtbare« Satelliten reichen also zur Schiffsortbestimmung auf einem Schiff aus. Denn die dritte Dimension, nämlich die Höhe über der Erdoberfläche, ist auf dem Meer mit »0 Meter« oder »0 feet« vorgegeben. Aber erst, wenn vier Satelliten zur Messung zur Verfügung stehen, gibt uns der GPS-Empfänger einen Schiffsort nach geografischer Breite und Länge (und der Höhe). Dies ist bei allen GPS-Geräten, unabhängig von ihrem Anschaffungspreis, gleich.

Je nach Empfänger werden dann daraus automatisch weitere Berechnungen vorgenommen, beispielsweise Kurs und Geschwindigkeit aus dem Vergleich der derzeitigen Position mit einer früheren, was zur Anzeige von Kurs und Fahrt über Grund (!) führt, also der Wert, der uns am meisten interessiert. Jeder mag beim Kauf für sich entscheiden, wie luxuriös der Empfänger ausgestattet sein soll.

Mit den rund zwei Dutzend GPS-Satelliten und Reserve-Satelliten ist heute die ganze Welt sehr gut abgedeckt. Im Internet kann übrigens für jeden Punkt der Welt die jeweilige Sichtbarkeit der Satelliten für beliebige Zeitpunkte abgefragt werden: http://sirius.chinalake.navy.mil/satpred.

GPS-Positionen sind immer, unabhängig von Qualität und Preis des Empfängers, so genau, wie man es bei der Schaffung der meisten Seekarten früher nicht für möglich gehalten hat. Heute ist die Genauigkeit eines GPS-Ortes mit einer Schiffslänge anzunehmen. Allerdings kann es – auch nach Aufhebung der »herabgesetzten Genauigkeit« durch die Betreiber (USA) zum Ende des letzten Jahrhunderts – durchaus zu gelegentlichen Abweichungen von mehreren hundert Metern kommen. Es wäre deshalb fatal, mit dem GPS in stockfinsterer Nacht auf 20 Meter an einem Hindernis vorbeizunavigieren. Die Angabe nach einer »unglücklichen« Strandung, man habe sich auf das GPS verlassen, wird von jeder Versicherung in einem derartigen Fall unter »grober Fahrlässigkeit« eingereiht – mit dem Ergebnis der Leistungsverweigerung.

Viele Seekarten, auch im Mittelmeer und in der Karibik, beruhen noch auf alten Vermessungen und sind dementsprechend ungenau gegenüber den GPS-Positionen. Vor Einführung der GPS-Navigation haben sich diese Ungenauigkeiten oft nicht bemerkbar gemacht, weil mit Peilobjekten aus dieser Karte navigiert und der Schiffsort festgestellt wurde. Heute aber bringen wir GPS-Positionen in die Karten ein, die eben nicht mit dem Kartensystem, sondern mit den Satelliten gewonnen wurden.

Die meisten Karten haben einen Eintrag, auf welches Vermessungssystem – meistens: World Geodatic System 1984 – WGS84 – sie sich beziehen und wie groß noch die Abweichung gegenüber dem GPS-System ist. So

Das Herz dieser hochmodernen Yacht-Navigationsanlage ist ein GPS-Empfänger, der fortlaufend den Schiffsort ermittelt.

ein Eintrag findet sich auch in der beiliegenden Seekarte rechts unten. Voraussetzung bei Benutzung des GPS ist immer, dass dieses Vermessungssystem im GPS-Empfänger auch eingestellt ist. Auf den meisten Empfängern können Dutzende Vermessungssysteme eingestellt werden.

Darüber hinaus gibt es Seekarten, die einfach aus schlechten Vermessungen rühren. Solche mangelhaften Karten finden sich auch – oder erst recht – im Sportbootbereich. Hier lässt sich die GPS-Navigation, die ja immer über das Koordinatensystem der Karte Eingang in die benutzte Seekarte findet, durch keine Zusatzberichtigung verbessern. Da kann es nur heißen: Augen auf!

Warnung: Trotz hochgenauer Elektronik darf in Küstennähe letztlich nur mit den Augen navigiert werden. Die Digitalanzeige des GPS dient nur dazu, die Yacht in die gewünschte Landnähe zu bringen. Es hat schon Strandungen gegeben, weil sich der Skipper voll auf das GPS verlassen und gar nicht mehr von der Seekarte aufgesehen hat.

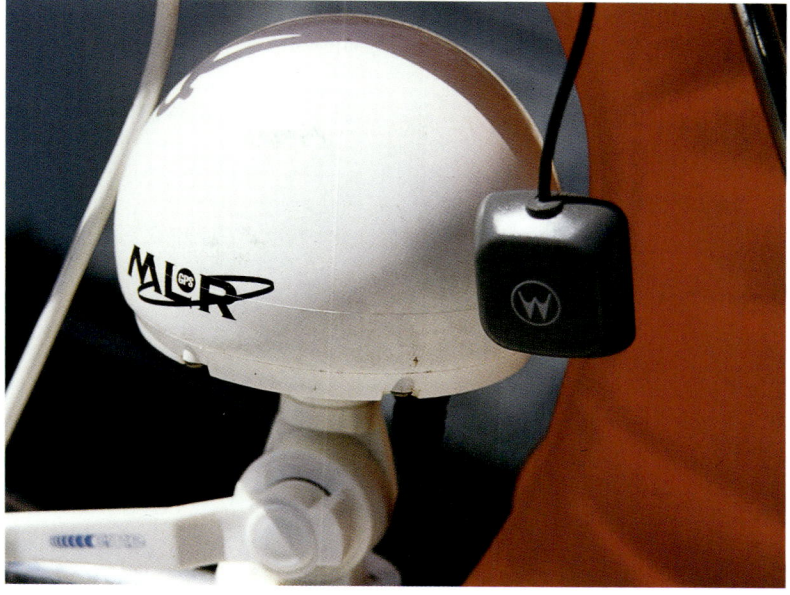

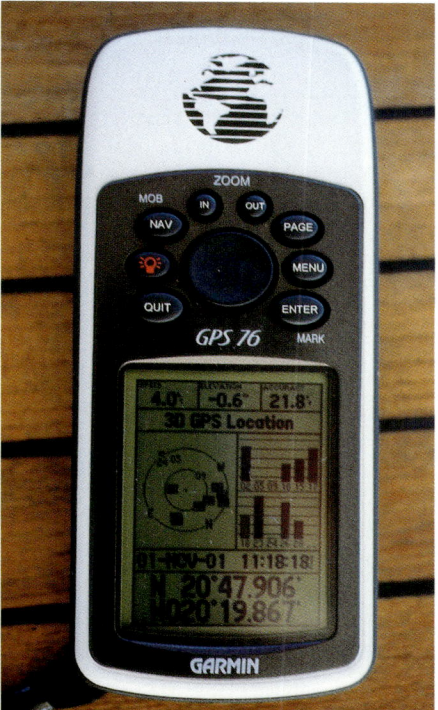

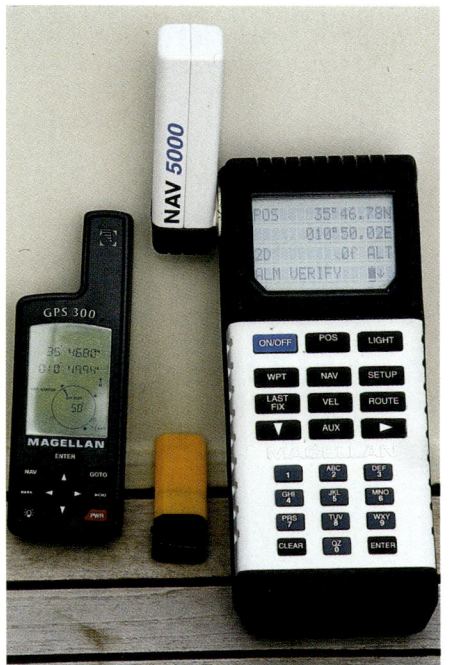

Oben: GPS-Antenne für stationäres Gerät.
Rechts: Modernes komplettes GPS-Gerät, wobei dessen Messungen in einen Computer oder andere Ortungsgeräte eingespeist werden können.

Der Garmin GPS 76 ist ein leistungsfähiges GPS-Gerät, mit dem alle GPS-Navigationsaufgaben »aus der Hand« bewältigt werden können. Hier zeigt er den Satellitenstatus an, das heißt, wie viele Satelliten zur Navigation zur Verfügung stehen. Zur Positionsbestimmung auf dem Wasser reichen drei.

Rechts: Eines der ersten tragbaren GPS-Geräte.
Links: Heutige Größe! An der Genauigkeit hat sich gerätemäßig nichts geändert.

271

Der Garmin GPS 76 hat bereits zahlreiche Orte auf der Erde einprogrammiert, die als grobe Orientierungshilfe oder als »Ziel« verwendet werden können.

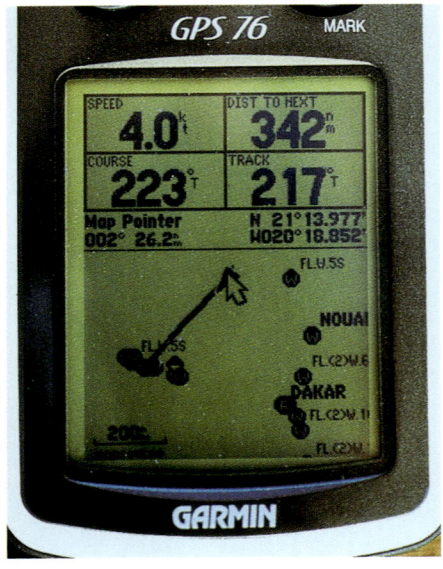

Bei GPS handelt es sich um ein höchst genaues und zuverlässiges System. Trotzdem gibt es eine Reihe von Fehlerquellen. Der Empfänger kann kaputtgehen, das ganze GPS-System kann – was schon passiert ist – abgeschaltet werden, und... – siehe oben! Deshalb gebietet es gute Seemannschaft, immer ein Reservesystem an Bord zu haben.

So wäre es leichtsinnig, über den Atlantik allein mit dem GPS zu segeln, ohne den Sextanten an Bord zu haben.

Tipps für die Kartenarbeit

- Nur mit Bleistift, Stärke HB, arbeiten. Alte Kurslinien ausradieren, bei Feuchtigkeit Radiergummi nicht benutzen!
- Nur eine einzige Karte auf dem Kartentisch; es besteht sonst die Gefahr, dass Entfernungen auf der darunter liegenden Karte abgegriffen werden.
- Jede Reise muss aus der Seekarte zu rekonstruieren sein. Deshalb: Kurslinien eintragen, zu jedem Schiffsort den Loggestand in eckigen Klammern schreiben und die Uhrzeit angeben. Niemals Kompasskurse in die Karte schreiben, wir navigieren immer »rechtrechtweisend«.

9. Aufgabe
   Zur Kontrolle seines GPS-Empfängers auf Funktionssicherheit peilt der Navigator auf der SYLPHE nun mit seinem elektronischen Peilkompass die Nordspitze von Tobago mit 145° und die Westseite von Tobago mit 215°. Position?

10. Aufgabe
    Später ergibt eine Abstandsmessung mit dem Radar zum Feuer auf The Sisters genau 6 Seemeilen, während bei einem Kompasskurs von 150° The Sisters auf dem Radarschirm an Steuerbord mit 060° peilen. Position?

11. Aufgabe
    Während der Positionsbestimmung mit dem Radar wurde die GPS-Position mit 11°27'N, 060° 36,5'W notiert. Wie groß ist der Unterschied von der GPS-Position zur Radarposition?

12. Aufgabe
    Was könnte die Ursache für den Unterschied in Aufgabe 11 sein?
    a) Strom
    b) Falsches Vermessungssystem am GPS eingestellt
    c) GPS im Simulations-Modus
    d) Schlechter Schnittpunkt der vom GPS verwendeten Satelliten
    e) Ungenaue Entfernungsmessung im Radar
    f) Ungenaue Radar-Seitenpeilung
    g) Ungenaues Kurshalten beim Radarpeilen
    h) Kompassablenkung durch unentdeckte Metallgegenstände (Brille des Rudergängers, abgelegtes Fernglas etc.)
    i) Falsche Deviationstabelle
    j) Magnetische Anomalie (falsche Missweisung)

13. Aufgabe
    Welches Vermessungssystem muss am GPS-Gerät eingestellt sein?
    Wie groß ist die Verbesserung?

Navigation in Stromgewässern

Hier segelt die Yacht derzeit einen Kurs über Grund von 223°. Der direkte Weg zum Ziel ist jedoch 212°. Bei Stromeinfluss muss so gesteuert werden, dass der »Track« gleich bleibt. Bei einer Entfernung zum Zielort von 342 Seemeilen wird man aber in der Praxis die Yacht laufen lassen und nicht »auf den Grad genau« unbedingt den »Track« einhalten.

Besondere Schwierigkeiten bereitet der Strom, weil er selten genau festgestellt werden kann. Entweder macht ein Stromatlas Angaben über Richtung und Stärke »für den Normalfall« oder wir müssen ihn selbst herausfinden. Hierzu zeichnen wir in die Karte den Ort, an dem wir ohne Stromversetzung aufgrund von abgelaufener Strecke und Kurs sein müssten, und den Ort, an dem wir tatsächlich sind, in der Praxis also den GPS-Ort. Aus dem Unterschied beider Orte, der Stromversetzung, können wir dann die Stromgeschwindigkeit auf eine Stunde bezogen errechnen. Die Richtung der Stromversetzung ist gleichzeitig die Stromrichtung. Hierbei ist zu beachten, dass die Stromversetzung präzise die Summe von Stromstärken und Richtungen der abgelaufenen Zeit ist. Stromkenterungen, Änderungen in Richtung und Stärke des Stromes lassen sich so nicht herauslesen.

Wie sich aber aus Stromkarten ergibt, ändern sich diese Werte pro Stunde ganz erheblich. Will man genauere Werte erhalten, stelle man den Strom in kurzen Zeitabständen mit GPS und Zeichnung in der Karte fest. Dies mag notwendig sein, um taktisch durch Stromgewässer zu segeln, wenn also die ganze Törnplanung durch den Strom und seine Änderungen beeinflusst wird.

Gilt es dagegen, trotz Strom auf einer bestimmten Route zu segeln, so, wenn die Yacht sich in engen Fahrwassern von Untiefen freihalten muss, dann kann mit dem GPS viel präziser gesteuert werden, um ganz bestimmte Kurse über Grund (englisch: »track«) einzuhalten. Der Engländer nennt dies treffend »tracking«.

Wir müssen einen »Kurs durchs Wasser« wählen, der uns trotz Stromversetzung auf der in der Karte eingezeichneten Kurslinie zwischen Abfahrts- und Ankunftsort zum Ziel bringt.

Fast alle GPS-Geräte haben die Möglichkeit, beliebige Wegpunkte (englisch: Waypoints) mit ihren Koordinaten in das Gerät einzugeben. Oft sind auch für manche Gegenden solche Wegpunkte, Leuchtfeuer oder Huks schon enthalten. Für jeden Wegpunkt kann dann – meist mit der Funktion »GO TO« – der direkte Kurs zu diesem Zielpunkt angezeigt werden. Gute GPS-Empfänger zeigen sodann in der Folgezeit nicht nur die abnehmende Entfernung zum Ziel an, sondern auch die Versetzung nach der Seite (meist als »XTE« bezeichnet) vom direkten Weg (track) zum Ziel an. Dies geschieht meist in Form eines Striches, der auf einer waagerechten Skala nach rechts oder links auswandert.

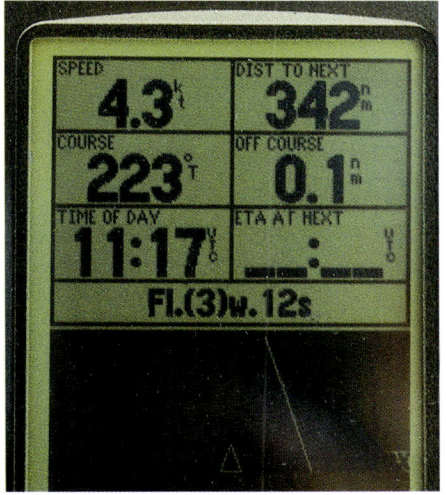

Hier wird das XTE mit 0,1 Seemeilen (Nautical Miles, NM) angegeben. Das bedeutet, dass sich die Yacht 0,1 sm seitlich vom vorgewählten direkten Kurs zum Ziel befindet und vorgehalten werden muss. In diesem Fall ist ein im GPS 76 bereits enthaltenes Leuchtfeuer mit der Kennung »3 weiße Blitze im 12-Sekunden-Takt« als Zielort eingestellt. Die Genauigkeit des GPS 76 ist systembedingt und somit jedem stationären Gerät ebenbürtig.

Es wäre nun grundfalsch, bei deutlicher Auswanderung den Kurs zum Ziel durch erneutes Ausführen der »GO TO«-Funktion neu zu bestimmen. Dann würde die Yacht sich eben nicht auf dem gewünschten Kurs dem Ziel nähern. Es muss deshalb der Steuerkurs am Ruderstand so geändert werden, dass die Marke auf der Skala zurückwandert, und sobald sie die Nullmarke für die seitliche Versetzung erreicht hat, wird der Kurs beibehalten.

Dies hört sich viel komplizierter an, als es ist. In Wirklichkeit ist nur etwas Aufmerksamkeit des Navigators notwendig, der die Marke auf der Versetzungsskala aufmerksam beobachtet und der Tendenz sofort entgegensteuern lässt.

Meist lässt sich sogar am GPS-Gerät einstellen, ob die seitliche Versetzung in Seemeilen oder in Graden angegeben wird. Bei weiten Entfernungen zum Ziel wähle man Seemeilen, bei kurzen die Gradeinteilung.

14. Aufgabe
Der Skipper der Sylphe notiert unmittelbar nach der Radarpeilung um 12.48 Uhr den Loggestand mit 44,8 sm. Nachdem der Wind wieder eingeschlafen ist, motort ab da die Sylphe weiter, wobei genau 120° am Kompass gesteuert werden. Um 14.12 Uhr bei einem Loggestand von 55,2 sm zeigt das nunmehr exakt arbeitende GPS den Schiffsort mit 11°25,5′ N 060°23,5′ W an.

a) Wie viele Knoten ist die Sylphe im Durchschnitt durchs Wasser gelaufen?
b) Wie wäre die Position der Sylphe, wenn nur die zurückgelegten Seemeilen und der abgelaufene Kurs berücksichtigt werden (Koppelort)?

c) Wie groß war der Strom nach Richtung und Stärke?

15. Aufgabe
Am 12.3.2002 möchte die Yacht Velela an der Nordspitze von Tobago ungefähr auf 11°19,5′ N und 060°33,5′ W ankern. Gegen 04.25 Uhr Ortszeit hat sie auf Grund ihres großen Tiefgangs von 1,80 Metern Grundberührung. Sie kommt auch mithilfe der sofort per Beiboot ausgebrachten Anker nicht frei.

a) Muss die Velela trotz des ruhigen Wetters und Wassers damit rechnen, in Schwierigkeiten zu kommen?
b) Wann kann die Velela damit rechnen, ohne Hilfe wieder freizukommen?

Astronomische Navigation

Mit der Errichtung des Global Positioning Systems (GPS) hat die astronomische Navigation, also die Ortsbestimmung mithilfe natürlicher Himmelskörper, viel von ihrer früheren praktischen Bedeutung verloren. Viele mögen es bedauern, dass eine Navigations-»Kunst«, die über viele Jahrhunderte die einzige Möglichkeit war, auf hoher See den eigenen Standort zu bestimmen, derart an Bedeutung eingebüßt hat.

Der heutige Navigator kann sich oftmals gar nicht mehr vorstellen, dass die früheren Skipper derart auf einen klaren Himmel angewiesen waren. Der Autor hatte einmal auf dem Weg nach Diego Garcia eine Woche lang regnerischen, wolkenbedeckten Himmel. Damit gab es über 600 Meilen hinweg keine Möglichkeit, den eigenen Schiffsort auch nur annähernd herauszufinden.

Tatsache ist auch, dass damals zahlreiche Yachten aus diesen Gründen verloren gegangen sind – ohne menschliche Schuld. Wenn heute dagegen der Seemann, sozusagen mit dem funktionierenden GPS in der Hand, sein Schiff wegen eines Navigations-

Moderner Vollsicht-Sextant

fehlers auf ein Riff setzt, gibt es eigentlich keine Entschuldigung.

Trotzdem, ohne dramatisieren zu wollen: Solange es keine zwei nebeneinander funktionierenden GPS-Systeme gibt – ein ziviles ist geplant, aber das kann dauern –, ist die astronomische Navigation die einzige Möglichkeit, bei Versagen oder Abschalten des GPS außerhalb von Landsicht zu einem Schiffsort zu kommen.

Es ist eben eine nautische Grundregel, für jedes System einen Ersatz an Bord zu haben. Deshalb muss auch für diesen Fall auf hoher See ein »Back-up-System« vorhanden sein. Und das kann nur die astronomische Navigation sein. Übrigens: In einem derartigen Fall wäre auch eine Seenotboje ungeeignet zur Schiffsortbestimmung, denn der darin befindliche GPS ist ja an das gleiche GPS-System wie unser GPS- (Hand-) Gerät gekoppelt.

Hierbei ist es gleichgültig, ob sich der Skipper auf die althergebrachte Astronavigation mit Jahrbuch und Tafeln versteht oder nur die Tasten seines Computers (mit dem entsprechenden Programm) bedienen kann. Es kommt nur darauf an, ob er mithilfe der Gestirne seinen Schiffsort feststellen kann. Wer keine Lust zum Erlernen der astronomischen Navigation hat*, sollte sich des Computers bedienen und diesen rechnen lassen.

Was der Computer nicht kann: messen.

Wer sich in keiner Weise mit der Astronavigation als Backup-System beschäftigen will, kann sich als Notlösung aus zwei Gestirnsmessungen den Schiffsort immer noch per Funk oder Satellitenhandy von Freunden ausrechnen lassen – hab ich schon erlebt.

Was der Funk nicht kann: messen.

Zum Messen ist ein Sextant, nichts anderes als ein sehr präzises Winkel-Messinstrument, notwendig.

Nur wenige Worte zum Prinzip der Gestirnsnavigation:

Im Prinzip funktioniert astronomische Navigation sehr einfach. Wenn wir uns den Begriff des Bildpunktes einmal klar machen, dann brauchen wir nicht einmal in der dritten Dimension (Gestirne im Weltall) zu denken. Der Bildpunkt ist der Punkt, an dem eine gedachte Linie vom Gestirn, zum Beispiel der Sonne, durch die Erdoberfläche zum Erdmittelpunkt verläuft. Der Vorteil dieser gedanklich sehr einfachen Konstruktion liegt darin, dass man, wenn man die Position der Gestirne, die man als Peilobjekte bei der Astro-Navigation benutzt, kennt, ihren Bildpunkt wie jeden anderen Punkt auf der Erdoberfläche nach geografischer Breite und Länge genau beschreiben kann.

Nur ein weiterer Gedankenschritt ist es, um das Wesen der Positionsbestimmung mittels Gestirnen zu begreifen: Wenn ich – zufällig – genau auf dem Bildpunkt der Sonne stehe, dann würde ich die Sonne genau über mir sehen, der Winkel zwischen Horizont und der Sonne wäre 90 Grad. Bin ich nicht ganz genau auf diesem Bildpunkt, sondern, sagen wir mal, zufällig 60 Meilen davon entfernt, dann würde ich die Sonne eben nicht mehr mit 90 Grad messen, sondern mit 89 Grad, denn 60 Seemeilen entsprechen 60 (Breiten-)Minuten und damit einem (Breiten-)Grad. Umgekehrt: Wenn ich mit dem Sextanten 88 Grad messe, dann bin ich wiederum nicht auf dem Bildpunkt der Sonne, sondern zwei Grad, also 120 Seemeilen entfernt.

Um eine Standlinie, also eine Linie, auf der ich mich befinde, zu erhalten, brauchte ich also nur den Bildpunkt der Sonne in die Seekarte einzuzeichnen und mit dem Zirkel um diesen Punkt herum einen Kreis mit dem Radius von 120 Seemeilen zu schlagen. Schon wäre die astronomische Standlinie fertig. Im Wesentlichen steht dahinter genau das gleiche Prinzip wie bei der Abstandsbestimmung zu einem Leuchtturm: Aus dem Sextantenwinkel kann der genaue Abstand zum Leuchtturm (Gestirn) festgestellt werden.

Jetzt begreifen wir vielleicht auch, warum der Sextant den Winkel so genau messen können muss. Wenn der Sextant (oder der Navigator) einen Messfehler von nur einem halben Grad begeht, würde er sich bereits einen Fehler von 30 Seemeilen einhandeln. Indiskutabel!

---

*Eine langjährig bewährte Anweisung zum Erlernen der klassischen Astro-Navigation findet sich in dem Buch »Astronavigation – ohne Formeln praxisnah« (Delius Klasing Verlag).

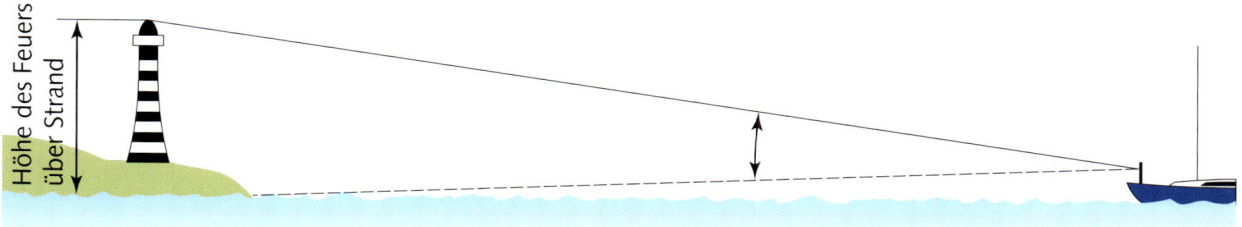

Höhe des Feuers über Strand

Dieser Kreis ergibt aber nur eine Standlinie, keinen Schiffsort!?

Richtig, aber wenn ich zwei Standlinien habe, dann erhalte ich zwei Standlinienkreise, die sich schneiden*, womit ich meinen Schiffsort habe.

Nicht anders funktioniert die astronomische Navigation. Einige Zusatzberechnungen sind noch nötig, so zum Beispiel etwa wegen der Lichtbrechung beim Messen, der Höhe des Messenden über dem Wasser und so fort. Vor allem aber muss für die Sekunde des Messens der ganz exakte Bildpunkt mithilfe von astronomischen Tafeln oder recht komplizierten Formeln errechnet werden.

Diese Arbeit nimmt uns heute der Computer ab, den wir – logisch – nur mit dem genauen Messzeitpunkt, der Gestirnsbezeichnung – Sonne, Mond, Venus, Sirius und so fort – und dem gemessenen Winkel füttern müssen, um eine Standlinie zu bekommen. Geben wir eine zweite Standlinie ein, erhalten wir den Schiffsort.

Nun gibt es unter (sehr) konservativen Seglern immer wieder Skipper, welche – ziemlich gedankenlos – die Forderung aufstellen, man müsse seine Messungen auch per Hand ausrechnen können. Der Grundgedanke ist doch, dass der Segler auf hoher See sich niemals nur einem einzigen System anvertrauen soll. Heute ist die Navigationsgrundlage aber das GPS und die Astronavigation »nur« das Reservesystem. Und nur im »Notfall« muss der Skipper auch »anders« navigieren können. Anders heißt, mithilfe der Gestirne einen Schiffsort feststellen. Wie, »per Hand« oder mit Computer, ist egal.

Computer haben in den letzten Jahren derartige Erleichterungen für die Astronavigation gebracht, dass es heute ein Kinderspiel ist, astronomisch zu navigieren. Nur wenig Hintergrundwissen – siehe oben – ist erforderlich.

Auf dem GPS ist der Schiffsort rund um die Uhr, bei jedem Wetter, ablesbar. Dagegen unterliegt der Astro-Navigator einigen wesentlichen Einschränkungen. Wenn der GPS-gewohnte Leser sie nachfolgend kennen lernt, dann wird er vielleicht über die Leistungsfähigkeit der astronomischen Navigation enttäuscht sein. Man möge sich aber vor Augen führen, dass mit diesen bescheidenen Mitteln nicht nur zahlreiche Weltumseglungen und andere hervorragende Sportbootreisen unternommen wurden, sondern dass der gesamte Welt-Schiffsverkehr jahrhundertelang, bis 1980 das Transit-Satelliten-Verfahren aufkam, praktisch ausschließlich von den Gestirnen über die Weltmeere geführt worden ist.

Fakten in der astronomischen Navigation:

- Für einen Schiffsort werden immer(!) zwei Gestirnsmessungen benötigt.
- Die Richtung der Standlinie ist immer die Richtung zum Gestirn plus 90 Grad. Nachdem sich zwei Standlinien für einen guten Schiffsort mindestens um 30 Grad unterscheiden sollen, sollten sich die Richtungen zu den beiden verwendeten Gestirnen ebenfalls um mindestens 30 Grad unterscheiden.
- Die Sonne kann am genauesten gemessen werden. So ergeben sich

*Genau genommen ergeben sich zwei Schnittpunkte, wovon aber der eine in der Praxis so abwegig ist, dass er als Schiffsort nicht infrage kommt.

Bei der Abstandsbestimmung steht der gemessene Winkel in einer ganz bestimmten Beziehung zur Entfernung zum Messobjekt, dem Leuchtturm oder einem Gestirn. Je größer der Winkel, umso näher ist man dran – und umgekehrt.

die besten Schiffsorte aus zwei Sonnenmessungen, wobei die erste ein paar Stunden vor Schiffsmittag (das ist dann, wenn die Sonne am Schiffsort am höchsten steht) genommen und die Sonne zum zweiten Mal ungefähr zur Mittagszeit gemessen wird. Nachmittags sind Sonnenmessungen nicht mehr so genau, weil die Lichtbrechung die Messung verschlechtern kann. Aus diesem Grund hat man traditionsgemäß immer um Schiffsmittag den Schiffsort bestimmt. Das »Etmal« (Strecke in 24 Stunden) wird ebenfalls von Mittag zu Mittag gerechnet.

- Bei Halbmond kann untertags ein sehr guter Schiffsort mittels Sonnen- und Mondmessung festgestellt werden.
- Neben Sonne und Mond kann nur noch die Venus zu bestimmten Zeiten bei Tageslicht gemessen werden.
- Nach Einbruch der Dunkelheit können Gestirnsmessungen nicht mehr durchgeführt werden, weil der Horizont nicht mehr sichtbar ist. Auch der Mond darf nicht mehr verwendet werden, weil der unter ihm sichtbare »Horizont« nicht die eigentliche Kimm ist, sondern nur der Schein des Mondes.
- Sehr gute Schiffsorte können während der Abend- und der Morgendämmerung aus Sternenmessungen gewonnen werden. Es bleiben dem Navigator jedoch nur ein paar Minuten, in denen die Sterne (und Planeten) schon und der sichtbare Horizont (»Kimm«) noch gesehen werden können – oder umgekehrt.
- Gestirne, die weniger als 15 Grad über dem Horizont stehen, sollten wegen unberechenbarer Lichtbrechungsverhältnisse überhaupt nicht gemessen werden.

Gemessen wird bei der Sonne praktisch immer der Winkel zwischen dem Sonnenunterrand und dem exakt senkrecht darunter befindlichen Punkt auf der Kimm. Ist der Sonnenunterrand wegen Wolken nicht sichtbar, wird der Oberrand verwendet.

Beim Mond ist es gleichgültig, ob Oberrand oder Unterrand gemessen wird. Oft wird nur einer von beiden sichtbar sein. Die Venus (Abendstern, Morgenstern) ist oft im Fernglas des Sextanten noch als Scheibe zu sehen. Man lasse die Kimm durch die Scheibenmitte laufen. Alle anderen Gestirne sind praktisch ohnehin nur als Lichtpunkte auszumachen.

Es ist übrigens nicht nötig, die einzelnen Sterne zu kennen oder sie ohne Hilfsmittel identifizieren zu können. Selbst ein guter Sternenkenner wäre in der Praxis nämlich überfordert, einen bestimmten Stern aufgrund eigener Sternenkenntnisse zu identifizieren und zu messen. Denn hierzu benötigt er die Nachbarsterne, ganze Sternbilder. Sind diese aber zu sehen, ist es in der Abenddämmerung schon zu spät zum Messen, denn dann ist der Horizont nicht mehr zu sehen.

Der Navigator muss schon viel früher beginnen, dann nämlich, wenn der Horizont noch gut zu sehen ist. Fast alle Sterne sind zu diesem Zeitpunkt mit bloßem Auge noch gar nicht zu erkennen.

Heute hilft der Computer, die Sterne zu identifizieren. Er berechnet nämlich für einen bestimmten Ort und einen bestimmten Zeitpunkt alle Navigationssterne nach Richtung und Winkel am Sextanten voraus. Der Navigator braucht dann zur Dämmerung nur den Winkel am Sextanten einzustellen und den Horizont in der berechneten Richtung (rechtweisende Peilung) abzusuchen. Hat er einen Lichtpunkt im Sextanten gefunden, kann er diesen Stern messen und dabei die genaue Zeit feststellen. Es ist nahezu ausgeschlossen, dass er hierbei einen falschen Stern erwischt.

Aber der Schiffsort ist ja nicht bekannt, wie kann der Computer den Stern vorausberechnen? Selbst wenn der Schiffsort nur ganz ungefähr bekannt ist (Gissort), sind die Berechnungen ausreichend genau, um den Stern mithilfe von vorausberechnetem Sextantenwinkel und rechtweisender Richtung zum Stern zu finden. Die anschließende genaue Messung von mehreren Sternen ergibt dann den genauen Schiffsort.

Es sind zahlreiche Computerprogramme auf dem Markt, die keine 50 Euro kosten. Man

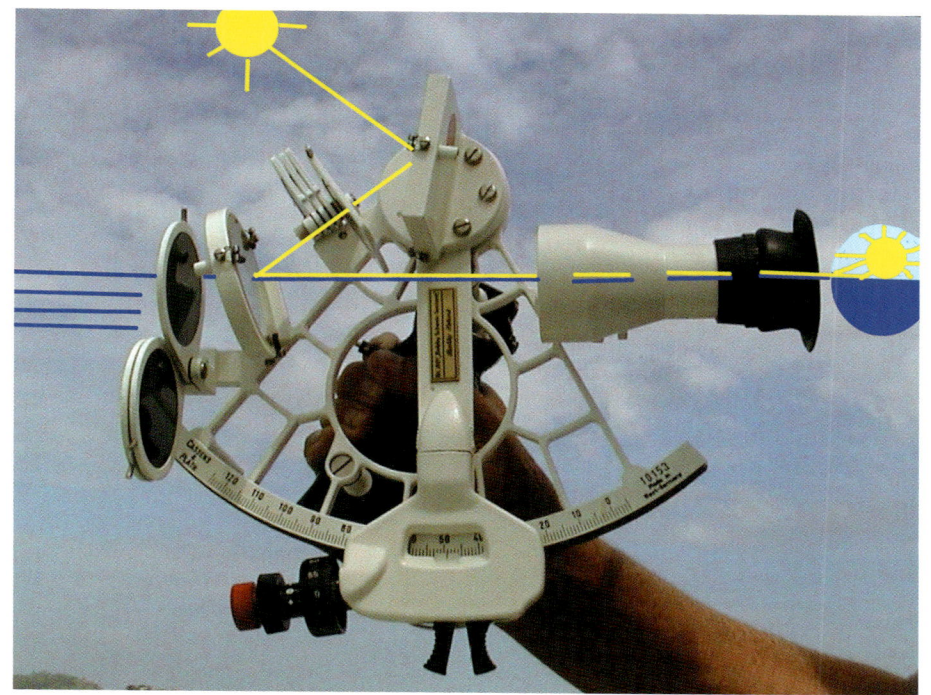

Funktionsweise eines Trommelsextanten: Durch Verstellen des beweglichen Arms des Sextanten (Alhidade) wird das Gestirn so auf den Horizont heruntergeholt, dass der Betrachter im Fernglas sowohl den Horizont als auch das eingespiegelte Bild sieht.

Erst wenn die Sonne noch tiefer sinkt, ist es Zeit zum Sternemessen. Allerdings – wenn die Sterne mit bloßen Augen schon zu erkennen sind, ist es meist zu spät, um noch zu messen, weil der Horizont nicht mehr als klare Linie auszumachen ist.

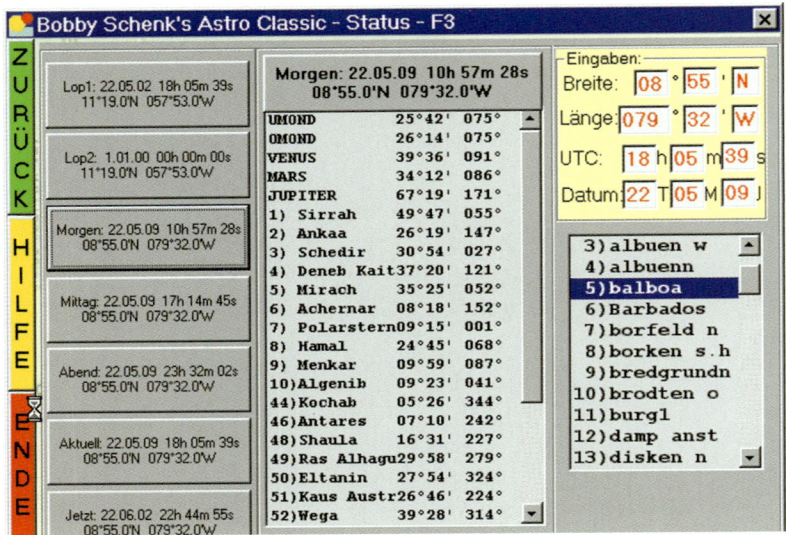

Bobby Schenk's Astro Classic - Status - F3		
Lop1: 22.05.02 18h 05m 39s 11°19.0'N 057°53.0'W	Morgen: 22.05.09 10h 57m 28s 08°55.0'N 079°32.0'W	Eingaben: Breite: 08 °55 'N Länge: 079 °32 'W
Lop2: 1.01.00 00h 00m 00s 11°19.0'N 057°53.0'W	UMOND 25°42' 075° OMOND 26°14' 075° VENUS 39°36' 091° MARS 34°12' 086°	UTC: 18 h 05 m 39 s Datum: 22 T 05 M 09 J

ZURÜCK HILFE ENDE

	Morgen: 22.05.09 10h 57m 28s 08°55.0'N 079°32.0'W
Mittag: 22.05.09 17h 14m 45s 08°55.0'N 079°32.0'W	JUPITER 67°19' 171° 1) Sirrah 49°47' 055° 2) Ankaa 26°19' 147° 3) Schedir 30°54' 027° 4) Deneb Kait 37°20' 121° 5) Mirach 35°25' 052° 6) Achernar 08°18' 152° 7) Polarstern 09°15' 001° 8) Hamal 24°45' 068° 9) Menkar 09°59' 087° 10) Algenib 09°23' 041° 44) Kochab 05°26' 344° 46) Antares 07°10' 242° 48) Shaula 16°31' 227° 49) Ras Alhagu 29°58' 279° 50) Eltanin 27°54' 324° 51) Kaus Austr 26°46' 224° 52) Wega 39°28' 314°

3) albuen w
4) albuenn
5) balboa
6) Barbados
7) borfeld n
8) borken s.h
9) bredgrundn
10) brodten o
11) burgl
12) damp anst
13) disken n

Das Programm »Bobby Schenks ASTRO Classic« errechnet ohne weitere Tafeln alle Navigationsgestirne für das ganze Jahrhundert aus. Damit kann jeder im Notfall mithilfe eines Sextanten seinen Schiffsort bestimmen. Der Computer gibt auch für den jeweiligen Ort und Tag an, welche die beste Zeit

für eine Sternen-, Mond- oder Planetenmessung ist. Vorkenntnisse in Astronavigation, die über dieses Buch hinausgehen, sind nicht erforderlich.

Trommelsextant von Cassens und Plath und dessen Bestandteile.

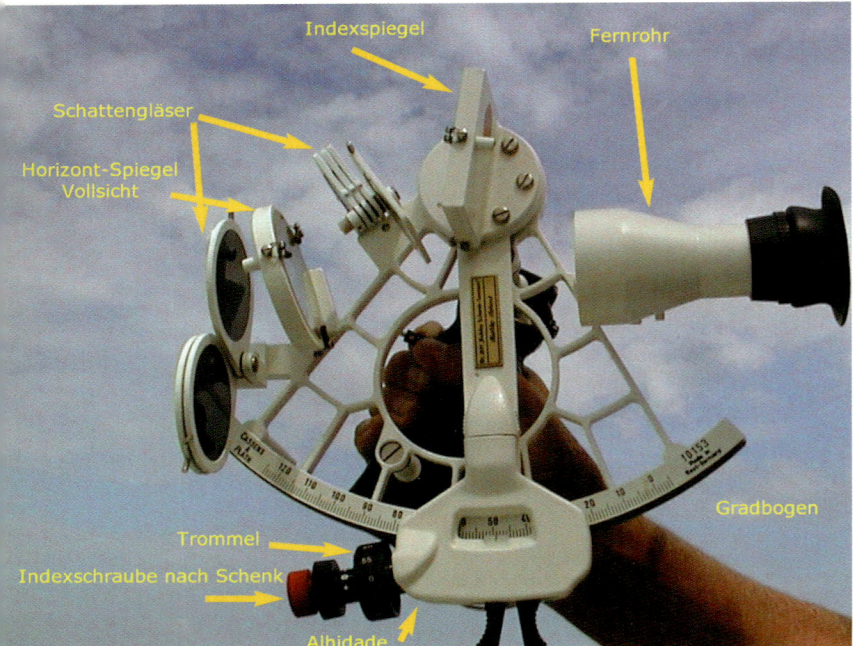

Indexspiegel
Fernrohr
Schattengläser
Horizont-Spiegel Vollsicht
Gradbogen
Trommel
Indexschraube nach Schenk
Alhidade

wird es dem Autor nicht verübeln, wenn er hierbei auf das von ihm erstellte Computerprogramm verweist, das er nach den Erfordernissen der Praxis programmiert hat und dessen Formeln seit über einem Vierteljahrhundert in der Praxis vieltausendfach auf Richtigkeit getestet wurden.*

Der Sextant

Es ist ohne weiteres einzusehen, dass ein billiger Plastiksextant in der astronomischen Navigation höchstens zu Übungszwecken, nicht im Ernstfall eingesetzt werden sollte. Möchten wir einigermaßen genaue Messungen durchführen, müssen wir schon tiefer in die Tasche greifen und einen Trommelsextanten erwerben, für den wir wahrscheinlich mehr als 500 Euro auf den Ladentisch legen.

Sextanten werden in verschiedenen Ausführungen angeboten, und oft fällt es dem Anfänger schwer zu beurteilen, welche Zusatzgeräte für ihn wirklich notwendig sind. Nicht viel: Ein Sextant sollte neben der Standardausrüstung (Schattengläser, Trommel und Fernglas von höchstens vierfacher Vergrößerung) lediglich über eine Skalenbeleuchtung als Zusatzausrüstung verfügen. Der Trommelsextant wird praktisch seit 40 Jahren unverändert so gebaut, wie wir ihn heute benutzen. Wesentliche Neuerungen hat es in letzter Zeit nur eine gegeben, und das ist der Vollsichtspiegel, so wie er von der Firma Cassens und Plath seit ein paar Jahren auf die Sextanten gesetzt wird. Steht der Neuling noch vor der Anschaffung eines Sextanten, so rate ich ihm dringend, sich für einen Vollsichtsextanten zu entscheiden. Die Handhabung ist in der Praxis wesentlich einfacher, weil sowohl Gestirn als auch Horizont in einem Bild – und zwar über die ganze Fläche hinweg – gesehen werden können. Ein Tip: Der klassische Sextant von C. Plath lässt sich auch nachträglich noch mit einem Vollsichtspiegel der Firma Cassens und Plath versehen, wenn der Sextant aus der Zeit vor 1972 stammt. Markensextanten

---

*Bobby Schenks ASTRO Classic bei Softmedia, Delius Klasing Verlag

aus Metall verlassen die Fertigung meist mit
einem Prüfungszeugnis, in dem die hervorragenden Messergebnisse in eine Tabelle
eingetragen sind.

Es ist selbstverständlich, dass diese Präzi-
sionsinstrumente mit Vorsicht behandelt
werden müssen. Ein Schlag gegen die Gradeinteilung kann den Sextanten bereits
unbrauchbar machen. Daneben muss jeder
Navigator auch in der Lage sein, sein Instrument auf Fehler zu überprüfen, die im Laufe
der Zeit an seinem Sextanten auftreten können.

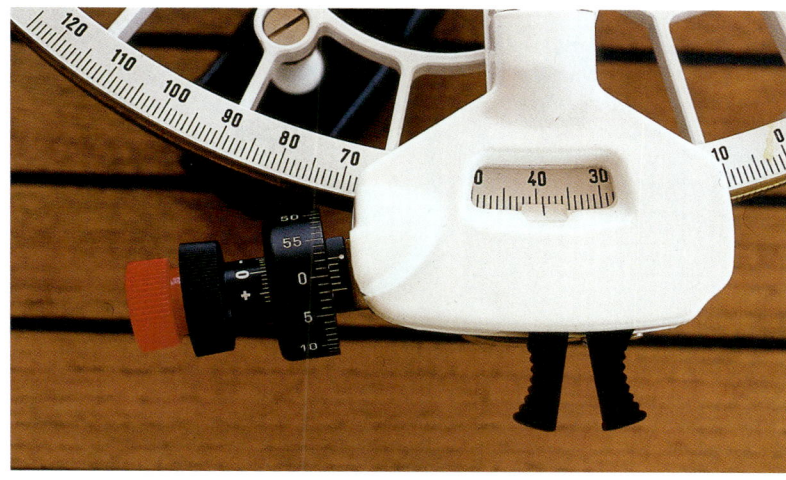

Fehler am Sextanten

Jeder Sextant kann Fehler aufweisen. »Fehler« ist fast ein zu drastischer Ausdruck,
denn genau genommen handelt es sich um
Dejustierungen, die an Bord aufgrund von
Erschütterungen oder Temperatureinflüssen
jederzeit vorkommen können. Wird deshalb
ein Sextant eingesetzt, muss der Navigator
in der Lage sein, diese »Fehler« zu erkennen
und zu beseitigen. Sextanten sind so gebaut, dass dies mit einfachen Mitteln bewerkstelligt werden kann.

Der Indexfehler ist eigentlich kein »Fehler«.
Grob gesagt besteht er darin, dass die
gesamte Anzeige des Sextanten geringfügig
verschoben ist. Wenn wir lediglich ein
Objekt (das mehr als 2 Meilen entfernt sein
muss) peilen, so sollte – ohne Indexfehler –
die Anzeige auf der Trommel genau Null
Grad, Null Minuten sein, weil ja kein Winkel gemessen wurde.

Meist wird dies nicht der Fall sein, dann hat
der Sextant einen Indexfehler. Ist dieser

*Vorsicht vor Ablesefehlern,
die machen gleich 60 Mei-
len aus. Der richtige Winkel
ist hier 38 Grad 58 Minuten
und nicht 39 Grad 58.*

*Ein preiswerter Plastik-
Sextant ist das Mindeste,
was man bei Hochseetörns
als »Back-up« beim Ausfall
des GPS an Bord haben
muss.*

geringer als zwei Minuten, so wird man ihn
nicht korrigieren, weil das Verstellen der
Präzisionsschrauben an den Spiegeln nur
schadet. Es wird hierbei oft empfohlen, den
Indexfehler rechnerisch zu berücksichtigen.
Weil jede Rechnung Denkfehler und Leicht-

*Um den Indexfehler fest-
stellen zu können, wird am
einfachsten der Horizont
mit dem Horizont vermes-
sen. Links ist der Winkel
noch nicht auf »Null«. Erst
rechts stimmt die Mes-
sung! Wenn die Mikrome-
ter-Schraube jetzt nicht auf
»Null« steht, liegt ein
Indexfehler vor!*

Wenn der Horizont »mit dem Horizont« gemessen wurde, kann der Indexfehler von 2 Minuten links mithilfe der roten Indexschraube auf »Null« gebracht werden, ohne die Spiegel zu verstellen.

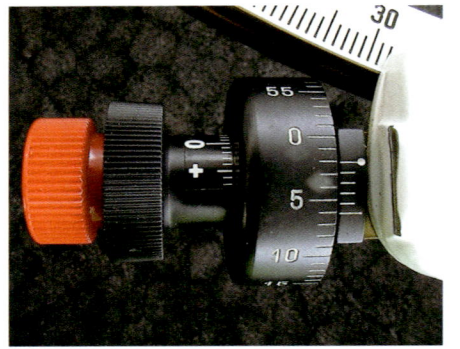 

sinnsfehler verursachen kann und deshalb möglichst vermieden werden sollte, halte ich es für klüger, ganz einfach mit einem schmierfesten Stift auf der Trommel einen neuen Null-Punkt zu markieren. Nach meiner Erfahrung ändert sich nämlich der Indexfehler während eines Törns nicht oder nur unmerklich. Zu Beginn einer Reise muss die Größe des Indexfehlers aber überprüft werden.

Um den Kippfehler des Horizont-Spiegels (das ist der halbrunde Spiegel) zu prüfen, verfahren wir zunächst genauso wie bei der Feststellung des Indexfehlers. Wir richten unseren Sextanten auf den Horizont und stellen den beweglichen Arm des Sex-

Kippfehler des Horizont-spiegels.

tanten, das ist die Alhidade, so, dass der Horizont eine gerade ungebrochene Linie ergibt. Wenn wir nunmehr den Sextanten ungefähr 45 Grad um seine Fernrohrachse drehen, so müsste die Horizontlinie ungebrochen bleiben, wenn der Horizontspiegel keinen Kippfehler hat. Wird aber die Kimm gebrochen, so liegt ein Kippfehler vor. Der Kippfehler kann leicht selbst beseitigt werden, indem wir die Stellung der Schraube, die in der Mitte der oberen Kante von hinten gegen den Horizontspiegel drückt, ganz wenig mit dem mitgelieferten Schlüssel verändern.

Der Kippfehler des Indexspiegels (das ist der viereckige auf dem beweglichen Arm) wird

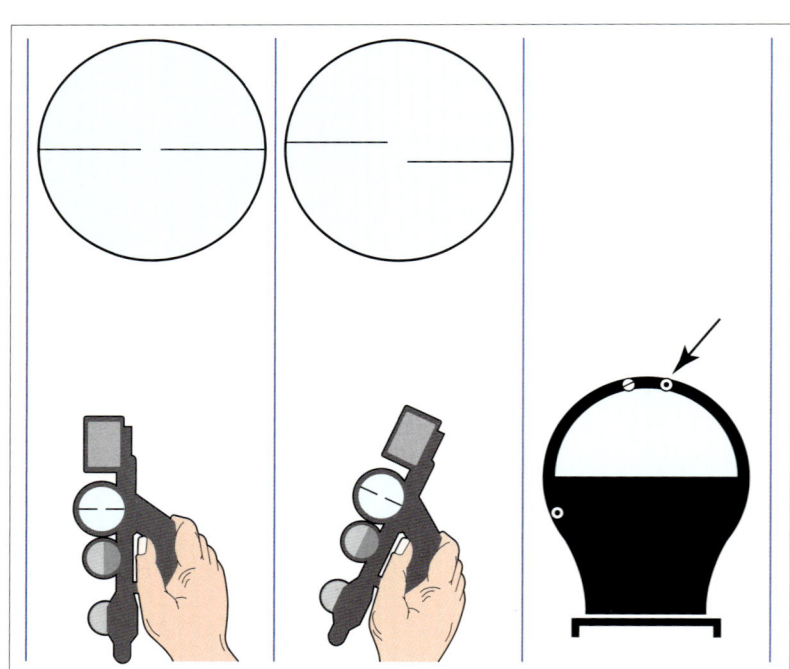

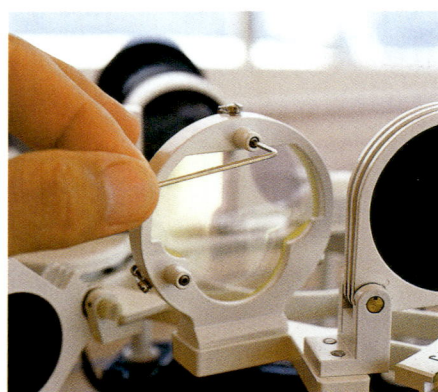

Mit dieser Schraube wird der Kippfehler des Horizontspiegels beseitigt.

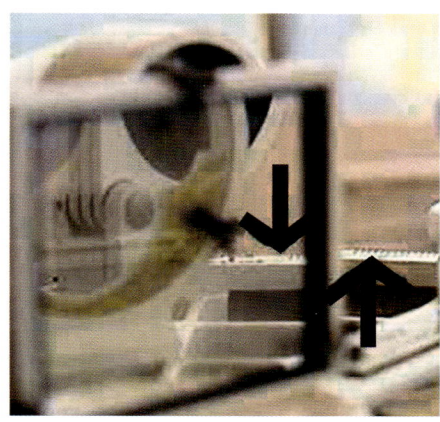

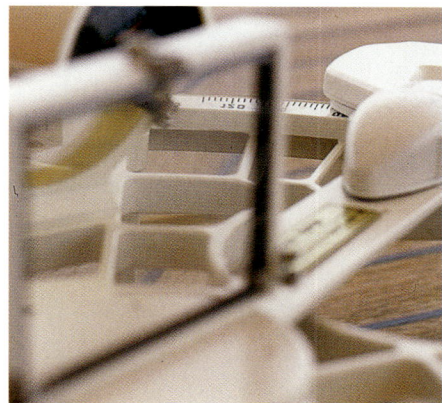

Kippfehler des Indexspiegels! Der gespiegelte und der ungespiegelte Teil des Gradbogens sollten eine ungebrochene Linie sein. Hier ist aber eine deutliche Treppe zu erkennen!

Mit dieser Schraube wird der Kippfehler des Indexspiegels beseitigt, die »Treppe« ist verschwunden.

So wird der Indexfehler beseitigt, wenn er ein paar Minuten überschreitet.

festgestellt, indem man die Alhidade auf die Mitte des Gradbogens einstellt, das Instrument so hält, dass man genau mit dem Auge nach unten auf den Indexspiegel sieht, wobei man an der inneren Kante des Indexspiegels auf den Null-Punkt des Gradbogens blickt. Der direkt gesehene und indirekt gesehene Teil des Gradbogens sollten nun ohne Unterbrechung ineinander übergehen. Auch hier wiederum kann die Berichtigung dieses Fehlers selbst durchgeführt werden, indem wir die Schraube, die in der Mitte der oberen Kante von hinten auf den viereckigen Spiegel drückt, etwas drehen.

Nach allen Veränderungen am Sextanten, insbesondere an den Spiegeln, muss der Indexfehler von Neuem festgestellt werden. Liegt er noch innerhalb zweier Minuten, so markiere man den Nullpunkt neu – mit Filzstift oder Indexschraube. Bei größeren Indexfehlern ist es angebracht, auch diesen Fehler »wegzujustieren«. Hierfür ist meist am Horizontspiegel (das ist der unbewegliche halbrunde oder Vollsichtspiegel) seitwärts eine Schraube angebracht, mit deren Hilfe man den Spiegel um seine senkrecht auf der Instrumentenebene stehende Achse etwas schwenken kann.

Achtung: Es schadet dem Instrument, wenn zu viel an den Schrauben herumgefummelt wird.

Die Technik der Messung

Sie ist das einzig Schwierige an der Astronavigation. Gerade der Anfänger darf sich nicht damit zufrieden geben, im Winter ein paar Standlinien am Computer durchzutippen, sondern er muss Gestirnsmessungen üben. Ungenauigkeiten von Standlinien haben ihre Ursache meist in einer schlechten Messung. In der Berufsschifffahrt nimmt

Bei Gestirnsmessungen muss abgewartet werden, bis die Kimm als klare Linie sichtbar ist, nicht die Seen davor!

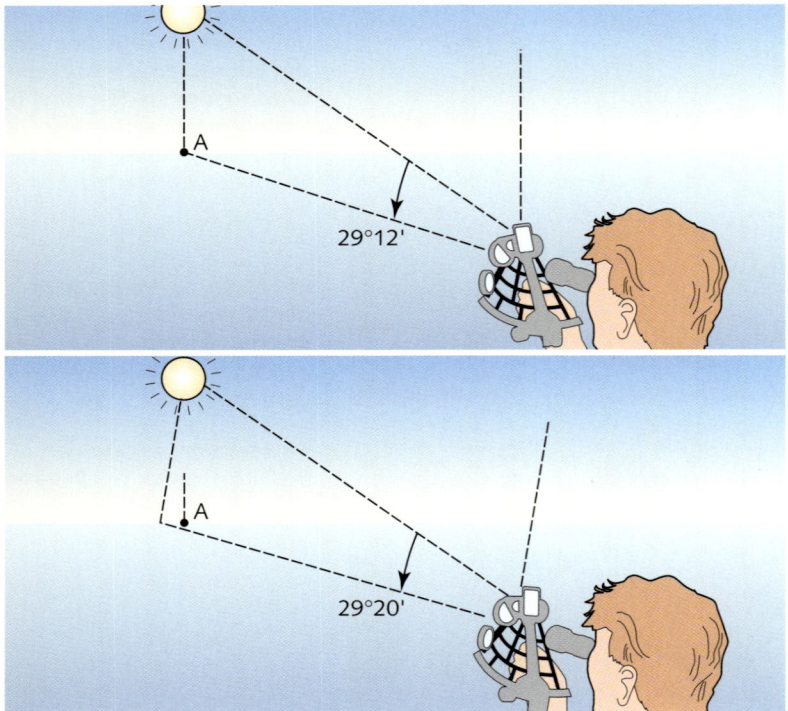

Die Messgenauigkeit zu verbessern kann nur durch Übung erreicht werden. Die beste Gelegenheit hierzu ist, die Sonne mittags während der Kulmination, also an ihrem höchsten Punkt, zu messen. Dann ist sie – scheinbar – für ein paar Minuten im selben Winkel zu sehen.

Gut bewährt hat sich noch eine andere Methode, um seine Fertigkeit im Messen von Gestirnen zu überprüfen: Man messe vormittags oder nachmittags in kurzen Abständen die Sonne fünfmal hintereinander und zeichne sodann die Messergebnisse unter Berücksichtigung des Zeitabstandes maßstabsgerecht auf Millimeterpapier. Liegen die fünf Ergebnisse in einer Linie, so kann man getrost auch im Ernstfall auf seine Fertigkeit im Umgang mit dem Sextanten vertrauen.

Einer der Hauptfehler beim Messen rührt daher, dass der Sextant zum Zeitpunkt der Messung nicht genau senkrecht gehalten wird und somit ein viel zu großer Winkel zwischen Horizont und Sonne gemessen wird. Dies ist übrigens der Fehler, der meistens dazu führt, dass gerade der Anfänger gelegentlich 20 oder 30 Meilen »daneben« liegt. Gefährlich ist dieser Fehler auch, weil er nicht sofort als »unmöglich« erkannt wird.

Diesen Messfehler kann man nur dadurch vermeiden, dass während der Messung der Sextant eine langsame Pendelbewegung beschreibt. An ihrem tiefsten Punkt darf die Sonne den Horizont gerade eben berühren, keinesfalls mit ihrem Unterrand die Kimm schneiden.

Wird der Sextant im Moment der Messung nicht genau senkrecht gehalten, werden viel zu große Winkel gemessen. Im Beispiel um 8 Winkelminuten zu viel, was einem Fehler von 8 Seemeilen entspricht.

man unter guten Bedingungen eine Ungenauigkeit von zwei Winkelminuten, also zwei Seemeilen, als normal an. Auf einer kleinen schwankenden Yacht werden wir diese Genauigkeit nicht ganz erreichen können. Der Anfänger sollte von einem Fehler von fünf Winkelminuten ausgehen, aber das reicht ja auch schon, um nach einer Atlantiküberquerung eine Insel in Westindien sicher ansteuern zu können.

Auf einem schwankenden Schiff kann nur mit Hilfe einer Pendelbewegung um die Fernrohrachse des Sextanten festgestellt werden, wann der Sextant genau senkrecht ist.

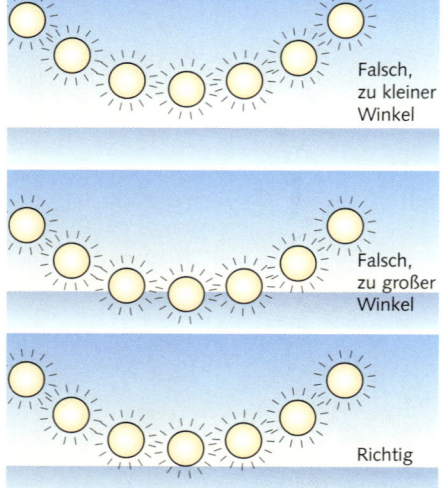

Falsch, zu kleiner Winkel

Falsch, zu großer Winkel

Richtig

Übt der Anfänger, so wird er feststellen, dass es zunächst gar nicht so leicht ist, die Sonne und den Horizont gleichzeitig in den Sextanten zu bekommen. Ich habe die besten Erfahrungen mit folgender Methode gemacht, die eigentlich gar keine Methode ist: Den Sextanten halte ich in Richtung Sonne und visiere gleichzeitig den Horizont an. Die Alhidade, in die ich das zweitstärkste Schattenglas eingeschwenkt habe, bewege ich, während ich mit dem Fernrohr unter der Sonne am Horizont entlangwandere, zügig hin und her, bis ich die gelbe Scheibe »einfange«. Anschließend kann ich mir zur Feineinstellung mit der Trommel bequem Zeit lassen.

Man kann auch die Alhidade auf »0« stellen, die Sonne anvisieren und den Sextanten unter gleichzeitigem Bewegen der Alhidade nach unten senken, bis der Horizont im Glas erscheint. Die Gefahr hierbei ist aber, dass bei Gebrauch eines starken Schattenglases der Horizont nicht auszumachen ist oder aber, wenn wir das vermeiden wollen, die Sonne uns so ins Auge sticht, dass wir die nächsten paar Minuten nicht in der Lage sind, sie zu messen.

Hat man seine Fertigkeit im Messen von Sonne oder Gestirnen geübt und genügend Selbstvertrauen gewonnen, so wird man später leicht in der Lage sein, bei jeder Messung deren Qualität zu beurteilen. Auch ein Schütze kann genau angeben, ob er nach oben, unten, links oder rechts abgekommen ist.

> **Nur ein langsames Pendeln gewährleistet eine richtige Messung.**

Die genaue Zeit

Wichtiger Grundsatz: In der astronomischen Navigation wird nur mit der Weltzeit UT1 (= Universal Time 1) gerechnet:
UT1 = Mitteleuropäische Zeit −1 Stunde.
Wie in der terrestrischen Navigation müssen wir – besser der Computer – die Position des Peilobjektes (Gestirn) genau errechnen. Da sich diese mit einer außerordentlich hohen Geschwindigkeit bewegen, benötigen wir, um ihre Position im Nautischen Jahrbuch nachlesen zu können, den genauen Zeitpunkt der Messung.

> **Ein Zeitfehler von 4 Sekunden macht bis zu einer Seemeile Ungenauigkeit aus.**

Wer nun auf die Idee kommt, die Zeit wäre kein Problem, denn sie steht ja auf der GPS-Anzeige, übersieht, dass wir Astronavigation gerade dann brauchen, wenn das GPS-System ausfällt.

Quarzuhren aller Preisklassen (nicht mechanische Chronometer aus Schweizer Herstellung, und seien sie noch so teuer!) reichen heute für die Astronavigation aus, wenn sie alle paar Tage mit dem GPS kontrolliert worden sind. Unwahrscheinlich, aber vorstellbar: Liegt der Ausfall des GPS mehrere Tage zurück, muss die Navigationsuhr mit einem Zeitzeichen aus dem Kurzwellenradio kontrolliert werden.

Auf folgenden Frequenzen werden ununterbrochen Zeitzeichen mit Ansage zur vollen Minute ausgestrahlt: 2,5 MHz, 5 MHz, 15 MHz, 20 MHz.

Es ist ohnehin empfehlenswert, die Navigationsuhr unabhängig von der Ortszeit immer auf UT1 einzustellen. Alle auf den oben genannten Frequenzen ausgestrahlten Zeitansagen und die Zeitangaben in den meisten nautischen Veröffentlichungen (Gezeitentafeln, Nautische Jahrbücher) beziehen sich auf Weltzeit (UT1).

Zum Zeitpunkt der Messung sollte dann die Uhrzeit abgelesen werden. Wichtiger als den gemessenen Winkel aufzuschreiben ist es, die Zeit zu notieren. Denn der Winkel ist ja immer noch »auf dem Sextanten« eingestellt und sollte es auch dann bleiben, wenn der Sextant in den Kasten gepackt wird. Dann kann bei späteren Zweifeln (Übertragungsfehler?) der Winkel nochmals überprüft werden.

Hat der Navigator eine Hilfsperson zur Seite, sollte diese die Uhrzeit sofort aufschreiben. Digital-Anzeigen auf der Quarzuhr sind hier vorzuziehen, weil es dabei kaum zu einem Minutenirrtum kommen kann wie u.U. bei der Analog-Anzeige.

Astronomische Deviations-kontrolle

Genau wie wir in der terrestrischen Navigation mithilfe eines Peilobjektes an Land die Deviation unseres Kompasses festgestellt haben, können wir selbstverständlich auch die Sonne als Peilobjekt verwenden. Das

Verfahren ist außerordentlich einfach und wesentlich zuverlässiger als die Peilung eines Landobjektes. Das Einzige, was wir zusätzlich benötigen, ist ein so genannter Schattenstift, der senkrecht über dem Mittelpunkt unserer Kompassrose stehen muss.

Da sich das Azimut (= rechtweisende Peilung) der Sonne im Laufe des Tages natürlich ändert, wählen wir hierfür eine Tageszeit, wo diese Änderung langsam vor sich geht, also vormittags oder nachmittags. Genau wie bei der terrestrischen Peilung lassen wir unser Boot um einen festen Punkt langsam drehen und schreiben von 10° zu 10° Kompasskurs die Peilung der Sonne auf, die wir mithilfe des Schattenstiftes auf der Kompassrose leicht ablesen können. Gleichzeitig müssen wir aber bei dieser Art von Deviationsbestimmung die Uhrzeit festhalten. Hierbei genügt es, wenn wir die Uhrzeit lediglich in ganzen Minuten aufschreiben.

Zur Auswertung brauchen wir dann nur für jede Messung das dazugehörige Azimut der Sonne am Computer zu berechnen. Einzugeben sind hierzu nur der ungefähre – auf 20 Meilen genaue – Schiffsort und der Messzeitpunkt. Man wird feststellen, dass sich das Azimut nur alle paar Minuten um einen einzigen Grad ändert. So brauchen wir nicht sechsunddreißigmal das Azimut auszurechnen, sondern es reicht, zu Beginn der Messungen, ein paarmal dazwischen und zum Ende der Messungen die rechtweisende Richtung zur Sonne festzustellen.

Dann errechnet sich die Deviation genau wie bei der terrestrischen Bestimmung (Seite 264).

Aber auch wenn man keine ganze Deviationstafel neu erstellt, so prüft der sorgfältige Navigator anhand von Stichproben gelegentlich durch Sonnenpeilungen (über den Schattenstift), ob die Steuertafel zumindest auf dem derzeitigen Kurs noch mit der tatsächlichen Deviation übereinstimmt. Das ist vor allem auf einem Stahlschiff wichtig, wo sich die Deviation schon nach einem Gewitter stark ändern kann.

Taschenrechner

Selbst wenn ein Computer an Bord ist, wird hierdurch der Taschenrechner nicht überflüssig, erst recht dann nicht, wenn es das einzige elektronische Rechengerät an Bord ist. Selbst leistungsfähige Rechner kosten heute keine 100 Euro mehr.

Vielfältig sind die Aufgaben, die sich auf einer Fahrtenyacht stellen und die man schnell mal durchrechnen möchte. Neben der Navigation, sicher dem Hauptbetätigungsfeld, sind dessen Einsatzmöglichkeiten vielfältig. Ob es die Umrechnung in eine andere Währung ist, an der Tankstelle der benötigte Dieselbedarf ermittelt werden soll, die Anzahl der Tage, die man auf die andere Seite des Atlantik braucht oder ob einfach die Crewkasse auf den laufenden Stand gebracht werden soll, all diese Fälle meistert der Taschenrechner in der Hand. Es wäre übertriebener Aufwand, erst den Computer zu starten, ein Rechenprogramm zu laden und so fort.

Besser als »zu Fuß« lässt es sich mit dem Elektronenrechner allemal rechnen. Er ist
- sicherer
- schneller
- genauer.

Taschenrechner sind wichtige Werkzeuge an Bord, aber wie diese müssen sie für ihre Aufgabe auch geschaffen sein. So wie ich mit einer Holzsäge schlecht oder gar nicht Metall verarbeiten kann, so ist es sinnlos, einen Primitiv-Rechner für Entfernungsberechnungen einzusetzen, wenn er nicht einmal trigonometrische Funktionen auf dem Tastenfeld hat.

Welcher Taschenrechner also für wen? Grob lassen sich für die Zwecke der Navigation die Rechner in drei Gruppen einteilen:

Ein Primitivrechner gehört in jede Navigationsecke.

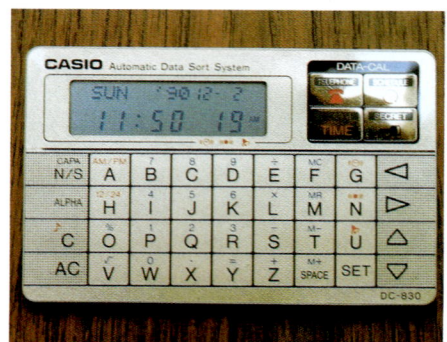

- Primitivrechner
- Programmierbare Rechner
- Taschencomputer

Primitivrechner

In jedem Haushalt liegt heute schon so ein Ding herum, das mindestens die vier Grundrechenarten beherrscht. Deshalb gehört es auch in jede Kartenecke. Wenn wir einen solchen Rechner kaufen, sollte er LCD-Anzeige haben (wegen der problematischen Stromversorgung an Bord), Wurzel ziehen können, ein paar Speicher (Memories) haben und Sinus, Cosinus und Tangens verarbeiten können.

Programmierbare Rechner

Wer Freude an Denksportaufgaben und ein wenig Sinn für Zahlenspielereien hat, für den ist ein programmierbarer Taschenrechner gerade das Richtige. Diese preiswerten Geräte können eine einmal eingegebene Tastenfolge auf einen einzigen Tastendruck hin beliebig wiederholen, was diese Rechner nicht nur schnell, sondern auch sicher in der Anwendung macht.

Ihre Leistungsfähigkeit wird nach der Programmkapazität bemessen, also nach den Programmschritten, die sie speichern können. »2 x 3 =« sind zum Beispiel schon 5 Programmschritte. Vor ein paar Jahren waren 100 Programmschritte noch eine Sensation, heute gibt es bereits Taschenrechner mit mehreren tausend Schritten (ein Kilobyte entspricht ca. 1000 Programmschritten) – und es gibt Programme, die diese große Anzahl auch verbrauchen. Der »Normalverbraucher« unter den Seglern ist damit fast schon überfordert, meist wird es an der Zeit fehlen, so ein arbeitsintensives Programm zu erstellen. Es gibt aber genügend Leute, die – meist aus Freude am Hobby – Programme liefern können, gegen Honorar versteht sich. Dann aber müsste der Taschenrechner auch die Möglichkeit haben, diese Programme von anderen Datenträgern (Notebook) »einzuspielen«, denn ein größeres Programm fehlerfrei einzutippen ist in der Praxis nicht möglich.

Nautische Vorbereitung eines Seetörns

»Die Eile ist der größte Feind des Seemannes.« Deshalb finde ich es nicht richtig, einen Törn von vornherein genau nach Fahrplan auszuarbeiten. Es kann hier nämlich nicht ausbleiben, dass unter dem Druck des Terminplans in schlechtes Wetter hineingesegelt wird, ein Verstoß gegen die Gesetze der Seemannschaft. Aus diesem Grunde ist eine aufgelockerte Reiseplanung, bei der je nach Bedarf der eine oder der andere Hafen ausgelassen werden kann, besser.

Seekarten

Seekarten müssen für alle in Aussicht genommenen Gebiete ausreichend an Bord sein. Das lässt sich natürlich leicht sagen. Glücklich der, der sich dies finanziell leisten kann. Tatsache in der Praxis ist aber, dass bei den Seekarten gespart wird, was bei den horrenden Preisen nicht verwunderlich ist. Welche Seekarten sind unbedingt notwendig? Das gesamte Gebiet unseres Törns muss durch Überseglerkarten abgedeckt sein. Mögen sie auch nicht alle Details zeigen, so würden sie im Notfall ausreichen.

Ausschnitt aus einer Windkarte: Südatlantik, Monat Mai. Je dicker die Windpfeile, umso stärker der Wind (das fette Ende des Pfeils bedeutet Stärke 8-12). Seine Länge gibt die prozentuale Häufigkeit an. Die drei Zahlen im Kreis sagen uns von oben nach unten die Anzahl der Beobachtungen, Winde aus wechselnden Richtungen und Flauten in Prozent.

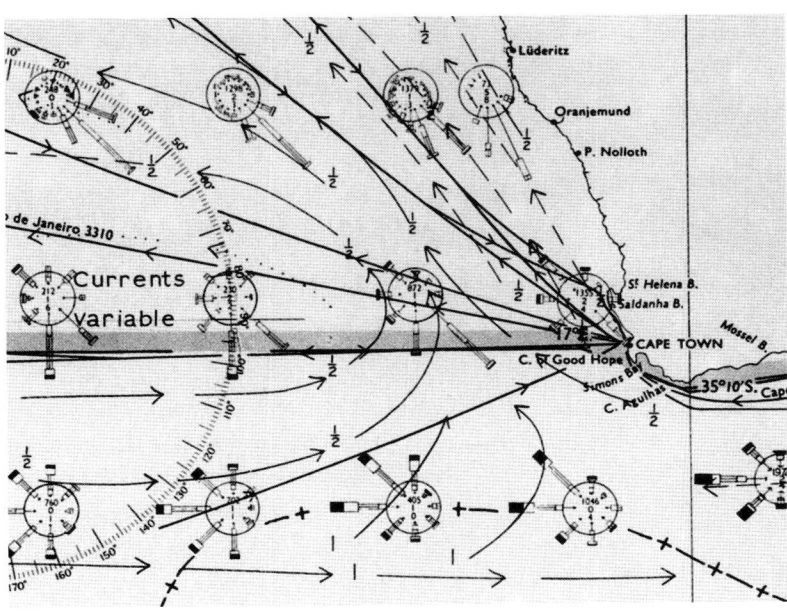

Wenn ich Notfall sage, denke ich an die Möglichkeit, dass wir durch eine Havarie gezwungen sind, Häfen anzulaufen, die eben vorher nicht auf unserem Programm standen.

Selbstverständlich benötigen wir dann auch alle »See«-Karten. Schwierig wird es zu entscheiden, welche Detail- und Hafenkarten wir noch erwerben müssen. Laufen wir Häfen tagsüber an, so benötigen wir in den meisten Fällen keine Hafenkarten. Ich habe nur ganz wenige Häfen kennen gelernt, wo ein Hafenplan unbedingt empfehlenswert gewesen wäre. In vielen Büchern wird darauf hingewiesen, dass man nur Seekarten neuesten Datums benutzen sollte. Von Ausnahmefällen abgesehen, habe ich wenig Bedenken, auch ältere Seekarten zu benutzen, wenn ich sie für billiges Geld gebraucht kaufen und sogar von einem anderen Yachtfreund leihen kann. Selbstverständlich geben auch wir gerne die nicht mehr benötigten Karten weiter. Noch ein Tipp: Die großen Brüder aus der Berufsschifffahrt sind gesetzlich verpflichtet, immer das neueste Kartenmaterial an Bord zu haben. Meist enden die alten als Dichtungen im Maschinenraum. Ein verständnisvoller Navigationsoffizier wird uns sicher gerne das ausgemusterte Material überlassen, wenn wir ihn auf seinem Pott im Hafen aufsuchen und danach fragen.

Kann man sich neue Karten leisten, so sind immer Seekarten aus der Landesproduktion vorzuziehen. Denn nur bei diesen besteht die Gewähr, dass sie sich tatsächlich auf dem neuesten Stand befinden. Nach meiner Erfahrung sind beispielsweise kroatische Seekarten für die Adria wesentlich genauer als die deutschen. Bei älteren englischen Exemplaren ist darauf zu achten, dass sie manchmal die Tiefen noch in Faden angeben. Englische Seekarten gibt es für alle Teile der Welt. Eine alte Streitfrage unter den Yachties ist deren Qualität im Vergleich zu den amerikanischen. Ich persönlich ziehe englische Karten vor, weil sie im Detail wesentlich besser ausgearbeitet sind. Dafür stehen meist mehr amerikanische Detailkarten zur Verfügung. Auf englischen Karten findet man oft Hafenpläne und Silhouetten von Landansteuerungen. Um es abzuschließen: Solange ich noch gute Augen habe, bevorzuge ich englische Seekarten. Leider werden nicht in allen Karten die gleichen Symbole verwendet. Deshalb muss ein entsprechendes »Zeichen- und Abkürzungsverzeichnis« an Bord sein!

Für deutsche Seekarten ist das die »D 1«, in Amerika die »Chart No. 1« und die Britische Admiralität hat es unter der Nummer »5011« veröffentlicht. Seit ein paar Jahren setzen sich immer mehr spezielle Seekarten für die Sportschifffahrt (siehe auch beiliegende Übungskarte) durch, die wesentlich mehr interessante Details für uns enthalten können als die »normalen« Seekarten. Beispielsweise findet man in Sportboot-Karten immer öfter Wegpunkte (Waypoints) eingedruckt, die mit den entsprechenden Angaben in Segelhandbüchern für die Sportschifffahrt korrespondieren − siehe auch beiligende Übungskarte.

Elektronische Seekarten

»Die Papierseekarte ist tot«, sagte vor kurzem ausgerechnet ein führender Seekartenhändler. Wenn diese Aussage auch sehr übertrieben ist, lässt sich nicht leugnen, dass sich die elektronische Seekarte mit einer Geschwindigkeit durchsetzt, die noch vor ein paar Jahren für utopisch angesehen wurde. Ob es einem passt oder nicht, die elektronische Seekarte ist die Zukunft. Für mich ist das Faszinierende an der elektronischen Seekarte, also der Seekarte auf dem Bildschirm des Notebooks, nicht die Tatsache, dass über das angeschlossene GPS die Position des Schiffes fortlaufend in die Seekarte eingeblendet wird, nein, es ist die ungeheure Flexibilität und vor allem der geringe Platzbedarf dieser Software. Man vergegenwärtige sich das einmal: Von der norwegischen Firma C-Map passen alle verfügbaren Seekarten der Welt auf zwei CDs oder auf eine einzige DVD, also auf eine Kunststoffscheibe von ein paar Zentimetern Durchmesser.

Was kostet die Welt? Derzeit sind es noch etwas über 10 000,- Euro − Tendenz fallend. Nicht viel, wenn man die Preise für die entsprechenden Papierseekarten gegenüberstellt. Noch größer ist die Geldersparnis, wenn man auch Gewicht und Platzbedarf der »alten« Seekarten gegenüberstellt. Früher hat man doch selbst in kleine Yachten riesige Schubladen eingebaut, um die für eine lange Reise notwendigen Seekarten unterzubringen. Gerechnet auf den Anschaffungspreis der Yacht ist somit allein die Kartenschublade mit ein paar tausend Mark zu Buche geschlagen. Wenn man über Preise für Seekarten spricht, kann man folgendes ungute Thema nicht ausklammern: An Plätzen, wo sich zahlreiche Fahrtensegler treffen, ist es längst üblich geworden, sich mit kopierten Seekarten-CDs einzudecken. Konnte man früher Yachtsleute beobachten, wie sie mit dicken Seekartenballen unterm Arm zum Kopiershop gegangen sind, so rauchen heute die CD-Brenner auf den Yachten vom Brennen »geklauter« Software. Bei Seekarten ist es um vergleichsweise geringe Beträge gegangen, die man den Inhabern der Rechte vorenthalten hat. Amerikanische Seekarten waren ohnehin nicht durch das COPYRIGHT geschützt. Bei Seekarten-CDs geht es jedoch um andere Summen, die den Berechtigten vorenthalten werden. Dabei spielt es keine Rolle, dass in manchen Ländern das Raubkopieren, anders als in Deutschland, nicht unter Strafe gestellt ist.

Nachdem nun also die elektronische Seekarte schon an Bord ist, liegt die Versuchung nahe, sich die Seekartenkosten ganz zu sparen, also nicht einmal eine Papierseekarte zusätzlich an Bord zu haben. Die Problematik ist klar: Stürzt der Computer ab – und das kann mit jedem Computer jeden Tag passieren –, steht keine Seekarte mehr zur Verfügung – es sei denn, man hat einen zweiten Computer in Reserve. (Der Leser möge nicht schmunzeln: Auf vielen amerikanischen Fahrtenyachten »normaler« Größe finden sich längst mehrere Notebooks.) Crasht das Notebook, muss also eine Papierseekarte für das betreffende Gebiet vorhanden sein. Die kann ein Übersegler sein, es ist aber auch nichts dagegen einzuwenden, wenn ein Computerausdruck von der elektronischen Seekarte benutzt wird. Auf zahlreichen Fahrtenyachten ist es jetzt schon die Regel, dass keine Papierkarte mehr an Bord ist, dass aber vor (!) Antritt der Fahrt

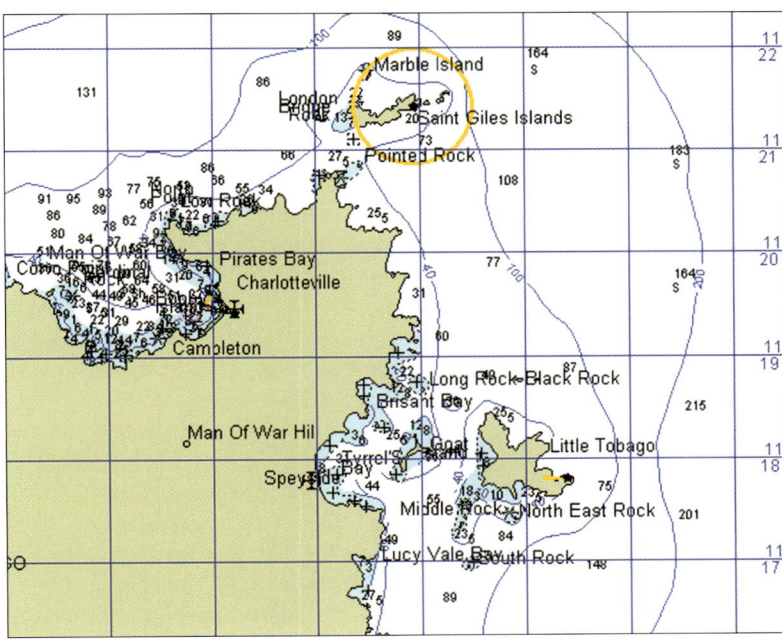

Ausdrucke von allen infrage kommenden Seekarten hergestellt werden. Wenn der Drucker eine entsprechende Auflösung hat und der Ausdruck in Farbe erstellt wird – heute mit Bordmitteln kein großes Problem –, dann kann nur noch wenig gegen diese Methode eingewendet werden, auch wenn es dem konservativen Navigator noch widerstrebt, sich damit abzufinden. Man möge sich auch vergegenwärtigen, dass diese Praxis vor allem bei amerikanischen Fahrtenseglern längst alltäglich geworden ist. Und man möge sich daran erinnern, dass es auch bei der Papierseekarte erhebliche Unterschiede in der Qualität und der Genauigkeit gegeben hat, ja, dass selbst in viel befahrenen Gebieten (Mittelmeer) die Seekarten gelegentlich erschreckend ungenau waren.

Grundsätzlich gibt es zwei Arten von elektronischen Seekarten: Die einen sind gescannt, die anderen vektorisiert. Hat man die Wahl, ziehe man Letztere vor. Gescannte Seekarten sind nichts anderes als elektronisch abgetastete Papierkarten. Liegt die Ausgangsseekarte in einem Maßstab von 1 : 1 Million vor, so kann auch der Einsatz des Zooms auf dem Bildschirm kein einziges zusätzliches Detail hervorzaubern. Die gescannte Seekarte kann also niemals

Nordostspitze von Tobago auf einer elektronischen Karte – C-Map.

genauer sein als das Original und sie kann niemals mehr Details und Informationen enthalten. Sie ist also nicht viel besser als eine Farbkopie vom Ausgangsmaterial.

Unberührt davon bleibt freilich die Fähigkeit, den Schiffsort in der Seekarte auf dem Bildschirm zu zeigen. Man sollte dieses »feature« nicht unterschätzen. Denn zahlreiche Unglücke hat es deshalb gegeben, weil ein übermüdeter oder seekranker Navigator im Bordstress nicht mehr in der Lage war, seinen richtig festgestellten Schiffsort in die Seekarte zu übertragen.

Vektorisierte Seekarten dagegen sind speziell für ihre Verwendung als Software aufbereitet worden. Über die rein optische Grafik einer Seekarte hinaus können sie somit nahezu unendlich mehr nautische Informationen enthalten. Man kann beispielsweise Gefahrengebiete auf dem Bildschirm anklicken und erhält weitere Infos. Das mit der Maus angefahrene Leuchtfeuer zeigt seine Kennung im Klartext, man kann mit einem Tastendruck Detailinformationen »abschalten« und macht so die Seekarte übersichtlicher und so fort.

Ein weiterer Vorteil der elektronischen Seekarte ist ihre leichte Updatefähigkeit. Hat man einmal so einen Satz »Karten« erworben, wird man auch einen Update-Dienst dazuabonnieren. Früher musste man die Papierseekarte zu einem Berichtigungsdienst tragen, wo mühsam die entsprechenden Korrekturen mit Tinte eingetragen wurden. Oder man hat die Korrekturen selbst vorgenommen. Vielen ist diese Prozedur zu umständlich gewesen, sodass man entweder auf die Korrekturen verzichtet oder sich eben – so man länger im gleichen Revier gesegelt ist – von Zeit zu Zeit eine neue Karte gekauft hat.

Bei der Seekarte aus der Software dagegen sind die Kopierkosten für den Hersteller so niedrig, dass nach Vornahme der Korrekturen einfach die korrigierte Seekarte auf eine neue CD gebrannt und per Post versandt wird.

Segelt man mit Raubkopien, ist ein solcher Service selbstverständlich nicht möglich, weshalb auch aus diesem Grunde die legale Benutzung von Seekarten-Software vorzuziehen ist. Aber dieser Hinweis ist mehr akademisch, denn kaum ein Raubkopierer unter den Seglern sieht diesen Vorteil als so bedeutsam an, dass er deshalb den legalen Weg wählt.

Abschließend sei noch der Hinweis erlaubt: Die »Karten«-Produzenten könnten die Unsitte des Raubkopierens von elektronischen Seekarten sicher dadurch viel besser in den Griff bekommen, dass man die astronomischen Preise für elektronische Seekarten drastisch reduziert, sodass kein nennenswerter Anlass besteht, sich die Seekarte zu klauen. Denn die Tendenz auf den Ankerplätzen und Marinas ist eindeutig: Bald hat jeder elektronische Seekarten – meist als Raubkopie.

Handbücher

Die meisten Handbücher für die Berufsschifffahrt werden leider so selten neu aufgelegt, dass viele der darin enthaltenen Informationen und vor allem die Zeichnungen einfach nicht mehr den Gegebenheiten entsprechen. Nahezu jeder Segler hat schon einmal hilflos nach dem gemäß Handbuch »auffälligen kleinen Kirchlein mit rotem Dach« gesucht, das natürlich seit Jahrzehnten hinter Wolkenkratzern verschwunden ist. Trotzdem geben die Handbücher manch wertvollen Hinweis, vor allem, wenn wir vor der Reise die Nachträge einordnen. Offizielle Handbücher sind nicht für Fahrtensegler geschrieben. Wenn dort von einem »Platz für ein oder zwei kleine Schiffe« gesprochen wird, kann es durchaus sein, dass wir auf diesem Ankerplatz anschließend 20 Yachten vorfinden. Mit »kleinem Schiff« sind eben Schiffe mit 1000 Tonnen und darüber gemeint. Auch die Ankerplätze, die in den Handbüchern oftmals empfohlen werden, entsprechen nicht immer dem, was wir uns von einem ruhigen Ankerplatz erwarten. Eine Dünung von zwei Metern Höhe stört einen vor Anker liegenden Tanker sehr wenig, während wir nur im äußersten Notfall dort längere Zeit verweilen würden.

In den letzten Jahren werden immer mehr Handbücher speziell für Yachtsegler geschrieben, selbstverständlich machen wir dankbar davon Gebrauch, sind sie doch auf die Bedürfnisse der Fahrtensegler ausgerichtet. In guten Werken erfahren wir, wo es Wasser gibt, wo Einkaufsmöglichkeiten sind, wo wir am Morgen frisches Brot erhalten, wo eine nette Kneipe ist und so fort. Auf eines muss allerdings hingewiesen werden: Während die Handbücher für die Berufsschifffahrt so vollständig wie nur möglich sind und daran nur Berufsseeleute gearbeitet haben, beruhen Handbücher für die Fahrtensegler fast immer auf den Beobachtungen von Urlaubern oder im besten Fall von Langzeitseglern. Ein Hafen, der eben noch nicht »entdeckt« ist, fehlt dann in diesem Handbuch, während eine missverstandene Brandungswelle, von einem kurzsichtigen Skipper beobachtet, in das Handbuch gleich als »Riff in der Einfahrt« eingeht. Im Allgemeinen sind die Angaben nach meiner Erfahrung jedoch sehr zuverlässig, trotzdem schadet übermäßige Vorsicht dem Skipper auch hier nicht.

Als Planungs- und Reiseunterlagen kann in Sonderfällen durchaus alte Literatur verwendet werden, zum Beispiel bei einer Atlantiküberquerung das »Segelhandbuch für den Atlantischen Ozean« der Kaiserlichen Marine aus dem Jahr 1910 (als Reprint veröffentlicht).

Dieses Werk enthält auch zwei interessante Karten, in denen die mittlere Reisedauer von Segelschiffen in den Jahren 1893 bis 1904 (einige hundert) statistisch ausgewertet wurde – aktuell bis heute!

Leuchtfeuerverzeichnis

Es war neben der Seekarte einst die wichtigste nautische Unterlage. Denn häufig haben nur die Leuchtfeuer dem Skipper gesagt, wo er sich befindet. Heute scheinen sie überflüssig geworden zu sein, viele Feuerschiffe, Leuchttürme und andere Seezeichen zur Orientierung werden eingezogen. GPS und Radar haben sie überflüssig gemacht.

Gezeitentafeln

– gültig für das betreffende Gebiet und Jahr – nehme ich auch dann mit, wenn die Unterschiede zwischen Hoch- und Niedrigwasser nicht erheblich sind (wie im Mittelmeer). Oft richtet sich nämlich eine in Landnähe setzende Sonderströmung nach dem »Hochwasser« oder »Niedrigwasser«, wie wir vielfach aus dem Handbuch ersehen können. Häufig findet man Informationen über Gezeiten auch in lokalen Veröffentlichungen oder im Macmillan REEDS Nautical Almanac.

Windkarten (Pilot Charts)

sind unentbehrliche Hilfen für den Langstreckensegler. In ihnen sind für bestimmte Monate die vorherrschenden Windrichtungen und Windstärken eingezeichnet. Wenn wir über den Atlantik segeln wollen, so beschaffen wir uns die Windkarte für den betreffenden Monat und wir finden dann für spezielle Quadrate, die jeweils 5 Grad umfassen, folgende Angaben:

- Anzahl der Beobachtungen
- Wahrscheinlichkeit von Stürmen
- Flauten in Prozent
- wahrscheinliche Windrichtungen
- Windstärken

Außerdem ist die Wahrscheinlichkeit von tropischen Orkanen angegeben und, falls in dieser Zeit schon welche verzeichnet wurden, ihre Zugbahn. Solche Windkarten, Pilot Charts, gibt es für alle Ozeane der Welt, meist für jeden Monat eine Karte.

Ocean Passages for the World

Das Werk, das seit vielen Jahrzehnten von der Britischen Admiralität herausgegeben wird, sollte man sich unbedingt anschaffen, wenn man Segelfahrten über die Ozeane vorhat. Grundkenntnisse in der englischen Sprache empfehlen sich. In diesem – preisgünstigen – Buch finden wir für die ganze Welt die empfohlenen Segelschiffrouten und die günstigsten Jahreszeiten. Für den Ozeanüberquerer sind auch die beschriebenen Dampferrouten interessant, denn dort wird er ganz besondere Vorsicht walten lassen.

Aus dem Studium der letztgenannten Unterlagen erfahren wir, mit welchen Wetter- und Windverhältnissen und damit mit welchen Tagesstrecken wir zu rechnen haben.

Allgemeine Regeln lassen sich dann nicht aufstellen, wenn wir uns außerhalb der Passatgebiete bewegen. Dort sollten Etmale von 100 Meilen im Durchschnitt – unabhängig von der Schiffsgröße – durchaus erwartet werden. Im Mittelmeer oder in der Ostsee müssen wir uns dagegen auf Flauten oder »unpassende« Windrichtungen gefasst machen. Wollen wir mit der Maschine sparsam umgehen, so können wir für einen Durchschnitt von 70 Meilen in 24 Stunden dankbar sein.

In guten Seekartenhandlungen gibt es für wenig Geld einen deutschen, einen amerikanischen und einen englischen Katalog, in denen sämtliche nautischen Veröffentlichungen des betreffenden Landes aufgeführt sind.

Nautische Unterlagen und elektronische Seekarten sind unter anderem erhältlich:

In Deutschland:

HanseNautic GmbH
Bade & Hornig
Eckardt & Messtorff
Herrengraben 31
20459 Hamburg
Sportschifffahrtsabteilung
Tel. 040-374 842-0
Fax 040-375 007 68
www.hansenautic.de
info@hansenautic.de

Fa. Leonhartsberger
Seekarten +
Yachtzubehör
80937 München
Marienbader Str. 12
Tel. 089-311 0050
Fax 089-316 3612
www.leonhartsberger-
seekarten.de

Geobuch GmbH
Rosental 6
80331 München
Tel. 089-26 5030
Fax 089-26 3713

Wede
Große Bleichen 36
20354 Hamburg
Tel. 040-343 240
Fax 040-352 519

In Österreich:

Freytag-Berndt &
Artaria KG
Brunner Str. 69
A - 1231 Wien
Tel. +43-1-869 9090-0
Fax +43-1-869 9090-61
www.freytagberndt.at

Bernwieser Seekarten +
Flight Shop
Kienmayergasse 9
A - 1140 Wien
Tel. +43-1-985 5166,
Fax +43-1-982 9444
www.bernwieser.at

Fahrtensegeln auf Charteryachten

Immer mehr begeisterte Fahrtensegler sind mit Charteryachten unterwegs. Die Vorteile eines solchen Urlaubs liegen auf der Hand: Man kann sich nahezu in allen Segelrevieren der Welt eine Yacht chartern, die mühevolle Anreise auf eigenem Kiel entfällt. Und wenn man zusammen mit anderen Mitseglern oder einer zweiten Familie eine Yacht chartert, wird man leicht aus-rechnen, dass dies gegenüber Ferien in einem besseren Hotel ein recht preiswerter Urlaub ist. Letztlich wird von vielen geschätzt, dass nach Abschluss der entsprechenden Versicherungen das Risiko eines solchen Urlaubs erheblich geringer ist, als wenn man im Urlaub auf der eigenen Yacht segelt. Während der Fahrtensegler mit seiner Yacht nach einem Törn unter

Charterbasis am Mittelmeer – überholt und gereinigt wartet die Flotte moderner Yachten am Samstag auf neue Gäste.

Charterfirma über eigene leistungsfähige Stützpunkte verfügt.

Auch aus der Ausrüstung der Yachten lassen sich Rückschlüsse auf die Art der Charterfirmen ziehen. Handelt es sich um eine Firma mit internationalem Zuschnitt, die über einen riesigen uniformen Schiffspark verfügt, wird man dort Yachten vorfinden, die in erster Linie auf Zweckmäßigkeit fürs Verchartern ausgerüstet sind. Bei Firmen hingegen, die Yachten in Privatbesitz betreuen oder »Kaufcharter«-Modelle anbieten, werden die Yachten meistens liebevoller ausgerüstet sein, weil der Eigner die Yacht ja »später einmal« für sich vorgesehen hat. Ein gewisses Indiz für die Qualität einer Charterfirma ist auch ihr Alter, das heißt, wie lange sie schon im Geschäft ist. Denn unseriöse Firmen leben nicht lange.

Welches Schiff soll man chartern?

Meistens ist die Schiffsgröße durch die Anzahl der Chartergäste vorgegeben, wenn man auf den Preis achten muss. Der Lebenskomfort steigt mit der Größe der Yacht, auch dann, wenn sie entsprechend der Kojenzahl maximal belegt ist. Erwartet man einen bequemen Urlaub mit Sonnen- und Badefreuden, dann wird man auch einen Katamaran in seine Planungen einbeziehen. Das gilt auch dann, wenn man für sich oder seine Mitsegler Bedenken wegen Seekrankheit hat. Auch wenn man seine Frau/Freundin ans Segeln »heranführen« möchte, sollte man bei der Bequemlichkeit der Yacht keine Abstriche machen. Der viel gehörte Spruch: »Meine Frau macht sich aus dem Segeln nichts« hat seinen Ursprung fast immer in so genannten »sportlichen« Törns mit Meilenfresserei. Meist schließen sich die ihrer Meinung nach leidgeprüften (und natürlich völlig unschuldigen) Männer dann später zu den mit Recht so gefürchteten »Herrentörns« zusammen.

Selbstverständlich wird man als Anfänger nicht gleich mit dem Chartern einer 50-Fuß-Yacht beginnen, sondern kleinere Geräte wählen, die leichter zu manövrieren sind.

Schließen sich mehrere Familien zusammen, um gemeinsam einen Charterurlaub zu unternehmen, dann werden sogar so große Yachten für den Einzelnen bezahlbar, oft sogar preiswerter als ein Hotelurlaub an Land.

Umständen eine Werft aufsuchen muss, um Reparaturen durchführen zu lassen, bringt der Chartergast das Schiff dem Vercharterer mit der Mängelliste zurück und verlässt sorglos die Yacht.

Freilich, einen gelungenen Charterurlaub erlebt man nur, wenn man an seriöse Charterfirmen gerät, die auch einiges für den guten Zustand der Yachten tun. Viele Charterfirmen sind lediglich Agenturen ohne eigene Stützpunkte. Sie vermitteln also nur Schiffe anderer Vercharterer, haben somit auch wenig Möglichkeiten, Einfluss auf den Pflegezustand der Yachten zu nehmen. Es gibt Yachten am Mittelmeer, Insider kennen die, die von 15 Agenturen gleichzeitig angeboten werden.

Unter den Charterfirmen finden sich auch eine Menge schwarzer Schafe, die gerade beim Ausrüstungsstandard und Zustand einer Yacht sparen. Dieses selbst zu beurteilen wird jedoch meist erst dann möglich sein, wenn der Törn zu Ende, also wenn es zu spät ist. Es ist deshalb am besten, sich auf das Urteil früherer Kunden zu verlassen. Bei vielen Charterfirmen wird leicht übersehen, dass hinter den Anzeigen in den Zeitschriften nicht viel Kompetenz steht. Wenn eine Firma nur wenige Yachten hat, dann ist es nicht sehr wahrscheinlich, dass diese Schiffe zu fortgeschrittener Saison noch in erstklassigem Zustand sind. Eine Garantie hierfür hat man eigentlich erst dann, wenn die

Denn wenn es bei der Handhabung von Yachten hapert, dann ist das meist bei den Hafenmanövern. Gute Charterfirmen bieten zu diesem Zweck auch im Frühjahr schon so genannte »Skipperkurse« an, bei denen das An- und Ablegen mit Yachten unter fachkundiger Aufsicht intensiv trainiert werden kann (www.eckeryachting.com).

Welches Revier?

Ein Urteil über die Qualität der verschiedenen Charterreviere abzugeben, ist fast unmöglich. Doch ist ein schiefes Bild, vielleicht auch ein leichtes Vorurteil, eine bessere Entscheidungshilfe als gar keine Empfehlung.

Ostsee

Dieses schöne Charterrevier vor der Haustür ist nautisch nicht besonders anspruchsvoll. Wer ständig über die verregneten Sommer in Norddeutschland jammert, sollte auch dieses Revier meiden, weil die ohnehin kurze Saison leicht durch die zahlreichen Regentage noch weiter verkürzt werden kann. Dann hilft nur noch die Flucht in die Hafenkneipe – was aber den Urlaub auch unvergesslich machen kann.

Niederlande – IJsselmeer

Die holländischen und friesischen Binnengewässer sind deshalb so reizvoll, weil dort jeder »sein« Revier finden kann. Der Anfänger wird sich in den abgeschlossenen Gewässern der Kanäle und Seen wohl fühlen, der Könner wird vielleicht seine Nase nach draußen in die Nordsee- und Wattgewässer halten, wo er sich in der Kunst der Navigation in Tidengewässern beweisen kann. Spielt das Wetter in der Hochsaison mit, kann man einen wunderschönen Chartertörn mit gutem Segelwind und vielen kleinen reizvollen Häfen erleben.

Nordsee

Englische und französische Gewässer sowie das Revier um die Kanalinseln sind landschaftlich reizvoll, aber navigatorisch sehr anspruchsvoll und deshalb nichts für Anfänger. Es eignet sich auch nicht für einen Badeurlaub. Sonnengarantie ist dort nämlich Fehlanzeige.

Spanien – Italien – Frankreich

Das Hauptcharterrevier für Europäer ist das Mittelmeer. Es ist kein ideales Segelrevier, auch wenn das Charterangebot riesig ist. In Spanien, Italien und Frankreich kann mit Wind während der überlaufenen Hochsaison nicht gerechnet werden, sodass aus dem Segelurlaub Motorbootferien werden können, was auch seine Reize haben kann. Im Frühjahr und Herbst gibt es in diesen Revieren manchmal zu viel Wind, und im Winter ist es schlichtweg gefährlich, auf dem Mittelmeer auf einer Yacht herumzufahren. Die Balearen gelten als teuer, sind aber etwas windsicherer als das übrige westliche Mittelmeer. Alle genannten Gebiete sind zur Sommerferienzeit überfüllt.

Korsika ist ein landschaftlich schönes, leider aber auch überfülltes Revier. Außerhalb der Hochsaison, im Frühjahr und Herbst, muss in allen Revieren, die an den Golf von Lyon angrenzen, mit gefährlichem Wetter gerechnet werden, wenn der gefürchtete Mistral bläst. Stürme im Löwengolf haben schon zahlreiche Charterer das Leben gekostet!

Kroatien

Eines der beliebtesten Charterreviere, vor allem bei Süddeutschen und Österreichern! Das liegt auch daran, dass es gut mit dem Auto erreicht werden kann. Nautisch ist Kroatien genau das Richtige für einen gemütlichen Charterurlaub ohne Stress. Die Navigation dort stellt keine hohen Ansprüche und das Wetter ist transparent, wenn

In vielen Revieren haben sich die Ortsansässigen auf die Charterkunden eingestellt und bieten so auch in der »Wildnis« Essen an Land.

man sich vor den Bora-Lagen in Acht nimmt – siehe Handbücher!

Ein Wermutstropfen sind gelegentlich die ungerechtfertig hohen Preise in den überfüllten Marinas und in den Restaurants. Leider haben auch hier die Einheimischen die Segler am Ankerplatz und an der Muring zum Abkassieren entdeckt.

Griechenland

Sowohl die Ägäis mit ihren über 100 Inseln als auch das Ionische Meer sind landschaftlich und nautisch schöne Charterreviere, die trotzdem nicht überlaufen sind. Wer viel Wind zum Segeln sucht, findet ihn hier. Für die meisten Charterer ist allerdings der im Sommer sehr beständig wehende Meltemi eine Nummer zu viel, sodass sie in die zahlreichen Ankerbuchten oder Fischerhäfen gezwungen werden.

Die Versorgung mit Lebensmitteln bereitet meist keine Probleme, doch kann Wasser gelegentlich zur – teuren – Mangelware werden.

Ein bekanntes Ärgernis dieses Reviers ist die ungerechtfertigte Gebühren-Abzockerei durch die Hafenbehörden, die sich jedenfalls bis heute um die europäische Gesetzeslage wenig gekümmert haben. Es sind leider auch Fälle aus diesem Revier bekannt geworden, bei denen Segler extrem ungut behandelt worden sind. So ist der Fall durch die Presse gegangen, als ein griechischer Fischer einem österreichischen Arzt beim Anlegen seiner 12-Meter-Yacht geholfen hat und – angeblich – hierbei des Endglied des Daumens verloren hat. Die Forderungen des Fischers an den Segler beliefen sich schließlich auf mehrere Millionen Euro, wofür die Haftpflichtversicherung des Seglers bei weitem nicht ausgereicht hat. Als sich am Anfang dieser Tragödie der Segler gegen die unglaublichen Forderungen des Fischers zur Wehr gesetzt hat, wurde seine Yacht kurzerhand an die Kette gelegt. Es gibt Segler, die der nicht gerade abwegigen Meinung sind, dass so ein Fall wie der des österreichischen Arztes dort jedem zustoßen kann und die aus diesem Grund und wegen der Gebühren-Abpressung griechische Reviere meiden.

Türkei

Nach Meinung vieler Weltumsegler und des Autors sind die Küstengewässer der Türkei die schönsten Reviere für den Fahrtensegler. Da jetzt die Türkei sehr gut von erstklassigen Charterunternehmen abgedeckt ist, dürfte es ebenfalls für Charterer das Revier Nummer eins sein – jedenfalls in Europa. Man findet dort sogar in der Hochsaison noch jede Menge hübscher Buchten, die nicht überfüllt sind. Für Charteryachten sind schon lange Fäkalientanks vorgeschrieben, was auf dem Ankerplatz den Sprung ins Wasser vor dem Frühstück zum ungetrübten Vergnügen macht. Speziell der Golf von Fethiye kann jedem, auch Anfängern, von Juni bis Oktober empfohlen werden. Um aber auch hier kritisch zu bleiben: In den (sehr) heißen Sommermonaten sind Starkwinde selten. Dafür ist durchgehender Sonnenschein garantiert – siehe auch das nächste Kapitel über einen Trödeltörn durch dieses Traumrevier für Charterer.

Westindien

Die Karibik ist außerhalb der Hurrikan-Zeit, also im Winter, das vom Wetter her schönste Charterrevier. Einige amerikanische Charterfirmen wirken dort schon seit Jahrzehnten. Wenn jemand ihre Charterpreise für hoch hält, sollte er berücksichtigen, dass die Hauptkunden in der Karibik aus den USA kommen und erheblich höhere Ansprüche an den Bordkomfort stellen als beispielsweise deutsche Segler. So kann gesagt werden, dass für mehr Geld mehr geboten wird. »You get what you pay«, sagt der Amerikaner. Was dem Charterer die Antillen gelegentlich verleidet, ist das unfreundliche und geldgierige Gehabe der Einheimischen den Charterern gegenüber. Auch ist die Kriminalität, vor allem auf den früheren britischen Inseln, nach Meinung von Insidern überdurchschnittlich hoch.

Französisch-Polynesien – Südsee

Es ist erst ein paar Jahre her, dass in Französisch-Polynesien, und damit in der Südsee, Charterfirmen Bareboat-Charter (Yach-

Charterrevier Westindien

ten ohne Skipper) anbieten. Zu teuer waren bis dahin die Flüge aus Europa in dieses landschaftlich wahrscheinlich schönste Segelrevier in den Gesellschaftsinseln. Auch heute noch kann es sich nicht jeder leisten, dort zu segeln.

Nautisch handelt es sich – mit dem GPS in der Hand – um ein einfaches Revier mit leidlich guten Windverhältnissen. Die besten Monate dort sind unsere Sommermonate, in denen in Polynesien die trockenere Jahreszeit herrscht. Wegen der großen Entfernungen zu anderen Inselgruppen drängen sich Törns im Dreieck von Raiatea, Bora Bora und Huahine auf. Hierfür sind 14 Tage zu veranschlagen, auch wenn die Reise in Tahiti beginnt. Möchte man unbedingt auch in die Inselwelt der Tuamotus segeln, so sollte man sich mindestens vier Wochen Zeit nehmen.

Polynesien ist einer der teuersten Plätze der Welt. Deshalb sollte man auch beim Chartern mit gehobenen Preisen rechnen, wenn man auf den Spuren der BOUNTY segeln möchte. Exklusivität kostet!

Was man rechtlich beim Chartern bedenken sollte

Hat man seine Crew zusammen, den Urlaub genehmigt, sich für ein schönes Revier entschieden, eine seriöse Charterfirma gefunden mit dem Schiff, auf dem man die besten Tage im Jahr verleben möchte, sollte man sich trotz aller Vorfreude mit eventuellen Schattenseiten eines solchen Törns beschäftigen und Vorsorge treffen.

Meistens werden sich befreundete Segler oder Familien zusammentun, um sich ein Schiff zu chartern. Wer der Skipper ist, damit das Sagen, aber auch die Verantwortung hat, ist hierbei keine Nebensächlichkeit (»...wir kennen uns so gut, das brauchen wir nicht, wir sind ja Freunde...«), sondern schon deshalb wichtig, weil der Gesetzgeber beim Segeln vorschreibt, dass in einer Gruppe von Seglern auf einer Yacht ein Skipper bestimmt werden muss.

Die Gruppe wird sich wohl immer für den erfahrensten Segler entscheiden – und ihm damit eine Menge Verantwortung aufbürden. Denn – theoretisch ja immer denkbar – es passiert etwas, wird er auch den Kopf hinhalten (müssen). In strafrechtlicher Hinsicht kann man ihm die Verantwortung nicht abnehmen, aber wenn es ums Geld geht, kann und wird die Gruppe hinter ihm stehen. Das aber muss vor dem Törn auch zwischen den Teilnehmern vereinbart werden. Hierzu ist keine Schriftform erforderlich, sie ist aber aus Beweisgründen dringend zu empfehlen. Man sollte hierbei daran denken, dass sich nach Unglücks- oder Schadensfällen in einem etwaigen Rechtsstreit nicht unbedingt Segelfreunde gegenüberstehen, sondern Versicherungen, Krankenkassen oder sonstige Dritte, denen es gleichgültig ist, ob es sich bei den Seglern um »langjährige« Freunde gehandelt hat.

Nachdem man denjenigen, der hier als Skipper an erster Front als Verantwortlicher steht (also der Dumme sein kann), bestimmt hat, könnte zu seinen Gunsten eine solche Vereinbarung folgenden Wortlaut haben:

1. Die Mitsegler ..... sind sich darüber einig, dass auf dem bevorstehenden Segeltörn in .... alle Kosten, die wegen des Chartertörns, auch zu seiner Vorbereitung, anfallen, von allen Teilnehmern zu gleichen Teilen getragen werden. Ausgeschlossen hiervon sind: ...

2. Der Skipper ..... hat die Funktion des Schiffsführers aus reiner Gefälligkeit den anderen Törnteilnehmern gegenüber übernommen. Von Mitseglern kann der Skipper nicht wegen einer auch nur fahrlässigen oder grob fahrlässigen Handlung, die mit dem Chartertörn in unmittelbarem Zusammenhang steht, in Anspruch genommen werden. Dieser Haftungsverzicht gilt nicht gegenüber einer eventuell eintretenden Versicherung des Skippers.

3. Ebenso können Törnteilnehmer untereinander nicht wegen einer auch fahrlässigen oder grob fahrlässigen Handlung, die mit dem Chartertörn in unmittelbarem Zusammenhang steht, in Anspruch genommen werden. Dieser Haftungsverzicht gilt nicht gegenüber einer eventuell eintretenden Versicherung des Mitseglers.

4. Wird der Skipper .... oder ein anderer Teilnehmer an diesem Törn von Dritten wegen einer auch fahrlässigen oder grob fahrlässigen Handlung, die mit dem Chartertörn in unmittelbarem Zusammenhang steht, in Anspruch genommen, so verpflichten sich alle Törnteilnehmer zum internen Schadenausgleich zu gleichen Teilen.

5. Mündliche Abreden, die diesen Vertragsgegenstand betreffen, bedürfen zu ihrer Wirksamkeit der Schriftform.

6. Gerichtsstand ist ....

7. Sind einzelne Punkte dieser Vereinbarung unwirksam, so wird die Gültigkeit der übrigen Vereinbarungen davon nicht berührt.

Datum, Ort und Unterschriften aller Mitsegler

Versicherungen beim Chartern

Man darf beim Chartern einer Yacht nicht locker denken: »Die Kaution beim Vercharterer zahl ich noch leicht aus der eigenen Tasche, eine Extra-Versicherung brauche ich nicht!« Leider lassen sich zahlreiche Möglichkeiten ausmalen, die in der Praxis dazu führen können, dass der Einzelne wegen Vorfällen beim Chartertörn zur Kasse gebeten wird. Wer nun dabei an seine Privathaftpflicht-Versicherung denkt, irrt meistens: Es ist seitens der Versicherungen üblich, Risiken beim Wassersport, dazu zählt Segeln, ausdrücklich auszuschließen.

Vorstellbar (in der Vergangenheit auch passiert) ist auch, dass man an einen unseriösen Vercharterer gerät, dessen Haftpflichtversicherung nicht in Ordnung ist, sodass man bei selbst verschuldeten Schäden an Dritten (also nicht an der Charteryacht) von diesen in Anspruch genommen wird.

Auch Vollkaskoversicherungen für die Yacht haben einen Haken. Darin ist die Leistungspflicht bei grob fahrlässigem Handeln meist ausgeschlossen. Leider handelt es sich bei der Abgrenzung zur »einfachen« Fahrlässigkeit um schwammige Definitionen, bei denen verschiedene Personen leicht zu verschiedenen Einordnungen kommen können – mit verheerenden Folgen, was die Schadensregulierung anbetrifft. Versicherungen sind häufig mit dem Argument »grobe Fahrlässigkeit« bei der Hand und finden auch gelegentlich Richter (die meist keine Segler sind), die ihnen folgen.

Leistet aber die Versicherung nicht an den Yachteigner, der häufig mit dem Vercharterer identisch ist, so ist dieser versucht, sein Geld vom Charterer zu holen – mit der gerichtlich festgestellten »groben Fahrlässigkeit« in der Hand. Man prüfe deshalb den Chartervertrag sorgfältig daraufhin.

Gute Versicherungen haben diese Risiken schon lange erkannt und bieten für wenig Geld Versicherungsschutz für Charterer (Skipper und alle Mitsegler) an, womit man einen bestimmten Chartertörn in vieler Hinsicht absichern kann – siehe: www.pantaenius.com.

Vertragsabschluss mit dem Vercharterer

Alle seriösen Vercharterer bieten heute Charterverträge an, die in Ordnung sind. Man mache sich aber trotzdem die Mühe, die Verträge genau durchzulesen, damit man auch die Zusicherungen des Vercharterers und damit seine Rechte bei der Schiffsübernahme kennt. Insbesondere vergewissere man sich, dass keine Reviere ausgeschlossen sind, was unter Umständen bei Törnbeginn unangenehm überraschend ist, wenn man sich ausgerechnet auf diese Plätze besonders gefreut hat. Ist der Vercharterer einverstanden, sollte nur der Skipper als Vertragspartner des Vercharterers auftreten, weil sonst mehrere Personen dem Vercharterer gegnüber haften, was positiv für den Vercharterer, aber nachteilig für den Freundeskreis und damit überflüssig ist.

Man bediene den Vercharterer auch unbedingt mit wahrheitsgemäßen Angaben, insbesondere über die Qualifikation des Skippers. Wenn hier unrichtige Tatsachen behauptet werden, kann dies zu Lasten der Charterer zu sehr ungünstigen Konsequenzen bis hin zum Versicherungsausschluss in Schadensfällen führen.

Wenn in diesem Zusammenhang immer wieder nach den »anerkannten Segelscheinen« gefragt wird, so wird übersehen, dass die Vorlage eines Segelscheins in erster Linie zur Absicherung des Vercharterers gegenüber seiner Versicherung dient. Denn diese hat ihn verpflichtet, dass die Schiffe nur an Personen abgegeben werden dürfen, welche die »notwendige Sachkunde und Praxis zum Führen einer Yacht« nachgewiesen haben. Es ist allein Sache des Vercharterers, welchen Schein er dazu »anerkennt«.

Charter-Törnplanung

Wie jeder Törn muss auch ein Seetörn auf einer gecharterten Yacht geplant werden. Man besorge sich also Unterlagen zum Revier und befrage andere Segler, die das Revier schon kennen. Die besten Ratschläge hierzu kann die Charterfirma selbst geben, sie ist am meisten daran interessiert, dass ihre Kunden einen schönen Urlaub haben. Sie sollen ja wiederkommen. Der Vercharterer wird auch im Chartervertrag zugesichert haben, wie seine Yachten ausgerüstet sind, ob also nautische Unterlagen zum Revier ausreichend vorhanden sind.

Man mache bei der Urlaubsplanung nicht den Fehler, später beim Törn alle möglichen raffinierten Techniken der Navigation und Meteorologie einzusetzen. Beim Törn wird man es mit einem Schiff zu tun haben, das man selbst erst kennen lernen muss. Dazu wird man Zeit brauchen. Mußestunden nutze man besser zur Erholung. Man verzichte also darauf, einen Kurzwellensender auf die Yacht zu schleppen, um mittels Pactor-Verbindungen E-Mails zu verschicken oder einen Computer in der Navi-Ecke anzuschließen, damit Wetterkarten über den – ebenfalls mitgebrachten – Kurwellenempfänger heruntergeladen werden können. Man würde kostbare Stunden auf der Yacht mit Tätigkeiten verbringen, die man ebenso gut zu Hause ausüben kann.

Die Informationen über das Wetter für den Urlaub lassen sich am besten so beschaffen, dass ein Freund zu Hause den entsprechenden Wetterbericht aus dem Internet herunterlädt (www.wetteronline.de) und den Inhalt übers Handy auf die Yacht übermittelt oder, noch besser, eine SMS aufs Handy schickt: »SE 4 bis 5 heute den ganzen Tag, abends Flaute! Bayern hat verloren – Grüße Fred.« Das reicht und erspart im Urlaub den Gang zum Marina-Büro oder lokale Telefonate.

Ein führender Charterunternehmer hat es mal auf den Punkt gebracht: »Viele Chartergäste haben Segelkurse besucht. Sie hätten aber an Seminaren teilnehmen sollen, in denen ihnen beigebracht würde, wie man richtig Urlaub macht.« Recht hat er. Es ist ein Jammer, zuschauen zu müssen, wenn sich Charterer um Urlaubsfreuden bringen, weil sie bei der Törnplanung sich selbst zu viel Druck machen. Charterurlaube sind ungeeignet zum »Meilenfressen«. Dafür gibt es Überführungstörns oder Atlantiküberquerungen. Der Charterurlaub soll Freude machen, was bestimmt misslingt, wenn Stress und Druck aufgebaut werden. Dies gilt auch dann, wenn die Freude am Segeln das Motiv zum Meilensammeln ist.

Ein Vorteil beim Chartern: Die Yachten sind meist dem Revier angemessen bestens ausgerüstet. Hier: Beiboot mit Außenborder – ein Muss bei einer achtköpfigen Crew – gehört bei dieser Firma zur Standardausrüstung.

Deshalb sollten, auch wenn nicht so viele Urlaubstage zur Verfügung stehen, Hafentage zum Erholen eingeplant werden. Wenn die Crew der Yacht morgens um fünf Uhr aus den Kojen muss, damit vor Sonnenuntergang noch der nächste Ankerplatz erreicht wird, mag dies einmal unverzichtbar sein. Spielen sich fast alle Urlaubstage so ab, dann wird für viele das Segeln zur Qual. Vor einem möchte ich besonders warnen: Nachttörns. Die meisten stellen sich das recht romantisch vor, unter Vollmond über das Meer zu rauschen. In Wirklichkeit werden sich die Mitsegler vor Müdigkeit kaum wach halten können und sich still und leise spätestens ab Mitternacht in die Kojen verdrücken.

Hat man vor, im Urlaub eine bestimmte Strecke »nach Plan« abzusegeln, so plane man den Törn so, dass bei Törnhälfte mindestens schon zwei Drittel der geplanten Meilen abgesegelt sind. Dann wird der Termindruck zur Schiffsübergabe am letzten Tag nicht zum Stress, der den ganzen Erholungswert des Urlaubs zunichte macht.

Nachdem der Autor schon eine Reihe von Chartertörns hinter sich gebracht und genossen hat, eine persönliche Erkenntnis: Je weniger Seemeilen, umso schöner der Urlaub auf der Yacht!

Schiffsübergabe

Wird dann endlich am Urlaubsort die Yacht übergeben, so sei man sich bewusst, dass man an diesem Tag Fehler machen kann, die einem den ganzen Urlaub vergällen können. Auch, wenn man sich darüber freut, so eine stolze Yacht (hoffentlich) die nächsten Wochen segeln zu können, sollte man sich nicht blenden lassen, sondern mit großer Sorgfalt das Inventar und sein Verzeichnis durchgehen und überprüfen. Es muss nämlich nicht unbedingt sein, dass der nette Mitarbeiter, der die Einweisung in die Yacht und ihre Ausrüstung so (nach-)lässig macht, derselbe ist, der die Yacht nach dem Törn auf Zustand und Vollständigkeit überprüft. Fehlt bei der Rückgabe der Yacht etwas oder werden Schäden festgestellt, so wird und muss der Vercharterer unterstellen, dass der Mangel eben auf das Konto des letzten

Was nehmen wir mit zum Charterurlaub?

- Medikamente für persönlichen Gebrauch (Seekrankheit?)
- Insektenschutz und Salbe gegen Stiche
- Sonnenschutz (hoher Lichtschutzfaktor für die erste Woche) – langärmlige weiße Hemden
- Sonnenbrille
- Führerschein (Mietwagen!), Segelscheine, Funksprechzeugnis (in Kroatien Pflicht)
- Kreditkarten, Bank-Cards mit PIN-Nummern für die »Cash-machine«
- Handy mit SIM-Karten- und PUK-Nummer (braucht man vielleicht, um Prepaid-Karten zu initialisieren)
- Passwörter für E-Mails aus dem Internet-Café
- Mappe für Ausweis- und Schiffspapiere
- Geldtasche und Taschenrechner für Geldumrechnungen (Crewkasse)
- Taschenlampe (mit LED-Licht)
- Leatherman oder anderes Universalwerkzeug (beim Fliegen nicht ins Handgepäck!)
- Mini-Lexikon für die Landessprache
- Nautische Lexika wie das »Internationale Yachtwörterbuch« von Webb/Manton (Delius Klasing Verlag)
- Maske, Schnorchel und Flossen, wenn man es nicht vorzieht, Letztere wegen des Gewichts am Urlaubsort zu kaufen. Vielleicht ist diese Ausrüstung auch bereits an Bord.
- Hand-GPS
- Foto- und/oder Videoausrüstung mit Ersatzbatterien, Filmen und Kassetten
- Bordschuhe
- Badeanzug
- Ölzeug je nach Revier
- Nähzeug

Charterers geht, der ja die Vollständigkeit der Yacht und ihren ordnungsgemäßen Zustand schriftlich bestätigt hat. Also, hier ein paar Stunden zu investieren zahlt sich immer aus.

Als Erstes müssen die Schiffspapiere überprüft werden. Wer ist der Eigner der Yacht? – Nicht notwendigerweise der Vercharterer! Danach werden die Hafenbehörden immer fragen. Ist die Yacht für dieses Revier mit dieser Ausrüstung und für diese Personenzahl zugelassen? Besonders französische Behörden sind stolz auf ihre Gesetzgebung zur Sportschifffahrt und wenden sie auch gern an. Liegt eine gültige Chartergenehmigung vor? Es wäre nicht das erste Mal, dass ein Chartertörn an der Kette vor dem Hafenamt endet. Liegen sonst alle Genehmigungen vor (Funkzulassung)?

Ganz besonders sorgfältig lasse man sich die Technik auf dem Schiff erklären, also Maschinenanlage, Ankergeschirr und -winde sowie Reffeinrichtungen. Öl im Getriebe und in der Maschine sowie der Zustand der Bilge – auch unter dem Motor – muss in jedem Fall kontrolliert und im Logbuch festgehalten werden.

Dies gilt bei allem, was der Sicherheit dient. Aber ebenso: Ein Urlaub ohne Gas oder – in heißen Gegenden – ohne funktionierenden Kühlschrank ist ärgerlich. Andererseits sei man aber auch nicht zu kleinlich bei nebensächlichen Dingen. Schließlich ist man auf dem Schiff, auf einem Gebrauchsgegenstand, der meistens schon durch sehr viele Hände gegangen ist.

Zum Ende der Abnahme noch ein Rat: Ungeachtet der Wassertemperatur springe man mit Schnorchel und Maske ins Wasser und prüfe das Unterwasserschiff! Wer sagt denn, dass die letzte Crew nicht irgendwo aufgebrummt ist, ohne dem Vercharterer das mitzuteilen? Peinlich, wenn die Kielbolzen lecken und das erst zum nächsten Törnende festgestellt wird. Dann werden Erklärungen schwierig.

Törnbeginn

Ein, am besten überraschendes, Boje-über-Bord-Manöver (unter Maschine) zu Törnbeginn hat viele Vorteile. Der Skipper lernt praxisnah die Maschine und Manövrierfähigkeit der Yacht kennen. Er erfährt einiges über die seemannschaftlichen Kenntnisse und die Kommunikationsfähigkeit der Mannschaft und schließlich, das Wichtigste, er genügt seiner Sorgfaltspflicht als Skipper. Gerade, wenn einmal etwas passieren sollte, wird diesem Skipper niemand Verantwortungslosigkeit vorwerfen können.

So steht einem erholsamen und damit auch erfolgreichen Urlaubstörn nichts mehr im Wege. Charterschiffe genießen gelegentlich bei anderen Seglern einen schlechten Ruf. Diesem Vorurteil ist leicht dadurch zu begegnen, dass man die Charteryacht so sorgfältig behandelt, wie man mit der eigenen Yacht umgehen würde.

Selbst wenn im Normalfall am Törnende keine Schäden zu melden sind, sollte man dem Vercharterer einen kurzen schriftlichen Bericht über den technischen Zustand der Yacht übergeben. Nur so hat der Stützpunkt eine gute Chance, seinen Service noch weiter zu verbessern. Davon profitiert auch der Gast, wenn er im nächsten Jahr wiederkommt. Die Qualität einer Charterfirma hängt so auch von den Kunden ab.

Charter-Törn-Beispiel: Traum-Revier Türkei

Göcek, im Golf von Fethiye, hat ein Flair, das befürchten lässt, es könnte mal eine Art Saint Tropez werden. Wer es sich leisten kann und will, kann mit der Yacht in eine der vier (!) Marinas im Umkreis von zwei Meilen gehen. Die schönste davon, die luxuriöseste, ist die »Port Göcek«, welche die meisten Marinas Europas schlicht beschämt, was Sauberkeit und Luxus anbetrifft. Strom, bestes Trinkwasser, Fernseh-Antenne und Telefon am Liegeplatz sind hier Standard. In den Häfen ist die Benutzung der Bordtoilette verboten, es sei denn, sie mündet in einen Fäkalientank. Aber wer geht in der Marina Port Göcek schon aufs Pumpklo. Die WCs und Duschen sind »Hilton Style«. Im Hintergrund rieselt klassische Musik, das

Auge blickt auf Marmor. Über jedem Becken in den Waschräumen hängt ein Haartrockner, auch bei den Herren.

Aber: Schneller kann ich gar nicht Geld verdienen, als mich nach den ersten Tagen in dem kleinen Hafen von Göcek vor Anker zu legen und damit 100 Euro Liegegebühr zu sparen – jeden Tag! Oder ich segle hinaus zu den zahlreichen Buchten im Golf von Fethiye.

Da segelt man um die Welt und lernt immer noch neue Traumreviere kennen, mit einem – fast – ewigen Sommer, der von April bis November dauert. Im Hochsommer kann es sehr heiß werden. Wer dann am Himmel sehnsüchtig nach einer schattenspendenden Wolke Ausschau hält, der kann ein paar Monate warten. Das verhindert starke

Eines der schönsten Charterreviere: Türkei, von Göcek bis Finike.

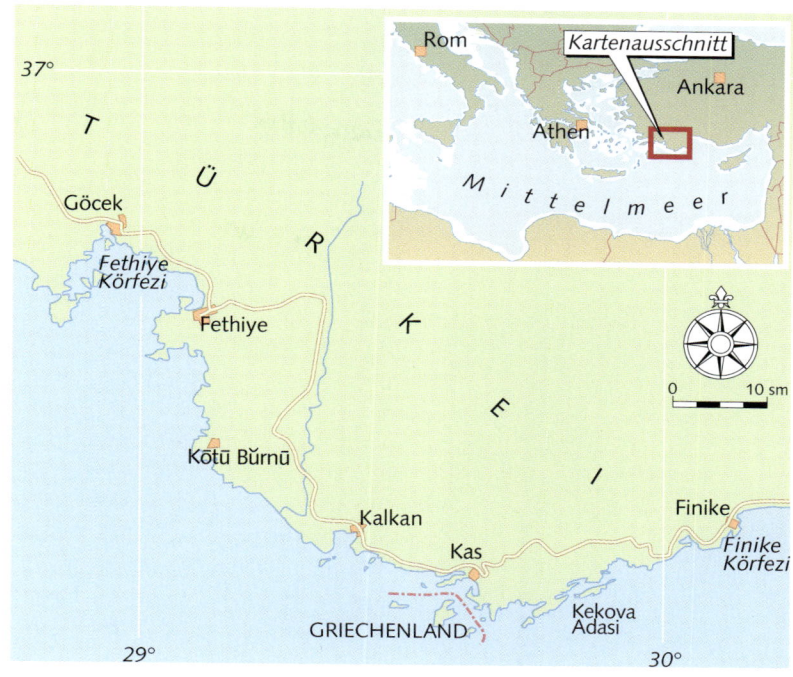

Charterstützpunkt in Göcek.

Bucht im Golf von Fethiye.

Winde. Wer »mal einen richtigen Sturm erleben« möchte ist hier deshalb fehl am Platz.

Vor ein paar Jahren habe ich mit Freunden eine Woche lang den Golf von Fethiye abgesegelt, ganze 32 Seemeilen haben wir geloggt. Und trotzdem schrieb mir vor ein paar Tagen einer der damaligen Teilnehmer mit vielen zigtausend Seemeilen auf dem Buckel: »Mein schönstes Segelerlebnis war unser gemeinsamer Langstreckentörn im Golf von Fethiye!«

Allein in diesem Golf, er misst gerade zehn Seemeilen im Durchmesser, finden sich rund 30 Inseln und, ich hab sie nicht gezählt, vielleicht hundert Ankerplätze der perfekten Art mit bestem Haltegrund. Wie aus einer Menükarte kann man sie nach den Törnführern auswählen: Will man frei schwojen, weil man zu faul ist, mit dem Dingi eine Leine zum Baum auszubringen? Bevorzugt man zehn Meter glasklares Wasser unter dem Kiel? Soll es die abgeschiedene Bucht oder darf es auch ein wenig Remmidemmi sein? Alles da!

Beibootfahren und Ankern werden zur täglichen Übung. Wir verwenden ausnahmslos den »Bügelanker«, in jedem türkischen Laden zu kaufen, lizenziert oder als Raubkopie. Unübersehbar ist seine Fähigkeit, sich sofort einzugraben.

Gülets, typische türkische Küsten-»Segler«, verwenden noch den Stockanker. Offensichtlich vom Staat gefördert und in ein paar Monaten gebaut, stellen sie ein riesiges Überangebot an Ausflugsschiffen dar. Das Problem ist nicht nur ihre Anzahl, es ist auch die manchmal etwas eigene Art der Seemannschaft, die der Ankunft der Gülets in einer schönen Bucht nicht mit Freude entgegensehen lässt. Häufig sind deren »Kapitäne« grob angelernte Bauern aus Anatolien, die für 500 Mark im Monat die manchmal dreißig oder mehr Meter langen Ungetüme umherfahren, meist mit Vollgas, für viele Türken offensichtlich die einzig wahre Leistungseinstellung. Den Ausgleich für die schlechten Halteeigenschaften der Stockanker suchen sie dann in der Kettenlänge. »Kettenlänge ist gleich dreifache Wassertiefe!« So haben wir es (falsch) gelernt. Darüber kann der stolze Gület-Kapitän nur lachen und nimmt die Wassertiefe gelegentlich mal fünfzig. Dann überziehen deren Ankerketten wie ein unsichtbares Spinnennetz die Bucht und der Gedanke, dass einen die Gülets auf der anderen Seite der Bucht nichts angehen, führt zum Ankersalat.

Gleich hinter dem Golf von Fethiye geht es ostwärts zur Gemiler-Reede. Wir kannten diese Traumbucht auf den Meter genau, hatte mein Segelklub vor ein paar Jahren hier doch eine »Käpt'n-Silver-Silberschatzsuche« veranstaltet – mit dem Ziel Gemiler-Reede. Eine Flotte von rund einem Dutzend Yachten, meist mit Familiencrews, fuhr, manche irrten, eine Woche lang durch die türkische Inselwelt. Am Ende winkte ein echter Schatz, bestehend aus mehreren hundert Silbermünzen. Und genau diesen Schatz hatten wir unter einer Yacht auf der Gemiler-Reede in sechs Metern Wassertiefe versteckt. Die fast hundert Teilnehmer an der Schatzsuche feierten damals bis zum frühen Morgen in der Taverne bei Ali am Ufer der Traumbucht.

Verschwunden war inzwischen das Brettergasthaus. Aber das ist in der Türkei nicht unüblich, ja fast die Regel. Wo immer Tavernen (mit Generator, kaltem Bier, Hühnchen, Fisch oder Fleisch) in den abgelegenen Buchten ihren »Betrieb« aufnehmen, handelt es sich meist um ungenehmigte Bauten. Üblicherweise sehen die Behörden zunächst tatenlos zu, reagieren aber erbarmungslos, wenn einige Jahre ins Land gegangen sind, weil die Gefahr besteht, dass diese Schwarzbauten gewohnheitsrechtlich »legal« werden könnten. Dann schlagen Soldaten die Buden samt Inventar kurz und klein.

Langeweile kommt in den Ankerbuchten nicht auf. Unaufdringlich besuchen kleine türkische Ruder- oder Motorboote die Ankerlieger. Am Morgen schon klopft der Bäcker an den Rumpf, dann kommen die Boote mit Melonen und Eiskrem. Sogar Pfannkuchen werden angeboten, frisch gebacken im Ruderboot, das einer türkischen Familie Küche, Wohnzimmer und Schlafgemach in einem ist. Wer will, kann auch das Tankschiff kommen lassen. Wasserskifahrer können sich mit dem Fallschirm auf hundert Meter hochziehen lassen oder

Lykische Gräber finden sich in der Nähe des Ankerplatzes.

geschwenkt wurde. Bald winkten schon zwei Adenauer. Einer nur konnte der richtige Hassan sein, denn der andere Steg, keine fünf Meter daneben, war eindeutig mit »Ibrahim« ausgezeichnet.

Endlich entdeckten wir das »Bester-Koch«-Schild. Also musste der »rechte« der richtige sein. Obwohl – Ibrahims Antwort auf diese Werbekampagne Hassans war auch nicht schlecht: »Bester Koch weit und breit!«

Seit 17 Jahren lebt Hassan hier und bemüht sich zusammen mit Frau und Tochter um die Segler, was ihn fast schon zur Legende gemacht hat. Praktisch jeder kompetente Reiseführer empfiehlt, bei Hassan anzulegen. »Hassans Spezial«, eine Eigenkreation mit köstlichem, weil garantiert am selben Tag gefangenem, Zackenbarsch gehört zu

mit dem Jetski um die wenigen Yachten am Ankerplatz herumrasen, was andere zähneknirschend nach der Winschkurbel rufen lässt.

Vor allem aber: Regelmäßig kommen kleine Lastkähne in die Buchten und sammeln von den Yachten die Abfälle ein; dabei lassen sie spezielle Tüten hierfür zurück.

Zwei Tagestörns weiter nach Osten erreichen wir Finike, wo die Buchten seltener und die Preise noch niedriger werden. Lykier wohnten ein halbes Jahrtausend vor Christus in diesem Gebiet. Zahlreiche Ruinen sind die letzten Zeugnisse von diesem untergegangenen Volk. Man spürt den Atem der Geschichte, wenn man seine Achterleinen zu einem Felsklotz ausbringt, von Menschen im Altertum behauen.

»Wie finde ich denn die Taverne vom Hassan?« Segelfreund Karl-Heinz meinte, den könne ich gar nicht übersehen, sein Name sei groß angeschrieben und außerdem habe er sich den bescheidenen Titel »Bester Koch im Mittelmeer« gegeben. Mit dieser Wegweisung motorten wir – wieder nach Westen – hinüber zur Kekova Adasi.

So einfach war es dann doch nicht. Eine ganze Reihe von Tavernen hatten ein Riesenschild mit der Aufschrift »Hassan« am Steg. Wie listig, Gäste ins »falsche« Lokal zu locken! Aber drüben, am Festland, da sah man schon, wie die Schwarz-rot-goldene

Segeln über versunkene Städte...

den besten Meeres-Fischgerichten und die Fischsuppe von seiner Frau (von ihr stammen auch die exzellenten Vorspeisen) ist die beste Fischsuppe »weit und breit«. Und die Preise? In Deutschland würde es kaum für McDonald's reichen.

An Hassans Steg mit Strom und Wasser – alles frei – haben drei oder vier Yachten Platz. Selten ist er voll belegt. Wir haben uns 500 Meter weiter östlich vor Anker gelegt, wegen der leichten Brise, die Kühlung verschafft. Sicher hätten hier bei bestem Ankergrund 100 Yachten Platz, drei sind es gerade. Wir ankern auf acht Metern Tiefe, nur 50 Meter neben einer schroffen Klippenformation.

Um acht Uhr werden wir vom Knattern eines Außenborders geweckt, Hassan bringt ofenfrisches Brot für die Yachten vor Anker – »ist Geschenk«! Dann lädt er uns in sein schnelles Speedboot ein. Eine Wunderwelt zeigt er uns, eine versunkene Stadt. Im glasklaren Wasser, manchmal einen Meter tief, manchmal auch 10 Meter weit unten, sind deutlich überwucherte Mauern zu erkennen, sogar Überreste eines Mosaiks. Durchs Schauglas blicken wir auf Jahrtausende. Tief unten im Azurblau liegen weit verstreut zahlreiche Amphoren, eine sogar gänzlich unversehrt, sowie Dutzende Sarkophage am Felshang oder gar im Wasser. Als wir nach diesem Ausflug bezahlen wollen,

meint Hassan, der echte Hassan: »Ist Service!« Auf Wiedersehen, Hassan! Es fällt uns zusehends schwerer, dieses Land zu verlassen, obwohl die Südsee lockt. Dass die Türkei einst unser Endziel werden wird, steht fest.

Freunde schrieben uns mitfühlend: »Wir können euch gut verstehen. Wir sind nach 8 Jahren Türkei nochmals das ganze Med bis Sevilla abgesegelt und sind nach drei Jahren jetzt wieder ›back home in Turkey‹.«

»Insider-Tipps« für den Türkei-Törn

- In Göcek: Sonntagvormittag auf dem Markt beim »Eismann« Gletschereis mit Artischockensaft essen – reinigt die Leber! Er bringt das Eis mit dem Motorrad von einem Gletscher im Taurusgebirge auf 3000 Metern Höhe ins Tal mit.
- Im Basar zu Fethiye sind die bekanntesten Markenartikel zu besichtigen. Von Lacoste bis Rolex Daytona ist alles gefälscht, was einen guten Namen hat.
- Schmuck zu kaufen lohnt sich in der Türkei, wenn man nur auf den Goldpreis achtet – nachwiegen! Die Goldschmiede-Arbeit gibt es zum Nulltarif.
- In Göcek mit der kostenlosen Fähre (alle 30 Minuten) von der Skopea-Marina in die Club-Marina fahren und das dortige Tür-

Charteryachten »dringend« willkommen!

kische Bad besuchen. Auch Skeptiker sind hingerissen, selbst bei Hitze.

- Richtung Osten gibt's im Sommer meist Schiebewinde, zurück – Richtung Marmaris – »segle« man nachts oder ganz früh. Bei Flaute motort sich die Strecke schmerzlos. Wer lieber endlos unter Segeln gegen die Dünung anbolzt, sollte der Seekrankheit vorbeugen!
- Den besten Döner gibt's im »Pineapple« in der Netsel-Marina am späten Vormittag.
- Mit einer Charteryacht aus Göcek verbringe man den letzten Abend in der wunderschönen Boynuz Bükü mit gutem Essen bei Alis. Am nächsten Morgen ist man in dreißig Minuten »zu Hause« am Stützpunkt.
- Travellifts gibt es fast in jeder türkischen Marina. Für Katamarane über 7,30 Meter Breite eignet sich nur der größte Travellift Europas (330 Tonnen) in der Yacht Marina bei Marmaris. Feilschen – die Terminliste ist noch leer!
- Handyempfang ist nahezu im ganzen Revier möglich.
- Bei technischen Notfällen hilft Ecker-Yachting in Göcek, auch wenn die Yacht nicht zu Eckers Flotte gehört. Handy (0090-2526451427) funktioniert fast überall!

Als Fahrtensegler auf einer Hochseeregatta

Charterfirmen machen es möglich. Hat der normale Urlaubssegler kaum eine Chance, jemals auf einer richtigen Hochseeregatta mitzusegeln, bieten Vercharterer eine solche Gelegenheit. Unter anderem veranstaltet die Firma Ecker-Yachting (www.eckeryachting.com) schon seit ein paar Jahren eine sportlich anspruchsvolle Hochseeregatta, den Ecker-Cup, mit Fahrtenyachten tausend Meilen quer durchs Mittelmeer. Daran nehmen neben Privatyachten auch Charteryachten mit Einzelbuchern teil. Das heißt, auch ein Einzelner oder kleine Gruppen können hier mitsegeln und mehrere Tage und Nächte lang das Abenteuer einer Hochseeregatta für vergleichsweise wenig Geld erleben. Am Zielhafen in Tunis oder Ägypten erwartet ihn dann eine Abschlussfeier mit fünfhundert anderen Fahrtenseglern.

Eine ganz andere Veranstaltung ist die seit ein paar Jahren stattfindende »Atlantic Rally for Cruisers«. Sie ist aus dem (dem Autor nicht ganz verständlichen) Trieb einiger Fahrtensegler heraus entstanden, nicht allein, sondern im Pulk über den Atlantik zu segeln. Hierbei mag auch der Gedanke eine Rolle gespielt haben, im Notfall Hilfe durch andere Yachten in der Nähe zu haben. Mehr als 250 Fahrtenyachten starten also im November jeden Jahres gleichzeitig auf den Kanarischen Inseln, um nach St. Lucia oder Barbados in der Karibik zu segeln.

Siegerehrung beim Ecker-Cup, einer Hochseeregatta über 1000 Meilen quer durchs Mittelmeer. Von der Türkei nach Tunis hat Willi Lettner gewonnen, der seit Jahren an den Rollstuhl gefesselt ist.

Wichtige Nebensächlichkeiten

Gesundheit an Bord

von Dr. med. Walter Dirr

Die Anforderungen, die an medizinisches Wissen und Ausrüstung gestellt werden müssen, richten sich nach den Gegebenheiten des Segeltörns. Wer einsame Routen weitab von jeglichem Land befährt, muss selbstverständlich andere Vorbereitungen treffen als für einen Törn von Hafen zu Hafen, wo an Land notfalls immer ärztliche Hilfe zu erwarten ist. Für Letzteres genügt im Wesentlichen eine der Hausapotheke ähnliche Ausrüstung, während für längere Etappen sowohl der Stand des Wissens als auch der Ausrüstung höher sein muss. Es sollen hier nur Tipps gegeben werden, ohne dass Anspruch auf Vollständigkeit erhoben wird. Insbesondere die Besprechung der Ersten Hilfe in Bezug auf Verletzungen ist absichtlich sehr knapp gehalten. Am Ende des Kapitels werden einige empfehlenswerte Büchlein über Erste-Hilfe-Maßnahmen genannt. Vor Antritt eines längeren Törns mit einer größeren Crew muss sich mindestens ein Mitglied mit einigen medizinischen Grundbegriffen vertraut machen. Es kann dies über den Besuch eines Erste-Hilfe-Kurses geschehen. Sehr viel besser wäre die persönliche Beratung durch einen Arzt, am besten durch einen, der selbst auch Segler ist und die Probleme kennt, die auftreten können.

Vorbeugende Maßnahmen

Um mit möglichst wenig Schwierigkeiten medizinischer Art konfrontiert zu werden, sollte bei Antritt eines Törns jedes Besatzungsmitglied in optimalem Gesundheitszustand sein. Kann dieser wegen eines chronischen Leidens nicht erreicht werden, so kann es durchaus erforderlich werden, dass

Fahrtensegeln hält gesund: Marcel Bardiaux, der fast eine halbe Million Seemeilen gesegelt ist, wurde an Bord seiner Yacht INOX 90 Jahre alt. 40 Jahre lang übernachtete er nicht ein Mal an Land. Einen Außenborder an seinem Paddelboot, das er als Beiboot benutzte, benötigte er nicht.

der verantwortliche Skipper die Teilnahme des Betreffenden ablehnt. Hierzu einige Beispiele, die nach meiner Ansicht absolut gegen den Antritt eines Segeltörns sprechen:

- Herzkranzgefäßerkrankung
- schlecht einstellbare Zuckerkrankheit
- unbehandelter Bluthochdruck
- Asthma bronchiale mit häufigen schweren Atemnotanfällen

Empfehlenswert ist eine gründliche ärztliche Untersuchung, wobei man den Arzt unbedingt auf das Vorhaben hinweisen sollte; ferner Überprüfung der Zähne, für das Reiseland vorgeschriebene oder zweckmäßige Impfungen, in jedem Fall ausreichende Tetanusimpfung, die im Grunde genommen jeder Mensch haben sollte. Wenn der Hausarzt über die erforderlichen Impfungen keine Auskunft geben kann, wende man sich an das nächstliegende Gesundheitsamt oder an eine Landesimpfanstalt, die in der Hauptstadt eines jeden Bundeslandes zu finden ist. Es kann durchaus auch erforderlich werden, sich mit dem Tropeninstitut in Hamburg oder in München in Verbindung zu setzen. Man wird von dort z. B. auch genau erfahren, welche Malaria-Prophylaxe derzeit aktuell ist. Selbstverständlich muss jeder persönlich die Medikamente mitnehmen, auf die er angewiesen ist, beispielsweise Herzmittel, Insulin o. Ä. Man kann nicht erwarten, dass diese Dinge in einer Bordapotheke vorhanden sind. Eine vorsorgliche Entfernung des »Blinddarms« ist nicht erforderlich. Das Risiko einer ernsthaften Entzündung des Wurmfortsatzes ist statistisch gesehen nicht sehr groß, auch nicht auf sehr langen Transozeanreisen.

An Bord kann ebenfalls einiges zur Vorbeugung getan werden. So ist zu bedenken, dass im warmen Klima besonders in Speisen, aber auch in Getränken und im Wasser, eine außerordentlich rasche Vermehrung von Bakterien stattfindet, wodurch nicht nur unangenehme, sondern sogar bedrohliche Durchfallerkrankungen entstehen können. Es ist daher davon abzuraten, zubereitete Speisen länger aufzubewahren. Das mitgeführte Süßwasser sollte nur nach Abkochen als Trinkwasser Verwendung finden. Im Notfall kann man desinfizierende Zusätze nach Vorschrift verwenden, die aber alle den Geschmack sehr stark verändern. Bei Übernahme eines Bootes ist eine Flächen-Desinfektion, am einfachsten mit einem handelsüblichen Spray, sehr zu emp-

fehlen. Noch einige selbstverständlich erscheinende, aber immer wieder missachtete Warnungen: besonders zu Beginn zu starke Sonneneinwirkung vermeiden! Unterkühlung beim Schwimmen oder bei Durchnässung vermeiden! Übermäßiger Alkoholgenuss kann dem Ausbruch einiger Krankheiten Vorschub leisten und ist mit Sicherheit auch ein ungeeignetes Mittel zur Abwehr von Erkältungskrankheiten – im Gegenteil!

Verletzungen

Einfache *Wunden*, so genannte Bagatellverletzungen, erfordern zumeist nur eine Wunddesinfektion und Auflegung eines sterilen Verbandes oder Pflasters. Eine spezielle Blutstillung ist meist nicht erforderlich. Bei venöser Blutung, die an einem kontinuierlichen Sickern des Blutes aus der Wunde erkennbar ist, erfolgt die Blutstillung durch Druck bzw. Druckverband auf die Wunde selbst. Arterielle Blutungen sind spritzend und pulsierend. Sie werden ebenfalls, wenn möglich, am Ort der Blutung durch Druck zum Stillstand gebracht. Nur im äußersten Notfall und nur bei arterieller Blutung ist ein Abbinden einer Extremität durch breite Bandagen erforderlich. Man muss jedoch darauf achten, dass eine Extremität längstens 10 Minuten ohne Durchblutung gelassen werden darf. Nach dieser Zeit ist ein kurzes Öffnen für 3 bis 5 Minuten erforderlich. Nötigenfalls muss danach erneut abgebunden werden. Die speziellen Punkte, an denen durch Finger- oder Handdruck eine Arterie komprimiert und dadurch eine Blutung gestillt werden kann, findet man im Erste-Hilfe-Buch.

Bei *Knochenbrüchen* ist das oberste Prinzip der Behandlung die Ruhigstellung. Ein Einrichten der Fraktur sollte unterbleiben, da dadurch nur unnötige Schmerzen hervorgerufen werden. In den allermeisten Fällen wird man eine Schiene so anbringen, dass die der Bruchstelle benachbarten Gelenke ohne die Möglichkeit einer Bewegung fixiert werden. Bei einer Unterarmfraktur bedeutet dies beispielsweise, dass sowohl im Ellbogengelenk als auch im Handgelenk eine Bewegung unmöglich gemacht wird. Die verwendeten Bandagen sollen entspre-

Ruhigstellung eines Beines mithilfe eines Paddels.

chend fest gewickelt werden, müssen jedoch so locker sein, dass die Durchblutung nicht behindert wird. Das ist an gelegentlichen Kontrollen der Hand bzw. des Fußes zu beobachten. Diese dürfen sich weder blau noch weiß verfärben. In gleicher Art wird verfahren, wenn Sehnen- oder Muskelrisse vorliegen. Größere Gefahren drohen im Allgemeinen nicht.

Bei einer *Wirbelsäulenverletzung* aber, die die Gefahr einer Querschnittslähmung in sich birgt, sollte die betroffene Person schon bei begründetem Verdacht auf einer harten Unterlage auf dem Rücken liegend festgebunden werden. Auch der Kopf ist zu fixieren.

Bei *Rippenfrakturen* legt man am besten in Ausatemstellung mit festem Zug einen dachziegelartigen Pflasterverband rund um den ganzen Brustkorb an. Zum Schutz der Haut empfiehlt es sich, vorher Zellstoff oder Ähnliches, notfalls einfach Klopapier unterzulegen. Bei zu starker Behinderung der Atmung wird mittels einer Verbandschere der Pflasterverband auf der dem Rippenbruch gegenüberliegenden Seite aufgeschnitten.

Bei *offenen Frakturen*, d.h. bei freiliegenden Knochen bzw. Knochenteilen, sollte neben einer Schienung eine schonende Wunddesinfektion durchgeführt werden. Anschließend wird die Wunde lediglich steril abgedeckt und eine prophylaktische Behandlung mit Antibiotika eingeleitet.

Eine ausreichende Schmerzbekämpfung ist in allen Fällen stärkerer Verletzungen, insbesondere aber bei Knochenbrüchen, sehr wichtig, um einem Schmerzschock vorzubeugen. Bei den zuletzt genannten komplizierten Frakturen muss auch rasch ärztliche Hilfe gesucht werden. Eine unmittelbare Lebensgefahr besteht meist nicht, dagegen drohen irreparable Schäden, die zu Amputationen führen können.

Bei *Verletzungen des Bauchraumes* oder des Brustkorbs wird man sich mit Auflage eines sterilen Verbandes, der Gabe von Antibiotika und Schmerzbekämpfung begnügen müssen. Hier besteht immer unmittelbare Lebensgefahr, also muss ärztliche Hilfe so rasch wie möglich angestrebt werden. Nach Auftreten einer Bauchfellentzündung sind

Ruhigstellung bei Verdacht auf Wirbelsäulenverletzung mithilfe eines Bodenbretts und eines zerissenen Hemdes: Kopf anbinden!

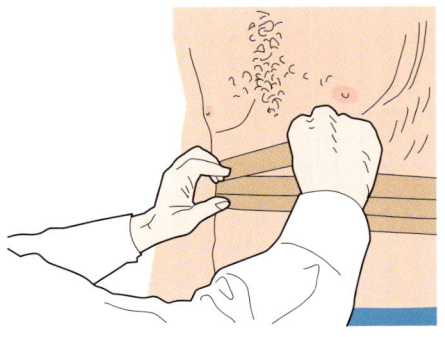

Rippenbruch: breites Pflaster für Dachziegelverband.

die Überlebenschancen nicht mehr sehr groß, wenn 24 Stunden vergangen sind. Durch die Kühlung mittels einer Eisblase oder feuchtkühler Umschläge kann diese Frist etwas hinausgeschoben werden.

Sowohl bei leichteren als auch bei schweren *Verletzungen des Auges* werden eine sterile Augensalbe oder antibiotikahaltige Augentropfen direkt auf die Hornhaut gegeben. Das Auge wird anschließend mit einem Verband oder einer Augenklappe geschlossen. Auch hierbei sollte, falls es sich um eine stärkere Verletzung handelt, eine hoch dosierte Antibiotikagabe und eine ausreichende Schmerzbekämpfung erfolgen.

Es sei noch erwähnt, dass bei sehr tiefen Wunden ein Verschluss durch *Nähen* erforderlich werden kann. Eine Naht sollte jedoch nur bis höchstens 4 Stunden nach der Verletzung gelegt werden. Man kann hierzu notfalls jede Nadel und jeden Zwirn hernehmen, wobei – sofern Zeit und Möglichkeit – beides kurz ausgekocht werden sollte. Wenn der Aufbewahrungsort dieser Utensilien eine ausreichende Sauberkeit gewährleistet, so kann darauf sogar verzichtet werden. Technisch geht man so vor, dass man mit einer Hand die Wundränder aneinander hält, mit der anderen Hand die Nadel so führt, dass man zuerst etwa einen Zentimeter vom Wundrand entfernt in Richtung auf die Wunde durch die Haut sticht, dann praktisch von der Wunde aus nach außen auf der anderen Seite durch die Haut sticht und die beiden Fäden miteinander verknotet, und zwar so, dass der Knoten auf der Haut und nicht auf der Wunde liegt. Auf gleiche Art und Weise verfährt man von einem Wundwinkel bis zum anderen, wobei die Stiche in einem Abstand von etwa eineinhalb Zentimetern gesetzt werden. Die Hautränder können dann noch mit so genanntem Klammerpflaster aneinander adaptiert werden. Auf die Wunde gibt man am besten einen desinfizierenden Puder. Derartige Fäden sollten nach 4 Tagen entfernt werden. Es kann unter solchen Bedingungen natürlich zu Eiterungen kommen, die u. a. mit Antibiotika und lokalen Verbänden zu behandeln sind. Eine gute Reinigung eiternder Wunden erhält man auch durch Einbringen von normalem Streuzucker in die Wunde.

Bei *Verbrennungen* ist heute das Mittel der Wahl die rasche Ableitung der Wärme aus der Haut durch Eintauchen in kaltes Wasser mit einer Temperatur von 12 - 16°C. Die Kühlung im Wasser soll etwa 10 Minuten erfolgen, danach die verbrannte Stelle wieder für 2 bis 3 Minuten herausnehmen und wieder eintauchen, so lange, bis die Schmerzen an der betroffenen Stelle aufhören. Wenn großflächigere Bezirke, beispielsweise an Brust oder Rücken, betroffen sind, muss notfalls das Beiboot in eine Badewanne umfunktioniert werden. Anschließend wird die verbrannte Stelle mit Metallinetüchern abgedeckt oder bei kleineren Bezirken ein Gel, beispielsweise Aristamid oder Bepanthen-Gantrisin-Gel, aufgetragen.

Ausgedehnte Verbrennungen können zu sehr ernsten Komplikationen, z. B. Nierenversagen, führen. Daher ist rasche ärztliche Hilfe anzustreben. Der Flüssigkeitshaushalt des Körpers muss zwischenzeitlich im Gleichgewicht gehalten werden: Solange eine normale Urinproduktion besteht, soll reichlich Flüssigkeitszufuhr, bestehend aus Wasser mit Salzzusatz (2 bis 3 g/l) und gesüßten Fruchtsäften, bei eingeschränkter Urinproduktion (Urin sammeln, Menge notieren!) etwa 1/2 Liter bis 1 Liter Flüssigkeit mehr als die Urinmenge zu trinken gegeben werden.

Durch übergroße Wärme- oder Sonneneinwirkung kann es zu einer allgemeinen Wärmestauung kommen, die sich in einem echten *Hitzschlag*, aber auch in einem *Hitzekollaps* bemerkbar machen kann. Beim Hitzekollaps, der eine eher harmlose Erscheinung ist, fühlt sich der Betroffene zunehmend schwach, es kommt zu Übelkeit, Erbrechen und kaltem Schweißausbruch. Man legt den Betroffenen flach hin und gibt reichlich heiße Getränke. Der echte Hitzschlag führt meist aus völlig normalem Befinden zu plötzlicher Bewusstlosigkeit. Die Schweißsekretion kommt völlig zum Erliegen. Die Körpertemperatur steigt bis maximal 42 Grad. Die Haut fühlt sich heiß und trocken an. Da Lebensgefahr besteht, sollte hier so rasch wie möglich ärztliche Hilfe angestrebt werden. Zwischenzeitlich muss der Körper mit Eisbeuteln oder feuchten Tüchern gekühlt werden. Ein Einflößen von Getränken wäre bei einem Bewusstlosen ein schwerer Fehler.

Zu *Herz- oder Atemstillstand* kann es durch Unterkühlung, selbstverständlich jedoch auch durch andere Einflüsse kommen. Wiederbelebungsmaßnahmen müssen dann sofort eingeleitet werden. Man überzeugt sich zunächst vom Atemstillstand durch Auflegen einer Hand auf den Bauch, der anderen auf den Brustkorb. Sind keine Bewegungen festzustellen, so ist ein Atemstillstand eingetreten. Den Herzstillstand oder die mangelnde Herzleistung erkennt man am Fehlen des Pulses an der Halsschlagader. Um ihn zu fühlen, greift man mit einer Hand etwa in Höhe des Kehlkopfes mit dem Daumen auf der einen, den übrigen Fingern auf der anderen Seite, mit mäßigem Druck um den Kehlkopf.

Die äußere *Herzmassage* beginnt mit einigen kräftigen Faustschlägen auf den Brustkorb in der Herzgegend. Manchmal kann dadurch wieder ein normaler Herzschlag erreicht werden. Man fühlt deshalb noch-

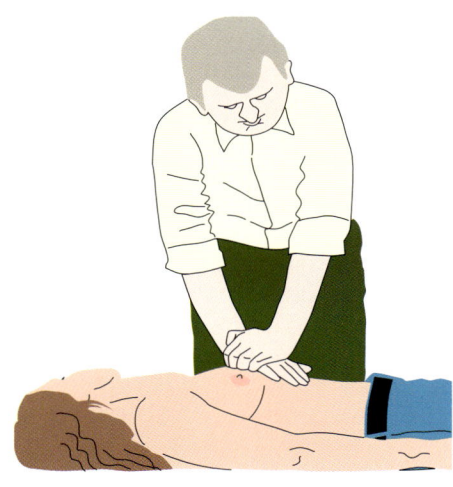

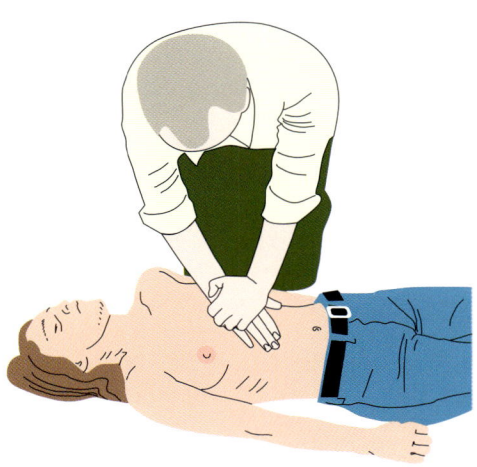

Herzmassage nur auf harter Unterlage!

mals den Puls an der Halsschlagader. Im Übrigen sind für die Herzmassage folgende Punkte zu beachten:

- Der Wiederzubelebende muss flach auf dem Rücken und auf einer harten Unterlage liegen.
- Der Helfer kniet seitlich daneben.
- Ein Handballen wird auf das untere Ende des Brustbeines gelegt, die zweite Hand auf die erste Hand!
- Mit gestreckten Armen wird das untere Ende des Brustbeines etwa 4 cm auf die Wirbelsäule zu bewegt.
- Etwa 70- bis 90-mal in der Minute sind diese kurzen stoßartigen Kompressionen des Thorax zu wiederholen.

Muss gleichzeitig beatmet werden, sind folgende Punkte zu beachten:

- Frei machen der Atemwege: Mund, eventuell Nase und Rachenraum sind von Blut, Wasser oder sonstigen Dingen zu säubern.
- Der Kopf muss weit nach hinten überstreckt werden, der Unterkiefer wird mit einer Hand nach oben vorgeschoben.
- Der Helfer bläst nun seine Ausatemluft kräftig in die Nase des zu Beatmenden, wobei der Mund geschlossen bleiben muss,
- oder umgekehrt in den Mund, wobei die Nase verschlossen werden muss. Am Heben und Senken des Brustkorbes erkennt man den Erfolg der Beatmung
- Etwa 10 mal pro Minute sollte beatmet werden.

Ist ein Helfer auf sich allein angewiesen, wird 5- bis 7-mal Herzmassage durchgeführt, danach 1- bis 2-mal Atemspende, danach wiederum 5- bis 7-mal Herzmassage. Bei zwei Helfern erfolgt nach jeder fünften Herzmassage eine Atemspende, wobei die Herzmassage kurz ausgesetzt werden soll.

Insbesondere bei älteren Leuten kommt es bei korrekt durchgeführter Herzmassage meist zu Rippenbrüchen, die jedoch in Kauf genommen werden müssen. Wie lange Wiederbelebungsmaßnahmen durchgeführt werden sollen oder müssen, hängt vom Einzelfall ab. Wenn die Pupillen ganz weit gestellt sind und sich nach Einsetzen der Wiederbelebungsmaßnahmen nicht verengen, so ist nach 15 bis 20 Minuten der Eintritt des endgültigen Todes anzunehmen. Wenn die Pupillen wieder enger werden, sollten die Wiederbelebungsmaßnahmen fortgesetzt werden, bis man ärztliche Hilfe erreicht.

Zusammenfassend nochmals drei wichtige Punkte:

- Keine Wiederbelebungsmaßnahmen, ohne dass klar erwiesen ist, dass diese auch notwendig sind.
- Bei der Beatmung unbedingt auf freie Atemwege achten.
- Niemals einem Bewusstlosen irgendetwas durch den Mund einflößen.

Erfrierungen und Unterkühlungen

Sie erfordern eine rasche Wärmezufuhr in der geheizten Kajüte oder ein heißes Bad. Lokal begrenzte Erfrierungen sollen in einem Wasserbad von etwa 25°C, das innerhalb einer halben Stunde auf 35°C erhöht werden soll, wieder erwärmt werden. Danach sollen die erfrorenen Glieder aktiv bewegt und später hochgelagert werden. Auch hierbei wäre rasche ärztliche Hilfe anzustreben, um irreparable Schäden an den Gliedmaßen zu verhindern.

Innere Erkrankungen

Dieses Gebiet ist derart umfangreich und schwierig, dass gerade hier kein Anspruch auf Vollständigkeit erhoben werden kann. Selbstverständlich können Situationen auftreten, die hier nicht erwähnt werden. Ein Laie soll nicht versuchen, unbedingt irgendeine Diagnose zu stellen, was ja selbst für einen Fachmann, insbesondere unter den an Bord herrschenden Bedingungen, schon fast unmöglich ist. Ich will daher im Folgenden versuchen, eine Beurteilung des Krankheitsfalles und eine eventuelle Behandlungsmöglichkeit aufzuzeigen, die sich allein aus den gegebenen Symptomen herleiten.

Nahezu jede akute interne Erkrankung weist drei Hauptsymptome mehr oder weniger ausgeprägt auf:

• Fieber
• Schmerzen
• Funktionsstörungen

Damit ist generell auch schon die Behandlung festgelegt.

Da Fieber zu 90% durch bakterielle Infektionen hervorgerufen wird, erfordert es den Einsatz eines antibakteriell wirksamen Medikaments, d.h. eines Antibiotikums, wobei in der vorgesehenen Bordapotheke Binotal und Baycillin zur Verfügung stehen. Dabei handelt es sich um ein reines Penicillin-Präparat und um ein vom Penicillin hergeleitetes Präparat mit breiterem Wirkungsspektrum. Moderne Alternativen sind Chinolone, zum Beispiel Ciprobay oder Makrolide, z.B. Klacid. Als Nebenwirkung kann sich ein mehr oder weniger starker Durchfall einstellen.

Schmerzen erfordern je nach Charakter und Heftigkeit ein Schmerzmittel.

Die Funktionsstörung ist ihrer jeweiligen Art nach zu bekämpfen. Wir teilen jetzt noch den Körper in folgende Regionen ein: Kopf, Hals, Brustkorb, Bauchraum einschließlich Becken mit Harn- und Geschlechtsorganen, Gliedmaßen. Bei der Behandlung der einzelnen Regionen werde ich von den häufigen Erkrankungen zu den selteneren und meist ernsteren übergehen.

Kopf

Entzündungen der *Nasennebenhöhlen* führen zu Schnupfen und Absonderung eines zähen, gelben Sekrets. Es treten Schmerzen im Oberkieferbereich und möglicherweise auch im Stirnbereich auf. Insbesondere bei Augenbewegungen nach oben oder nach der Seite spürt man einen unangenehmen Druck hinter den Augen. Die hier vorkommenden Eitererreger sind fast immer auf Penicillin, d.h. Baycillin, empfindlich.

Nasenbluten ist eine häufige Erscheinung, die meist von selbst zum Stillstand kommt. Unterstützend kann man kalte Kompressen in den Nacken legen. Sollte nach einer halben Stunde kein Stillstand der Blutung erreicht werden können, so sind Ugurol-Tabletten einzunehmen und die Nase mit einer blutstillenden Watte zu füllen. Bedrohliche Ausmaße erreicht eine Blutung aus der Nase meist nicht.

Entzündungen des äußeren *Gehörganges* oder des Trommelfells sind sehr schmerzhaft. Man gibt auch hier Baycillin und Ohrentropfen.

Zahnschmerzen können harmloser Natur sein. Aber auch eine ernsthafte Vereiterung wird sich zunächst nur mit Schmerzen, später aber mit einer Schwellung (»dicke Backe«) und anschließend mit Fieber melden. Zunächst sind nur normale Schmerzmittel erforderlich. Bei Auftreten einer Schwellung sollte ein so genanntes »nichtsteroidales Antirheumatikum«, zum Beispiel Voltaren, gegeben werden, was meist ein sehr schnelles Abschwellen bewirkt. Nur bei Fieber Baycillin!

Das vorher erwähnte Nasenbluten kann zusammen mit einem Hämatom um die Augen Ausdruck einer *Schädelfraktur* sein. Außer Ruhigstellen gibt es an Bord keine Behandlungsmöglichkeiten. Tritt Bewusstlosigkeit ein, sind die Aussichten zu überleben nicht besonders gut. Ein Arzt ist schnellstens aufzusuchen.

Eine *Hirnhautentzündung* ist gleichermaßen bedrohlich. Sie äußert sich in Kopfschmerzen und vor allem Nackensteifigkeit. Es kommt zu sehr hohem Fieber. Auch hier sind der Einsatz sämtlicher Antibiotika und rasche ärztliche Hilfe erforderlich. Da Lichteinfall als sehr unangenehm und schmerzhaft empfunden wird, bringt man den Betroffenen in einen abgedunkelten Raum. Schmerzbekämpfung!

Hals

Sowohl *Mandelentzündungen* als auch *Kehlkopfentzündungen* führen zu Schmerzen beim Schlucken. Die Mandelentzündung bewirkt im Gegensatz zur Kehlkopfentzündung eine Schwellung der Lymphknoten unter dem Unterkiefer. Behandlung in beiden Fällen zum Beispiel mit Baycillin und Dorithricin-Halstabletten, bei der Kehlkopfentzündung zusätzlich Sprech- und Rauchverbot.

Das so genannte »*Verschlucken*« bedeutet nichts anderes als die Gefahr der Verstopfung der Atemwege am Luftröhreneingang, dem Kehlkopf. Reflektorisch wird ein starker Husten ausgelöst, der die Sache wieder bereinigt. Fast nur bei Kindern können kleinere Gegenstände durch den Kehlkopf rutschen, in der Luftröhre hängen bleiben und somit die Atmung total zum Erliegen bringen. Das Kind wird blau und hat kaum noch Atembewegungen. Die einzige Chance, die Luftröhre frei zu bekommen, hat man, wenn man das Kind an den Füßen hochhebt und ihm kräftig auf den Rücken schlägt oder – auch bei Erwachsenen – das »Heimlich-Manöver« anwendet. Dabei legt man beide Hände im Rücken auf die unteren Brustkorb-Partien und komprimiert diese ruckartig und kräftig.

Brustkorb

Lunge und Atemwege: Meist handelt es sich um eine *Bronchitis*, also eine Entzündung der kleineren Atemwege oder um eine Entzündung der Luftröhre selbst. Leitsymptome sind Husten und Auswurf. Bei der *Luftröhrenentzündung* ist der Husten mit Schmerzen hinter dem Brustbein verbunden. Solange gleichzeitig kein oder nur geringes Fieber auftritt, kann man sich mit schleimlösenden und hustenstillenden Medikamenten – in unserer Liste Codipront – begnügen. Sollte gleichzeitig höheres Fieber (über 38,5 °C) auftreten, so besteht der Verdacht auf eine *Lungenentzündung*. Es muss sofort wiederum mit einem Antibiotikum behandelt werden. Um eine möglichst breite Wirkung zu erzielen, nimmt man hier am besten Binotal oder Ciprobay.

Zusammen mit einer echten Lungenentzündung, gelegentlich jedoch auch allein, tritt eine *Rippenfellentzündung* auf. Man erkennt sie an atemabhängigen Schmerzen, meist in den unteren Partien des Brustkorbes. Sie erfordert selten gesonderte Behandlung. Wenn sie allein auftritt, also atemabhängige Schmerzen ohne Fieber und ohne Husten und Auswurf, so ist ein antientzündliches Mittel wie Amuno oder Voltaren erforderlich.

Das *Herz* spürt man normalerweise genauso wenig wie jedes andere Organ. Wenn jedoch Schmerzen im Herzbereich auftreten, so beunruhigt sich der Betroffene verständlicherweise tief. Hier gilt nun zu unterscheiden, ob es sich um echte Herzschmerzen, hervorgerufen durch eine Mangeldurchblutung, oder um harmlose, so genannte funktionelle Beschwerden handelt. Auch psychisch ausgelöste Beschwerden kommen vor! Zur Differenzierung seien zwei Kriterien genannt:

1. Ernst zu nehmende Herzschmerzen treten verstärkt unter körperlicher Arbeit und unter Kälteeinfluss auf. In Ruhe verschwinden sie meist rasch.
2. Durch Zerbeißen einer Nitrolingual-Kapsel bessern sich die echten Herzschmerzen meist innerhalb von wenigen Minuten, während nicht ernst zu nehmende funktionelle Beschwerden dadurch keine Beeinflussung erfahren. Während ernst zu nehmende Herzschmerzen Ruhestellung und evtl. Schmerzbekämpfung mit stärkeren Mitteln, so mit Tramal, erforderlich machen, ist bei den anderen Beschäftigungstherapie und Arbeit das Mittel der Wahl.

Der *Herzinfarkt* ist letztlich nur eine Steigerung der echten durch Mangeldurchblutung bedingten Herzbeschwerden. Es treten dabei sehr schwere Schmerzen im Herzbereich auf, verbunden mit Engegefühl im Thorax und ausgesprochenem Vernichtungsgefühl (Todesangst), häufig damit verbunden ist ein Kreislaufkollaps, der an kaltem Schweißausbruch, Schwarzwerden vor den Augen und schnellem Pulsschlag erkenntlich ist. Hierbei ist absolute Ruhigstellung und der Einsatz von Schmerz- und Beruhigungsmitteln geboten. Selbstverständlich muss rasche ärztliche Hilfe angestrebt werden. Ein Herzinfarkt kann auch zu einem schweren Schockzustand oder zum Sekundenherztod führen. Hier müssen die oben bereits erwähnten Mittel der Wiederbelebung eingesetzt werden. Dass sich ein Herzinfarkt an Bord ereignet, ist durchaus vorstellbar, wenn man bedenkt, dass auch ältere Leute an Bord zum Teil in untrainiertem Zustand Arbeiten verrichten, welche mit Anstrengungen verbunden sind, die sie im normalen täglichen Leben niemals auf sich nehmen.

Bauchraum

Neben den schon genannten Leitsymptomen Schmerzen und Fieber kommen als Funktionsstörungen für den Bauchraum vorwiegend *Erbrechen und Durchfall* hinzu. Das Erbrechen dürfte im Rahmen der Seekrankheit die häufigste Erkrankung an Bord sein. Genau genommen hat das Erbrechen bei der Seekrankheit seine unmittelbare Ursache nicht im Bauchraum, sondern im Gleichgewichtsorgan des Menschen.

In der Behandlung ist es jedoch gleichwertig mit jedem anderen *Erbrechen* zu sehen. Sämtliche hier infrage kommende Medikamente (zum Beispiel Bonamine, Peremesin, Vomex, Psyquil) wirken zentral beruhigend, das heißt, sie rufen letztlich auch eine Müdigkeit hervor. Je früher sie angewandt werden, desto besser ist ihre Wirksamkeit. Man sollte daher ruhig bei den ersten Anzeichen – empfindliche Leute sogar schon vorher – oder wenn starker Seegang zu erwarten ist, das entsprechende Medikament einnehmen. Ist durch die Seekrankheit erst einmal heftiges Erbrechen aufgetreten, kann man nur schwer etwas dagegen unternehmen, weil auch Tabletten rasch wieder erbrochen werden. Man muss dann Zäpf-

chen, notfalls eine intramuskuläre Injektion geben. Zur Vorbeugung empfiehlt es sich, eine Überbeanspruchung des Magens durch reichliche Mahlzeiten zu vermeiden. Nach allgemeiner Erfahrung ist auch Instantkaffee dem Auftreten von Seekrankheit förderlich. Wenn es einmal zu heftigem Erbrechen gekommen ist, so enthält man sich am besten jeglicher Nahrungszufuhr. Dagegen muss auf Flüssigkeitszufuhr, wenn auch in kleinen Mengen, geachtet werden. Man nimmt am besten ungesüßten schwarzen Tee. Sollen Anti-Baby-Pillen nicht ihre Wirksamkeit verlieren, müssen sie nochmals geschluckt werden, wenn das Erbrechen früher als zwei Stunden nach der ersten Einnahme eingetreten ist.

Durchfall, insbesondere in wärmeren Ländern, ist auf eine bakterielle Infektion zurückzuführen. Eingangs erwähnte ich bereits, dass meist eine bakterielle Verunreinigung der Speisen oder auch Getränke für diesen Umstand verantwortlich ist. Bereits bei ersten Anzeichen eines Durchfalls muss die Therapie einsetzen, um eine bedrohliche Verschlechterung zu verhindern. Dies geschieht am besten durch einen weitgehenden Nahrungsverzicht. Dabei ist jedoch dringend auf ausreichende Flüssigkeitszufuhr zu achten, also wenigstens zwei, besser drei Liter Flüssigkeit täglich, am besten wiederum in Form von ungesüßtem schwarzen Tee. Gleichzeitig nimmt man Kohletabletten und Imodium ein. Die Einnahme eines Antibiotikums (Ciprobay) kann in besonderen Fällen notwendig werden. Durch Viren bedingte Durchfallerkrankungen (»Montezumas Rache«) vergehen in der Regel innerhalb von zwei bis drei Tagen von selbst.

Sodbrennen, bei disponierten Personen häufig nach reichlichem Alkoholgenuss, ist eine harmlose Erscheinung, die auf Gelusil Lac recht gut anspricht. Gleichzeitig sollten säurelockende Speisen und Getränke (Kaffee, Alkohol, scharfe Gewürze) vermieden werden.

Blutungen im Verdauungstrakt können das Erbrechen oder den Durchfall komplizieren oder von sich aus auslösen. Das Erbrochene sieht kaffeesatzartig aus. Je nach Sitz der Blutung ändert sich die Erscheinung im

Stuhl. Nur dem After relativ nahe Blutquellen lassen tatsächlich rote Blutspuren im Stuhl erkennen. Ansonsten weist der so genannte »Teerstuhl«, also ein Stuhl, der pechschwarz und von sehr üblem Geruch ist, auf eine Blutung im oberen Verdauungstrakt hin. Die Blutungsquelle ist in den allermeisten Fällen in einem Geschwür kurz hinter dem Magenausgang im so genannten Zwölffingerdarm zu suchen. Man gibt Ugurol-Tabletten und reichlich eisgekühlte Getränke sowie Gelusil Lac oder einen neueren Säureblocker wie Antra oder Pantozol. Es handelt sich immer um ein ernstes Krankheitsbild, sodass rasche ärztliche Hilfe anzustreben ist.

Die Hohlorgane des Bauch- bzw. Beckenraumes bilden eine Besonderheit. Dazu zählen Gallenblase und Galle abführende Wege, der gesamte Darm, Nierenbecken und Harnleiter sowie bei der Frau der Eileiter und die Gebärmutter. Besondere Beachtung verdienen diese Organe deshalb, weil sie zu einem ganz eigenen Schmerzbild, den so genannten »Koliken« führen können. Koliken sind Schmerzen, die in ihrer Intensität an- und abschwellen und somit wellenförmigen, wehenartigen Charakter annehmen. Wenn derartige Schmerzen auftreten, so ist Buscopan, am besten als Zäpfchen gegeben, das geeignete Gegenmittel. Ist die Gallenblase bzw. die Galle ableitenden Wege das betroffene Organ, so kommt es häufig auch zu raschem Fieberanstieg, eventuell mit Schüttelfrost verbunden. Die Schmerzen sind in jedem Fall auf der rechten Seite und meist in das Schulterblatt nach hinten ausstrahlend. Wenn gleichzeitig Fieber auftritt, so muss auch ein Antibiotikum gegeben werden. Bei Niere und Harn ableitenden Wegen lokalisieren sich die Schmerzen mehr in den Lenden und ziehen in die Leistengegend. Neben Buscopan verabreicht man reichlich Flüssigkeit.

Bei *Darmverschluss* kommt es über kurz oder lang zu Stuhl- und völliger Windverhaltung. Innerhalb von ein bis zwei Tagen treten dann Zeichen einer Bauchfellentzündung auf, die weiter unten besprochen wird. Eine Laientherapie ist hierbei praktisch nicht möglich. Man hüte sich insbesondere davor, in solchen Fällen Abführmittel zu geben.

Bei *Eileiter-* oder *Gebärmutterentzündung*, die auch kolikartige Schmerzen im Unterbauch hervorrufen können, tritt meist gleichzeitig Fieber auf. Im Unterbauch besteht starke Druckschmerzhaftigkeit. Die Abgrenzung gegen eine »Blinddarmentzündung« ist schwierig. Ein sicheres Unterscheidungsmerkmal für den Laien kann nicht genannt werden. Man gibt Antibiotika, also Binotal, schmerzstillende Mittel, in diesem Fall Buscopan, und zusätzlich als antientzündliche Substanz Voltaren.

Zu einer *Bauchfellentzündung* können alle genannten Erkrankungen im Bauchraum mit Ausnahme der Nierensteinkolik führen. Neben sehr starken, über den gesamten Bauchraum verteilten heftigen Schmerzen fühlt sich der Leib bretthart an. Ist die Bauchfellentzündung, wie beispielsweise bei der akuten »*Blinddarmentzündung*«, lokal begrenzt, dann tritt die Verhärtung der Bauchmuskulatur anfangs ebenfalls mehr oder weniger lokal begrenzt auf. In jedem Fall handelt es sich um ein sehr ernstes Krankheitsgeschehen. Man kann hier nur versuchen, durch Auflegen von Eisblasen oder kalten Kompressen Zeit zu gewinnen. Gleichzeitig wird man ein Antibiotikum, also Binotal, geben. Ein möglichst stark wirkendes Schmerzmittel, am besten Tramal als intramuskuläre Injektion, wird zur Schmerzbekämpfung notwendig.

Harnröhren-, Blasen-, Harnleiter- und *Nierenbeckenentzündungen* gehen mit unterschiedlich hohem Fieber einher. Sehr schnell steigt es bei der Nierenbeckenentzündung an, meist mit Schüttelfrost verbunden. Ein weiteres Generalsymptom für eine Entzündung der Harn ableitenden Wege ist das Brennen beim Wasserlassen und der häufige Harndrang, wobei dann meist nur wenige Tropfen Urin abgegeben werden können. Auch hier Antibiotikagabe und Schmerzmittel.

Blutungen aus der Blase sind nicht sehr häufig, jedoch immer ernst zu nehmen. Außer der Gabe von Ugurol-Tabletten hat man keine Möglichkeit zum Eingreifen.

Zu einem totalen *Harnverhalten* kann es bei Männern über dem 50. Lebensjahr, insbesondere bei Unterkühlung und reichlicher Alkoholzufuhr, aufgrund einer Schwellung der Vorsteherdrüse kommen. Vom Versuch einer Katheterisierung der männlichen Blase durch einen Laien, der dies noch nie gemacht hat, halte ich nichts. Wesentlich einfacher ist eine *Punktion* der vollen Blase.

Folgende Punkte sind hierbei zu beachten:

- Es darf während wenigstens 12 Stunden kein Wasser gelassen worden sein. Dadurch ist gewährleistet, dass die Blase wirklich gefüllt ist und nach obenzu ansteigt.
- Es sollten nun die Schamhaare abrasiert werden und eine Desinfektion der Haut oberhalb des Schambeins mit Merfen Orange durchgeführt werden.
- Man nimmt dann eine sterile Einmalkanüle der Größe I, sticht etwa zwei Querfinger oberhalb des oberen Endes des Schambeines senkrecht durch die Haut und lässt die Nadel unter leichtem Druck langsam weiter eindringen, bis der Urin aus der Kanüle zu tröpfeln beginnt.

Bei sehr dicken Patienten kann es dabei nötig sein, dass man die Bauchwand durch Druck nach innen komprimieren muss. Wenn bei dieser Manipulation zunächst einige Bluttropfen erscheinen, soll dies kein Grund sein, die Blasenpunktion zu unterbrechen. Der so gewonnene Urin muss in einem Messbecher aufgefangen werden, da man die Punktion nach Ablassen von etwa 1/2 Liter unterbrechen muss. Dies ist sehr wichtig, da sonst Blasenblutungen provoziert werden können. Nach derartiger Entlastung der Blase wird die Kanüle durch raschen Zug entfernt und die Einstichstelle mit einem normalen Wundpflaster verschlossen. Derartige Punktionen lassen sich beliebig oft wiederholen.

Venenentzündungen

Hämorrhoiden sind eine spezielle Form der Venenentzündung, die einem das Leben ganz schön versauern können. Neben absoluter Reinhaltung, insbesondere nach dem Stuhlgang, und lokaler Behandlung mit einer Salbe, beispielweise Lasonil oder Bepanthen, bewährt sich hier ein antientzündliches Mittel wie Amuno.

Auch bei *Venenentzündungen* an den Beinen, bei denen wir oberflächliche und tiefe unterscheiden, ist Amuno das Mittel der Wahl. Bei der oberflächlichen Venenentzündung kommt es zu einer sichtbaren Rötung entlang der entzündeten Vene, zu Schmerzen und einer Schwellung sowie Verhärtung des betroffenen Venenstranges. Dies ist meistens harmlos. Man kühlt die betroffenen Stellen und legt entsprechende Salben oder Gels, wie zum Beispiel Lasonil, auf. Bis zum Abklingen der akuten Erscheinungen stellt man die betroffene Extremität ruhig.

Die tiefe Venenentzündung, die äußerlich meist außer einer Schwellung des betroffenen Beines nichts Besonderes erkennen lässt, ist ein ernstes Krankheitsbild. Es treten Schmerzen besonders beim Stehen und Laufen auf. Typisch ist ein Schmerz bei Druck auf die Fußsohle. Hier besteht die Gefahr einer Verschleppung von Blutgerinnseln in die Lunge. Absolute Ruhigstellung ist dringend erforderlich. Gleichzeitig gibt man Amuno und bei Auftreten von Fieber Binotal. Auf reichliche Flüssigkeitszufuhr sollte geachtet werden. Sollte die Schwellung des Fußes unter diesen Maßnahmen nicht innerhalb von 6 Stunden deutlich zurückgehen, so ist ärztliche Hilfe anzustreben.

Hautentzündungen werden gelegentlich durch Insektenstiche oder kleine Wunden verursacht. Es tritt eine schmerzhafte Rötung der Haut unterhalb der Verletzung auf. Hier ist Baycillin neben kühlenden Verbänden das Mittel der Wahl.

Furunkel oder *Abszesse* sind leicht zu erkennen. Mit der Behandlung derselben wartet man zunächst ab, man lässt den Abszess »reifen«. Innerhalb einiger Tage wird sich die Haut über dem Abszess an der Spitze stark röten und spannen. Die oberste Spitze wird schließlich etwas weiß. Man nimmt jetzt ein steriles Messer beziehungsweise ein Skalpell und führt einen kleinen Hautschnitt durch die Mitte des Abszesses durch. Es wird sich daraufhin fast spritzend Eiter entleeren. In die Öffnung legt man einen sterilen Gazestreifen ein und deckt das ganze mit einem Verband ab. Meist kommt es komplikationslos zu einer spontanen Abheilung. Sicherheitshalber sollte man jedoch Binotal als Antibiotikum geben.

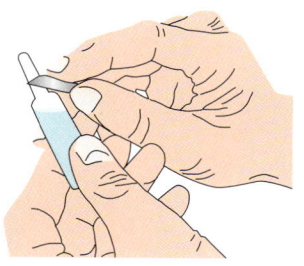 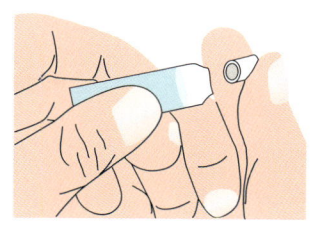 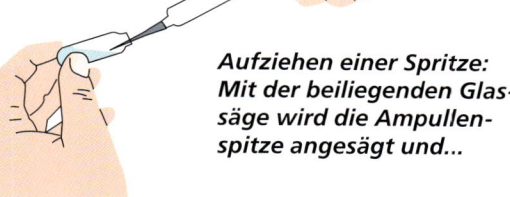

Aufziehen einer Spritze:
Mit der beiliegenden Glas-
säge wird die Ampullen-
spitze angesägt und...

...die Spitze abgebrochen.

Beim Aufziehen der Spritze
achte man darauf, dass in
der Spritze keine Luft ver-
bleibt.

Ein typischer akuter *Gichtanfall* ist auch für den Laien sehr gut zu erkennen. Am Großzehenballen kommt es zu Schwellung, blaurötlicher Verfärbung und sehr starken Schmerzen. Auch hier wird Amuno verabreicht und gleichzeitig reichlich Flüssigkeit, jedoch kein Alkohol.

Überempfindlichkeitsreaktionen – *Allergien* – sind sehr häufig, ausgelöst durch Medikamente, Insektenstiche, Nahrungsmittel, Waschmittel und vieles andere mehr. Bei leichteren Formen erscheint ein juckender, rötlicher, bläschenförmiger Hautausschlag. Häufig kommt es auch zu einer Schwellung des Gesichts. Kalzium und in schwereren Fällen Urbason-Tabletten können rasch helfen. Bei sehr schweren allergischen Reaktionen treten großflächige Quaddeln sowie Schock- und Erstickungsanzeichen auf. Solange der Betroffene bei Bewusstsein ist, gibt man ihm ebenfalls reichlich Kalziumund Urbason-Tabletten. Bei Bewusstlosigkeit und Erstickungszeichen hilft nur noch eine Injektion, am besten intravenös von Urbason-Solubile-Ampullen.

Injektionen

Weder die intramuskuläre noch die intravenöse Injektion ist besonders schwierig. Statt vieler theoretischer Beschreibungen ist jedoch gerade hier die praktische Unterweisung nahezu unumgänglich. Die Notwendigkeit zu derartigen Eingriffen ergibt sich aus dem bisher Gesagten von selbst. Einem Bewusstlosen beispielsweise darf man nie und nimmer etwas durch den Mund einflößen, da man hierdurch nur Erbrechen auslöst, was wiederum die Atemwege verstopft und zum Ersticken führen kann. Auch wenn Durchfall und Erbrechen gleichzeitig auftreten, kann die Applikation von Medikamenten nur über Injektionen erfolgen.

Ebenso wäre für eine sinnvolle Schocktherapie eine intravenöse Injektion oder sogar eine Infusion erforderlich. Ich empfehle in jedem Fall, eine Infusion in Form einer Elektrolyt- oder physiologischen Kochsalzlösung mitzunehmen. Wenn man selbst die Technik der intravenösen Injektion nicht beherrscht, so kann doch vielleicht ein ande-

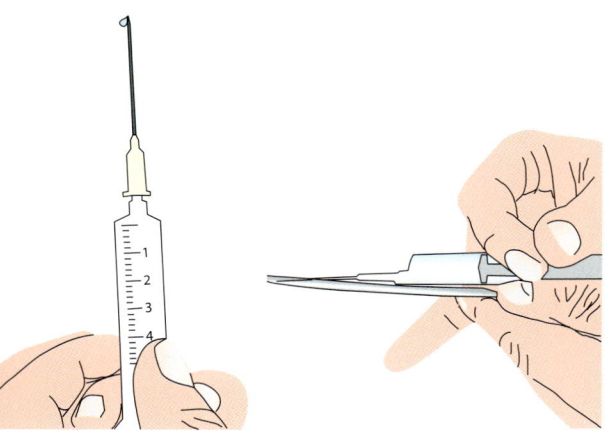 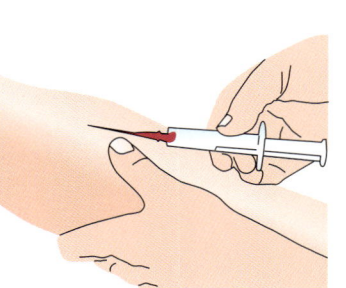

Verbleibende Luft wird bei
hoch gehaltener Spritze
mit dem Kolben herausge-
drückt, bis ein Tropfen
Flüssigkeit austritt.
Bei der intravenösen Sprit-
ze stelle man sich die Nadel
in einem Plastikschlauch
vor. Üben!
Im Ernstfall ziehe man
vor dem Einspritzen den
Kolben ein wenig zurück.
Kommt Blut, ist man in der
Vene. Vorher Oberarm mit
Gummischlauch abbinden!

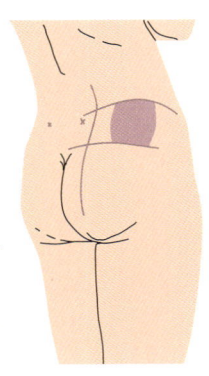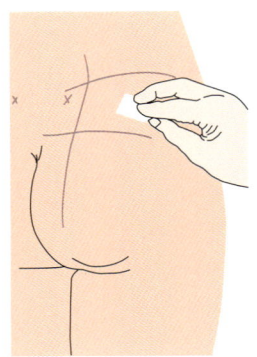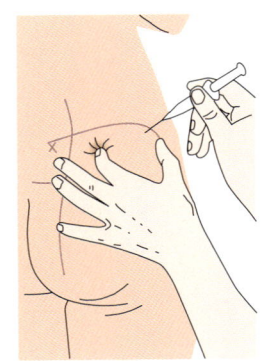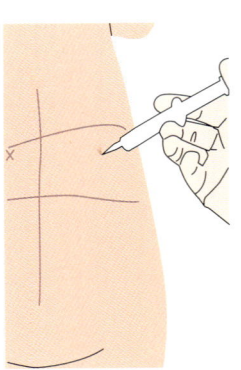

Das ist die Einstich-stelle für eine intra-muskuläre Spritze. Zunächst wird mit einem Alkoholtupfer die Haut gereinigt. Die Spritze wird beim (schwungvollen) Einstechen wie ein Blei-stift aus dem Handge-lenk heraus gehalten. Dann wird langsam der Kolben durchgedrückt.

rer Hinzugekommener mit einer solchen Infusion lebensrettend eingreifen.

Kollaps, Schock, Panik

Ein *Kollaps* tritt zum Beispiel bei Flüssig-keitsmangel, Kreislaufschwäche infolge einer fieberhaften Erkrankung und bei man-chen Menschen nur nach Bücken und raschem Aufrichten oder raschem Lage-wechsel aus dem Liegen in stehende Posi-tion auf. Es kommt zu Schwarzwerden vor den Augen, leichter Übelkeit, Schweißaus-bruch und Schwächegefühl. Die Erschei-nungen können so stark werden, dass kurz-fristige Bewusstlosigkeit und Hinstürzen auftreten. Wichtig ist, dass der Betroffene die liegende Position beibehält. Aufrichten des Oberkörpers ist verkehrt. Im Gegenteil sollen der Oberkörper eher tief gelagert und die Beine angehoben werden. Meist verschwinden die blasse Gesichtsfarbe und die Bewusstlosigkeit innerhalb weniger Minuten.

Bei einem Kollaps neigen viele Betroffene zu einer sehr tiefen und schnellen Atmung. Wenn diese über mehrere Minuten beibe-halten wird, so kann es zu schweren Krämp-fen der gesamten Muskulatur, besonders kenntlich an einer eigenartigen Pfötchen-stellung der Finger und an einer Fischmaul-bildung, kommen. Es liegt dann ein so genannter »tetanischer Anfall« vor (nicht zu verwechseln mit Tetanus = Wundstarr-krampf). Ein recht einfaches Mittel zur Besei-tigung derartiger Anfälle ist das lockere Überwerfen eines Handtuches oder einer Jacke über den Kopf. Auch Kalzium kann derartige Anfälle rasch beenden.

Die Übergänge zum *Schock* sind fließend. Den Schock löst ein ernstes vorausgegan-genes Ereignis aus. Es kann sich dabei um eine Verletzung, eine allergische Reaktion, eine Blutung, einen Herzinfarkt und vieles andere mehr handeln. Die Betroffenen sind fast immer bei vollem Bewusstsein. Es kommt zu kaltem Schweißausbruch, sehr schnellem Herzschlag, Blässe der Haut und starkem Absinken des Blutdrucks, kenntlich an einem nur schwach fühlbaren Puls an der Halsschlagader. Hier besteht Lebensgefahr. Neben Flachlagerung und Hochlegen der Beine kann eine intravenöse Infusion lebens-rettend wirken. Wenn erst einmal Bewusst-losigkeit eingetreten ist, so sind die Aus-sichten auf ein Überleben nicht mehr sehr groß.

Wenn an Bord jemand unter besonderen Situationen *durchzudrehen* droht, so kann es erforderlich werden, diese Person medi-kamentös ruhig zu stellen. Dies gelingt meist ganz gut mit Valium-Tabletten und notfalls auch unter Gewalt durch Injektion von Valium. Man kann hierbei ruhig bis zu 40 oder 60 mg die Dosis erhöhen, ohne dass die Gefahr einer Vergiftung besteht.

Valium ist auch ein sehr probates Mittel bei einem akuten Hexenschuss. Man nimmt wenigstens 40 mg ein, wodurch natürlich auch eine starke Müdigkeit auftritt. Wich-tig ist in diesem Fall jedoch die Entspannung der verkrampften Rückenmuskulatur. Eine gleichzeitige Einnahme von Alkohol muss unterbleiben.

Ganz bewusst fehlt in unserer Medikamen-tenliste ein Aufputschmittel oder ein so genanntes »Weckamin«. Es gibt keine Situation, die dessen Gebrauch rechtfertigt. Dagegen drohen bei der Anwendung ernste Gefahren. Die als Selbstschutz des Körpers auftretende Müdigkeit wird überspielt, nach kurzer Leistungssteigerung ist der zwangsläufig folgende Zusammenbruch umso heftiger. Auch psychische Reaktionen, in Art und Stärke nicht vorauszusehen, sicherlich aber mit negativer Auswirkung, sind nahezu obligat. So kommt es zu Selbstüberschätzung und Kritiklosigkeit, manchmal auch zu gefährlichen Depressionen.

Verhalten in Seenot

Rettungsinsel oder Rettungsboot müssen ebenfalls eine gewisse medizinische Ausrüstung haben. Da der Raum sowieso beengt ist, beschränkt man sich auf Verbandmaterial, Schmerzmittel und Mittel gegen Seekrankheit. Im Übrigen kann von der Medizin zur Verbesserung der Überlebenschancen nicht sehr viel beigetragen werden. Ganz eindringlich kann nur vor dem Trinken von Meerwasser gewarnt werden. Bereits in Vielzahl angestellte Untersuchungen haben gezeigt, dass selbst kleine Mengen von Salzwasser zu schweren gesundheitlichen Störungen führen können, welche die Überlebenschancen herabsetzen. Es darf nur Regenwasser oder durch Niederschlag an der Metallfolie gewonnenes Wasser getrunken werden. Des Weiteren sollte man sich vor Unterkühlung schützen. Überanstrengungen beispielsweise durch Paddeln oder Ähnliches müssen vermieden werden.

Literatur

Nun noch einige Bücher und Broschüren, deren Einreihung in die Bordbibliothek vor allem bei langen Seetörns zu empfehlen ist. Freilich führen sie zum Teil für den Laien zu weit, sind manchmal vielleicht schwer verständlich. Ich halte es aber für ausgesprochen beruhigend, im Notfall doch etwas zum Nachlesen an Bord zu haben.

Sekunden entscheiden –
Lebensrettende Sofortmaßnahmen
F. W. Ahnefeld, Springer Verlag Berlin – Heidelberg – New York.
Knapp gefasst mit sehr vielen ausgezeichneten Abbildungen und Schemata.

Erste ärztliche Hilfe am Unfallort und im Katastropheneinsatz
H.-J. Krietemeyer, Karl F. Hang Verlag, Ulm/ Donau.

Erste Hilfe im Seenot-Rettungsdienst
Kohfahl, Deutsche Gesellschaft zur Rettung Schiffbrüchiger, Bremen, Werderstraße 2.
Ausführlicher als Vorgenanntes, ebenfalls mit vielen Abbildungen, unter anderem auch mit Anleitung zur intravenösen Injektion; geht in recht übersichtlicher Form hauptsächlich auf Folgen von Seeunfällen ein.

Häufige internistische Notfälle
R. H. Salber, F. K. Schattauer Verlag, Stuttgart – New York.
Setzt fast schon Kenntnis der Fachsprache voraus, ist aber noch so knapp konzentriert, dass ein medizinischer Laie mit einzelnen Kapiteln etwas anzufangen weiß.

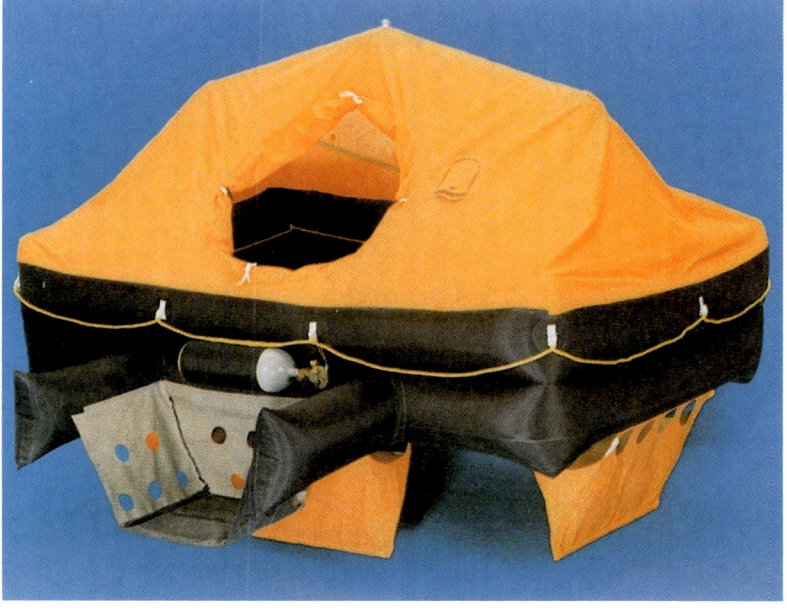

Besonders im äußersten Notfall – Zuflucht in die Rettungsinsel – müssen die richtigen Medikamente zur Hand sein. Deshalb gleich mit verpacken lassen!

Die Bordapotheke

von Apothekerin Carla Schenk

Die Bordapotheke gehört zur Ausrüstung einer seegehenden Yacht ebenso wie Ersatzteile und Werkzeug. Wer für Unfälle oder schwere Erkrankungen gerüstet sein will, muss sich schon rechtzeitig vor dem Törn der Einrichtung der Bordapotheke widmen.

Die Zusammenstellung der Medikamente, Instrumente und Verbandstoffe hängt von verschiedenen Faktoren ab:

Beim Umfang der Bordapotheke gilt es zu berücksichtigen, für welches Fahrtgebiet sie ausreichen soll.

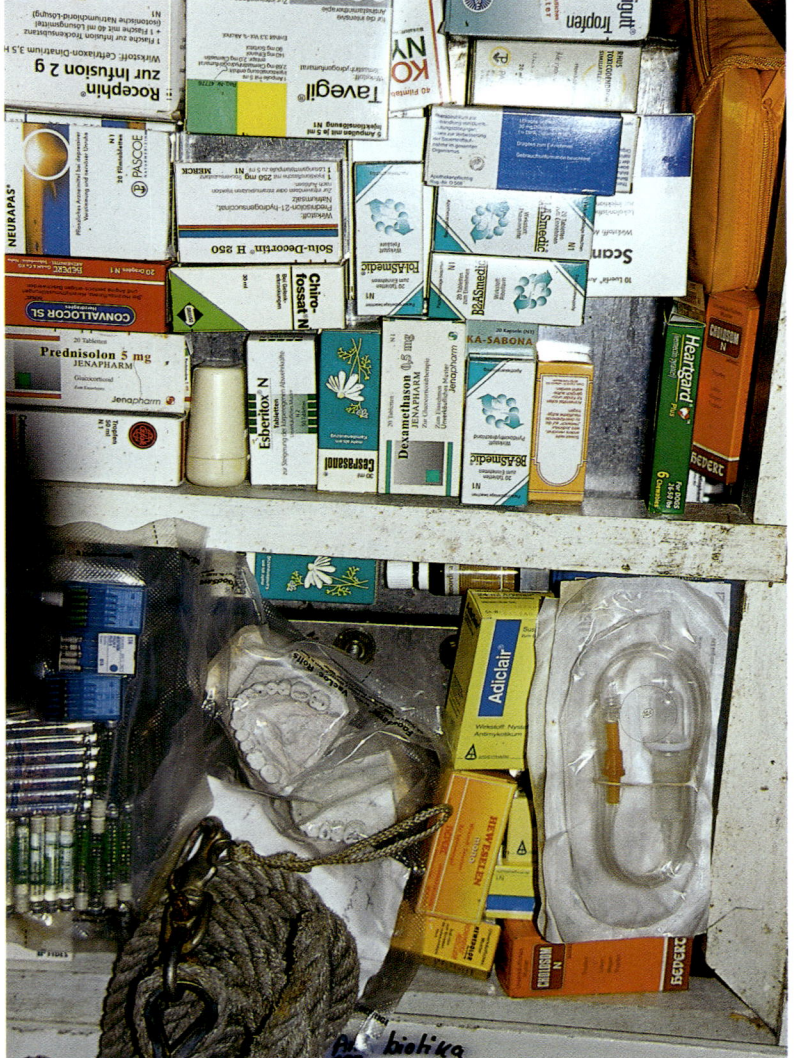

- In welcher Zeit kann unter normalen Umständen ein Hafen erreicht werden?
- Wie sind die Versorgungsmöglichkeiten in dem befahrenen Revier?
- Wie viele Personen sind an Bord?
- Sind ältere Leute oder/und Kinder mit von der Partie?
- Rüsten wir ein Charterschiff aus oder soll die Reise gar über einen Ozean gehen?

Derzeit gibt es eine Unzahl von Medikamenten. Über 5000 Antibiotika sind im Handel und wahrscheinlich ebenso viele Meinungen, welche am wirkungsvollsten sind. Um die Medikamente für Ihre Bordapotheke erwerben zu können, brauchen Sie einen Arzt, der sie Ihnen verschreibt, denn die meisten sind rezeptpflichtig. Bitten Sie Ihren Hausarzt, den Sie notfalls von See über Handy oder Satellitentelefon erreichen können, Ihnen bei der Ausstattung der Bordapotheke zu helfen, und ebenso auch einen Apotheker, der Sie berät, wie Sie am billigsten wegkommen. Denn beim Einkauf der Arzneimittel für einen längeren Törn können Sie ganz schnell ein paar Tausender loswerden. Der Apotheker kann zusammen mit dem Arzt preisgünstige Medikamente empfehlen, z.B. Generica (internationale Kurznamen) oder Reimporte, die bei gleicher chemischer Zusammensetzung wesentlich billiger sind.

Weisen Sie den Apotheker darauf hin, wenn Sie sich mit Ihrem Schiff in warmen Gegenden oder sogar in den Tropen aufhalten wollen. Denn nicht alle bei uns im Handel befindlichen Arzneimittel sind tropentauglich.

Da Medikamente im Ausland oft wesentlich billiger sind als in Deutschland, ergibt sich die Frage, ob wir die Bordapotheke nicht auch unterwegs füllen können, zumal in verschiedenen Ländern ein Großteil der Arzneimittel ohne ärztliche Verschreibung zu erwerben ist. Die Antwort lautet leider »nein«, der Laie wäre aufgrund fehlender Ausbildung und meist mangelnder Sprachkenntnisse vollkommen überfordert, sowohl was den Einkauf als auch was die Anwendung der Mittel betrifft.

Müssen Sie im Ausland ein Medikament ersetzen, zeigen Sie dem dortigen Apothe-

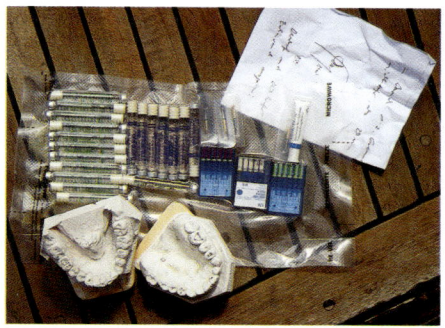

Hier wurde für eine Welt-umsegelung von einem Zahnarzt die Bordapotheke ergänzt: Der Gebissab-druck zeigt Einstichstelle für die Schmerzspritze bei einer eventuellen Wurzel-behandlung.

ker den Beipackzettel des gewünschten Prä-parates, achten aber darauf, Ihren deutsch-sprachigen Beipackzettel zurückzuerhalten, so sparen Sie sich später die Übersetzung. Außerdem kann es Ihnen passieren, dass Ihr erworbenes Arzneimittel einer Klinikpackung entnommen wurde und Sie gar keinen Beipackzettel erhalten, dann wissen Sie bei Bedarf nicht einmal, wie Sie es dosieren müssen.

Bordapotheke für Küste (K) und Langfahrt (L)

Die unter K (Küste) aufgeführten Medika-mente müssen bei Langfahrt zusätzlich in der Bordapotheke enthalten sein.

ACHTUNG!
Bei der Gabe von Antibiotika ist es extrem wichtig, die im Beipackzettel angegebene Dosierung (Menge und Häufigkeit der Einnahme) sorgfäl-tigst einzuhalten. Keinesfalls dürfen Antibiotika zu früh abgesetzt wer-den. Das ist bereits beim Einkauf zu berücksichtigen. Hier darf nicht ge-spart werden!

Erkrankungen/Verletzungen Medikamentenvorschläge

Allergie
L) Leichte Allergie, Juckreiz Fenistil Gel, Kalzium Brausetabletten
K) Schwere Allergie Urbason Tabletten

Antibiotika
L) Bakterielle Infektionen Ciprobay, Binotal
Baycillin

Atemwegserkrankungen
K) Reizhusten Codipront Kapseln
L) Husten Acetylcystein, Ambroxol Tabletten
L) schwere Bronchitis Ciprobay Tabletten

Augen
L) Bindehautentzündung Visadron Augentropfen
L) Eitrige Augen Refobacin Tropfen / Salbe
K) Starke Schmerzen bei Tramal long Tabletten
Augenverletzung

Beruhigung
L) Nervosität Lexotanil Tabletten
K) Starke Erregung Valium Tabletten

Blase / Nieren
L) Harnwegsinfekt Ciprobay
K) Nierenkolik Buscopan plus Zäpfchen

Hals / Nase / Ohren
L) Entzündungen des äuße-ren und mittleren Ohres Dorithricin Ohrentropfen
L) Schnupfen Rhinospray
L) Halsschmerzen Dorithricin Halstabletten
Hexoral zum Gurgeln
K) Herzanfall /
Angina pectoris Nitrolingual Spray / Kapseln

Hautkrankheiten
K) Verbrennungen, Fenistil Gel
Insektenstiche,
Sonnenbrand
L) Furunkel Ilon Abszesssalbe
K) Desinfektion von Wunden Betaisodona, Mercuchrom Lösung,
Merfen Orange, Desinfektionspuder

Schmerzen
L) Leichte Schmerzen Aspirin, Paracetamol Tabletten,
Novalgin
K) Schwere Schmerzen Tramal long Tabletten
L) Lokalanästhesie Xylocain Ampullen

Seekrankheit
K) Zur Vorbeugung Bonamine, Peremesin, Vomex
Tabletten, Scopoderm Pflaster
K) Schwere Seekrankheit, Paspertin Zäpfchen
Erbrechen

Verdauungsorgane
K) Sodbrennen, Gastritis Gelusil Lac, Antra
L) Magen/Darmverstimmung Paspertin Tropfen
K) Durchfall Kohle, Imodium Tabletten
K) Bauchkrämpfe Buscopan plus Zäpfchen

Diverse Medikamente
L) Blutergüsse, Prellungen, Lasonil, Mobilat Salbe
  Zerrungen
L) Schwellungen,
  Entzündungen Amuno Dragees, Voltaren
L) Hämorrhoiden Lasonil Salbe
L) Gebärmutterblutungen Methergin Tropfen
L) Fieber Aspirin Tabletten
K) Gallenkolik Buscopan plus Zäpfchen
L) Blutungen Ugurol Tabletten

Nur für den Arzt!

Einige Medikamente, die nur in die Hand des Arztes gehören, sollten getrennt von der Bordapotheke in einem verschlossenen Kasten aufbewahrt werden:

- schwere Infektionen Cephalosporin
  Ampullen
- Schock, Kollaps Ringerlösung,
  Kochsalzlösung
  als Infusion
- schwere Allergien Volon 40 mg in
  Ampullen
- schwere Erregung Psyquil Ampullen
- schwere Schmerzen Tramal Ampullen
- starke Erregung Valium Ampullen

Wichtig:

Auf jeden Fall sollten mehrere und unterschiedliche Einmal-Spritzen in der Bordapotheke enthalten sein. Falls Sie in Ländern der Dritten Welt, in denen die hygienischen Verhältnisse nicht einwandfrei sind, einen Unfall erleiden oder schwer erkranken, sollten Sie dem behandelnden Arzt die Einmal-Spritzen aus der Bordapotheke für die Behandlung überlassen. Denn durch nicht ordnungsgemäß sterilisierte Spritzen kann man sich mit dem HIV-Virus infizieren.

Auch über Bluttransfusionen und Blutprodukte kann man sich anstecken, wenn diese nicht zuverlässig kontrolliert worden sind. Auskunft erteilt die deutsche Auslandsvertretung. Wenn dringend erforderlich, sollte ein Transport in die Heimat oder ein anderes Land in Erwägung gezogen werden.

Instrumente

- Fieberthermometer
- Einmal-Handschuhe
- Splitterpinzette
- Einmal-Skalpell
- chirurgisches Naht- oder Klammerbesteck
- Wundklammern
- Verbandschere
- Einmal-Spritzen 2ml, 5ml, 20ml
- Einmal-Kanülen Gr. 1, Gr. 14
- Safar-Tubus
- Rekordspritze 5ml
- Schockdecke

Verbandstoffe

- Dreiecktuch
- Watte
- Verbandpäckchen (groß, mittel)
- Verbandmull
- Metalline Verbandtuch 60 x 80 cm
- Metalline Verbandpäckchen
- Porofix Klammerpflaster
- Hansastrip (verschiedene Breiten)
- Leukoflex (verschiedene Breiten, auch für Druckverbände) Mullbinden (verschiedene Breiten)
- Idealbinde, 10 cm, Tamponadestreifen
- Augenklappe, Lederfingerlinge
- Schienenmaterial
- Sicherheitsnadeln
- Blutstillende Watte

Für kleinere Hautverletzungen in einem eigenen Verbandkästchen immer griffbereit zur Hand:

- verschiedene, wasserfeste Pflaster
- ein Breitbandantiseptikum
- Sprühverband
- Schere

Geht die Fahrt in die Tropen, so soll unsere Apotheke ein Präparat zur Malaria-Prophylaxe enthalten. In heißen Gegenden werden Dragees und Kapseln leicht unbrauchbar. Zäpfchen kann man vor der Anwendung mitsamt der Hülse in Wasser abkühlen. Im Übrigen stellen die Tropeninstitute in München und Hamburg gerne Merkblätter zur Verfügung.

Falls Kleinkinder an Bord sind, müssen spe-

Charteryacht in Badebucht – traumhaft, aber fernab von Arzt und Apotheke!

zielle Medikamente in der Bordapotheke vorhanden sein.

Aufbewahrung der Bordapotheke

Die Medikamente, Instrumente und Verbandstoffe werden in verschiedenen wasserdichten Plastikbehältern aufgehoben. Es empfiehlt sich, die Medikamente zu nummerieren und in ein Inhaltsverzeichnis einzutragen, wo die verschiedenen Präparate nach Krankheitsgebieten geordnet sind. Die Apotheke muss an einem kühlen, trockenen und gut zugänglichen Platz aufbewahrt werden, in heißen Gegenden nahe an der Bordwand unterhalb der Wasserlinie. Keinesfalls sollten aus Platzersparnis die Medikamente aus den Originalpackungen entfernt werden, wegen des darin enthaltenen Beipackzettels, welcher Indikation, Dosierung, Kontraindikationen (in welchen Fällen muss auf das Medikament verzichtet werden) und Unverträglichkeiten mit anderen Präparaten oder Alkohol angibt.

Im Kasten meiner Bordapotheke befindet sich für den Notfall, am Deckel befestigt, eine Taschenlampe (jährlich die Batterie prüfen!).

Wartung der Bordapotheke

Zu Beginn der Saison oder vor größeren Reisen sollte die Bordapotheke auf Vollständigkeit und einwandfreien Zustand überprüft werden. Bei jahrelanger Lagerung können Medikamente aufgrund chemischer Umsetzungsprozesse einen erheblichen Wirkungsverlust erleiden, ja sogar schädlich werden. Wie kann nun aber auch der Laie feststellen, wann die Arzneimittel bereits veraltet sind und durch neue Ware ersetzt werden müssen?

Grundregeln für das Aussondern von Medikamenten

- Medikamente, bei denen das Verfallsdatum überschritten ist, dürfen nicht mehr verwendet werden. (Das Verfallsdatum kann im Inhaltsverzeichnis der Bordapotheke vermerkt werden.)
- Arzneimittel, die durch Verfärbung oder intensive Geruchsentwicklung auffallen, müssen ausgesondert werden.
- Rissig oder schmierig gewordene Dragees oder zu Pulver zerfallene Tabletten sind unbrauchbar.
- Salben, Emulsionen oder Cremes, die sich zersetzt haben oder eingetrocknet sind, gehören nicht mehr in die Bordapotheke.
- Klare Lösungen, Tropfen oder Säfte, die starke Trübung oder Bodensatz zeigen, sind nicht mehr anwendbar.
- Sterilisierte Verbandstoffe oder Instrumente sind nur in einwandfreier, verschlossener Packung wirklich keimfrei.

Werkzeuge und Ersatzteile

»Nimm so viel Werkzeug wie nur irgend möglich mit, denn selbst wenn du nichts damit anfangen kannst, kann es doch sein, dass du irgendwo jemanden triffst, der fähig ist, damit umzugehen!«

Auf den Kapverden hatte ich ein Maschinenproblem. Ich fand einen Mechaniker, der sich selbst kein richtiges Werkzeug leisten konnte. Aber die Maschine brachte er in Ordnung – mit meinen Schlüsseln. So war obiger Rat einer der besten, die ich schon vor meiner Weltumsegelung bekommen habe. Weniger als den Gegenwert einer einzigen Schotwinsch auf meinem Fahrtenkreuzer habe ich für das – wie ich meine – vollständige Werkzeug bezahlen müssen. Denn Gott sei Dank gibt es noch nicht spezielles Werkzeug für Yachten, sodass wir hierfür in Kaufhäusern in gleicher Weise zur Kasse gebeten werden wie »normale Sterbliche«. Gerade deshalb finde ich es erstaunlich, wie schlecht manche Fahrtensegler mit Werkzeug ausgerüstet sind, von dessen Vollständigkeit durchaus einmal die Sicherheit des Schiffes abhängen kann. Für nicht unbedingt notwendige elektronische Spielzeuge werden Hunderte, ja Tausende von Euro bezahlt, für einen kompletten Satz von Ringschlüsseln für 20 Euro reicht es dann nicht mehr. Selbstverständlich wird man sich bei der Auswahl des Werkzeuges nach seinem Schiff richten. So ist überflüssig, einen Schraubenschlüssel für den Schraubenkopfdurchmesser von 32 Millimetern an Bord zu haben, wenn sich auf dem ganzen Schiff keine solche Schraube befindet. Andererseits ist es wieder notwendig, die doppelte Anzahl von Schlüsseln an Bord zu haben, wenn man so unglücklich ist, sowohl Schrauben nach metrischen Maßen bearbeiten zu müssen und gleichzeitig im Maschinenraum ein englisches Erzeugnis stehen hat, das garantiert nur mit Inch-Schrauben ausgestattet ist. Aus diesem Grunde erhebt nachstehende Aufstellung keinen Anspruch auf Vollständigkeit. Sie soll nur einen groben Anhaltspunkt für die Auswahl des Werkzeuges geben. Die Liste ist für ausgesprochene Langfahrten gedacht, wobei ich persönlich aber auch für kürzere Törns nicht allzu viel wegstreichen würde.

»So hab ich mir mir Fahrten-segeln nicht vorgestellt!«

Werkzeug – »Hardware«

2 Satz Schraubenschlüssel

mit folgenden Schlüsselweiten:
6+7 – 8+9 – 10+11 – 12+13 – 14+15 – 16+17 – 18+19 – 20+22 – 21+23 – 24+27 – 25+28 – 30+32

Der eine Satz sollte aus Doppel-Maul-schlüsseln, der andere aus Doppel-Ring-schlüsseln bestehen. Letztere haben den Vorteil, dass sie bei beengten Verhältnissen (wie meistens auf einem Schiff) nur sehr wenig Platz brauchen, um die Schraube ein Stückchen weiter zu drehen. Steht bei einem Maulschlüssel ein Platz von weniger als 60 Grad zum Drehen der Schraube zur Verfügung, so muss der Schlüssel beim nächsten Mal andersherum angesetzt werden. Mit Ringschlüsseln kann man übrigens fest sitzende Schrauben leichter lösen, weil sie sich nicht öffnen können, wie es billige Maulschlüssel bei viel Kraftaufwand vielleicht tun und dann über die Kanten der Schraubenköpfe rutschen – meist deren Ende! Aus diesem Grunde vermeide man verstellbare Schlüssel, auch wenn sie noch so praktisch aussehen, denn damit macht man am ehesten den Schraubenkopf kaputt.

Wer es mit dem Werkzeug ganz genau nimmt, kann sich noch einen zusätzlichen Satz Ring-Maul-Schlüssel anschaffen mit folgenden Maßen:
8 – 10 – 13 – 17 – 19 – 24 – 32

1 Satz Inbusschlüssel
(Sechskant-Stiftschlüssel – kurz)
mit den metrischen Größen:
1,5 – 2,0 – 2,5 – 3,0 – 4,0 – 5,0 – 6,0 – 8,0 – 10,0
und den SAE-Größen:
1/16 – 5/64 – 3/32 – 1/8 – 5/32 – 3/16 – 7/32 – 1/4

1 Satz Inbusschlüssel
(Sechskant-Kugelkopf-Stiftschlüssel – lang)
mit den metrischen Größen:
1,5 – 2,0 – 2,5 – 3,0 – 4,0 – 5,0 – 6,0 – 8,0 – 10,0

1 Steckschlüsselsatz
Schlüsselweite 6 bis 32 mm

1 Steckschlüsselsatz
Schlüsselweite 4 bis 19 mm

Schraubendreher
In allen Größen, VDE-isoliert für die Elektro-Arbeiten, auch für Kreuzschlitz-Schrauben.

Zangen
Alle Ausführungen verchromt:
Wasserpumpenzange »Cobra« 180 mm
Wasserpumpenzange »Cobra« 400 mm
Kombi VDE 180 mm
Seitenschneider VDE 60 mm (für harten und weichen Draht)
Storchschnabel VDE 200 mm

Kombizange

Crimpzange
(Knipex), dazu ein umfangreicher Satz Terminals in Blau, Gelb und Rot.

1 große Rohrzange mit Eckmaul

2 Grip-Zangen (groß und klein)
1 Parallelgripzange
Diese sind das vielseitigste Werkzeug an Bord. Man benötigt nur einmal viel Kraft, um die Zange zusammenzudrücken, geschlossen bleibt sie von selbst. Ihr Einsatz ist mannigfach, so, wenn eine über Bord gegangene Kurbel zu ersetzen ist, wenn eine Kopfschraube aufzudrehen ist, bei der wir bereits mit dem Schraubendreher den Schlitz kaputtgemacht haben, um die Propellerwelle innen vor dem Herausrutschen zu bewahren, wenn sie sich unglücklicherweise aus dem Flansch gelöst hat, usw.

Bohrmaschine
Haben wir nur eine Bohrmaschine für Handbetrieb dabei, so muss daran gedacht werden, dass wir oftmals in den kleinen Winkeln unseres Schiffes nicht genügend Platz haben, um diese dort auch durchzudrehen. Hier wäre eine elektrische besser. Es gibt für wenig Geld (ca. 20 Euro) Bohrmaschinen, die für die 12-Volt-Batterie unseres Autos gedacht sind. Selbstverständlich können wir sie mit demselben Nutzen auch auf dem Schiff einsetzen. Sie sind sehr handlich und weit kräftiger als unsere Hände und werden normalerweise mit einem 8-mm-Bohrfutter verkauft. Wir sollten versuchen, ein Bohrfutter bis 10 mm zu bekommen.
Besser als eine solche »Not«-Bohrmaschine ist eine kräftige Akku-Bohrmaschine, zu der gleich ein Wechselakku mit angeschafft werden sollte. Ist auf einer Yacht kein leis-

tungsfähiger Inverter vorhanden, muss die Akku-Bohrmaschine mit einem zusätzlichen Ladegerät für 12 Volt versehen sein, sonst sind wir auf einem Ankerplatz damit bald ziemlich saft- und hilflos. Der Akkubohrer sollte mit einem 10-mm-Bohrfutter ausgestattet sein. Hat er ein Schnellspannfutter, dann können wir auch nicht den Schlüssel im unpassenden Moment verlieren.

Ideal wäre es natürlich, wenn wir eine richtig starke Bohrmaschine betreiben könnten, wie wir sie für unsere »Do-it-yourself«-Arbeiten zu Hause verwenden. Voraussetzung ist aber hierbei Landstrom oder Strom aus dem Generator/Inverter. Benutzen wir einen kleinen Honda-Generator, dann müssen wir daran denken, dass der kleine Typ nur knapp 500 W abgibt. Deshalb kaufen wir eine Bohrmaschine mit einer geringeren Leistungsaufnahme. Berücksichtigt werden muss auch, dass viele Wechselstrom-Motoren einen viel höheren Anlaufstrom benötigen. In den Gebrauchsanleitungen der Generatoren ist angegeben, wie viel Strom kurzzeitig abgegeben werden kann.

Es ist selbstverständlich, dass wir Hochleistungsbohrer in allen Größen an Bord haben müssen. Vor allem kleine Bohrer brechen bei ungeübter Handhabung (wie das bei uns der Fall ist) leicht.

Schraubstock

Eines der wichtigsten Werkzeuge, obwohl wir es nur sehr selten benötigen! Wenn wir es aber brauchen, sind wir wirklich darauf angewiesen. Im Notfall können wir mithilfe eines Schraubstocks in einer abgelegenen Bucht oder gar auf hoher See irgendein Metallstück zurechtfeilen. Ein kleines Problem wird immer seine Aufstellung sein. Auf kleinen Yachten finden wir meist auf einer Stufe des Niedergangs eine Möglichkeit, den Schraubstock anzubringen. Um das schöne Holz nicht zu verletzen, legt man kleine Brettchen dazwischen, bevor man den Schraubstock befestigt.

Der Schraubstock lässt sich auch auf eine Sperrholzplatte montieren, die dann wiederum mit Schraubzwingen an geeigneten Plätzen befestigt werden kann. Dann kann auch beim Sägen von Metall ein Lappen

Ein mitgeführter Schraubstock kann auch auf der Pier für Reparaturen eingesetzt werden.

wegen der unangenehmen Späne untergelegt werden.

Hämmer
(Schlosserhammer 300 und 500 Gramm)
1 großer Hammer (1500 Gramm) für große Yachten
Gummihammer 80 mm
Schonhammer 40 mm

PUK-Säge
1 Stahlsäge mit 300 mm Blattlänge
Holzsäge
Fuchsschwanz und Laubsäge mit entsprechenden Sägeblättern – auch für Niro!

Blechschere

Scharfes Messer
– auch Abbrechmesser in Metallhülse

Rasierklingen

Nietenanschläger

Schraubzwingen aus Metall

Feilen
Sie müssen in allen Größen und Formen vorhanden sein und mit jedem Material, auch mit Chromstahl (Nirosta), fertig werden.

Meißel, flach (200 mm)

Hydraulische Drahtschere oder Wantenschneider
Er muss in der Lage sein, Niro-Draht bis zum Durchmesser unserer dicksten Wanten zu schneiden. Beim Kauf lasse man sich ausdrücklich zusichern, bis zu welcher Dicke in Millimeter Nirostamaterial geschnitten werden kann.

Schere
aus nicht rostendem Stahl. Sie muss mit einer Zähnung versehen sein. Nur so lässt sich vermeiden, dass glattes Material aus der Schere rutscht.

Drahtbürste (reihig, Niro)

Raspel

Gewindeboherersatz (4 bis 12)
Schneideisensatz (4 bis 12)
Gewindestangen in VA
von einem Meter Länge in folgenden Größen: M6 – M8 – M10 – M12 – M16. Zahlreiche Anwendungsmöglichkeiten bei unvorhergesehenen technischen Defekten.

Gewindefeile (metrisch)

Technisches Stethoskop

Magnetheber,
flexibel, ca. 2000 Gramm Zugkraft

Rohrreinigungsspirale
aus Kunststoff, weil die metallenen in der Salzwasserluft extrem schnell verrosten.

Federarmgreifer

Pinzetten (spitz und flach)

Handspiegel

Vergrößerungsglas

Malerspachtel

Ölkanne

Fettpresse

Lötlampe
Es gibt recht praktische Dinger, die von einer kleinen Gasflasche gespeist werden.

Lötkolben
Ihn gibt es im Autozubehörgeschäft. Am besten klemmen wir ihn bei Bedarf direkt an die beiden Kontakte unserer Batterie. Selbstverständlich kann man aber auch einen Lötkolben benutzen, der über offenem Feuer vorher erhitzt wird. Hierzu reicht unser Spiritus- oder Petroleumofen: Mit so einem Löteisen dürfen wir natürlich keinesfalls in elektrischen Schaltungen herumstochern, Transistoren und Dioden sind außerordentlich hitzeempfindlich. Das Gleiche gilt für die (teuren) Lötkolben, die ähnlich wie die oben erwähnte Lötlampe mit kleinen Gasflaschen ausgestattet sind. Die beiden letzteren Löt-

kolben können wir praktisch nur für gröbere Arbeiten verwenden, also überall dort, wo mit vagabundierender Hitze kein Schaden angerichtet werden kann. Selbstverständlich haben wir zu unserem Lötkolben gleich Lötzinn dazugepackt, in dem das für das Löten unbedingt erforderliche Lötfett bereits enthalten ist.

**Voltmeter oder
Vielfach-Messinstrumente**
Erhältlich in Kaufhäusern schon ab 10,- Euro. Sind wir keine Elektroniker, so reicht ein billiges Vielfach-Messinstrument für den Gebrauch an Bord ohne weiteres aus. Ein Zeigerinstrument ist besser als eines mit Digitalanzeige.

Elektronisches Digital-Thermometer
Wenn eine Kühlanlage an Bord ist, ist ein Fern-Thermometer, das mit einem Laserstrahl innerhalb einer Sekunde die Temperatur berührungsfrei misst, fast unersetzlich. Auf den Messbereich achten! Das Thermometer sollte Bereiche bis minus 20 Grad Celsius erfassen.

Korken und Gummipfropfen
zum Abdichten eventueller kleiner Lecks. Ganz besonders gut eignet sich hierfür der Satz von Gummipfropfen in verschiedenen Größen, der in jeder Rettungsinsel enthalten ist. Wenn wir uns an eine Service-Station wenden, können wir dort sicher für wenig Geld einen solchen erhalten.

Holzkeile
werden benötigt, um schwerste Gewichte minimal zu bewegen – zwei bis vier Stück, schlank!

Wagenheber bis 2 Tonnen
sind preiswert im Baumarkt zu bekommen. Werden sie aber einmal benötigt, beispielsweise um die Maschine nach Bruch der Halterung anzuheben, sind sie unbezahlbar.

Radabzieher

Maßband, Schiebelehre, Zollstock
(Kunststoff)

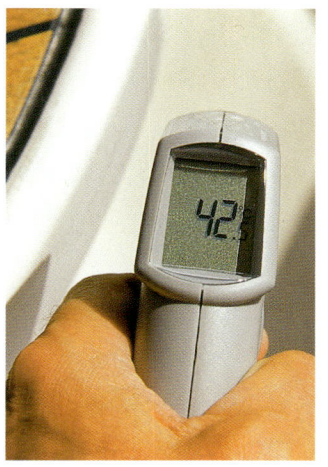

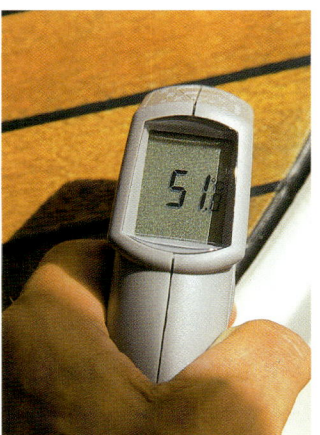

So ein Digital-Thermometer mit Lasermessung ist an Bord vielfältig einsetzbar: Hier beweist es, wie unpraktisch Teakdecks sind: Auf dem weißen Kunststoff misst es 42 Grad in der Sonne, auf dem Teakdeck gleichzeitig unerträgliche 51 Grad Celsius.

Werkzeug – »Software«

WD40 oder ein sonstiges Kriechöl

Ein wichtiges Mittel, um eingerostete Schrauben oder verklemmte Gewinde wieder zum Laufen zu bringen. Im Notfall lässt sich auch Dieselöl, Petroleum oder sogar Coca-Cola mit ihrer »kriechenden« Kohlensäure verwenden. Auf den Dosen ist meist aufgedruckt: »Für elektrische Geräte«. Ich würde diese Mittel oder Anti-Rost-Mittel hierfür jedoch nicht verwenden. Für die empfindliche Bordelektronik gibt es spezielle Mittel, die nur für elektronische Zwecke eingesetzt werden sollen.

Ob dies aber generell zweckmäßig sei, ist umstritten. Als ich meinen Sender innen einmal eingesprüht hatte, gab er anschließend keinen Ton mehr von sich. Das Sprühöl hatte in den Kondensatoren einen dünnen Belag (Schutzfilm) gebildet, der aber gleichzeitig den Raum zwischen den beiden Platten – Dielektrikum – verändert hatte. Eine langwierige Nachtrimmung war notwendig. Seitdem habe ich dieses Öl zwar fleißig verwendet, war aber darauf bedacht, keine Kondensatoren damit zu behandeln.

Nähmaschinenöl

Epoxy-Kleber

Er kann auch zur Sicherung von Schraubgewinden verwendet werden, sowie bei Arbeiten am Auspuff als Dichtungsmasse, die nicht verbrennt.

Epoxyd-Harz

Lässt sich meist nicht länger aufheben als ungefähr ein Jahr.

»Plastikstahl«

Wurde auch schon verkauft als Mittel zum »Kaltschweißen«. In Wirklichkeit handelt es sich hierbei um nichts anderes als einen Kunststoffkleber, dem noch andere Füllmittel zugesetzt wurden, um eine besondere Festigkeit zu erreichen. Bei weitem wird aber nicht die Härte von Metall erreicht, was sich jederzeit mit einer Feile feststellen lässt. Trotzdem – es gibt Situationen, in denen ich froh um ein solches Mittel bin.

Zyanid-Kleber

Das ist einer jener Kleber, die alles versprechen. Wenn wir nur einen Tropfen zwischen Daumen und Zeigefinger nehmen und die Finger 15 Sekunden zusammenpressen, bekommen wir sie nicht mehr ohne Hautverletzung auseinander. Dieser »Wunderkleber« wird auch verwendet, um Drahtseile in Terminals zusätzlich einzukleben. Sein Nachteil ist der Preis und dass er in heißen Gegenden sehr schlecht haltbar ist.

Entfetter

Entroster

Klebstoff

(Pattex oder Uhu)

Silikongummi

Im Gegensatz zu Naturkautschuk altert dieses Dichtungsmittel nicht und bleibt immer elastisch. Nachteil: Verbindet sich im Allgemeinen nicht mit Kunststoff, mit Holz nur nach vorheriger Oberflächenbehandlung.

Vaseline

Zum Einfetten der Batteriekontakte und von Eiern, die dadurch bis zu 3 Monate »frisch« bleiben. Dichtungsringe (O-Ringe) in Wasseranlagen (Toilette, Watermaker, Wasserleitungen) sollten damit eingefettet werden, damit die Rohr- oder Schlauchverbindungen ohne Beschädigung des O-Rings geöffnet werden können.

Talg

Er dient, um Leinen oder Schoten einzufetten, die ständig unter Belastung über Blöcke laufen.

Talkumpuder

Zum Einreiben von Gummidichtungen unserer Luken und Fenster.

Teflonband und Hanf

Zum Abdichten von Wasserleitungen, Tanks, Seeventilen etc.

Isolierband

Damit können wir auch offene Splinte an

Wantenspannern umwickeln, um uns vor Verletzungen zu schützen.

Gewebeklebebänder

sind die strapazierfähigsten Bänder. Man kaufe sie in kleinen Spulen zu je 25 Meter. Wenn man eines davon zur Sicherheit im Kühlschrank aufbewahrt, hält es ewig.

Wollfett

ist ideal zum Einfetten aller Metallteile, die dem See- oder Regenwasser ausgesetzt sind. Mit diesem Naturprodukt habe ich ganz gewöhnliche elektrische Steckverbindungen eingefettet, die gelegentlich nass wurden. Keinerlei Rostspuren nach zwei Jahren!
Ganz wichtig: Wird an Aluteilen geschraubt, bedecke man die Schrauben mit Wollfett. Sonst korrodieren die Schrauben derart fest im Alu, dass sie praktisch nicht mehr entfernt werden können.

Kaugummi

Nicht nur für lange Nachtwachen oder gegen Seekrankheit, sondern auch um eine Schraube mit dem Schraubenzieher anzuziehen, wenn für die Finger kein Platz ist – oder zum provisorischen Abdichten von kleinen Lecks!

Segel-Klebeband

zum notdürftigen Reparieren unserer Segel. Dieses moderne Material hat zum Teil ein ganz beachtliches Haftvermögen. Wir dürfen aber auch hier nicht vergessen, dass der Untergrund selbst für diese Wundermittel trocken und absolut fettfrei sein muss. Im Übrigen kann die Klebefähigkeit bei kühlem Wetter sehr stark gemindert sein.

Schmierfeste, wasserfeste Schreibstifte

schreiben auf jedem Untergrund, beispielsweise die Betriebsstundenzahl des Ölwechsels auf die Maschine, Ziffern auf Teile unseres Anlassers, damit wir diese anschließend in der richtigen Reihenfolge wieder zusammenbauen können, bei den Winschen am Mast die Drehrichtung usw. usw.

Kleine und große Helferlein

Holzbrett ca. 40 cm x 200 cm

Es sieht an Bord einer schmucken Yacht nicht sehr schön aus, und viele lächeln auch dementsprechend, wenn sie so eine Planke an Deck herumliegen sehen. Tatsächlich aber ist ein ordinäres Holzbrett mit ein paar Bohrungen in den Ecken ein ganz universelles Ding, nicht nur als Ersatz für eine mondäne Gangway. Wir können es über unseren Fendern an der Bordwand als Reibebrett benutzen, oder es gibt, quer über das Cockpit gelegt, einen recht bequemen Esstisch ab (mit einer Tischdecke etwas wohnlicher gemacht). Im Notfall würden wir es als Seeschlagblende vor den Kajütfenstern anbringen oder für Reparaturen mit dem Schraubstock verwenden, und im

Dieser Spinnaker wurde mitten auf dem Atlantik mit Klebeband zehnmal geklebt. Die Klebestellen haben bis zur anderen Ozeanseite gehalten.

Katastrophenfall lässt sich ein Ersatz-Ruderblatt zimmern.

Kauschenpresse

Mit der seit Jahren auf amerikanischen Yachten bewährten »Nauti-Press« mit entsprechenden Press-Hülsen lässt sich Nirodraht bis 6 mm zuverlässig verarbeiten. Anwendungsbereiche: Stropps, Fallen, Reling, Notrigg etc. Eines der universellsten Hilfsmittel an Bord!

Nähmaschine

Um sie zum Segelnähen zu verwenden, muss sie einen Zickzackstich machen können. Auf dem Trödelmarkt dürfte eine solche Nähmaschine mit Handantrieb schwer zu bekommen sein. Und bei den modernen haben wir wieder Stromprobleme. Darüber hinaus müsste sie besonders stark sein, um das schwere Segelmaterial überhaupt zu bewältigen. Deshalb können wir sie zu diesem Zweck wohl kaum einsetzen, und wir müssen auf die gute alte Handarbeit zurückgreifen. Aber für andere Aufgaben ist, wenn wir genügend Platz haben, eine Handnähmaschine immer praktisch.

Taschenlampen mit LED-Licht

Ein Muss auf jeder Yacht, wenn sie auch noch recht teuer sind. Sie brennen wochenlang, ohne dass die Batterien erneuert werden müssen. Sie machen herkömmliche Taschenlampen, die wegen häufigen Batteriewechsels nur scheinbar preisgünstiger sind, überflüssig.

Wasserschlauch von ungefähr 30 Metern Länge

Oft ist es zur Wasserübernahme wesentlich bequemer und risikoloser, einen Schlauch anzuschließen als die Yacht zum Wasserübernehmen zu verholen. Diese »praktischen« flach aufrollbaren Wasserschläuche (Faltschlauch) haben den Nachteil, dass sie einen ziemlichen Wasserdruck benötigen, damit am anderen Ende noch ein einigermaßen kräftiger Wasserstrahl herauskommt.

Tauchausrüstung

Tauchbrille mit Schnorchel

Sehr wichtig! Wenn wir wirklich unser Schiff als Fahrtensegler beherrschen wollen, müssen wir zumindest in der Lage sein, auch mal außenbords zu gehen, um festzustellen, ob irgendetwas nicht stimmt. Auf größeren Reisen kommen wir kaum um eine Reinigung des Unterwasserschiffes vor Antritt längerer Fahrten herum. Ein 10-Meter-Schiff reinigen wir mit einer harten Bürste in ungefähr zwei Stunden, wenn uns hierbei niemand hilft. Aber bitte keine Illusionen: Auf hoher See sind wegen der Schiffsbewegungen auch für Supersportler Arbeiten außenbords kaum möglich.

Tauchanzug

Dieses »Werkzeug« ist zwar sehr teuer, aber seine Anschaffung ist auch dann empfehlenswert, wenn man sich vorwiegend in wärmeren Gewässern aufhält. Erst mit einem »Nassbiber« ist man unter Wasser so richtig einsatzfähig. Stundenlang können wir uns damit auch in kühlerem Hafenwasser aufhalten und uns mit unseren Problemen unter Wasser (Ruder, Propeller, Speedometer, Echolotgeber und so fort) beschäftigen.

Gummihandschuhe
Arbeitshandschuhe aus Leder

Wenn wir starken Bewuchs am Unterwasserschiff haben, schützen wir unsere Hände mit diesen vor Verletzungen durch scharfkantige Muscheln oder Seepocken.

Ohrstöpsel

dürfen auf keinen Fall beim Tauchen benutzt werden. Sie sind aber ein guter Schutz der Ohren vor Entzündungen beim Arbeiten am (giftigen) Wasserpass. Häufig halten sich am schmutzigen Unterwasserschiff auch kleine Krebse auf, die sich schon mal im Ohr verstecken wollen.

Tauchlampe

Sie hilft uns nicht nur, wenn wir unglücklicherweise nachts unter Wasser etwas zu richten haben. Vorsicht: Keinesfalls würde ich in der Nacht mit einer Lampe ins Wasser gehen, wenn auch nur die geringste Möglichkeit besteht, dass sich Haifische in der Nähe aufhalten. Leicht wird übrigens die Reichweite dieser unhandlichen Lampen überschätzt. Selbst bei ganz klarem Wasser sieht man in der Nacht kaum weiter als zwei Meter. Aber auch an Bord ist eine Unterwasserlampe nachts ein wertvolles Hilfsmittel. Vor allem bei schlechtem Wetter mit viel Regen pflegen uns nämlich normale Taschenlampen sehr schnell im Stich zu lassen. Am besten wäre eine schwimmende Taucherlampe, die wir dann einem in der Nacht über Bord Gegangenen gleich hinterherwerfen können, um die Stelle durch den Lichtstrahl gut zu kennzeichnen. Moderne Taschenlampen sind oft als »wasserdicht« gekennzeichnet. Sie erfüllen ihren Zweck für Arbeiten in geringer Wassertiefe ebenso und sind viel billiger.

Fahrzeuge

Beim Fahrtensegeln verbringt man – eine der Hauptattraktionen – viel Zeit stationär, also vor Anker, im Hafen oder in einer Marina. Nicht überall gibt es eine gute Verkehrs-Infrastruktur, die es uns bequem ermöglicht, ins richtige Geschäft zu kommen oder Ausflüge zu unternehmen. Denn wir meiden ja meist überlaufene Plätze, wo alles durchorganisiert ist. Hinzu kommt, dass bei beschränktem Bordbudget Taxis mancherorts unerschwinglich sind, wenn es sie überhaupt gibt. Da können bordeigene »Verkehrsmittel« von großem Vorteil sein.

Klapp-Fahrrad
Ein solches würde ich mitnehmen, wenn ich genug Raum habe. Kein guter Platz für Fahrräder ist die Reling, wo man sie oftmals sieht. Denn dort zeigt der Seewasserspray, welch zerstörerische Wirkung er an normalem Stahl entfalten kann. Aber auch spezielle »Niro-Räder« leben dort nicht lange, denn hier trügt die Bezeichnung »Niro«: Alles, was nicht Chromstahl ist, und das ist außer dem Rahmen fast das ganze übrige Fahrrad, rostet so schnell, dass man dabei zuschauen kann. Man bedenke auch: Alle Häfen liegen auf Meereshöhe, sodass es »downtown« meist zunächst bergauf geht.

Eine Dreigangschaltung ist die Mindestausrüstung am Fahrrad.

Kleinmotorrad
bereitet eine Menge Probleme: Benzin an Bord, Zulassungs- und Versicherungsfragen. Oft ist es einfacher und auch im Endergebnis billiger, sich jeweils dort eines zu mieten, wo man glaubt, es zu benötigen. Allerdings haben sich Weltumsegler, die sich offenbar wenig Gedanken um die Versicherungsprobleme gemacht haben, begeistert über ihr Motorrad an Bord geäußert. Es habe den Erlebniswert ihrer Reise erheblich gesteigert.

Ersatzteile und Reservelast

Hannes vom Katamaran VITEVITE hat es nach seiner Weltumsegelung auf den Punkt gebracht, als er gefragt wurde, was für Fehler er hierbei gemacht habe: »Ich hatte nicht genügend Ersatzteile dabei!«

Maschinenersatzteile

Diese sollten wir uns von der Herstellerfirma empfehlen lassen. Man halte sich auch sonst an die Vorschriften im Motoren-Handbuch: Immer steht im Hintergrund die Drohung der Herstellerfirma mit dem Garantieverlust. Die Absicht dahinter ist kaum zu übersehen: Der Motorenkäufer soll gezwungen werden, nur die »Orginal-Ersatzteile« zu benutzen. Letztere sind meist erheblich teu-

Ein klappbares Fahrrad an Bord – wichtig ist der Gepäckträger!

rer als vergleichbare, vielleicht genauso gute Artikel anderer Firmen. Welch ein Zufall!

Maschinenöl
Ölfilter

Neben dem vorgeschriebenen Maschinenöl müssen auch mehrerer Ölfilter (siehe die im Handbuch vorgeschriebenen Intervalle für den Filterwechsel) an Bord vorrätig sein. Segeln wir längere Strecken, können sehr schnell so viele Maschinenstunden auflaufen, dass selbst auf hoher See ein Öl- und Ölfilterwechsel notwendig werden. Das kann, selbst bei Flaute, wegen der Schiffsbewegungen recht mühsam sein, weil der genaue Ölstand nicht einfach zu messen ist.

Impeller oder besser eine komplette Wasserpumpe
Original-Dichtungssätze
Einbaufertige Einspritzdüsen für jeden Zylinder der Dieselmaschine
Zündkerzen, Unterbrecherkontakte und Zündspule für den Außenborder
Keilriemen
Mehrere Brennstoff-Filter

Ersatzteile für die Bordelektrik

Wenn unsere Bordanlage auf 12 Volt ausgelegt ist, bekommen wir hierfür fast alles in jedem Autozubehörgeschäft, das es weltweit an (fast) jeder Straßenecke gibt. Man zögere nicht, dort einzukaufen. Denn in unserer Yacht kommt fast die gesamte Elektrik, angefangen von der Lichtmaschine bis zur Batterie, aus dem Automobilsektor. Es gibt beispielsweise keinen Elektromotor (Winschen oder Ankerspill), der speziell für Yachten hergestellt ist. Obwohl man also hier recht gute Versorgungsmöglichkeiten findet, ist es bequemer (und billiger), die wichtigsten Ersatzteile an Bord vorrätig zu haben:

Lichtmaschine

Eine solche brauchen wir immer dann, wenn wir, wie meistens, an Bord eine Drehstromlichtmaschine benutzen. An der können wir mit Bordmitteln keine Reparatur vornehmen. Haben wir dagegen noch eine altmodische Gleichstrom-Lichtmaschine (Dynamo), so erneuern wir nur alle 3 Jahre die Kohlebürsten.

Ersatzbatterien

für alle elektrischen Geräte an Bord! Denken wir daran, dass wir für elektronische Geräte nur »Leak-Proof«-Batterien verwenden sollten. Auch sie sind nur begrenzt lagerfähig. Insbesondere müssen die Batterien in den elektrischen Geräten von Zeit zu Zeit auf ihren Ladezustand kontrolliert werden. Auch auslaufsichere Batterien können undicht werden und ein elektronisches Gerät mit einiger Sicherheit zerstören. Alkalibatterien halten am längsten, sind aber nicht für Taschenlampen geeignet. Achtung: Wiederaufladbare Batterien (Nickel-Cadmium-Akkus) scheinen weniger Geld zu kosten, zumal es jetzt Ladegeräte für die Bordbatterie, ja sogar mit Solarzellen gibt. Doch können die wiederaufladbaren NiCd-Akkus nicht in allen Geräten verwendet werden. Denn sie geben im voll geladenen Zustand nur 1,2 Volt ab und nicht wie die Einweg-Batterien 1,5 Volt.

Ersatzbirnen

für alle an Bord befindlichen Lampen.

Ersatzfassungen

insbesondere für die Positionslampen, deren Fassungen vergammeln, weil sie das meiste Salzwasser abkriegen. Um diesen Effekt zu mildern, sollten die Lampen mit Wollfett (Lanocote) eingesetzt werden.

Sicherungen

Viele elektronische Geräte haben eine im Gehäuse eingebaute eigene Sicherung. Wird ein Gerät nachträglich installiert, braucht man auch Sicherungshalterungen.

Kohlebürsten für alle Elektromotoren (Steuerautomat!)

Isolierter Kupferdraht

in verschiedenen Stärken für Elektroarbeiten. Hierbei sollte man berücksichtigen, dass bei den üblichen 12-Volt-Anlagen Kabelquerschnitte von weniger als 1,5 Quadratmillimetern kaum gebraucht werden.

Ersatzteile für Rigg und Segel

Norseman-Terminals

Mit ihnen können wir im Notfall mithilfe des vorher erwähnten Drahtseils ein neues Want herstellen. Darum soll auch mindestens ein Drahtseil von der Länge und Stärke wie das größte Want oder Stag an Bord sein.

Wantenspanner

Für jeden an Bord verwendeten Typ soll mindestens ein Reservespanner vorhanden sein.

Bulldog-Grips, Drahtseilklemmen in VA

Mit ihnen lässt sich zur Not in einem Drahtseil ein Auge herstellen.

Schäkel und Blöcke

in allen möglichen Größen.

Stagreiter
Mastrutscher

Gummistropps

und dazugehörige Haken, Leinen, Bändsel, Takelgarn.

Segeltuch

2 Quadratmeter reichen aus.

Segelnadeln

Verschiedene Größen werden zum Schutz vor Rost in einem mit Öl gefüllten Schraubglas aufbewahrt.

Wichtiges Kleinzeug in der Reservelast

Pumpenersatzteile

für alle Pumpen an Bord (auch für die Toilette). Insbesondere Neopren-Membranen leben im Salzwasser nicht länger als ein bis zwei Jahre.

Lampenzylinder

für die gemütlichen Petroleumlampen, wenn wir noch Petroleum verwenden.

Ersatzbrenner

für den Petroleum-Kochofen. Mit Reparaturen sollten wir uns überhaupt nicht abge-

ben, denn ein ganzer Brenner ist wesentlich schneller auszuwechseln als mühsam die Düsennadel auszubauen.

Nirostaschrauben

in allen möglichen Größen – lieber zu viele als zu wenige – mit dazugehörigen Muttern und Scheiben.

Holzschrauben

Größe und Material richtet sich hauptsächlich nach der Innenverkleidung unseres Schiffes. Sind dort Messingschrauben verwendet, so sollten wir auf jeden Fall solche in der richtigen Größe an Bord haben. Bei längerem Aufenthalt im Salzwasser zersetzen sich nämlich Messingschrauben, auch wenn sie an einem vermeintlich trockenen Platz untergebracht sind. Oft findet dann der Schraubendreher keine richtige Angriffsfläche mehr, sodass wir diese Schrauben lieber gleich gegen neue Messingschrauben austauschen.
Übrigens ziehen VA-Blechschrauben in dünnem Holz viel besser.

Nirostadraht
Messingdraht
Moneldraht
Drahtseil
Nirostablech: kleine Stücke mit 1, 2 und 3 mm Dicke
Nirosta-Schlauchklemmen in 100% VA
Splinte in allen Größen

Springfedern für Druck und Zug

gibt es als Sortiment im Werkzeugladen. Im Allgemeinen bestehen sie aus rostendem Material, doch lassen sie sich ohne weiteres für kurze Zeit einbauen in Geräte, bei denen uns beim Auseinandernehmen eine der wichtigen Federn über Bord gesprungen ist.

Dichtungssortimente (O-Ringe, Kupferringe)

Wo ist der Schraubenzieher?

Richtet sich der Skipper in etwa nach dieser Aufstellung, so wird er eine ganze Menge an Kleinkram zusammenbekommen. Nicht, dass es viel Platz beanspruchen würde, die Gefahr besteht vielmehr darin, dass die Teile irgendwo in der Ecke verschwinden. Deshalb ist es unbedingt empfehlenswert, sich eine genaue Liste mit Angabe des Aufbewahrungsorts anzufertigen, in der alle Ersatzteile sorgfältig verzeichnet werden.

Das Werkzeug bewahren wir am besten in einem speziellen Werkzeugkasten an einem möglichst leicht und schnell zugänglichen Ort auf. Daneben sollte das »kleine« Werkzeug – Schäkelöffner, Zange, zwei Schraubendreher, Schere, Taschenlampe – im Brückendeck oder nahe des Niedergangs griffbereit sein.

Wir werden das Werkzeug viel öfter benötigen, als wir denken.

Tipps und Tricks

Gegen Seekrankheit: ein gutes Mittel ohne Nebenwirkungen

Die wirkungsvollsten Mittel gegen die Reisekrankheit (was dasselbe ist) stammen allesamt aus der Chemie und haben somit teils erhebliche Nebenwirkungen. Dann gibt es noch solche, die offensichtlich ihre Wirkung aus dem Glauben beziehen und im Ernstfall meist versagen. Gerade zu den Letzteren gehört nachfolgende Methode nicht, sondern sie hat durchaus wissenschaftlichen Hintergrund, wenn auch fernöstlichen.

Klaus Dudenhöfer ist Arzt (Internist) und bezeichnet sich selbst als Schulmediziner. Umso erstaunlicher ist es, dass er, der überaus erfahrene Segler, auf ein Mittel gegen die Seekrankheit schwört, das sicher nicht aus der klassischen, jedenfalls europäischen Schulmedizin stammt. Dudenhöfer hält dieses Akupunktur-Rezept für viel wirkungsvoller als alle Tabletten, Zäpfchen oder Pflaster hinterm Ohr. Die Nadel setzt an dem Punkt an, hinter dem sich das Gleichgewichtsorgan – verantwortlich für die Bewegungskrankheit – verbirgt. Das ist aber reiner Zufall und hat nichts mit der Einstichstelle zu tun. Vielmehr spiegelt das Ohr in der Akupunktur-Lehre den gesamten Körper wider, sodass es wichtig ist, den genauen Punkt zu treffen, der auf dem Foto (Nadelspitze) abgebildet ist.

Beim Rechtshänder befindet er sich am rechten Ohr, beim Linkshänder am linken Ohr. Ideal ist es, wenn sich an Bord eine Akupunktur-Nadel befindet, die dann mit einer leichten Linksdrehung zwei Millimeter tief eingestochen wird. Es reicht aber auch jede andere Nadel, die am besten vorher desinfiziert werden sollte, was auch durch Ausglühen der Nadelspitze geschehen kann.

Und jetzt das Beste: Ist gerade keine Nadel zur Hand – jeder Leidgeprüfte weiß, dass gerade langes Rumsuchen unten in den Schapps »das Fass zum Überlaufen« bringen könnte –, kann auch der Fingernagel mit leichtem ständigen Druck zur Akupressur auf diesem Punkt eingesetzt werden.

Die Akupunkturnadel oder Akupressur sollte bis zum Verschwinden der Symptome, mindestens aber 20 Minuten angewendet werden.

Man kann sich vor Antritt der Reise von einem anerkannten Arzt (akupunkturarzt.de) eine Dauernadel applizieren lassen, die dann als kleiner Knopf im Ohr verbleibt, bis sie nach drei bis zehn Tagen von selbst herausfällt. Diese ist auch bei Tätigkeiten wie Schwimmen, Tauchen oder Duschen nicht hinderlich. Mutige können ohne weiteres diese Dauernadel, welche fertig mit einem entsprechenden kleinen Einführungsset in jedem Medizinbedarfgeschäft zu erwerben ist, an dem bezeichneten Ort im Ohr der Händigkeit (links- oder rechtshändig) einstechen. Für alle anderen bleibt immer noch die Möglichkeit der Akupressur. Im Übrigen wirkt diese Methode nicht nur bei Seekrankheit, sondern auch bei jeder

Das ist die Stelle zum Einstechen bei einem Rechtshänder!

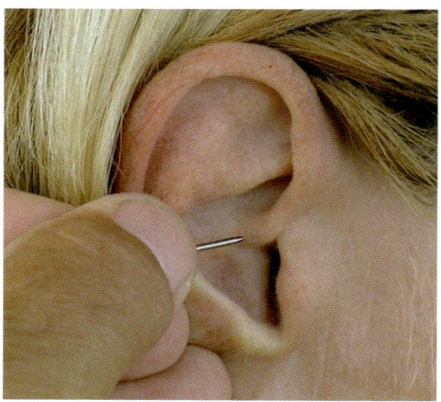

anderen Art von Schwindel – und bei Schluckauf.

Schutz bei Blitzeinschlag

Den gibt es nicht auf einem Metallschiff! Aber: Allen wissenschaftlichen Erkenntnissen zum Trotz sucht sich der Blitz gelegentlich Wege ins Wasser, die eigentlich nicht funktionieren dürften. So soll ein »Faradayscher Käfig« zuverlässig vor Blitzschäden schützen. Und doch hat ein Blitz auf der VITEVITE, einem 15 Meter langen Katamaran aus Aluminium, die gesamte Elektronik nachhaltig geschädigt. Heute, wo doch viele glauben, auch auf Hochseetörns ohne Astronavigation auskommen zu können, ist der Super-GAU in der Navigation – kein funktionierendes GPS mehr an Bord – in einem solchen Fall durchaus denkbar. Dagegen schützt nur eines zuverlässig, nämlich ein Hand-GPS in einem Faradayschen Käfig aufzubewahren, also in einem Koffer aus Aluminium. Denn es ist ausgeschlossen, dass ein Blitz das Naturgesetz vom schützenden Metallbehälter zweimal außer Kraft setzt. Im selben Koffer kann man dann auch ähnlich wertvolle Geräte schützen: Satelliten-Handys, Handfunkgeräte und so fort.

Schäkel- und Wantenspannersicherung

Schäkel sind eine patente Sache, außer im stehenden Gut. Sie lassen sich leicht öffnen und halten sicher – ziemlich sicher jedenfalls. Doch jeder hat wohl schon erlebt, dass sie gelegentlich doch aufgehen, meist im unpassenden Moment. Deshalb verlangt gute Seemannschaft, dass Schäkel, die länger als ein paar Stunden ihren Dienst erfüllen sollen, zusätzlich gegen das zufällige Aufdrehen gesichert sein müssen. Gleiches gilt für Wantenspanner, Schrauben und Ähnliches.

Auf Fahrtenschiffen, insbesondere auf Langfahrtyachten, hat es sich bewährt, solche Sicherungen mit Draht anzubringen, wobei meist ein Niro- oder Moneldraht nicht zur Hand ist und die Drahtenden immer wieder die Gefahr von Risswunden an den Händen mit sich bringen.

Mit Kabelbindern lassen sich Schäkel gegen unbeabsichtigtes Öffnen sichern. Die schwarzen Kabelbinder widerstehen dem UV-Licht am besten.

Deshalb müssen dann die Drahtenden wiederum mit Tape gesichert sein – reichlich umständlich also. Roland, Eigner der wunderschönen klassischen J-Yacht (America's-Cup-Klasse) SYLPHE, sichert Schäkel mit einfachen Kabelbindern. Das ist billig – sie kosten im Elektrofachhandel nur Pfennige –, schnell und zweckmäßig. Wer schon einmal versucht hat, so einen Kabelbinder ohne Werkzeug zu lösen, wird sich gewundert haben, wie gut er hält. Eine zusätzliche Sicherung gegen Verletzungen ist auch nicht nötig, denn die praktischen Binder sind aus Plastik. Und wer Bedenken wegen der UV-Licht-Empfindlichkeit hat, der kann einmal im Jahr in Sekunden praktisch ohne Kosten neue Kabelbinder anbringen.

Wenn man Kabelbinder durch Abkneifen kürzt, dann können die dadurch entstehenden Enden ziemlich scharfzackig sein, was sich am besten mit dem Feuerzeug entschärfen lässt. Dies hat auch noch den Vorteil, dass die Enden durch das Schmelzen breiter werden und der Kabelbinder jetzt auf keinen Fall mehr aufgehen kann.

In den Mast!

Dorthin geht kein Mannschaftsmitglied gern, trotzdem sollte das Rigg regelmäßig überprüft werden. Der billigste und nicht einmal schlechteste Bootsmannsstuhl besteht aus einem Brett Hartholz (20 x 50 cm), das an seinen vier Ecken aufgehängt ist. Im Gegensatz zu den »feinen« aus Amerika, die unseren Trapezhosen ähnlich sind, lässt es sich bequemer arbeiten, weil wir uns auf dem Brett viel freier bewegen können. Selbstverständlich gehen wir nur mit Sicher-

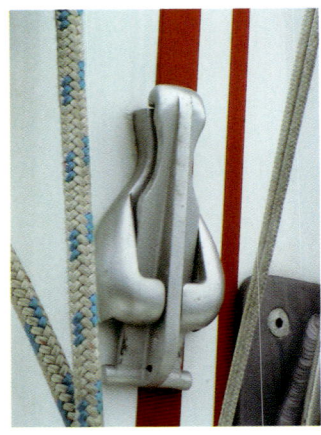

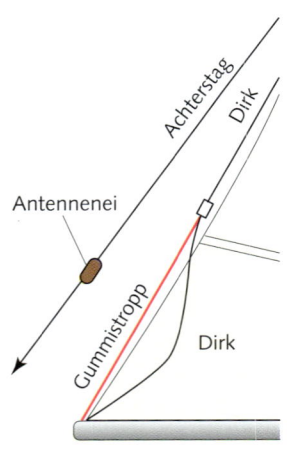

Der Gummistropp hält die Dirk auf Spannung und verhindert ein Vertörnen. Wenn der Stropp im UV-Licht nach einem Jahr lahm wird – austauschen!

heitsgurt nach oben, den wir oberhalb der Saling nicht nur am Bootsmannsstuhl, sondern auch um den Mast sichern.

Um schnell mal oben ein Fall zu klarieren oder hinter den Horizont zu schauen, haben sich auch Metallstufen am Mast – mit Einschränkungen – bewährt. Sie haben jedoch auch Nachteile: Fallen oder andere Leinen verfangen sich leicht an ihnen, sodass sie ihren Vorteil dadurch verspielen, dass man in den Mast auf den Stufen vergleichsweise leicht aufentern kann, aber dies ohne sie oft gar nicht notwendig wäre. Abhilfe schaffen nur außen an den Stufen quer gespannte Bändsel, die als Abweiser dienen.

Diesen Nachteil vermeiden klappbare Sprossen, mit denen der Autor hervorragende Erfahrungen gemacht hat. Bei Bedarf werden sie vom aufsteigenden Mann vor dem Betreten ausgeklappt und beim Heruntersteigen vom Mast wieder eingeklappt. Nicht ein einziges Mal ist auf dem Schiff des Autors eine Sprosse von selbst aufgegangen.

Fall ausgerauscht?

Das kommt leider unter den besten Seglern vor. Ist es schon im Hafen unangenehm, in den Mast aufentern zu müssen, scheut man sich erst recht auf hoher See davor. Denn dann macht in der Dünung der Mast mit seinen peitschenden Bewegungen das Hochklettern zur Qual. Kurzum: Wie ersparen wir uns eine solche (nicht ungefährliche) Tortur?

Selten steht ein Ersatzfall zur Verfügung. Meist hat das zweite Vorsegelfall eine andere wichtige Aufgabe zu erfüllen, sei es, dass es für den Klüver, für die zweite Doppelfock oder gar für den Spinnaker zur Verfügung stehen muss. Auf der Großsegelseite das Gleiche: Die Dirk muss beim Segelbergen den Baum halten. Aus diesem Dilemma hilft ein Doppelblock, in den zwei neue Fallen eingeschert sind. Mit dem einzigen verbleibenden Fall wird der Doppelblock und die beiden »neuen« Fallen hochgezogen und schon stehen wieder zwei Fallen zur Verfügung. Keine Dauerlösung, aber bis zum nächsten Hafen wird es halten!

Segelmesser griffbereit

Manchmal kann es erforderlich sein, in Sekundenschnelle eine Leine oder ein Fall zu kappen. Das Segelmesser ist meist unter dem Ölzeug. Ein Tauchermesser (seewasserfest) mit Scheide ständig am Mastfuß gefahren gibt zusätzliche Sicherheit.

Dirk

Vor allem auf Raumschotskursen kommt es immer wieder vor, dass die Dirk durch den hochsteigenden Baum zu viel Lose bekommt und sich am Achterstag, das meist oben und unten isoliert ist, an den Porzellaneiern verhängt. Ärgerlich, wenn dann zum Reffen schnell angedirkt werden muss. Um dies zu vermeiden, spanne man parallel zur Dirk auf ungefähr zwei Metern Länge einen Gummistropp. Er wird die Dirk auf Zug halten. Im UV-Licht hält der Stropp bis zwei Jahre.

Ferngläser

Sie vergammeln an Bord ziemlich schnell, da sie bei jedem Wetter benötigt werden. Allzu leicht steckt man sie wieder ins Futteral, ohne Salzwasserspritzer entfernt zu haben. Man kommt deshalb billiger weg, wenn man alle drei Jahre ein preiswertes japanisches Gerät kauft. Hat man eines vor dem Kauf ausprobiert, so soll man genau dieses Fernglas kaufen und sich kein »originalverpacktes« mitgeben lassen. Bei der vielen Übung, die wir als Fahrtensegler haben, wird man an Bord ein Fernglas mit zehnfacher Vergrößerung ruhig genug halten können. Ein Fernglas an Bord wird vor allem zur Identifizierung von Schiffen, Landmarken und Tonnen eingesetzt. Da reicht es, wenn das Bild für ein paar Momente ruhig steht. Am besten kaufe man sich Ferngläser mit elektronischen Bildstabilisatoren, bei denen man auch höhere Vergrößerungen an Bord verwenden kann.

Zur Not kann auch eine moderne Videokamera, meist kleiner als ein Binokular, in der »Tele«-Stellung als »Fernglas« eingesetzt werden, da ist der Bildstabilisator schon eingebaut. Allerdings lasse man sich durch Ausdrücke wie »Digitalzoom – 100fache Vergrößerung« nicht irritieren. Diese Einstellung ist für uns unbrauchbar. Nützlich und maßgeblich ist nur die optische Zoomleistung. Noch ein möglicher Irrtum: »10fach-Zoom« heißt nicht: »10fache Vergrößerung«, sondern gibt nur den Brennweitenbereich des Objektivs wieder.

Fischen

Über die Erfolge beim Fischen unterwegs sollte man sich keinen Illusionen hingeben. Das Mittelmeer wird seit 3000 Jahren leer gefischt, dort lohnt sich nicht einmal ein Versuch. Auf den Weltmeeren habe ich mit kostspieligen Rollen (»geeignet für Meeresfischerei«) üble Erfahrungen gemacht; sie waren meist zu klein. Die Polynesier zeigten mir dann, wie es geht: 100 Meter Perlonleine mit einem Durchmesser von mindestens einem Millimeter werden an Bord belegt, am anderen Ende befindet sich ein Stahlvorfach und dann ein Thunfischblinker »made in Japan«. Die größten Bisschancen hat man in der Abenddämmerung, zum Einholen der Beute benutze man eine der Winschen, denn meist handelt es sich um größere Burschen (Makrelen oder Thunfische).

Diesel ohne Schweinerei aus dem Kanister tanken

Wer hat nicht schon bei der vermeintlich leichten Arbeit des Tankens aus Kanistern geflucht, weil anschließend das Deck versaut war und die Finger tagelang nach Diesel stanken. Ganz schlimm ist es, wenn – wie auf Langfahrten üblich – Ersatzdiesel in Kanistern an Deck gefahren wird und unterwegs dann nachgeschenkt werden soll. Kein Trichter ist groß genug, auch bei Flaute, um den eingegossenen, besser gesagt den »eingespritzten« Diesel brav und vollständig in den Tankeinlass zu leiten.

Kein Problem, denken die erfahreneren Blauwassersegler, wozu habe ich ein Stück Schlauch, der Kanister steht ohnehin höher, selbst bei Lage, als der Tank, also fließt der Diesel automatisch und brav vom Kanister durch den Schlauch in den Haupttank. Wenn, ja wenn es einmal gelänge, den Die-

sel so anzusaugen, dass nicht immer gleich eine volle Ladung im Mund landet. Nicht schlimm, aber einen Tag lang schmeckt halt alles nach Diesel. Bääähhh…

Charly, erfahrener Weltumsegler aus Seattle, aber hat von einem Mexikaner einen Trick abgeschaut, der so einfach ist, dass man sich wundert, warum er nicht längst unter Yachties zum Allgemeingut geworden ist. Damit füllt Charly dutzendweise Dieselkanister in den Haupttank um, im Hafen oder auf dem Pazifik, ohne auch nur ein paar Spritzer aufs Deck zu vergießen, ohne sich die Finger schmutzig zu machen oder sich gar das Maul zu verpesten.

Wie? Ganz einfach! Statt am Schlauch zu saugen, umschließt er mit der Hand den Schlauch und die Kanisteröffnung so, dass nur noch eine kleine Öffnung in den Kanister neben (!!!) dem Schlauch übrig bleibt. Durch diese Öffnung pustet er Luft in den Kanister, in dem der entstehende schwache Überdruck dafür sorgt, dass Diesel durch den Schlauch (der natürlich bis zum Kanisterboden reichen sollte) gepresst wird. Folge: Diesel fließt.

Benutzt man sehr flexible Kanister, wie meistens, dann braucht man sein Mundwerk überhaupt nicht einzusetzen. Der nötige Druck kann auch dadurch aufgebaut werden, dass man den Kanister mit den beiden Knien ruckartig zusammenpresst.

Bei beiden Methoden darf selbstverständlich die Belüftung am Kanister nicht offen sein, denn durch diese würde der Druck ja vorzeitig entweichen.

Je voller der Kanister, umso weniger Puste oder Kniedruck ist nötig, um den entsprechenden Druck eine Sekunde lang zu erzeugen. Es handelt sich also um nichts anderes als den altbekannten Vorgang des Ansaugens des Kanisterinhalts – mit dem wesentlichen Unterschied, dass der erste Schwall Diesel nicht im Mund, sondern im Haupttank landet. Sind Schlauch und Kanisterstutzen außen sauber, bleiben sogar die Finger rein. Aufs Deck kommt ohnehin nichts.

Um das Ansaugen des Schlauches am Kanisterboden zu vermeiden, hat Charly in seinen Halbzoll-Schlauch (das ist, sagt der Weltumsegler, der beste Durchmesser) zwei Kerben geschnitten. So kann durch die Einschnitte am Schlauchende immer Diesel in den Schlauch gelangen, selbst wenn der Schlauch fest am Kanisterboden oder in einer unteren Ecke sitzt.

Leinen-Ruckdämpfer

Ruckdämpfer sind an rolligen Stegplätzen notwendig, nicht nur, um bei schlechtem Wetter das Leben an Bord gemütlicher zu machen, sondern auch aus Sicherheitsgründen. Denn das Einrucken in die – meist kurzen – Festmacherleinen belastet Beschläge und auch das Tauwerk übermäßig. Handelsübliche Ruckdämpfer aus Hartgummi erfüllen zwar, vorausgesetzt richtig dimensioniert, ihren Zweck, doch haben sie den Nachteil, Leinen unhandlich zu machen. Auch lassen sich die Festmacher nicht mehr durch Klüsen einholen oder sie bleiben an Klampen hängen.

Genauso effizient wirken, und das kostet meist nichts, flexible Plastikkanister, die mit Wasser gefüllt sind. Auch ihr Verlust bei hektischen Ablegemanövern lässt sich leicht verschmerzen. Bei Uwe und seiner 10-Meter-Yacht reichen Fünf-Liter-Kanister aus, um die notwendige Beschwerung, ähnlich einem Reitgewicht auf einer Ankerkette, zu erreichen.

Übrigens, zur Abfederung der Ankerkette taugt dieser Trick nicht, denn das Gewicht

Bei kleinen Yachten können – kostenlose – Plastik-Wasser-Kanister das Einrucken der Festmacherleinen im Hafen abmildern.

der Kanister ist im Wasser, logisch, nahezu Null.

Wie viel Kette ist schon draußen?

Bei der Wahl der Kettenlänge muss man sich nach einer Reihe von Faktoren richten, nämlich Wassertiefe, Wind, Schwell, Grundbeschaffenheit, Schwojkreisgröße und so fort. Doch was hilft es, wenn der Rudergänger nach sorgfältiger Abwägung dieser Fragen gar nicht weiß, wie viel Kette draußen ist. Denn häufig herrscht nach dem Kommando »Lass fallen Anker« große Ratlosigkeit, wenn die Kette anfängt auszurauschen. Man sollte den Anker ja mit der Maschine einfahren, die Kette nicht auf einen Haufen schmeißen. Dazu muss man wissen, wann der Anker den Grund erreicht hat (Vergleich: Echolot gegen Kettenlänge).

Die besten Ankerwinden haben eine Anzeige der abgelaufenen Kettenlänge. »Künstler« basteln sich mit einem Fahrradtacho eine Anzeige. Wenn man so etwas nicht hat, dann muss die Kette farbig gekennzeichnet sein – und der Mann vorn am Anker, der ja nicht unbedingt zur Stammmannschaft der Yacht gehören muss, sollte die Kennzeichnungen erkennen können. Auf dieser Yacht befindet sich die »Zeichenerklärung« unter dem Deckel für die Ankerlast – einfach und zweckmäßig. Dabei ist es gleichgültig, ob man die Meinung vertritt, die Farben hätten sich nach einem althergebrachten Code zu richten, oder man die Kennzeichnung danach auswählt, was man eben überhaupt für Farben zur Verfügung hat.

Man kann die Kette mit Bändseln, Lederschleifen, Kabelbindern, die es in den verschiedensten Farben und Größen gibt, oder Ähnlichem kennzeichnen. Allen diesen Methoden ist gemeinsam, dass sie nicht lange halten. Die Kettennuss zerstört üblicherweise schon nach kurzer Zeit Bändselzeug, was außerdem den Nachteil hat, dass man schon »schnell« schauen muss, wenn man es beim Ausrauschen der Kette erkennen will. Auch Farben, seien sie noch so liebevoll zu Saisonbeginn gemalt, bleiben nicht lange auf der Kette, jedenfalls nicht deutlich sichtbar. Mag die Haftung auf ver-

zinkten Ketten noch einigermaßen erträglich sein, so hat man bei den modernen Niro-Ketten kaum Chancen auf längere Haftung. Hier zeichnet sich eine patente Lösung ab. Auf der THALASSA wurde die WASI-Nirokette mit flexiblen Kunststoffeinsätzen ausgestattet, wobei der eigentliche »Einbau« mit dem Schraubenzieher nur wenige Minuten gedauert hat. Bis jetzt ist bei mehreren Ankermanövern mit dem elektrischen Spill keiner der Einsätze verloren gegangen – scheint also zu halten. Ich habe die Ankerkette mit folgenden Farben, entsprechend den erhältlichen, gekennzeichnet: Weiß – Blau – Grün – Gelb – Rot!

Die exakte Gesamtlänge der Kette habe ich übrigens mittels der Umdrehungen der Kettennuss festgestellt. Die Farb-Reihenfolge werde ich unter den Ankerkasten-Deckel schreiben – für Badegäste.

Süßwasser

ist kostbar, trotzdem braucht niemand auf eine Dusche an Deck zu verzichten. Die Brause einer Gießkanne und ein billiger Plastikeimer sind alles, was wir benötigen. Kaum zu glauben, wie weit wir mit fünf Litern Wasser kommen.

Echolot

Kaufen wir ein neues Echolot, so kann dieses provisorisch »eingebaut« werden, wenn

wir gerade keine Gelegenheit haben, unser Schiff aus dem Wasser zu holen. Es arbeitet nämlich auch, wenn der Geber sich im Inneren eines Holz- oder Plastikschiffes an der Bordwand befindet und mit Wasser bedeckt ist. Lässt sich leicht ausprobieren, wenn wir den Geber einfach in die Bilge bis zum Grund senken. Ständig würde ich es allerdings nicht so fahren, da die Empfindlichkeit doch herabgesetzt ist.

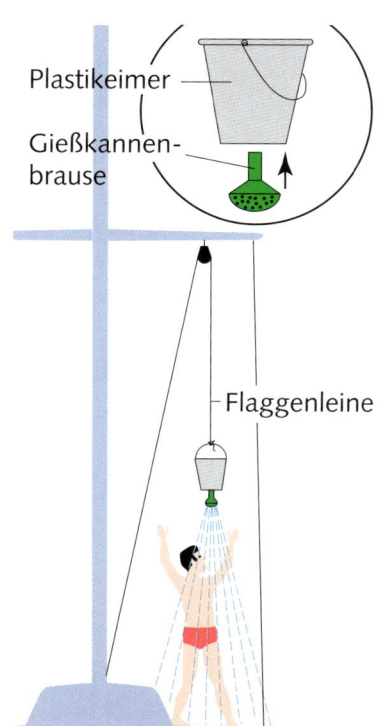

Plastikeimer

Gießkannen-brause

Flaggenleine

Improvisierte Süßwasser-dusche

Praktisch: Das taschenlampengroße Echolot kann vom Beiboot aus eingesetzt werden, um den Weg zum Ankerplatz auszuloten.

Der Foodsaver ist ebenfalls ein geeignetes Mittel, um Lebensmittel haltbarer zu machen. Ist ein Inverter an Bord, benötigt er wenig Strom, um Lebensmittel unter Vakuum in Kunststofffolien einzuschweißen. Aber auch andere wertvolle Kleinigkeiten kann er an Bord vor Salzwasserluft schützen.

Neben dem Echolot muss ein Handlot an Bord sein, weil Ersteres versagen könnte und weil ausschließlich mit dem Handlot die Tiefen in einer engen Passage oder um das festgekommene Schiff herum mit dem Beiboot ausgelotet werden können. Heute benutzt man ein Digital-Handlot, das viel praktischer und genauer eingesetzt werden kann als die Lotleine des letzten Jahrhunderts. Zudem ist es erheblich genauer und flexibler zu handhaben. Die Stromversorgung mit handelsüblichen Alkalibatterien ist unproblematisch.

Lebensmittel bis sechs Monate ohne Kühlung haltbar

Eins der Probleme auf Langfahrten ist es, Lebensmittel haltbarer zu machen, vor allem dann, wenn man an Bord, wie oft, keine Kühlmöglichkeiten hat. Es geht hier nicht nur um die Zeit auf hoher See, sondern

auch an manchen – schönen – Ankerplätzen sind die Versorgungsmöglichkeiten schlecht. Fein heraus ist die Crew, die entsprechend vorgesorgt hat, was heißt, dass sie sich da verproviantiert hat, wo es in den Geschäften keine Engpässe gibt – und diese Lebensmittel auch über längere Zeit konservieren kann. Ganz akut wird dieses Problem dann, wenn an der Angel ein besonders großer Brocken hängt, der weit mehr als nur zwei Mahlzeiten abwirft. Da hilft dann das Rezept von Hanni, die mit ihrem Klaus und dem kleinen Sohn mit der schönen Holzketsch TAKE BORA auf Langfahrt ist. Und preiswert ist die Methode auch, denn man braucht keine Spezialausrüstung:

Rechtzeitig sammle man gebrauchte Marmeladen- oder Essiggurken-Gläser – oder ähnliche Gläser mit einem Blech-Dreh-Deckel. Die Qualität sollte gut sein und Glas und Deckel unversehrt.

Gläser und Deckel mit kochendem Wasser ausspülen und dabei je einen Metall-Löffel ins Glas stellen, um das Platzen des Glases zu vermeiden. Anschließend werden Gläser und Deckel auf einem (sauberen) Geschirrtuch abgestellt.

Die Füllung der Gläser besteht aus Fisch ohne Gräten oder aus Fleisch ohne Haut und Knochen (in Würfeln oder Hackfleisch), Tomaten ohne Haut, Peperoni, Salz und Pfeffer, sonstigen Gewürzen, wenig Zucker und einem Lorbeerblatt. Zwiebeln dürfen nicht verwendet werden!

Die Füllung wird so in die Gläser gegeben, dass der obere Glasrand zwei bis drei Zentimeter frei und sauber bleibt. Gegebenenfalls ist er mit einem Papiertuch abzuwischen. Nicht mit den Fingen berühren und fest zudrehen!

Dann werden die Gläser in den Dampfkochtopf auf den Einsatz (ohne Dreibein) gestellt und so viel kaltes Wasser aufgegossen, bis die Gläser halb im Wasser stehen. Damit die Gläser beim Kochen nicht platzen, wird ein Geschirrtuch zwischen die Gläser gelegt.

Nun wird das Wasser erhitzt, bis es dampft. Anschließend soll es bei niedrigster Flamme ungefähr 45 bis 50 Minuten kochen. Dann lässt man den Drucktopf auskühlen. Wenn

es geht, werden die heißen Gläser vorsichtig herausgenommen. Man lasse sie draußen dann weiter abkühlen.

Das ist alles. Der Inhalt sollte über sechs Monate haltbar sein. Beim Öffnen des Deckels muss es leicht zischen. Nach dem Öffnen ist der Inhalt innerhalb von ein bis zwei Tagen zu verzehren.

Süßwasser sparen

Ganz unscheinbar schaut der kleine Plastikstab aus dem Süßwasserhahn auf dem 47-Fuß-Katamaran ESCAPE CAY heraus. Aber er hat es in sich. Drückt man ihn leicht mit dem Finger zur Seite, beginnt das Wasser zu fließen.

Gut, was soll das Ganze? Schon beim Anlegen ist der Skipper und Navigator Mädchen für alles. Zuerst gilt es die Vorleine aus dem Wasser zu fischen, dann schreit schon der Rudergänger nach dem Kurs. Der Skipper leckt sich die Finger: »Salzig!« So kann er sich nicht an den Computer setzen und die Tastatur bedienen oder auch nur das Radar einschalten. Zuerst müssen die Hände gewaschen werden. Jetzt dämmert es vielleicht?

Wegen der paar benötigten Wassertropfen müsste die Mischbatterie aufgedreht werden, die weiterläuft, wenn man sich nur die Hände einseifen will. Das kostet unverhältnismäßig viel Süßwasser, welches hernach wieder mühsam mit dem Watermaker produziert oder als Regenwasser aufgefangen werden muss. So bricht die Wasserzufuhr blitzschnell ab, wenn der Finger das Stäbchen nicht mehr berührt.

Dauerwasser? Kein Problem, man hebt den Plastikstab leicht an und dreht ihn etwas, schon fließt das Wasser und kann an der Mischbatterie wieder abgestellt werden.

Das Schönste aber am »Water Saver« ist sein Preis und die Einfachheit des Einbaus. Er kostet nur runde 15 Euro und passt in europäische Gewinde. Den Perlator ausschrauben und den »Water Saver« eindrehen – fertig ist die Wassersparanlage. Die Herstellerfirma hat ausgerechnet, dass man so beim Zähneputzen, beim Geschirrspülen oder beim Nassrasieren (aber wer macht das noch?) mit einem Viertel des sonst

Der »Water Saver« lässt sich mit ein paar Handgriffen einbauen, kostet nicht viel und hilft nachhaltig Frischwasser sparen.

benötigten Wassers auskommt. Klingt ein bisschen arg optimistisch, aber abwegig ist es nicht! Der Süßwasserverbrauch auf der THALASSA wurde jedenfalls nahezu halbiert, seitdem das clevere Ding am Haupt-(Süß-) Wasserhahn angebracht wurde.

Der »Water Saver« ist »made in USA«, es gibt ihn aber auch in deutschen Versandgeschäften, zum Beispiel bei:
www.westfalia.de.

Schutz vor Einbrechern am Ankerplatz

Wer der »Erfinder« dieses Tricks ist, weiß ich nicht. Wolfgang Hausner, der pfiffige österreichische Kat-Guru, hat mir schon vor Jahren berichtet, er habe einen elektrischen Weidezaun auf seinem Kat TABOO III »eingebaut«. Als einmal ein Einheimischer zudringlich geworden sei und partout vom Fischerkahn aus die Reling umklammern musste, habe ihm Wolfgang gedroht: »I'll send you the bad spirit!« (Ich schick dir den bösen Geist!), worauf der Eindringling nur frech grinste. Das Lachen erstarb allerdings in Bruchteilen einer Sekunde und wich einem entsetzten Schrei, als Wolfgang den Schalter umlegte. Der Bursche ward nicht mehr gesehen.

Gesehen hab ich nun die Weidezaunlösung auf der Ketsch PETIT PRINCE von Jürgen und Siggi, die eigenhändig die elektrisch geladene Reling getestet hatten. »Da bekommst du einen solchen gewischt, da langst du kein zweites Mal hin.« 8000 Volt sind ja auch was!

Das Ganze kostet nur ein paar hundert Euro (Messgerät zur Vermeidung von Selbsttests

Der »elektrische Weide-zaun« ist ein handliches Gerät, das anschlussfertig, inklusive Batterie für ein Jahr, an die 100 Euro kostet.

eingeschlossen) und wird von Geschäften für landwirtschaftliches Zubehör geliefert. Es ist ungeeignet für Stahl- oder Aluschiffe, aber bei Kunststoffschiffen funktioniert es einwandfrei, wenn die Reling (Durchzüge abisolieren!) elektrisch »in der Luft hängt«. An verborgener Stelle wird das Gerät an die Reling geklammert und ein Stück Kette als Erde ins Wasser gehängt – fertig –»Bad Spirit« ist aktiv! Die mitgelieferte Batterie reicht für ein paar Jahre.

Kosten: Nur wenig über 100 Euro. Hätte ich diesen Betrag rechtzeitig ausgegeben, wäre ich jetzt ein paar tausend Euro reicher!

Ersatzteil- und Zubehörbeschaffung unterwegs

Es ist nicht die Ausnahme, sondern die Regel, dass auf einem Schiff Ersatzteile oder Werkzeuge benötigt werden, auch wenn man glaubt, man habe für diesen Fall vorgesorgt. Meistens befindet man sich dann weitab von jedem Fachgeschäft, also auch ohne Beratung über die benötigten Teile. Dann ist es hilfreich, auf entsprechende Lite-

ratur an Bord zurückgreifen zu können, um entsprechende Bestellungen aufgeben zu können. Deshalb gehören Versandkataloge (Werkzeug und Yachtartikel), die auch noch oft billig oder meist kostenlos sind, zur Grundausstattung einer Yacht.

Die für den Fahrtensegler wichtigsten Kataloge sind:

»Conrad« KFZ-Zubehör, Elektronik aller Art und jede Menge praktische Dinge, die man für wenig Geld auch fürs Schiff anschaffen kann. (www.conrad.com)

»Westfalia« – Fundgrube für praktisches Werkzeug (www.westfalia.de)

»A.W.Niemeyer« – Eines der guten deutschen Versandhäuser für Fahrtensegler. Liefert auch ins Ausland, womit man sich meist die Mehrwertsteuer ersparen kann, wenn geliefert wird an »Yacht in Transit«. (www.awn-watersports.com)

»West« – Manchmal kann es unterwegs vorteilhaft sein, auf amerikanische Ersatzteile oder Zubehör zurückzugreifen. »West« ist wohl der größte derartige Versandhändler der Welt. Die Auswahl ist riesig, wenn man den Katalog an Bord hat. (www.westmarine.com)

Zusätzlich sollte man von einer großen Bootsausstellung (boot Düsseldorf, hanseboot, INTERBOOT Friedrichshafen etc.) einen neueren Ausstellungskatalog an Bord haben. Dort finden sich praktisch alle für Fahrtensegler wichtigen Adressen in Deutschland (Geschäfte, Firmen, Werften, Zubehör etc.).

Filmen und fotografieren

Dies hat an Bord seine eigenen Tücken. Ohne Weitwinkel-Objektiv braucht man eigentlich gar nicht erst anzufangen. Kaum einem Amateur gelingt es, schlechtes Wetter oder Seegang wirklich »einzufangen«. Sieht der Betrachter später den Horizont als geraden Strich, so glaubt er ohnehin höchstens an Windstärke drei. Deshalb sollten wir hohe Seen nur im Wellental fotografieren. Beim Filmen versuche man, den Horizont möglichst parallel zum Bildoberrand einzufangen (ähnlich wie bei der Messung einer Sonnenhöhe) oder arbeite am besten gleich mit Stativ.

Leider sind fast alle optischen Geräte außerordentlich empfindlich gegen Feuchtigkeit und Seewasser, so sind wirklich dramatische Bilder bei schlechtem Wetter eine Rarität. Am besten wären deshalb Unterwassergehäuse, die aber meist teuer und unhandlich sind.

Eine preiswerte und gute Lösung sind hier die »ewa-marine«-Unterwasser-Kamerataschen, die es für alle Kameratypen (Fotoapparate und Videokameras) gibt. Der Hersteller (Fa. Goedecke, www.ewa-marine.de) garantiert Dichtigkeit bis 10 Meter Wassertiefe.

Wesentlich teurer sind spezielle Unterwasser-Kameras. Für unsere Zwecke reichen aber meist preiswertere »wasserdichte« Fotoapparate, denn tiefer als zwei oder drei Meter gehen wir beim Schnorcheln ja kaum, und für überkommendes Wasser sind sie allemal geeignet.

Der wahre Feind für unsere wertvollen optischen Geräte lauert in der Dunkelheit der Schapps. Es ist ein Pilz, der sich mit Vorliebe im Glas unserer Linsen festfrisst. Er gedeiht nur bei Feuchtigkeit und Dunkelheit und überzieht die Objektive mit einem spinnwebartigen, feinen Netz. Das Objektiv ist damit zerstört, weil der eingefressene Pilz nicht mehr entfernt werden kann. Trockene Lagerung und viel UV-Licht sind wirkungsvolle Vorsichtsmaßnahmen. Deshalb sollten Kameras ab und zu ins Freie gebracht oder sogar direkter Sonneneinstrahlung ausgesetzt werden. Am besten lagert man die Geräte in möglichst dicht schließenden Aluminiumkoffern oder in Tupperware-Behältern, in die man gleichzeitig Leinensäckchen mit einem regenerierbaren Trocknungsmittel gibt.

Digital-Fotoapparat

kann zu einer großen Hilfe werden, wenn im Notfall Reparaturen an komplizierten Geräten vorgenommen werden müssen, von denen man an und für sich nichts versteht. Fotografiert man beispielsweise die offene Einspritzpumpe, bevor man sie zerlegt, ist die Chance eines erfolgreichen Zusammenbaus größer. Moderne Digitalkameras verfügen fast immer über einen eingebauten Blitz und sind vollautomatisch, sodass die Bilder fast schon eine automatische Qualitätsgarantie beinhalten. Freilich ist die Aufnahmefähigkeit der meisten Kameras ab Ladentisch sehr begrenzt, sodass entweder ein Zusatz-Datenträger mitgekauft werden sollte oder eben die Bilder häufig in den Computer – so man einen an Bord hat – überspielt werden müssen. Die gleichen Aufgaben können die meisten Mini-Videokameras übernehmen – ohne Kapazitätsprobleme.

Videokamera

Was über die Einsatzmöglichkeiten von Kassettenrekordern gesagt wurde, gilt umso mehr für die handliche Videokamera. Lebendiger kann ein Bericht nicht sein, als wenn statt des trägen Briefpapiers eine Videokassette benutzt wird. Aber das ist nicht die einzige Einsatzmöglichkeit. So wie eine Digitalkamera zum Fotografieren von defekten Geräten benutzt werden kann, so kann umso eindrucksvoller ein Fehler an einem Gerät, das schlecht stehende Segel, das Wasser in der Bilge, der Rauch aus dem Auspuff der Maschine, kurzum alles, für Mängelrügen dokumentiert werden. Alle Videokameras können auch anstelle eines Videorekorders benutzt werden. Ein Logbuch in bewegten Bildern hat wohl den größten Erinnerungswert. Es gibt bereits wassergeschützte Kameras – wie konstruiert für das raue Leben auf Yachten!

Videobearbeitung

Wer an Bord eine Videokamera mit sich führt, wird sich manchmal schon gewünscht haben, seine Filmchen noch unterwegs jedenfalls grob vorzuschneiden. Mit einer der immer preiswerteren Digitalkameras (DV-Format), die gerade unter den anspruchsvolleren Filmern zum Standard werden, ist dies dann möglich, wenn das Notebook eine so genannte »Firewire«-Schnittstelle hat (wie zum Beispiel der »Vaio« von Sony). Dann kann man ein paar Minuten Video, die ja als Datei auf dem »Film« vorliegen, von der Kamera in den Computer überspielen, dort mit der mitgelieferten Software (Adobe Premiere oder Media Studio Pro – www.ulead.de) bearbeiten und wieder auf die Kamera zurückspielen. Das funktioniert freilich nur, wenn

Unter Passatsegeln über den Atlantik.

für mehrere Normen ausgelegt ist. Mit unserem heimischen System allein hört man schon in Spanien keinen Ton mehr. In Amerika läuft ohne NTSC-System gar nichts.

Vor allem aber dient der Fernseher gleich als Filmbetrachter für die selbst gemachten Videoaufnahmen. Das hat den Vorteil, dass man unmittelbar im Anschluss an die eigene Filmerei seine Fehler sieht und daraus noch rechtzeitig lernen kann.

Videorekorder

Man lächle nicht über einen kleinen Videorekorder, der freilich an die 12-Volt-Batterie anschließbar sein muss. Wenn zum Rekorder ein Auto-Netzgerät angeboten wird, dann ist es der Richtige für uns. Über einen modernen Inverter einen Videorekorder anzuschließen, ist ebenfalls möglich. Hierbei lasse man sich aber vom Verkäufer des Inverters zusichern, dass dieser einen reinen Sinusstrom liefert, sonst läuft der Videorekorder nicht. Die letzte Lösung hat den Vorteil, dass man einen ganz billigen Videorekorder aus dem Großmarkt verwenden kann, der nicht viel mehr als 100 Euro kostet.

Besonders auf Langfahrt bereichert ein Videorekorder das Bordleben. Freunde können uns mit den neuesten Nachrichten aus Deutschland am eindrucksvollsten versorgen, wenn sie uns gelegentlich die Tagesschau oder große Sportereignisse aufzeichnen. Und auf Ozeanpassagen oder an verregneten Ankertagen hat man endlich mal Zeit, sich wirklich geruhsam einen alten Film auf Video anzuschauen. Im Ausland lassen sich bei anderen Fernsehsystemen Kassetten selbst dann nicht abspielen, wenn sie das VHS-Zeichen tragen. Videorekorder sind wie alle elektronischen Geräte empfindlich gegen Feuchtigkeit. Deshalb würde ich mir den Luxus eines Videogerätes nur auf einem wirklich trockenen Schiff leisten und auch dann den Rekorder mindestens einmal in der Woche laufen lassen.

Kassettenrekorder

Der Walkman erfüllt den gleichen Zweck, wenn er eine Aufnahmefunktion eingebaut hat – ein preiswerter Helfer in der Navigationsecke! Wetterberichte in fremder Spra-

die DV-Kamera auch einen DV-Eingang hat, was (aus zollrechtlichen Gründen) in der EU nicht Standard, sondern eher die Ausnahme ist.

Fernsehen

Noch vor ein paar Jahren wäre ein Fernseher an Bord einer kleinen Yacht als übermäßiger Luxus angesehen worden. Aber die Zeiten haben sich geändert. Heute gibt es Mini-TV-Sets, die kaum größer als ein Kassettenrekorder sind und eine unkomplizierte Stromversorgung haben. Sie eignen sich nicht nur zur Unterhaltung im Hafen, sondern dienen auch der Information. Eine Fernseh-Wetterkarte ist allemal instruktiver als ein gesprochener Wetterbericht. Man achte darauf, dass der Fernsehempfänger

che können anschließend in Ruhe abgehört werden. Das Tagebuch muss nicht unbedingt geschrieben werden. Um wie viel lebendiger ist ein gesprochener Bericht! Und Briefe nach Hause sind erheblich interessanter und ausführlicher, wenn sie nicht geschrieben, sondern auf Band gesprochen werden. Hat man die erste Scheu vor dem Mikrofon überwunden, ist so ein »Brief« schnell verfasst. Für die musikalische Unterhaltung eignet sich ein Bandgerät besser als ein Radioempfänger, denn schon wenige Meilen von der Küste entfernt gibt es keinen vernünftigen Musikempfang mehr. Ein Walkman im Cockpit verkürzt die langweiligen Nachtwachen enorm. Feuchtigkeitsempfindlich sind alle Kassettenrekorder. Trotzdem funktionieren sie jahrelang, wenn sie nicht gerade massives Spritzwasser abbekommen.

Und sie sind vor allem preiswert.

Salzwasser in der Wäsche

Handtücher werden bretthart und Kopfkissen kratzig. Durch Klopfen und Schütteln kann man die Salzkristalle weitgehend herausschlagen. So lässt sich zum Wäschewaschen notfalls auch Salzwasser benutzen.

Ofen

Ist uns das Petroleum ausgegangen, so können wir einen Primuskocher notfalls auch mit reinem Dieselkraftstoff betreiben. Der brennt nicht so sauber, es funktioniert aber. Diesel können wir sogar als Ersatz für Spiritus beim Vorheizen einsetzen, wenn wir einen breiten Docht, den wir vorher in Diesel getränkt haben, um den Brenner wickeln. Eine ziemlich rauchige Angelegenheit, doch immerhin besser als kalte Küche. Um mit dem Primus die Kajüte aufzuwärmen, haben sich Ziegelsteine bewährt, die auf die Flamme gelegt werden.

Aber Achtung: Bei allen offenen Flammen besteht ohne Zufuhr von Frischluft Vergiftungsgefahr. Die Luke muss also immer geöffnet bleiben. Außerdem bildet sich reichlich Schwitzwasser!

»On the hard« – Aufslippen

Hat sich so viel Bewuchs an unserem Unterwasserschiff angesammelt, dass die Manövrierfähigkeit und Geschwindigkeit wesentlich beeinträchtigt werden, oder wollen wir für längere Zeit Gegenden anlaufen, wo es keine Slipmöglichkeiten gibt, kommen wir ums Aufslippen nicht mehr herum. Falls wir mit der betreffenden Werft noch nie zusammengearbeitet haben, müssen wir eine maßstabsgerechte Zeichnung vom Unterwasserschiff vorlegen, zumindest aber sollten bei anderer Gelegenheit Anfang und Ende des Kiels sowie Schraube und Ruder mit Tesaband an Deck oder auf der Rumpfseite markiert werden. Sieht der Unternehmer des Travellifts oder Slips das nicht ohnehin vor, so würde ich unmittelbar vor dem Herausheben meines Schiffes immer den Zustand der Gurte am Unterwasserschiff mit Schnorchel und Maske kontrollieren.

Es ist ein Unterschied, ob wir unser Unterwasserschiff streichen, damit es die kommende Saison von ein paar Monaten einigermaßen sauber bleibt, oder ob wir uns dieser Arbeit und Kosten unterziehen, damit wir möglichst lange nicht mehr aufs Trockene oder – wie die Amerikaner so treffend sagen – »on the hard« müssen. Deshalb sind besonders Langfahrtsegler daran interessiert, die besten Farben zu bekommen, wobei der Preis für die Farbe dann keine primäre Rolle spielt, Hauptsache, auf den Anstrich ist Verlass. Wenn die Versprechungen des örtlichen Verkäufers über die Wirksamkeit »seines« Antifoulings nicht zutreffen, sind die Segler alle schon weit weg. Schön für ihn!

Zu keinem anderen Thema des Fahrtensegelns gibt es so viele Vermutungen, auch Mummenschanz. Bernard Moitessier beispielsweise hat propagiert, das Unterwasserschiff mit Lebertran einzureiben, ein

eines Tankers, so reduziert sich die Geschwindigkeit schnell um einige Knoten, was Zeit kostet. Erst recht kostet es Geld, viel Geld, wenn für ein großes Containerschiff ein Extra-Aufenthalt im Trockendock für einen neuen Anstrich anfällt. Also logisch, die müssten es am besten wissen, was gegen Entenmuscheln, Kalkschnecken, Algen und schleimige Mikroorganismen unter Wasser hilft.

»Jotun« ist der zweitgrößte Schiffsfarbenhersteller der Welt. Er versorgt sowohl die »Biggies« als auch Yachten. Michael Bauza, selbst Langfahrtsegler, der auf seinem 10-Meter-Stahlschiff seit einem Jahrzehnt in einem für seinen aggressiven Bewuchs unter Wasser berüchtigten Revier lebt und dort seit vielen Jahren Jotun-Farbanstriche sowohl für Yachten als auch für Industrieanlagen (Cargo-Schiffe und Bohrinseln) verkauft und beaufsichtigt, hat für uns Yachtsleute zusammengestellt, was wir zu diesem (teuren) Thema wissen sollten:

Leistungsfähige Travellifts gibt es heute in fast allen Fahrtensegel-Revieren der Welt. Damit kann eine Yacht sehr viel schonender aufs Trockene geholt werden als mit einem Slipwagen.

anderes »Patentrezept« ist Cayenne-Pfeffer. Schön wäre es, wenn das helfen würde. Oft habe ich auch schon das Gerücht gehört, dass U-Boote über spezielle Wunder-Unterwasserfarben verfügen, die fünf Jahre lang wirksam blieben.

Tatsache ist, dass kaum ein Bereich der Seefahrt so gut erforscht ist. Denn in der Großschifffahrt spielt die Qualität von Unterwasserfarben, die den Bewuchs verhindern oder zumindest hemmen sollen, eine besondere Rolle. Bewächst das Unterwasserschiff

Antifouling – Anwendung und Pflege des Unterwasseranstrichs

Von Michael Bauza
www.echo-marine.com

Es ist Zweck einer Antifouling-Farbe, biologisches Wachstum an den von Meerwasser umspülten Flächen einer Yacht oder einer Marine-Anlage zu verhindern oder zu minimieren. Faktoren, die darauf Einfluss haben, sind: Schiffsgeschwindigkeit, Segelrevier, Gesetzeslage vor Ort und die angestrebten Intervalle zwischen den Aufenthalten auf dem Trockenen. Danach muss der passende Anstrich ausgewählt werden. Alle ernst zu nehmenden Hersteller von Antifoulings produzieren deshalb eine breit gefächerte Produktpalette und raten daraus zur geeignetsten Farbe. Die modernen Hochleistungs-Antifoulings basieren im Allgemeinen auf Tributylzinn (TBT) Copolymer. Sie enthalten auch einen hohen Prozentsatz an Kupfer (außer für Aluminium-Rümpfe) und sind üblicherweise vom Typ »selbst polierend«. In den meisten Ländern ist der Gebrauch

So sieht ein vernachlässigtes Unterwasserschiff nach einiger Zeit im Seewasser aus.

von TBT Schiffen über 20 oder 25 Metern vorbehalten. Ein weltweites Verbot dieses Produkts tritt am 1. Januar 2003 in Kraft. Ab diesem Zeitpunkt dürfen diese wirkungsvollen, aber auch gefährlichen Farben nicht mehr produziert werden.

Nun hat Jotun Paints zusammen mit dem japanischen Chemiekonzern Nippon nach siebenjähriger Entwicklungszeit mit Tests an über 500 Schiffen SeaQuantum entwickelt, eine neue Generation von TBT-freien Farben, wohl das fortschrittlichste zinnfreie Produkt auf dem heutigen Markt.

Alle selbst polierenden Farben hängen in ihrer Wirksamkeit von der Geschwindigkeit des Schiffes ab. Deshalb beginnen hier die ersten Überlegungen bei der Auswahl der Farben. Eine Fahrtenyacht, die das bestmögliche Antifouling benutzen möchte, darf deshalb nur die weichste Farbe verwenden, die sich auch bei gemächlichen Geschwindigkeiten selbst poliert. Damit werden üblicherweise auch Bohrinseln, U-Boote etc. gestrichen. Jotun empfiehlt hier noch SEAMATE HB99 (mit TBT) oder dann eben SeaQuantum.

Aluminium-Yachten würden Korrosionsschäden riskieren, wenn sie keine kupferfreien Farben benutzen würden. Um hier sicherzugehen, sollte ein kupferfreies Antifouling benutzt werden, wie zum Beispiel Jotun Alusea Classic – freilich mit herabgesetzter Wirksamkeit.

Die »Lebensdauer« von selbst polierenden Antifoulings hängt vor allem von der Schichtdicke des Anstrichs ab, denn das Antifouling wird mit der Zeit dünner und dünner, wobei immer wieder frisches wirksames Antifouling freigelegt wird, bis die Farbe abgetragen ist. Man sollte seinen Händler fragen, wie dick der Anstrich gewählt werden soll, damit die Farbe während des geplanten Zeitraums im Wasser wirksam bleibt. In der Berufsschifffahrt werden so drei bis fünf Jahre erreicht. Dies sollte auch bei Yachten, gute Pflege des Unterwasserschiffs vorausgesetzt, annähernd möglich sein.

Wegen ihres hohen Anteils an Pigmenten sind blaue und besonders schwarze Antifoulings nicht so wirksam wie unpigmentierte Unterwasserfarben. Rote Antifoulings benötigen dagegen nur sehr wenig Pigmente und sind deshalb fast ebenso effizient wie nicht pigmentierte Versionen.

Nachfolgend einige nützliche Tipps für die Anbringung und Fehlersuche beim Unterwasseranstrich. Man berücksichtige dabei, dass die Produkte für den professionellen Einsatz vorgesehen sind. Man befolge deshalb zur Sicherheit die Hinweise genau. Weitere Informationen ergeben sich aus den zu den Farben gelieferten Datenblättern.

Vorbereitung der Oberflächen

1) Alle Rückstände des alten Antifoulings, Primer und Salz müssen sorgfältig, am besten mit einer Hochdruckwaschanlage, entfernt werden.
2) Sicherstellen, dass das Unterwasserschiff frei von Öl, Fett und anderen Schmutzstoffen ist! Wenn nötig, muss mit einem Entfetter gereinigt werden.
3) Poröse oder gesprungene Farb- oder Antifoulingschichten sind mittels Abkratzen oder Abschleifen zu entfernen.
4) Die Verträglichkeit des neuen mit dem alten Anstrich muss festgestellt werden. Die meisten Antifoulings in gutem Zustand können überstrichen werden. Ausgenommen sind zum Beispiel Antifoulings auf Teflon-Basis.

Auftragen des Antifoulings

1) Sind Flächen vorhanden, die nicht direkt mit Antifouling gestrichen werden können (Gelcoat, Polyurethan, ausgehärtete Epoxy-Primer), müssen sie mit dem richtigen Primer (z.B. Jotun Vinyguard Silvergrey 88) vorbehandelt werden.
2) Ideal wäre es, die Farbe »airless« aufzuspritzen. Daraus resultiert eine gleichmäßige, glatte Oberfläche. An Yachten kann auch mit dem Roller oder Pinsel gearbeitet werden.
3) Der erste Anstrich sollte verdünnt werden (maximal 15 %).

4) Das Hauptaugenmerk muss darauf gerichtet werden, dass man eine so gleichmäßige und glatte Farbfläche wie möglich erhält. Unebenheiten oder Rauheit der Oberfläche fördern die Haftfähigkeit von Meereslebewesen. Diese wachsen in den Riefen der Oberfläche, weil dort das Antifouling mangels Strömung nicht ausreichend poliert wird. Wenn mit der Rolle keine glatte Oberfläche erzielt wird, ist es besser, mit zwei Personen zu malen. Die Erste bringt die Farbe mit der Rolle auf, die Zweite folgt schnell mit einem breiten Pinsel und verdünntem Antifouling.

5) Die folgenden Schichten können unverdünnt aufgebracht werden, wenn nach wie vor eine glatte Oberfläche erzielt wird und die Dicke der einzelnen Schichten die vom Farbhersteller vorgegebene maximale Schichtdicke nicht überschreitet.

6) Bei selbst polierenden Antifoulings sind an der Mittschiffslinie, an den Kanten von Kiel und Ruder sowie 20 Zentimeter von der Wasserlinie abwärts mindestens zwei Extra-Schichten Farbe aufzubringen, weil hier eine höhere Wasserbewegung auftritt.

Weitere Tipps zur Fehlervermeidung

1) Beim Streichen dürfen nur Rollen und Pinsel benutzt werden, die nicht durch die starken Lösungsmittel im Antifouling angegriffen werden.

2) Vorsicht mit alten Rollen und Pinseln, die in der Farbe Riefen oder Pinselhaare hinterlassen oder sie mit Farbresten verschmutzen!

3) Wenn Malwerkzeuge in Wasser aufbewahrt werden, muss sichergestellt sein, dass sie vor dem Malen absolut trocken sind. Wassereinschlüsse verursachen Blasen.

4) Es dürfen nur die empfohlenen Verdünner und Reiniger benutzt werden. Keine Zusätze wie TBT, Cayenne-Pfeffer, Antibiotika oder Diesel verwenden! Die Wirksam-

keit des Hochleistungs-Antifoulings wird dadurch nicht verbessert, sondern verschlechtert.

5) Nicht malen, wenn hoher Temperaturanstieg der Luft erwartet wird. Keine Farbe auf zu heiße Oberflächen aufbringen!

6) Wenn die Farbe zu dick oder auf poröse oder gesprungene Oberfläche aufgebracht wird, kommt es leicht zu Einschlüssen von Feuchtigkeit, die bei steigender Temperatur anfangen zu gasen, was zu Blasen oder kleinen Löchern in der Oberfläche führen kann. Blasen bilden sich meistens in der zweiten Schicht. In diesem Fall sollten sie ausgedrückt werden, solange die Farbe noch weich ist. Anschließend warte man, bis die komplette Schicht genügend trocken ist. Der nächste Anstrich sollte bei fallenden Temperaturen aufgebracht werden.

7) Wenn die empfohlenen Wartezeiten zwischen den Anstrichen nicht eingehalten werden, kann es zu Einschlüssen von Lösungsmittel kommen. Diese Zeiten variieren mit der Schichtdicke, Temperatur, Durchlüftung und Luftfeuchtigkeit.

8) Die Yacht soll nicht zu Wasser gebracht werden, bevor das Antifouling absolut trocken ist. Sonst drücken sich die Gurte des Travellifts in der Farbe ab oder verschieben diese gar. Der Zeitraum zur vollkommenen Trocknung eines Weich-Antifoulings beträgt ungefähr zwei Tage.

Pflege des Unterwasseranstrichs

Auch wenn alle diese Anweisungen befolgt worden sind, kann es bei den heutigen Hochleistungs-Antifoulings eventuell zu einem leichten Bewuchs kommen. Probleme gibt es vor allem bei Yachten, die lange Zeit in tropischen Gewässern unbewegt vor Anker oder im Hafen liegen. Gleiches gilt besonders für brackige Gewässer.

Bei null Knoten Schiffsgeschwindigkeit ist der Selbstpolier-Effekt nämlich nicht ausreichend, um neue aktive Farbschichten bloßzulegen, die den Bewuchs vollkommen verhindern.

Das Unterwasserschiff sollte regelmäßig inspiziert werden. Wenn hierbei Bewuchs festgestellt wird, soll er mit geeigneten Mitteln abgewischt werden, bevor er fester haften kann. Man kann das Selbstpolieren durch Abbürsten der Farboberfläche (zum Beispiel mit einem harten ScotchBrite für Grills) unterstützen – oder, besser noch, man geht segeln!

Segelscheine für Fahrtensegler

Die amtlichen Sportschifferscheine

Nachdem immer mehr Menschen Freude und Erholung auf dem Wasser suchen, bleibt es nicht aus, dass es auch auf dem freien Meer etwas enger wird und der Staat nicht umhin kann, sogar in den Sportbootverkehr regelnd einzugreifen. Als ich um die Welt segelte, wurde mir noch in keinem Hafen ein Führerschein abverlangt und es ist kein Geheimnis, dass viele prominente Weltumsegler keinen Segelschein besitzen. Mit Sicherheit gehören diese Zeiten in ein paar Jahren der Vergangenheit an. Im Mittelmeer sind bereits jetzt einige Staaten (Frankreich) dazu übergegangen, sich vom Führer einer Fahrtenyacht eine entsprechende Befähigung durch Vorlage eines amtlichen »Scheines« nachweisen zu lassen.

Die Segelscheine des DSV sind zwar recht anspruchsvoll in ihren Anforderungen, doch steht zu befürchten, dass in Zukunft nur noch staatliche Führerscheine, also Scheine »ausgestellt im Auftrag des Bundesverkehrsministeriums« von anderen Behörden (Hafenkapitänen etc.) anerkannt werden. Wenn man also einen Schein erwerben will, sollte man sich unbedingt der staatlichen Prüfung unterziehen. Derzeit sind für uns Fahrtensegler der Sportseeschifferschein

und vor allem der Sporthochseeschifferschein interessant. Nähere Auskünfte erteilt das Bundesverkehrsministerium in Bonn (www.bmvbw.de).

Österreichische Segler erhalten entsprechende Auskünfte über den Yacht Club Austria (www.yca.at), und Schweizer Segler werden vom Cruising Club Suisse (www.ccs-cruising.ch) aufgeklärt.

Segelscheine des DSV

Durch die nunmehrige gesetzliche Führerschein-Regelung haben die Verbandsführerscheine des Deutschen Segler-Verbandes an praktischer Bedeutung verloren, weil ihr Besitz eben vor dem Gesetz nicht zum Führen einer Fahrtenyacht berechtigt. Trotzdem sollte der Fahrtenskipper auch diese Scheine erwerben, weil er durch die Prüfungsvorschriften gezwungen wird, sich Kenntnisse und Fähigkeiten anzueignen, die ihm in der Praxis zugute kommen können (www.dsv.org).

Hafenbeamte, die nach den Schiffspapieren fragen, sind nicht zu vermeiden. Die freundlichen Beamten in Tunesien (Monastir) sind willkommen auf der Yacht. Sie haben sogar »Puschen« mitgebracht, die sie über ihre Straßenschuhe ziehen.

351

Klubs für Fahrtensegler

Kreuzerabteilung des DSV

Sie bemüht sich intensiv um die Betreuung der Fahrtensegler im In- und Ausland. Jährlich führt sie einen Fahrtensegler-Wettbewerb durch, bei dem unter sportlichen Aspekten besonders gelungene und einwandfreie Segeltörns ausgezeichnet werden. Die Kreuzerabteilung veröffentlicht vierteljährlich die »Nautischen Nachrichten« und gibt auch revierbezogene Merkblätter heraus. Es wird über vergangene Törns berichtet und Erfahrungen werden mitgeteilt.

Die »Nautischen Nachrichten« der Kreuzer-Abteilung erscheinen in Zusammenarbeit mit dem Bundesamt für Seeschifffahrt und Hydrographie (BSH) viermal jährlich und werden den Mitgliedern der Kreuzer-Abteilung kostenlos zugestellt. Neben den wichtigsten Meldungen aus den Nachrichten für Seefahrer (NfS) enthalten sie die Bekanntmachungen der Wasser- und Schifffahrtsverwaltungen und technische Informationen des Bundesamtes für Seeschifffahrt und Hydrographie. Das alles sind auch wichtige Informationen für Wassersportler. Zum Inhalt gehören ferner Seglermeldungen, Erfahrungen und Reiseberichte aus allen europäischen Gewässern. Über Funkverkehr, Bordtechnik und Ausrüstung berichten regelmäßig sachkundige Fachbeiträge. Die Abschnitte »Binnengewässerinformationen« und »Mittelmeerinformationen« beschränken sich nicht nur auf nautische Hinweise, sondern behandeln auch Einreisevorschriften und zollrechtliche Bestimmungen der EU.
Adresse: www.kreuzer-abteilung.org

Yacht Club Austria

Mehr noch als die Kreuzerabteilung des DSV ist für den Mittelmeersegler (auch für den deutschen) der YCA interessant. Er gibt ebenfalls ein regelmäßiges Informationsblatt heraus. Außerdem bekommen die Mitglieder des Yacht Club Austria auf ihre Schiffsversicherung beim deutschen Versicherungsmakler Pantaenius (www.pantaenius.com) einen Nachlass von 10 Prozent. Schon aus diesem Grund können sich die rund 70 Euro Mitgliedsbeitrag rentieren.
Der YCA ist in so genannte »Crews« auf Länderebene aufgeteilt, die regelmäßige Crewabende und Segellehrgänge veranstalten. Aufgrund eigener Erfahrungen kann ich bestätigen, dass dieser Klub zumindest für die Adria der kompetenteste ist. Der fröhlichste Klub von allen vergleichbaren Organisationen ist er allemal.
Adresse: www.yca.at

Deutscher Hochseesport-verband »Hansa« (DHH)

Der DHH ist mit seinen drei Yachtschulen die größte deutsche Segelausbildungsorganisation, gegründet 1925. Mehr als 16 000 Mitglieder segeln auf 200 eigenen Schiffen vom Opti bis zur 20-Meter-Yacht. An seinen eigenen Segelschulen in Glücksburg, am Chiemsee und auf Elba werden Segellehrgänge für alle Alters- und Leistungsklassen durchgeführt. Dabei können die Prüfungen zu allen amtlichen und DSV-Führerscheinen abgelegt werden.

Ausbildungs- und Seetörns in der Ostsee, der Nordsee, im Mittelmeer, sogar über den Atlantik und in der Karibik sowie Regatten ergänzen das Angebot. Im Winterhalbjahr führen die Yachtschulen HYS und CYS und die DHH-Zweigstellen im ganzen Bundesgebiet Theoriekurse durch.

Die DHH-Seglertreffs sind sozusagen die »Klubhäuser« des DHH. Hier kommen Segelinteressierte zusammen, um Vorträge über Segelerlebnisse zu hören, Diashows und Segelfilme anzusehen, gemeinsame Segelunternehmen zu planen, sich fortzubilden oder einfach, um mal in Ruhe zu klönen. Bei den DHH-Seglertreffs ist jeder herzlich willkommen – auch Nichtmitglieder.
Adresse: www.dhh.de

Trans-Ocean

Dieser Verein widmet sich in Deutschland der Förderung des Hochseesegelns. In seinem regelmäßigen Mitteilungsblatt gibt er die letzten Standortmeldungen deutscher Yachten auf Langfahrt und versorgt seine Leser mit neuen Informationen. Rund um die Welt gibt es heute schon Trans-Ocean-Stützpunkte, 150 an der Zahl. Nach den Erfahrungen des Autors sind alle »Stützpunktleiter« des Trans-Ocean hilfsbereit und sehr gastfreundlich. Üblicherweise stellen sie ihre Adresse auch für Postzusendung zur Verfügung. Ihre Leistung ist kostenlos, was leider häufig als selbstverständlich angesehen wird. Dadurch missbraucht man diese Freunde. Jeder, der die Dienste eines Stützpunktes in Anspruch nimmt, sollte bestrebt sein, sich entsprechend zu revanchieren – schon deshalb, weil die nachkommenden Segler ebenso freundlich empfangen werden wollen.

Adresse: www.trans-ocean.org

Cruising Club Suisse

Der Cruising Club Schweiz (CCS) ist der führende nationale Verband aller am Yachtsport an Küsten und auf der Hochsee interessierten Personen in der Schweiz. Er wurde 1955 gegründet und zählt heute etwa 6 000 Mitglieder. Durch seine Regional- und Interessengruppen ist er in allen Landesteilen vertreten.

Der CCS versteht sich als Partner der Yachtsportler und bietet alle notwendigen Informationen und Dienstleistungen wie Auskünfte, Adressen, Informationsbulletins, Versicherungen, Klubmaterial, etc. an. Er vertritt die Interessen der Schweizer Yachtsportler gegenüber Behörden und Organisationen im In- und Ausland.

Regional- und Interessengruppen bieten ein Aus- und Weiterbildungsprogramm an. Die notwendige Praxis kann auf den klubeigenen Yachten erworben werden. Zur Information seiner Mitglieder erscheint monatlich ein Bulletin.

Adresse: www.ccs-cruising.ch

SSCA

Die vielleicht wertvollsten Informationsquellen für Fahrtensegler sind die monatlich erscheinenden Bulletins (in englischer Sprache) der Seven Seas Cruising Association. Mitglied in diesem exklusiven Klub kann nur werden, wer mindestens ein Jahr ununterbrochen auf einer Yacht gelebt hat. Er ist dann verpflichtet, von seinen Fahrten regelmäßig Erfahrungsberichte an die Adresse der SSCA zu senden, wo sie gesammelt, gedruckt und an alle Mitglieder versandt werden. Gegen eine geringe Gebühr können sie auch Nichtmitglieder beziehen. Selbst eine Nachlieferung aus den vergangenen Jahren ist möglich. Fast von jedem jemals von einer Yacht angelaufenen Ort auf der Erde gibt es darin speziell für Yachties abgestimmte Beschreibungen.

Adresse: www.ssca.org

La Rochelle/Atlantik – das Tor zur Welt.

Lösungen der Übungsaufgaben

1 a) 13° 04,6′ N, 059° 36,6′ W
1 b) 12° 43′ N, 061° 18,7′ W
1 c) 14° 07′ N, 060°57′ W
1 d) 11° 09,5′N 060° 50,6 W
1 e) 13° 42′ N 060° 57′ W

---

2) 83,5 Seemeilen

---

3) 14°05′
    + 35′   (5 x 7′) – increasing = zunehmend
    ─────────────
    14°40′   W

---

4) KaK   260°
    Missweisung +15° (14°30′ + (5 x 6′)
    ──────────────────
    KpK   275°

---

5) Gesegelte Strecke ist 7 kn in 2,5 Stunden = 17,5 Seemeilen.
    Der Kartenkurs beträgt 255° – 15° = 240°.
    Position um 11 Uhr:
    12° 56,4′ N; 059° 53,3′ W

---

6) Rechtweisende Peilung: 338°

    Beispiel für 10°:   rwP 338°
                    Mw   +15°
                    ──────────────
                         353°
                    KpP -351°
                    ──────────────
                    Dev. + 2°

    Aus diesem Grund ist es wichtig, eine Deviationskurve zu zeichnen und die Werte ein-
    zutragen: Klar ersichtlich sind die Peilungen bei 60° und 190° »Ausrutscher«, also Fehl-
    messungen oder Schreibfehler.

---

7) KaK: 148°
        Mw   +15°
        ──────────────
             163°
    Deviation +1°
    ──────────────
             164°

    Es ist ein Kompasskurs von 164° zu steuern.

---

8) KaK: 153°
   Mw   +15°
   ─────────────────
                168°
   Deviation   0°
   ─────────────────
                168°
   BW (Abdrift) -5°
   ─────────────────
   KpK   163°

9) Peilung Nordspitze:
                145°
   Mw   -15°
   ─────────────────
   rw Peilung   130°

   Peilung Westspitze:
                215°
   Mw   -15°
   ─────────────────
   rw Peilung   200°

   Position: 11° 31'N, 060° 43'W

10) KpK   150°
    Deviation   + 1°
    Mw   -15°
    ──────────────────────
                      136°
    Radarseitenpeilung +60°
    ──────────────────────
    rw Peilung   196°
    Position: 11° 26' N; 060° 37' W

11) Der Unterschied beider Positionen beträgt rund eine Seemeile.

12) b oder c sind richtig.
    Möglichkeit a): Strom kann keine Rolle spielen, weil beide Positionen gleichzeitig festgestellt wurden und zu den Positionsbestimmungen keine Stromfaktoren herangezogen werden müssen.
    Möglichkeit d): Wenn der Schnittpunkt von Satellitenstandlinien im GPS zu schlecht für eine Positionsbestimmung wäre, würde das GPS-Gerät diese Standlinien nicht verwenden.
    Möglichkeit e): Abstandsbestimmungen mit dem Radargerät sind bauartbedingt auf 50 Meter genau.
    Möglichkeit f), g), h), i) und j): Alle diese denkbaren Fehlerquellen würden sich auf die Seitenpeilung auswirken. Da aber GPS-Position und Radarposition ungefähr auf der gleichen Peilung zum Peilobjekt liegen, kann eine fehlerhafte Seitenpeilung nicht die Ursache für diese Versetzung sein. Magnetische Anomalien gibt es zwar selten, aber die Seekarte würde auf diesen Umstand hinweisen.

13) Am GPS muss WGS84 eingestellt sein. Korrekturen sind dann nicht nötig. Die GPS-Positionen können dann direkt in die Karte eingetragen werden – siehe Eintrag in der Karte rechts unten unter: »SATELLITE-DERIVED POSITIONS«

14) a)

| 14.12 Uhr = | 13 – 72 |
| | -12 - 48 |

$$1 – 24 = 1,4 \text{ Stunden}$$

| Loggestand: | 55,2 sm |
| Loggestand: | 44,8 sm |

$$10,4 \text{ sm}$$

$$10,4 : 1,4 = 7,43 \text{ kn}$$

b)

KpK	120°
Deviation	-1°
Mw	-15°

| KaK | 104° |

10,4 Seemeilen weit führt zu einer Position
von: 11° 23,5' N; 060° 27' W.

c) Die Stromversetzung war 4,2 Seemeilen in 1,4 Stunden, also 3 Knoten in einer Richtung von 080° (Strom setzt nach...!).

15) Hochwasser
Laut Gezeitentabelle für Port of Spain/Trinidad (Bezugsort) war dort um 03.50 Uhr Hochwasser mit einer Höhe von 3,1 Fuß. Das nachfolgende Niedrigwasser ist um 09.48 Uhr mit 1,4 Fuß und darauf folgt wiederum das nächste Hochwasser um 16 Uhr mit 3,3 Fuß.

Am Anschlussort, der Man of War-Bucht, finden die Gezeiten in Tobago 35 Minuten früher statt, also war das Hochwasser um 03.25 Uhr, das nächste Niedrigwasser wird um 09.15 Uhr und das kommende Hochwasser wird um 15.25 Uhr sein.

a) Da VELELA um 04.25 Uhr aufgekommen ist, hatte sie Grundberührung 60 Minuten nach Hochwasser. Bei einem Tidenfall von insgesamt nur 1,7 Fuß und einer Falldauer von ca. 6 Stunden war VELELA nur wenig nach Hochwasser aufgekommen. Bei einem Tidenfall von 1,7 Fuß, also nur rund einem halben Meter, wird VELELA keine Probleme bekommen, sofern das Wetter hält.

b) Das vergangene Hochwasser hatte eine Höhe von 3,1 Fuß. Das nächstfolgende hat eine Höhe von 3,3 Fuß, ist also höher als die Tide bei der Strandung. VELELA hat also gute Chancen, freizukommen, allerdings im besten Falle erst kurz vor oder bei dem nächsten Hochwasser am späten Nachmittag um 15.25 Uhr.

Abkürzungsverzeichnis wichtiger nautischer Begriffe

Abl = Ablenkung
BS = Beschickung Strom
BW = Beschickung Wind
FüG = Fahrt über Grund
FdW = Fahrt durchs Wasser
FW = Fehlweisung
KaK = Kartenkurs
KdW = Kurs durch das Wasser
Kn = Knoten
KpK = Kompasskurs
KüG = Kurs über Grund
LAT = latitude = Breite
Lüa = Länge über alles
MEZ = mitteleuropäische Zeit
MgK = Magnetkompasskurs
MGZ = mittlere Greenwich-Zeit
Mw = Missweisung
MwK = missweisender Kurs
rwK = rechtweisender Kurs
sm = Seemeile
UT1 = Weltzeit 1
UTC = United Coordinated Time
(in der Praxis identisch mit der UT1)

Maße, die den Segler interessieren

1 Seemeile = 1 Bogenminute am Äquator = 1852 m
1 Knoten = 1 Seemeile in der Stunde, Geschwindigkeitsmaß für Schiffe, Wind und Strom
(Achtung: N-Wind bläst aus Norden, N-Strom setzt nach Norden)
1 Kabellänge = der zehnte Teil einer Seemeile = 185,2 m
1 Zoll (inch) = 2,54 cm (Achtung: Seilstärken werden von den Angelsachsen mit dem Umfang, von uns mit dem Durchmesser angegeben)
1 Fuß = 12 Zoll = 30,48 cm; diese Maßeinheit wird sich trotz Umstellung auf metrisches System bei Seglern nicht so schnell verdrängen lassen. (Bei vielen Schiffstypen ist die Längenangabe in Fuß in der Typenbezeichnung enthalten, z. B. Bavaria 50.)

1 Yard = 3 Fuß = 91,44 cm
1 Faden = 2 Yard = 1,82 m (Tiefen in älteren englischen Seekarten sind in Faden angegeben.)
1 Unze = 28,35 g
1 Pfund (engl. lb) = 453,60 g
1 PS (Pferdestärke) = 0,735 KW; seit 1978 sollten Motorstärken nicht mehr in Pferdestärken, sondern nur noch in Kilowatt angegeben werden. Aber die Pferdestärken lassen sich nicht so leicht verdrängen.
1 KW = 1,359 PS

Register